作者簡介

黃天樹，福建莆田人。1988年北京大學中文系獲博士學位。現為首都師範大學教授、博士生導師。現任國務院學位委員會中文學科評議組成員、中國文字學會常務理事、中國殷商文化學會理事等。主要從事古文字學等方面的教學和研究工作。著有《殷墟王卜辭的分類與斷代》（文津出版社，1991年）、《黃天樹古文字論集》（學苑出版社，2006年）等。主持並承擔的科研項目有“殷墟甲骨斷代”（國家社會科學基金“八五”項目）、“殷商甲骨文音系研究”（教育部人文社會科學“十五”規劃項目）、“甲骨文虛詞及其固定結構研究”（國家社會科學基金“十一五”項目）等。

北京市人才强教深化計劃（PHR201006209）資助項目
北京市人才强教深化計劃（PHR200907111）資助項目

甲骨拼合集

黄天樹　主編

學苑出版社

圖書在版編目（CIP）數據

甲骨拼合集/黄天樹主編．—北京：學苑出版社，2010.8
ISBN 978-7-5077-3616-8

Ⅰ.①甲… Ⅱ.①黄… Ⅲ.①甲骨學—文集
Ⅳ.①K877.14-53

中國版本圖書館 CIP 數據核字（2010）第 147968 號

責任編輯：劉小燦
封面設計：羅 飛
出版發行：學苑出版社
社　　址：北京市豐臺區南方莊 2 號院 1 號樓
郵政編碼：100079
網　　址：www.book001.com
電子信箱：xueyuan@public.bta.net.cn
銷售電話：010-67675512 67678944 67601101（郵購）
經　　銷：新華書店
印 刷 廠：三河德利印刷有限公司
開本尺寸：787×1092 1/16
印　　張：43.25
字　　數：970 千字
印　　數：0001～1000 册
版　　次：2010 年 8 月第 1 版
印　　次：2010 年 8 月第 1 次印刷
定　　價：130 元

目　錄

《甲骨拼合集》序

《甲骨拼合集》(簡稱《拼集》)收錄的是我和我的研究生的甲骨綴合成果。這些綴合文章散見於各種書刊和互聯網中,尋覓起來十分不易。現在,我們將自己拼綴的綴合成果326則彙編成《拼集》一書出版,以方便學者使用。本書即將付梓,借此機會,就甲骨綴合問題談一些粗淺的看法,向甲骨學者請教。

一門學科必須有新材料不斷出現才能永葆生機。甲骨學新材料的來源有兩條途徑,一是源於甲骨出土;二是源於甲骨綴合。

甲骨綴合已有近百年的歷史,大致可以分為三個階段。從1917年王國維首次綴合甲骨到1938年是第一階段。1939年曾毅公出版綴合專書到1977年是第二階段。1978年《甲骨文合集》(簡稱《合集》)出版,標誌著甲骨綴合進入第三個階段。

第一個階段(1917~1938年)是甲骨綴合的發軔階段。1917年,王國維撰寫《戩壽堂所藏殷虛文字考釋》一書時,發現書中第一頁第十片與《殷虛書契後編》卷上第八頁第十四片可以拼合。王氏的綴合把兩段殘辭拼合成一條比較完整的世系卜辭:

> 上甲十,報乙三,報丙三,報丁三,示壬三,示癸三,……

司馬遷在《史記·殷本紀》中記載了商人的世系:

> 微(引者按:即上甲)卒,子報丁立。報丁卒,子報乙立。報乙卒,子報丙立。報丙卒,子主壬立。主壬卒,子主癸立。主癸卒,子天乙立……

兩相對照,證實了《殷本紀》所記載的世系是可信的,同時可以知道《殷本紀》"報丁、報乙、報丙"的世次有誤,應訂正為"報乙、報丙、報丁"。王氏的拼合開創了甲骨綴合的先河,說明綴合非常重要,有些"斷爛朝報"的舊材料,一經綴合,價值倍增,成為新材料。

1933年,董作賓在王氏所綴的世系卜骨上,又加綴善齋的一塊碎片,使這版著名的世系卜辭更加完整。董氏後來在《殷曆譜》等書中,又多有綴合。1933年,郭沫若出版《卜辭通纂》一書,綴合甲骨30多版。同年秋,在《古代銘刻彙考》中又刊佈了新綴8例。之後,在《殷契粹編》裏又有一些綴合成果。

1933年,加拿大學者明義士(JamesMellonMenzies)在《齊大季刊》第二期上發表《表校新舊版〈殷虛書契前編〉並記所得之新材料》一文,綴合甲骨29版。

1928年至1937年,中央研究院歷史語言研究所在殷墟進行考古發掘。第1次到第9次發掘的甲骨編爲《殷虛文字甲編》。第13次到第15次發掘的甲骨編爲《殷虛文字乙編》。這批數量眾多內容宏富的甲骨新材料出土不久,正值抗戰爆發,無暇整理出版。《甲編》拖到13年後的1948年才得以出版。《乙編》延遲到16年後的

1953年才陸續出齊。所以,這一階段殷墟考古發掘的甲骨雖已出土,但學者無法看到這批新材料,綴合所憑藉的仍是舊材料。舊材料都是私人發掘品,缺少地層關係和伴存遺物。早期的甲骨學者如羅振玉出版《殷虛書契》等舊材料著錄書,往往只拓有字的部分,未拓出全形,例如《拼集》118(《合集》12241+《合補》723)與《前》7·33·2(《合集》11917)是同一版卜骨,而《前》7·33·2只拓了有字的部分(檢視拓本自明)。羅氏出書時,為排版美觀,又將拓本修剪成豆腐塊的樣子,剪去周邊無字的部分。這些舊拓給綴合造成很大的障礙。所以這一階段的綴合成果數量不多。綴合尚處於起步階段。早期的學者沒有認識到完整的、原大的、清晰的拓本是進行綴合的基礎。這種情況後來才得到改變。

第二階段(1939~1977年)是甲骨綴合勃興階段。1939年,曾毅公出版《甲骨叕存》,這是第一部甲骨綴合的專書。該書由綴合"圖版"與"釋文"兩部分組成,編寫體例完善,後來很多綴合專書都取法於曾書的模式。1950年,曾氏將《甲骨叕存》增訂為《甲骨綴合編》出版,綴合之富,前所未有。由於他對甲骨形態和字體分類,認識不足,憑藉的材料又多為剪裁過的舊拓本,所以有不少誤綴是難免的。曾氏後來也認識到這一點,他在晚年曾對甲骨形態與綴合方法做過總結。參看曾毅公遺作《論甲骨綴合》(《華學》第4輯)。

1948年《甲編》出版。1948至1953年《乙編》出齊。這兩部著錄書所收的甲骨都是殷墟考古的發掘品,有出土記錄,具有很高的學術價值。這批甲骨出土不久,正值抗戰爆發,為躲避戰火,屢經遷播,致使原本完整的甲骨多破裂為碎片。1955年,大陸學者郭若愚、曾毅公、李學勤根據《甲編》、《乙編》拓本進行拼綴,共拼合甲骨482版,編纂為《殷虛文字綴合》一書出版。1961年,臺灣學者屈萬里《殷虛文字甲編考釋》出版,根據實物拼綴甲骨223版。1957至1972年,張秉權拼綴《乙編》及其編餘而成的《殷虛文字丙編》陸續出齊。

1975年,嚴一萍出版《甲骨綴合新編》,共收各家及作者綴合684版(不收《乙編》綴合)。1976年,嚴氏又出版《甲骨綴合新編補》。

這一階段,學者綴合所憑藉的材料主要是考古發掘品,綴合成果,層出不窮,綴合專書,不斷問世。

第三階段(1978~今)是甲骨綴合全盛階段。1978至1982年,《甲骨文合集》(13巨冊)陸續出齊,這是一部大型甲骨拓片著錄書。編纂者對甲骨材料經過精心的整理,如分期斷代、類聚同文和綴合斷片等。其中一項重要的整理內容就是甲骨綴合。編纂者做了大量的綴合,"總計拼合不下兩千餘版",並充分吸收學界已有的綴合成果。從綴合的角度看,《合集》可以說是一部集大成的甲骨綴合集。同時,編纂者認識到《合集》等書中依然存在很多可資拼綴的素材,隨時都可以產生綴合的成果;認識到完整的甲骨拓本是進行綴合的基礎,因此,《合集》所收拓本"按甲骨實物原大製版印刷"、"全部資料均分期分類進行編排","把所有同文的例子,都按照卜序把它們排在一起"。《合集》的出版,是以往舊著錄書所無法比擬的,它為甲骨的研究尤其是甲骨綴合提供了極大的便利,把甲骨綴合向前推進了一大步。我們應該對編纂者的辛勤工作表示衷心的感謝。後來,學者主要利用《合集》來進行綴合工作。其中綴合成績最大的是蔡哲茂。

1999 年,蔡哲茂出版《甲骨綴合集》,共收作者綴合 361 例。2004 年,出版《甲骨綴合續集》,擴充至 543 例。2008 年,林宏明出版《醉古集》,共收作者綴合 382 組,在年輕學者中,綴合成果最多。

甲骨綴合從王國維算起已有近 100 年的歷史了,今天,應該在前人綴合實踐的基礎上,對甲骨綴合做出總結。工欲善其事,必先利其器。要想做好甲骨綴合工作,就必須先作好以下準備工作:

第一,掌握已有的綴合成果

近年來,從事甲骨綴合的學者越來越多,綴合成果層出不窮。舉例來說,中國社會科學院歷史研究所先秦史研究室網站幾乎每隔幾天就有新的綴合成果刊佈,幾天不看就要落後。看到新的綴合成果必須要手勤,立即抄下,以備查尋。有的研究生費了很大的力氣綴合了一版,我一查尋,告訴他,別人已經綴合了。所以,掌握已有的綴合成果十分重要。蔡哲茂編有《〈甲骨文合集〉綴合號碼表》、《〈甲骨文合集〉未收綴合號碼表》、《〈小屯南地甲骨〉綴合號碼表》和《〈英國所藏甲骨集〉綴合號碼表》,附於《甲骨綴合集》(1999年)書末出版;後來又對《〈甲骨文合集〉綴合號碼表》和《〈小屯南地甲骨〉綴合號碼表》作了增補,附於《甲骨綴合續集》(2004 年)書末出版。這些表非常有用,使讀者對各家綴合成果一目瞭然。蔡書出版以後,學者又陸續綴合了不少甲骨,本書書末也附有《2004 ~ 2010 年甲骨新綴號碼表》,輯錄了 2004 到 2010 年 7 月為止的各家綴合成果,以便讀者瞭解和使用新的綴合成果。

第二,掌握甲骨形態學

甲骨綴合要求學者能夠掌握甲骨形態學。比如:要熟悉龜腹甲、背甲和牛的肩胛骨的結構與形態。要能夠根據殘片的甲骨拓本的形態,辨認它在完整的龜甲或獸骨上的部位。否則的話,綴合就容易出錯。有關甲骨形態學的知識,請參看本書書末的三篇附錄:《殷墟龜腹甲形態研究》;《關於卜骨的左右問題》;《甲骨形態學》。

第三,掌握每一片甲骨的資訊

好記性不如爛筆頭。平時看到有用的資訊,最好隨手抄到《合集》等著錄號周圍的空白處。資訊包括以下內容:各家考釋、分類斷代、拓本優劣、同文卜辭、出土情況、綴合情況、鑽鑿情況、材質情況、重片情況、收藏情況、甲骨辨僞、甲骨錄遺等。這些資訊對甲骨綴合和研究工作都是非常有用的。

關於綴合的方法,前賢多有論述,今歸納總結如下:

第一,據字體綴合

《合集》基本上採用董作賓的五期分法,即第一期雄偉;第二期謹飭;第三期頹靡;第四期勁峭;第五期嚴整。即使按五期分法來看,《合集》對字體的分期分類也時有錯誤。現舉例如下,以見一斑:

《合集》27252、28359 屬**𠂤**小字類,《合集》誤置第九冊。

《合集》23412、24363、24763 屬**𠂤**賓間,《合集》誤置第二期。

《合集》34254 屬典賓類,《合集》誤置。看《拼集》135。

《合集》21791 屬賓三類,《合集》誤置子組。看《拼集》48。

《合集》4963、18217屬出一類,《合集》誤置賓組。

《合集》34582、34654屬出一類,《合集》誤置第四期。

《合集》29375、30731屬出二類,《合集》誤置。

《合集》24417屬何一類,《合集》誤置第八冊出組。

《合集》36967、36981、37396屬何二類,《合集》誤置黃類。

《合集》22622、27746屬黃類,《合集》誤置。

《合集》7961、8046、12922、14920屬歷一類,《合集》誤置。

《合集》4401、5190、5418、5787屬歷二類,《合集》誤置賓組。

《合集》11017、13607屬無名類,《合集》誤置第一期。

《合集》8779屬子組,《合集》誤置賓組。

《合集》4845、10724、15108屬午組,《合集》誤置賓組。

從分期斷代的角度看,字體分類宜粗不宜細,便於掌握。但是,從綴合的角度看,字體的分類宜細不宜粗。細密的分類,可以縮小綴合的範圍。分類是綴合的基礎。綴合又能驗證字體分類是否可靠。本書有些綴合就是利用字體分類來綴合的。例如:《拼集》79(《合集》5008 + 6898)、《拼集》148(《合集》16438 + 16478 + 6690)、《拼集》252(《合集》297 + 431)、《拼集》256(《合補》2793 +《合集》4173)、《拼集》287(《合集》6715 + 6716)、《拼集》296(《合補》2748 + 2749)。

第二,據殘字綴合

甲骨斷口邊緣上的殘字是最佳的綴合媒介。本書有些綴合是據殘字拼綴的。例如:《拼集》124(《合集》7862 +《合補》769)、《拼集》125(《合集》8546 + 16017)、《拼集》131(《合集》29 + 3706)、《拼集》195(《合集》33526 + 32057)、《拼集》200(《合集》34494 +《合補》10558)、《拼集》203(《合集》32082 + 34236)、《拼集》256(《合補》2793 +《合集》4173)、《拼集》266(《合補》1311 +《合集》15995)等。

第三,據碴口綴合

甲骨碴口的形狀千姿百態,當兩版碎片拼綴時,碴口若嚴絲合縫,拼合往往是正確的。本書有些綴合是據碴口拼綴的。例如:《拼集》192(《合集》27432 + 27473)、《拼集》207(《合集》32334 + 34555)、《拼集》208(《合集》32505 + 32889)、《拼集》209(《合集》32743 + 32029)、《拼集》211(《合集》34423 + 32695部分)、《拼集》212(《合集》32425 + 324595)、《拼集》216(《合集》33808 + 33656)、《拼集》217(《合集》34701 + 33985)、《拼集》228(《合集》29175 + 28623)、《拼集》237(《合集》31035 +《合補》9465)、《拼集》312(《合集》7718 +《合補》596)、《拼集》314(《合補》520 + 5415)。

第四,據同文綴合

為了綴合等的需要,一定要重視蒐集同文卜辭。蒐集同文卜辭的辦法有二:一種是僅抄著錄號,即把同文卜辭的著錄號抄在《合集》著錄號的旁邊,這固然有用,但只是一連串的號碼,過於抽象。使用的時候,還得一片一片去翻看拓本,十分不便。最好的辦法是按同文著錄號把甲骨一片一片摹寫下來,然後粘貼在相關的《合集》著錄號旁,這個辦法笨是笨,也耗費時間,但這種付出是必要的。因為它可以把甲骨文字以及甲骨邊緣的形狀很直觀地展現在你的面前,在剪剪貼貼的過程中,無意之間,就會有綴合的收穫。本書有些綴合就是根據同文拼綴的。例如:《拼集》262(《合集》548 +9539)據同文《合集》547綴合。《拼集》263(《合集》15560 + 15256)據同文《合集》15255 綴合。《拼集》265(《合集》3697 正 +19246)據同文《合集》495 綴合。

上舉綴合方法,在實際運用中,往往是交織在一起來運用的。例如:《拼集》100(《合集》359 +5145)即綜合運用字體、殘字、碴口、同文等來進行綴合的。《拼集》265(《合集》3697 +19246)即綜合運用字體、殘字、碴口等來進行拼綴的。

甲骨綴合有益於甲骨學的研究。下面列舉八例,以見一斑。例一,《拼集》265(《合集》3697 + 19246)據同文《合集》495 看,其右側一辭可隸釋為"[丙]午卜爭[貞]:⿱山圭其□(係)[羌]"。"□"字的結構可分析為從"糸"從"人"從"□","□"表束縛義,"□"字應是"□(係)"字異體,在此當縛係講。"⿱山圭其係羌"是說命令"⿱山圭"(人名)去抓捕羌人。

例二,《拼集》130 是由《合集》5240 和 8538 拼合而成的,綴合後成為一條完整的卜辭,可隸釋為:"貞:𢀛方其來,王自□(鄉)"。據同文《合集》6726 看,綴合應該是正確的。"自"下一字,象兩人相向而食,是"饗"的古字。過去一般都讀為"王自鄉(饗)","饗"是指祭祀時對祖先行饗禮而言的。"王自饗"是卜問是否由王親自主持饗祭。《拼集》130 綴合後,可以知道"王自鄉"的前提是"𢀛方其來"。"□(鄉)"字,古代還用來表示方向的"向"。《禮記 · 曲禮上》:"請席何鄉。"疏:"鄉,面也"。"自鄉"即"自鄉(向)",是卜問𢀛方來犯,是否由王親自迎戰。由此可知,商王不必每次躬親迎戰,有時也可以由臣屬來抵禦敵人。

例三,《拼集》107 是由《合》16936 反和《東大》B0392a 拼合而成的,綴合後成為一條比較完整的卜辭,可隸釋為:"⊠[王占]曰:㞢(有)求(咎),亟其㞢(有)來艱⊠"。"亟"字,副詞,當"急速"講。"亟其有來艱"是說很快有壞事情就要到來。西周銅器《大盂鼎》(《集》2837)"𢓊畢遷自厥土"之"𢓊"也當"急速"講。銘文說:(將所賜之人)迅速全部從其原住地遷到盂的領地上去。

例四,《拼集》193(《合補》10212 +《合集》30810)中"止我巳(祀)"和"不止我巳(祀)"對貞。甲骨文"止"字作□,象腳板形。卜辭多用其本義,如"疾止"(《合集》13683),謂患腳病。上引"止我巳(祀)"和"不止我巳(祀)"對貞,可知甲骨文"止"字已引申當停止講。

例五,《拼集》172(《合集》28625 + 30137 + 29907)的綴合,得到一條完整的卜辭"湄日至昏不雨",其句式與《合集》29803"旦湄至昏不雨"同。李宗焜《卜辭所見一日內時稱考》(《中國文字》新 18 期 175 頁)說:"'湄日至昏'應指整個白天直到昏時,'旦湄至昏'應與之義近,指從旦一直到昏這段時間。"沈培在《釋甲骨文、金文與傳世典籍中跟"眉壽"的"眉"相關的字詞》(復旦大學出土文獻與古文字研究中心網站,2009 年 10 月 13 日)中說:"李文說'湄日至昏'、'旦湄至昏'的'湄至'是'一直到'的意思,非常正確。……這裏的'湄'讀為'彌','彌'既有'遍、盡'的意思,也有'綿延'之義。"《拼集》172 說明李、沈兩位先生的說法是可信的。

例六,《拼集》313(《合集》15483 + 15484)中"勿退先以歲施在涂"和"退先以歲"對貞。“退”字,甲骨文多作從“止”從“𠂤”。而《拼集》313 作從“止”從“酉”,或以為是“退”字的異體字,可從。卜辭貞問“退”(人名)是否先攜帶歲貢之物施(祭名,原字形從“攴”從“它”)于涂地。值得注意的是,商代甲骨文的否定詞“勿”置於主語之前的句首位置,用來否定全句,與後世否定詞僅用來否定動詞謂語是不同的。

例七,《拼集》320(《合集》20401 + 19759)稱:“戊申卜王貞:余呼豙魚羌。”我們曾指出:甲骨文有圍繞“豙”(人名)捕魚一事而展開占卜的例子(《漢字研究》第一輯,第 324 ~ 325 頁)。其中《合》10471 有“豙獲魚其三萬”,一次捕獲的魚多達三萬條,對於研究商代的漁獵活動,頗有意義。《拼集》320“余呼豙魚羌”之“魚”有兩種解釋。第一種用其本義即“令豙捕魚於羌地”。第二種“魚”假借為抵禦之“禦”。裘錫圭先生在《古文字論集》(334 頁)指出,甲骨文有“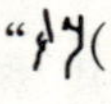(禦)方”(《合集》32935),象一人抵禦另一持杖者的攻擊,即抵禦之“禦”的初文。禦、魚古音同聲同部,所以字或加注魚聲。又有“其有來方,亞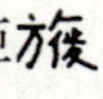(人名)其(禦)”(《合集》28011),於“”字下加注聲符“魚”字。“呼豙魚羌”即“呼令抵禦羌人”。全面來看,第一種講法比較好。

例八,《拼集》31(《合集》21172 + 2402 + 19976)稱:“庚辰卜王:尸見(獻)圃(囿)婀。生十月。”甲骨文“尸”,與“人”字寫法不同,其足部前伸或有曲筆,此係人名或族名。甲骨文“囿”作“圃”,跟《說文》籀文同,象苑中有草木之形,為會意字。這個字後來被改成從“口”“有”聲的形聲字。“囿”當苑囿講。婀,從同版上有“禦婀母己”、“禦婀妣丙”看,“婀”是活著的人。“婀”字,裘錫圭先生《說“婀”》一文說:“前人多釋‘姒’,其說可從,但並非用爲‘姒’姓之‘姒’。‘姒’本是女子年長者之稱,商代王之配偶中,其尊者當可稱‘姒’。”其說可從。“尸獻囿婀”意謂“尸”(人名)進獻囿(苑囿)給“婀”。

舉例總是有限的。希望有興趣的讀者自己去閱讀這批新材料。

我認為,攻讀甲骨的研究生,要把學習的重點放在閱讀甲骨拓本上。資料的蒐集與整理是研究的基礎。要寫出高品質的學位論文,必須先從摹寫甲骨拓本入手來整理資料。甲骨拓本是第一手研究資料。閱讀黑底白字的甲骨拓片,不但能熟悉商代的語言文字,而且還能獲得很多有用的甲骨知識,諸如拓本優劣、字體類別、甲骨形態、鑽鑿形態等。在閱讀甲骨拓片時,若能用透明的薄紙蒙在拓片上細心摹寫,印象會更加深刻。容庚在為《甲骨綴合編》所作的序裏說:

> 甲骨脆弱易碎,加以鑽鑿燋灼,斷裂隨之,辭句不完,難於索解,故欲訂古史之譌闕,審文法之變遷,必先將此分散殘存之材料,使其聯綴可讀,綜合整理,而後考證之功始有所施。

陳夢家在《文物參考資料》(1954 年 5 期)上說:

> 這種拼合的工作,需要許多人不斷的留意拼合,逐漸的積累起來,才可以慢慢地使分散了的碎片重行復原。甲骨經復原後,原有的辭句便完整了,款式便清楚了,兆序與左右對貞的情況也明顯起來,對於通讀卜辭有很大的幫助。否則的話,卜辭只是些斷爛朝報,容易被人斷章取義,加以曲解。

因此,要利用甲骨文來研究古代的語言和歷史,必須首先對甲骨進行綴合,儘可能地恢復其本來的面貌。在此基礎上，再根據干支、內容進行排譜，就能再現商代的語言環境和歷史事實。研究生的論文，貴在創新。而甲骨的綴合也應該屬於一種創新。通過綴合培養學生發現問題與解決問題的能力。對於初學甲骨的研究生來說，第一片甲骨綴合很重要。有了第一片甲骨綴合，可以激發學生的興趣，增強學生的自信心。綴合的另一好處，可以練筆。有了新綴合，就要發表。要發表就要動手寫。這對於提高研究生的寫作能力很有幫助。今天，互聯網的普及，使得研究生的綴合文章通過互聯網可以迅速發表，這也大大刺激了學生綴合的興趣。

本書拼合成果全都是依據拓本進行綴合的，錯誤在所難免，希望方家多加指正，至為盼矚。博士研究生莫伯峰、王子揚承擔了全書的編校工作，十分辛苦，是我要特別致謝的。

黃天樹

2010年7月15日

凡 例

一、本書由"綴合圖版"、"説明與考釋"和"附錄"三部分組成。

二、本書輯錄甲骨綴合新成果共 326 則,均先按作者編排,然後在每位作者之下再按綴合文章發表時間的先後排序。

三、為了方便學者引用本書綴合成果,全書甲骨綴合圖版按"第 1 則、第 2 則、第 3 則……"流水號排序。

四、"綴合圖版"既有拓本又有摹本,以達到取長補短的效果。因排版關係,有些綴合圖版改變了尺寸,以便把同一塊甲骨的拓本和摹本,儘量排在一頁上,便於對照閱讀。

五、"説明與考釋"源於已刊佈的綴合文章。綴合文章並非一人一時所寫,體例未能劃一,收入本書時,除了技術性修改外,儘量保持原貌。但是,為了方便學者按流水號閱讀綴合圖版的需要,對已刊佈的綴合文章,如果有若干則綴合,就分列為若干則,並在每則流水號前加"頁下注",首則詳細注明綴合者、題目和出處,以備查尋。原綴合文章的注解,一律改為頁下注。如果增加新注,則用"編者按"加以説明,外加黑魚尾括號"【 】"標示。

六、本書引用甲骨著錄書多用簡稱。書末附有《本書引用甲骨著錄簡稱表》備查。

七、本書所用甲骨資料主要是《合集》。凡《合集》著錄號又見於他書者,詳為注明。例如:《合集》19765(《乙》8649 +《乙》8650),表示《合集》的第 19765 片又見於《乙編》的第 8649 片加綴第 8650 片。" + "號,表示某片與某片可以綴合。"( )"號表示重見;或以" = "號表示重見亦可。例如:《合集》40 =《京津》1030,表示《合集》的第 40 片又見於《京津》的第 1030 片。

八、關於卜辭的分類以及各類卜辭的時代,參看黄天樹《殷墟王卜辭的分類與斷代》。類名有時用簡稱。例如:"賓一"指賓組一類。

九、本書用繁體字排印。卜辭釋文一般用寬式。卜辭釋文裏,缺一字的用"□"號表示;所缺字數目不詳的用"〼"號表示;引文有所省略的用"……"號表示;依據殘字或文例擬補的字,外加"[ ]"號表示;異體字、假借字一般隨文注明,正字和本字,外加( )號表示。

第1則:甲骨新綴廿二例(黃天樹)

A《屯》3394 + B《屯》672

A

B

A

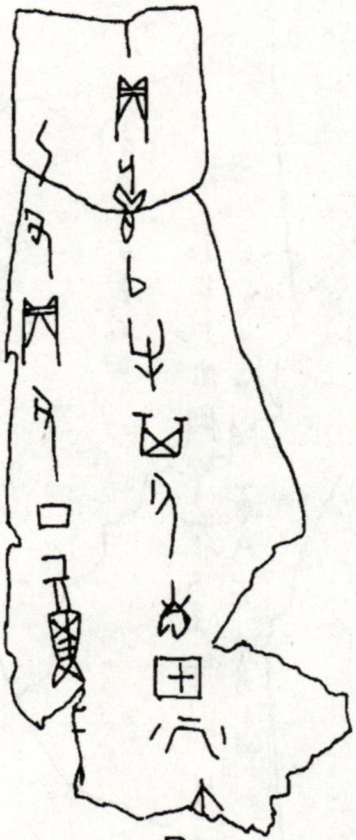

B

第 2 則:甲骨新綴廿二例(黃天樹)

A《英藏》835 + B《合》4037

A

B

A

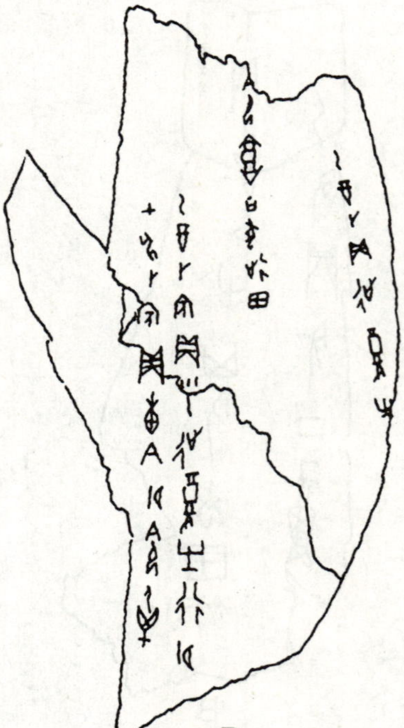

B

第 3 则：甲骨新缀廿二例（黄天树）

A《屯》905 + B《屯》3438

A

B

A

B

第 4 則：甲骨新綴廿二例(黃天樹)

A《合》27740 + B《合》27736

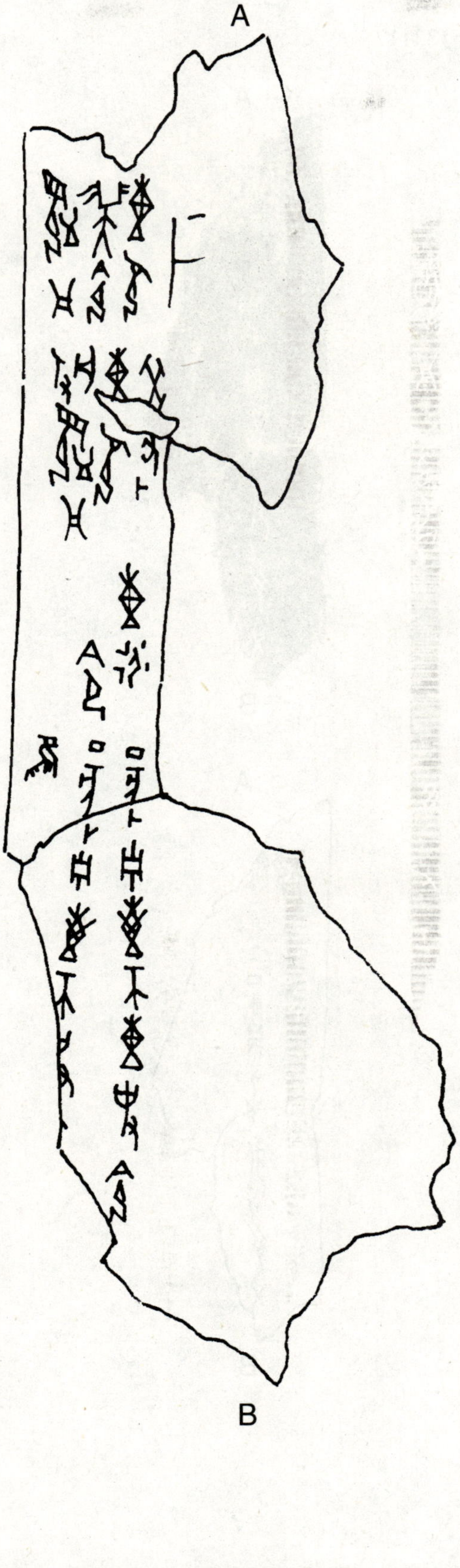
A
B

第 5 則：甲骨新綴廿二例（黄天樹）

A《合》32867 + B《合》33117

A

B

A

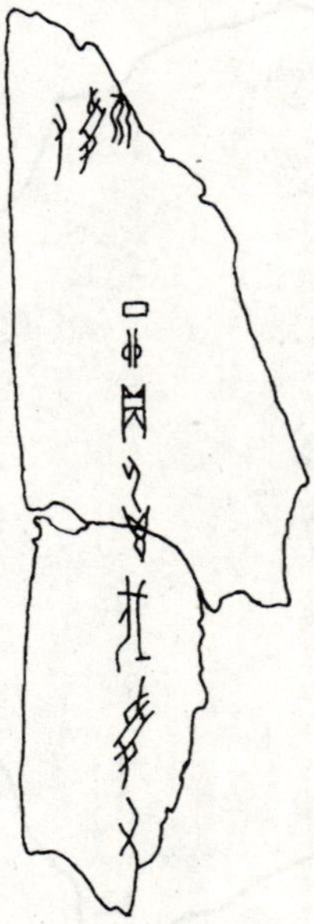

B

第 6 则：甲骨新缀廿二例（黄天树）

A《合》35198 + B《合》35167

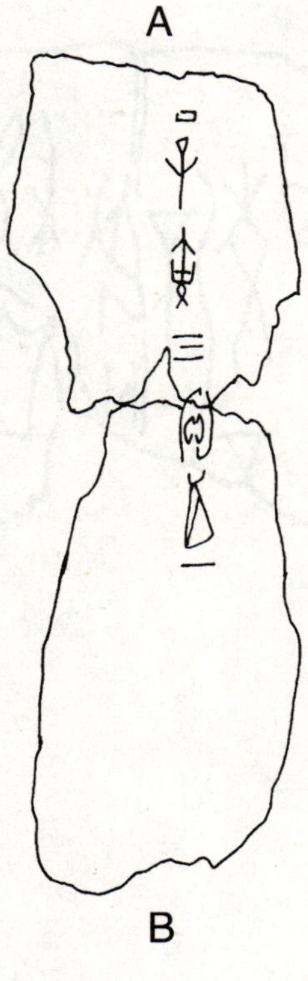

第 7 則：甲骨新綴廿二例（黃天樹）

A《合》18707 + B《合》1095

B　　　　A

B　　　　A

第 8 則：甲骨新綴廿二例（黃天樹）

A《合》22835 + B《合》22847

A

B

A

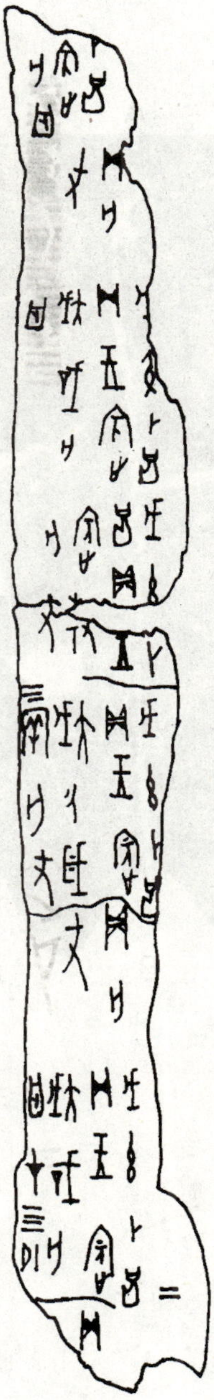

B

第9則：甲骨新綴廿二例（黃天樹）

A《合》22248（部分圖版）+ B《合》21553

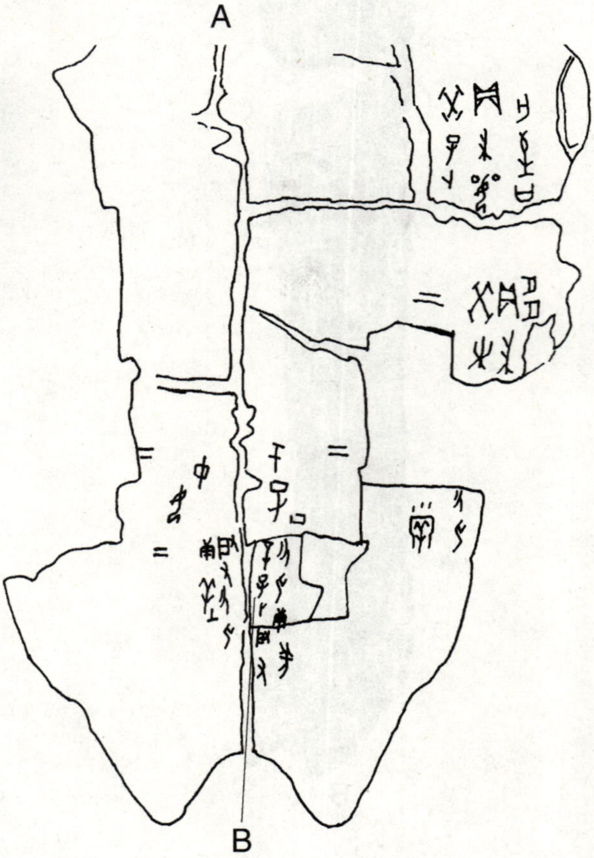

第 10 則：甲骨新綴廿二例（黃天樹）

A《合》21811 + B《合》21781

A

B

A

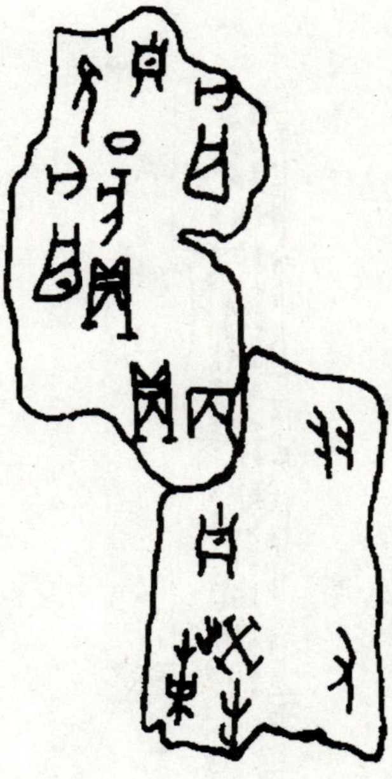

B

第 11 則：甲骨新綴廿二例（黃天樹）

A《合》37875 + B《合》37929 + C《合》37922

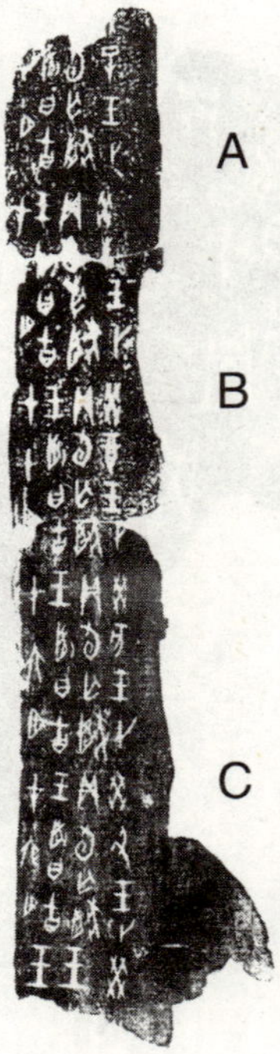

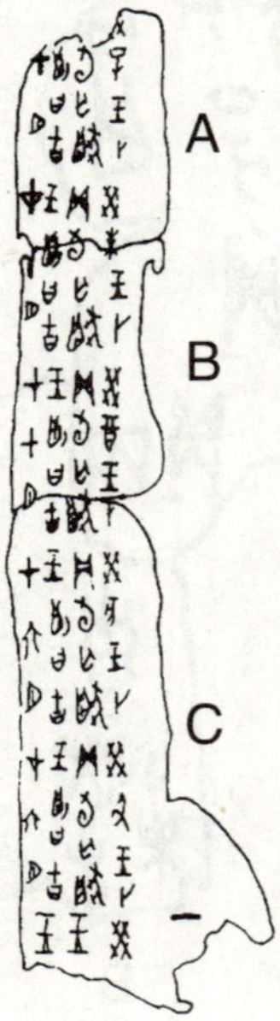

第 12 则：甲骨新缀廿二例（黄天树）

A《合》19996 + B《合》22266 + C《合》39668 + D《合》21560

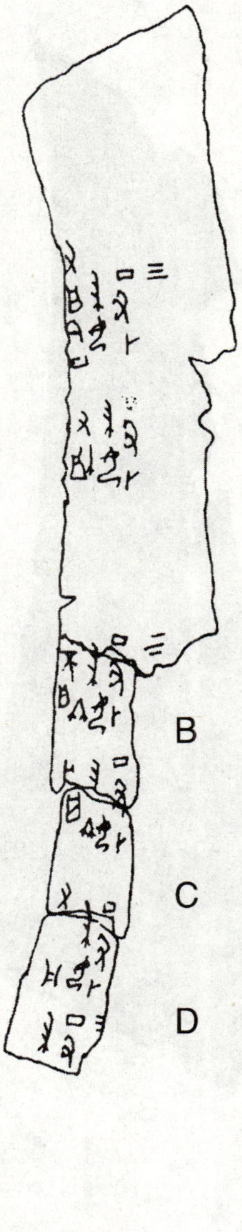

第13則：甲骨新綴廿二例（黃天樹）

A《合》28035＋B《合》26885

第 14 則：甲骨新綴廿二例（黃天樹）

A《合》5011 + B《合》20077

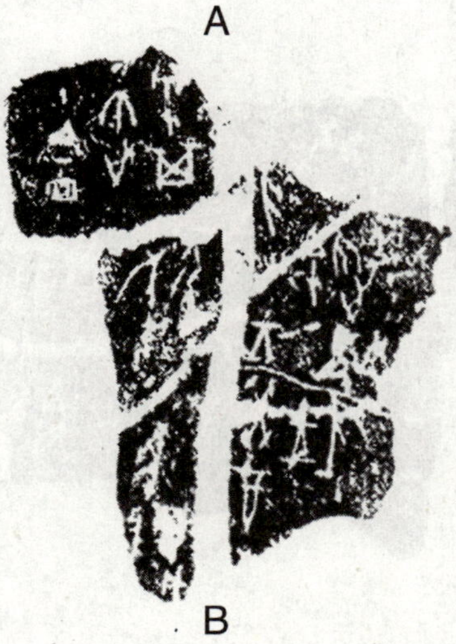

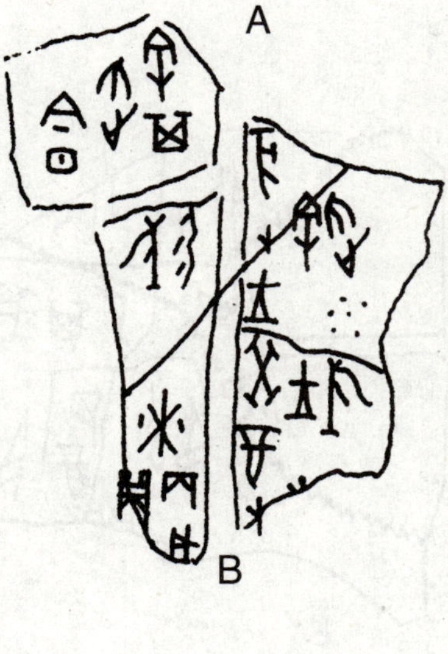

第 15 則：甲骨新綴廿二例（黄天樹）

A《合》22424 + B《合》22105

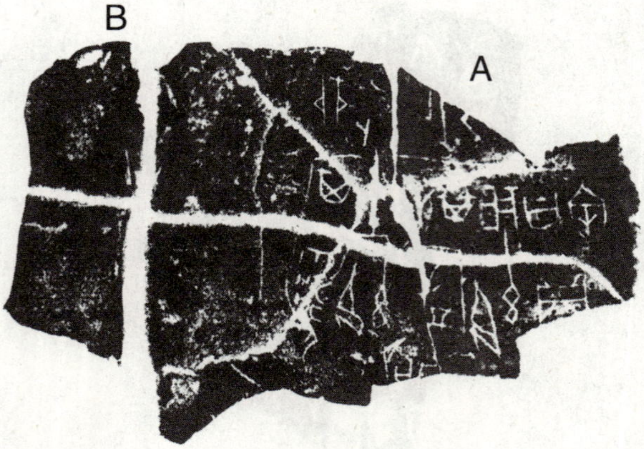

第16則：甲骨新綴廿二例（黃天樹）

A《合》29403 + B《合》29711

A

B

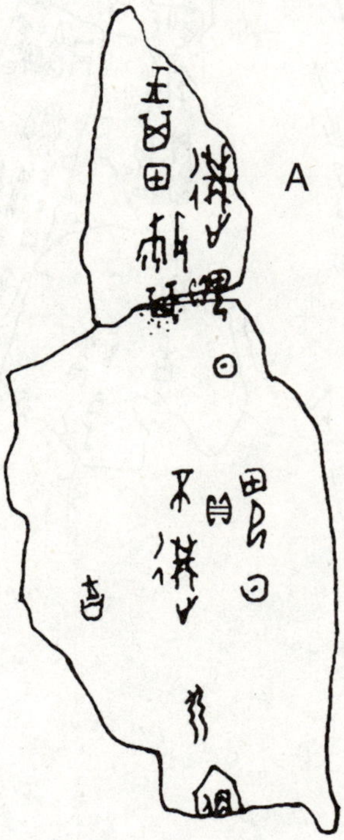

A

B

第 17 則：甲骨新綴廿二例(黄天樹)

A《屯》1050 + B《屯》2865 + C《屯》1719

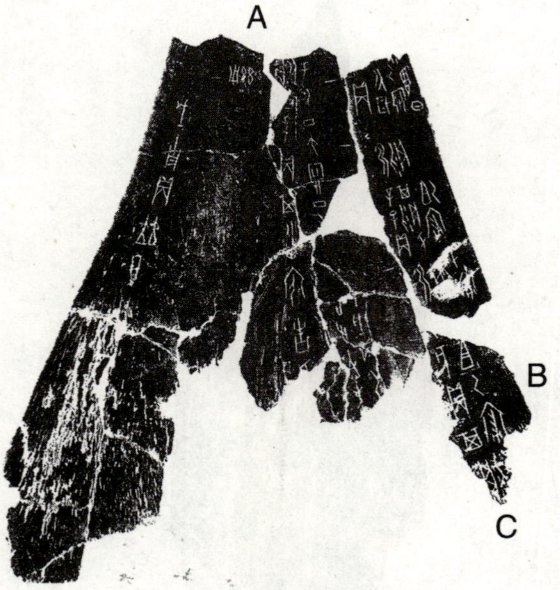

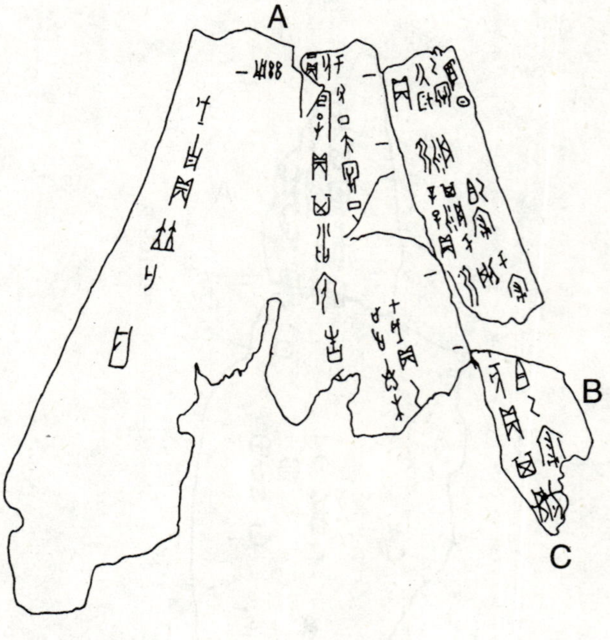

第 18 則：甲骨新綴廿二例（黃天樹）

A《合》35185 + B《合》35178

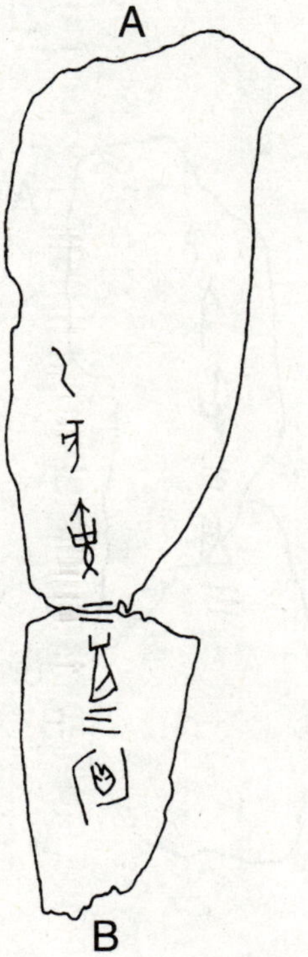

第 19 則：甲骨新綴廿二例(黄天樹)

A《合》35181 + B《懷特》1680

第20则：甲骨新綴廿二例（黄天樹）

A《屯》2691 + B《合》4935

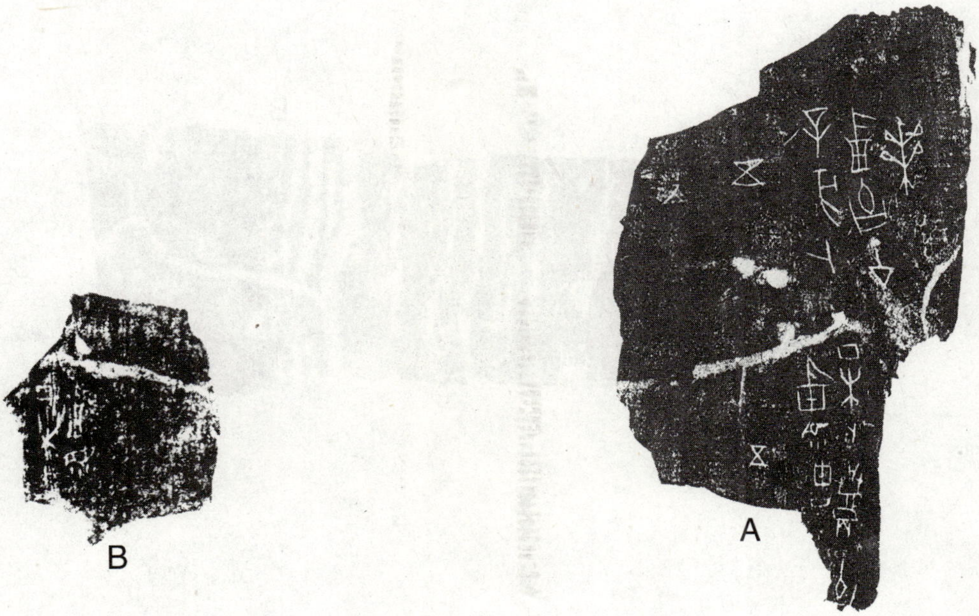

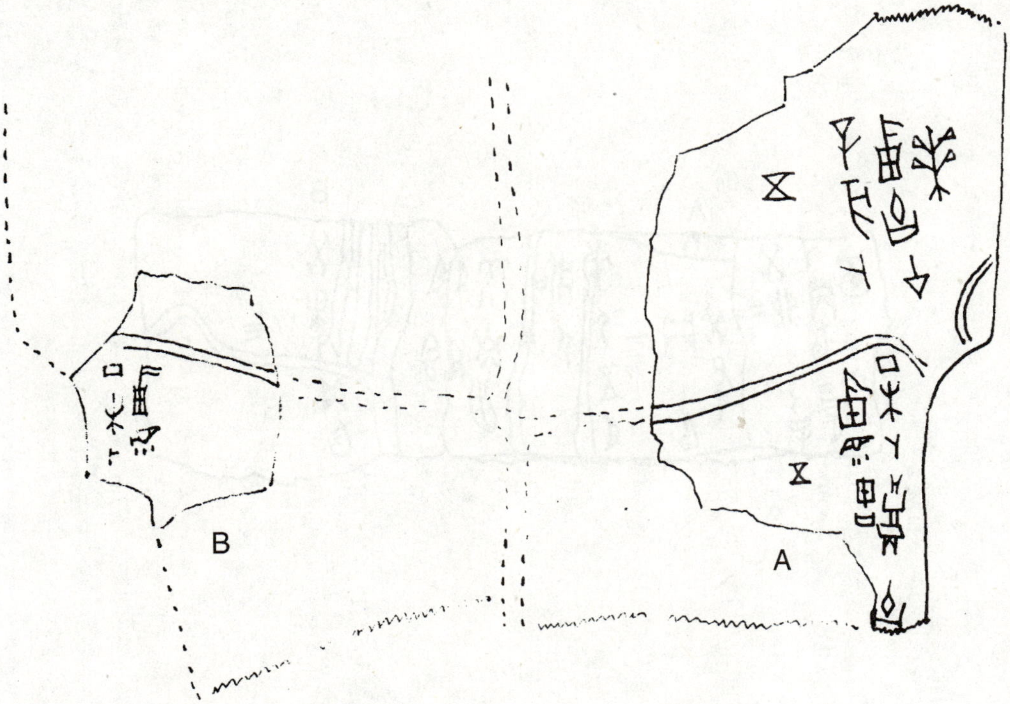

第 21 則：甲骨新綴 11 例(黄天樹)

A《合》20964 + B《合》21310

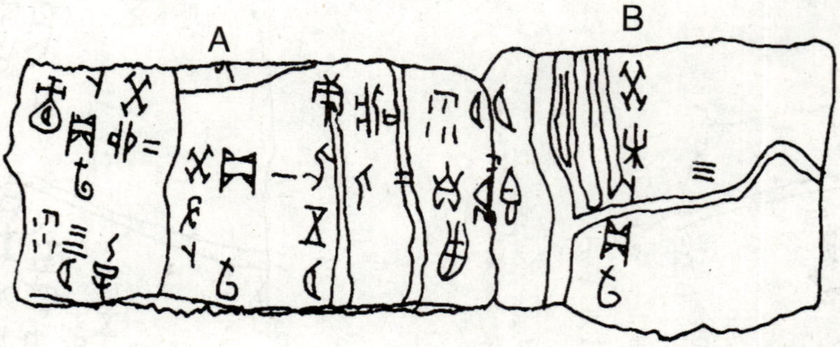

第22則：甲骨新綴11例(黃天樹)

A《合》21755 + B《合》21590

第 23 則：甲骨新綴 11 例（黃天樹）

A《合》21555 + B《合》21537

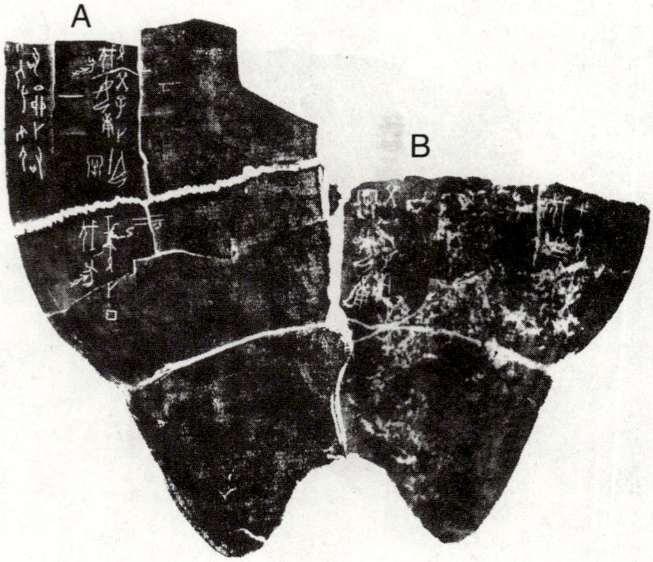

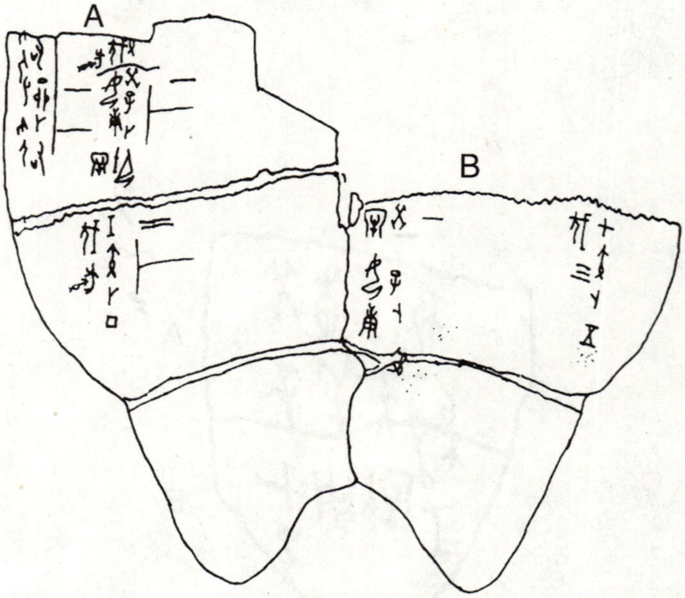

第 24 則：甲骨新綴 11 例（黃天樹）

A《合》20947 + B《乙》1826

A B

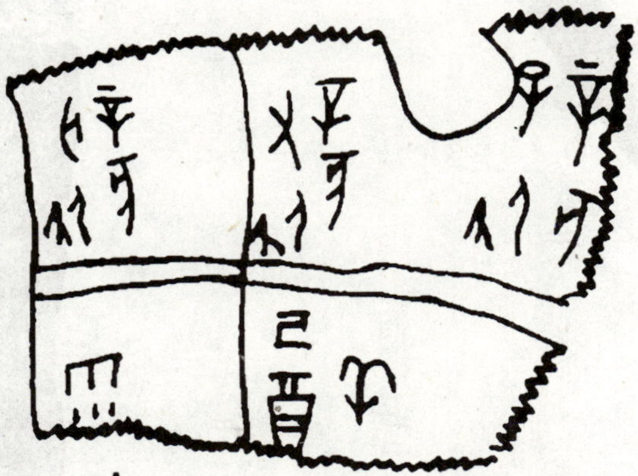

A B

第25則：甲骨新綴11例(黃天樹)

A《合》21708 + B《英藏》1903

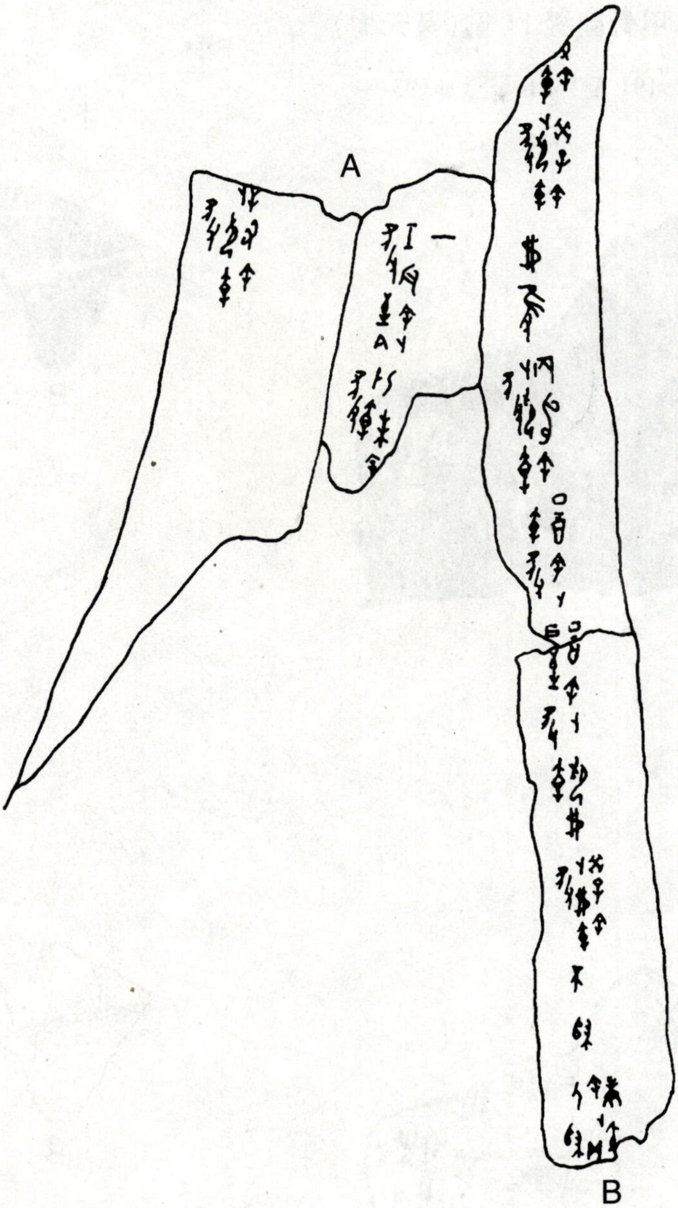
A
B

第 26 則：甲骨新綴 11 例（黃天樹）

A《合》53（19191 重）+ B《合》19193

A

B

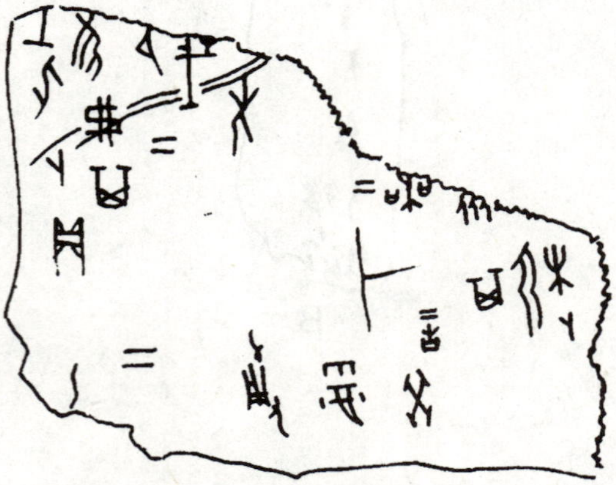

A

B

第 27 則：甲骨新綴 11 例(黃天樹)

A《合》21734 + B《合》21735

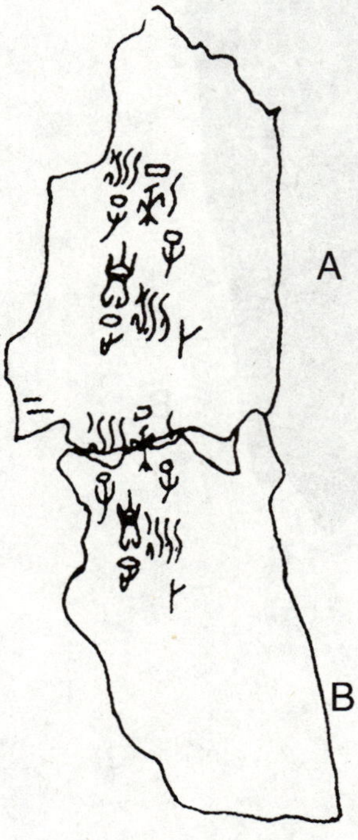

第 28 則：甲骨新綴 11 例（黃天樹）

A《合》22403 + B《英藏》1914

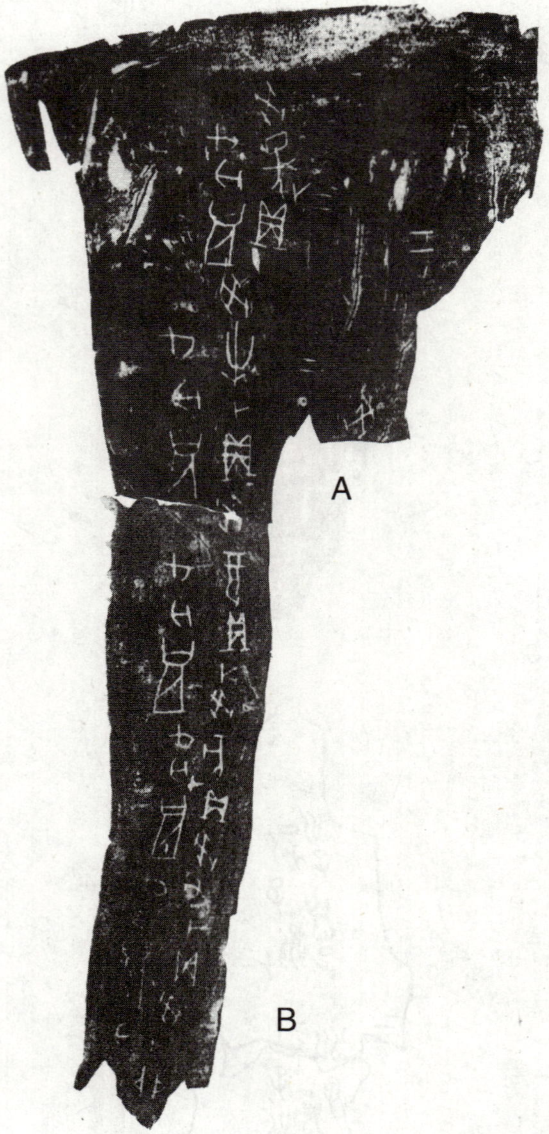

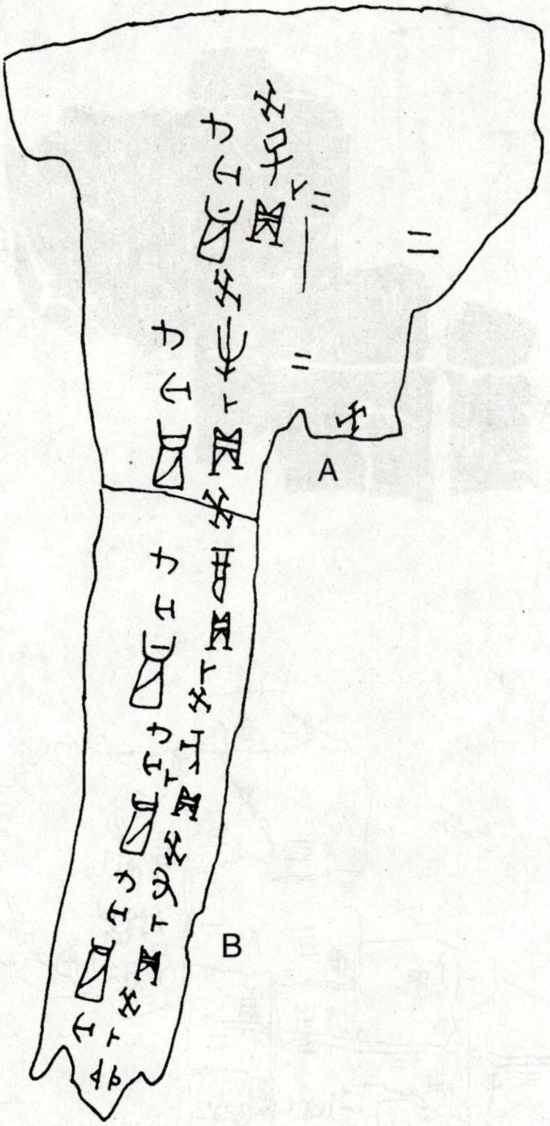
A
B

第 29 則：甲骨新綴 11 例（黃天樹）

A《合》22133 + B《合》22144

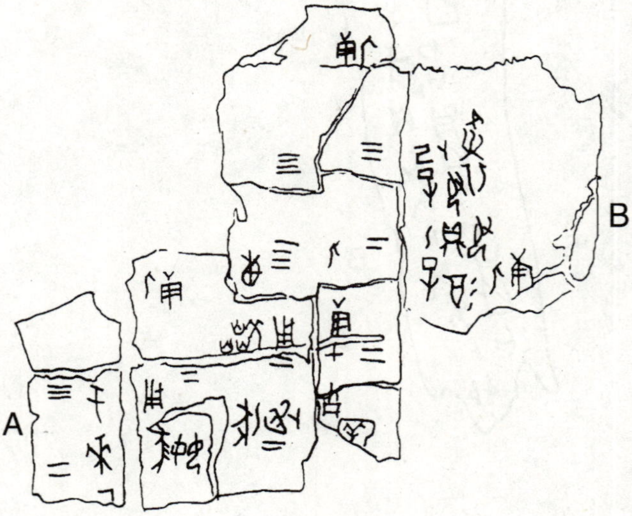

第30则：甲骨新綴11例(黃天樹)

A《合》20005 + B《合》21368

A

B

A

B

第 31 則：甲骨新綴 11 例（黄天樹）

A《合》21172 + B《合》2402 + C《合》19976

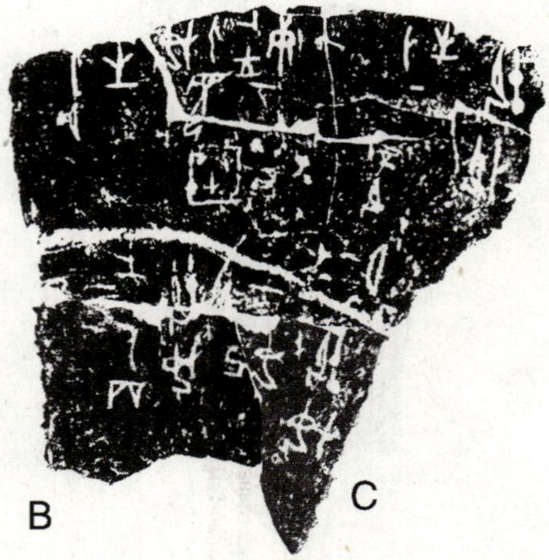

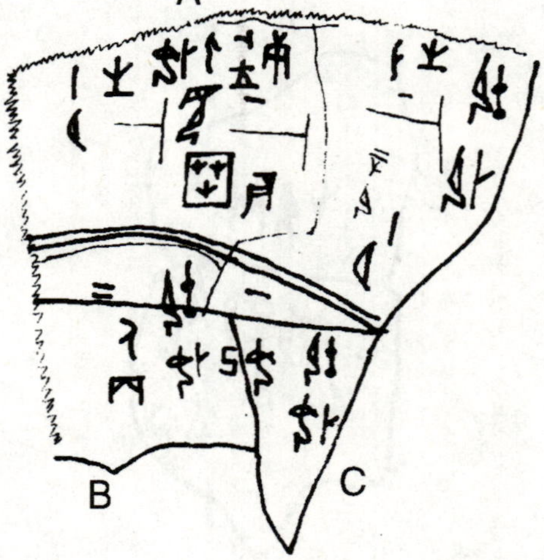

第 32 則：甲骨新綴（黄天樹）

A《合》1137 + B《合》15674

A

B

A

B

第33則：甲骨新綴(黄天樹)

A《合》22477 + B《合》22476

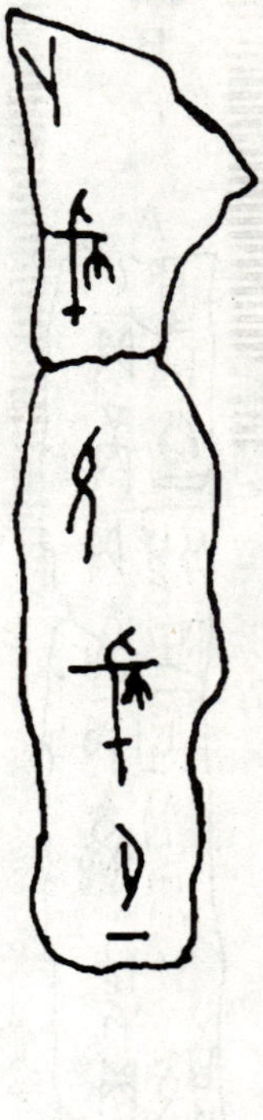

第 34 则：甲骨新缀（黄天树）

A《合》11535 + B《合》6697

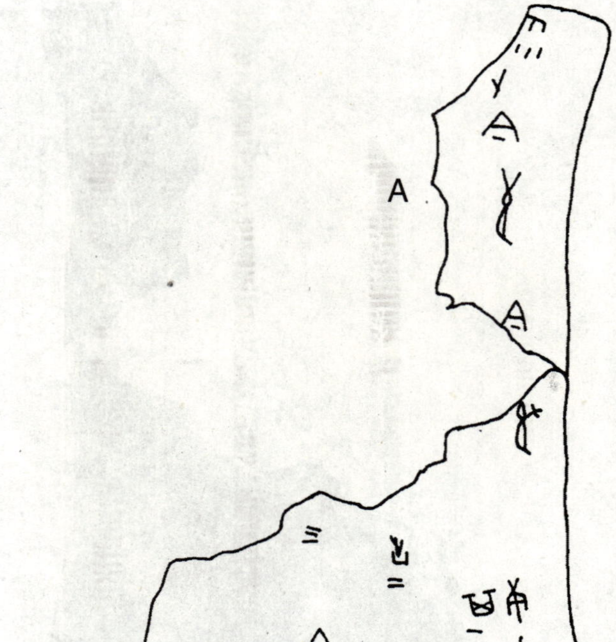
A
B

第 35 则：甲骨新綴（黃天樹）

A《合》24432 + B《合》34654

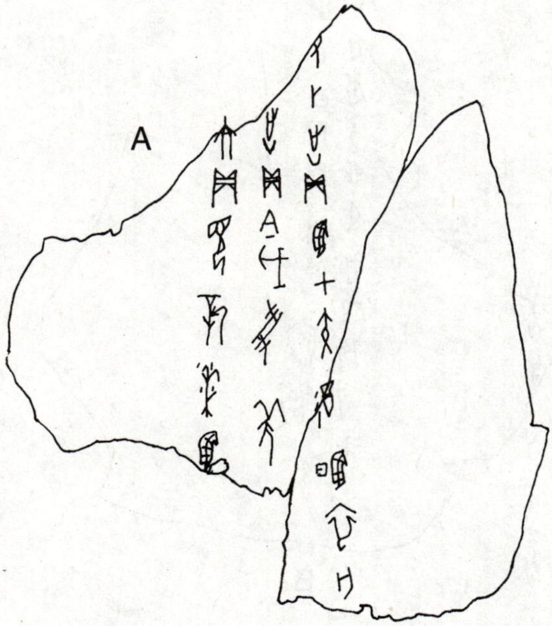

第 36 則:殷代的日界(黃天樹)

A《合》13472 + B《合》14020

A

B

A

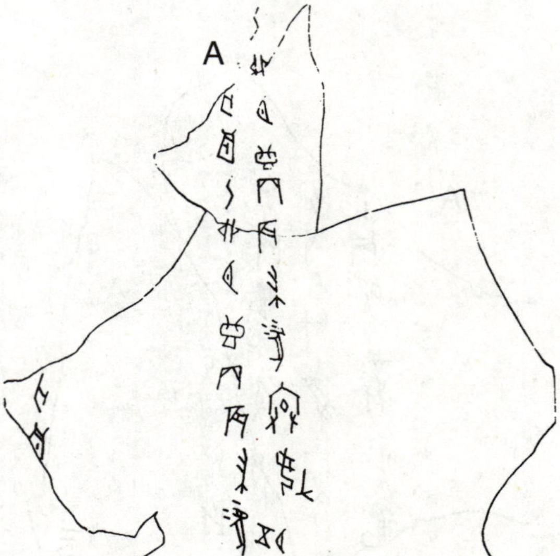

B

第 37 則：甲骨綴合九例（黃天樹）

A《合》10494 + B《合》5330

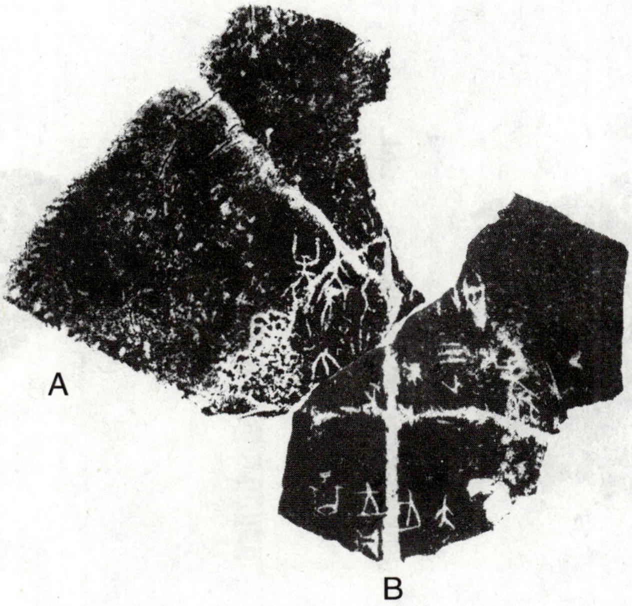

第38則：甲骨綴合九例(黃天樹)

A《合》3210 + B《合》14271

A

B

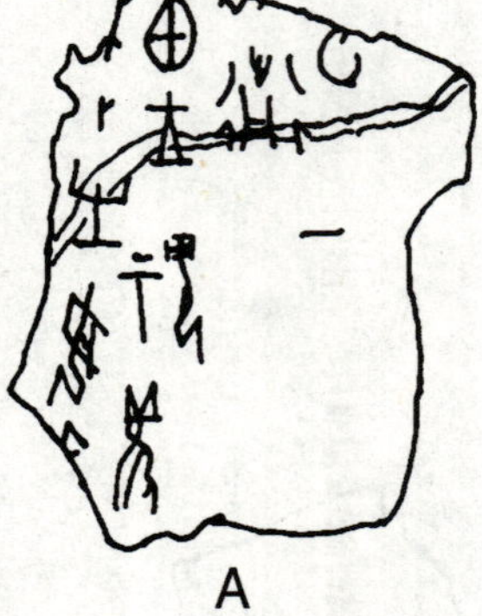

A

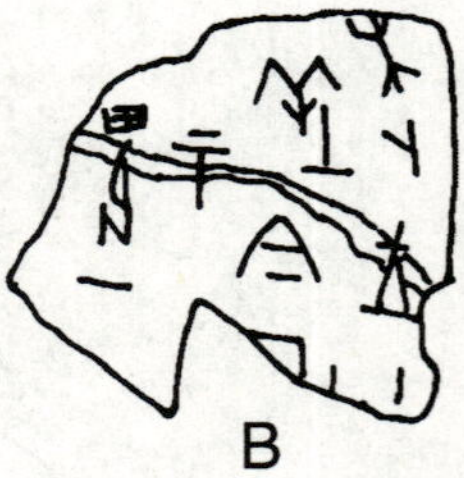

B

第 39 則：甲骨綴合九例(黄天樹)

A《合》4992 + B《合》4988

A

B

A

B

第 40 則：甲骨綴合九例(黃天樹)

A《商周甲骨文總集》1036 + B《合》19752

A

B

A

B

第 41 則：甲骨綴合九例(黃天樹)

A《合》22823＋B《合》22824

B

A

B

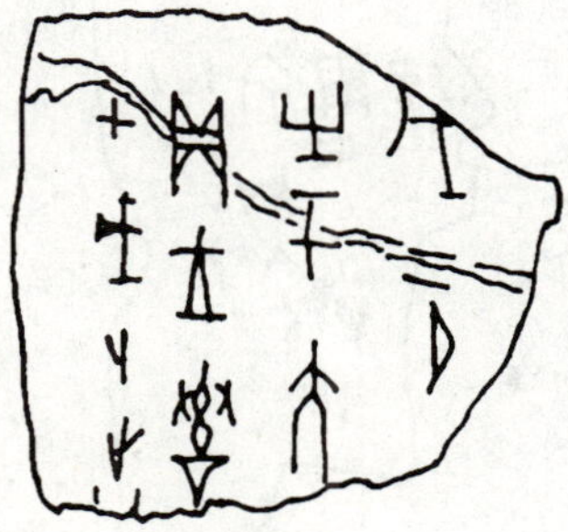

A

第 42 則：甲骨綴合九例(黃天樹)

A《合》4884 + B《合》3240

A

B

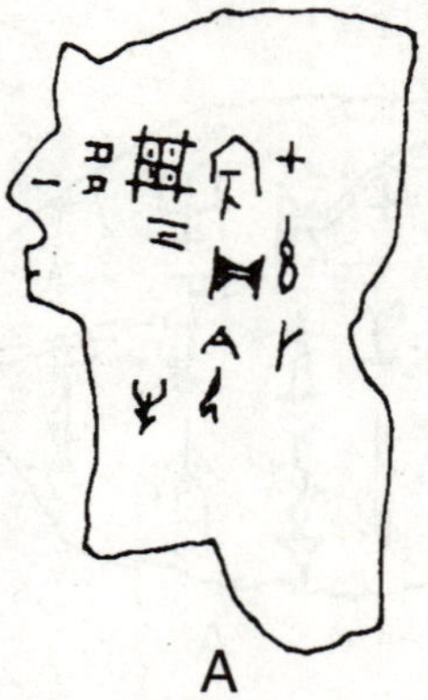

A

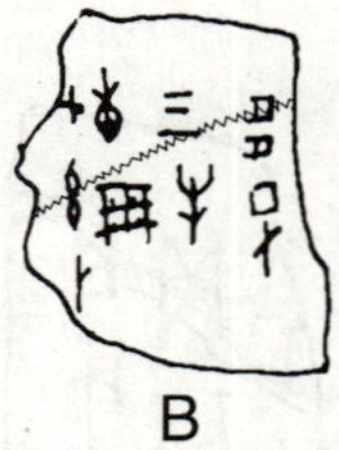

B

第 43 则：甲骨綴合二例及其考釋（黄天樹）

A《東研》645 + B《合》16050

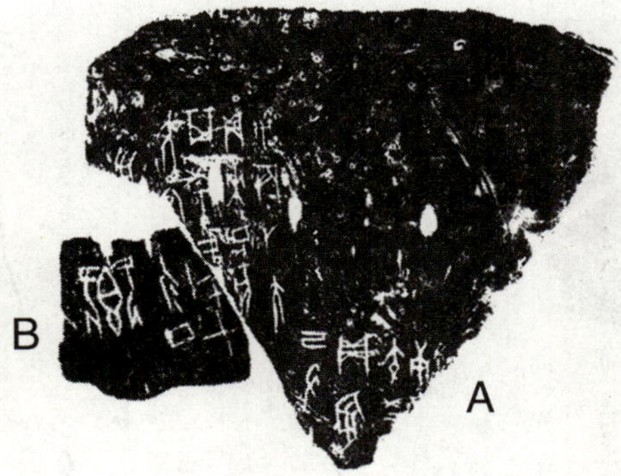

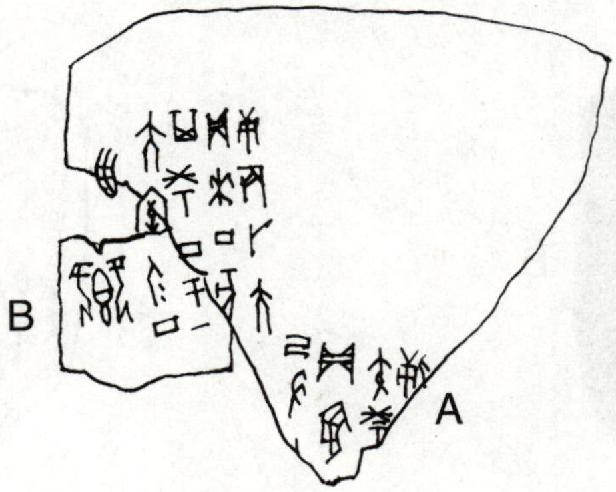

第 44 則：甲骨綴合二例及其考釋（黃天樹）

A《合》14115 + B《合》14116

A

A

B

B

第 45 則：甲骨綴合四則及其考釋（黃天樹）

A《合》6820 + B《洹寶》101 + C《合》5451 + D《合》17466

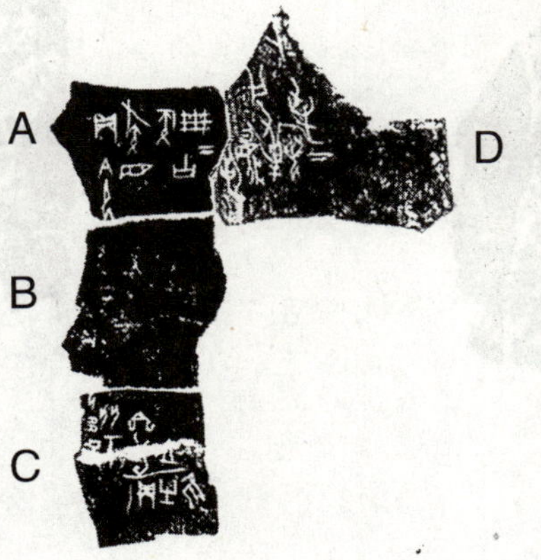

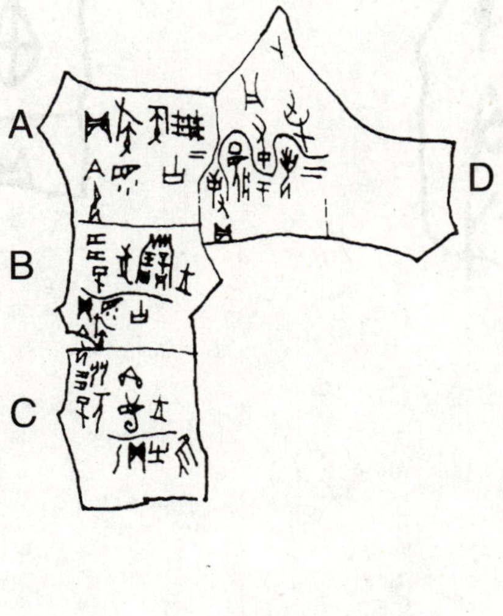

第 46 則：甲骨綴合四則及其考釋(黃天樹)

A《合》15949 + B《合》15948

B

A

B

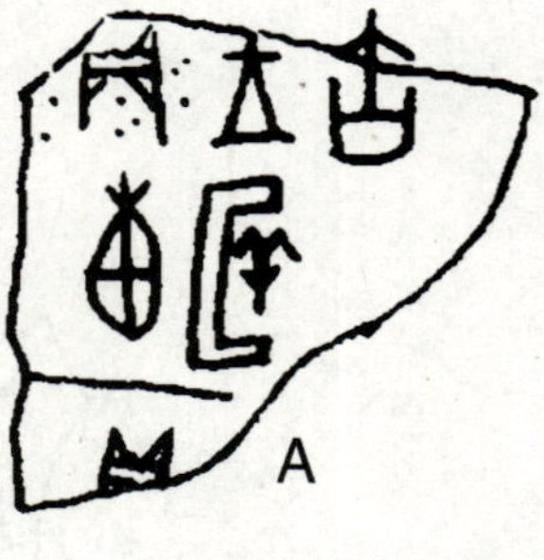

A

第 47 則：甲骨綴合四則及其考釋（黃天樹）

A《合》21375 + B《懷特》434

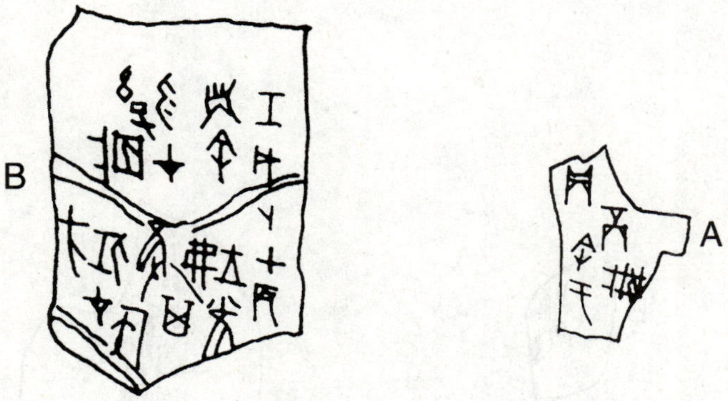

第 48 則：甲骨綴合四則及其考釋(黄天樹)

A《合》439＋B《合》21791

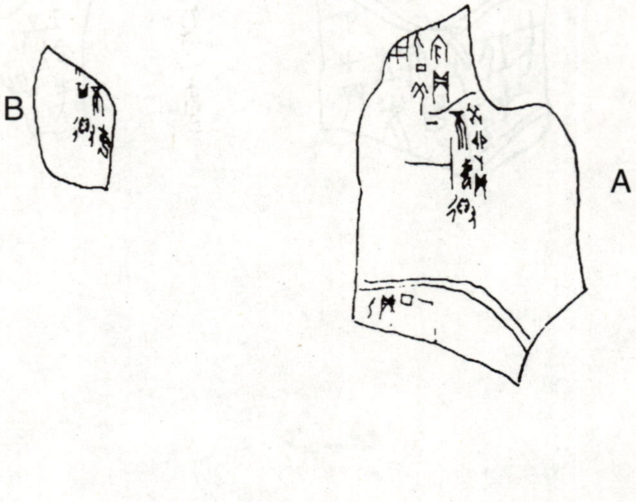

第 49 則：甲骨綴合六例及其考釋(黃天樹)

A《合》2292 + B《合》1469

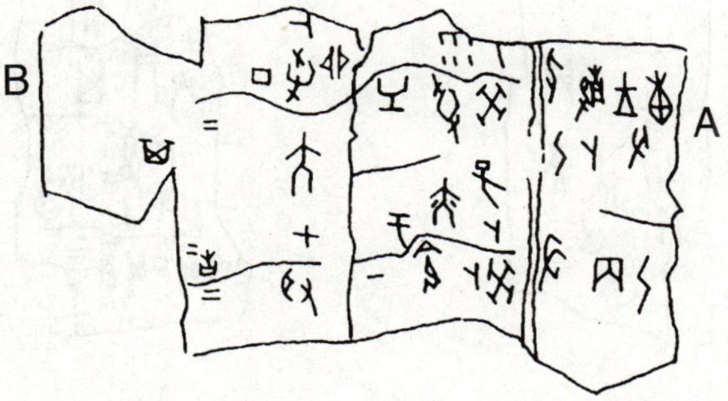

第50則：甲骨綴合六例及其考釋（黃天樹）

A《合》15664 + B《合》13692

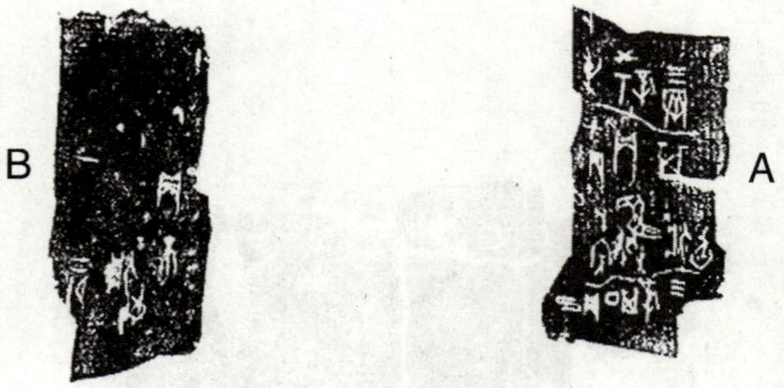

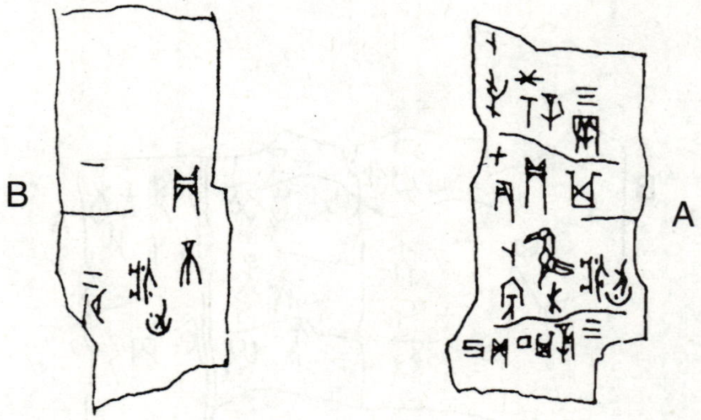

第 51 則：龜腹甲遙綴一則（黃天樹）

A《合》17096 正 + B《合》17139

A

B

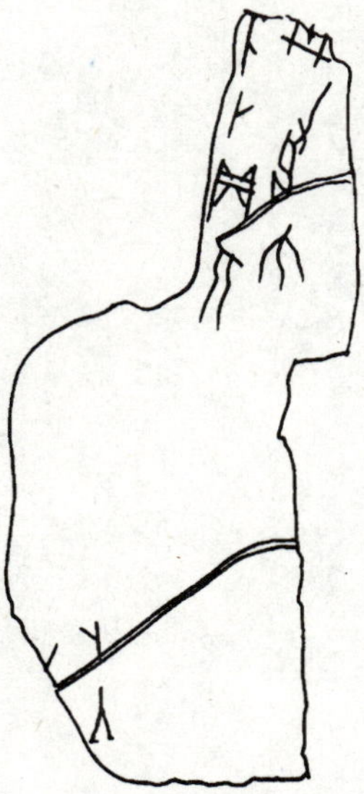

A

B

第 52 則：甲骨綴合兩則（姚萱）

A《花東》553 + B《花東》432

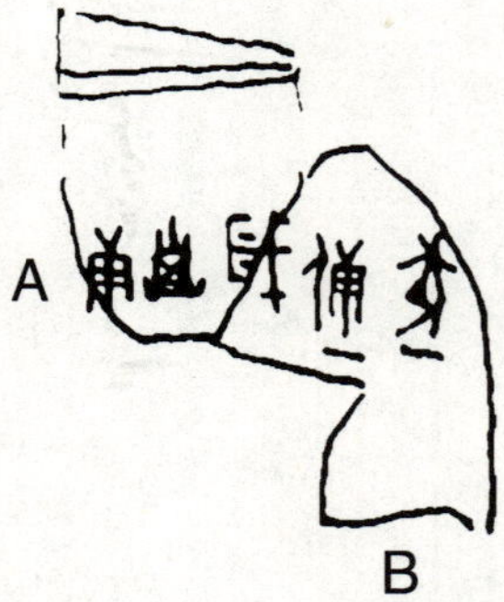

第53则：甲骨綴合兩則(姚萱)

A《合》22172 + B《合》22351

B　　　　A

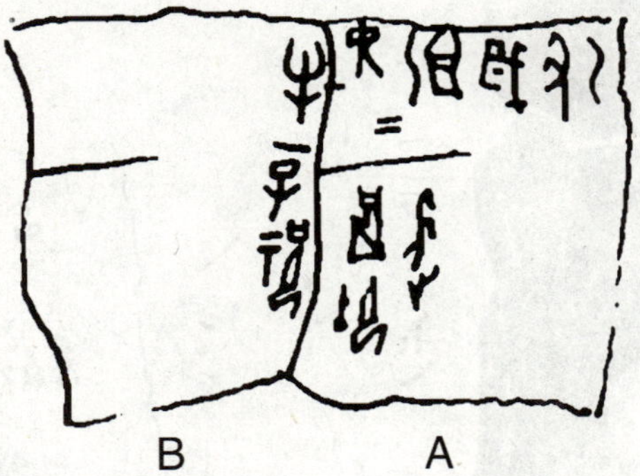

B　　　　A

第 54 則：甲骨綴合五例（趙鵬）

A《合》6508 + B《合》6510 + C《合》18917

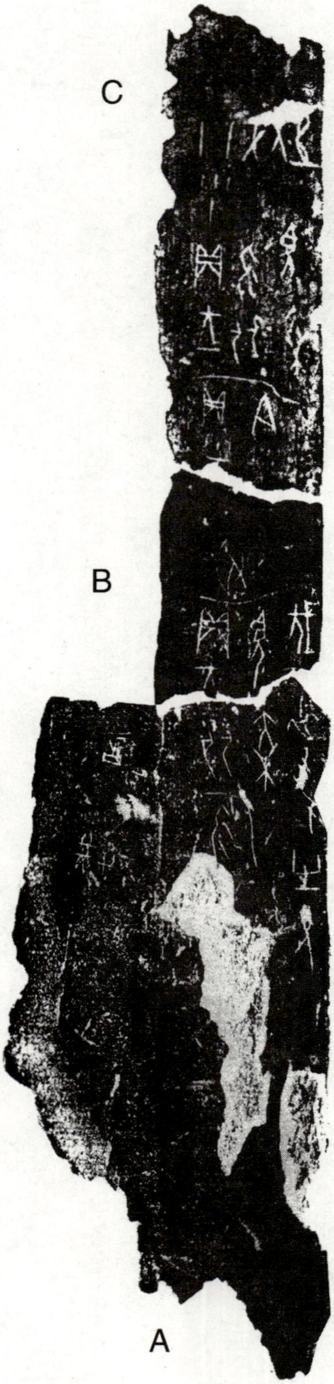

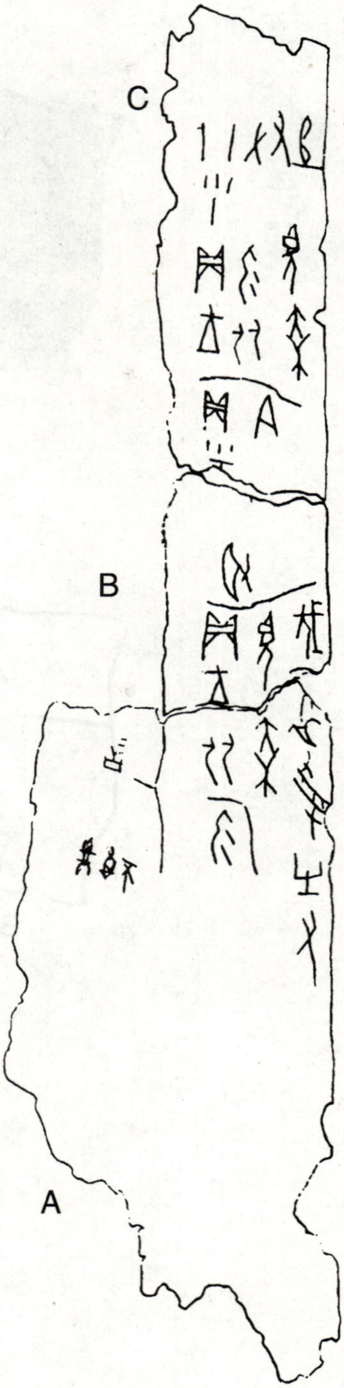

第 55 則：甲骨綴合五例（趙鵬）

A《合》6527 + B《合》6529 + C《合》7537

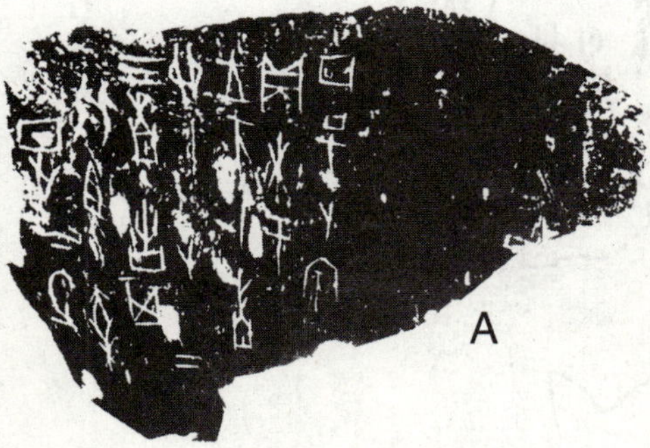

A

C

B

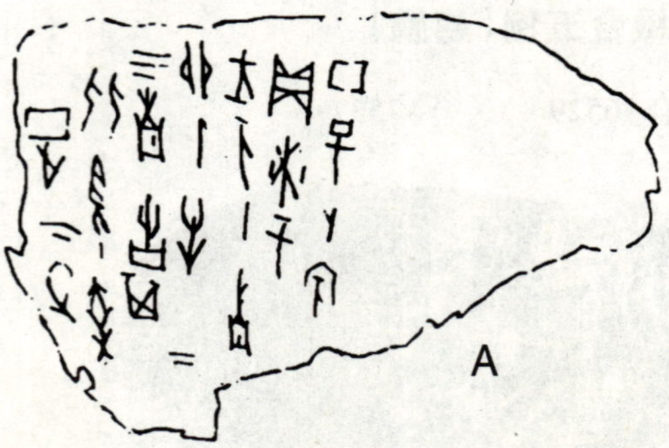

A

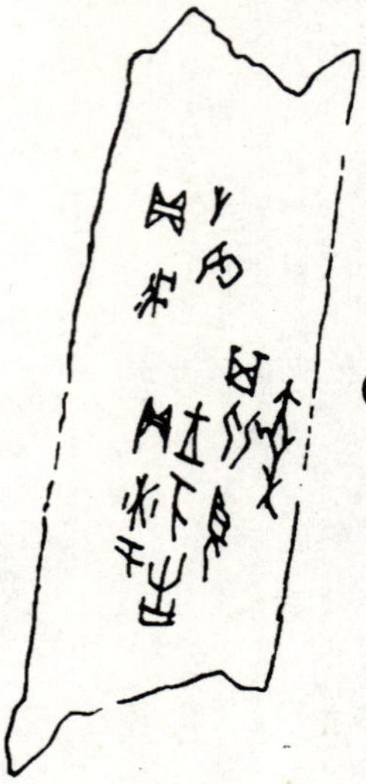

C

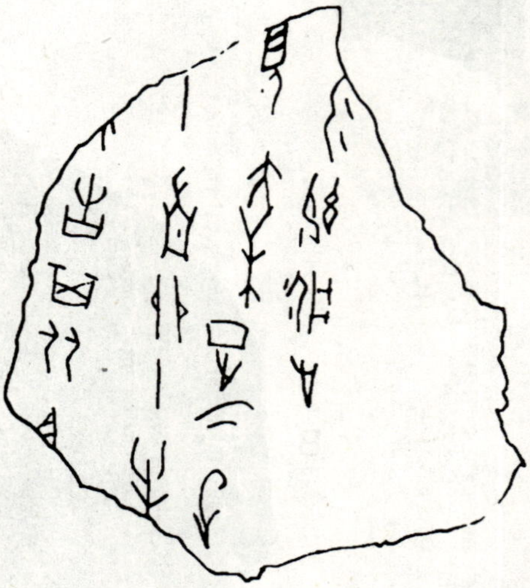

B

第 56 则：甲骨缀合五例（趙鵬）

A《合》8988 + B《合》20184

A

B

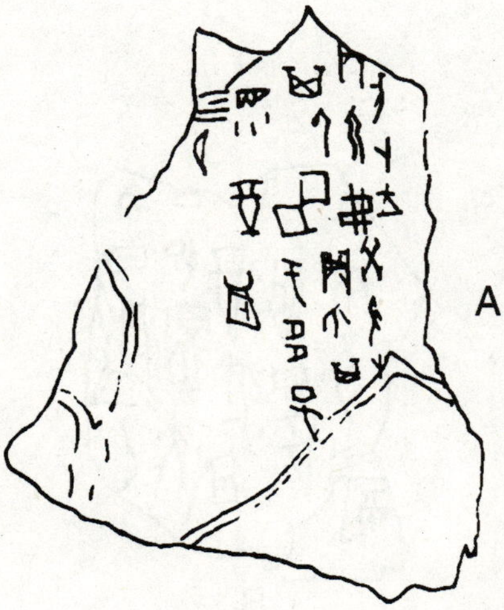
A

B

第 57 則：甲骨綴合五例（趙鵬）

A《合》993 + B《英》1101

A

B

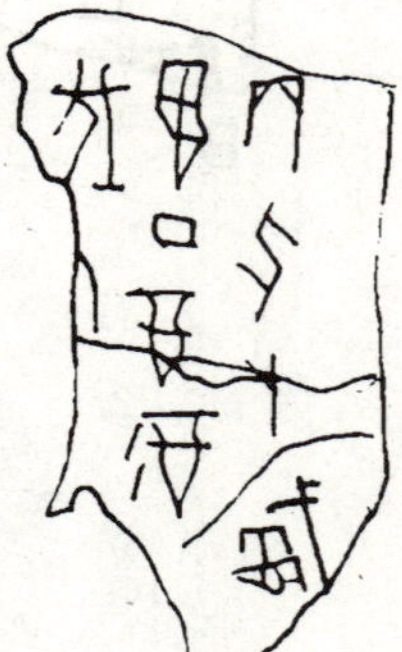

A

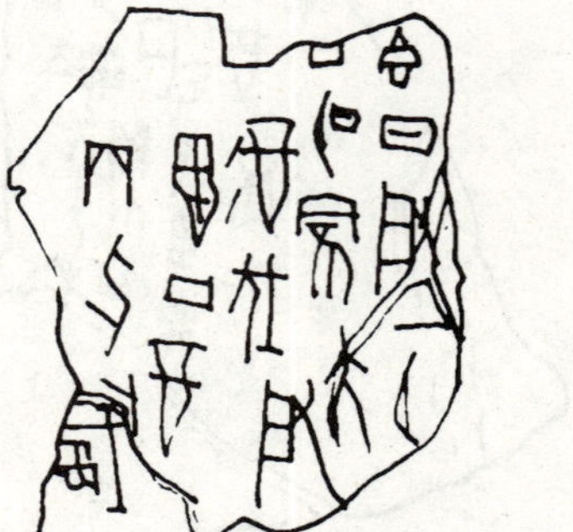

B

第 58 则：甲骨綴合五例（趙鵬）

A《合》6450 + B《合》4090

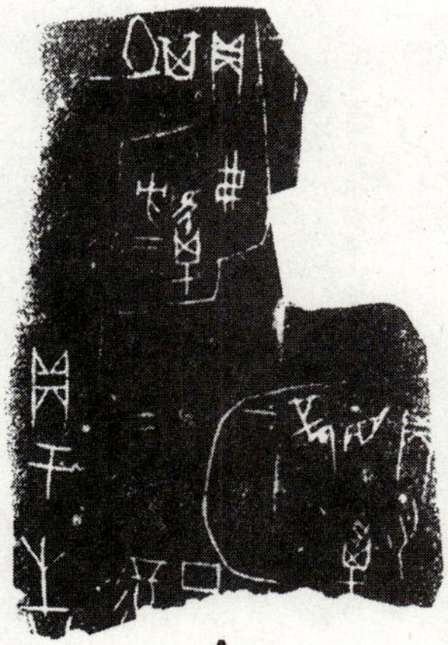

A

B

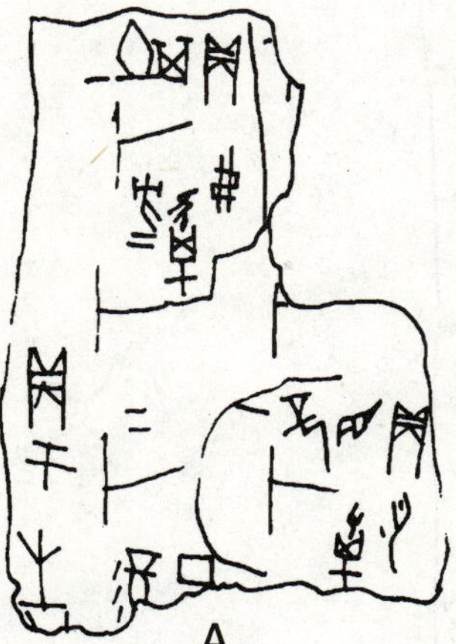

A

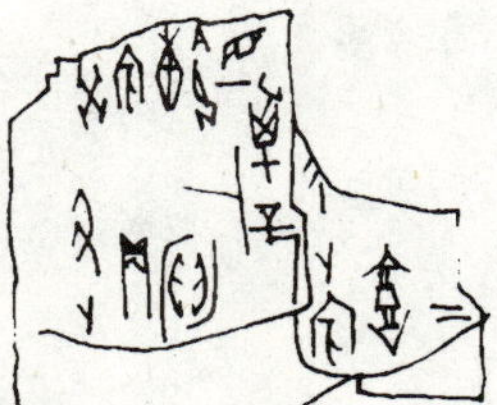

B

第 59 則：甲骨新綴二例（趙鵬）

A《合》15475 + B《合》1520

第 60 则：甲骨新綴二例（趙鵬）

A《合》3307 + B《合》9486

B

A

B

A

第61則：甲骨新綴二例(趙鵬)

A《懷特》439 + B《合》7151 正

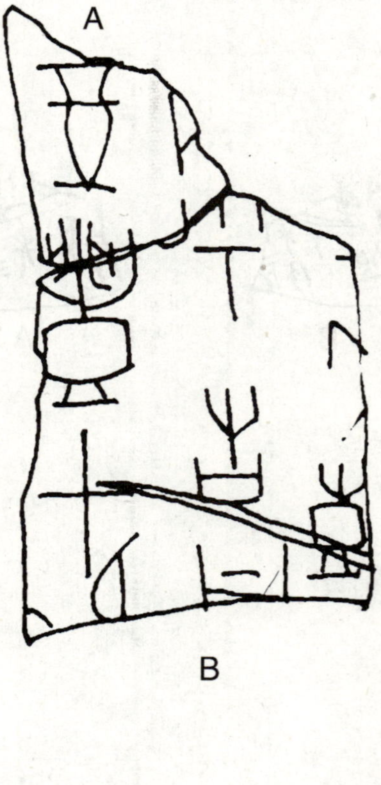

第 62 则：甲骨新缀二例（趙鵬）

A《合》465 + B《合》4025

A

B

A

B

第 63 則：甲骨新綴一例（趙鵬）

A《合》37448 + B《合補》11323

A

B

A

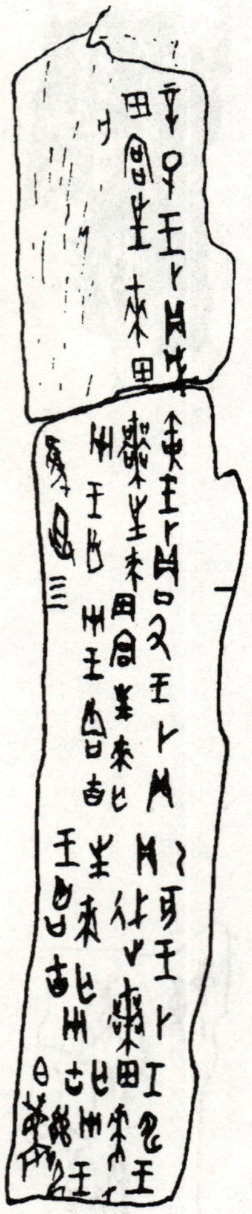

B

第 64 则：甲骨新綴二例（趙鵬）

A《合》1777 + B《合》10044

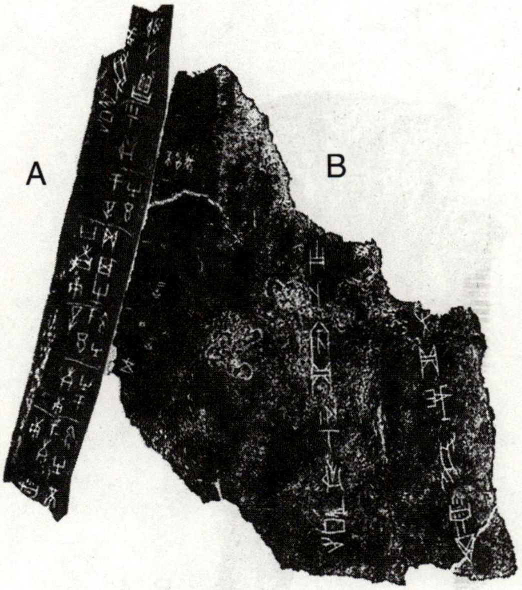

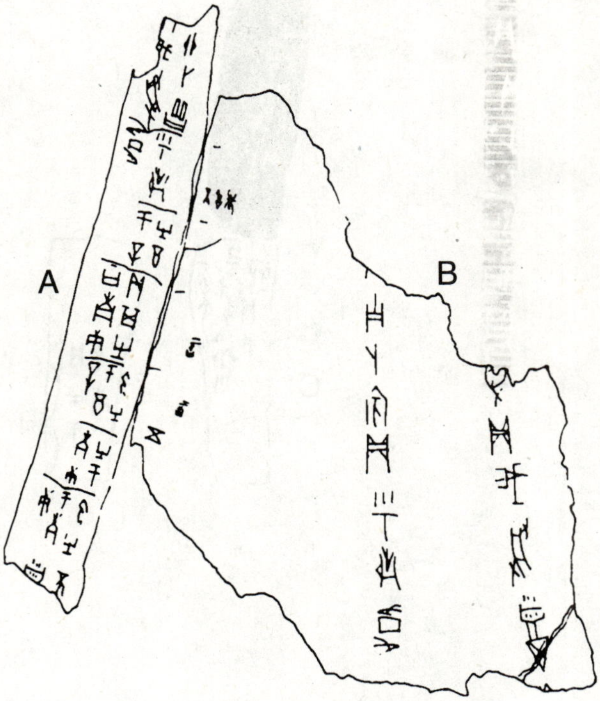

第 65 則：蔡哲茂先生《甲骨綴合集》第 77 組補綴（趙鵬）

A《合》10042 + B《英藏》824 + C《合》9941

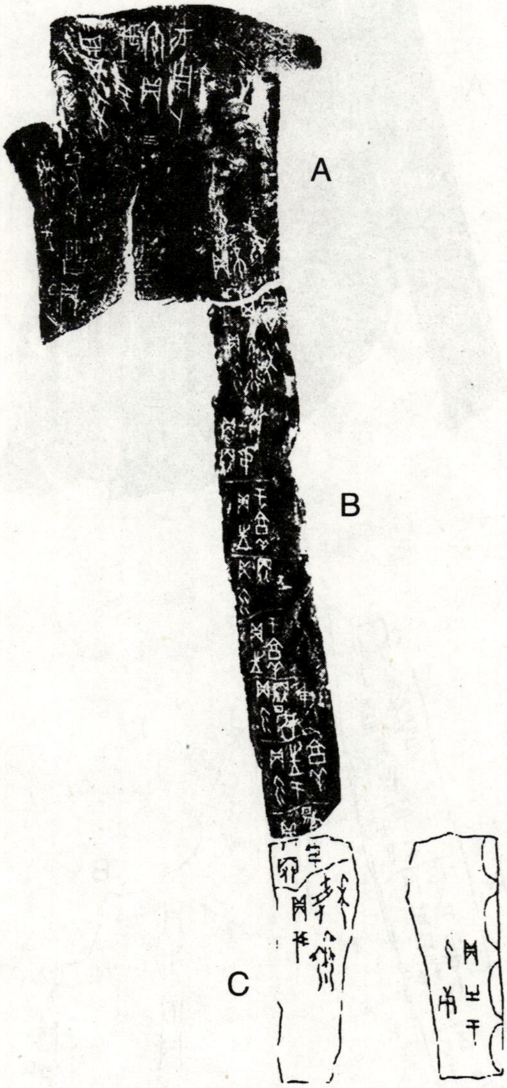

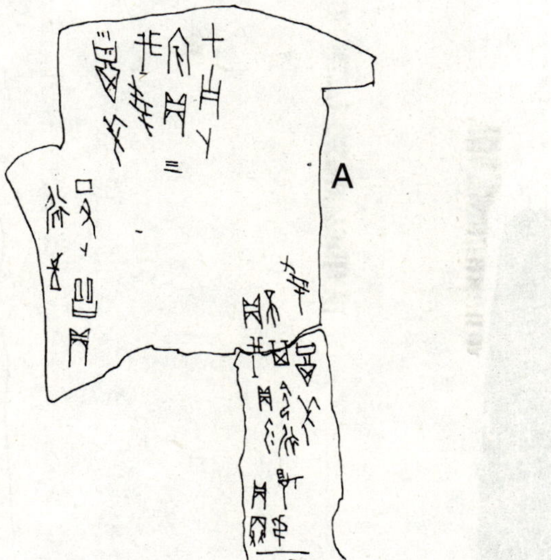
A
B
C

第 66 則:《殷墟甲骨輯佚》新綴一則(趙鵬)

A《合集》217 + B《輯佚》16

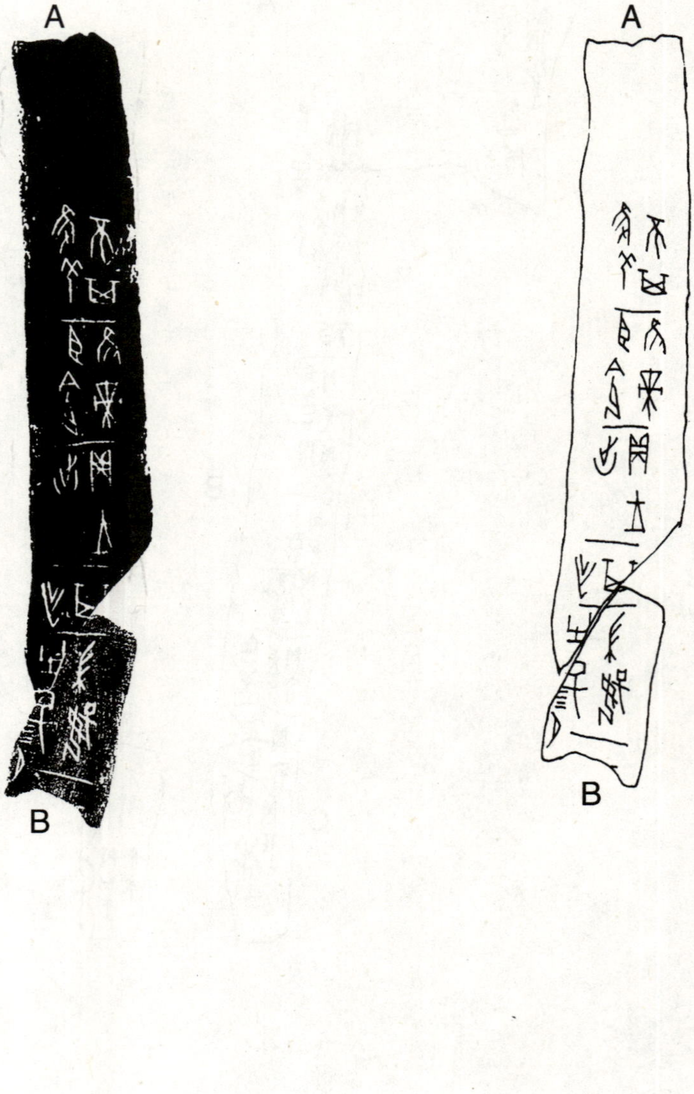

第 67 则：《殷墟甲骨辑佚》新缀一则（二）（赵鹏）

A《辑佚》35 + B《合》5212

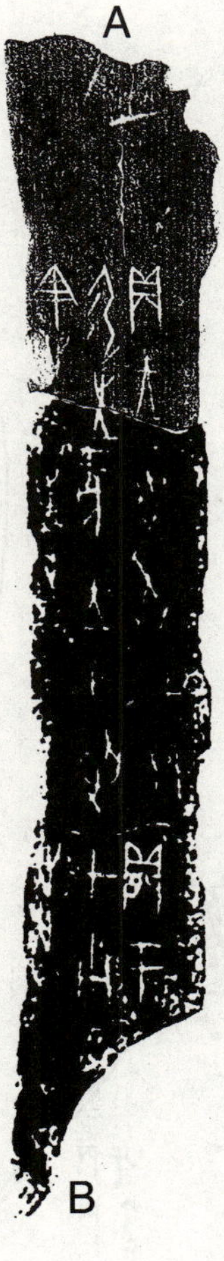

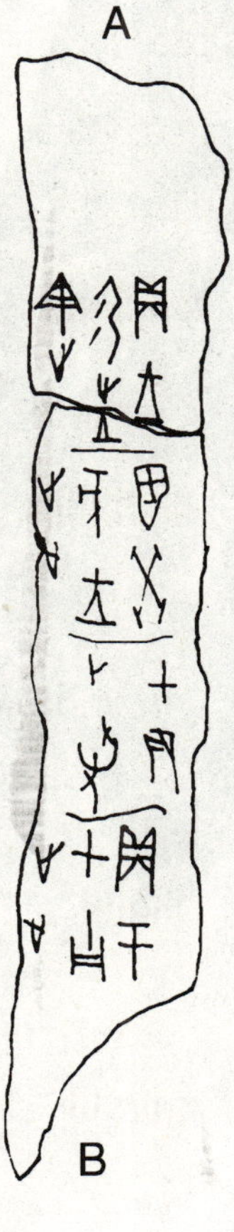

第 68 則：甲骨新綴一例（趙鵬）

A《合》847 + B《合》10104

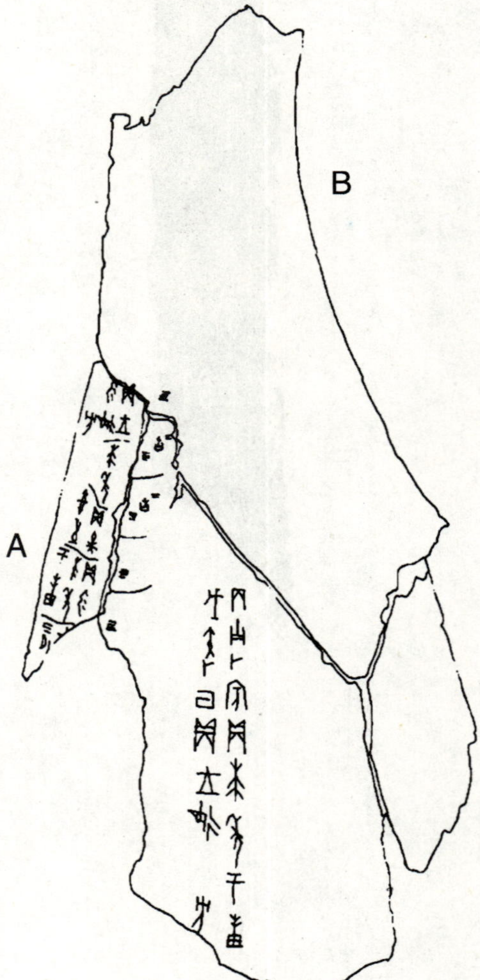

第 69 则：甲骨新缀一例（趙鵬）

A《合》6244 + B《合》1276

A

B

A

B

第 70 則：甲骨新綴一例（趙鵬）

A《合》1111 正 + B《英藏》730

A

B　　A反

A

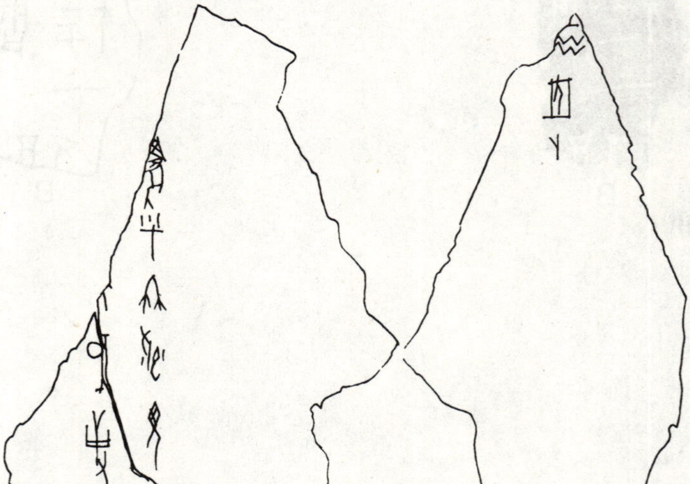

B　　A反

第 71 则：甲骨試綴三例（趙鵬）

A《合》4915 + B《合》14879

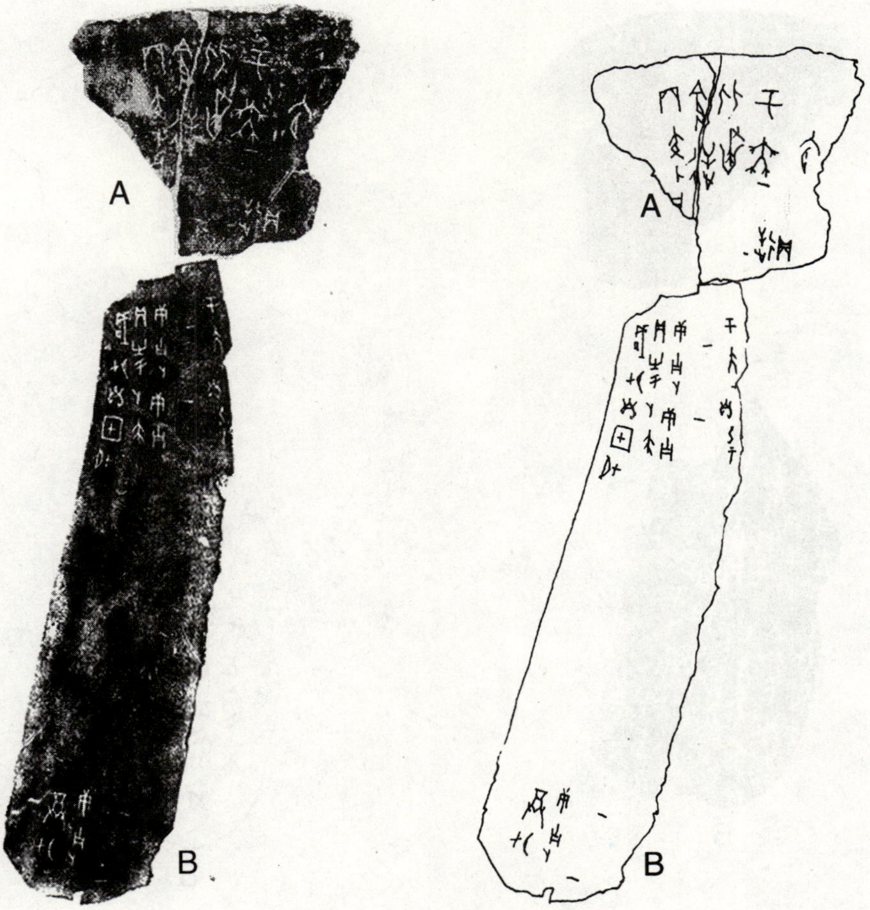

第 72 則：甲骨試綴三例（趙鵬）

A《合》7775＋B《合》7782

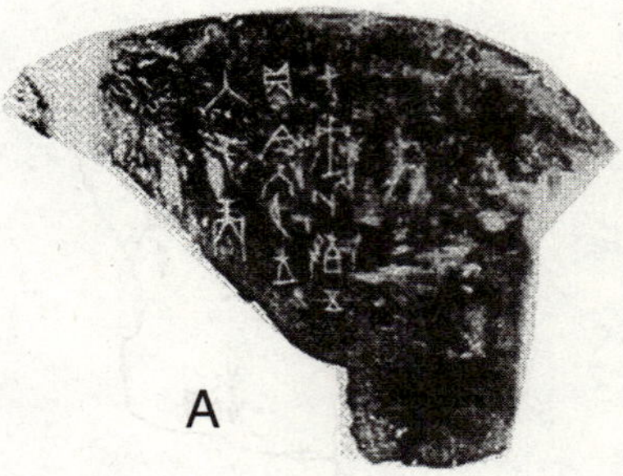

A

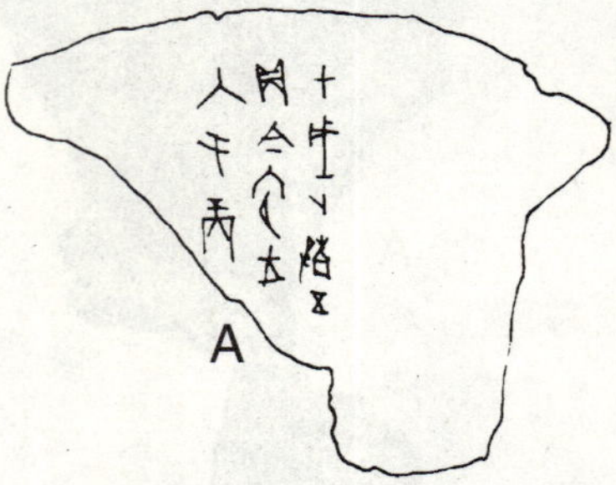

A

B

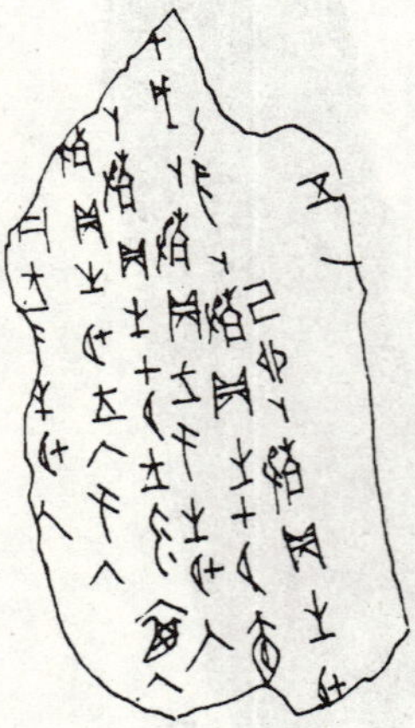

B

第 73 則：甲骨試綴三例（趙鵬）

A《合》7799 + B《英藏》716 + C《合》7795

A

B

C

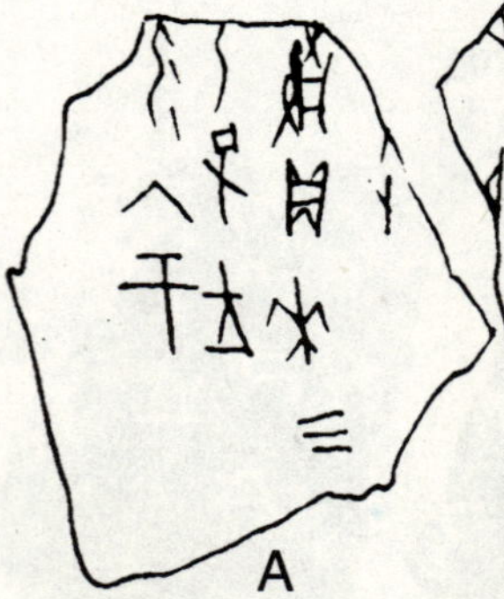

A

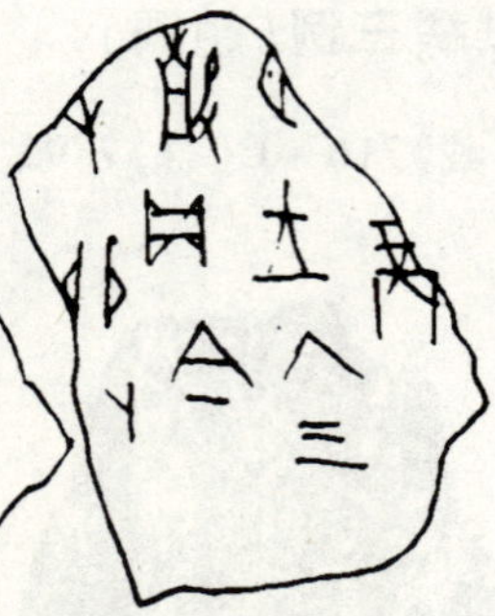

B

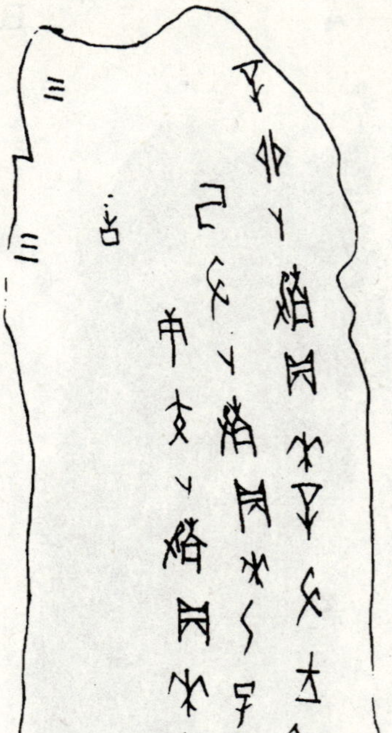

C

第74则:甲骨新缀三例(赵鹏)

A《合》4162 + B《合》11839

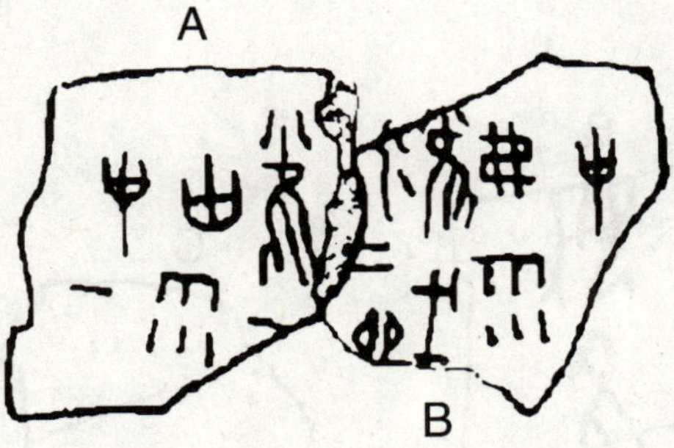

第 75 則：甲骨新綴三例（趙鵬）

A《合》2688 + B《京》2053 +《合》2701

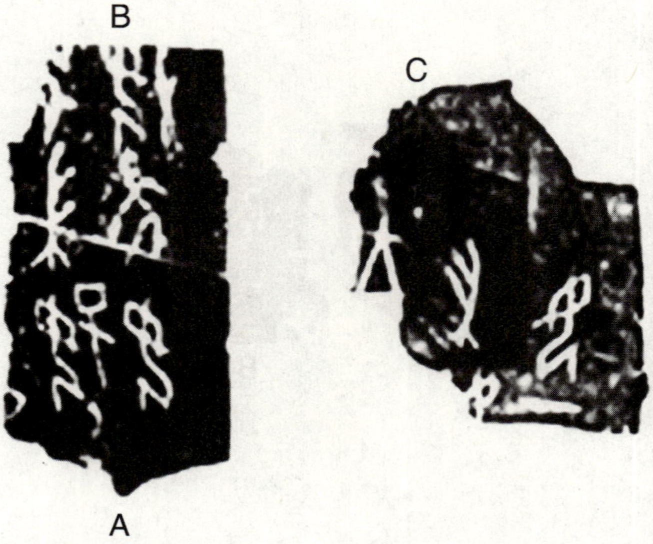

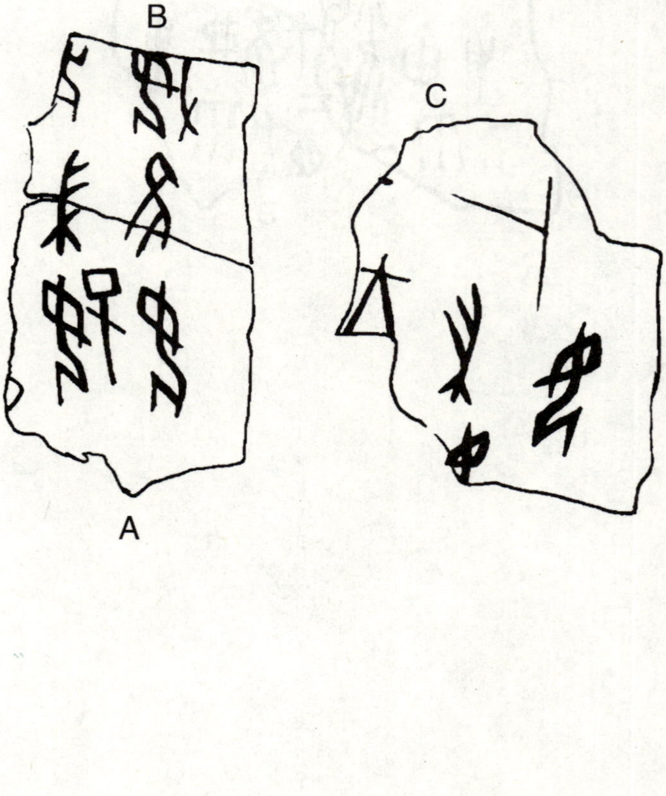

第76則：甲骨新綴一例（趙鵬）

A《所》1922 + B《所》1923

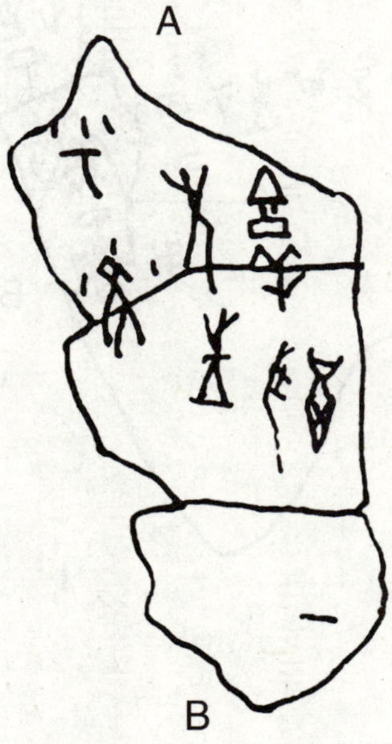

第 77 則：甲骨綴合九例（方稚松）

A《花東》395 + B《花東》548（部分圖版）

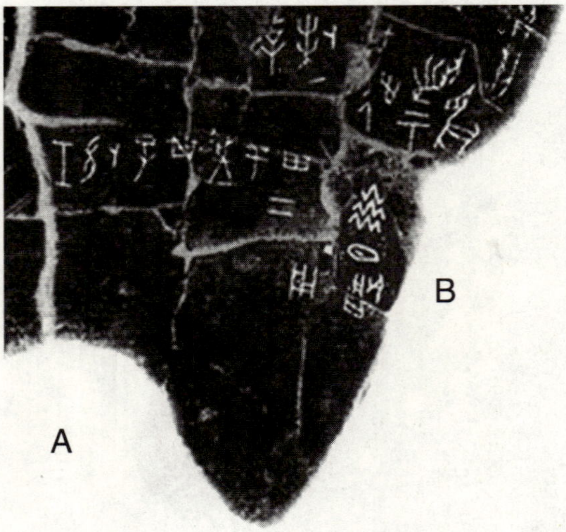

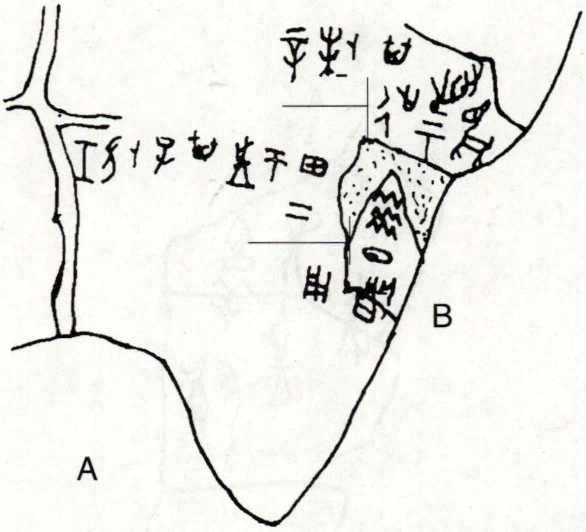

第 78 则：甲骨綴合九例（方稚松）

A《花東》434 + B《花東》529 + C《花東》433

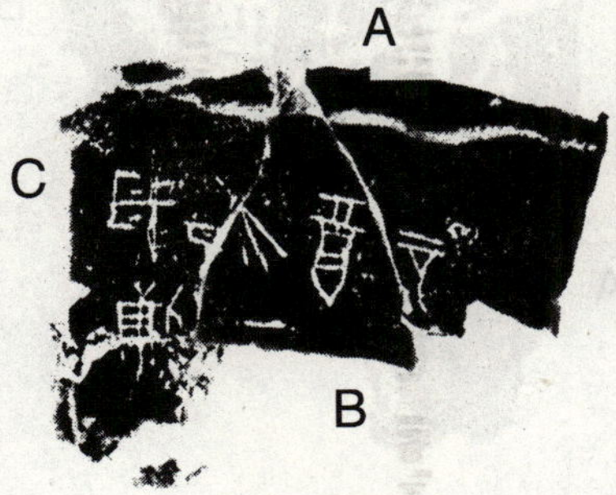

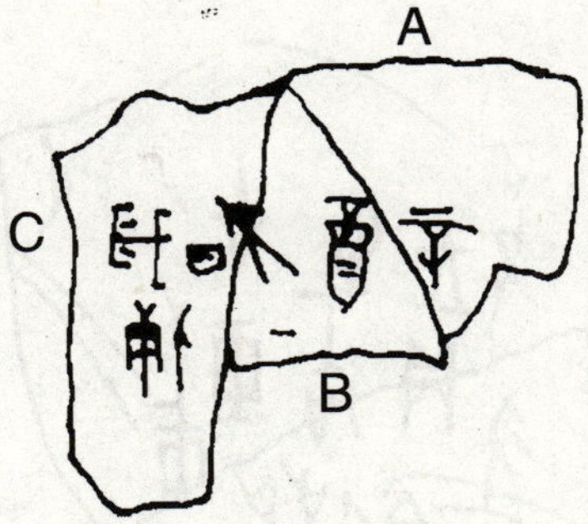

第 79 則：甲骨綴合十四組（方稚松）

A《合》5008 + B《合》6898

第 80 則：甲骨綴合十四組（方稚松）

A《合》6892 正 + B《合》6893

A

B

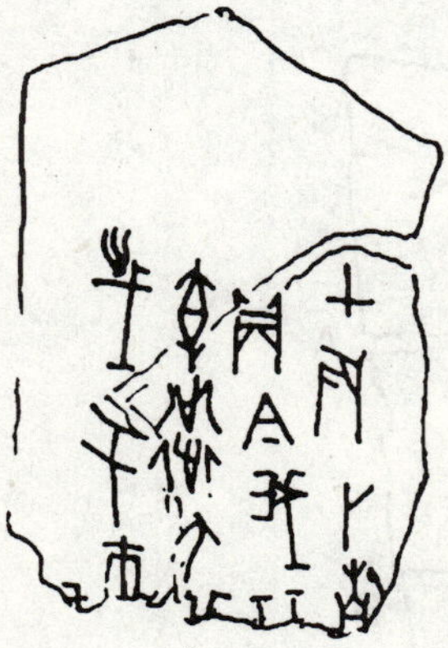

A

B

第 81 則：甲骨綴合十四組（方稚松）

A《合》4757 + B《合》5799

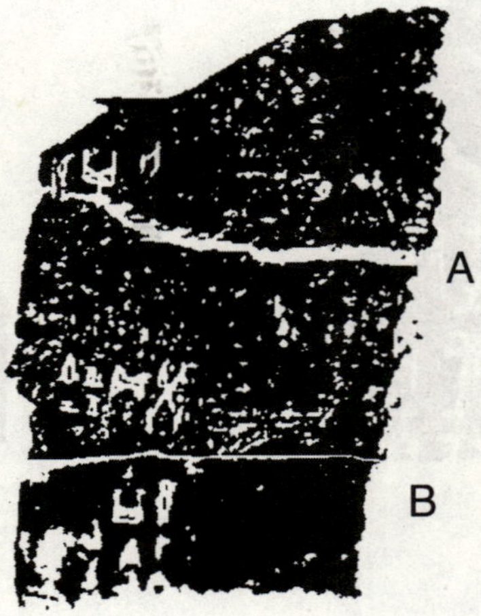

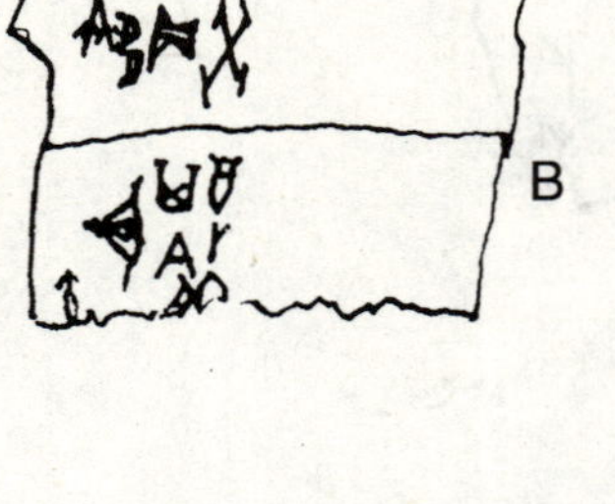

第 82 則：甲骨綴合十四組(方稚松)

A《合》3287 + B《合》6552 正

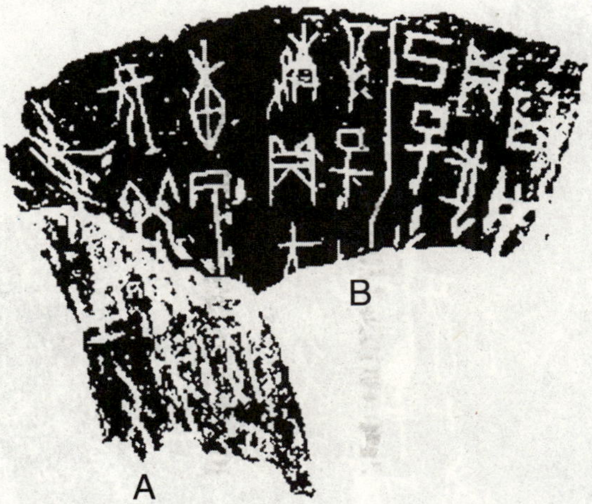

第 83 則：甲骨綴合十四組（方稚松）

A《合》35274 + B《合》35263 + C《合補》10535 正

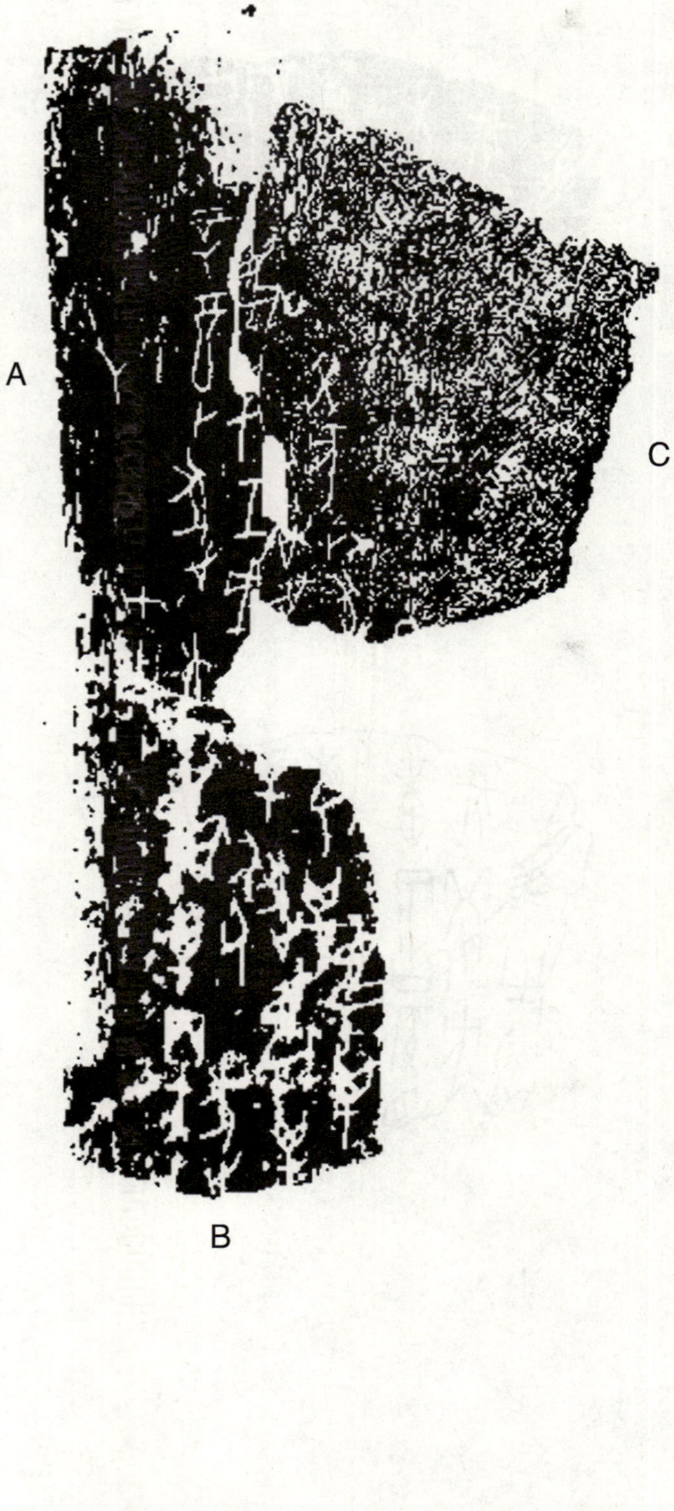

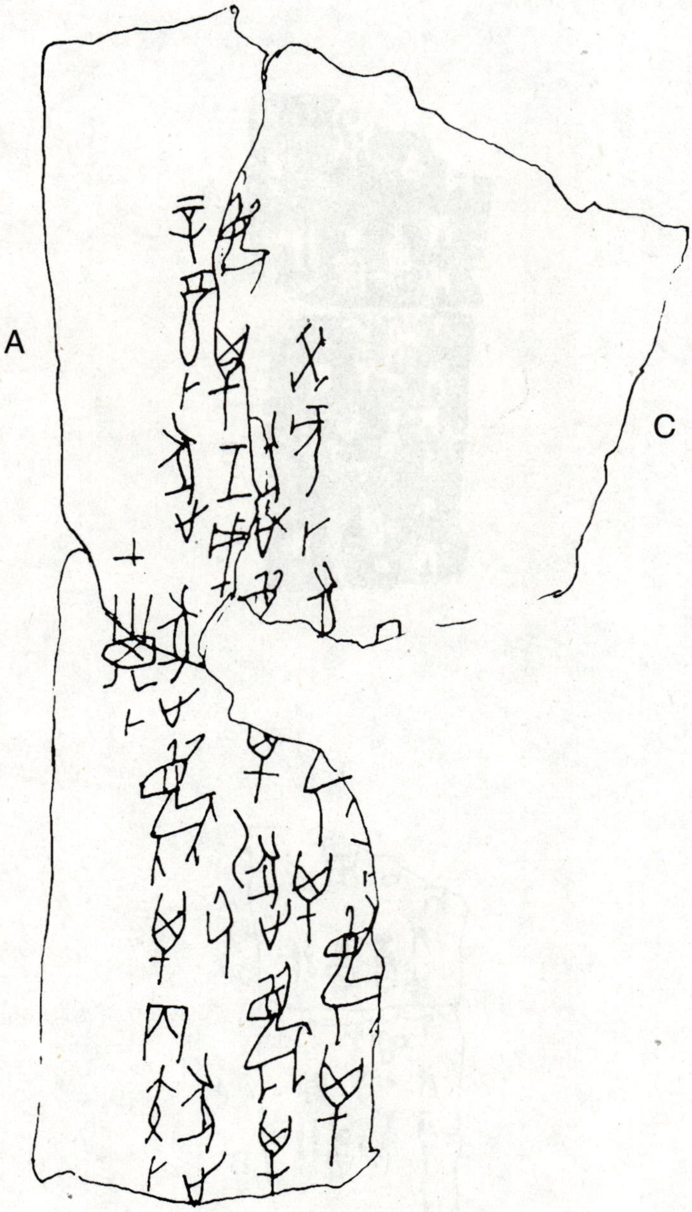
A
C
B

第 84 則：甲骨綴合十四組（方稚松）

A《合》35989 + B《合》36004

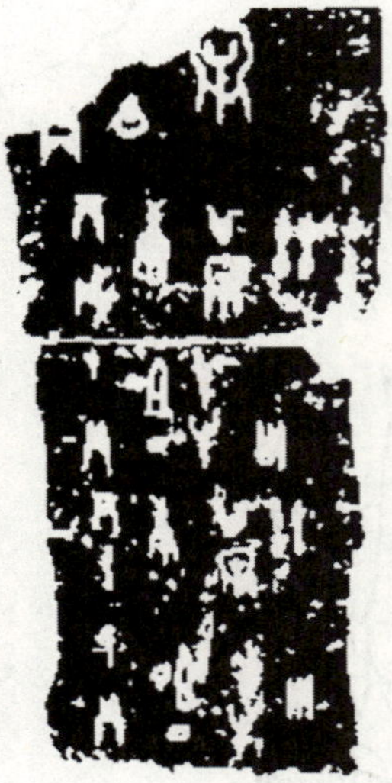

A
B

A
B

第 85 則：甲骨綴合十四組（方稚松）

A《合》6840 + B《合》3375

A

B

A

B

第 86 則：甲骨綴合十四組（方稚松）

A《合》3296 正 + B《合》3299

A

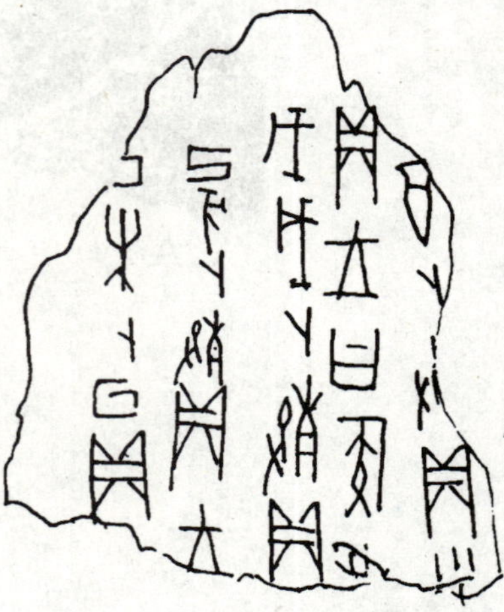

A

B

B

第 87 则：甲骨綴合十四組(方稚松)

A《合》3300 + B《合》4620 正

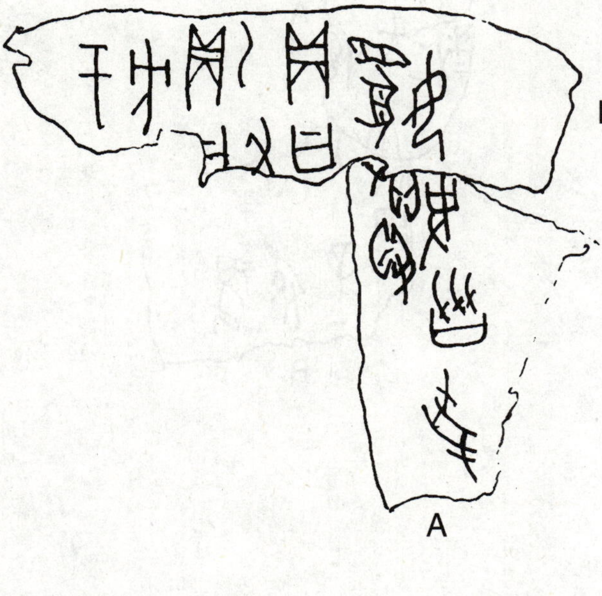

第 88 則：甲骨綴合十四組（方稚松）

A《合》25240 + B《合》25926

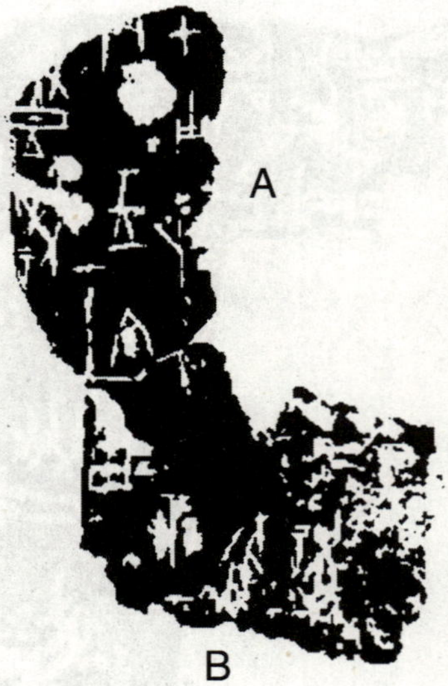

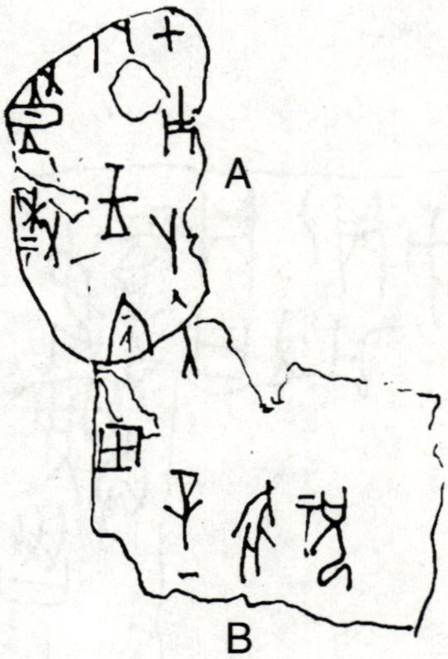

第 89 則：甲骨綴合十四組（方稚松）

A《合》27171＋B《合》26974

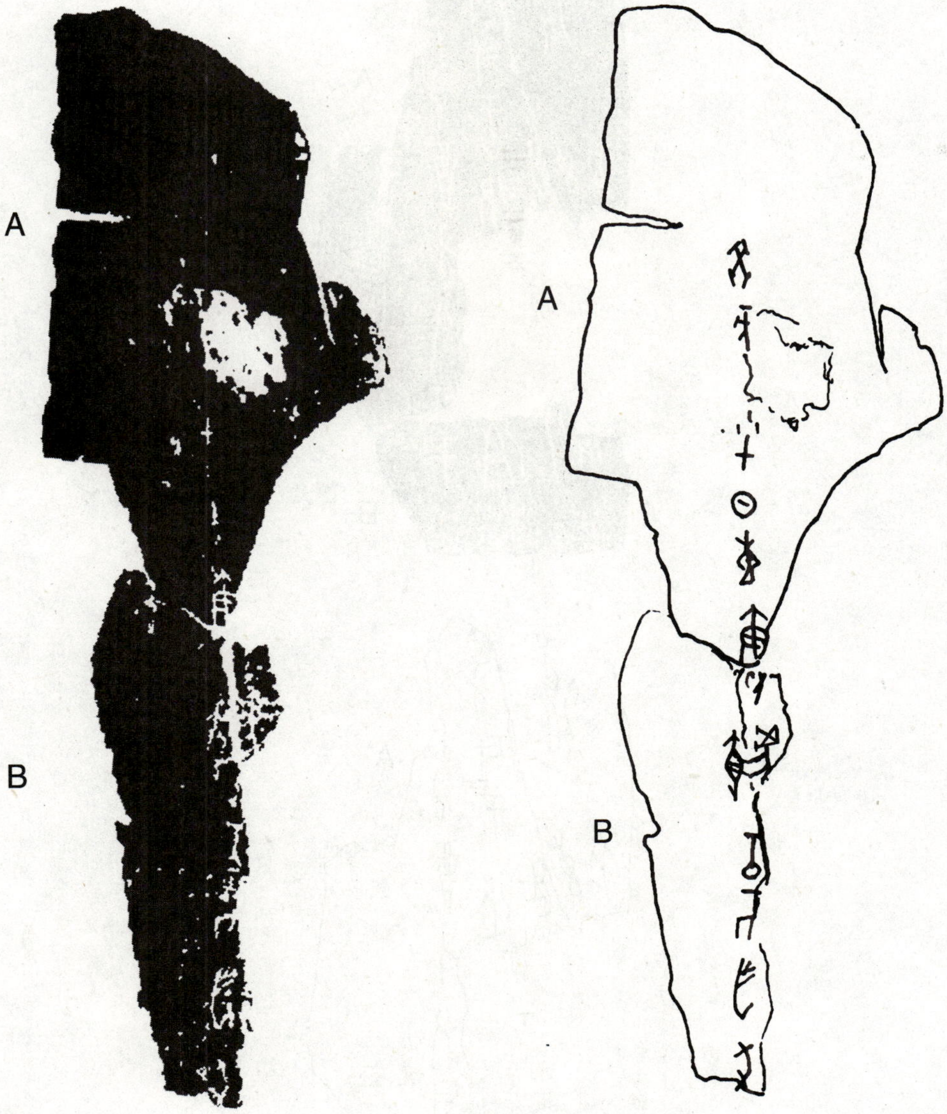

第 90 則：甲骨綴合十四組（方稚松）

A《合》32790 + B《合》32558

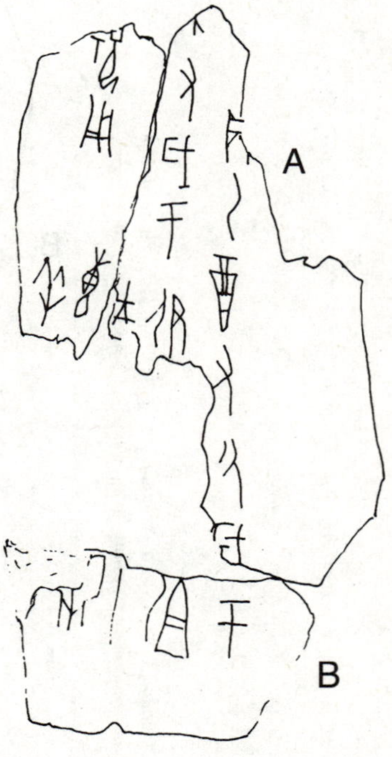

第91则：甲骨缀合十四组(方稚松)

A《合》13561＋B《英藏》2187

A

B

A

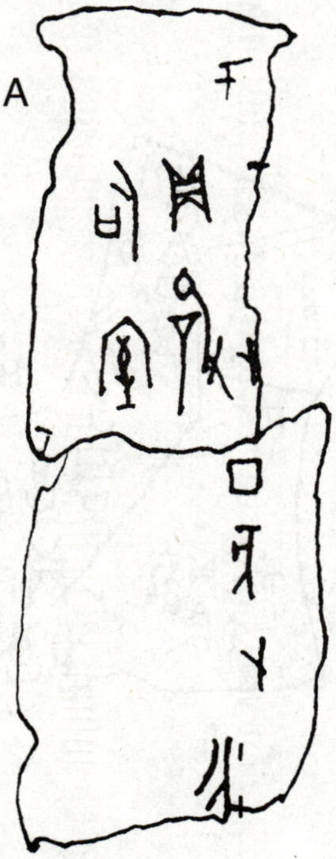

B

第 92 則：甲骨綴合十四組(方稚松)

A《合》24762 + B《合》26156

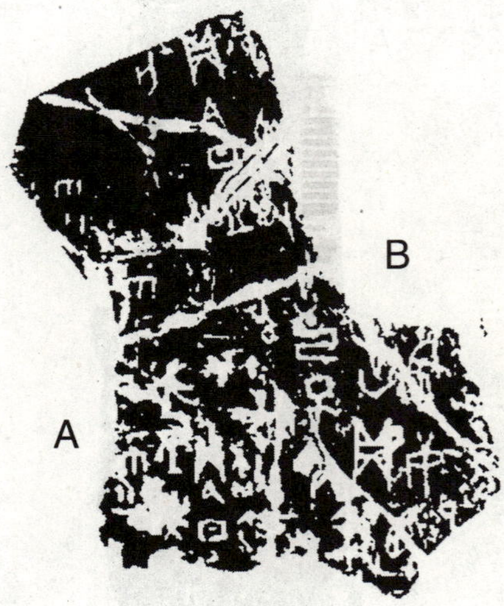

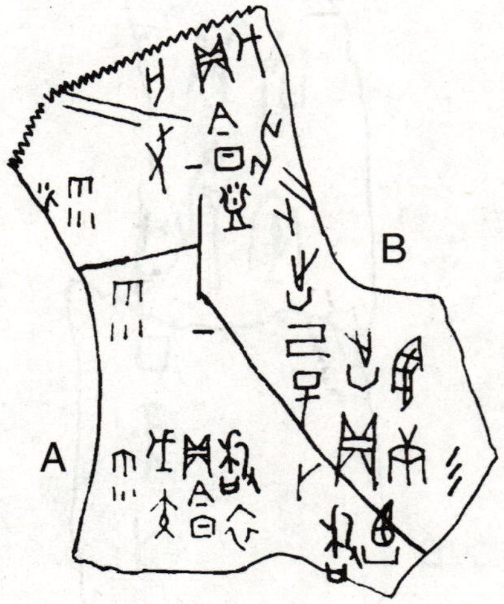

第 93 則：讀《殷墟甲骨拾遺》(續五)札記(方稚松)

A《殷墟甲骨拾遺》(續五)4(圖版經修正)+B《合》8672

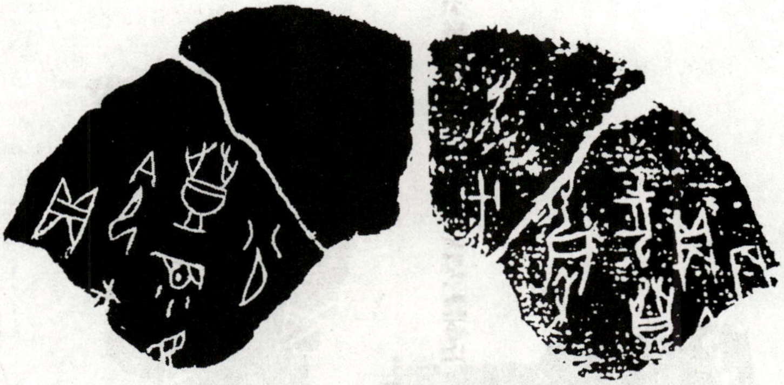

A　　　　B

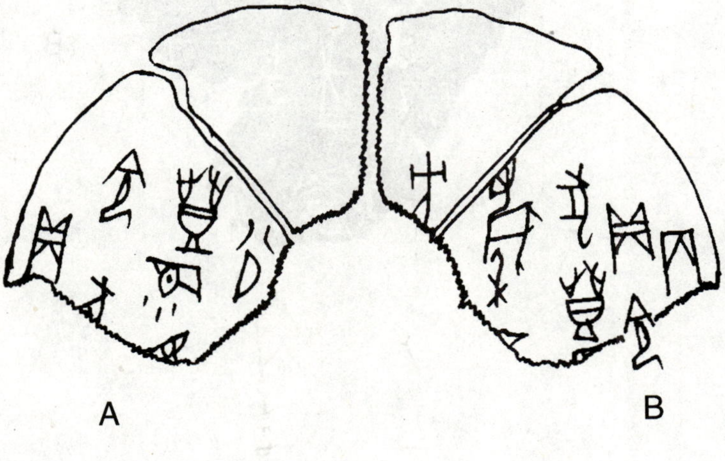

A　　　　B

第 94 則:《甲骨文合集》綴合一例(方稚松)

A《合》10730 + B《合》10727 + C《合》10729

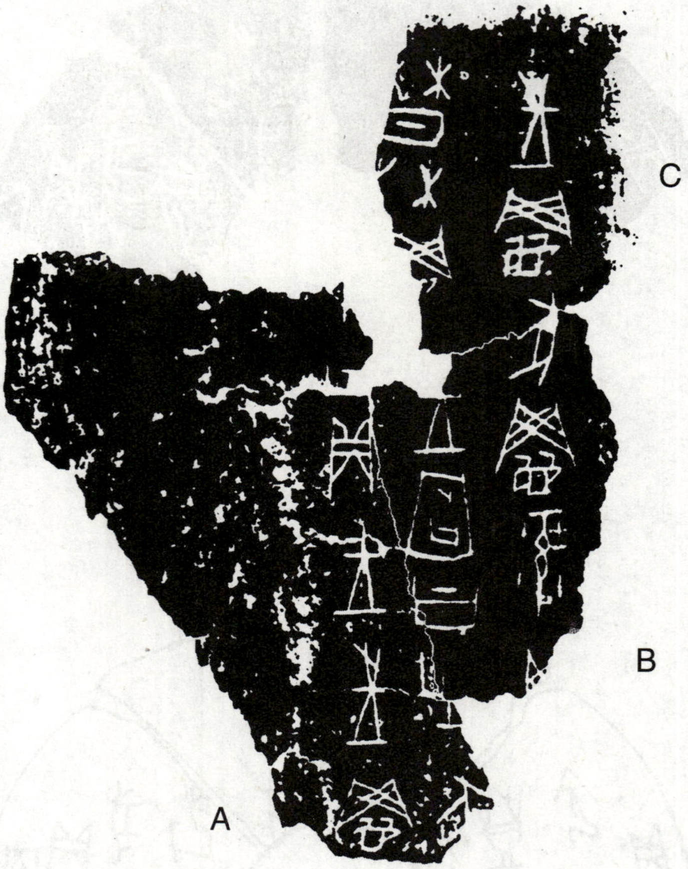

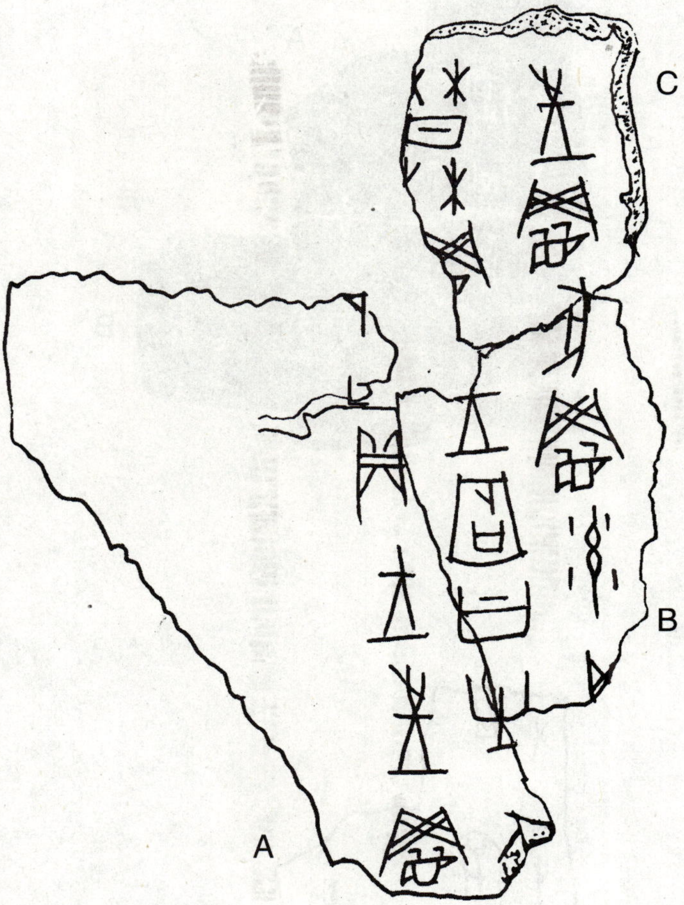
C
B
A

第 95 則：黃類卜辭綴合兩例（劉影）

A《合》37146 + B《合》37074

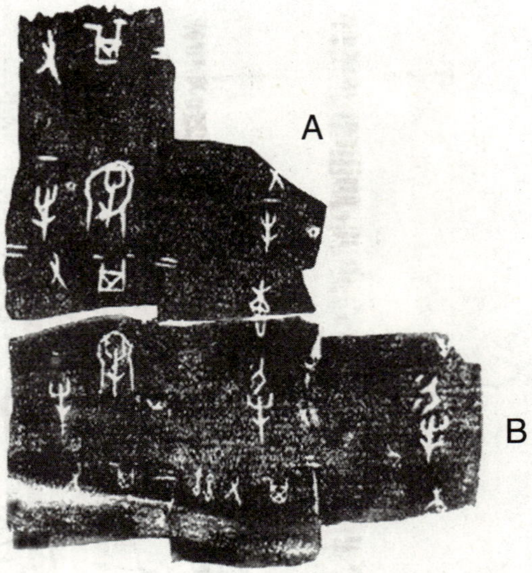

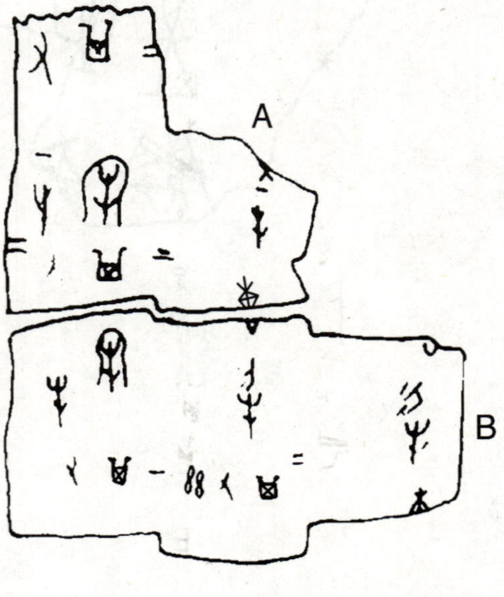

第 96 則：黃類卜辭綴合兩例（劉影）

A《合》36591 + B《合》36697

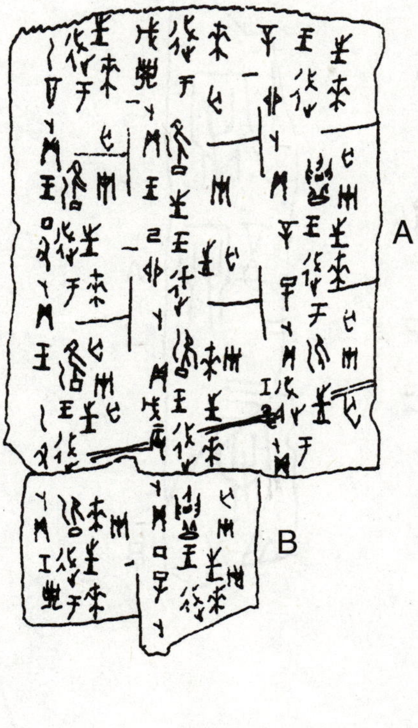

第 97 則：歷組二類卜辭新綴一例（劉影）

A《合》33626＋ B《合》33681

A

B

A

B

第 98 則：賓組甲骨新綴一則(劉影)

A《合》7299 + B《合》6172

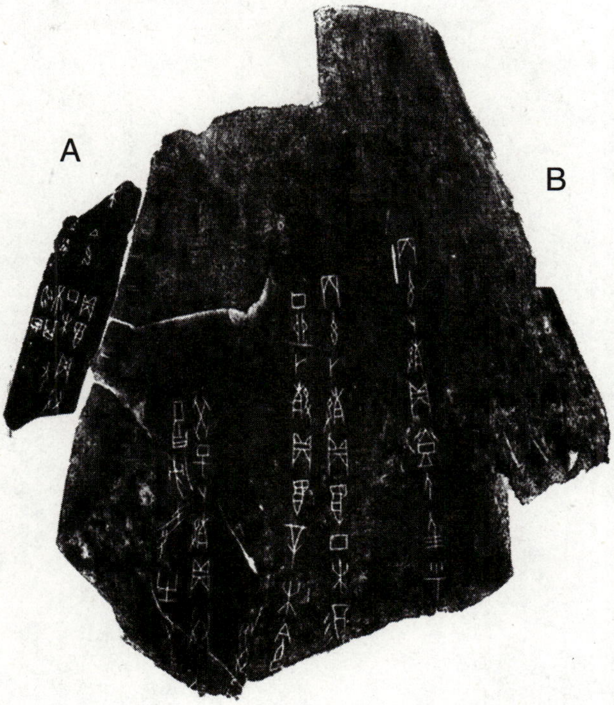

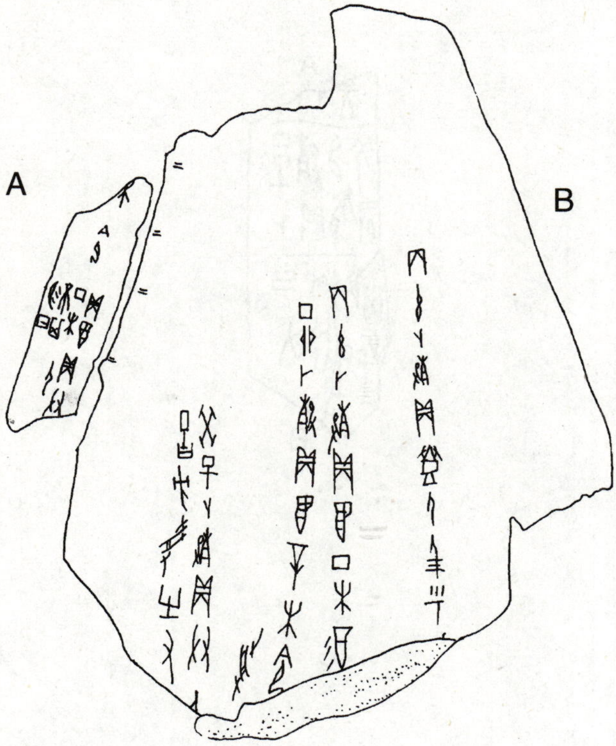

第 99 則：典賓類卜辭新綴一則(劉影)

A《合》178 + B《合》7700

第 100 則：典賓類卜辭新綴第二則（劉影）

A《合》359 + B《合》5145

第 101 則：典賓類卜辭新綴第三則（劉影）

A《合》5400 + B《合》16112

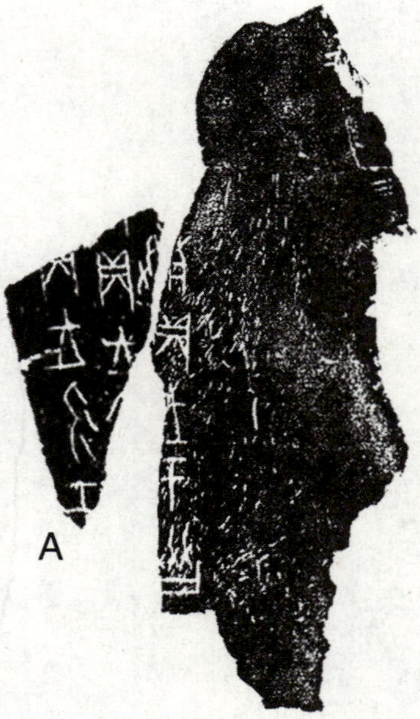

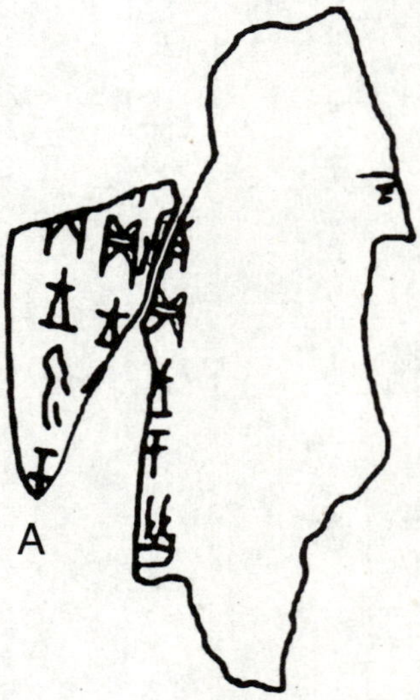

第 102 則：典賓類卜辭新綴第四則（劉影）

A《合》185 + B《合》5175

B

A

B

A

第 103 則：典賓類卜辭新綴五則（劉影）

A《合》3664 + B《合》6158

A

B

A

B

第 104 則：典賓類卜辭新綴五則（劉影）

A《合》6166 + B《合》7405 正

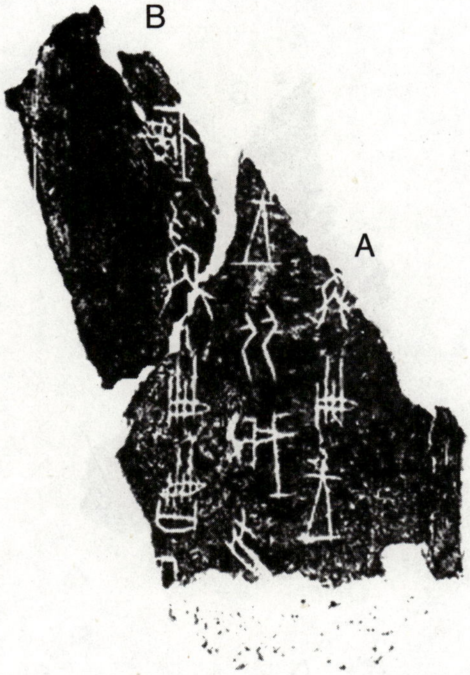

第 105 則：典賓類卜辭新綴五則（劉影）

A《合》6176＋B《合》19693＋C《合》7219

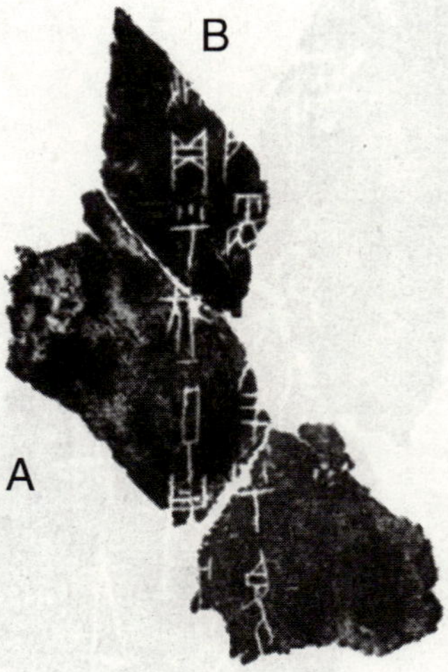

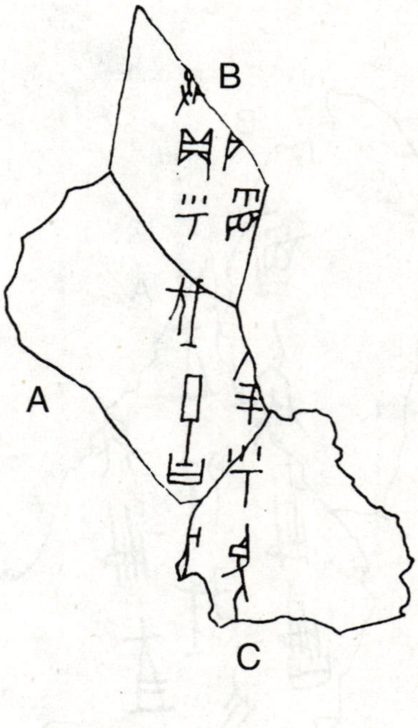

第 106 则：典賓類卜辭新綴五則（劉影）

A《合》14262 + B《合補》2051

A

B

A

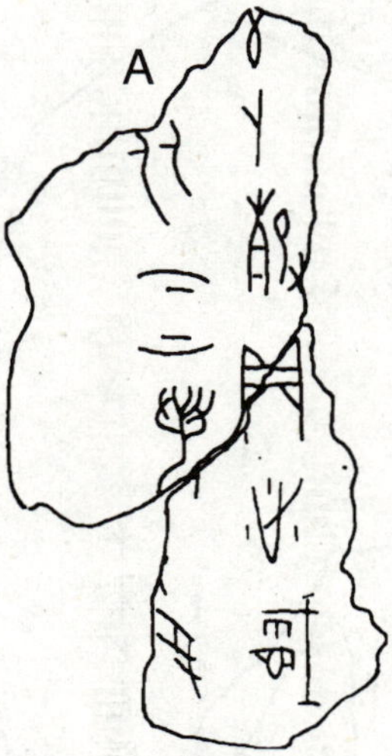

B

第 107 則：典賓類卜辭新綴五則(劉影)

A《合補》759 正、反 + B《合》17276 正、反 + C《合》6217

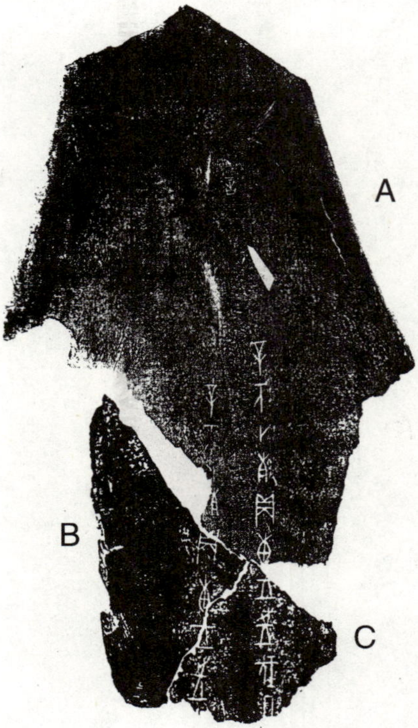

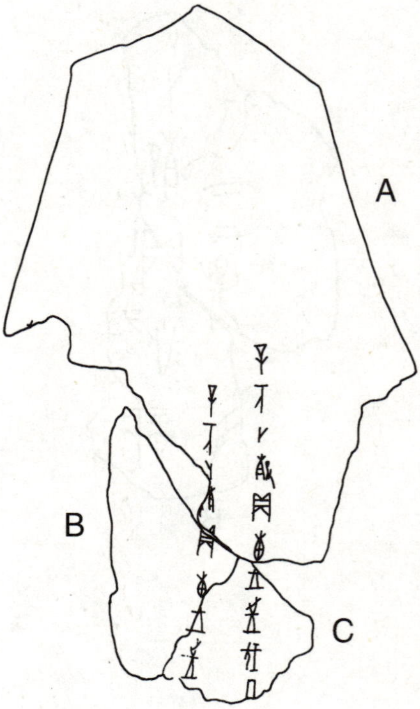

A反
B反

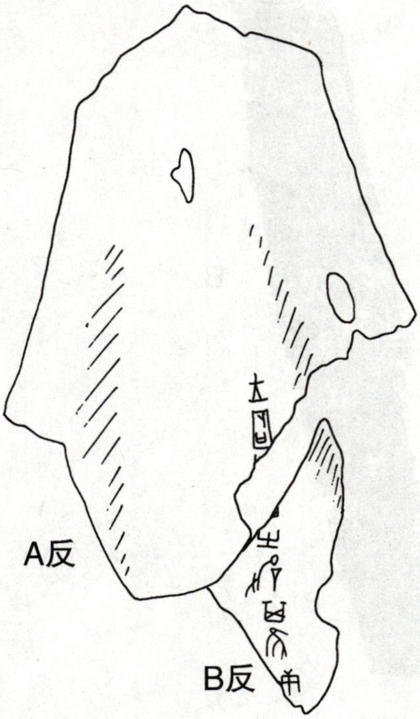
A反
B反

第 108 則：賓組甲骨新綴一則（劉影）

A《合》6665 正 + B《合》16900 正

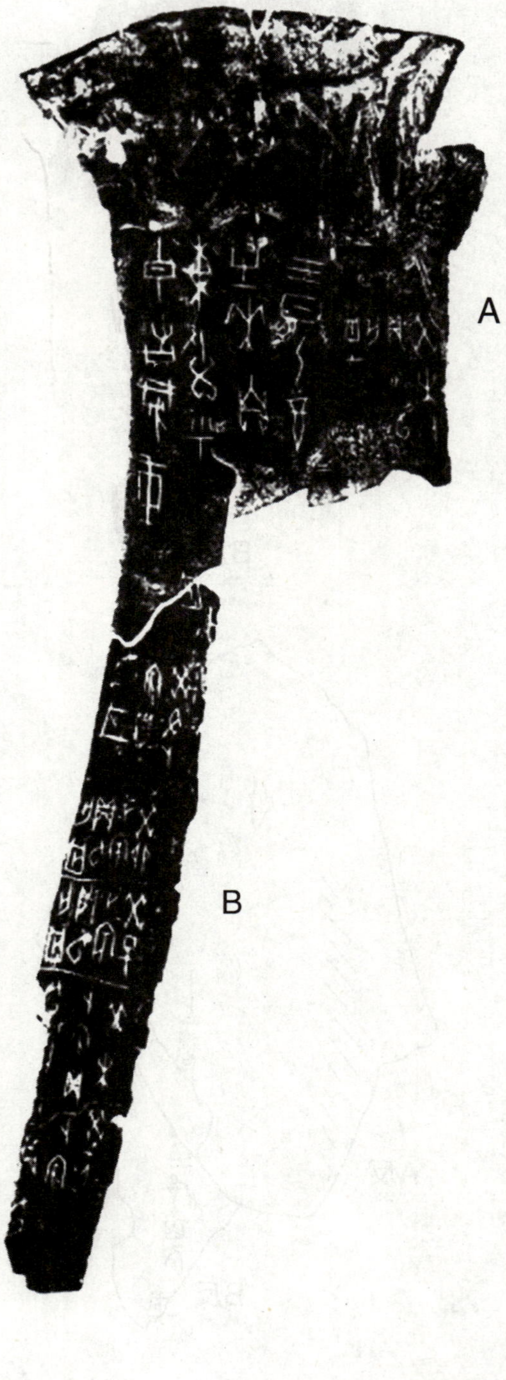

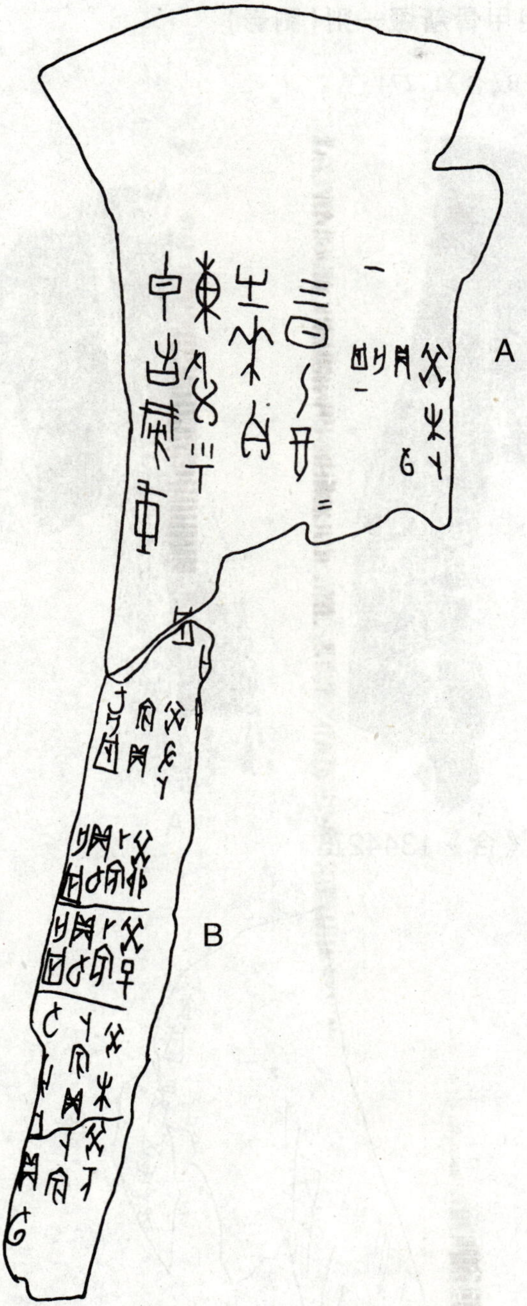
A
B

第 109 則：賓組甲骨新綴一則（劉影）

A《合》13442 反 + B《合》17274

《合》13442正

B

A

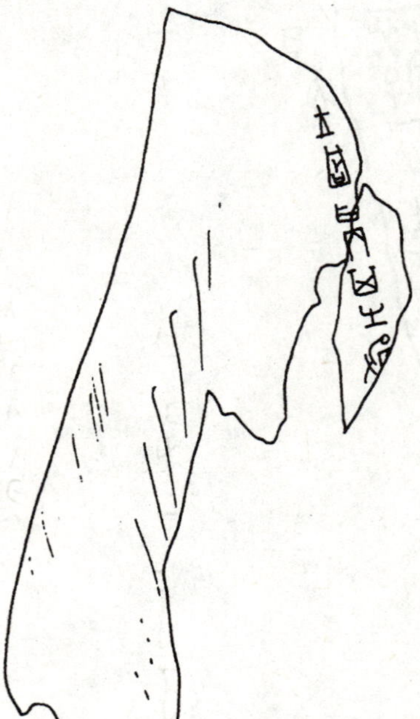

B

A

第 110 則：賓組甲骨新綴三則（劉影）

A《合》584 正甲、反甲 + B《合》9498 正、反 + C《合》7143 正、反

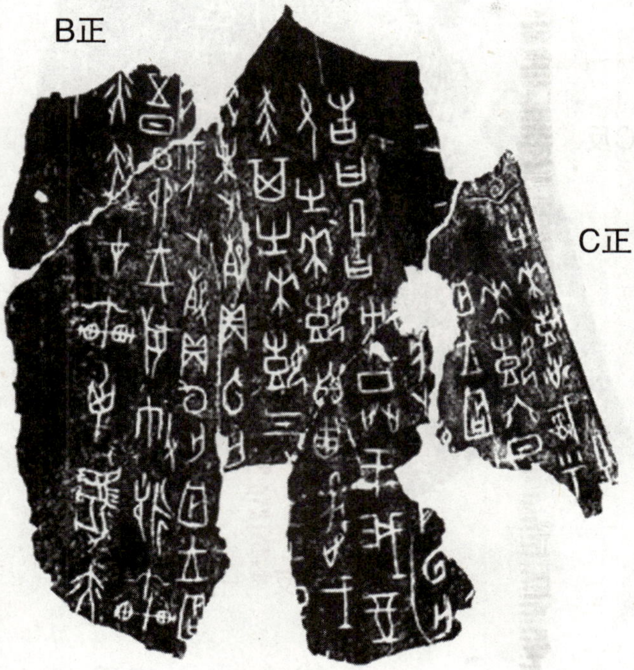

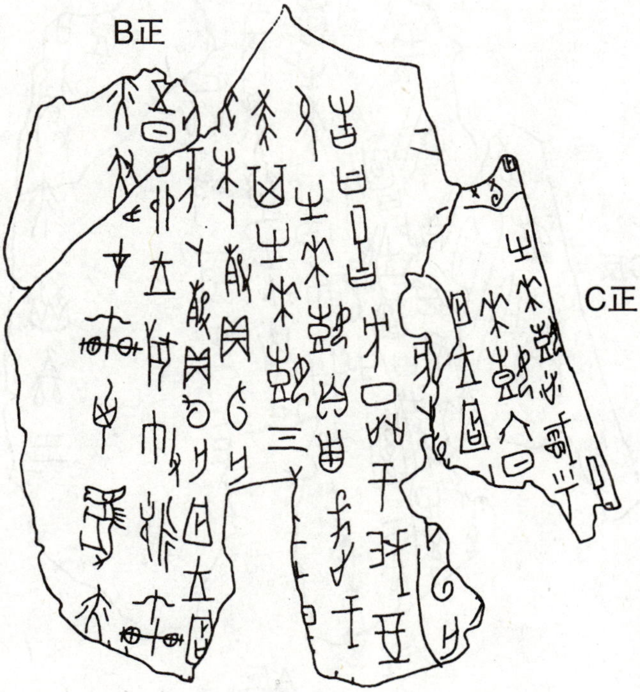

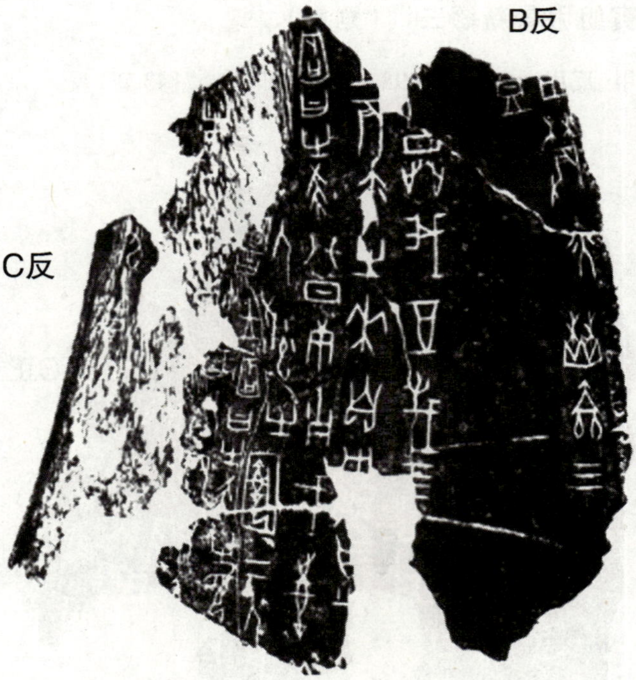
B反
C反
A反

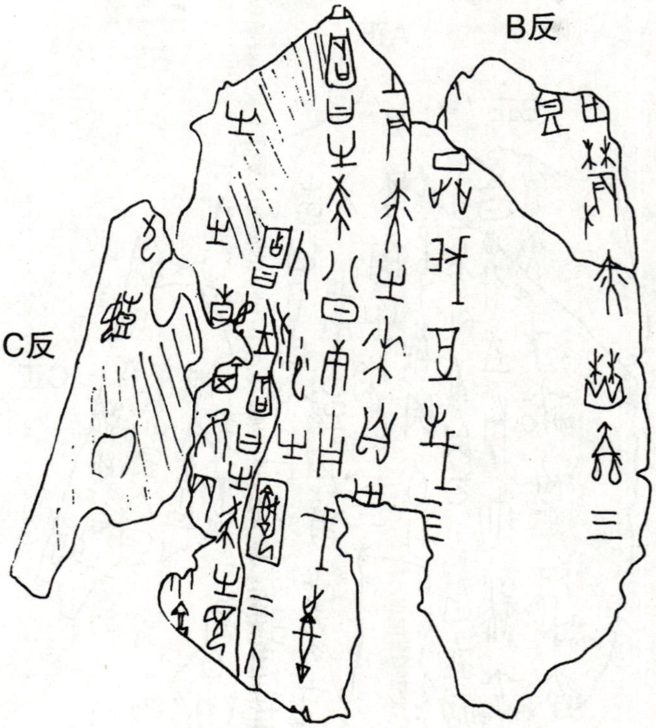
B反
C反
A反

第 111 則：賓組甲骨新綴三則（劉影）

A《合》7202 + B《合》16936 正

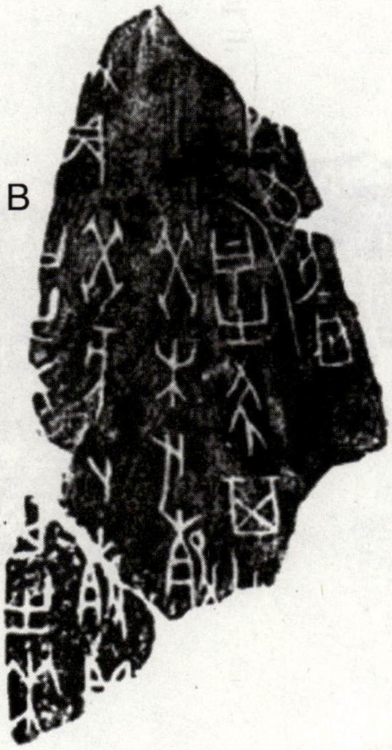

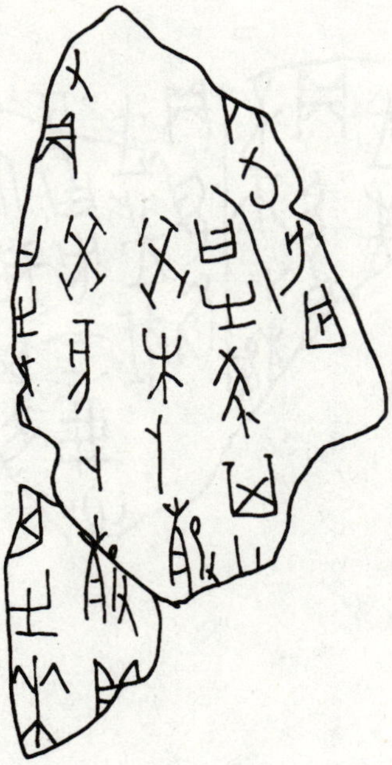

第112則：賓組甲骨新綴三則(劉影)

A《合》6221 + B《合》8562

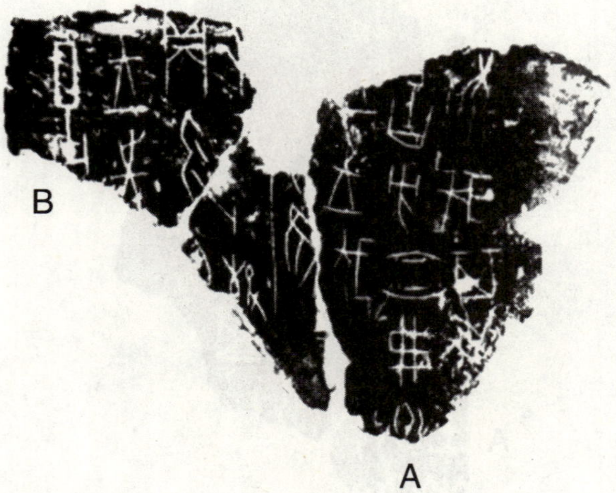

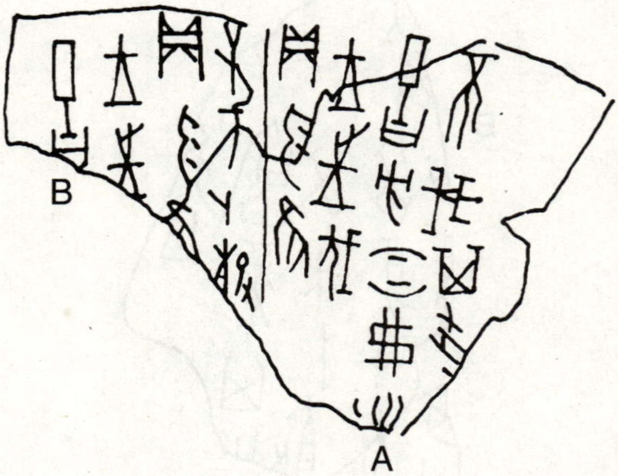

第 113 則：賓組新綴兩則（劉影）

A《合》11918＋B《合》6279＋C《合》11891 正

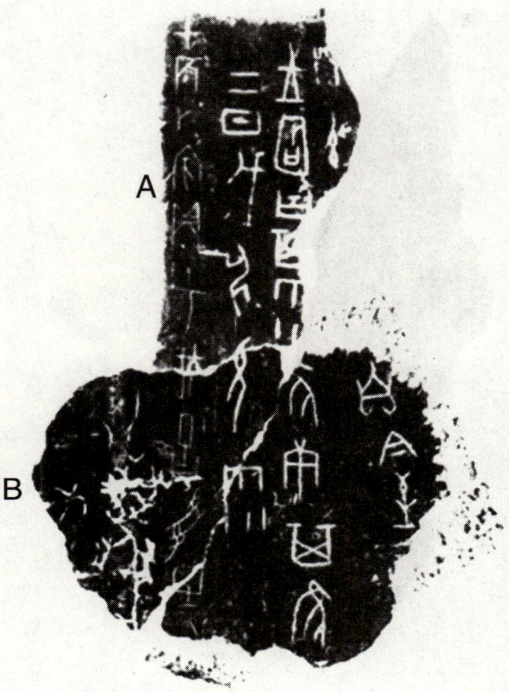

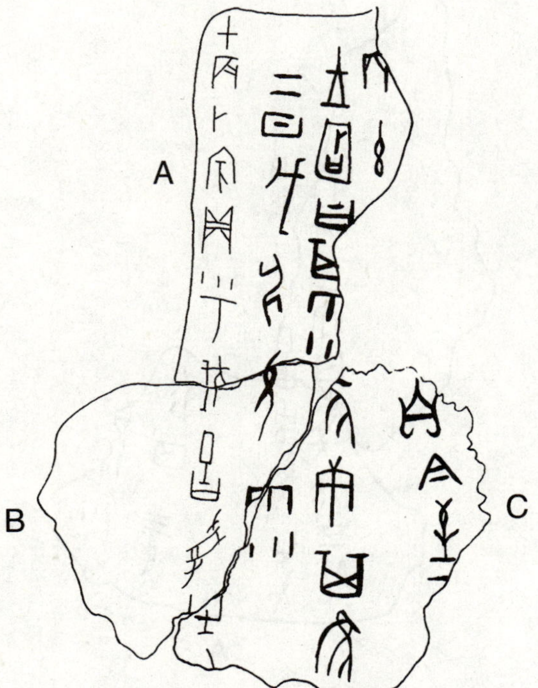

第 114 則：賓組新綴兩則（劉影）

A《合》9814 + B《合補》1787

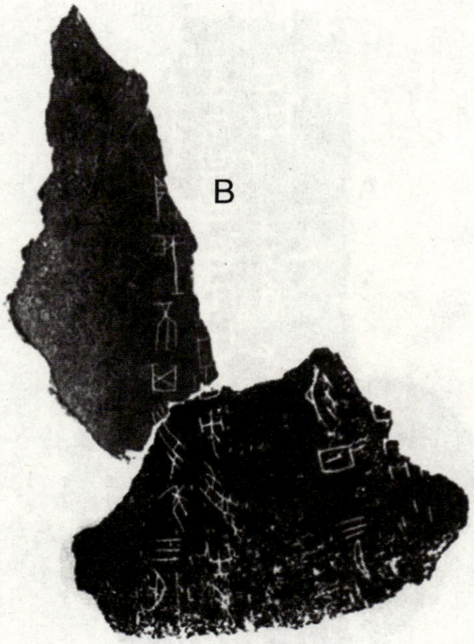

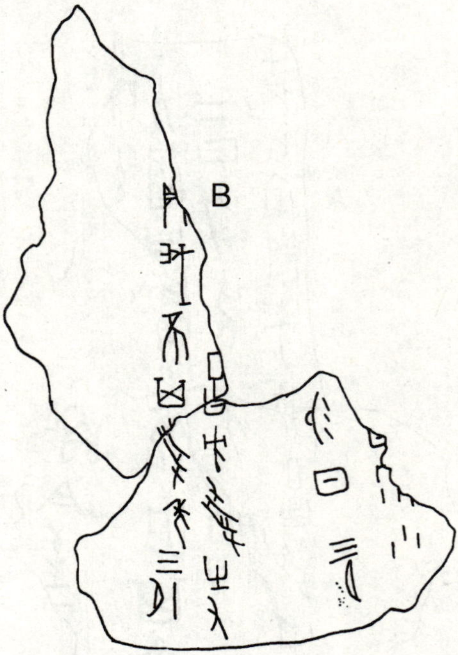

第 115 則：賓組新綴兩則（劉影）

A《合》5977 + B《合》9974

第 116 則：賓組新綴兩則(劉影)

A《合》6249 + B《合補》4507

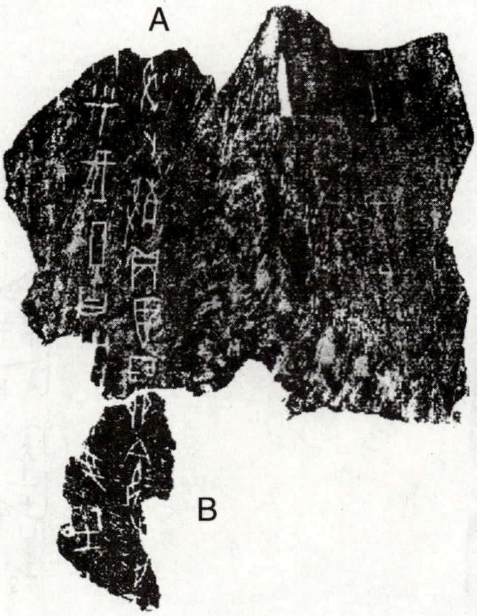

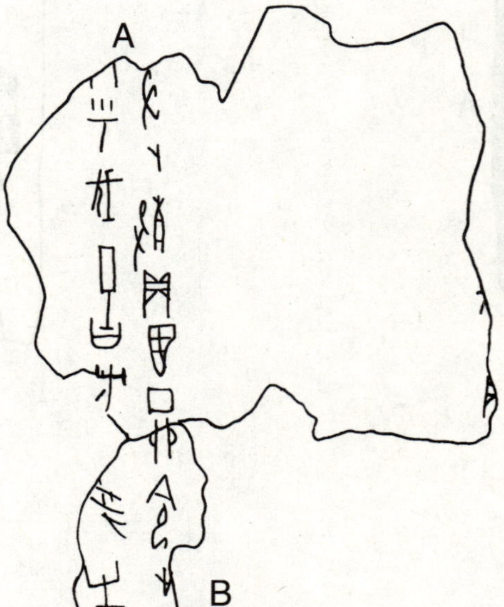

第 117 則：賓組新綴一則（劉影）

A《合》7136 正、反 + B《合》7164 正、反

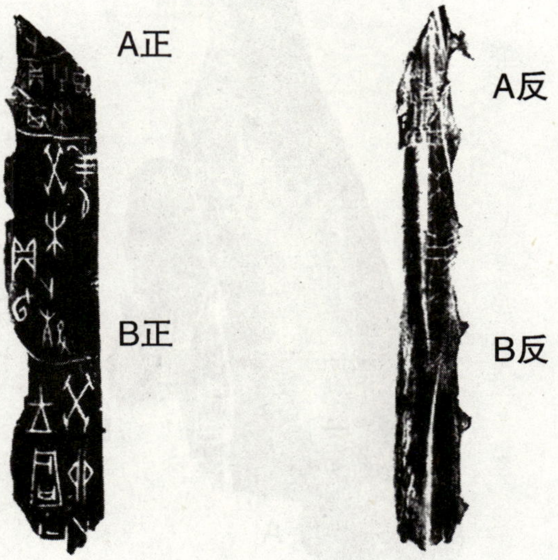

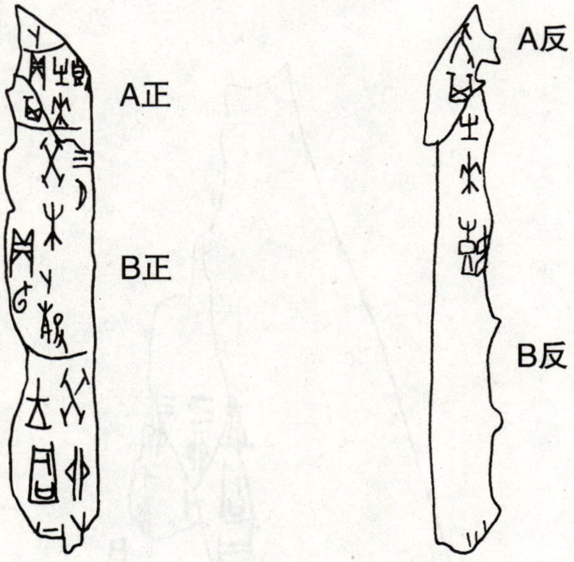

第 118 則：賓組新綴一則（劉影）

A《合》12241 正 + B《合補》723

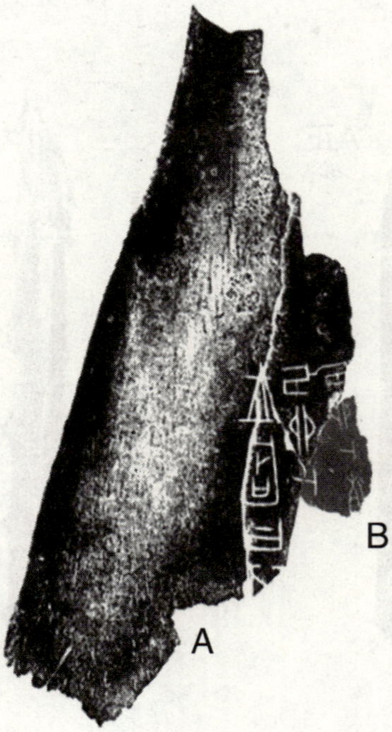

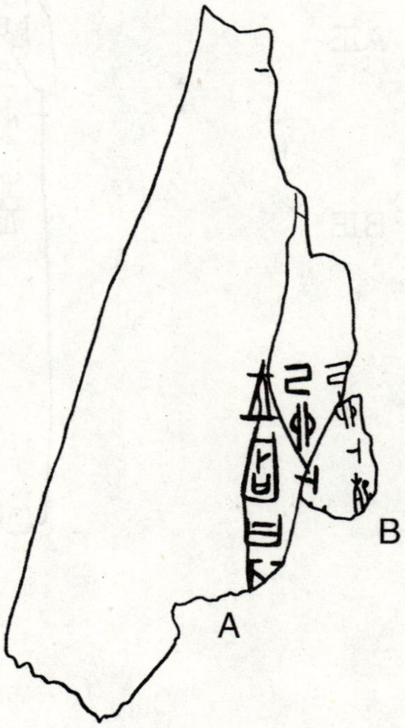

第 119 則：賓組新綴一則(劉影)

A《合》2723 + B《合補》948

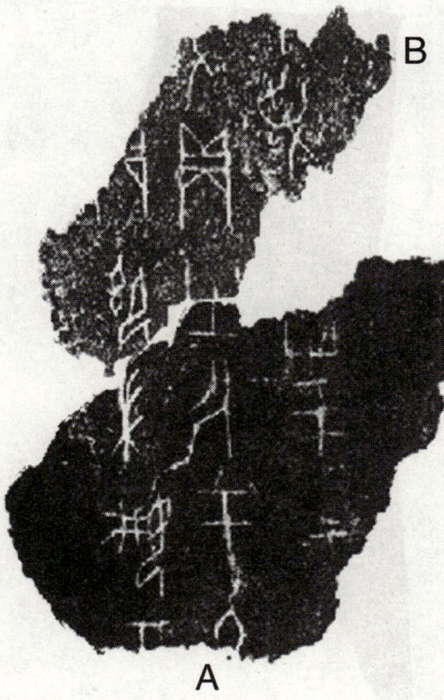

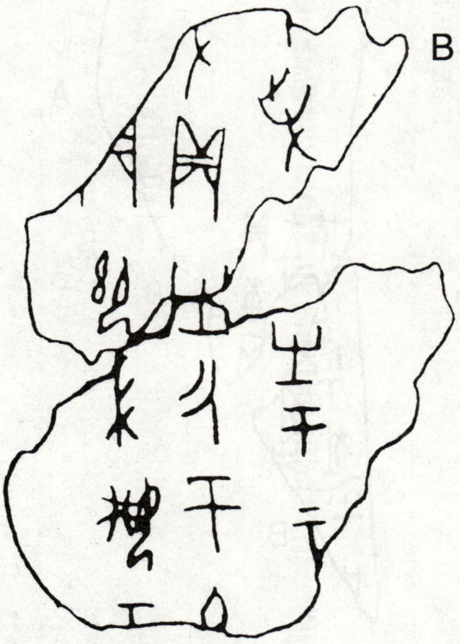

第 120 則：賓組新綴一則(劉影)

A《合》6212 + B《合》7595

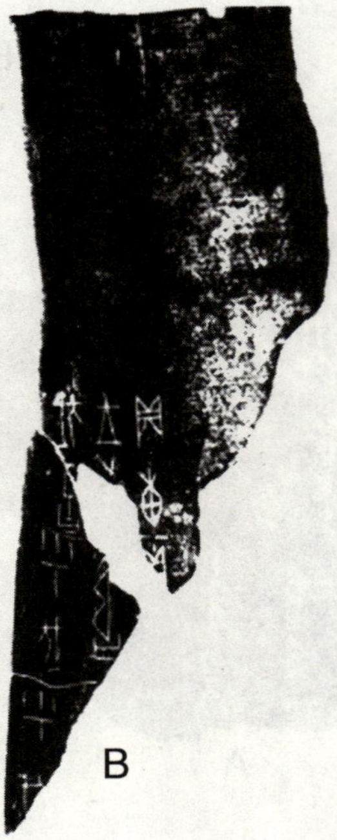

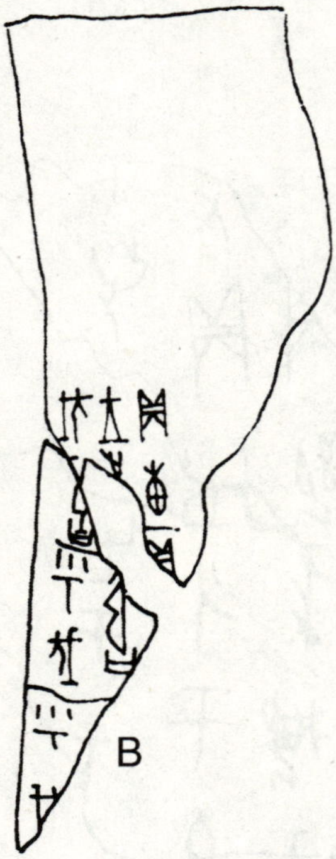

第 121 則：賓組甲骨新綴兩則（劉影）

A《合》8070 + B《合》13355

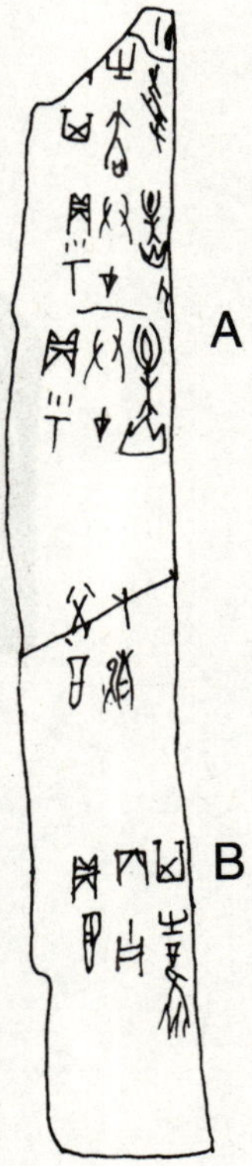

第 122 則：賓組甲骨新綴兩則（劉影）

A《合》7327 + B《合》7333 正

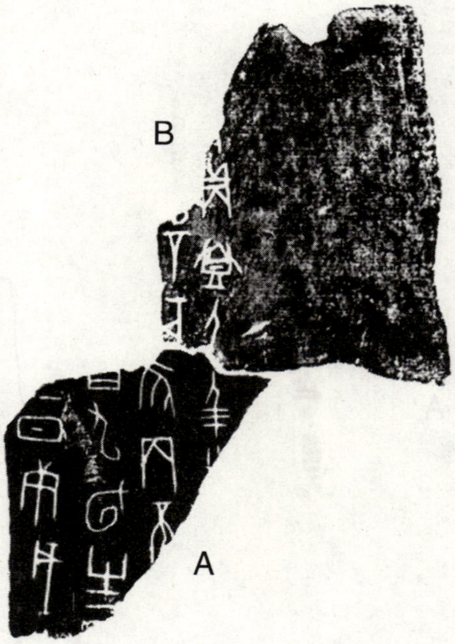

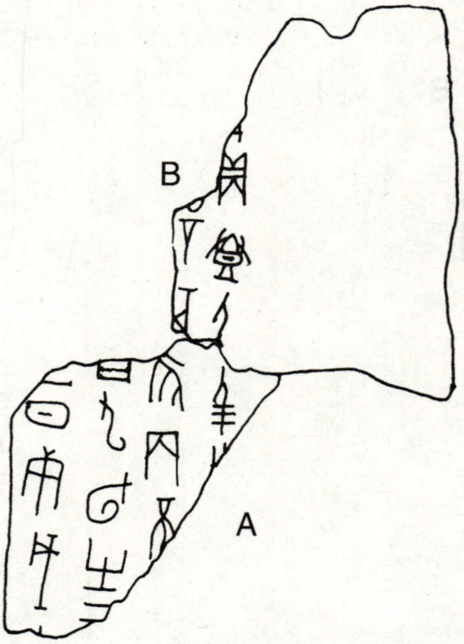

第 123 則：賓組卜辭新綴五則（劉影）

A《合》6059 + B《合》7152 正

第 124 則：賓組卜辭新綴五則（劉影）

A《合》7862 + B《合補》769

A

B

A

B

第 125 則：賓組卜辭新綴五則(劉影)

A《合》8546 + B《合》16017

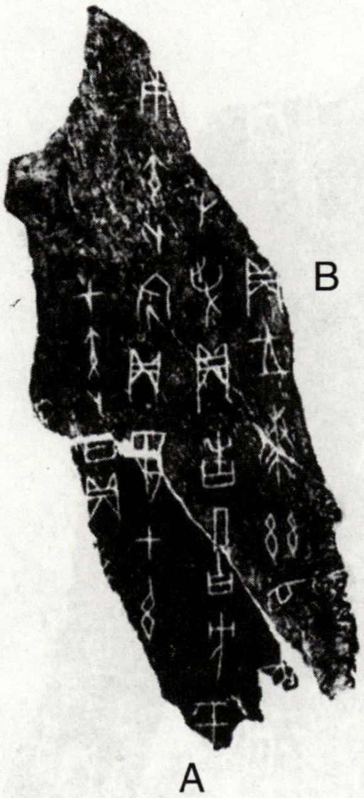

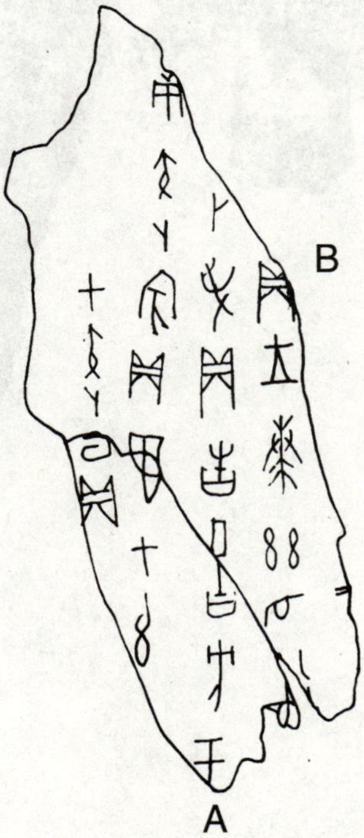

第 126 則：賓組卜辭新綴五則（劉影）

A《合》6158 + B《合》3664 + C《合》13536 正

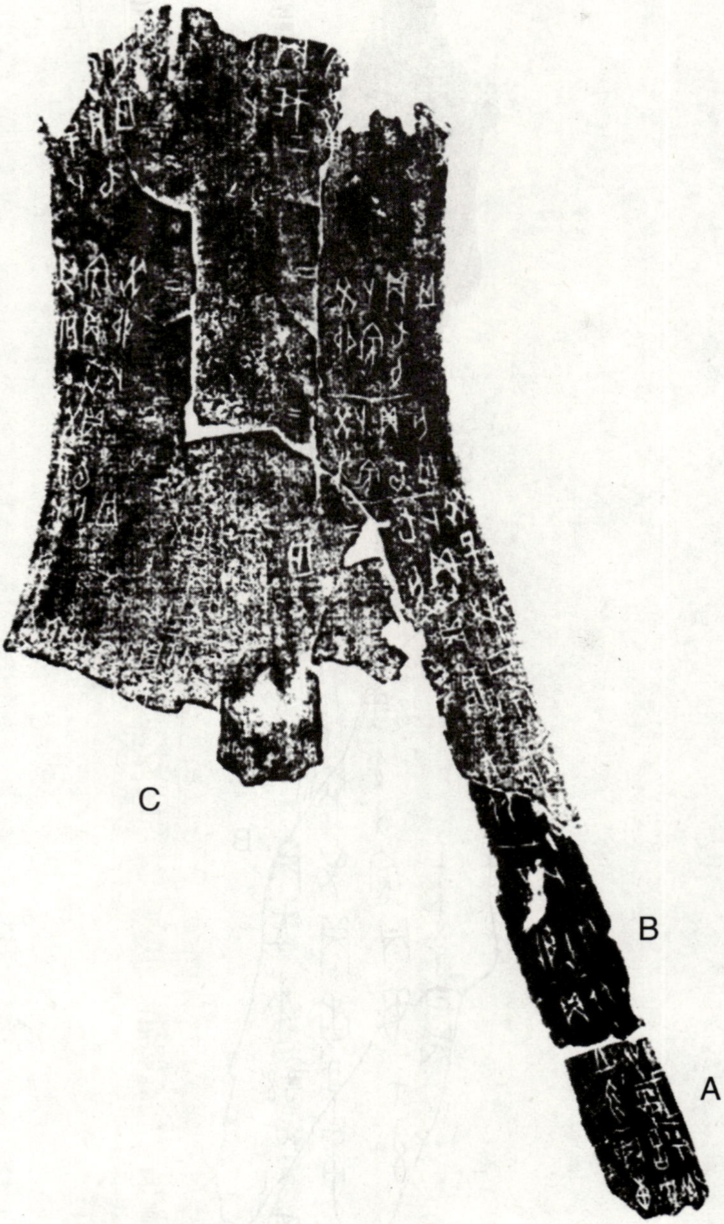

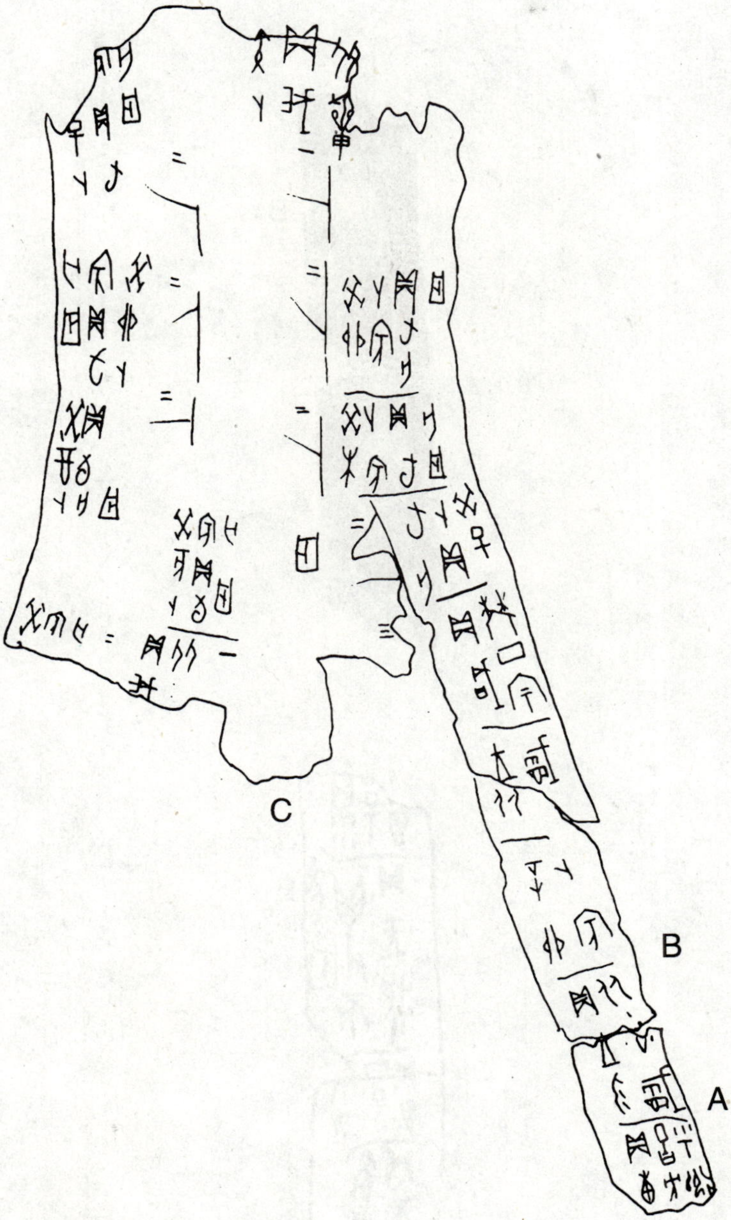
C
B
A

第 127 則：賓組卜辭新綴五則（劉影）

A《合》16449 + B《合》17387

第 128 則：賓組卜辭新綴一則(劉影)

A《合》8333＋B《合》14420

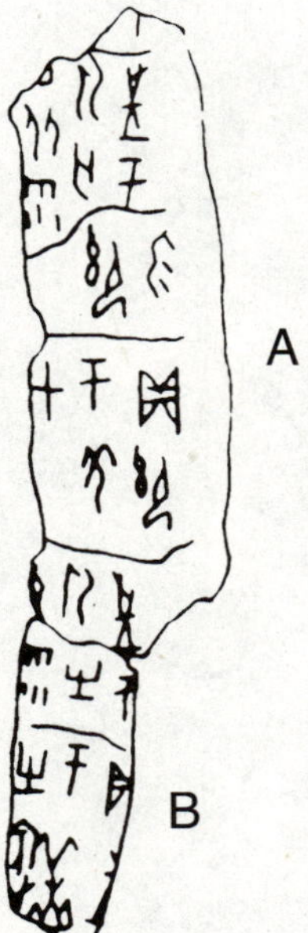

第 129 則：賓組卜辭新綴兩則（劉影）

A《合》5132 + B《合》16378

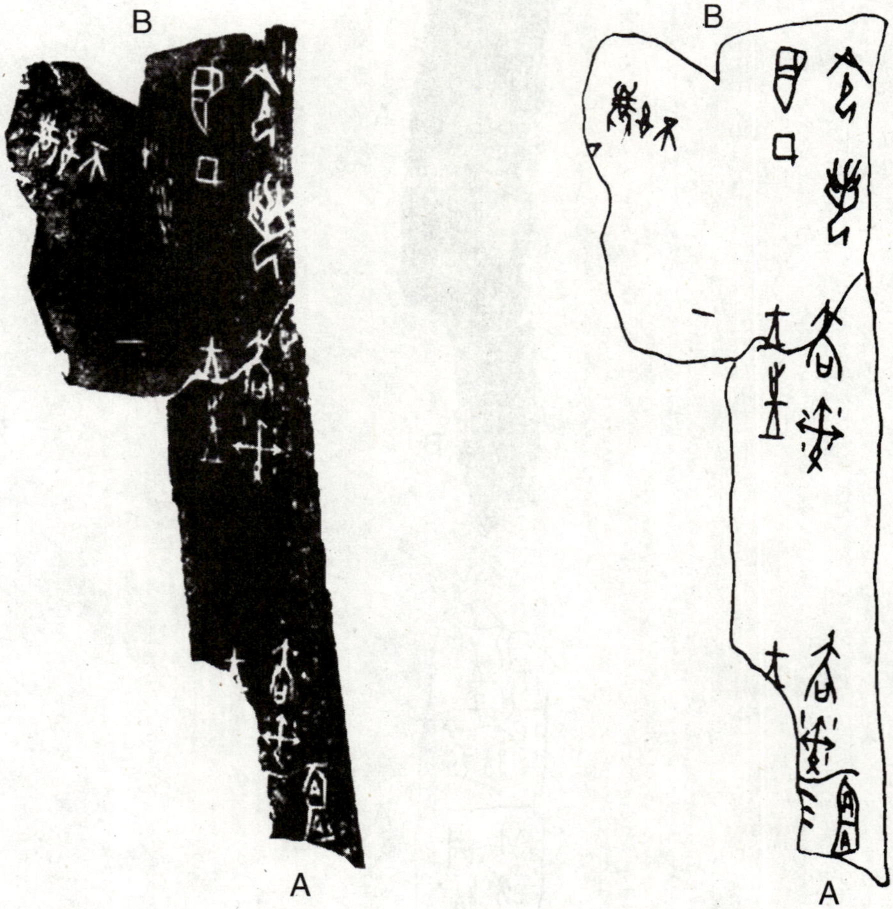

第 130 則：賓組卜辭新綴兩則（劉影）

A《合》5240＋B《合》8538

第 131 則：賓組卜辭新綴一則（劉影）

A《合》29 + B《合》3706

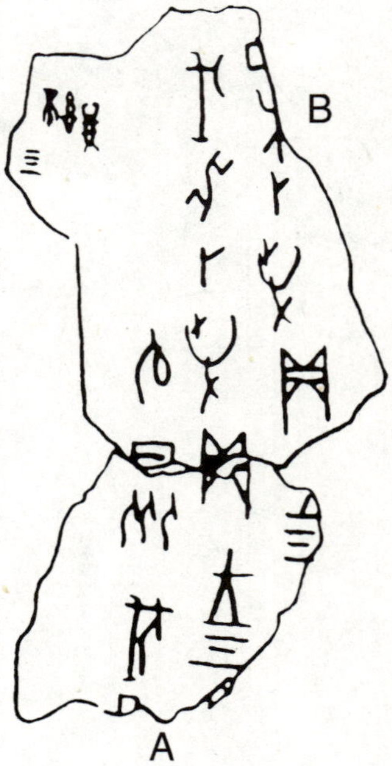

第 132 則：賓組新綴一則(劉影)

A《合》625 + B《合》6286 + C《輯佚》118

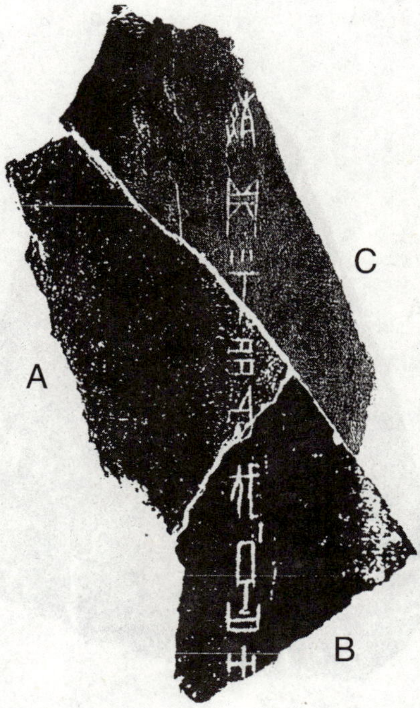

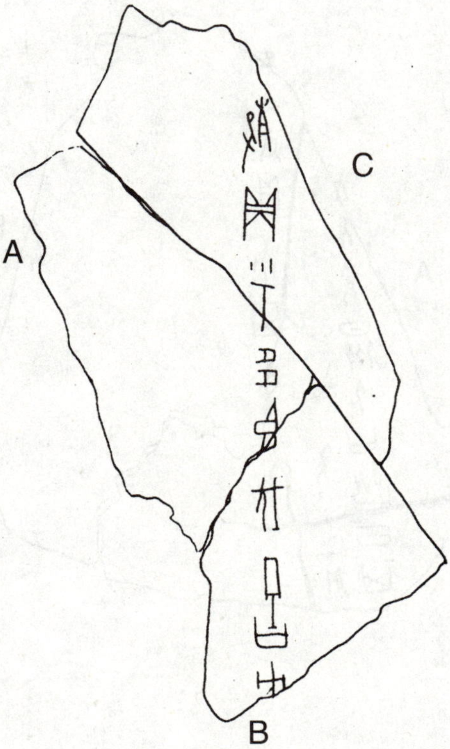

第 133 則：賓組卜辭新綴一則（劉影）

A《合》1 + B《合補》657

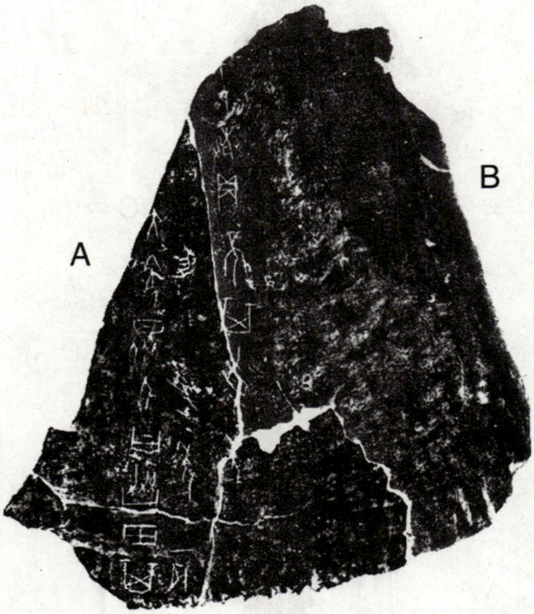

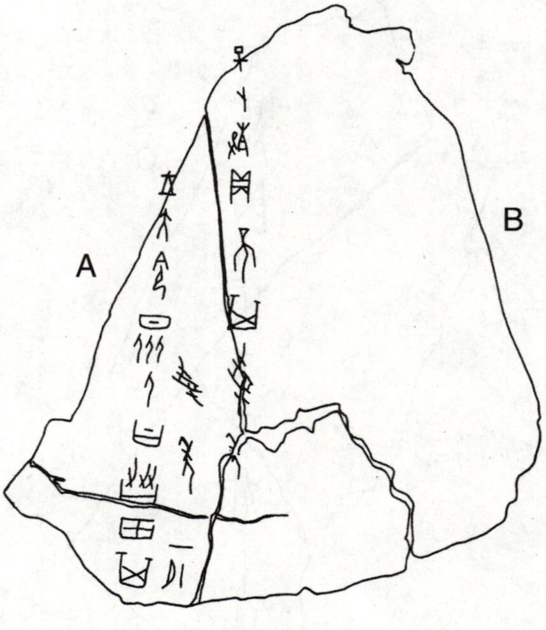

第 134 則：賓組新綴一則(劉影)

A《合》6674 + B《懷特》B0913

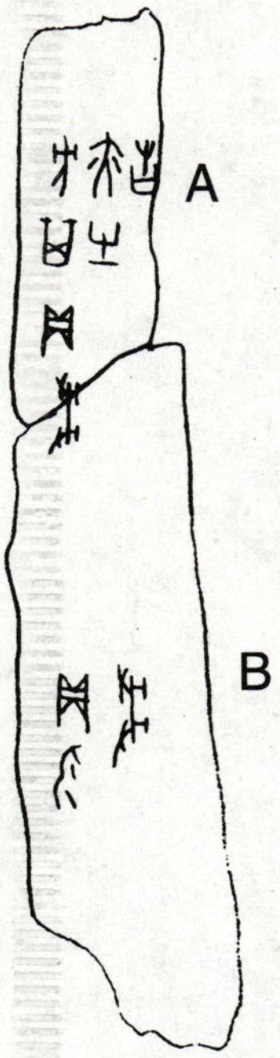

第135則：賓組甲骨新綴兩則（劉影）

A《合》8331＋B《合》12688

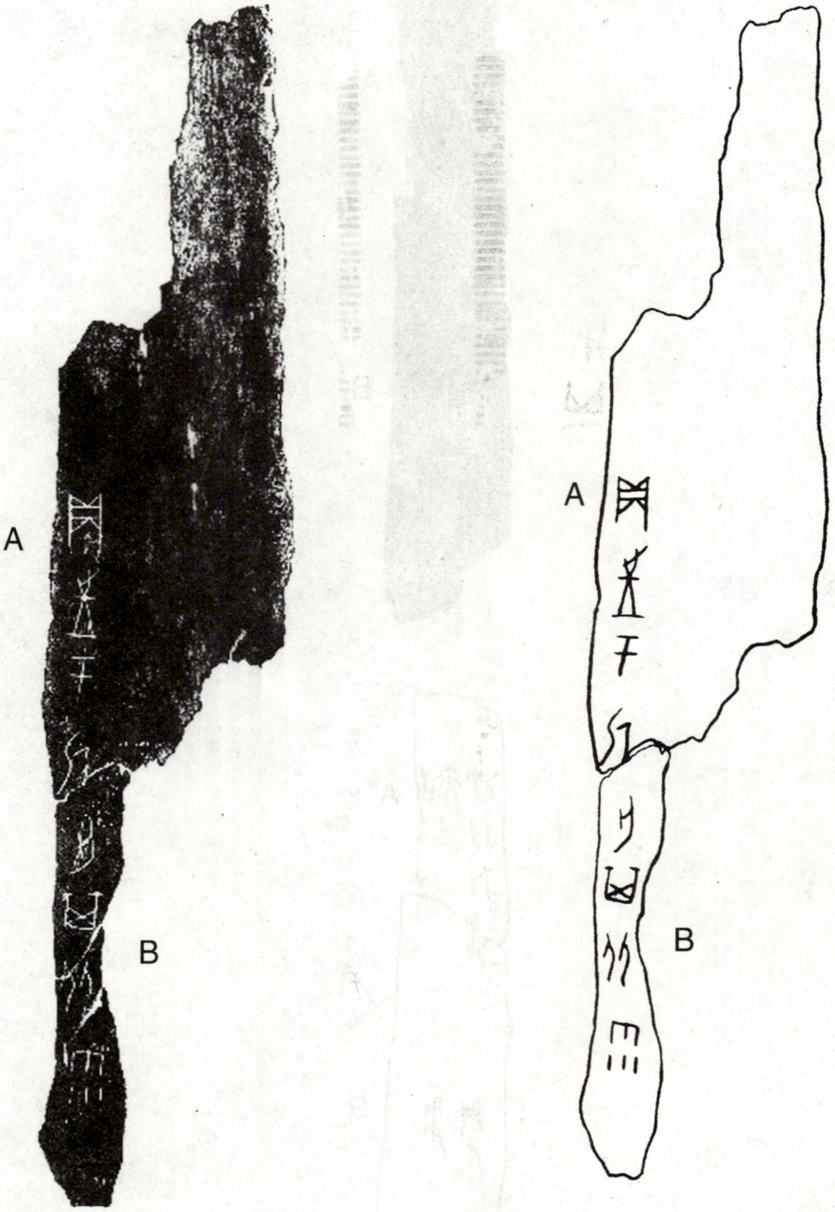

第 136 則：賓組甲骨新綴兩則（劉影）

A《合》2859 + B《合》3301

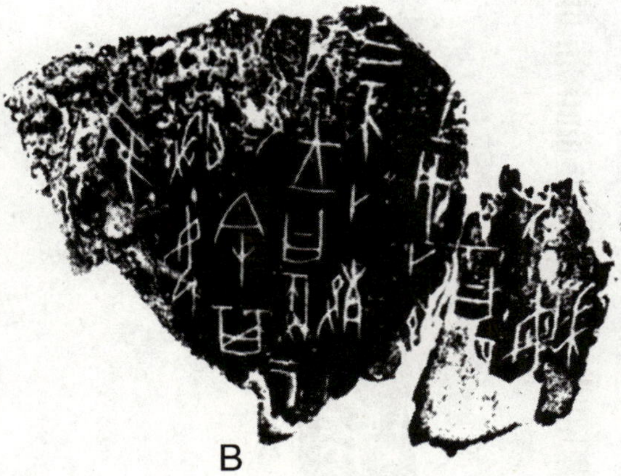

A

B

A

B

第 137 則：劉影甲骨新綴第 43 組（劉影）

A《合》1381 + B《合》5565

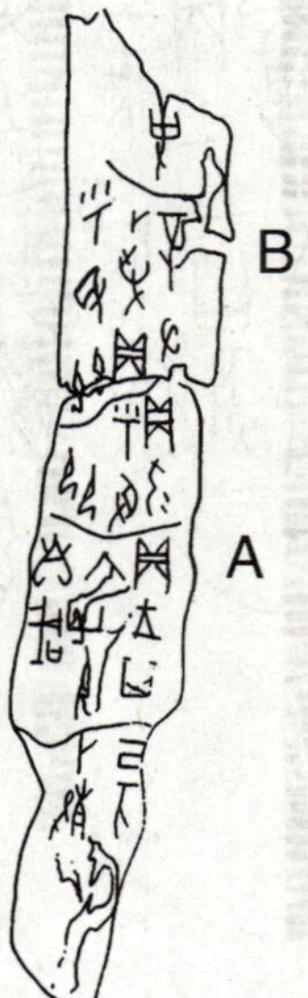

第 138 則：甲骨新綴第 44 組（劉影）

A《合》562 正、反 + B《合》7715 正、反

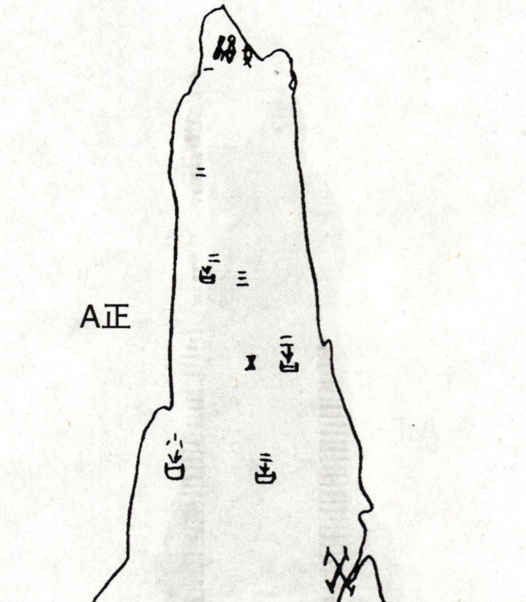
A正
B正

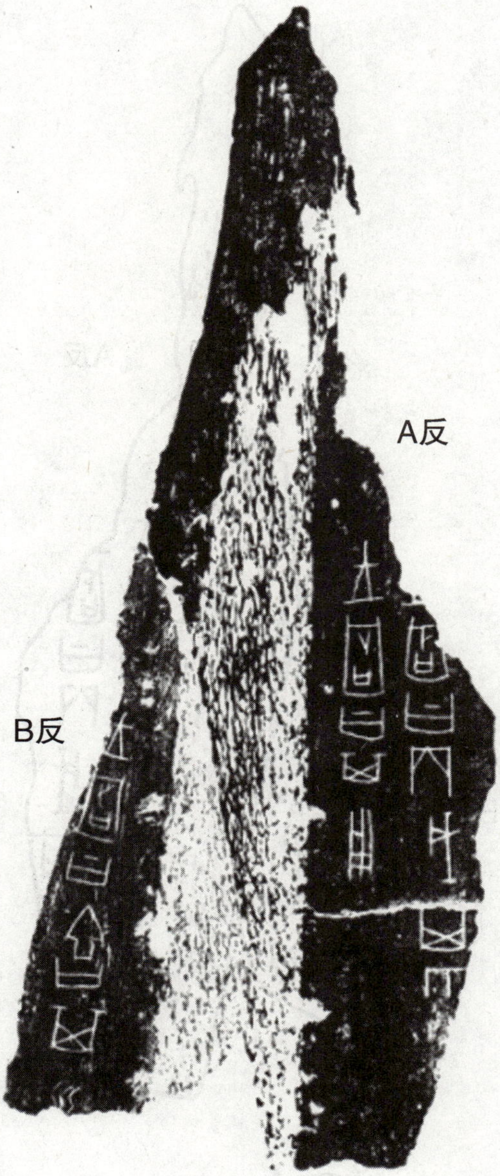
A反
B反

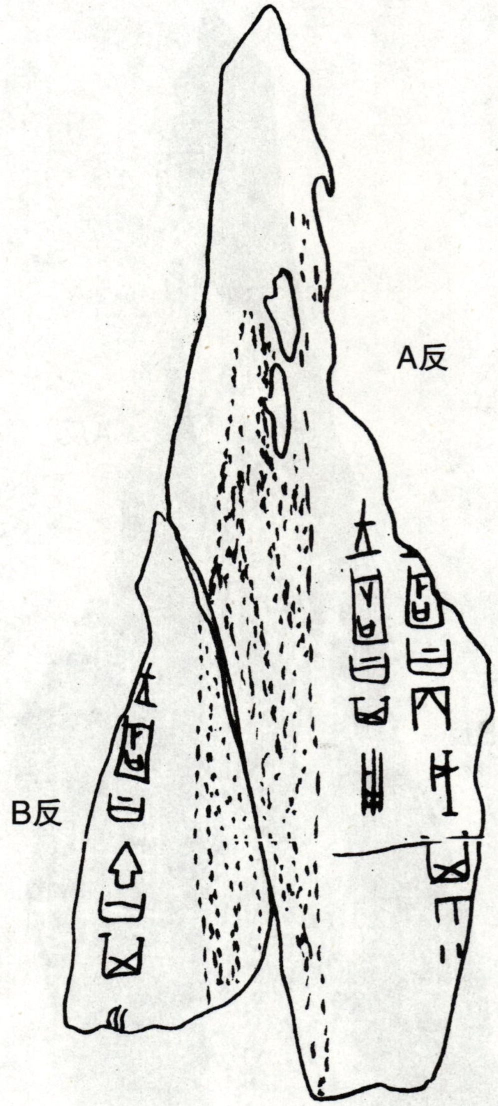
A反
B反

第 139 則：甲骨新綴第 45 組（劉影）

A《合》1674 + B《合》5486

B

A

B

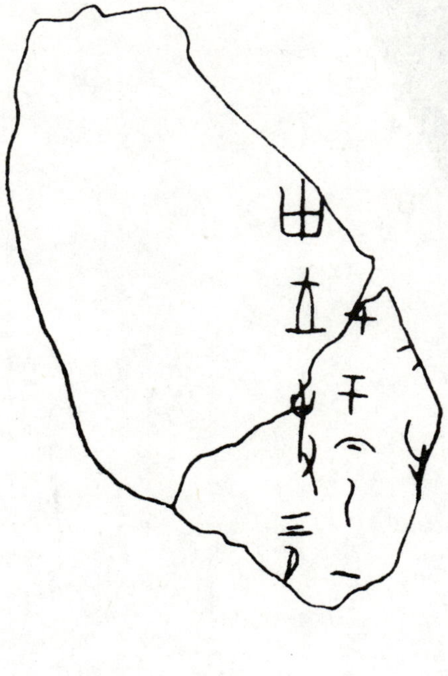

A

第 140 則:甲骨新綴第 46 組(劉影)

A《存補》4. 1. 1 + B《合》7690

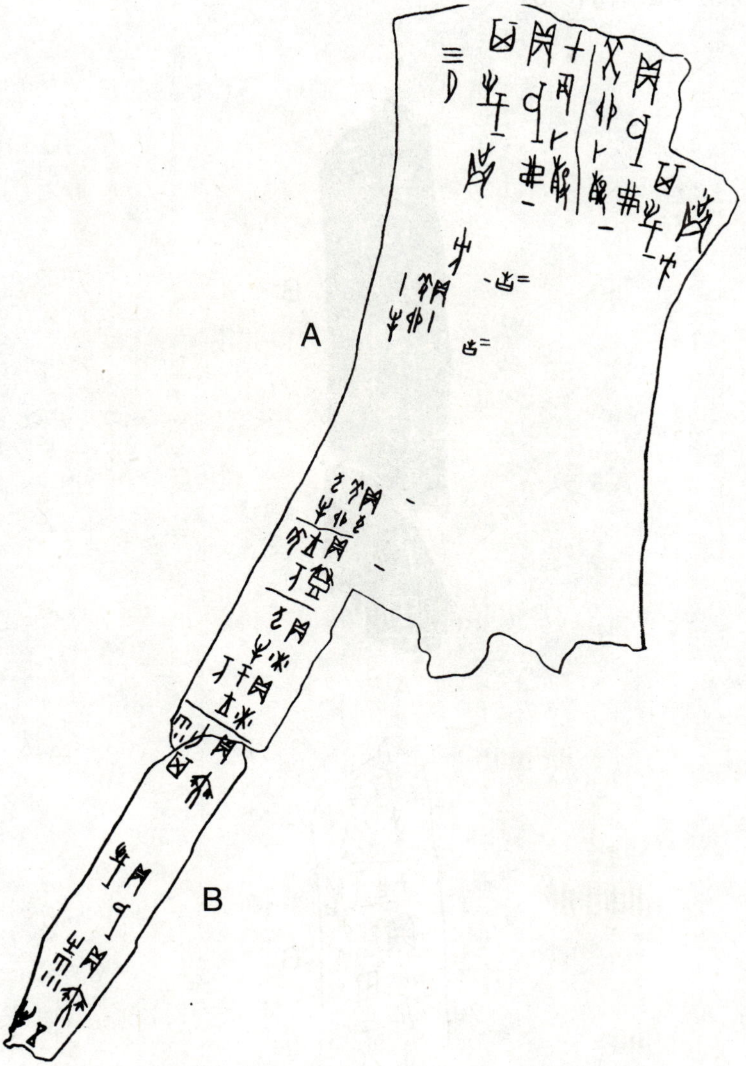
A
B

第 141 則：甲骨新綴第 47～48 組（劉影）

A《合》10562＋B《合》10968

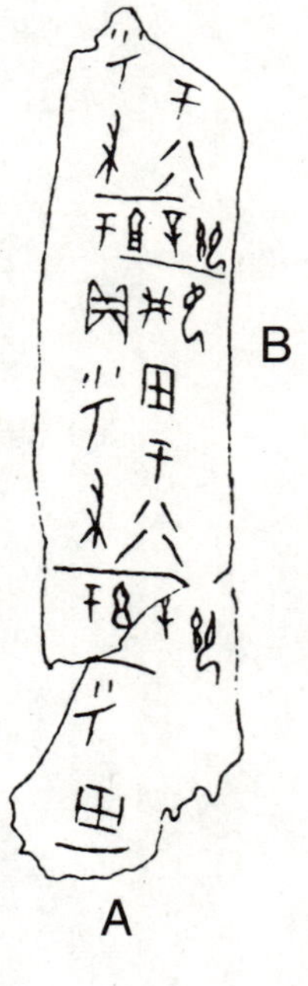

第142則：甲骨新綴第47～48組（劉影）

A《合》10702正＋B《合》10895

第 143 則：甲骨新綴第 49 組（劉影）

A《合》14338 + B《合》15125

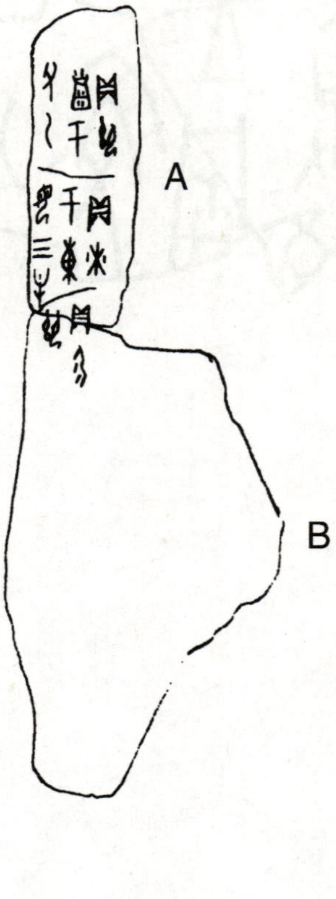

第144則：甲骨新綴第50組（劉影）

A《合》12515＋B《合》14508正

A B

A B

第 145 則：甲骨新綴第 51 組（劉影）

A《合》13519 + B《合》13927

B

A

B

A

第 146 則：甲骨新綴第 52 組(劉影)

A《合》278 + B《合》3228

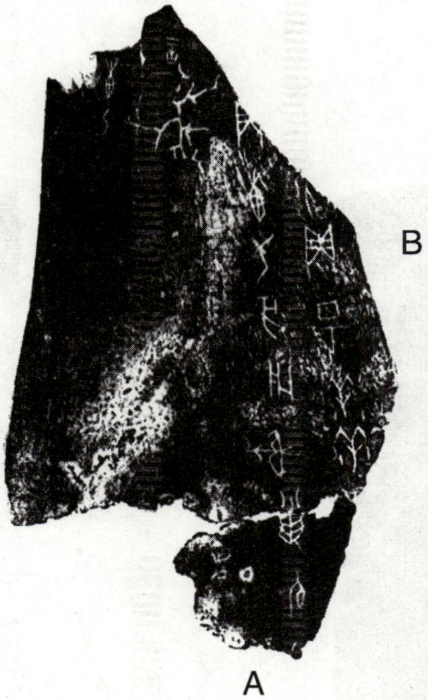

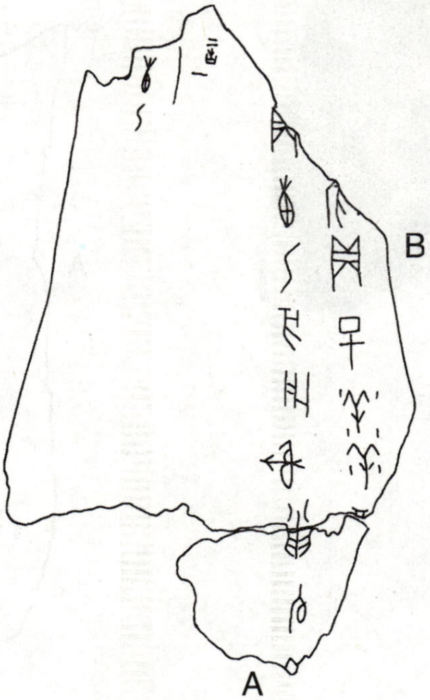

第 147 則:甲骨新綴第 53 組(劉影)

A《合》10029 + B《合補》5658

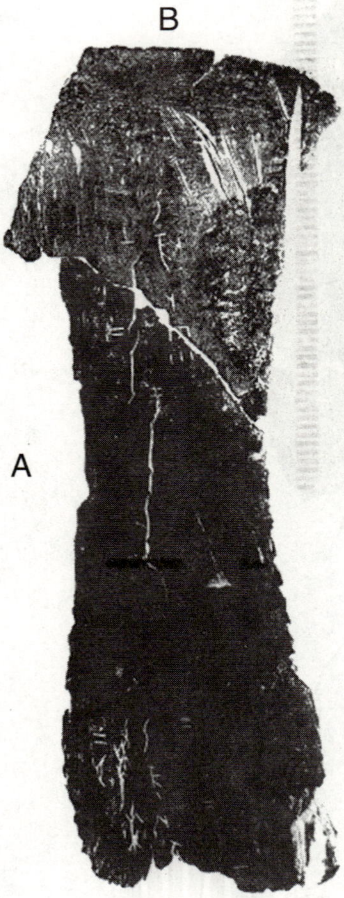

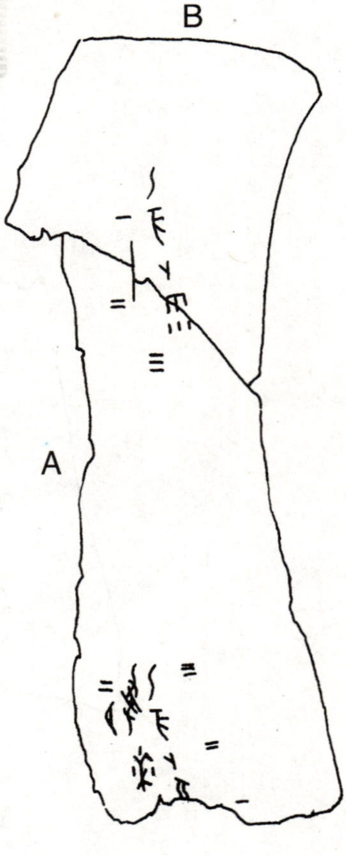

第 148 則：甲骨新綴第 54 組（劉影）

A《合》16438 + B《合》16478 + C《合》6690

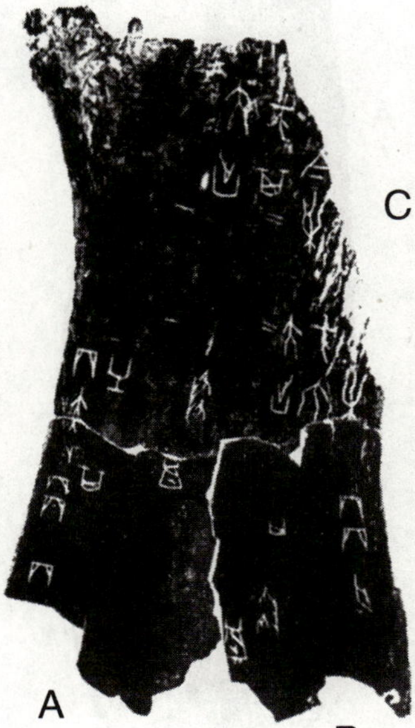

C

A B

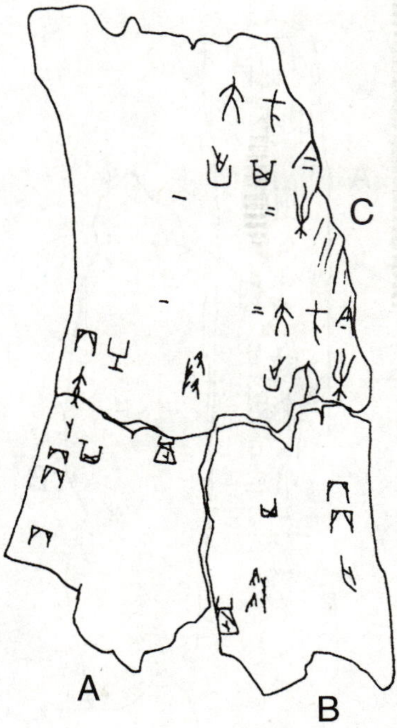

C

A B

第149則:甲骨新綴第55~56組(劉影)

A《合》8539 + B《USB》698

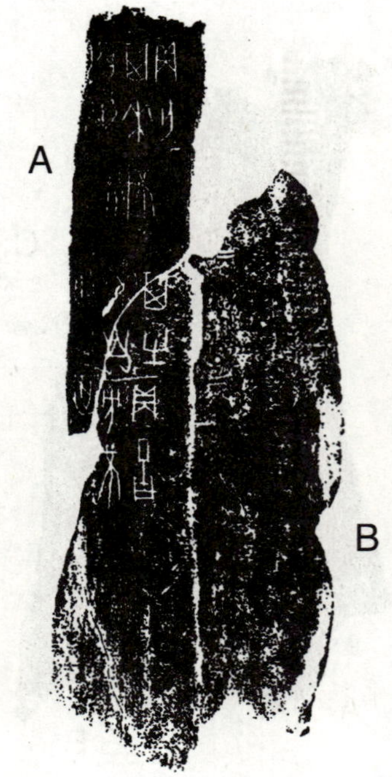

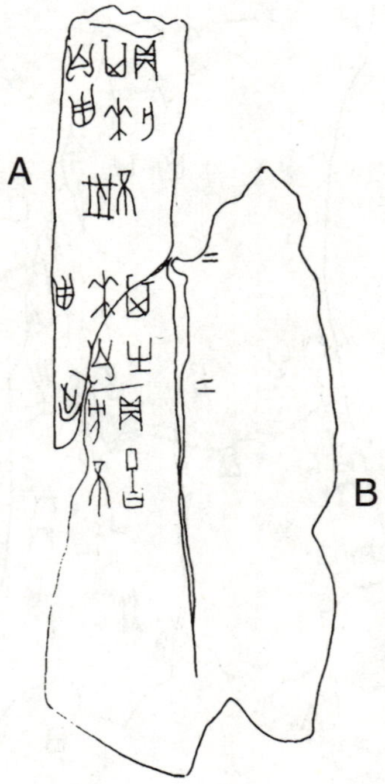

第150则:甲骨新缀第55~56组(刘影)

A《合》9506＋B《合》9848

A

B

A

B

第151則:甲骨新綴第57~58組(劉影)

A《合》7920+B《合》9725

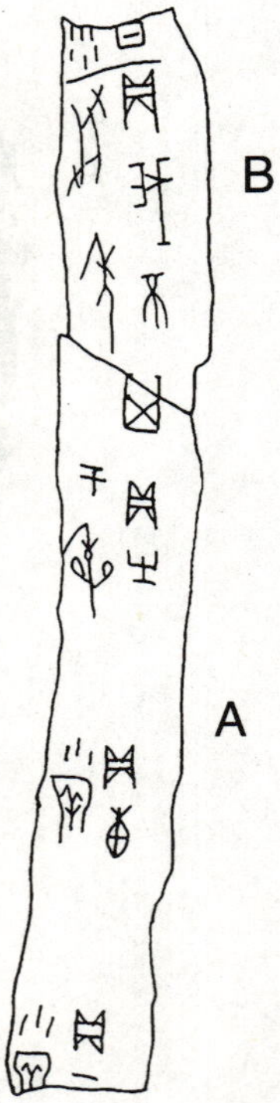

第 152 則：甲骨新綴第 57～58 組（劉影）

A《合》10099＋B《合》14141

第153則：甲骨新綴第59～60組(劉影)

A《合》544＋B《東洋文庫》193

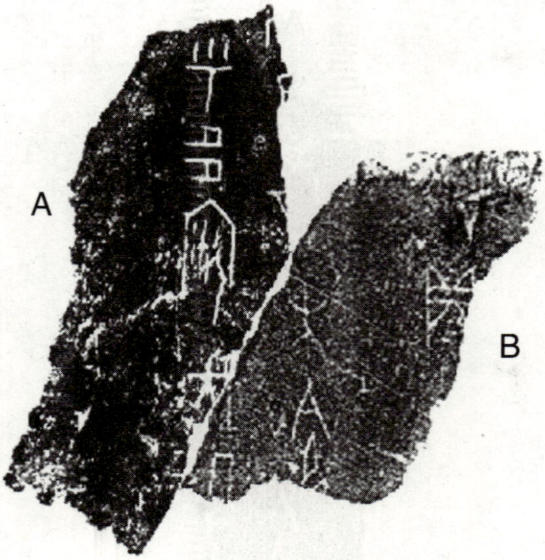

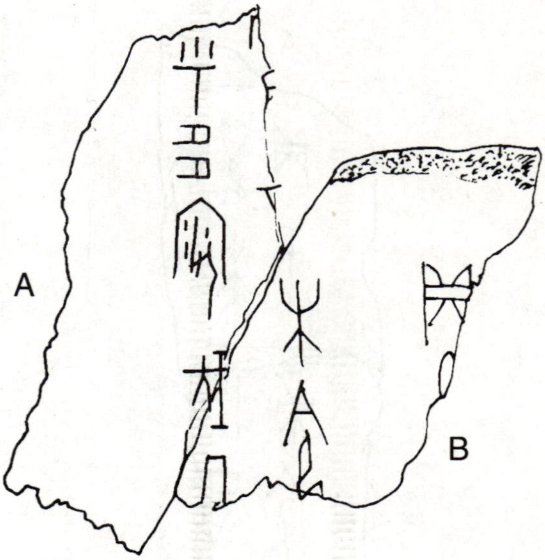

第 154 則:甲骨新綴第 59 ~ 60 組(劉影)

A《英藏》477 + B《合》7325

A
B

第 155 則：甲骨新綴第 61～62 組（劉影）

A《合》14336＋B《合》10940

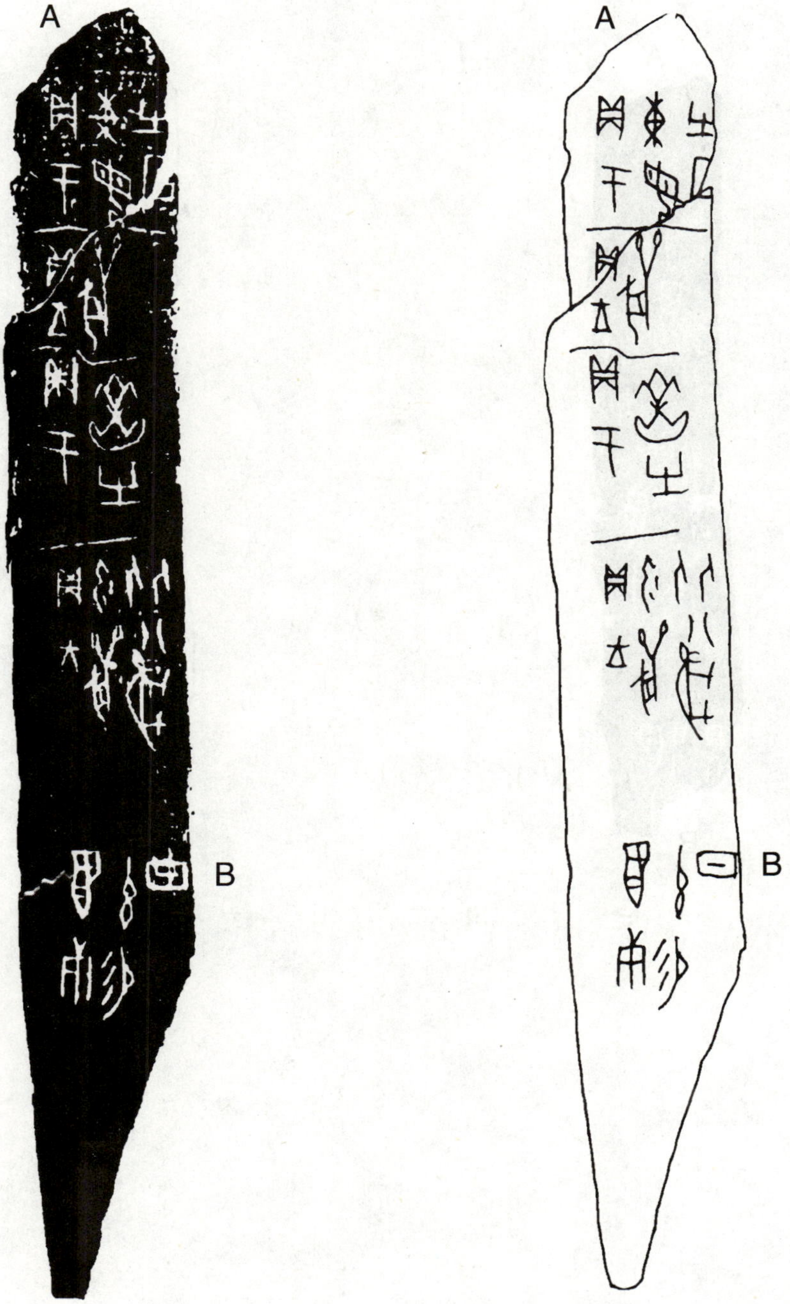

第 156 則:甲骨新綴第 61 ~62 組(劉影)

A《合》12442 + B《合》12400

A

B

A

B

第 157 則：甲骨新綴第 63～65 組（劉影）

A《合》23018 + B《合》24552

A

B

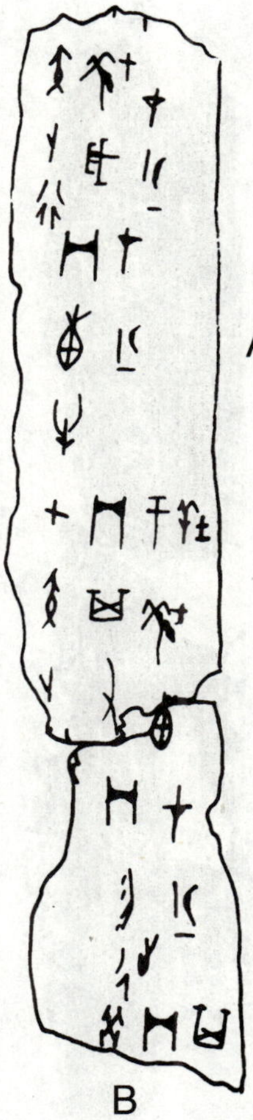

A

B

第 158 則:甲骨新綴第 63～65 組(劉影)

A《合》22583 + B《合》23605

第 159 則：甲骨新綴第 63～65 組（劉影）

A《合》25261 + B《合》23202

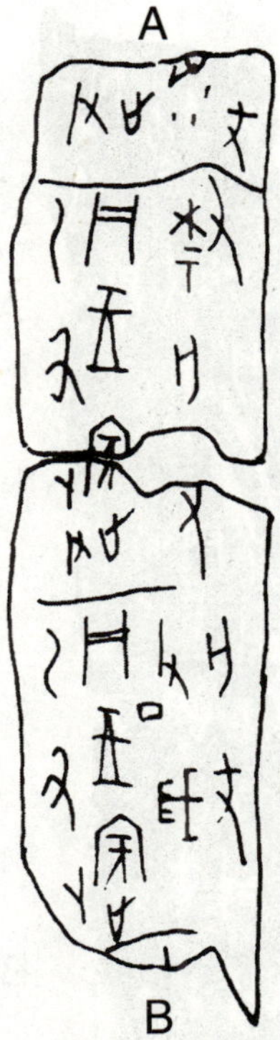

第 160 則:甲骨新綴第 66 ~ 67 組(劉影)

A《英藏》2243 + B《合》25378

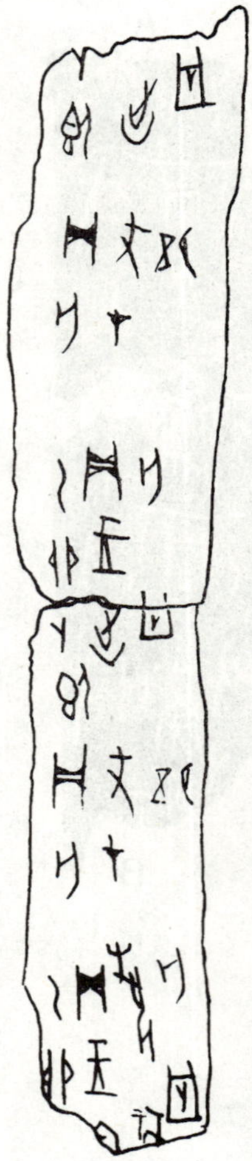

第 161 則：甲骨新綴第 66 ~ 67 組（劉影）

A《合》23766 + B《合》25442

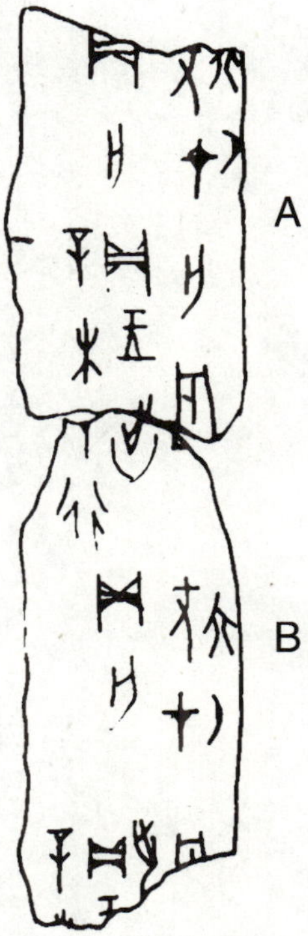

第 162 則:甲骨新綴第 68 組(劉影)

A《合》23118 + B《合》25321

第 163 則：甲骨新綴第 69～70 組（劉影）

A《合》23749 + B《合》26119

A
B

A
B

第 164 則：甲骨新綴第 69～70 組（劉影）

A《輯佚》474＋B《合》23034

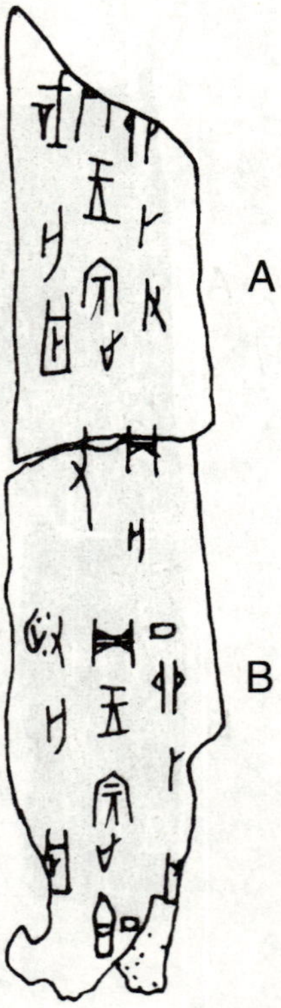

第 165 則：甲骨新綴第 71 組（劉影）

A《合》18217 + B《合》23611

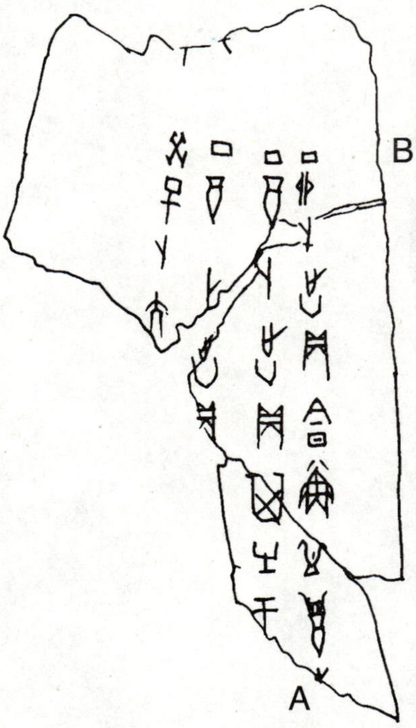

第 166 則:甲骨新綴第 72 組(劉影)

A《合》27484 + B《合》27617

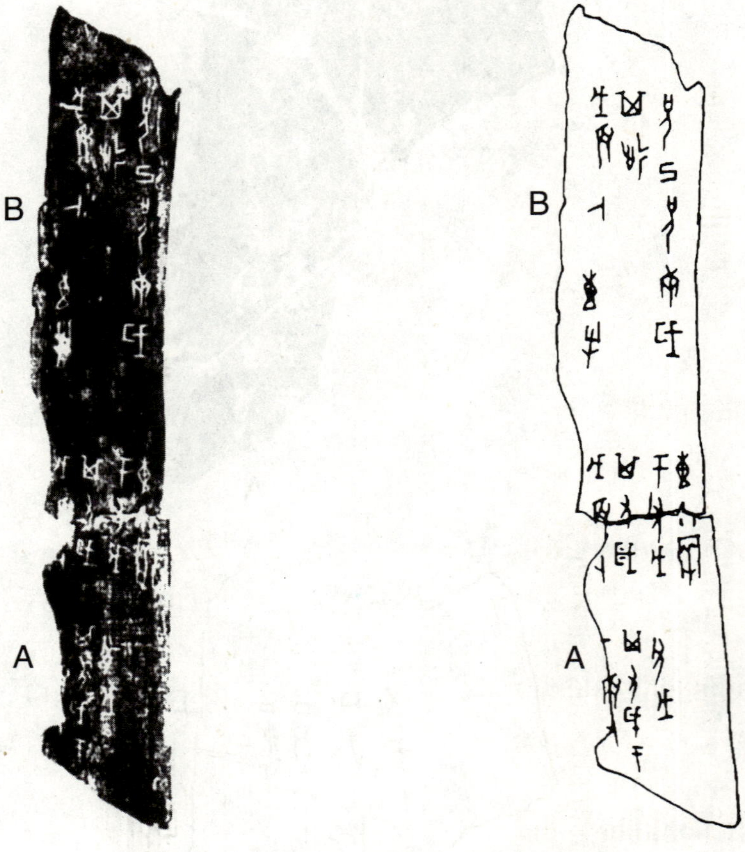

第 167 則:甲骨新綴第 73 組(劉影)

A《合集》28607 + B《合集》28670

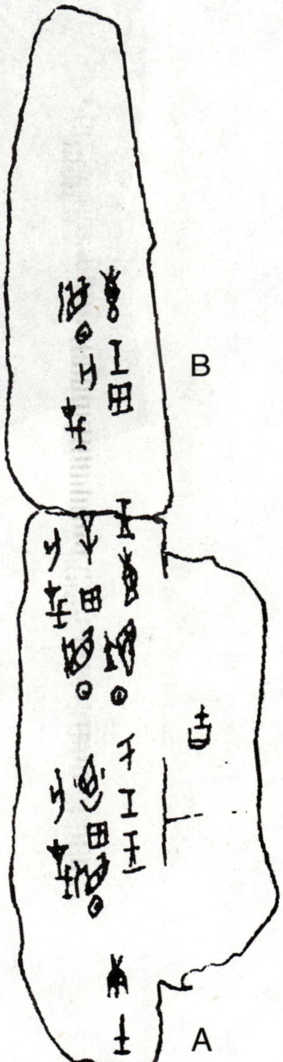

第 168 則：甲骨新綴第 74～75 組(劉影)

A《合集》28678 + B《合集》29248

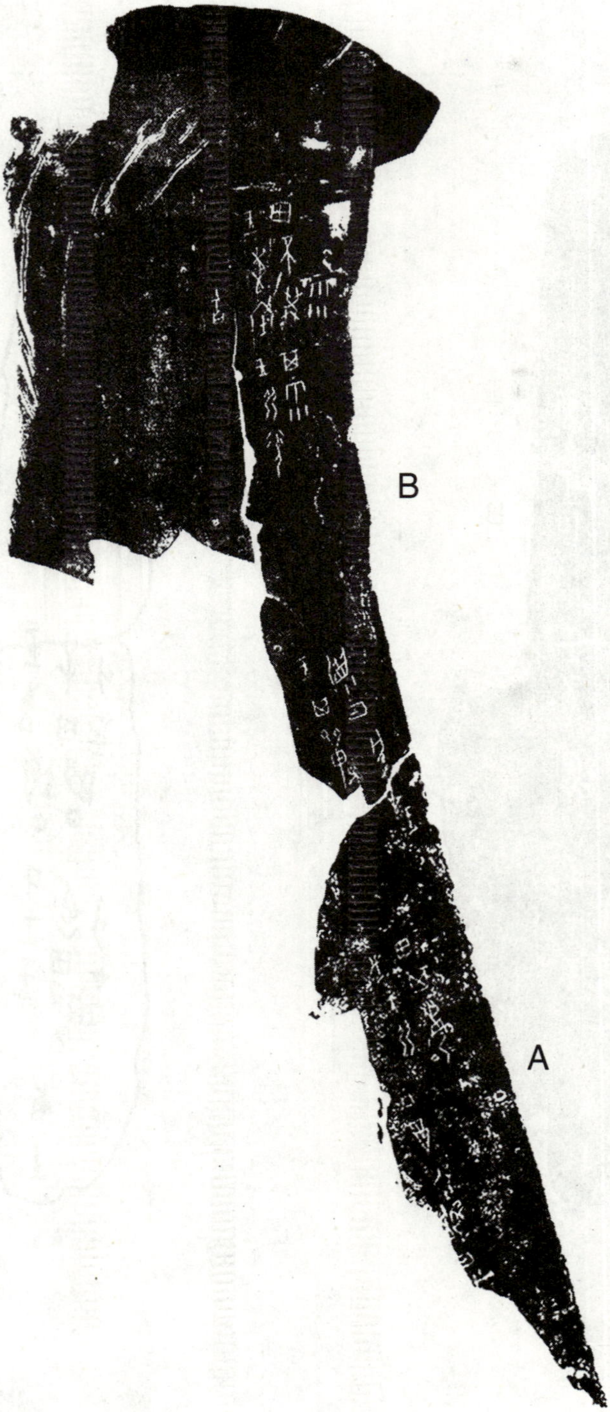

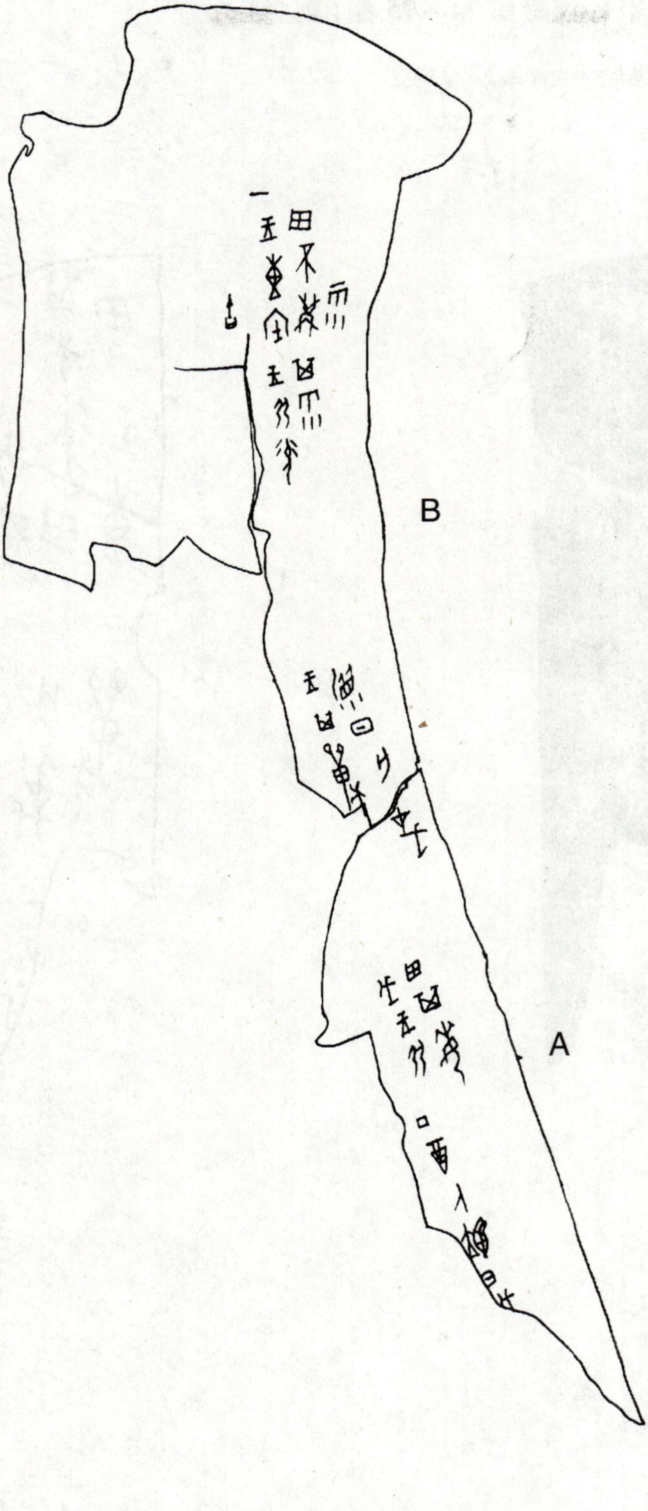
B
A

第 169 則：甲骨新綴第 74～75 組(劉影)

A《合集》28782 + B《合集》29244

B

A

B

A

第 170 則：甲骨新綴第 76 組（劉影）

A《合補》9173 + B《合》33558

第 171 則:甲骨新綴第 77 組(劉影)

A《合》26899 + B《合》27875

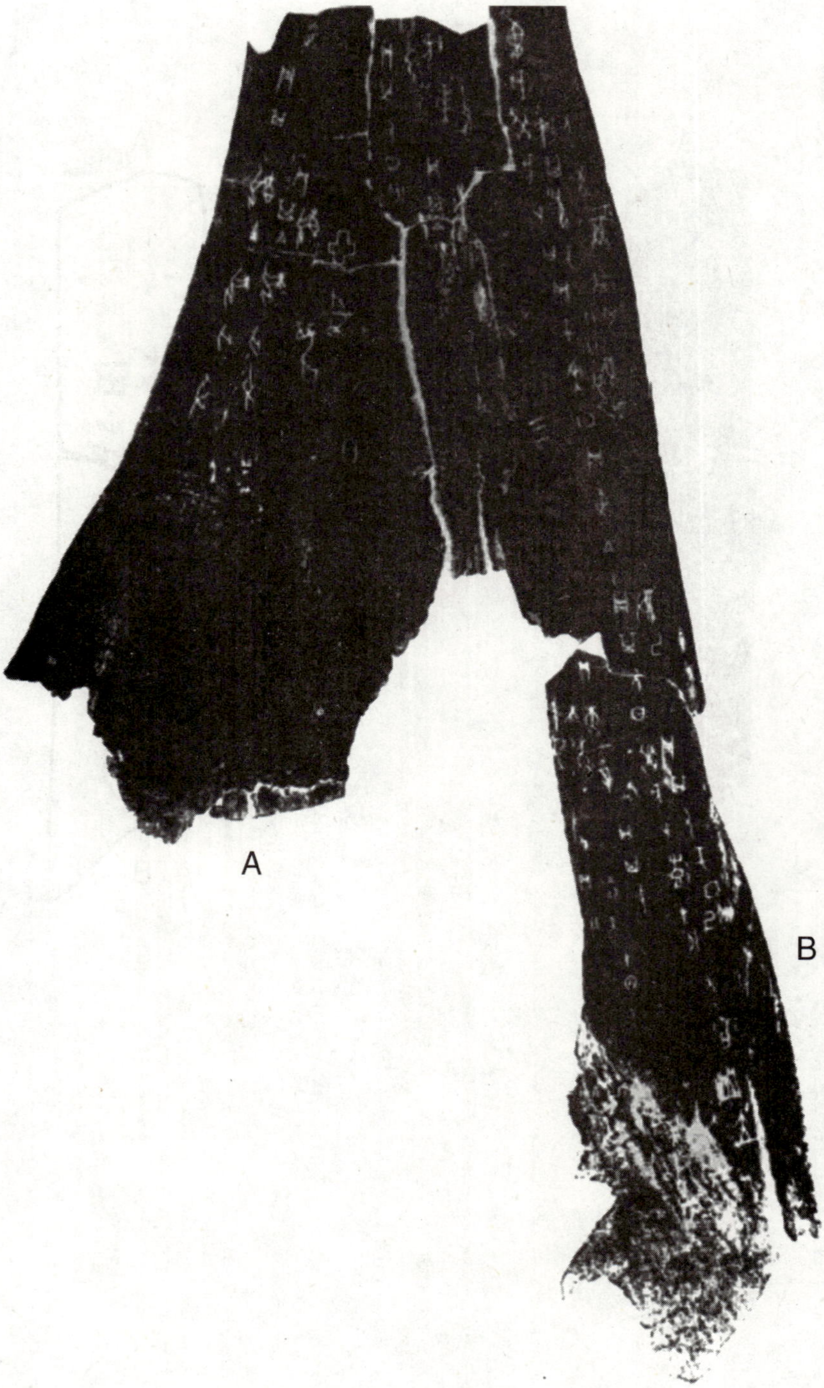

A

B

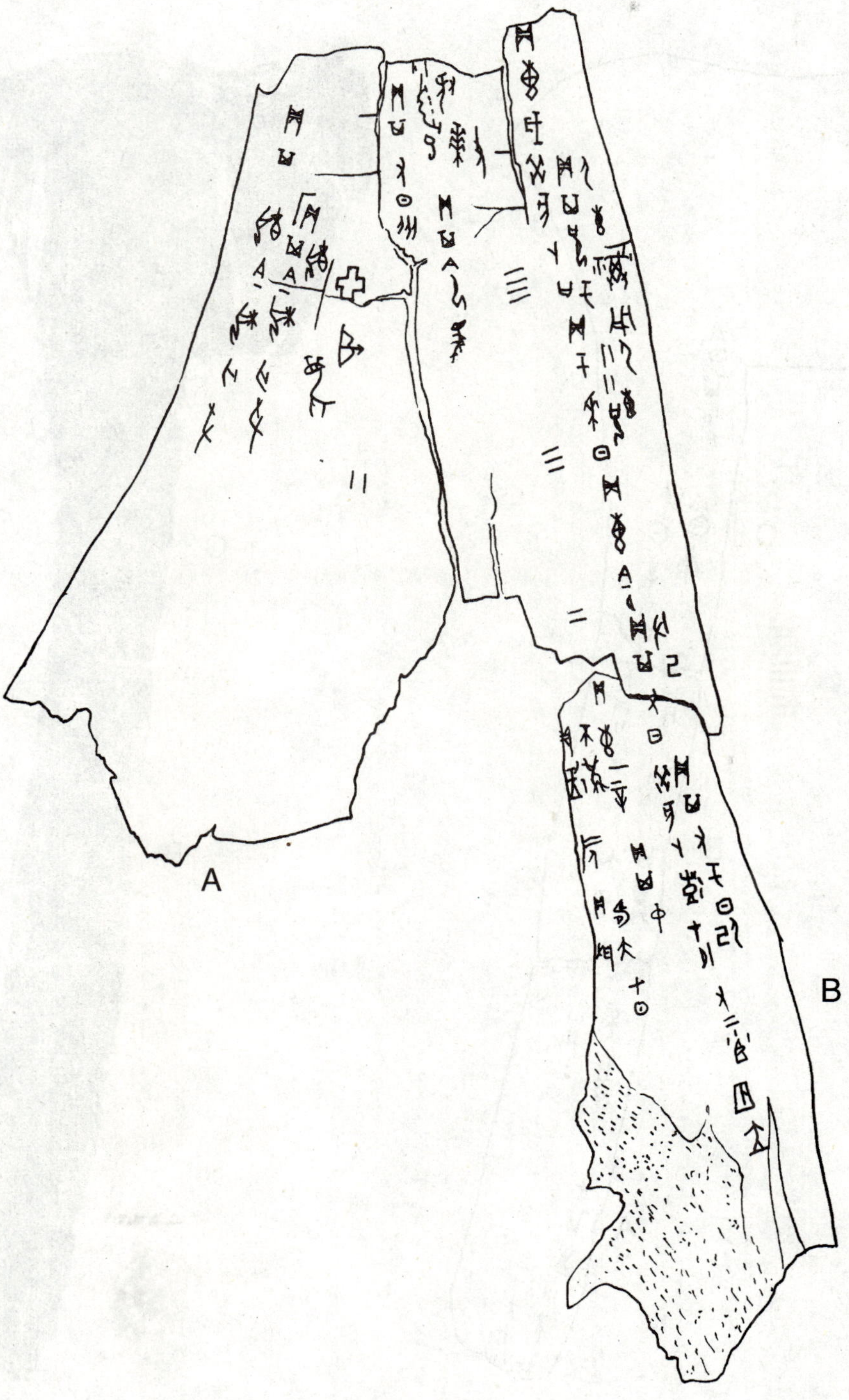
A
B

第 172 則:甲骨新綴第 78 組(劉影)

A《合》28625 + B《合》30137 + C《合》29907

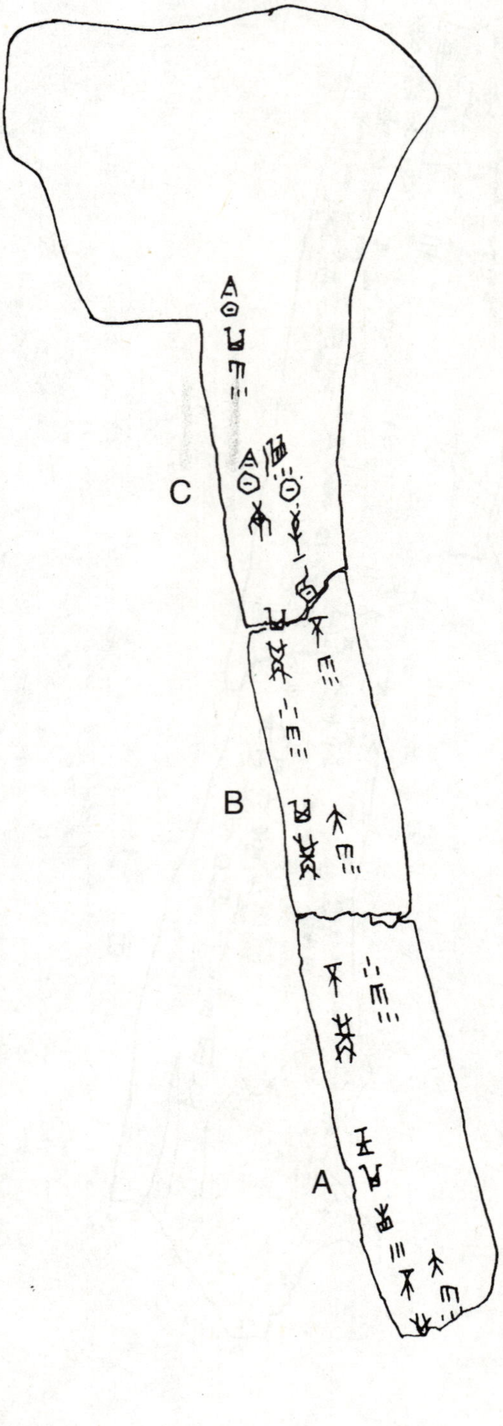

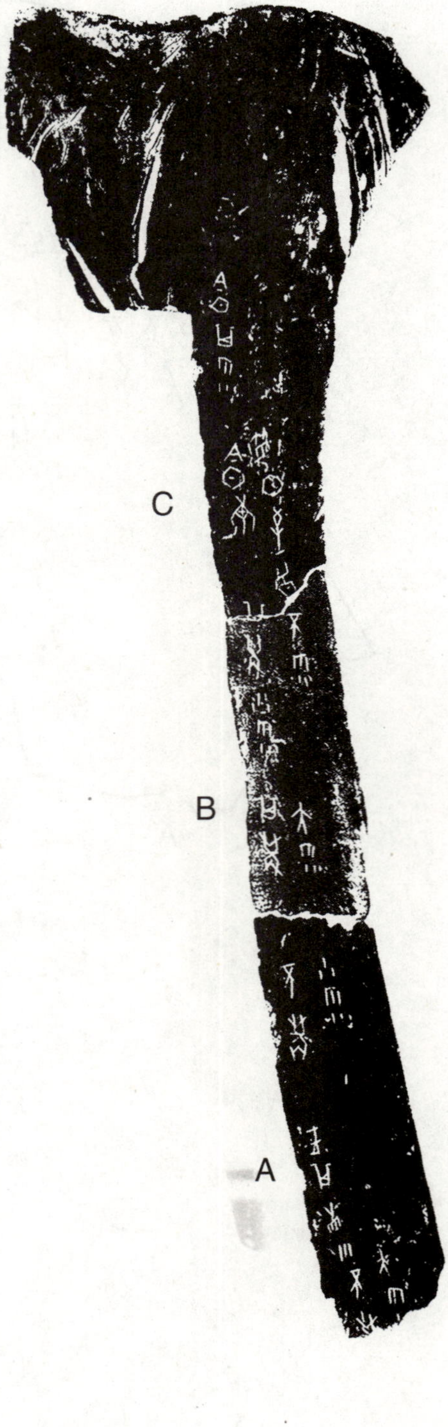

第173則：甲骨新綴第79～82組（劉影）

A《合》30239＋B《屯南》815

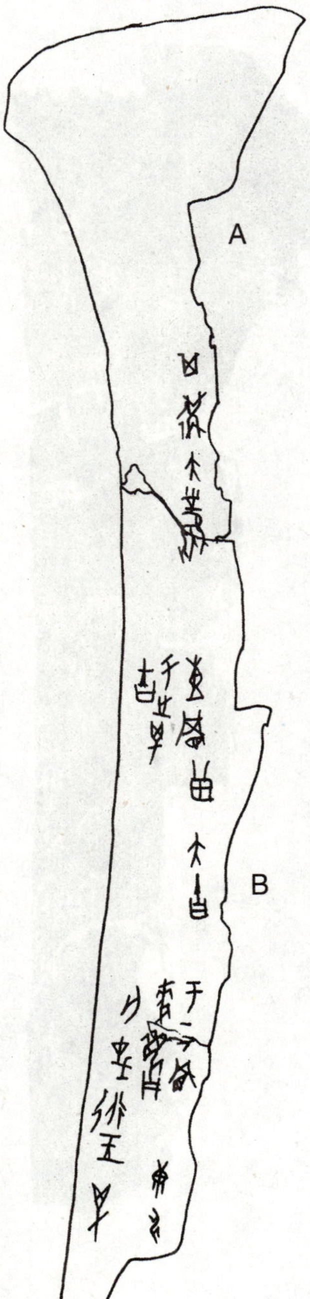

第 174 則：甲骨新綴第 79 ~ 82 組（劉影）

A《合》27792 + B《合》27805 + C《合》28750

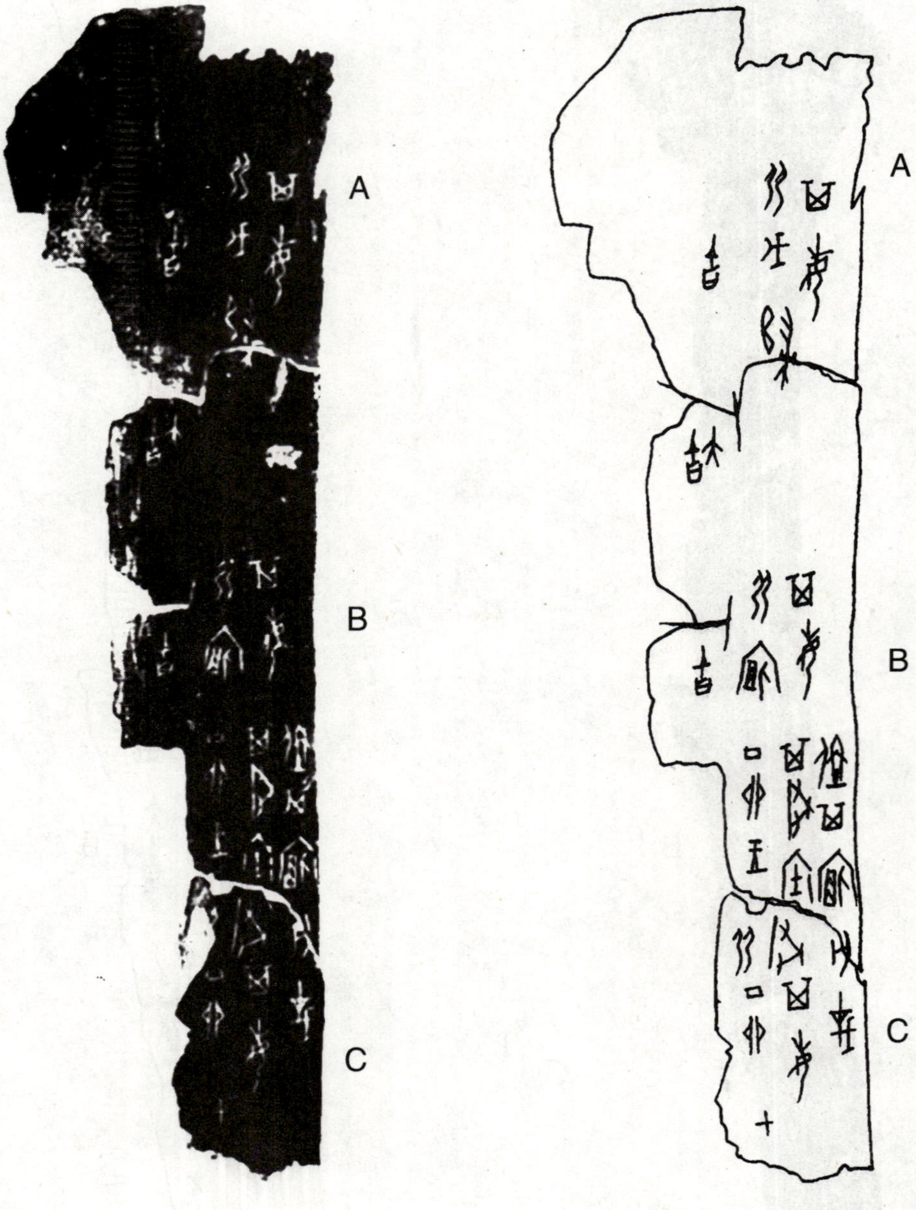

第 175 則：甲骨新綴第 79～82 組（劉影）

A《合》31111＋B《合補》9382

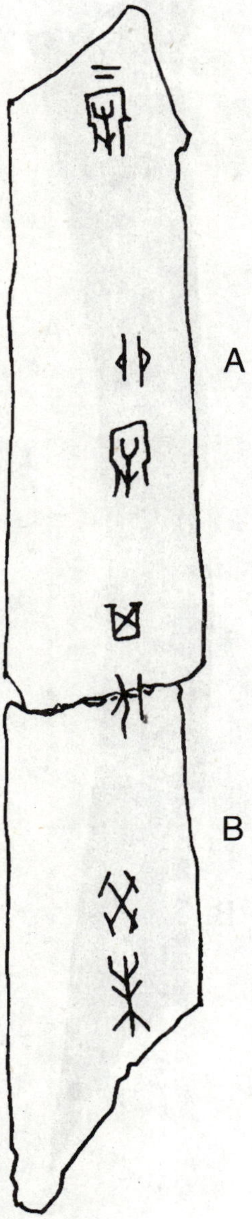

第 176 則：甲骨新綴第 79～82 組（劉影）

A《合》28543 + B《英》2342

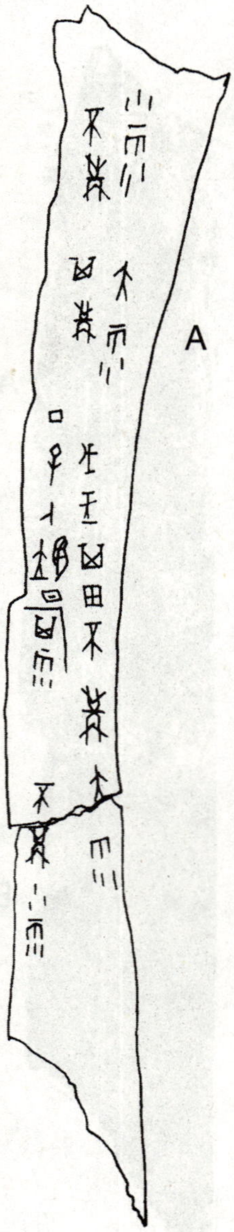

第 177 則：甲骨綴合一例(齊航福)

A《合補》524 + B《合》3475

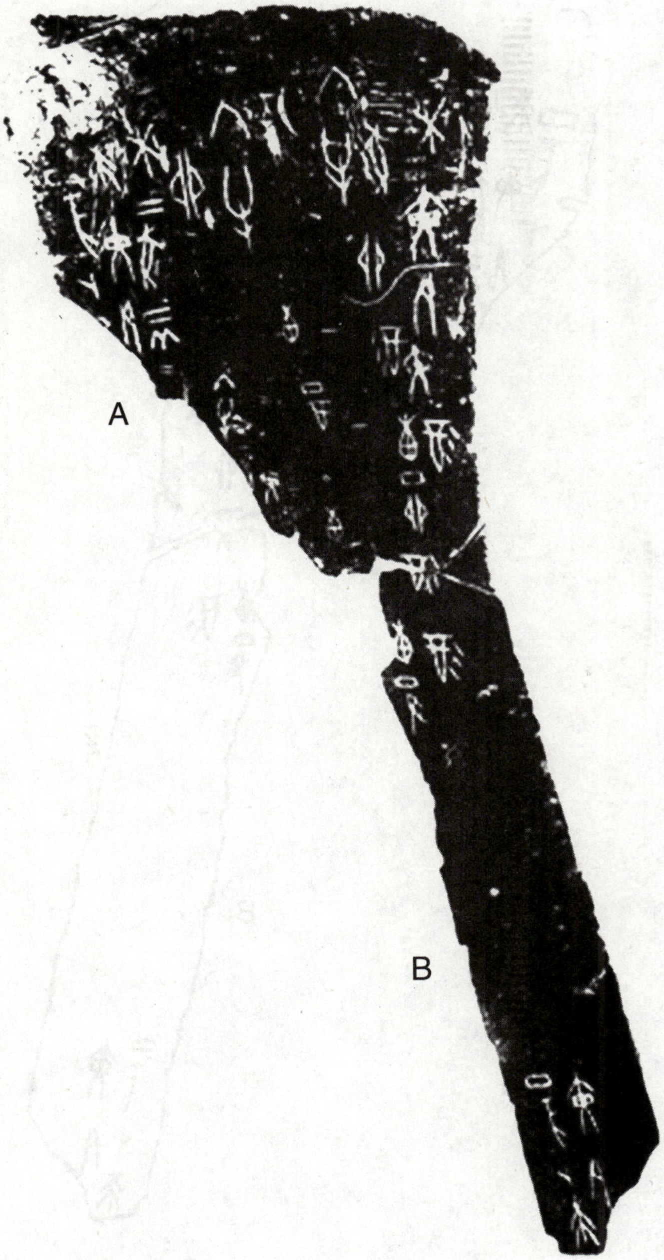

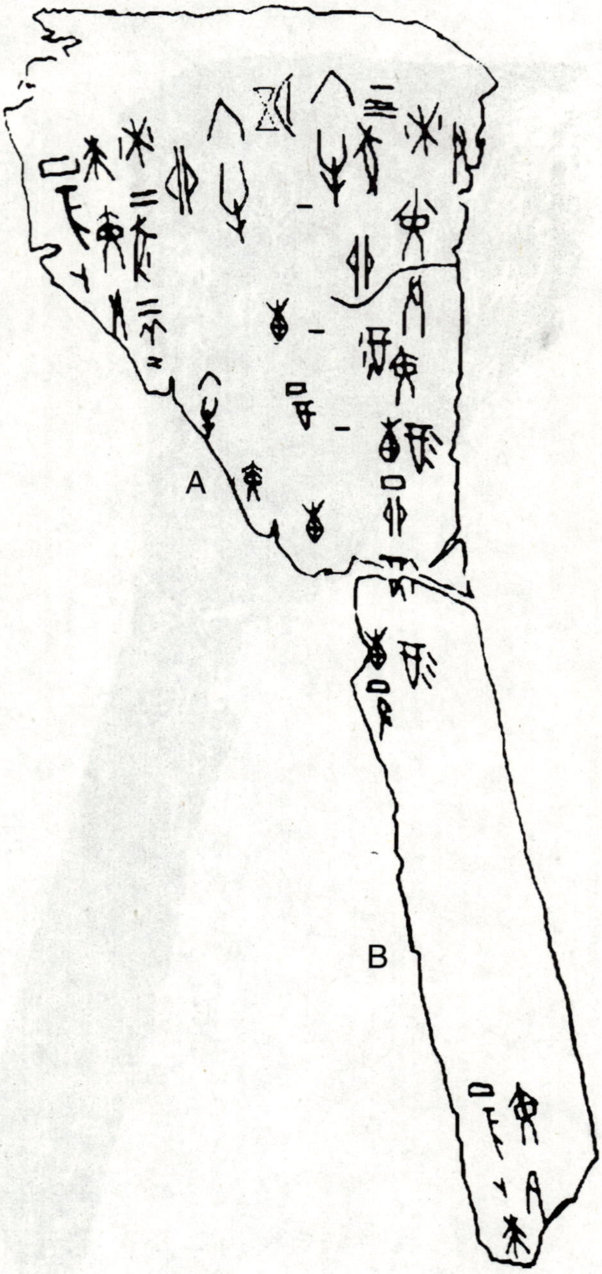
A
B

第 178 则：小屯南地甲骨缀合一例（齊航福）

A《合》28315 + B《屯南》4585

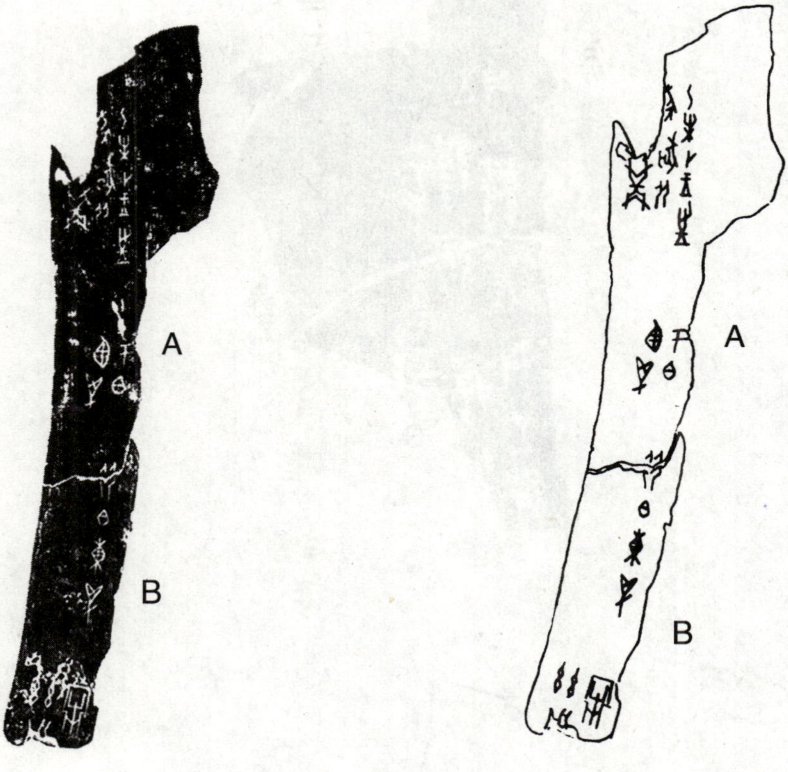

第179則：何組卜辭綴合一例（齊航福）

A《合》28156 + B《合》27010

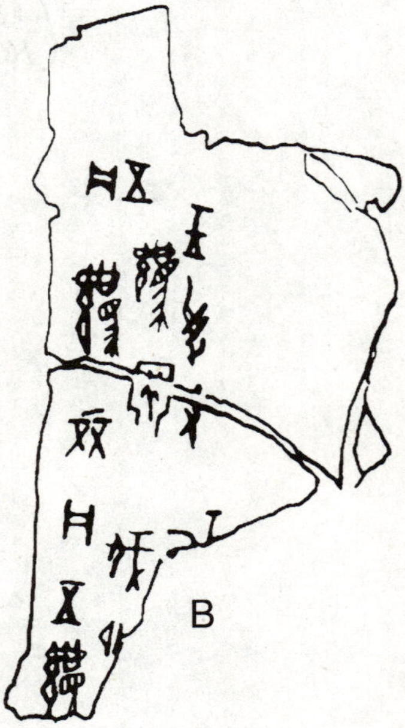

第 180 則：英國所藏甲骨綴合一例（齊航福）

A《合》7593 + B《英藏》686

A

B

A

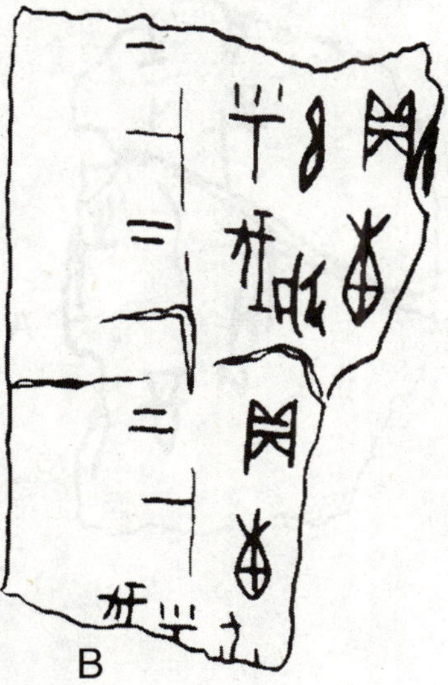

B

第 181 則：國博所藏甲骨新綴一例（齊航福）

A《合》7015 + B《合》18032

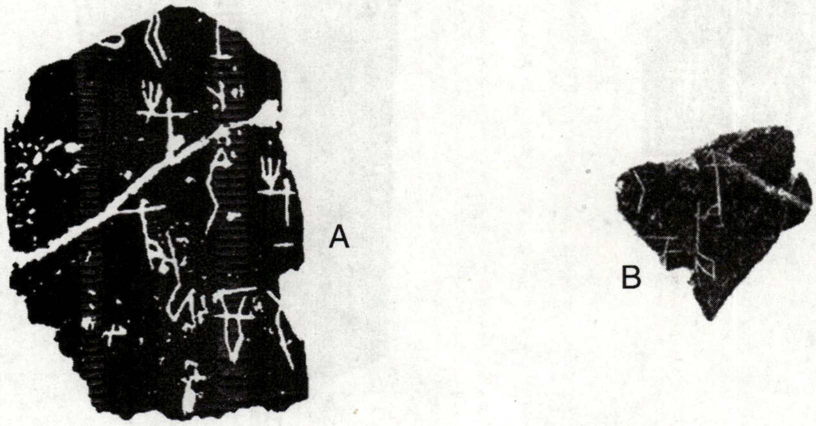

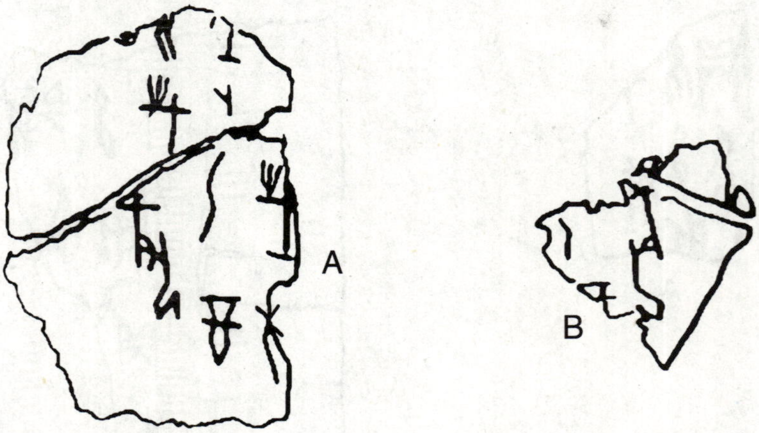

第 182 則：甲骨試綴六組（齊航福）

A《合》9069 + B《合》9071

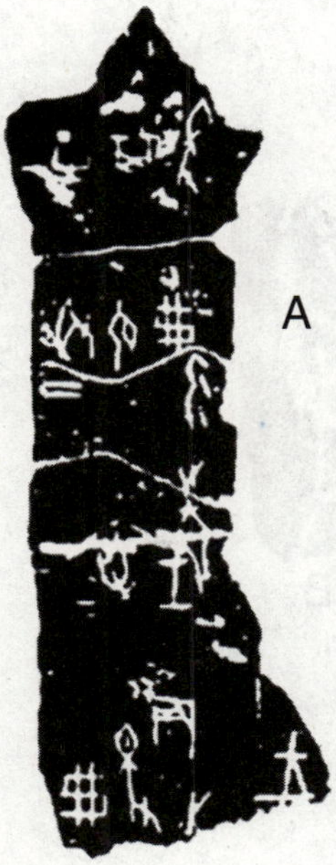

A

B

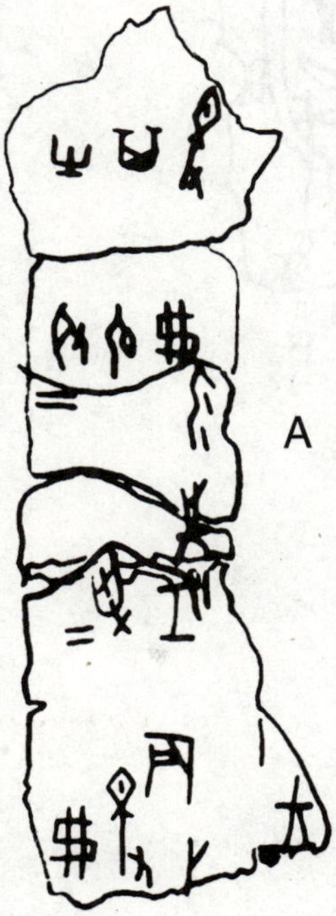

A

B

第 183 則：甲骨試綴六組(齊航福)

A《乙》7107 + B《乙》7327

A　B

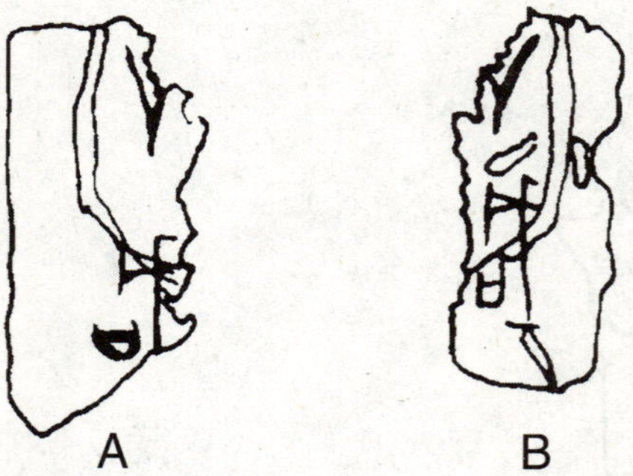

A　B

第 184 則：甲骨試綴六組(齊航福)

A《合》18749 + B《合》18750

A

B

A

B

第 185 則：甲骨試綴六組(齊航福)

A《合》29532 + B《合》30434

A

B

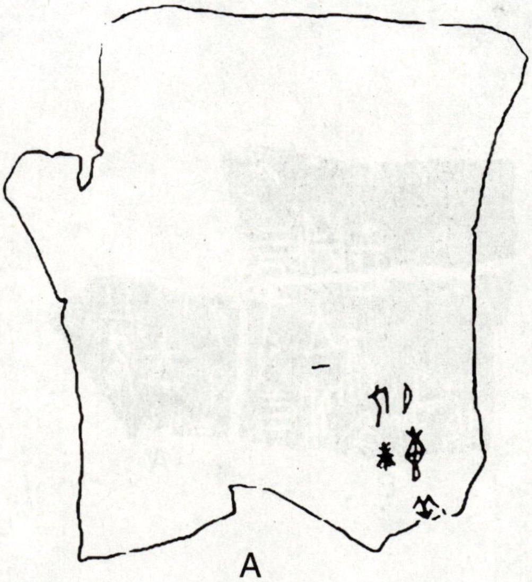

A

B

第 186 則：甲骨試綴六組（齊航福）

A《合》17394 + B《合》5598 正

第 187 則：甲骨試綴六組（齊航福）

A《合》25894 + B《合》25243

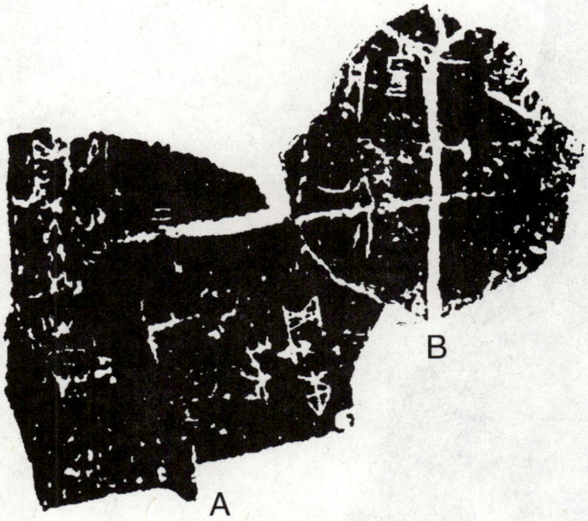

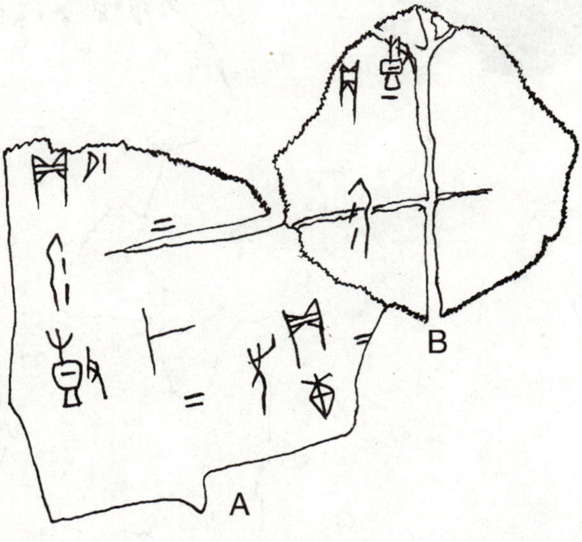

第188則:《北京大學珍藏甲骨文字》綴合一例(齊航福)

A《合》26321＋B《北珍》1172

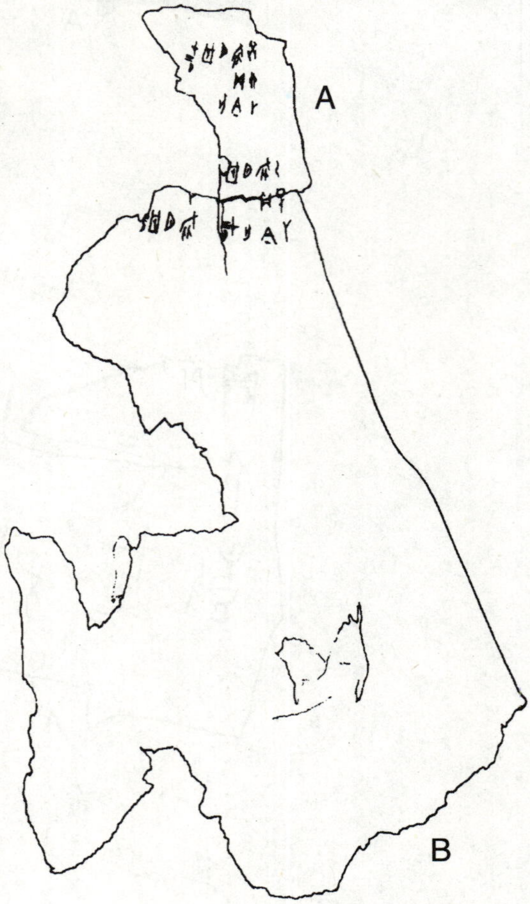

第 189 則:《北京大學珍藏甲骨文字》綴合第二例(齊航福)

A《合》30878 + B《北珍》0451

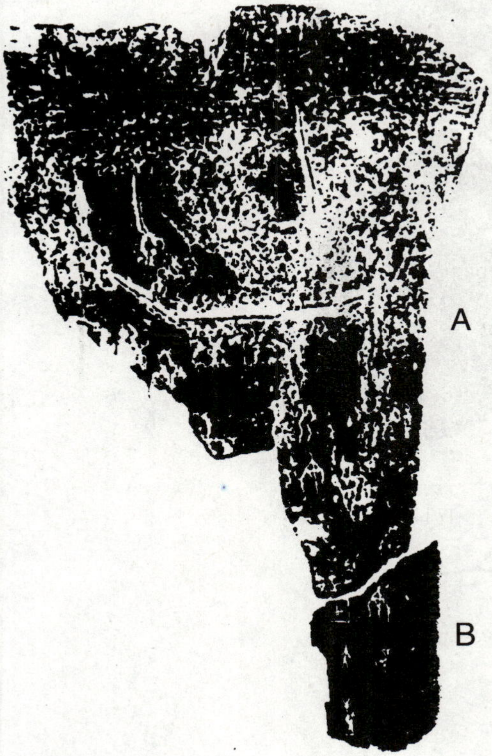

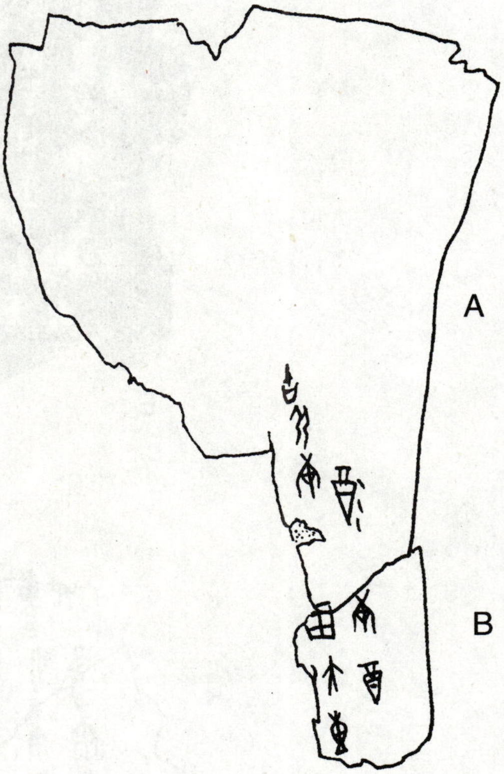

第190則:《北京大學珍藏甲骨文字》綴合第三例(齊航福)

A《北珍》1870正+B《合》38046

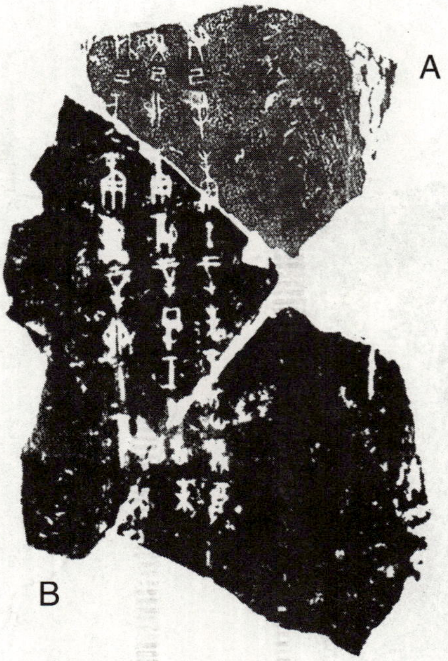

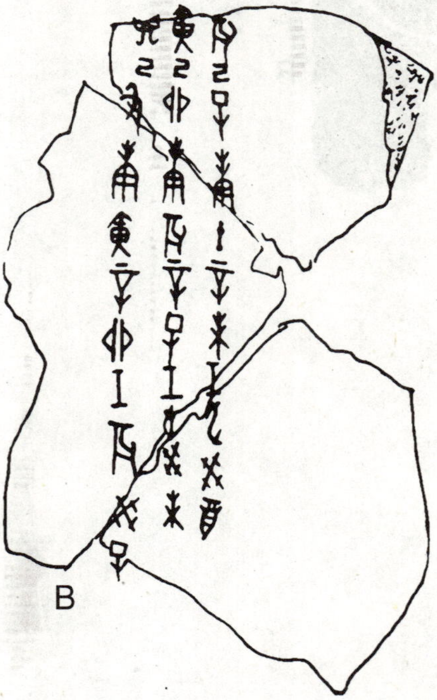

第 191 則：賓組卜辭綴合一例（齊航福）

A《合》14474 正 + B《合補》1705

A

B

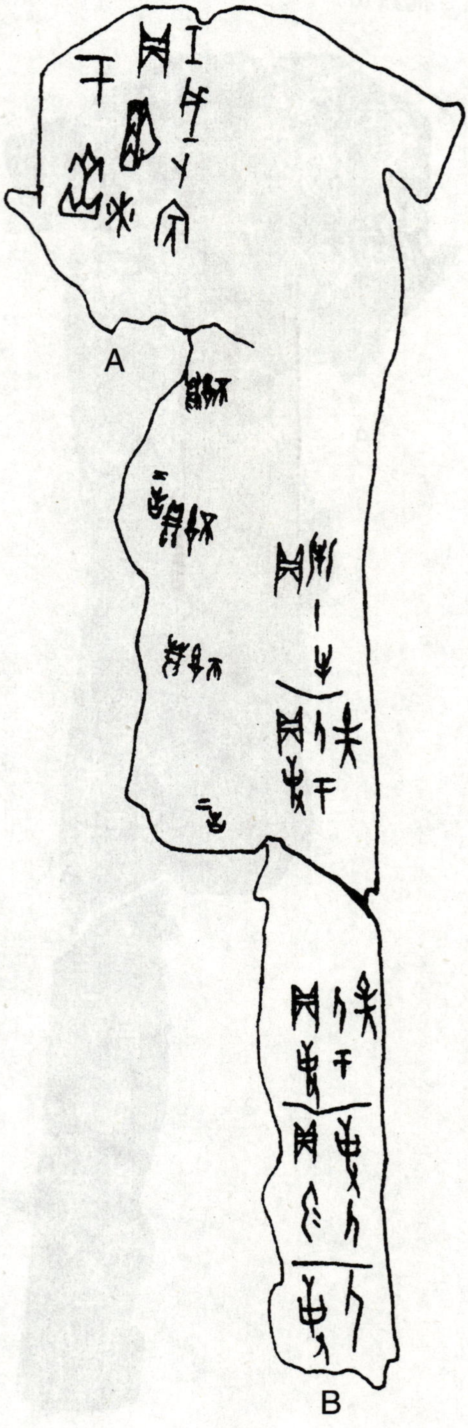
A
B

第 192 則：無名類卜骨綴合一例（齊航福）

A《合》27432＋B《合》27473

第193則：何組卜辭綴合一例（齊航福）

A《合補》10212＋B《合》30810

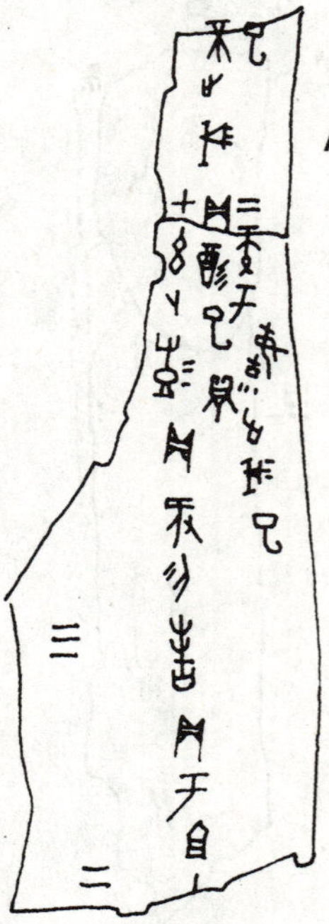

第 194 则：《輯佚》中的一版花東子卜辭及其綴合（莫伯峰）

A《輯佚》561 + B《花東》123（局部圖版）

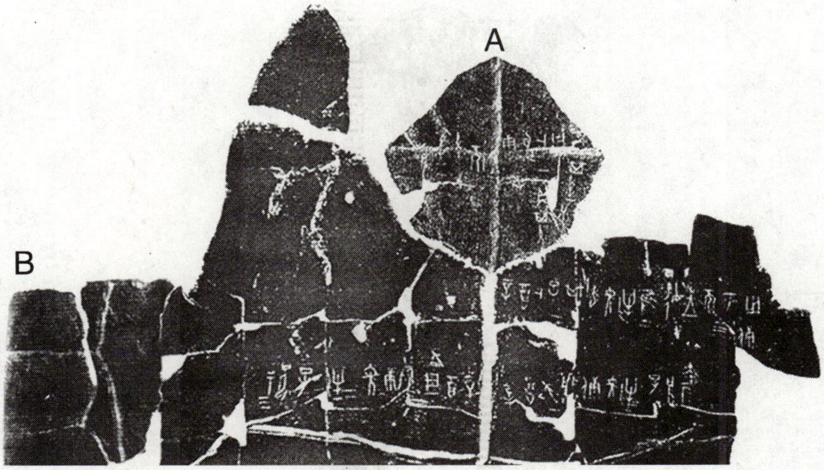

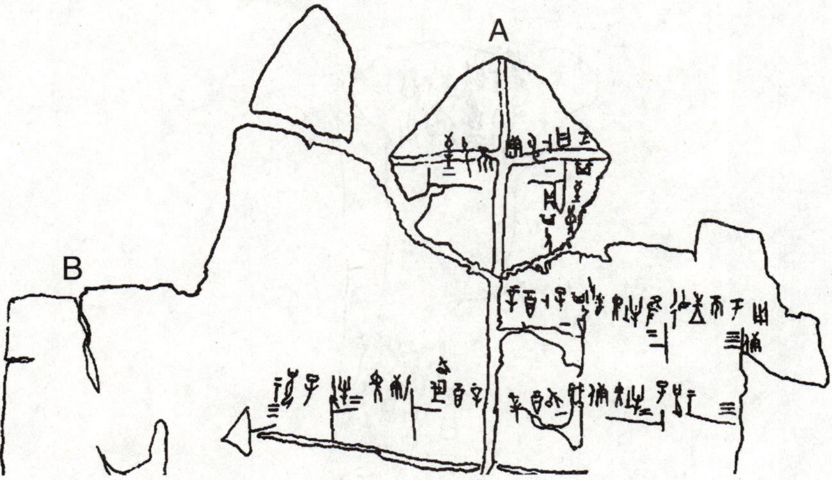

第 195 則：歷組新綴一則（莫伯峰）

A《合》33526 + B《合》32057

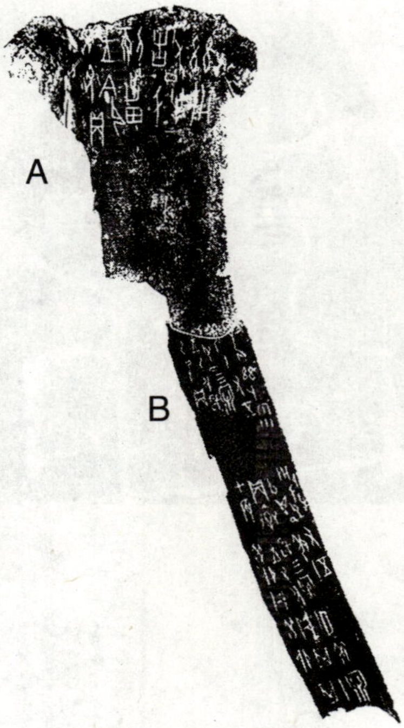

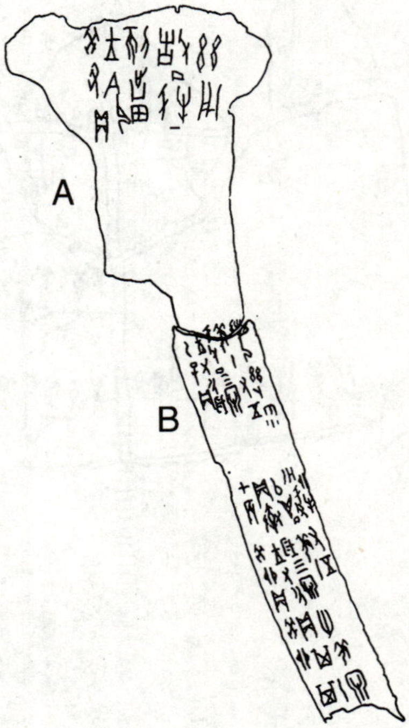

第 196 則：歷組新綴三則（莫伯峰）

A《合》33844 + B《合》33954

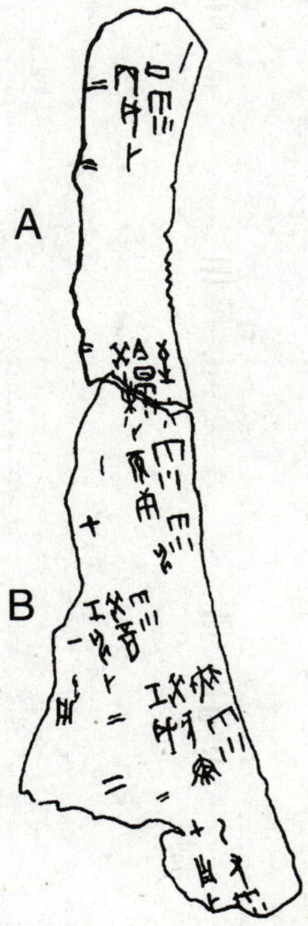

第 197 則：歷組新綴三則（莫伯峰）

A《天理》B600 + B《合》34936 + C《合》34810

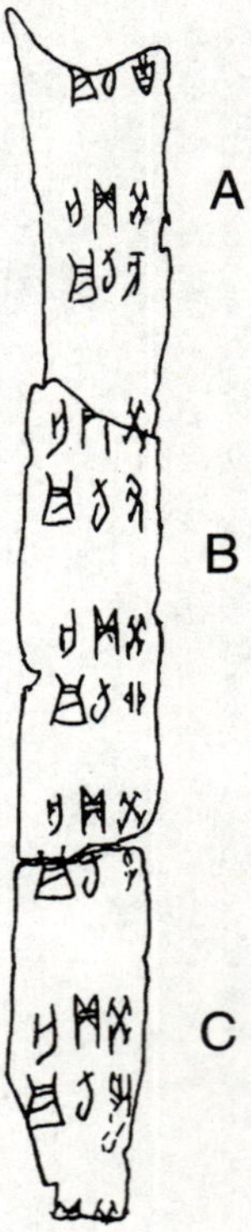

第 198 則：歷組新綴三則(莫伯峰)

A《合》35010 + B《合》34882 + C《合》35039

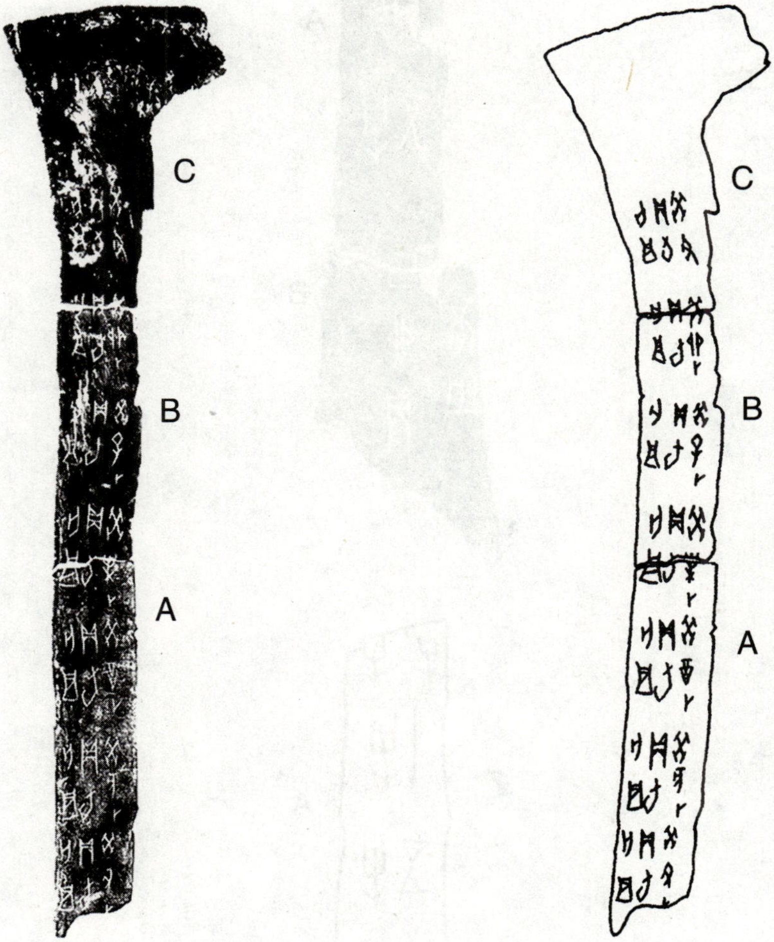

第 199 則：歷組新綴一則（莫伯峰）

A《合》33584＋B《合》35160

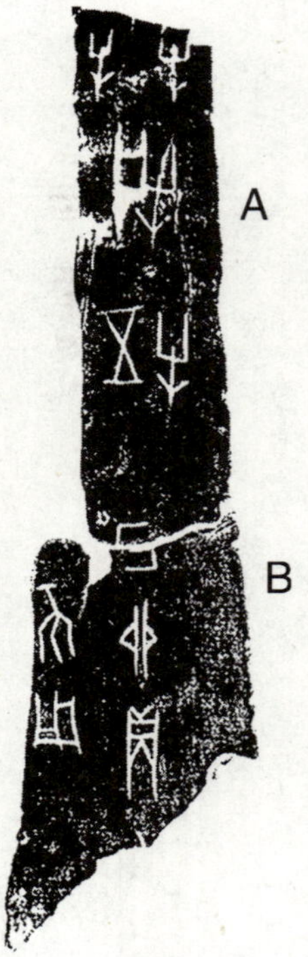

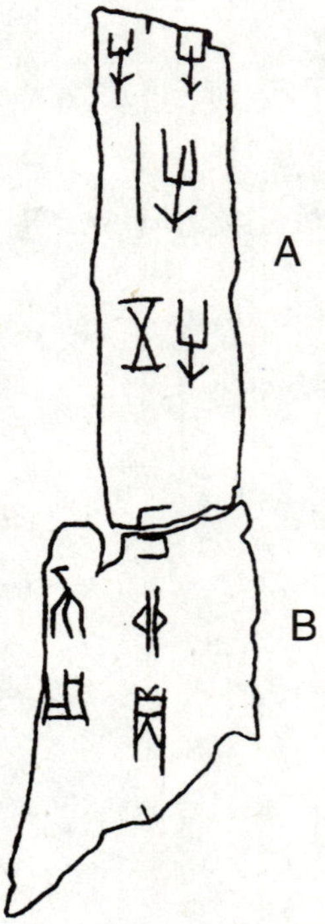

第 200 則：歷組新綴二則（莫伯峰）

A《合》34494 + B《合補》10558

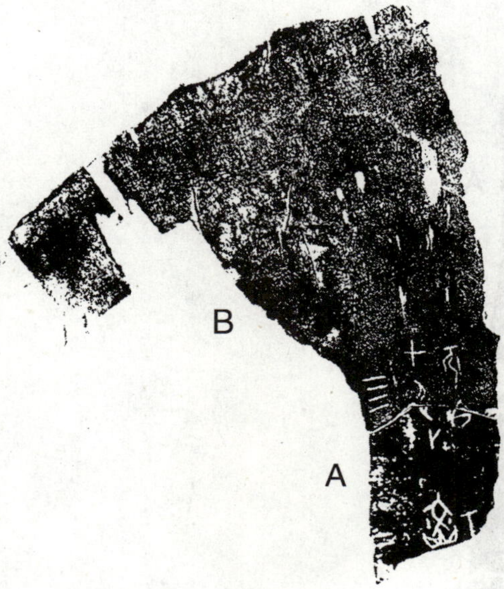

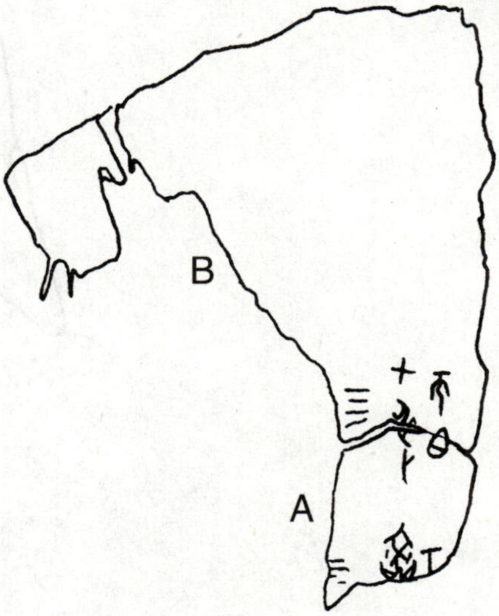

第 201 則：歷組新綴二則（莫伯峰）

A《合》33628 + B《合補》10674 + C《合》33383

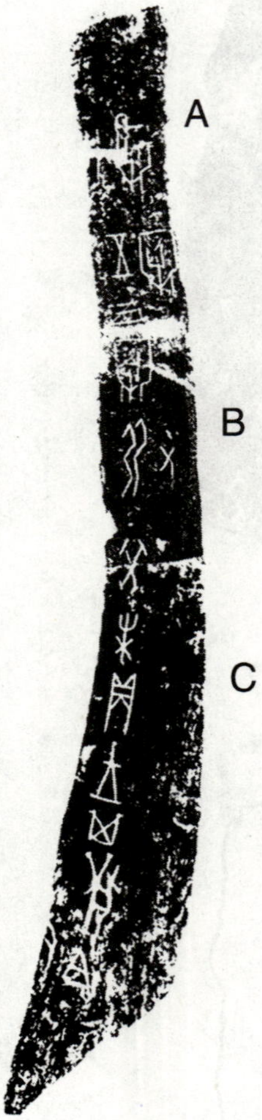

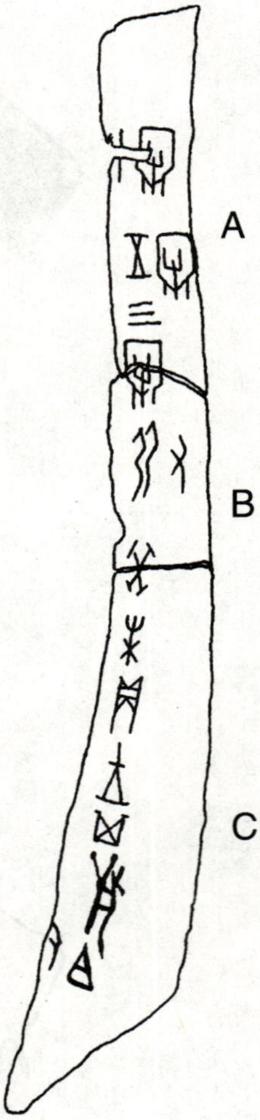

第 202 則：歷組新綴一則（莫伯峰）

A《合補》10414 + B《英藏》2473

A

B

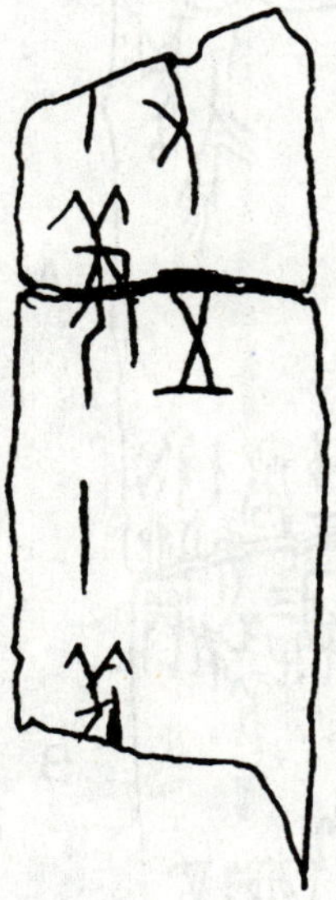

A

B

第 203 則：新綴歷組卜辭二則(莫伯峰)

A《合》32082 + B《合》34236

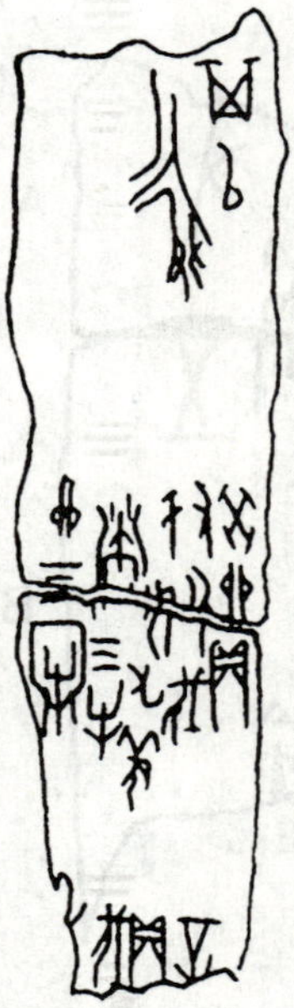

第 204 則：新綴歷組卜辭二則（莫伯峰）

A《合》32108 + B《合》33584 + C《合》35160

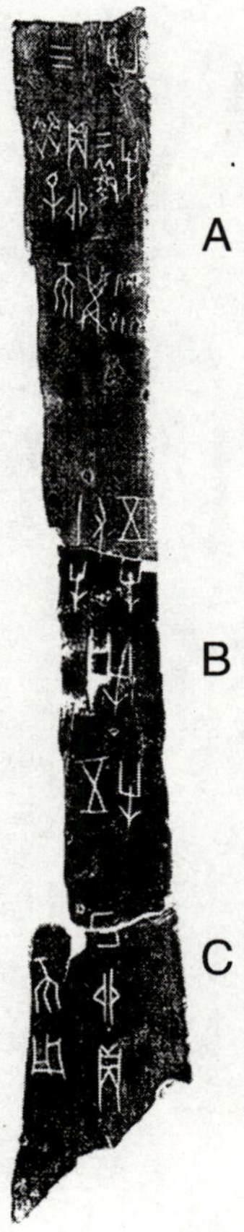

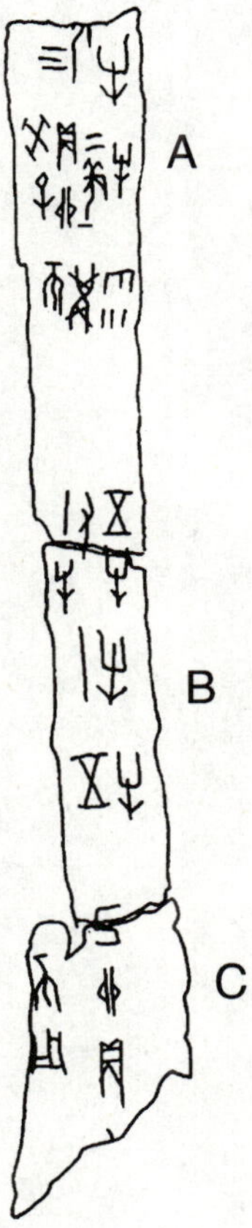

第 205 則：無名組新綴一則（莫伯峰）

A《合》27231 + B《合》28573

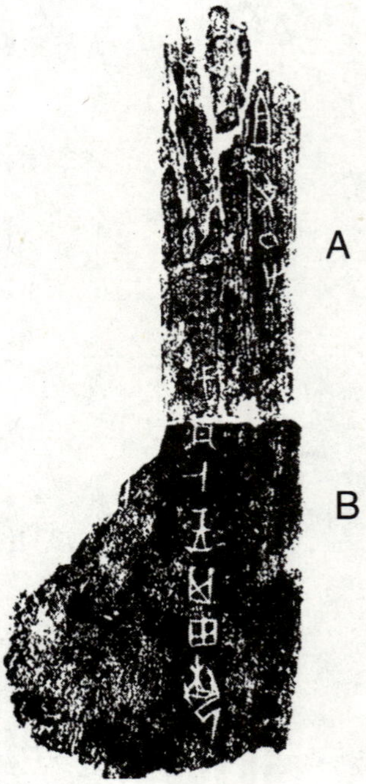

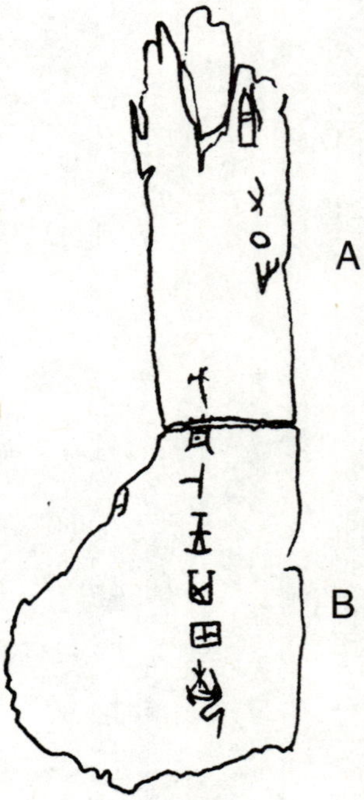

第 206 則：歷組新綴四則（莫伯峰）

A《合》32643 + B《合》32544

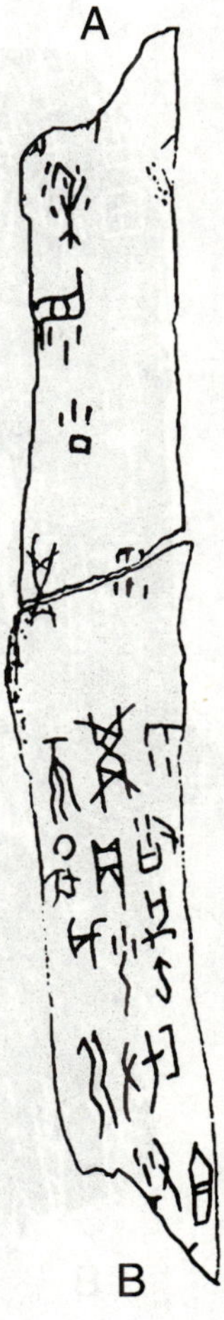

第 207 則：歷組新綴四則（莫伯峰）

A《合》32334 + B《合》34555

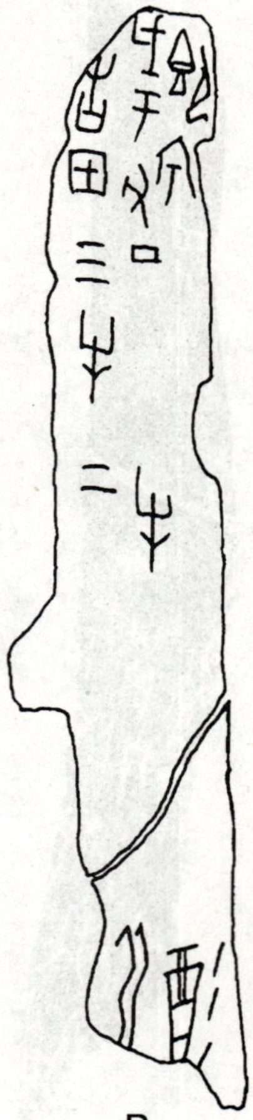

第 208 則：歷組新綴四則（莫伯峰）

A《合》32505 + B《合》32889

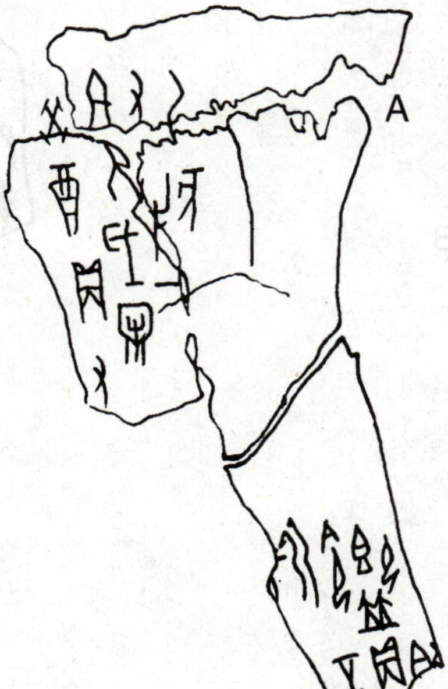

第 209 則：歷組新綴四則(莫伯峰)

A《合》32743＋ B《合》32029

第 210 則：歷組新綴一則（莫伯峰）

A《合》33635 + B《合》34641

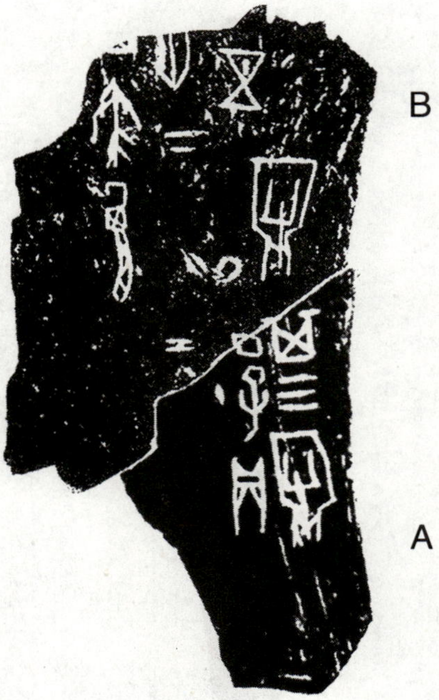

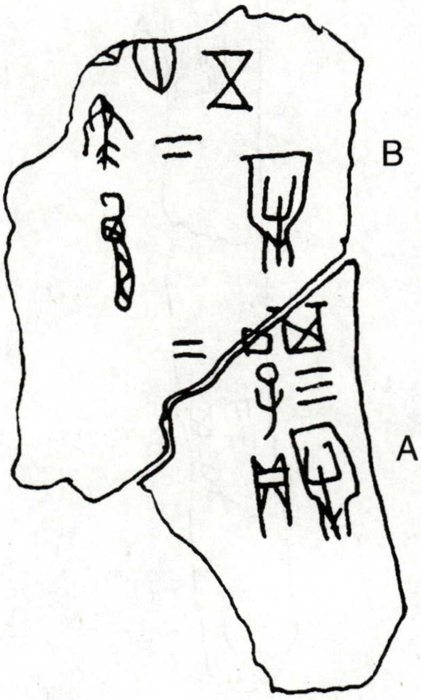

第 211 則：歷組卜辭拼合二則（莫伯峰）

A《合》34423 + B《合》32695 部分

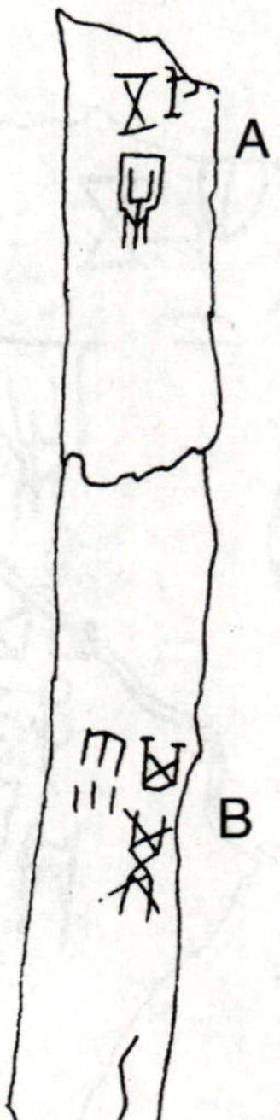

第 212 則：歷組卜辭拼合二則（莫伯峰）

A《合》32425 + B《合》34595

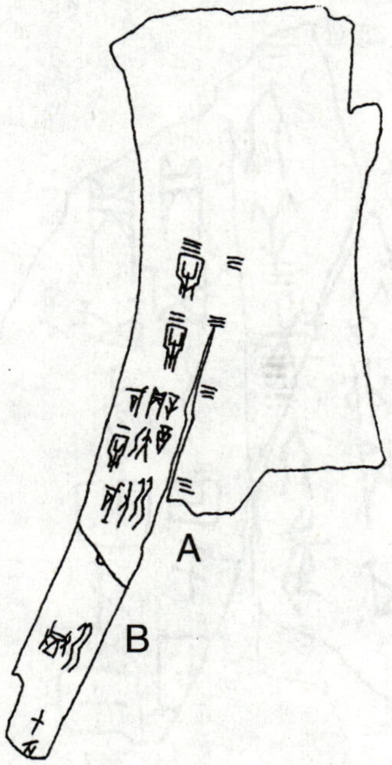

第 213 則：歷組卜辭拼合三則（莫伯峰）

A《合》33615 + B《英藏》2398

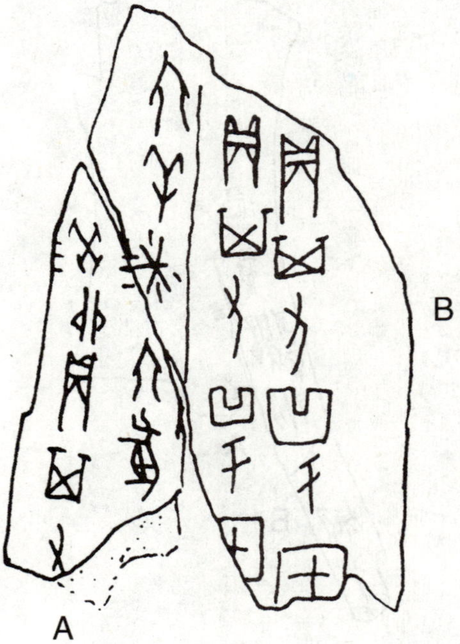

第214则：歷組卜辭拼合三則(莫伯峰)

A《合補》10578 + B《合》33462

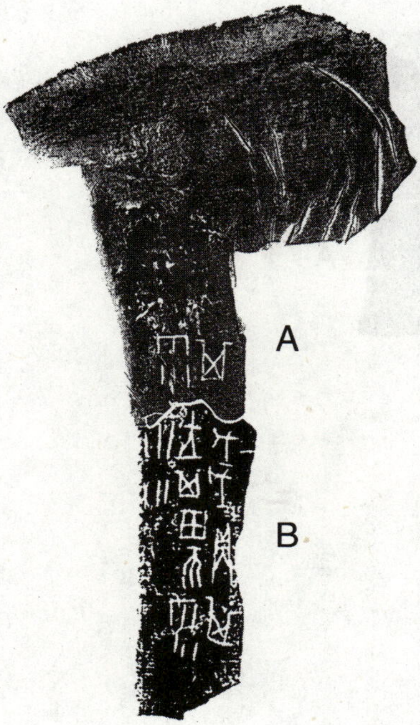

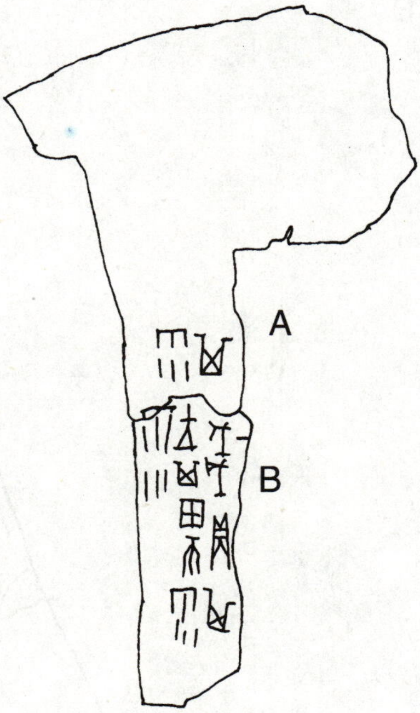

第215則：歷組卜辭拼合三則(莫伯峰)

A《合》33789 + B《合》33161

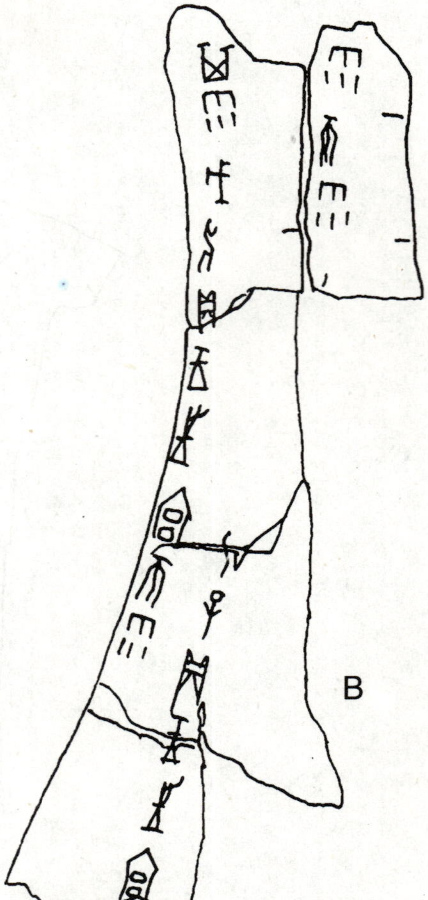

第 216 則：新拼合歷組卜辭二則（莫伯峰）

A《合》33808 + B《合》33656

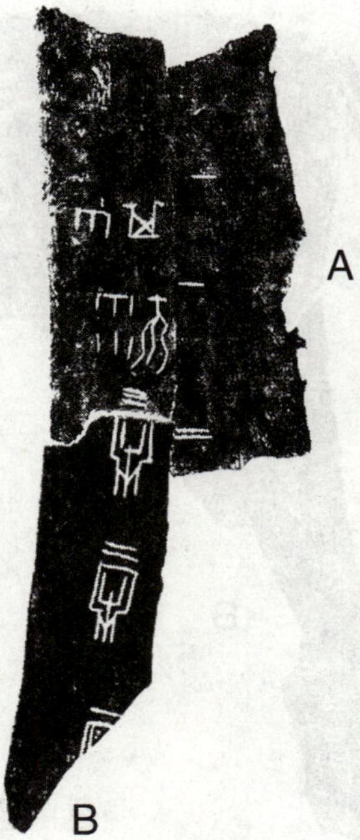

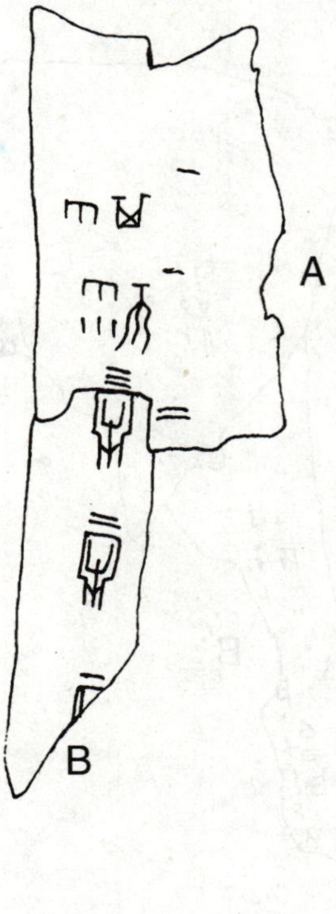

第 217 則：新拼合歷組卜辭二則（莫伯峰）

A《合》34701 + B《合》33985

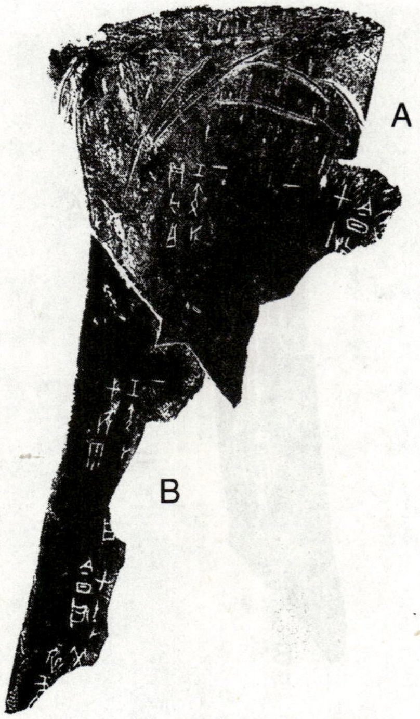

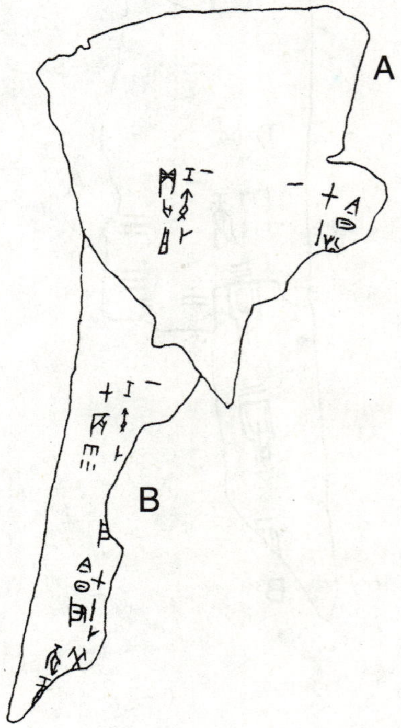

第 218 則：歷組卜辭新拼合三則（莫伯峰）

A《合》33291 部分 + B《合》32762 甲正 + C《合》34680 + D《合》32762 乙正

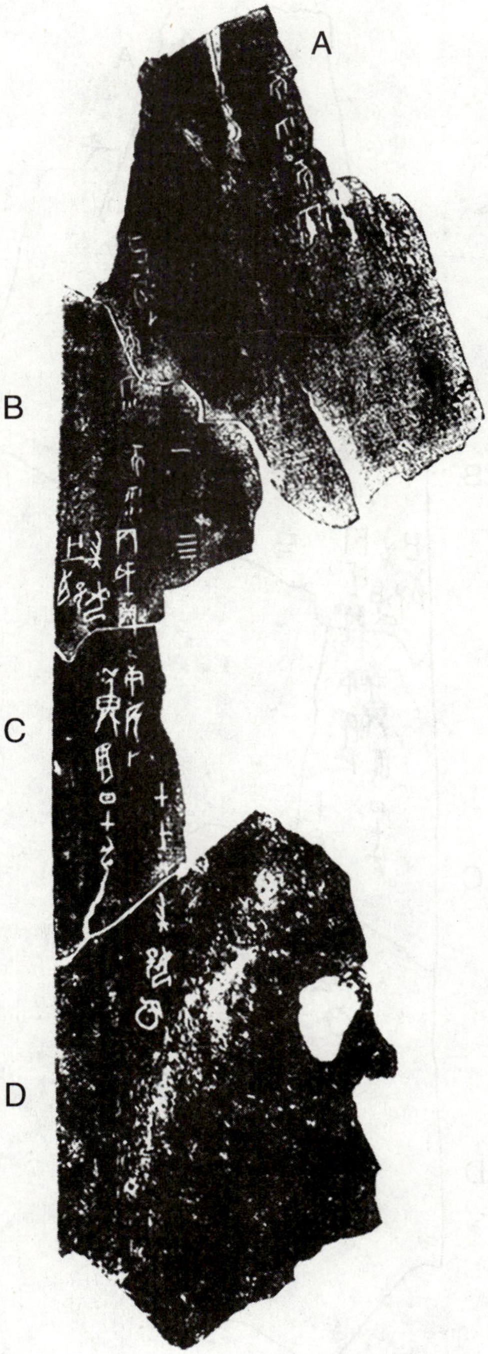

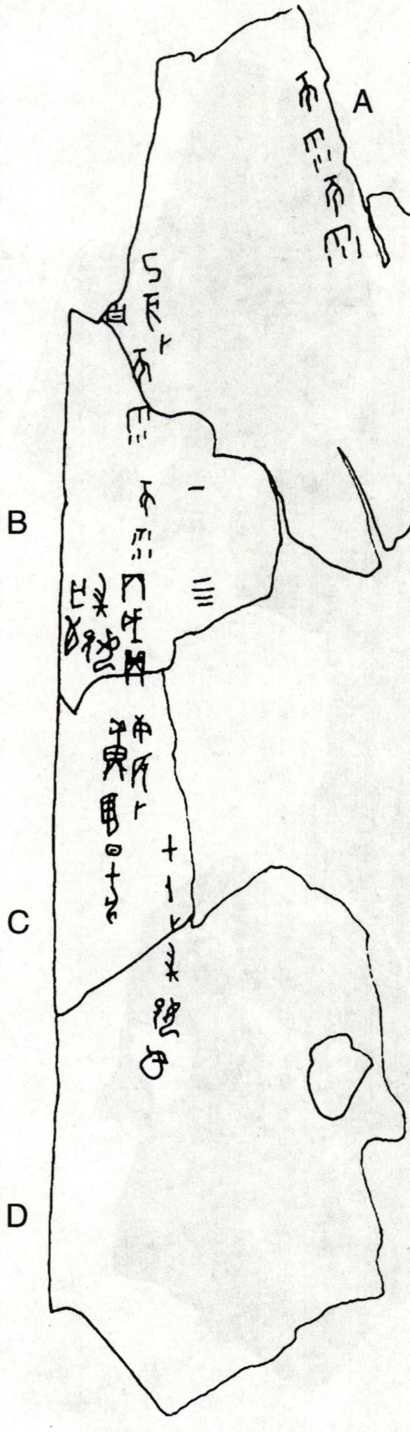
A
B
C
D

第 219 则：歷組卜辭新拼合三則（莫伯峰）

A《合》34459 + B《合》34328

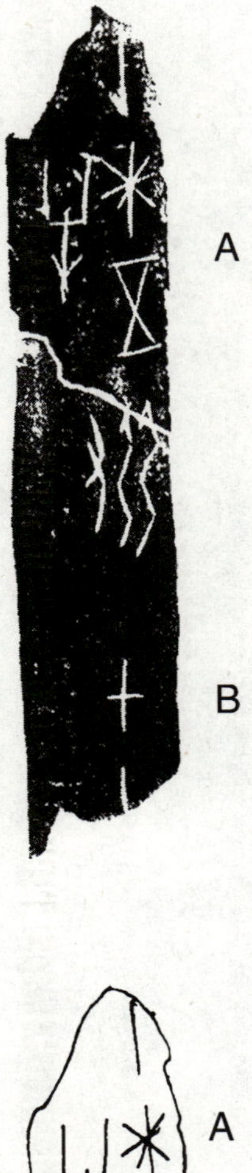

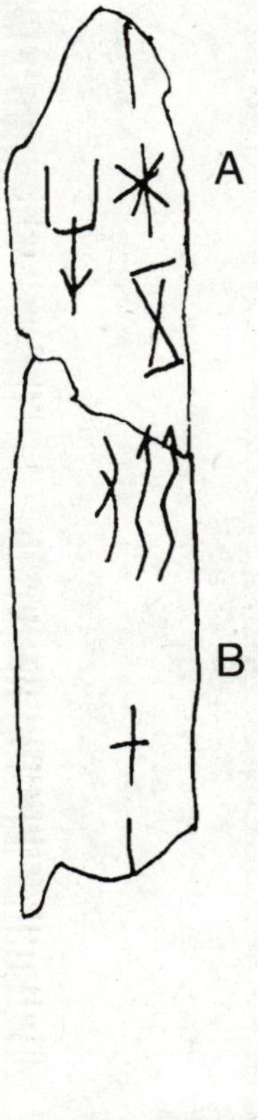

第 220 則：歷組卜辭新拼合三則(莫伯峰)

A《合》33770 + B《合》34630

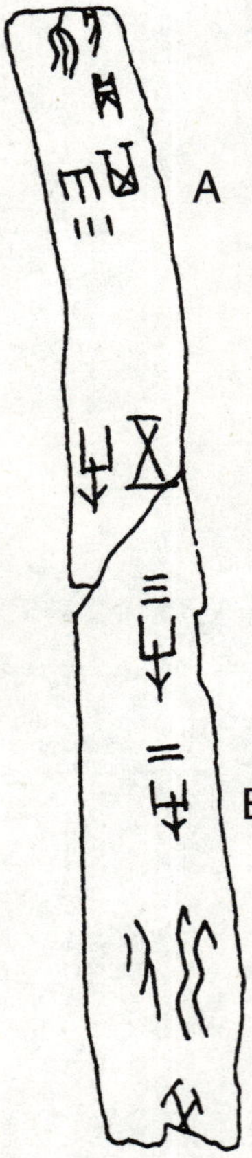

第221则：甲骨拼合二则（莫伯峰）

A《合》30560＋B《擴》2240＋C《合》27554

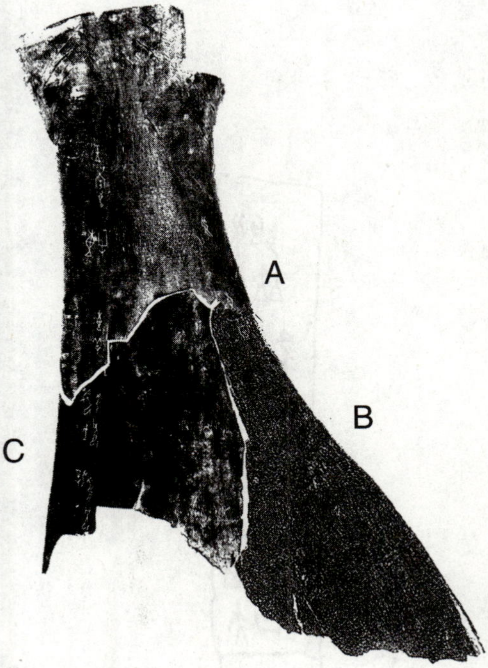

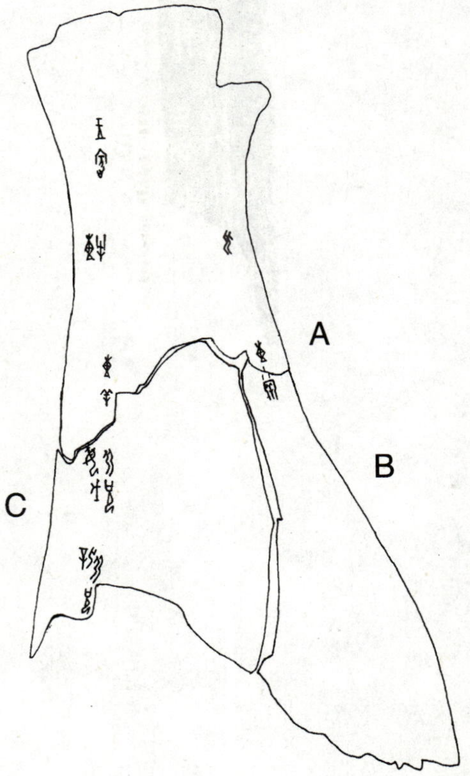

第 222 則：甲骨拼合二則（莫伯峰）

A《合》32890 + B《合》33044

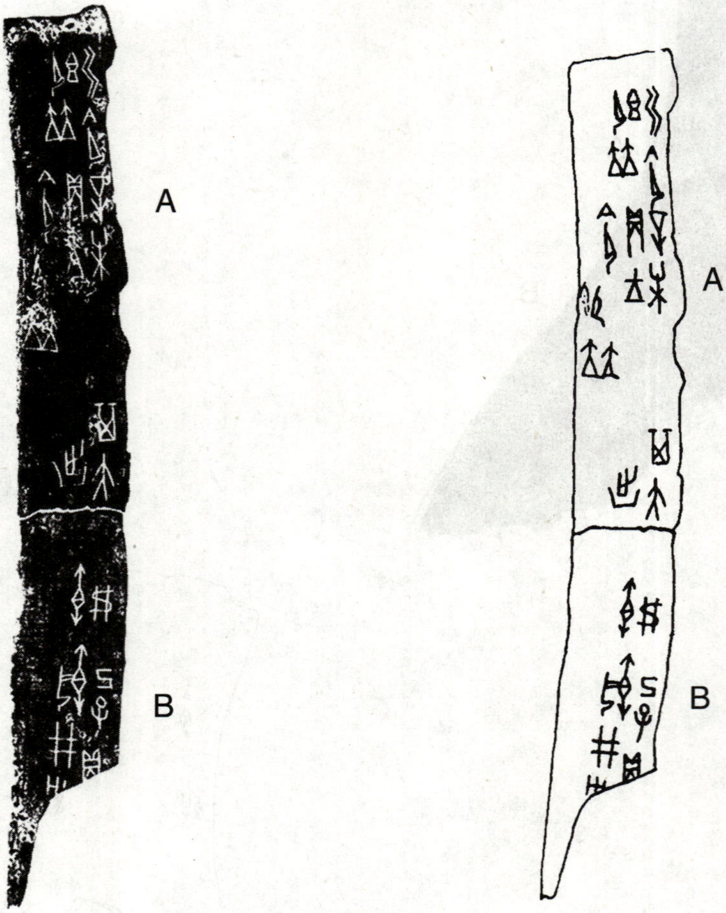

第 223 則：無名組甲骨拼合三則（莫伯峰）

A《合》30560 + B《攈》2240 + C《合》27554 + D《合》29415

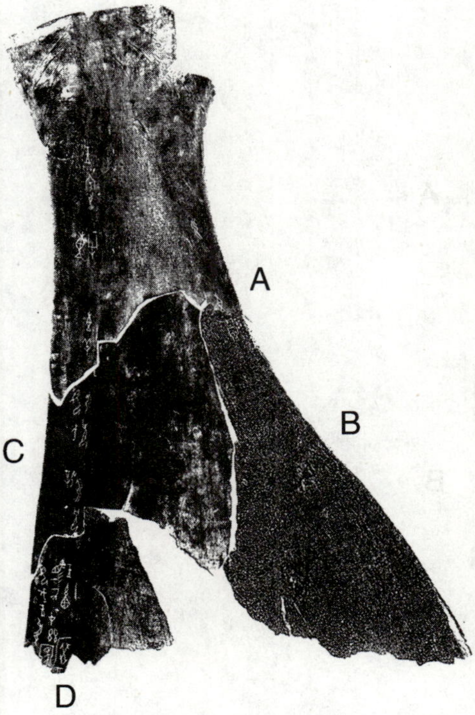

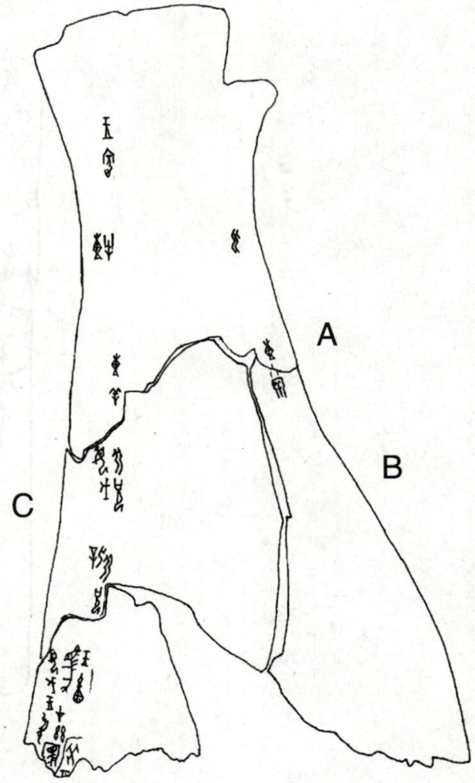

第224則：無名組甲骨拼合三則(莫伯峰)

A《合》28973+B《合》28547

A

B

A

B

第 225 則：無名組甲骨拼合三則(莫伯峰)

A《合》28933 + B《英藏》2315

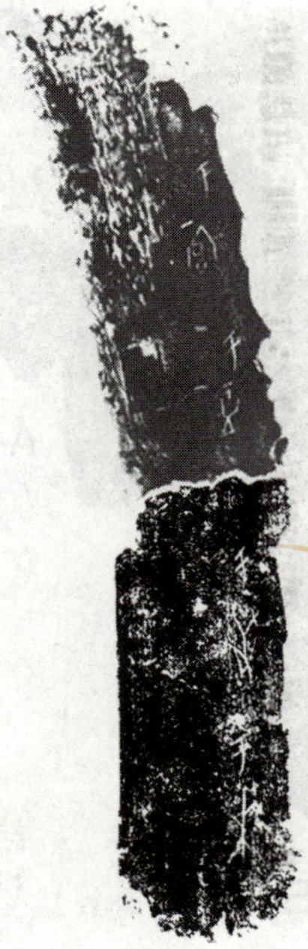

第 226 則：無名組甲骨拼合二則（莫伯峰）

A《合》28956 + B《合補》8997

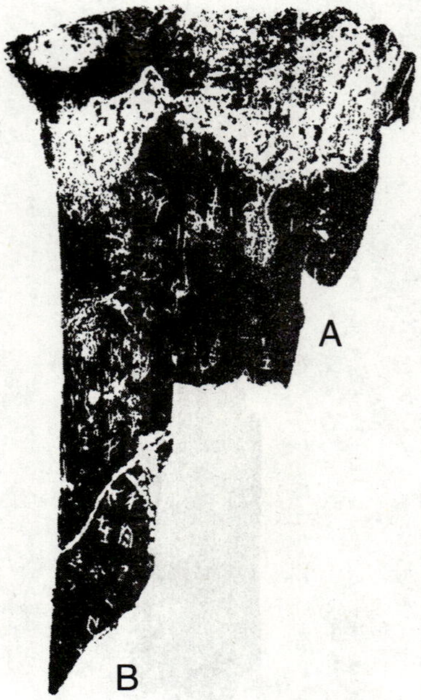

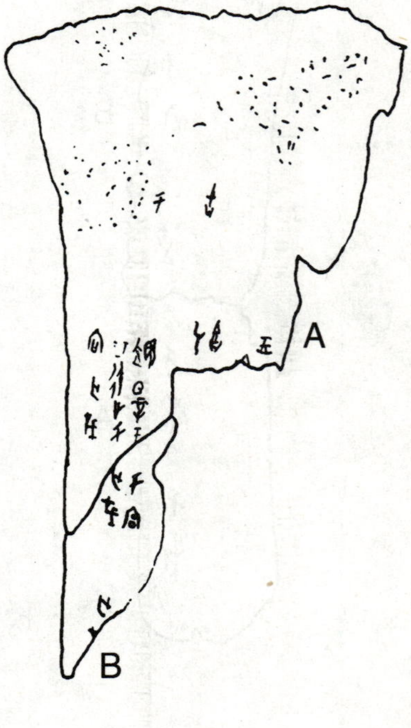

第 227 則：無名組甲骨拼合二則（莫伯峰）

A《合》30083 + B《合補》9335

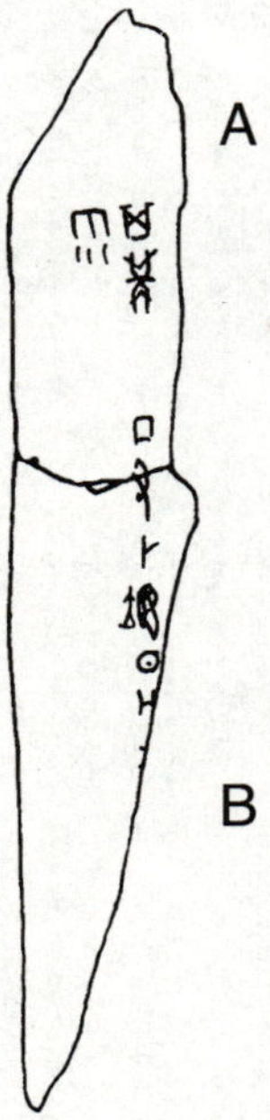

第 228 則：無名組甲骨拼合四則（莫伯峰）

A《合》29175 + B《合》28623

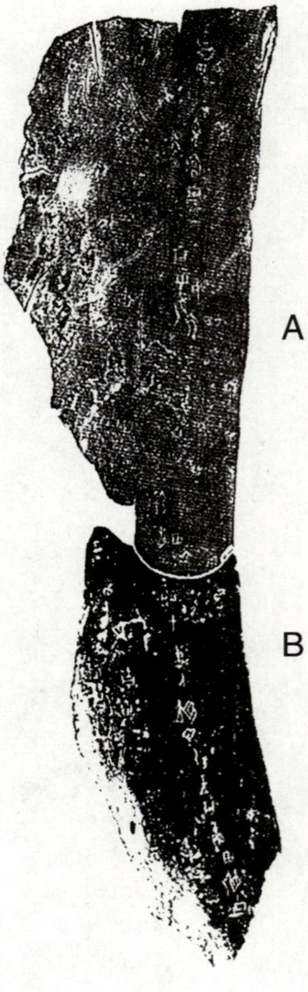

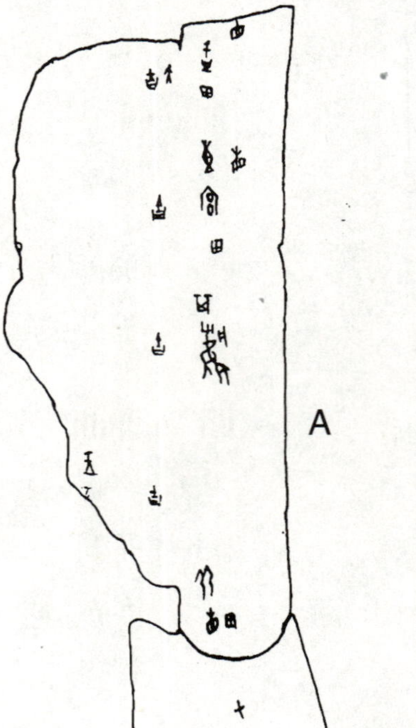

第 229 則：無名組甲骨拼合四則(莫伯峰)

A《合》30685 + B《英藏》2288

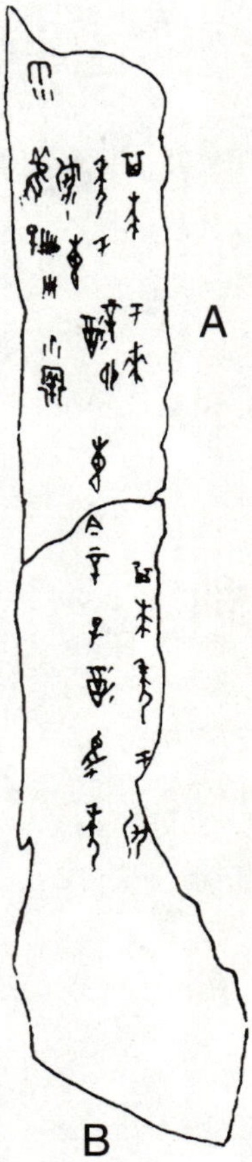

第 230 則：無名組甲骨拼合四則（莫伯峰）

A《合》28981 + B《合》29178

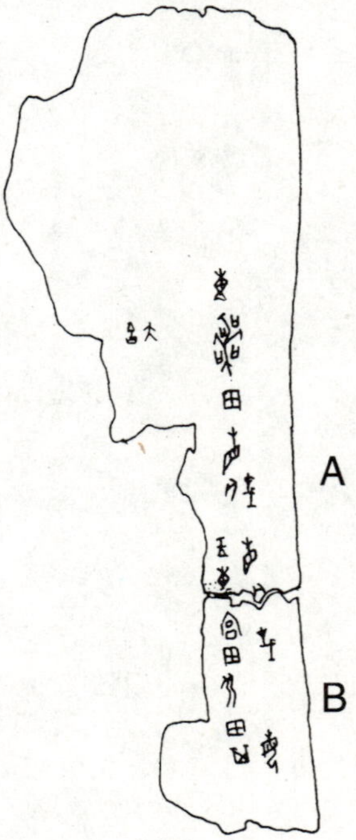

第 231 則：無名組甲骨拼合四則（莫伯峰）

A《合》30807 + B《合》30806 + C《合》30951

第 232 則：無名組甲骨拼合五則（莫伯峰）

A《合》29984 + B《合補》9429

第233则：無名組甲骨拼合五則（莫伯峰）

A《合》28218＋B《合》30689＋C《合》29427

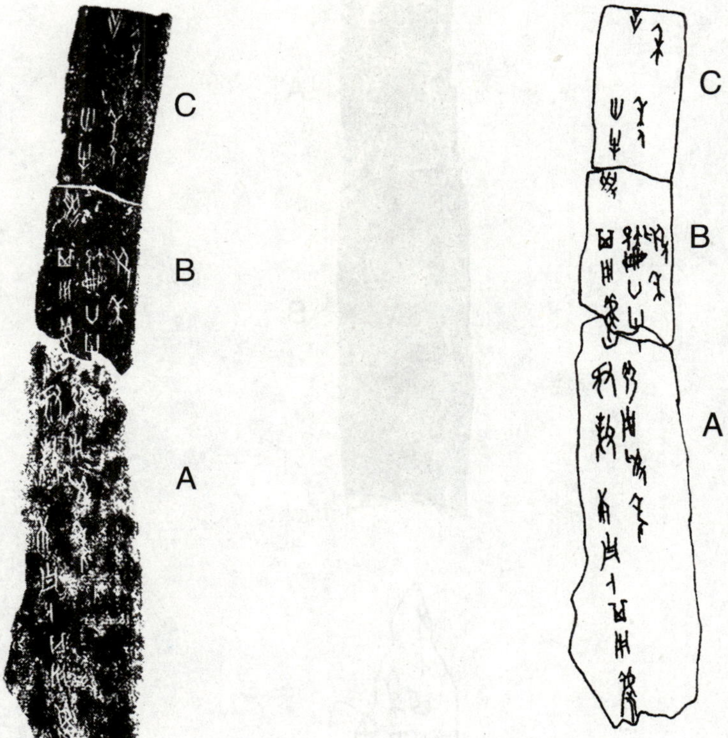

第 234 則：無名組甲骨拼合五則（莫伯峰）

A《合》31149 + B《合》29999

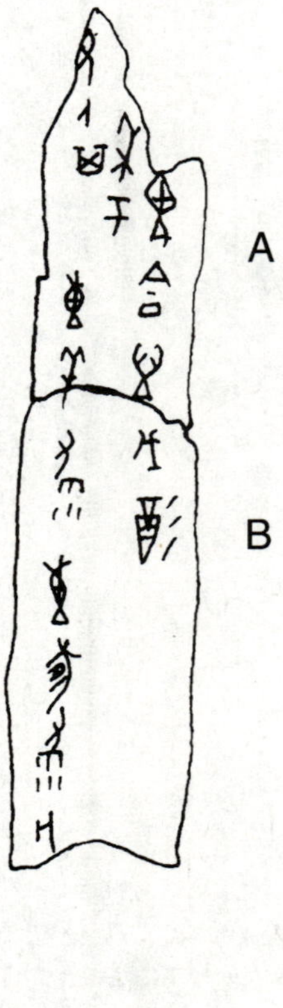

第 235 則：無名組甲骨拼合五則(莫伯峰)

A《合》29524 + B《合》29449

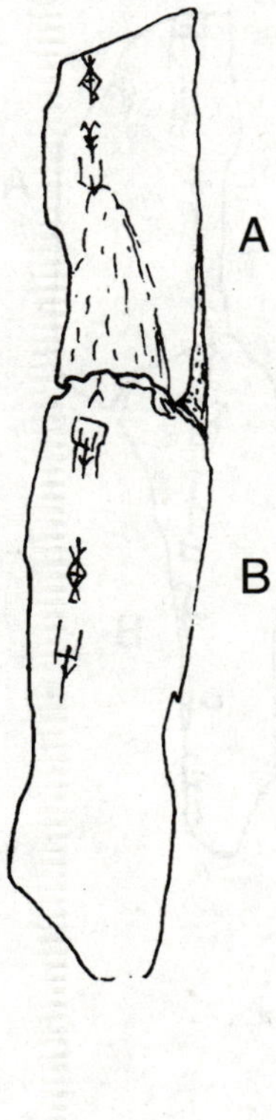

第 236 則：無名組甲骨拼合五則（莫伯峰）

A《合》30734 + B《合》30351

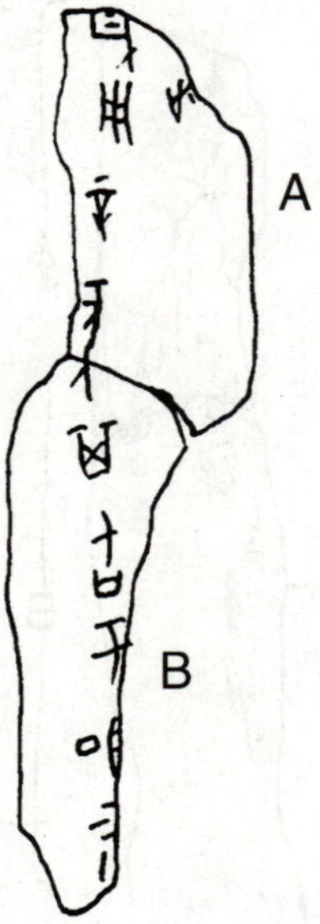

第 237 则：無名組甲骨拼合六則（莫伯峰）

A《合》31035 + B《合補》9465

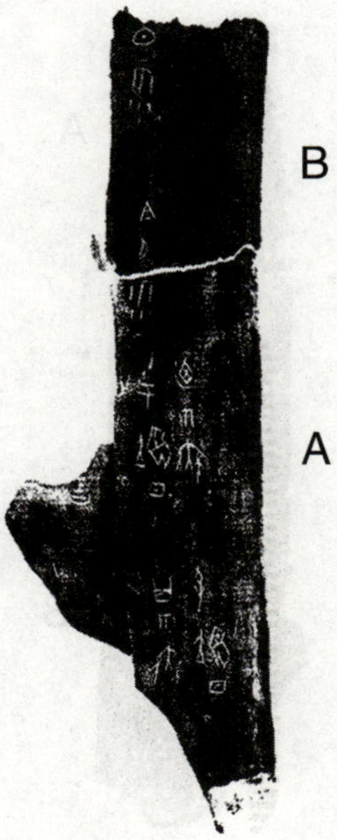

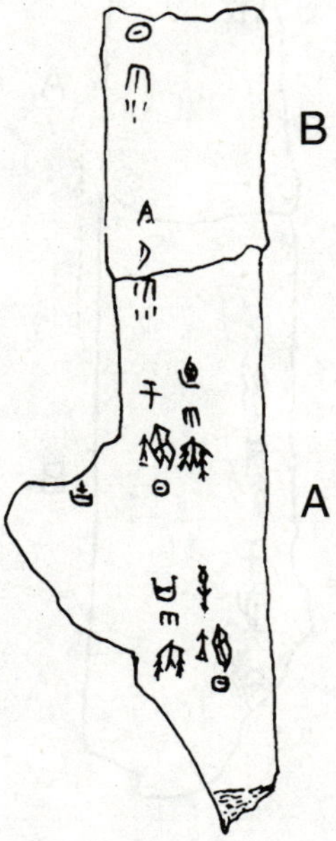

第 238 則：無名組甲骨拼合六則（莫伯峰）

A《合》29665 + B《合》31135

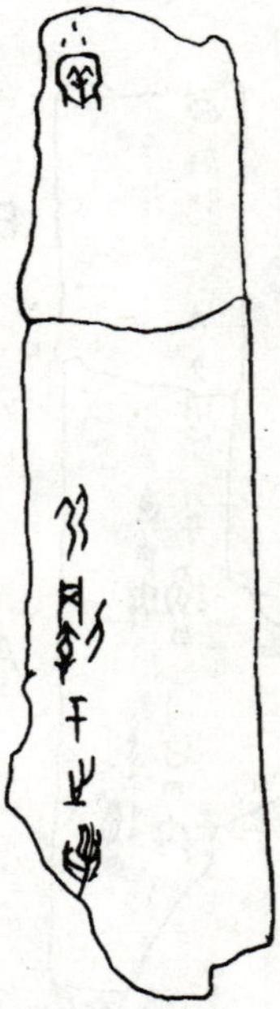

第 239 則：無名組甲骨拼合六則(莫伯峰)

A《合》29258 + B《合補》9818

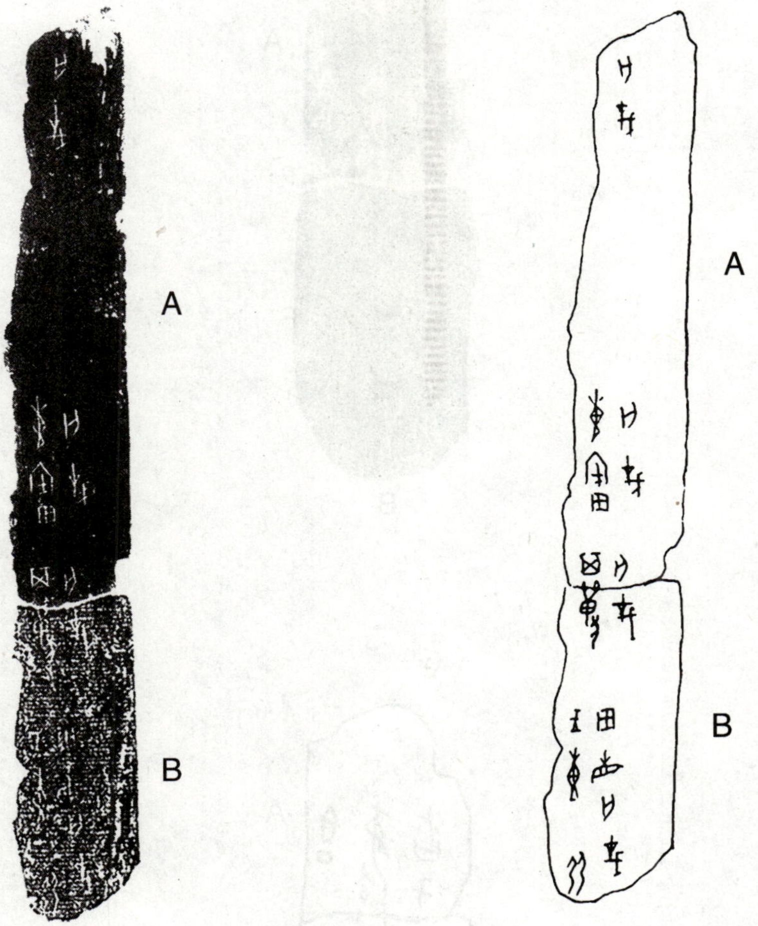

第 240 則：無名組甲骨拼合六則（莫伯峰）

A《合》27323 + B《合補》10291

A

B

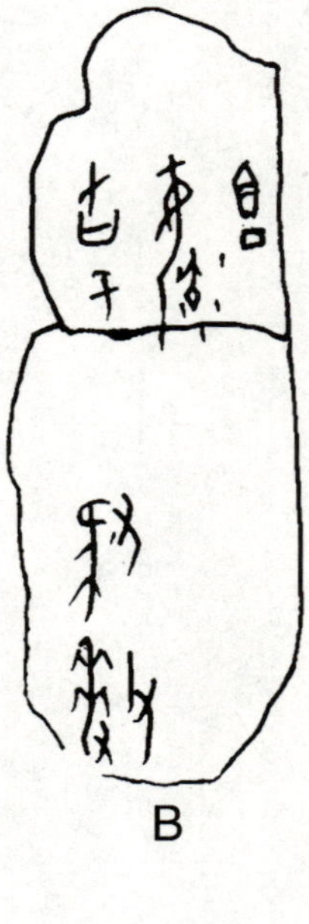

A

B

第 241 則：無名組甲骨拼合六則（莫伯峰）

A《合》28749 + B《合》31059

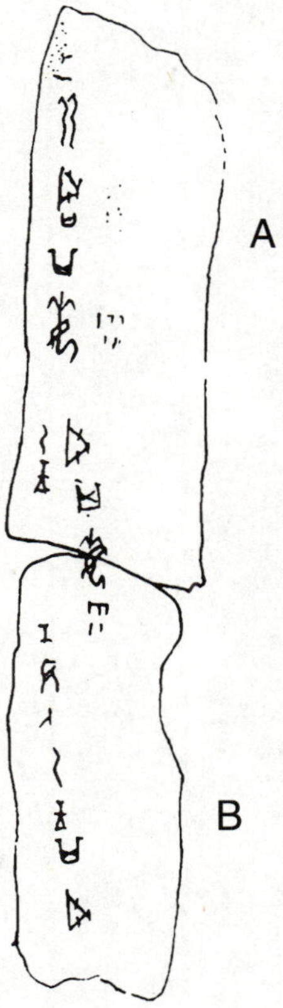

第242則：無名組甲骨拼合六則（莫伯峰）

A《合》27819＋B《合補》10397

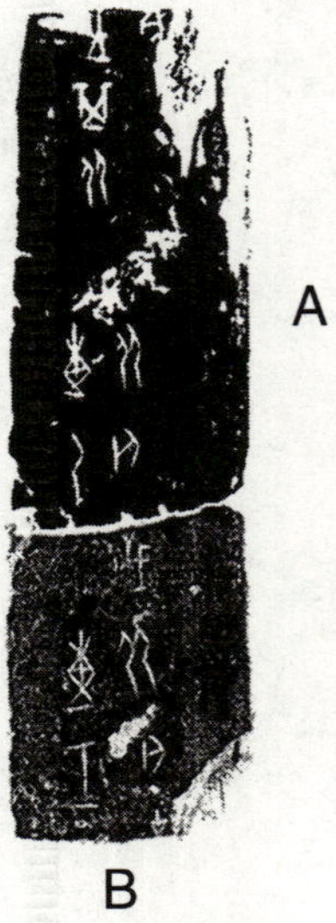

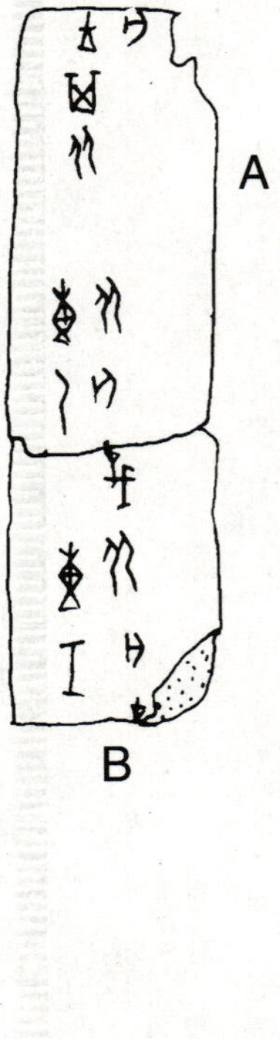

第 243 則：新拼合無名組甲骨卜辭五則（莫伯峰）

A《合》29072 + B《合》28610

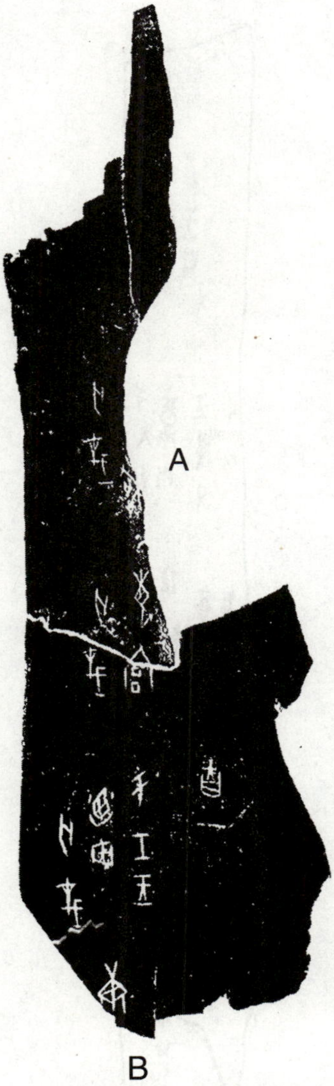

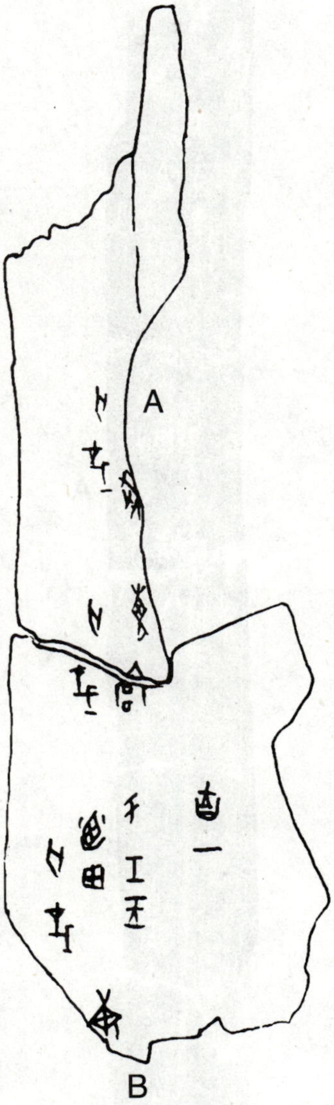

第244則：新拼合無名組甲骨卜辭五則（莫伯峰）

A《合》27281＋B《合》26980

A

B

A

B

第 245 則：新拼合無名組甲骨卜辭五則（莫伯峰）

A《合》28656 + B《合》28714

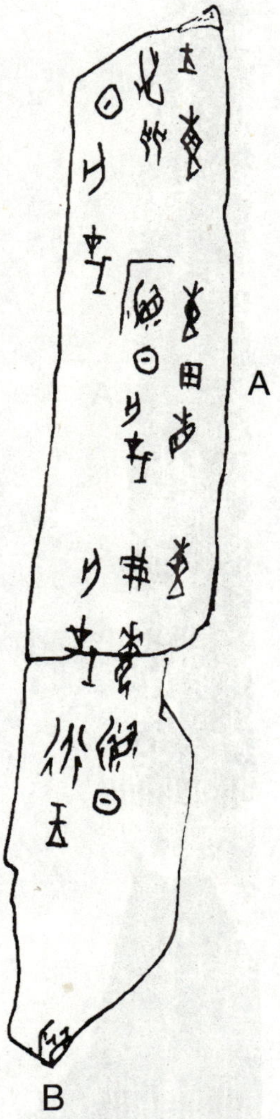

第 246 則：新拼合無名組甲骨卜辭五則（莫伯峰）

A《合》28641 + B《合補》9128

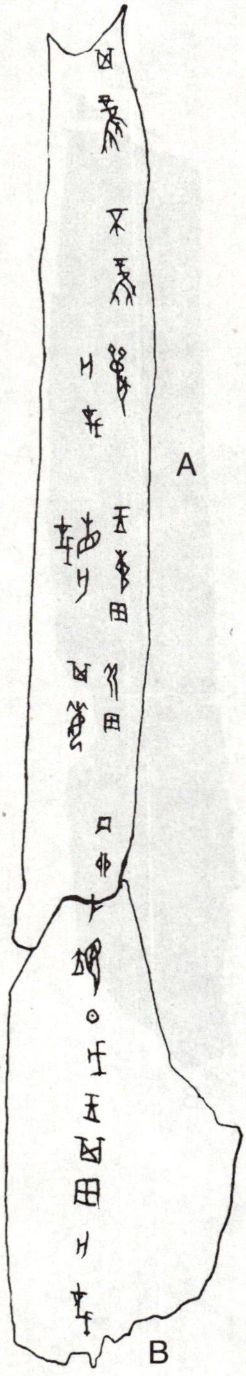

第 247 則：新拼合無名組甲骨卜辭五則（莫伯峰）

A《合》27591 + B《合》30708

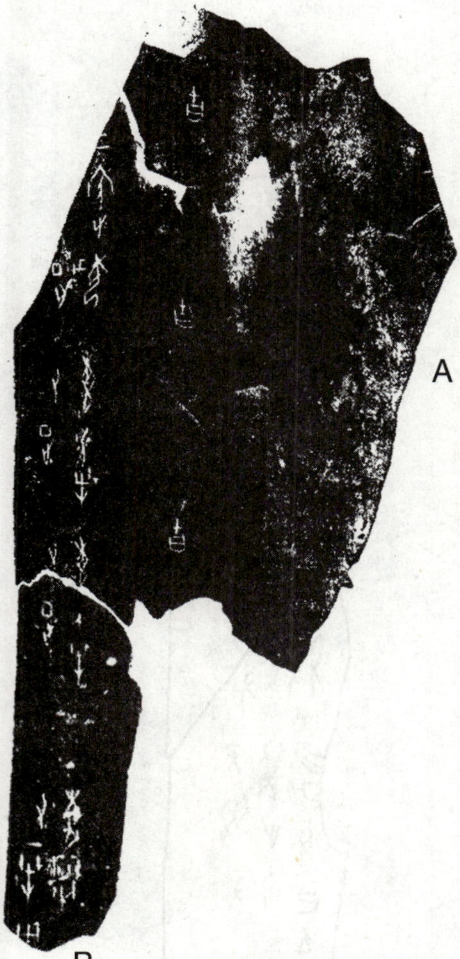

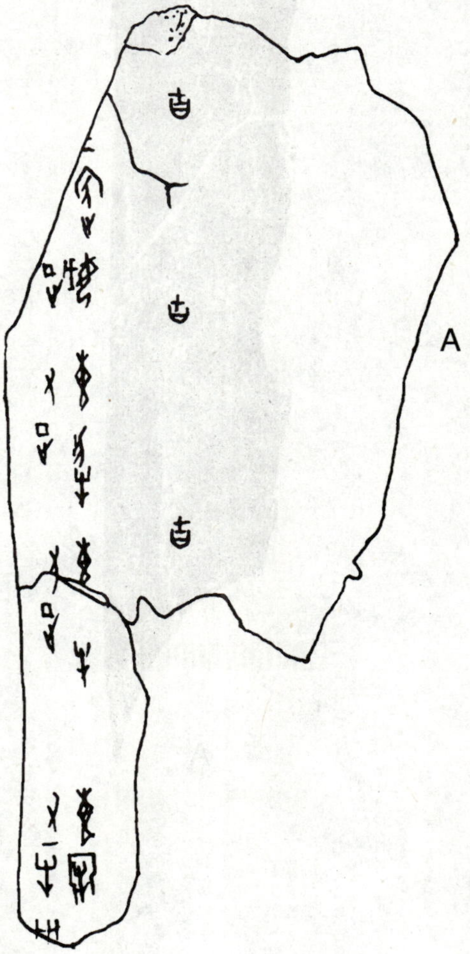

第 248 則:甲骨拼合第五十四則(莫伯峰)

A《屯南》4453 + B《合》27397

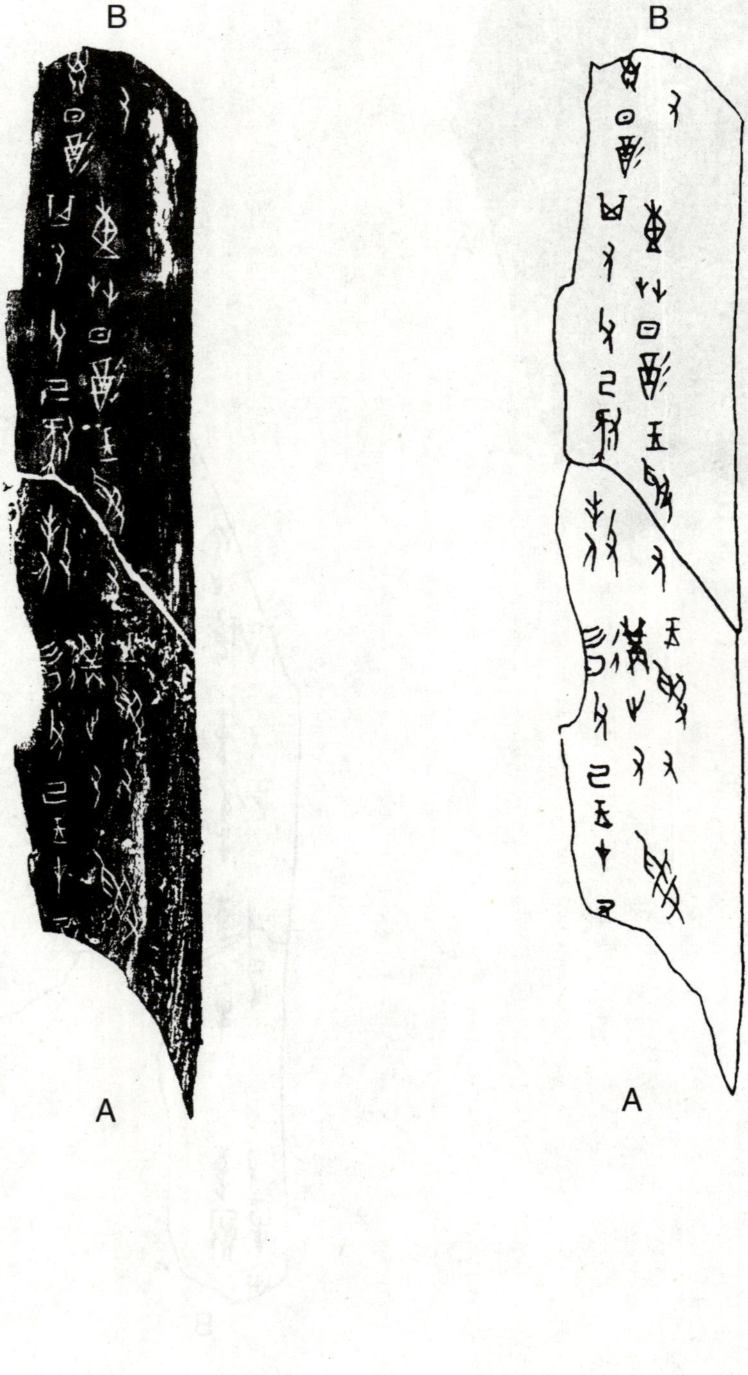

第 249 則：甲骨拼合第五五～五七則(莫伯峰)

A《合》29040 + B《輔仁大學所藏甲骨文字》79

第 250 則:甲骨拼合第五五～五七則(莫伯峰)

A《合》28996 + B《合》41383

A

B

A

B

第 251 则：甲骨拼合第五五～五七则（莫伯峰）

A《合》28963 + B《英藏》2314

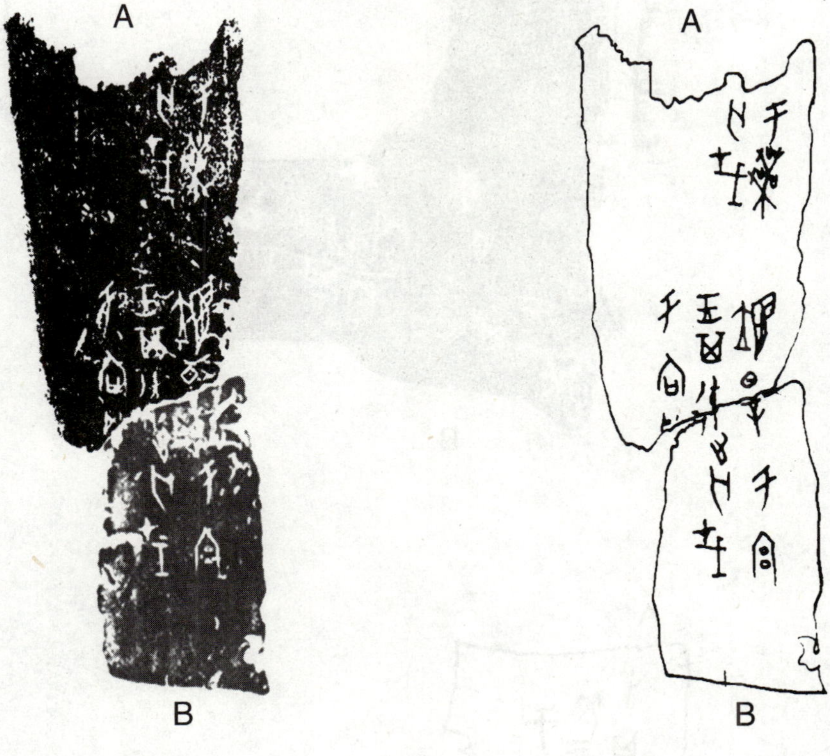

第 252 則：賓組三類龜腹甲試綴一例（何會）

A《合》297 + B《合》431

A

B

A

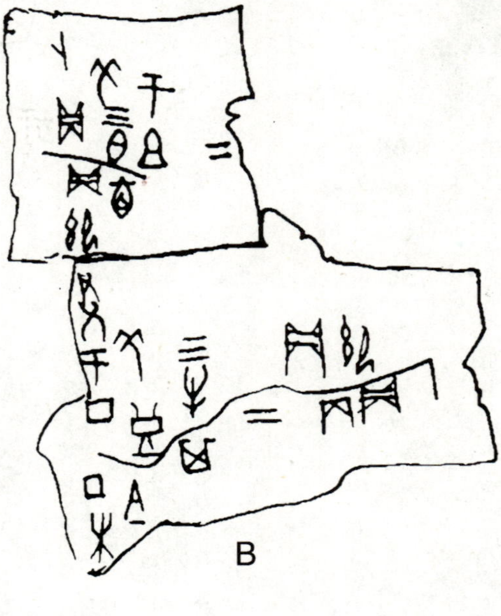

B

第 253 则：典賓類龜腹甲新綴一則(何會)

A《合》649 + B《合》10538

B　A

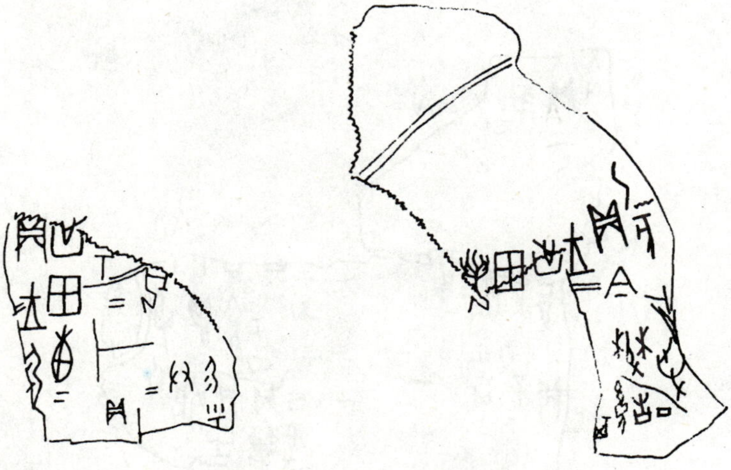

B　A

第 254 則：賓組三類龜腹甲新綴一則（何會）

A《合補》5006 + B《合》13868

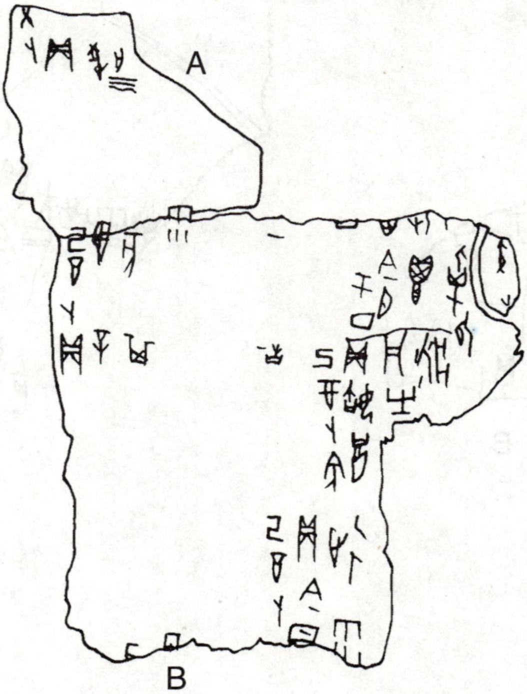

第 255 則:龜腹甲新綴一則(何會)

A《合》4066 + B《合補》1223

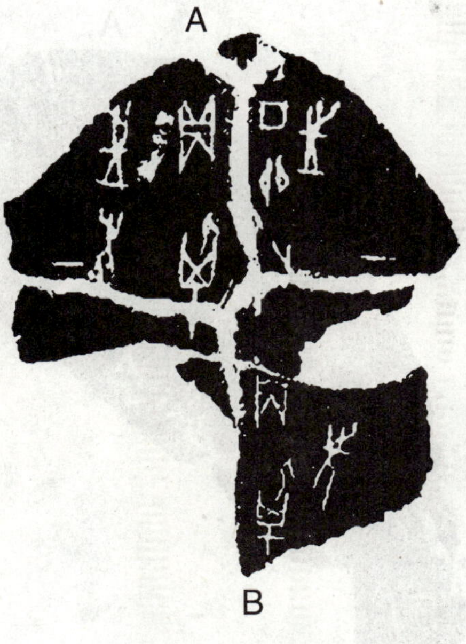

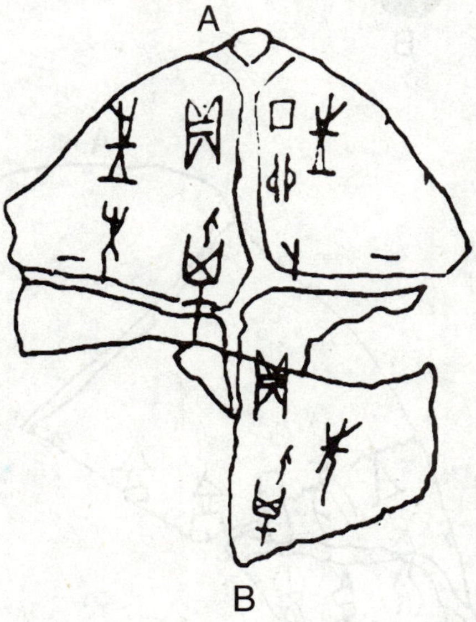

第256則：龜腹甲新綴一則（何會）

A《合補》2793＋B《合》4173

第 257 則:龜腹甲新綴第七則(何會)

A《合》2091 正 + B《合補》865

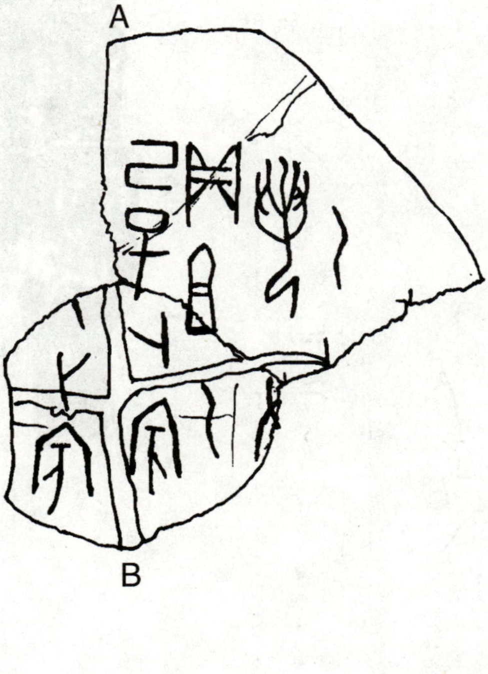

第 258 則：龜腹甲新綴第八則（何會）

A《合補》1991 + B《合》4326 + C《合》18032 + D《合》7015

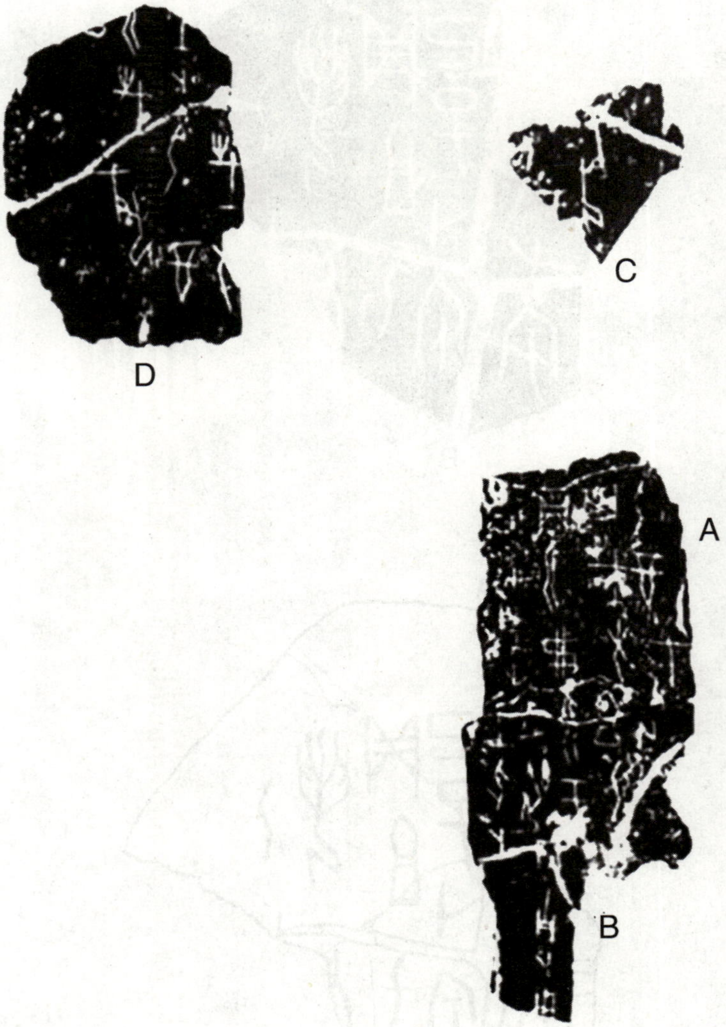

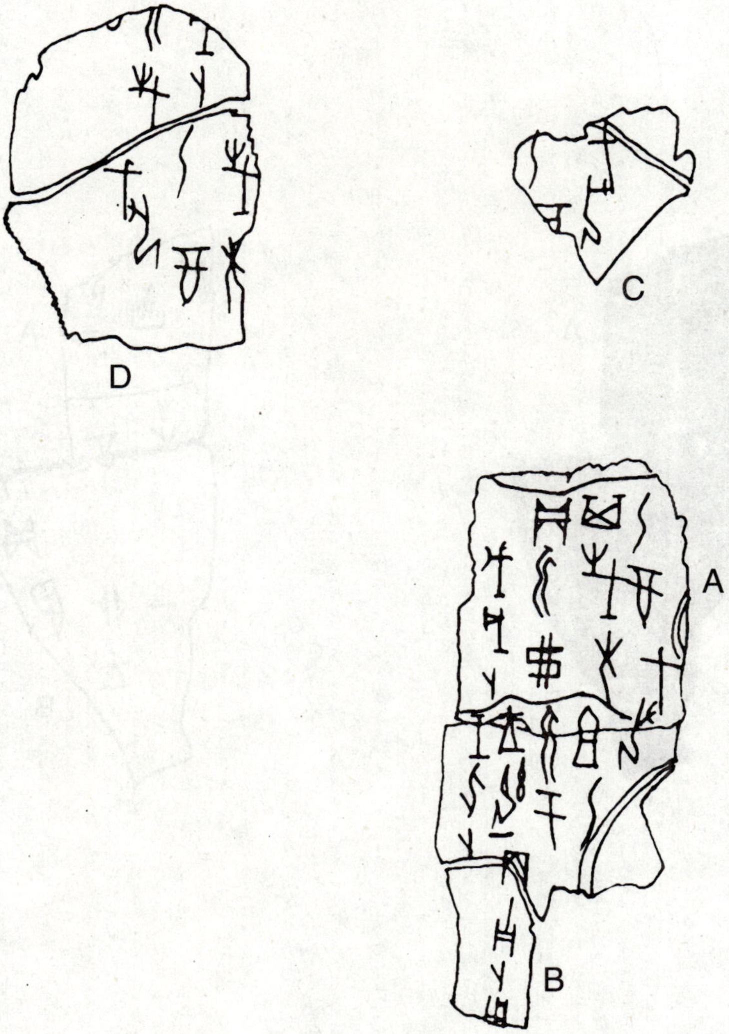
D
C
A
B

第 259 則：龜腹甲新綴第九則（何會）

A《合》7078 + B《合補》1680

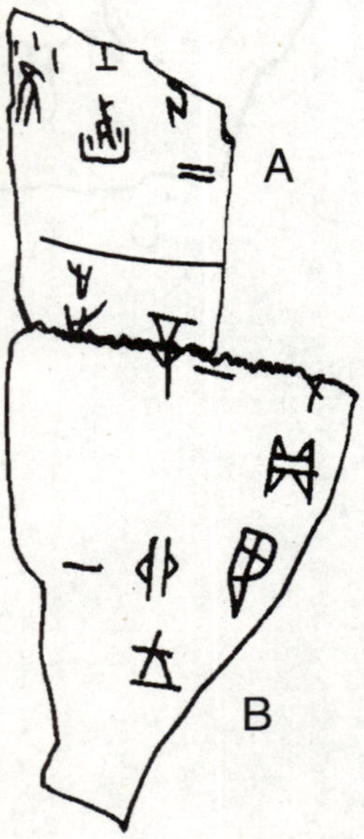

第 260 則：龜腹甲新綴第十則（何會）

A《合》13312 + B《合》13213

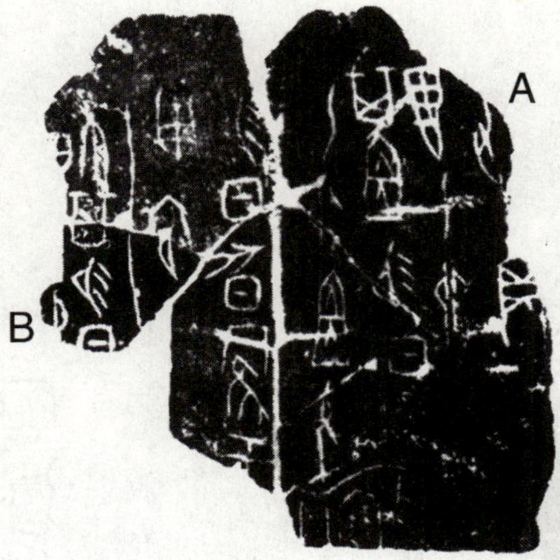

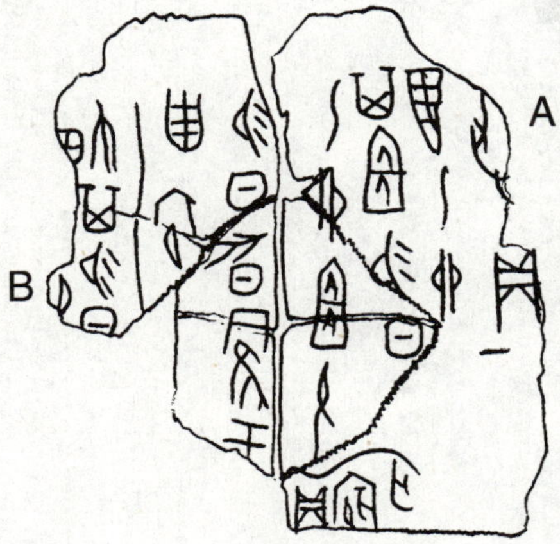

第 261 則:龜腹甲新綴第十一則(何會)

A《合》11725 正 + B《合補》4180

A正

B正

A正

B正

第 262 則：甲骨試綴一例(李愛輝)

A《合》548 + B《合》9539

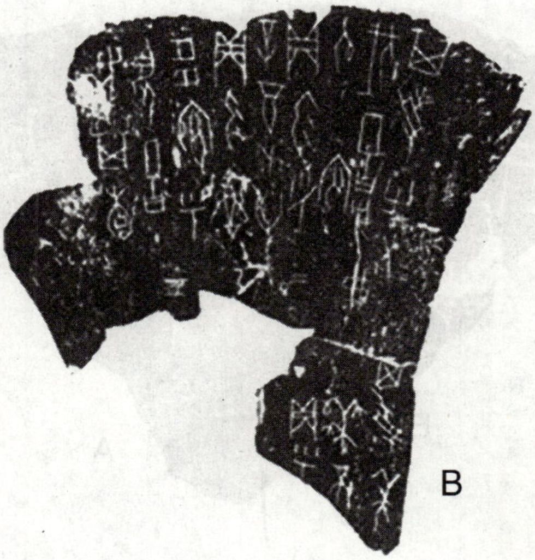

A

B

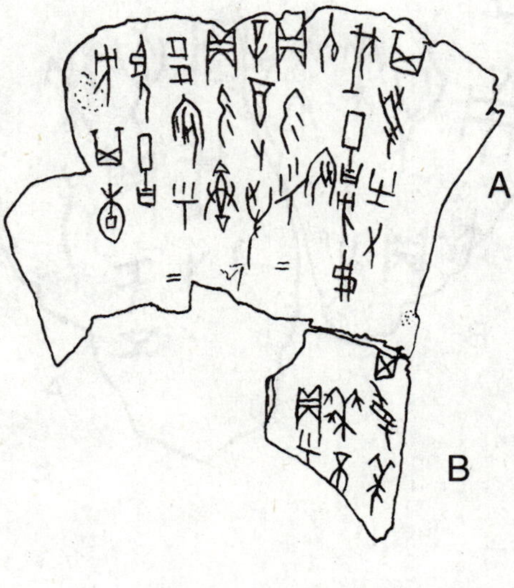

A

B

第 263 則：賓組甲骨新綴一則(李愛輝)

A《合》15560 + B《合》15256

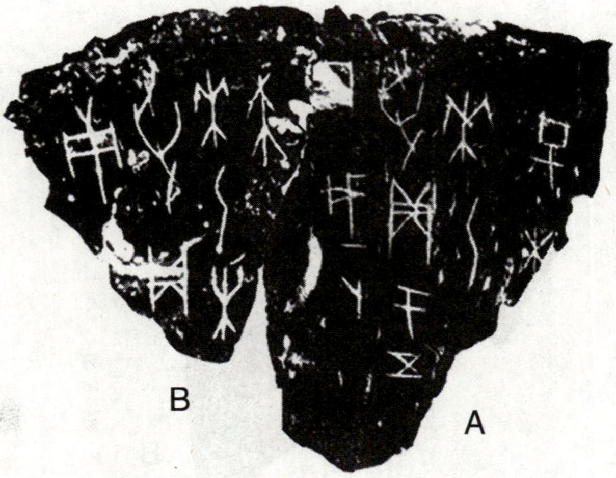

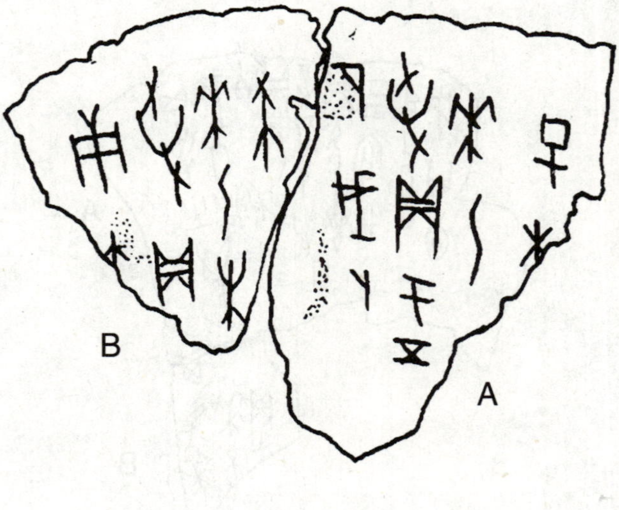

第 264 則：賓組甲骨新綴一則（李愛輝）

A《合》7967 + B《合》11170 正

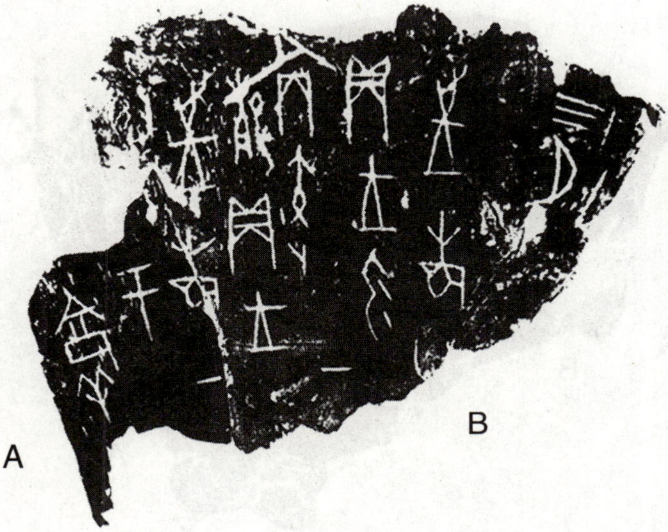

第 265 則：賓組甲骨新綴一則（李愛輝）

A《合》3697 正 + B《合》19246

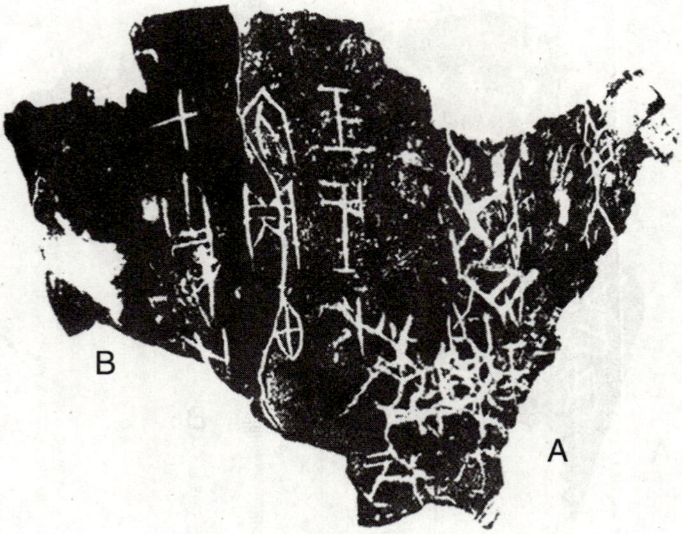

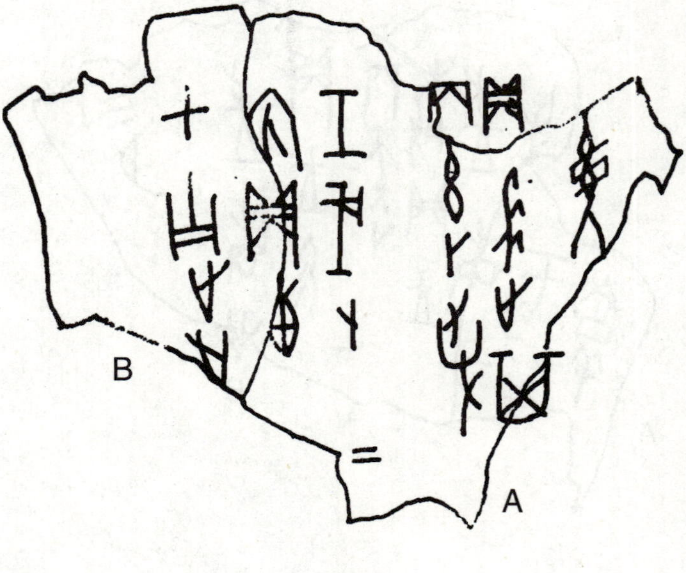

第 266 則：甲骨新綴一則（李愛輝）

A《合補》1311 ＋B《合》15995

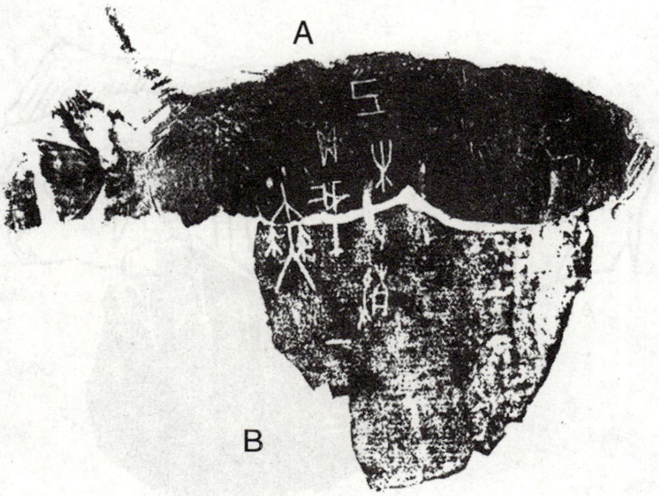

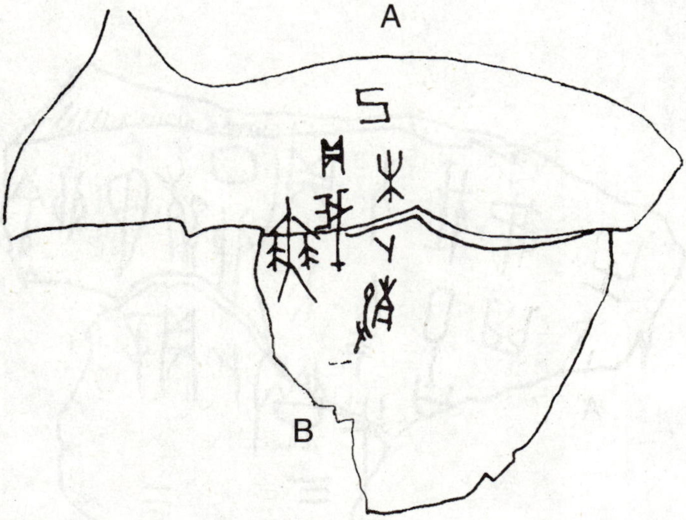

第 267 則：賓組胛骨新綴一則(李愛輝)

A《合》39863 + B《合補》1997

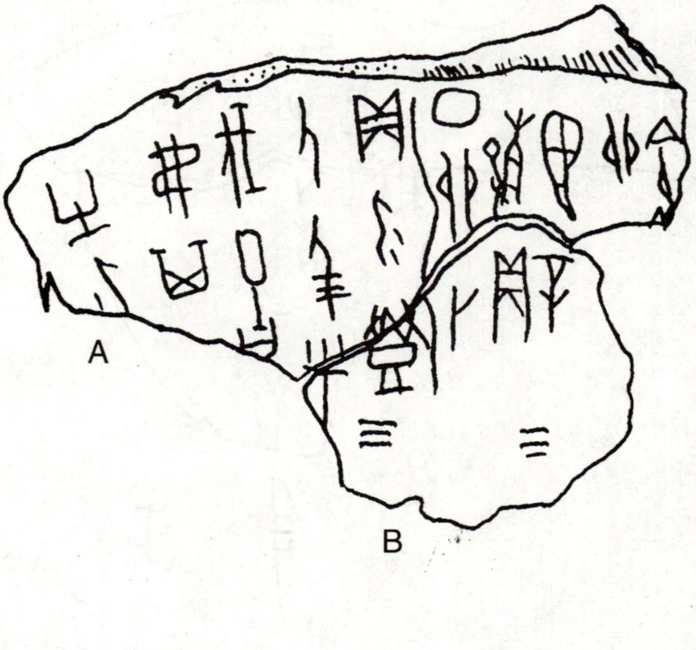

第 268 則：賓組胛骨新綴二則(李愛輝)

A《合》334 + B《合》16182

第 269 則：賓組胛骨新綴二則(李愛輝)

A《合》1769 + B《合》14946

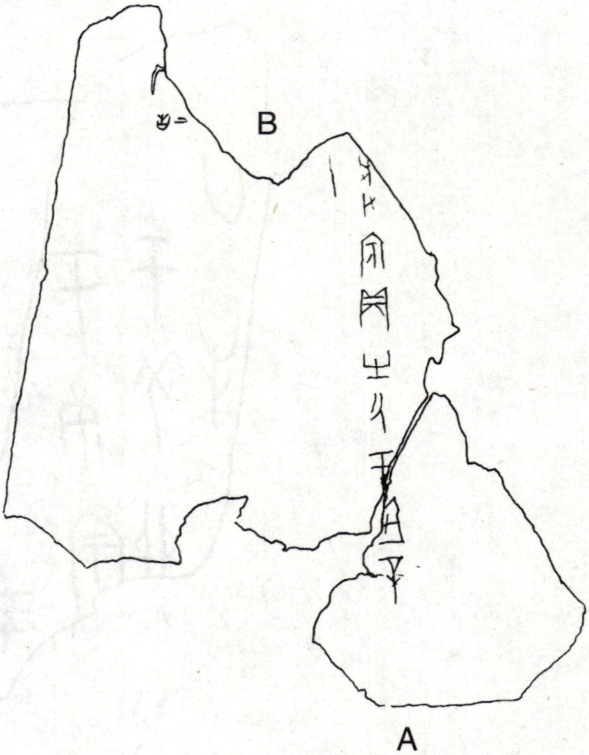

第 270 則：賓組胛骨綴合一則（李愛輝）

A《合》16297 + B《合》39895 + C《合》40264

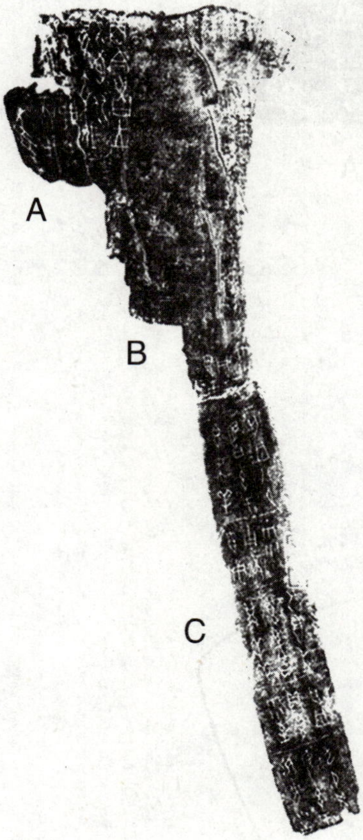

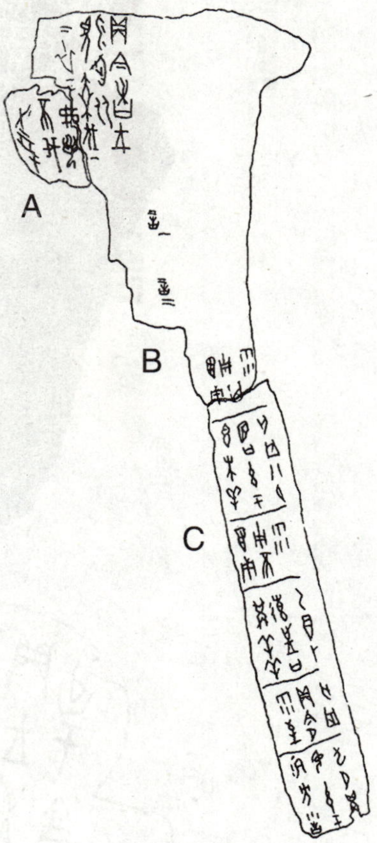

第 271 則：賓組胛骨新綴一則(李愛輝)

A《合》7941 正 + B《合》14766

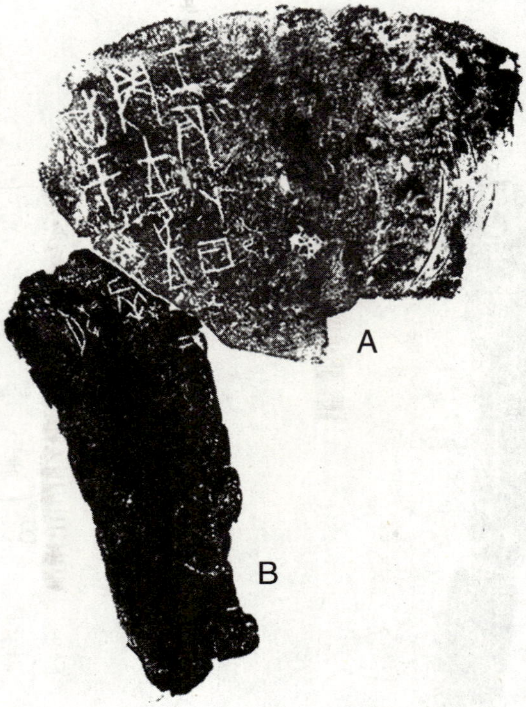

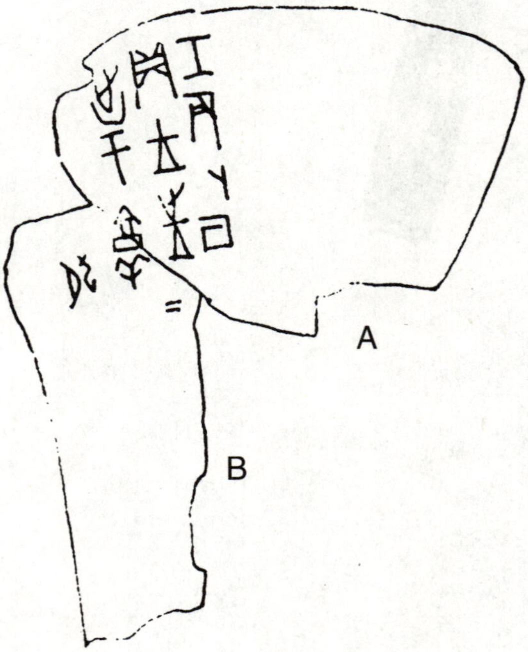

第 272 則：賓組牛胛骨新綴一則（李愛輝）

A《合》6502 + B《合》16278

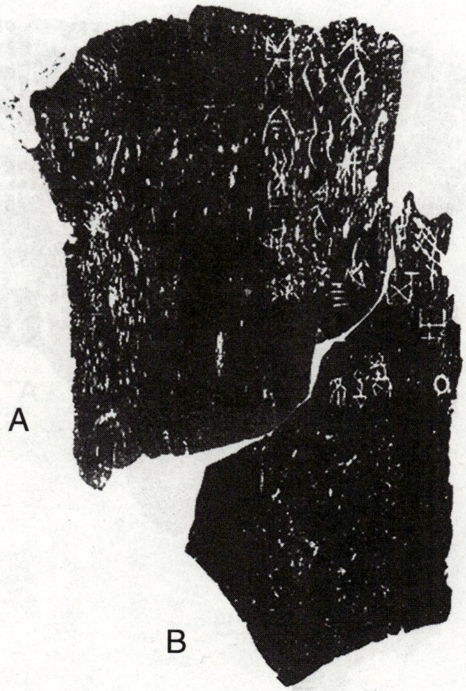

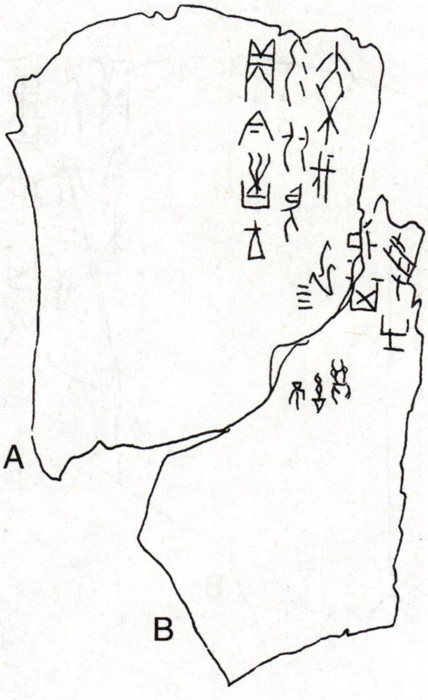

第 273 則：賓組牛胛骨試綴二則（李愛輝）

A《合》6501 + B《合》6914

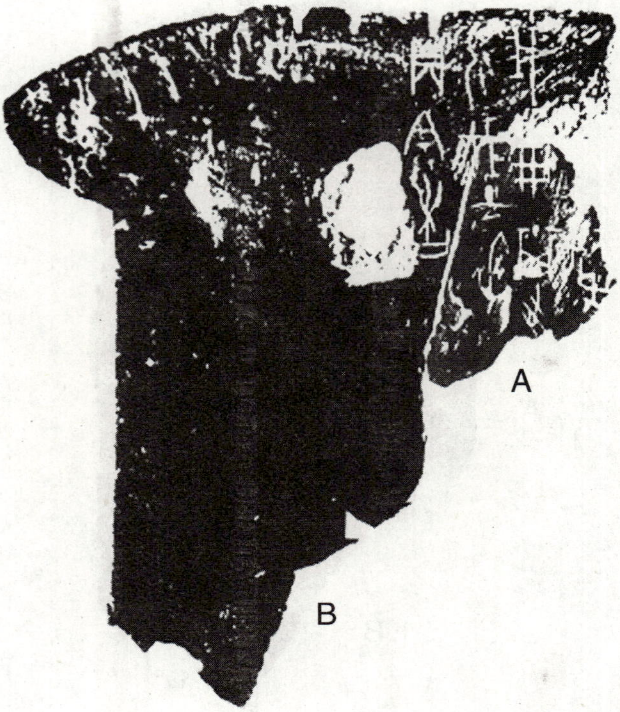

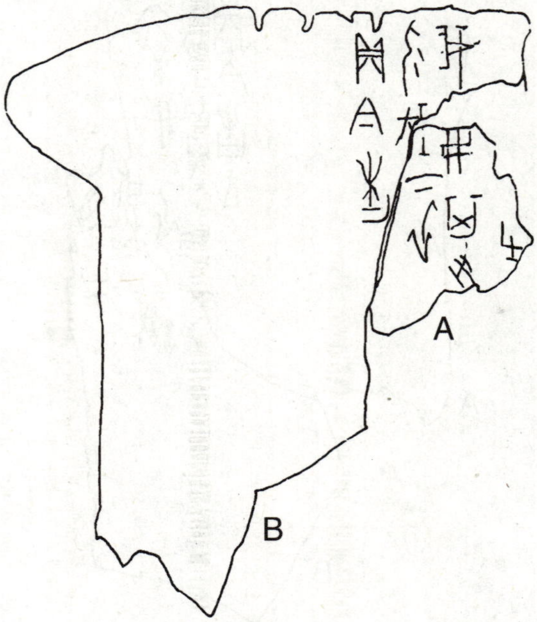

第 274 則：賓組牛胛骨試綴二則(李愛輝)

A《合》7497＋B《合補》1881

A B

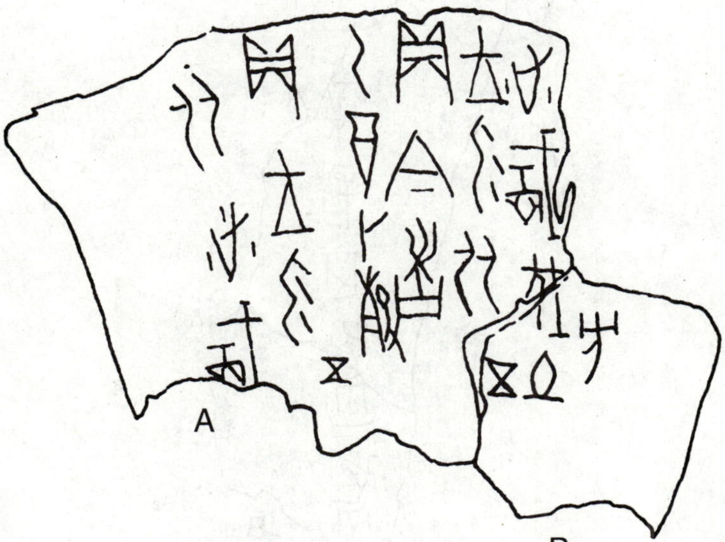

A B

第 275 則：典賓類卜骨新綴四則（李愛輝）

A《合補》3403 + B《英藏》848

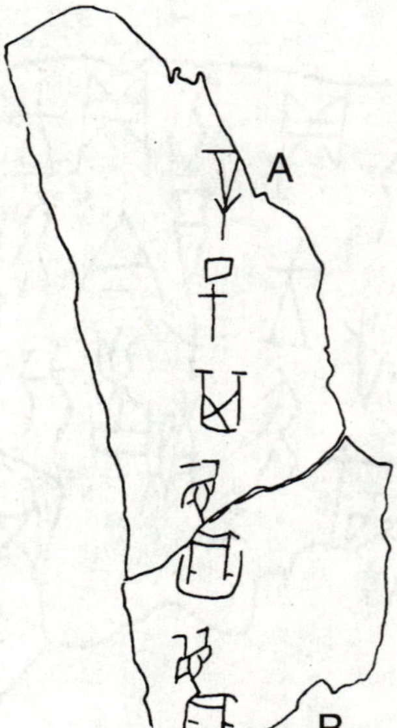

第 276 則：典賓類卜骨新綴四則（李愛輝）

A《合補》4565 + B《合》6203

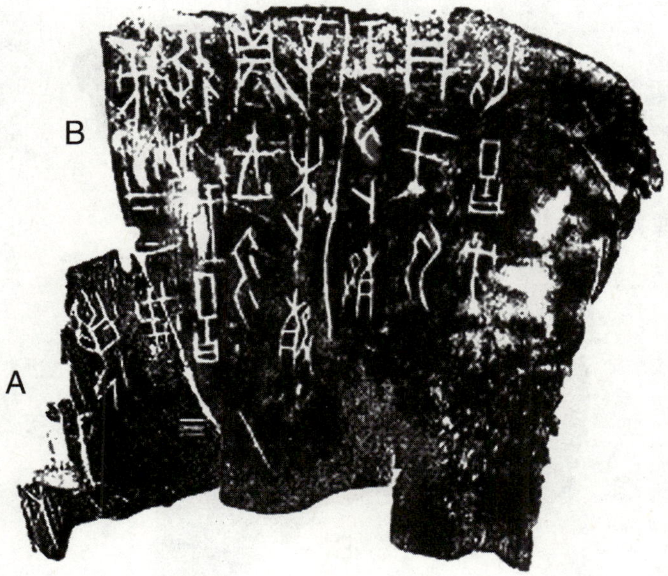

第 277 則：典賓類卜骨新綴四則（李愛輝）

A《合補》5308＋B《合》9722

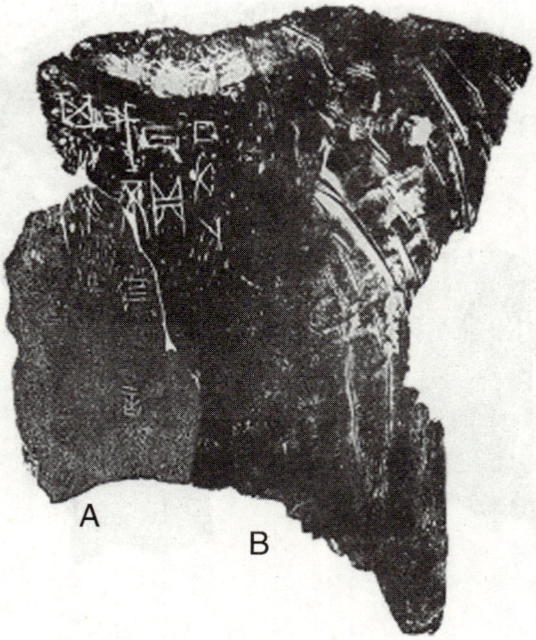

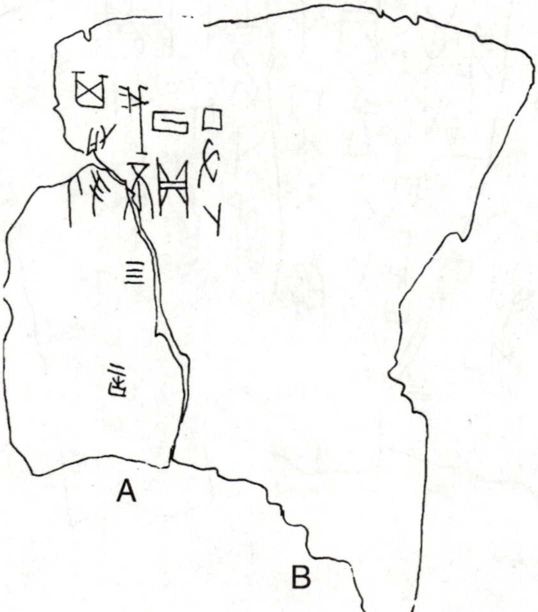

第 278 則：典賓類卜骨新綴四則（李愛輝）

A《合補》5529 ＋B《合》6491

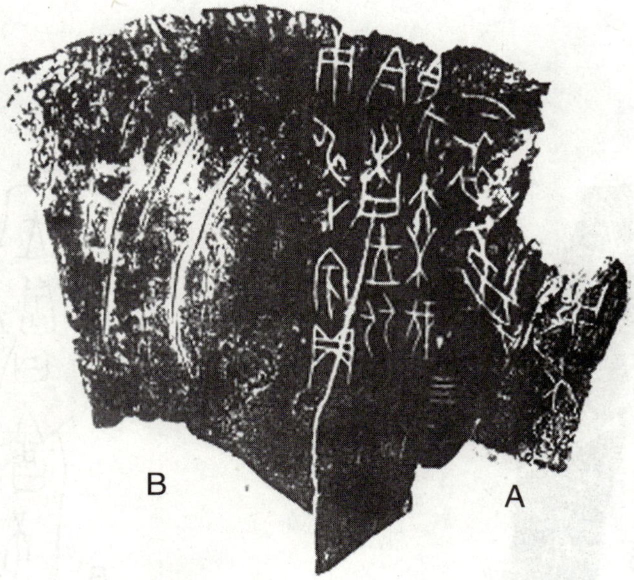

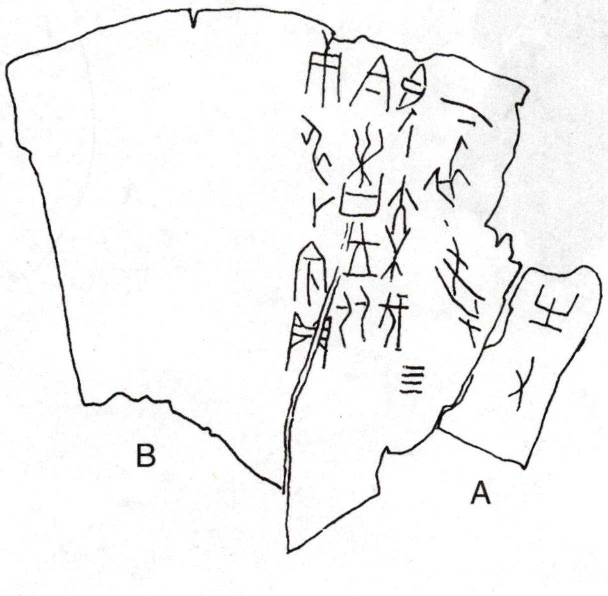

第 279 則：賓組胛骨補綴一則(李愛輝)

A《合》7572 + B《合》17869 + C《英藏》476

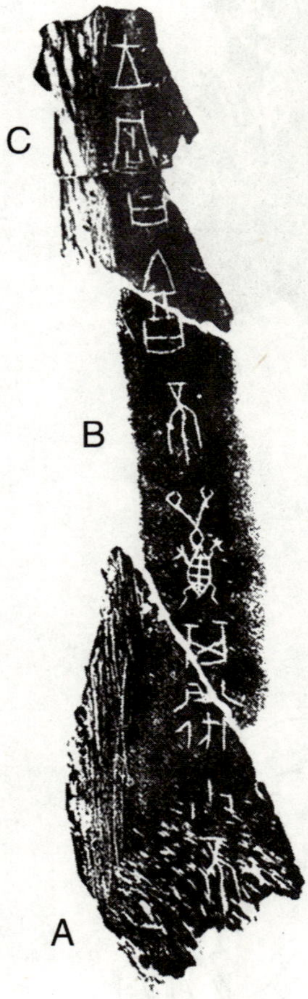

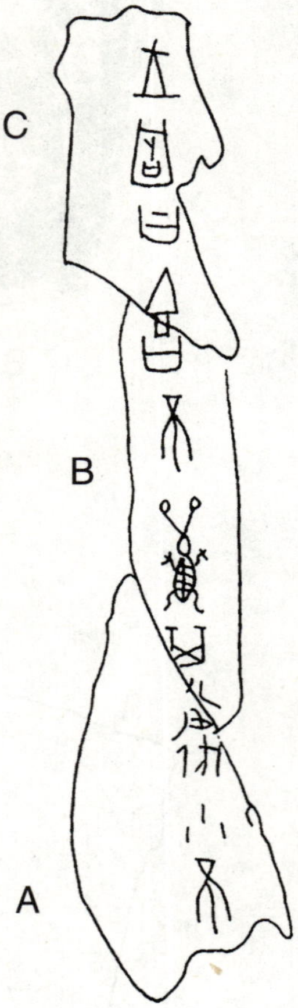

第 280 則：牛胛骨新綴一則（李愛輝）

A《合》6501 + B《合》6914 + C《合補》5356

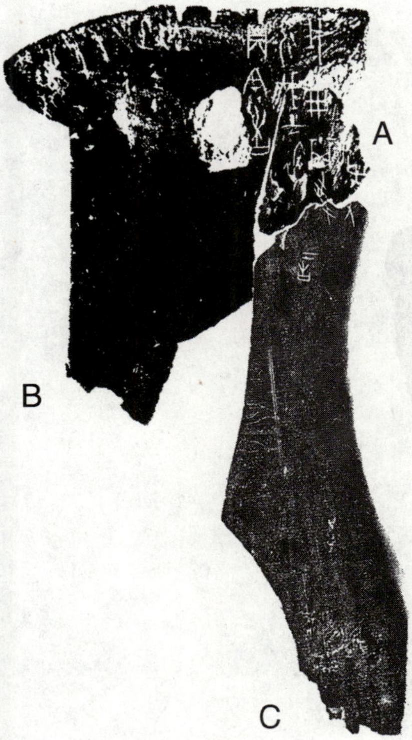

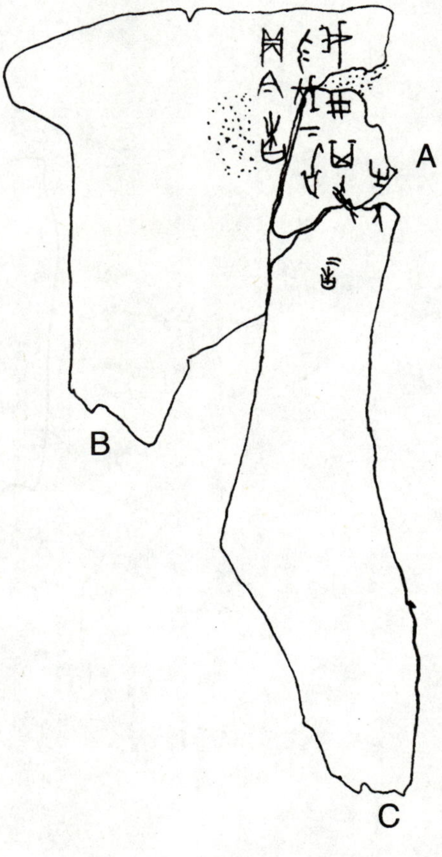

第 281 則：賓組牛胛骨拼合二則(李愛輝)

A《合》9144 + B《合補》3016

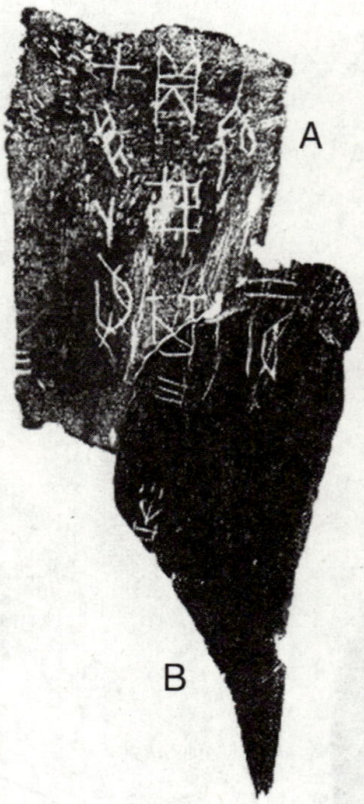

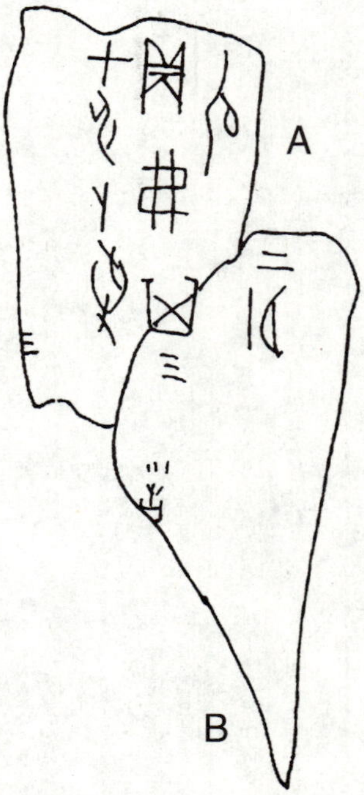

第 282 則：賓組牛胛骨拼合二則（李愛輝）

A《合》15193 ＋B《合補》714

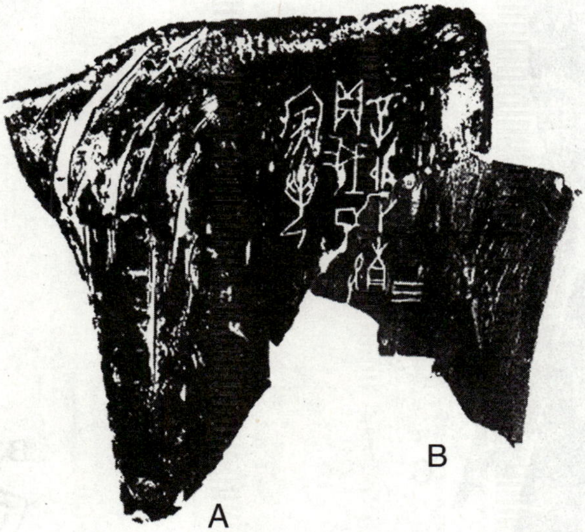

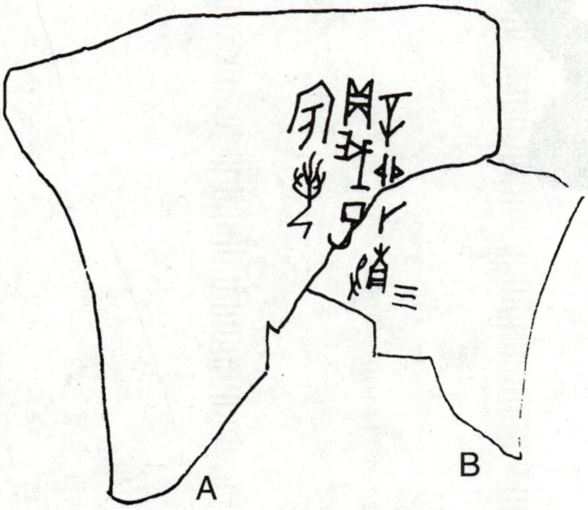

第 283 則：牛胛骨新綴一則(李愛輝)

A《合》7363 正、反 + B《合》7364 + C《合》11482 正、反

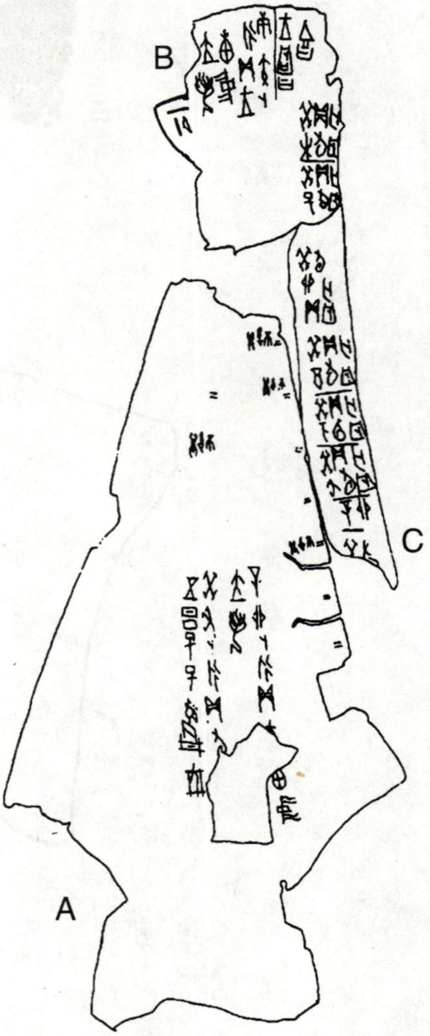

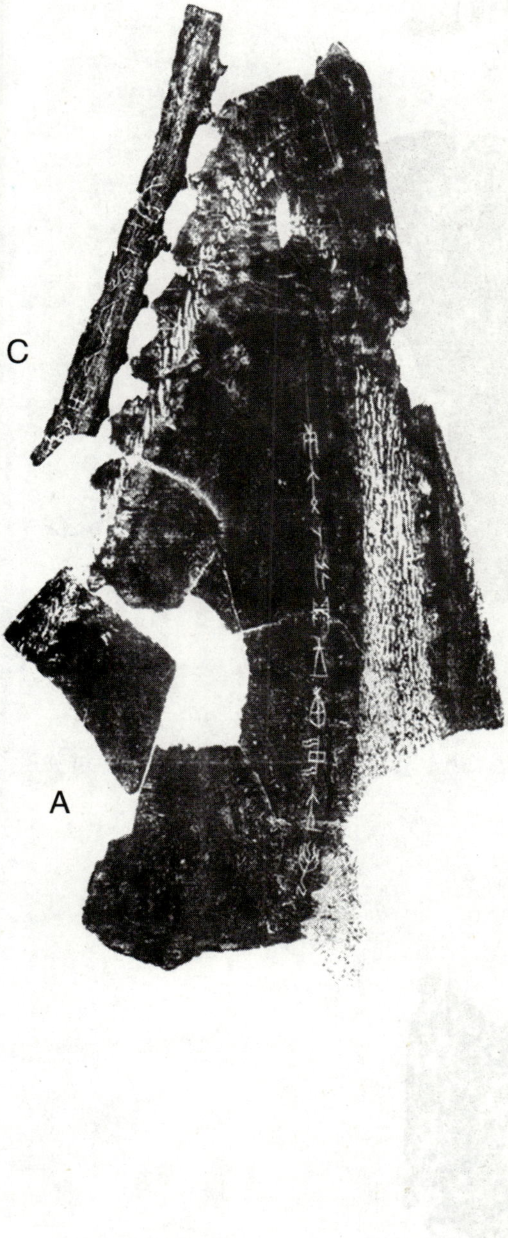
C
A

C
A

第284則：賓組胛骨新綴一則（李愛輝）

A《合》4415正、臼＋B《合補》1173正、臼

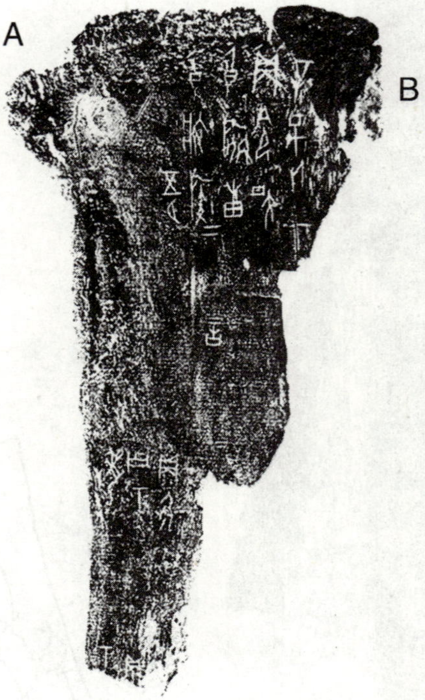

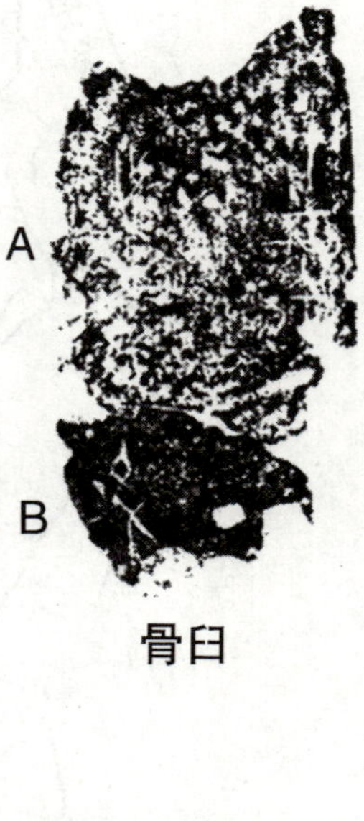

骨臼

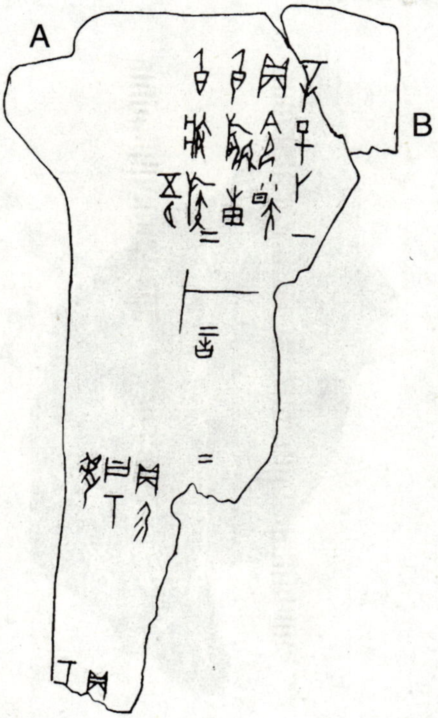

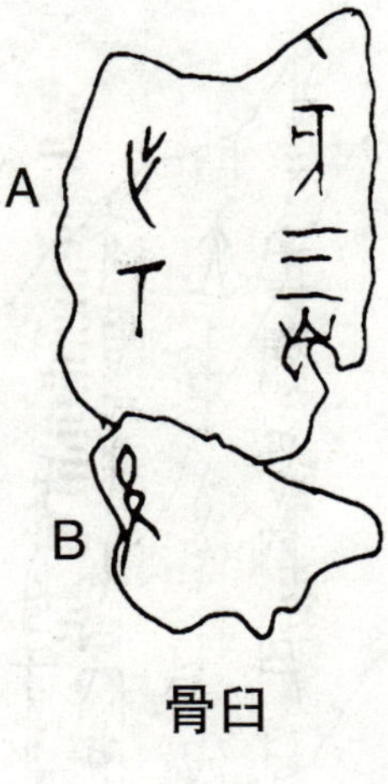

骨臼

第 285 則：賓組胛骨新綴一則（李愛輝）

A《合》7370 + B《東文研》B0327

A

B

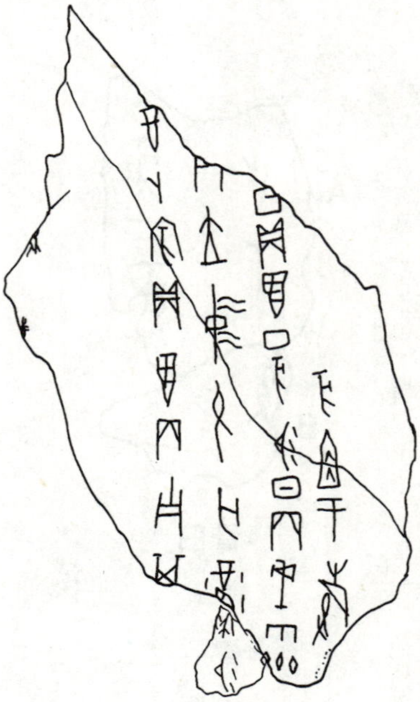

A

B

第 286 則：賓組胛骨新綴一則（李愛輝）

A《合》3539 + B《合補》1340

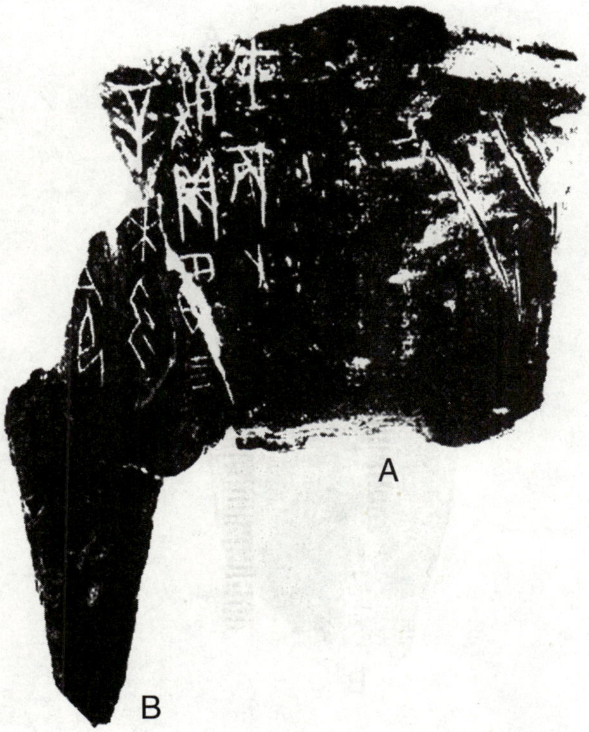

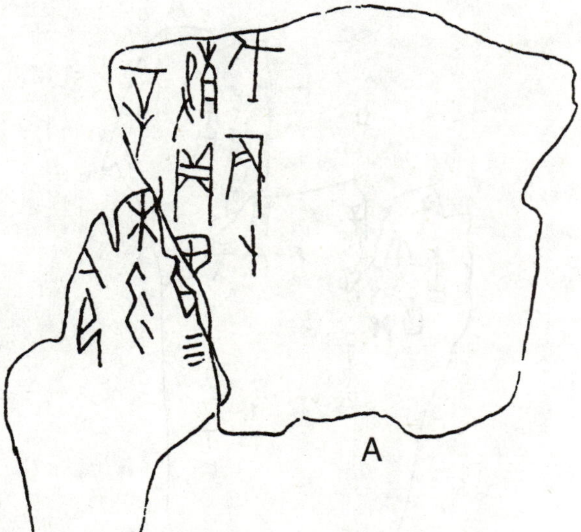

第 287 則：胛骨新綴三則（李愛輝）

A《合》6715 + B《合》6716

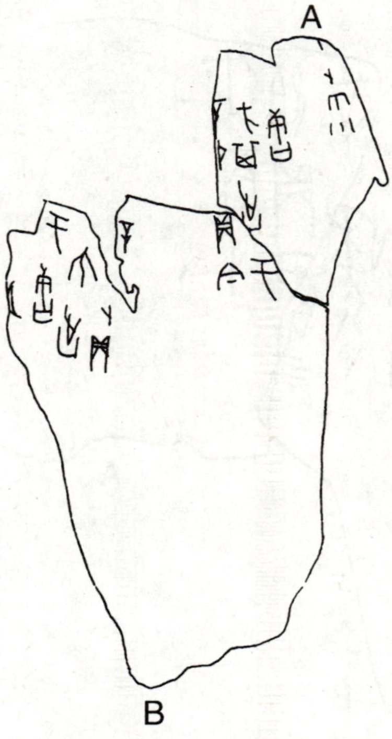

第 288 則：胛骨新綴三則（李愛輝）

A《合》6266 + B《合》16281

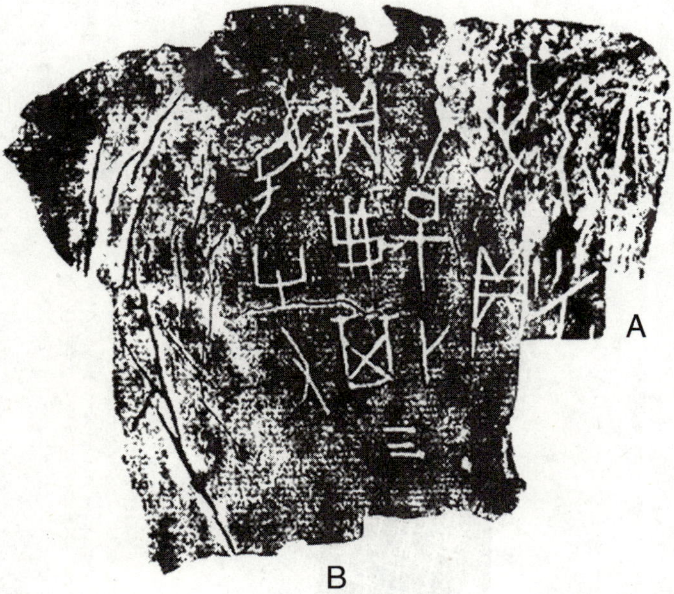

第289則：胛骨新綴三則（李愛輝）

A《合》6258＋B《合》6282

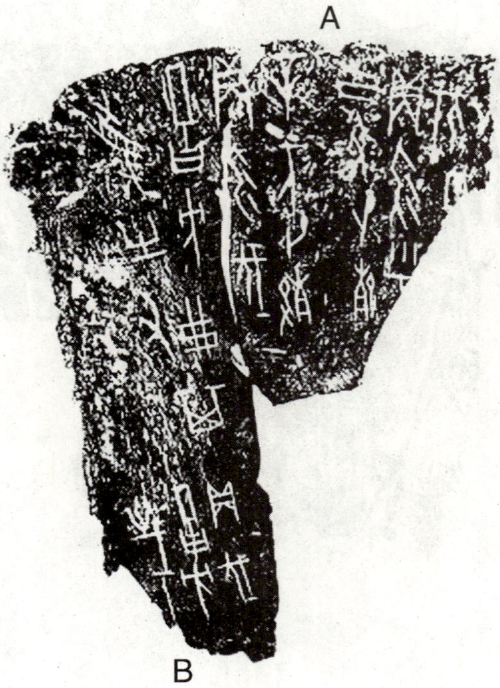

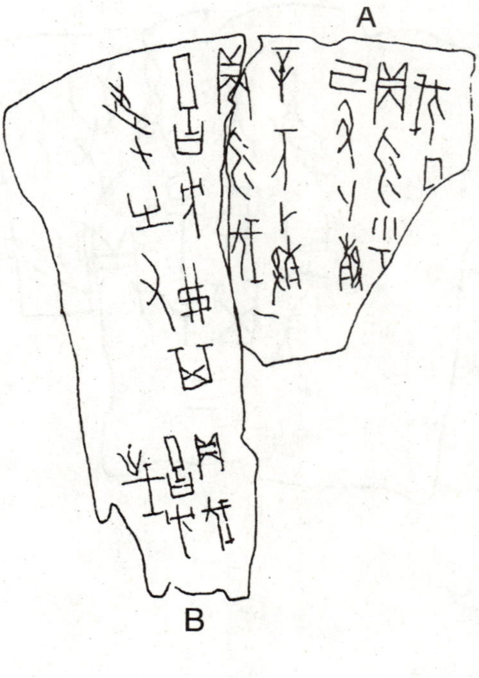

第 290 則：賓組胛骨綴合一則(李愛輝)

A《合》584 正、反甲 + B《合》9498 正、反 + C《合》7143 正、反 + D《東研》B0571b、a

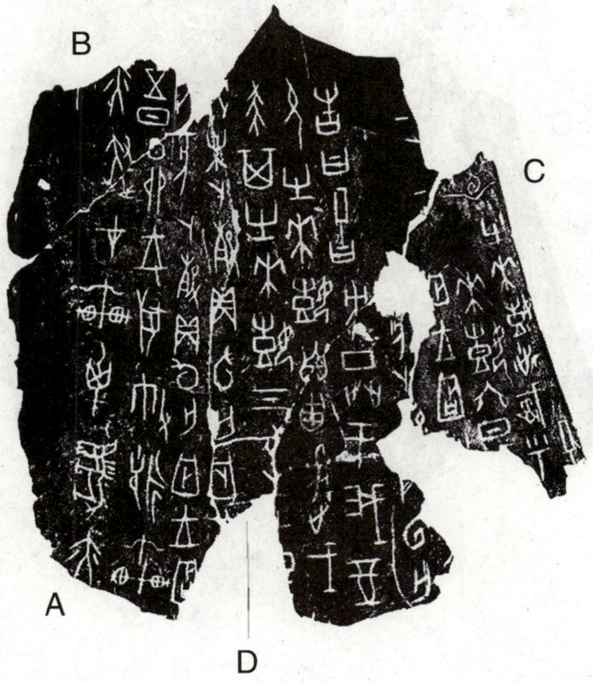

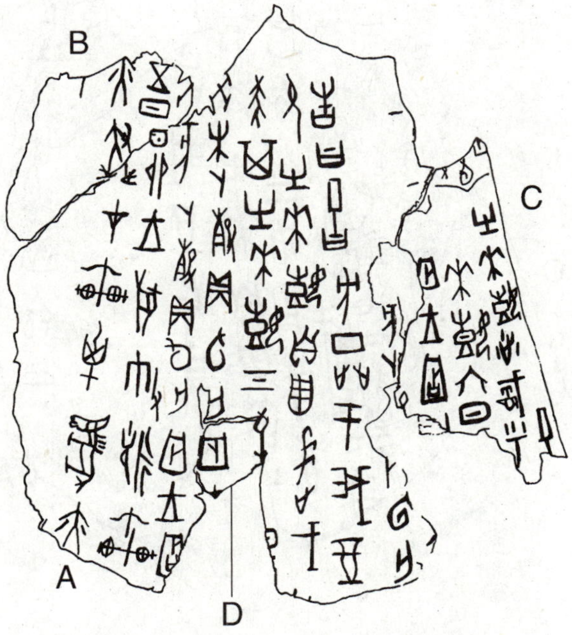

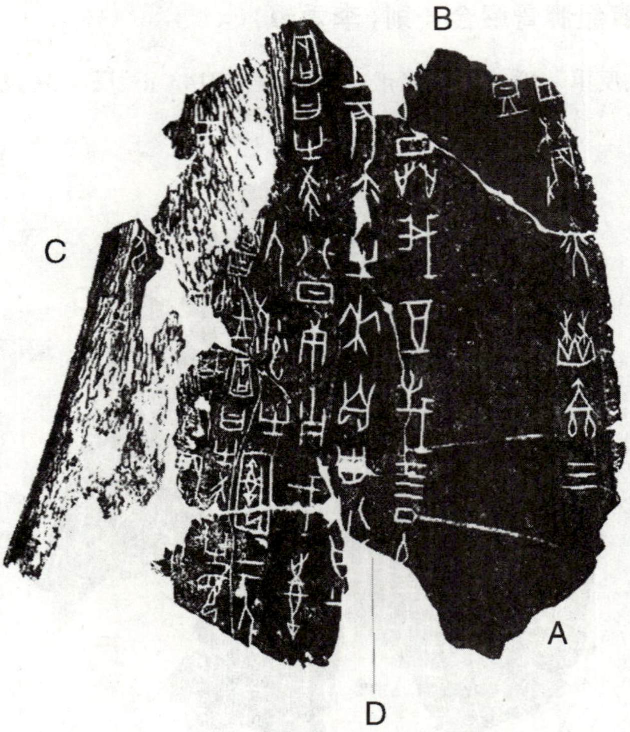
B
C
A
D

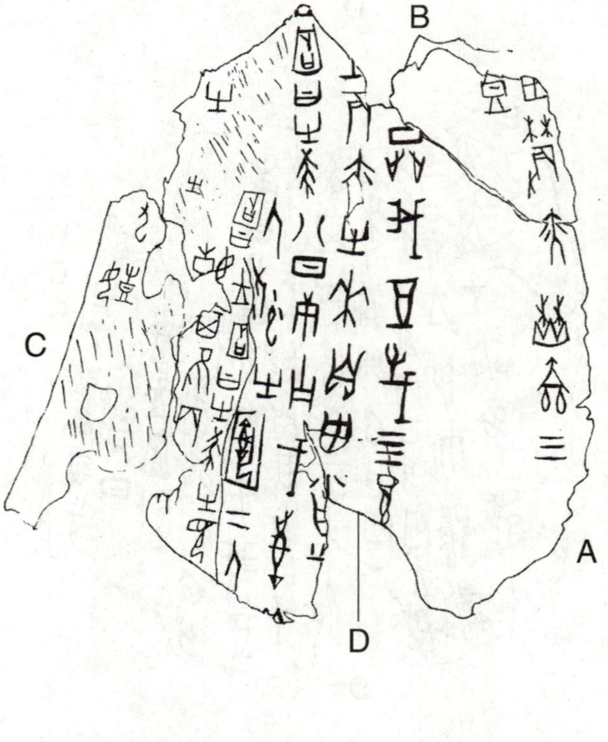
B
C
A
D

第 291 則：賓組甲骨綴合一則（李愛輝）

A《合》7964 正、反 + B《合補》2159 正、反

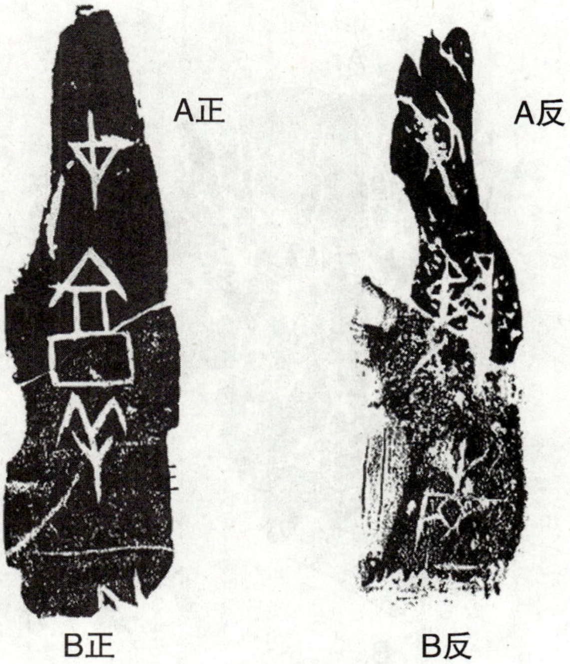

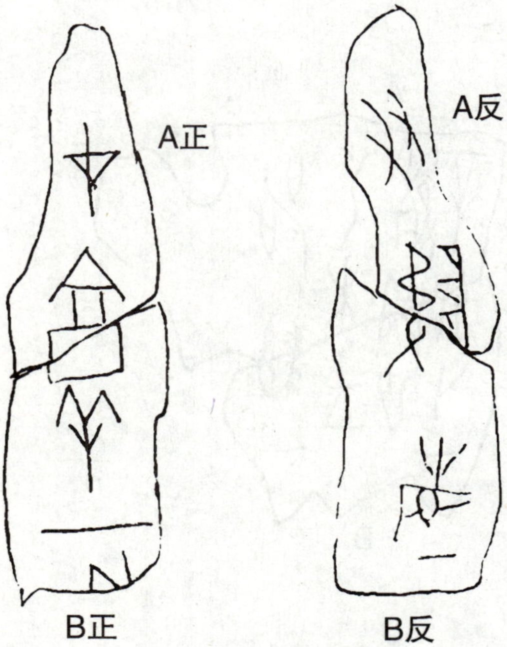

第 292 則：賓組胛骨綴合一則（李愛輝）

A《合》19283 + B《合補》5744

A

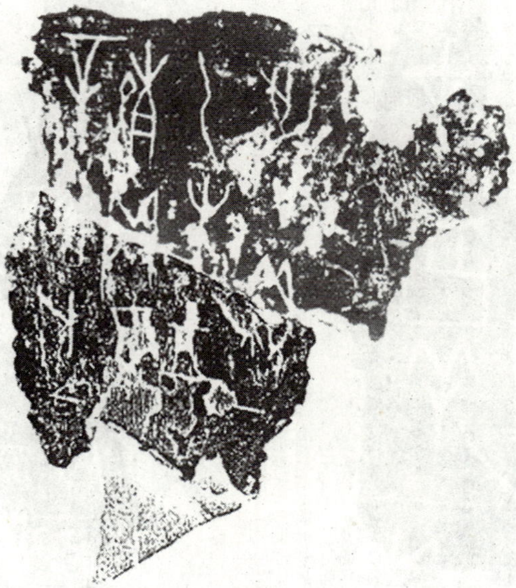

B

A

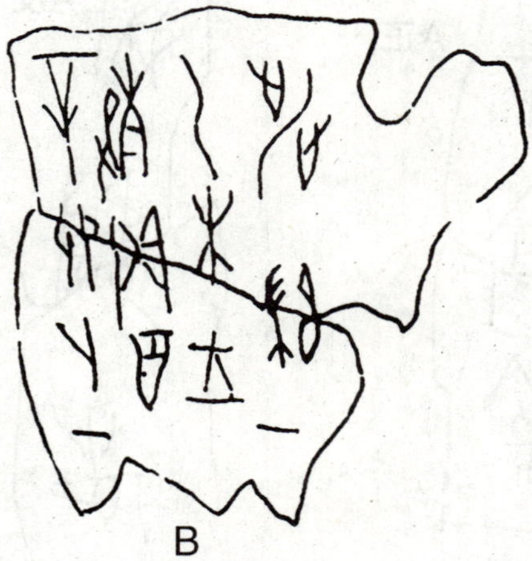

B

第 293 則：賓組胛骨綴合二則（李愛輝）

A《合》1305 正、反 + B《合》1506 正、反 + C《合》14431 正、反

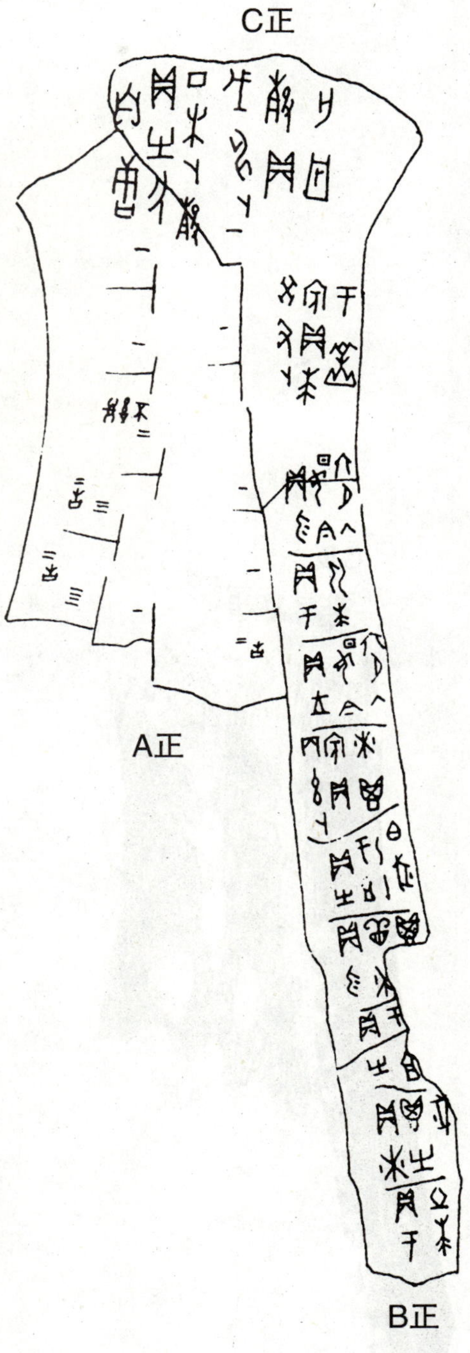

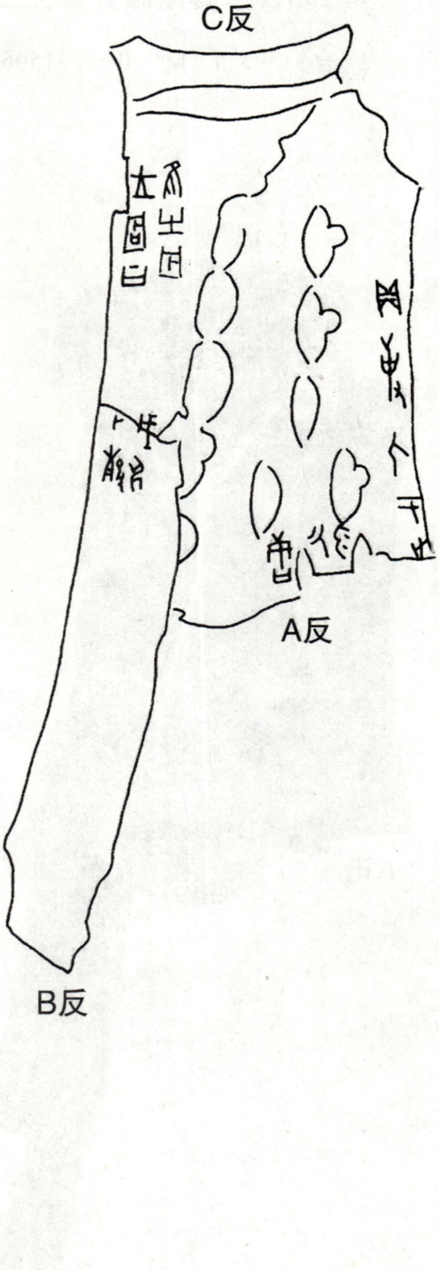
C反
A反
B反

C反
A反
B反

第 294 則：賓組胛骨綴合二則(李愛輝)

A《合補》2819 + B《合補》5876

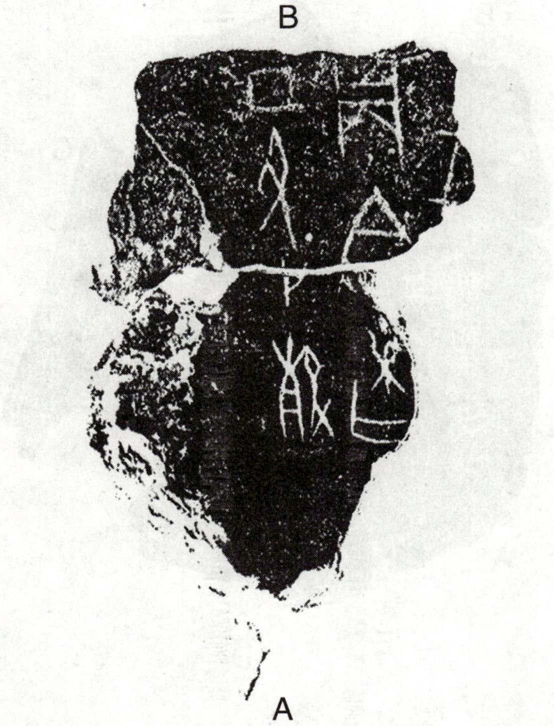

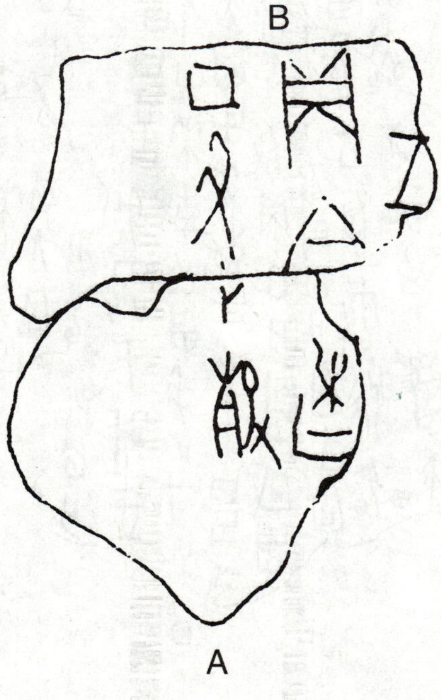

第 295 則：賓組胛骨綴合一則（李愛輝）

A《合》584 正甲 + B《合》9498 正 + C《合》7143 正 + D《東研》B0571b + E《合補》5597

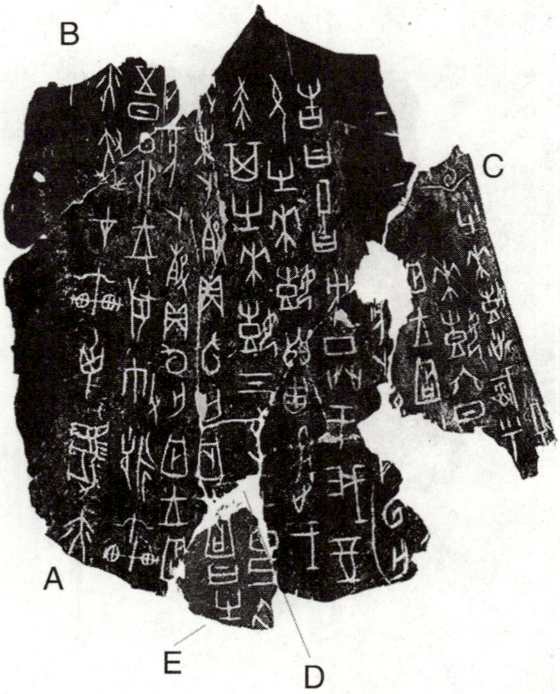

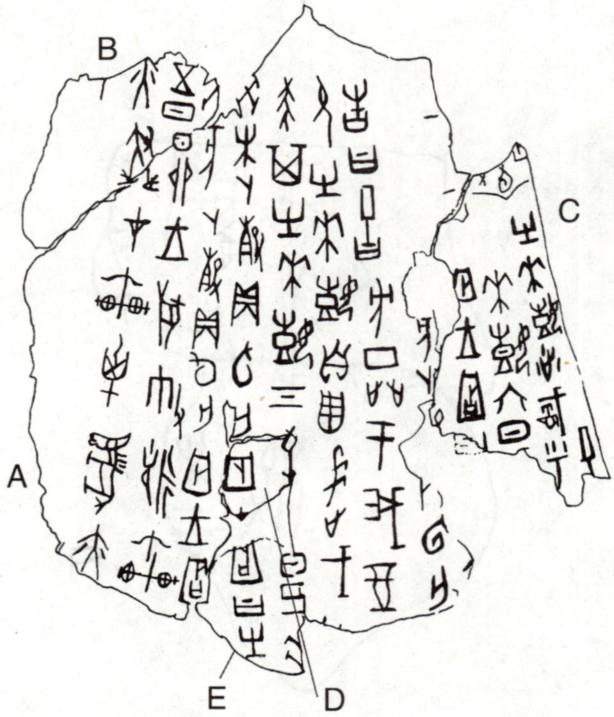

第 296 則：𠂤賓間類龜腹甲綴合一則（李愛輝）

A《合補》2748 + B《合補》2749

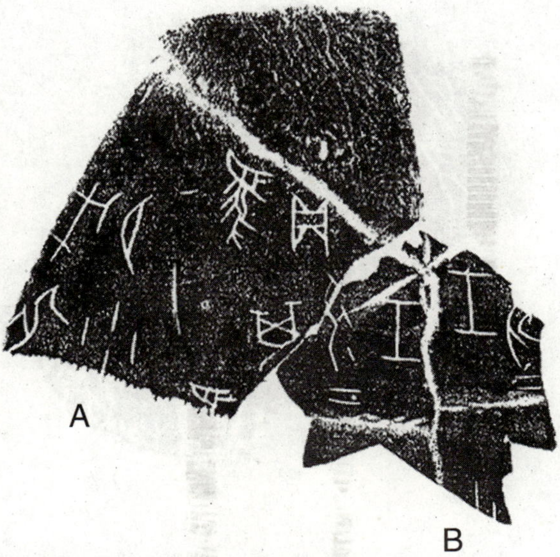

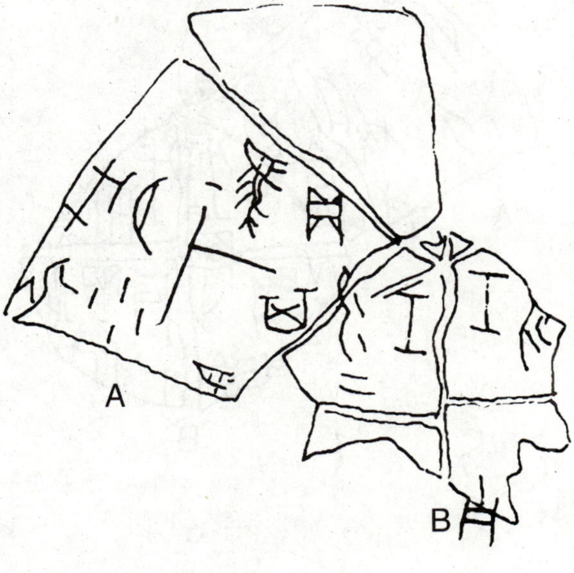

第297則：甲骨拼合第36則(李愛輝)

A《合》1197 + B《合》1202

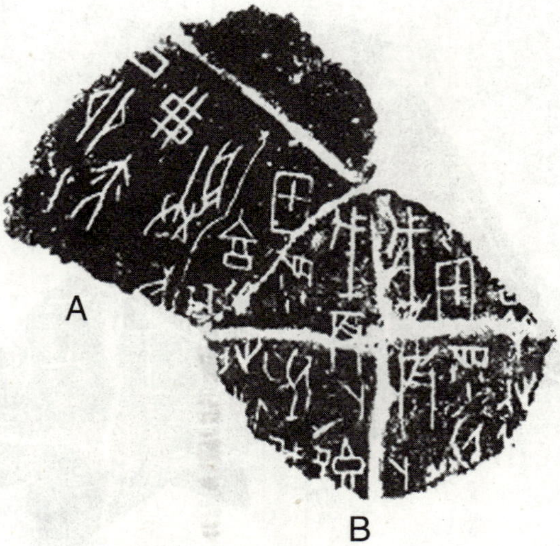

第298则：甲骨拼合第37则（李爱辉）

A《合》16432 + B《合》19359

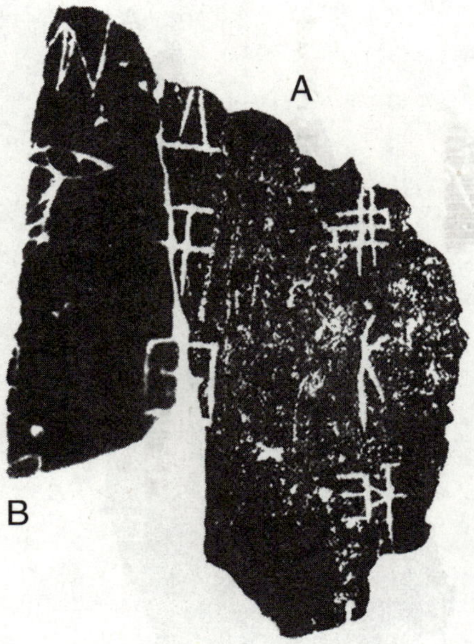

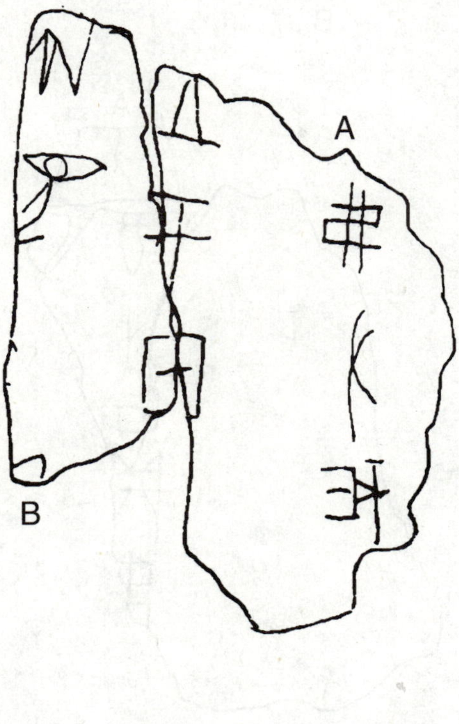

第 299 則：甲骨拼合第 38 則（李愛輝）

A《合補》1014 + B《合補》1083

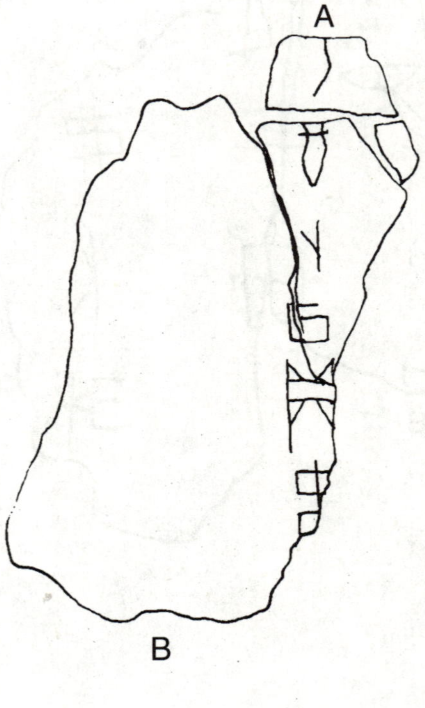

第 300 则：甲骨拼合第 39 则（李愛輝）

A《合》14976 正、反 + B《合補》2163 正、反

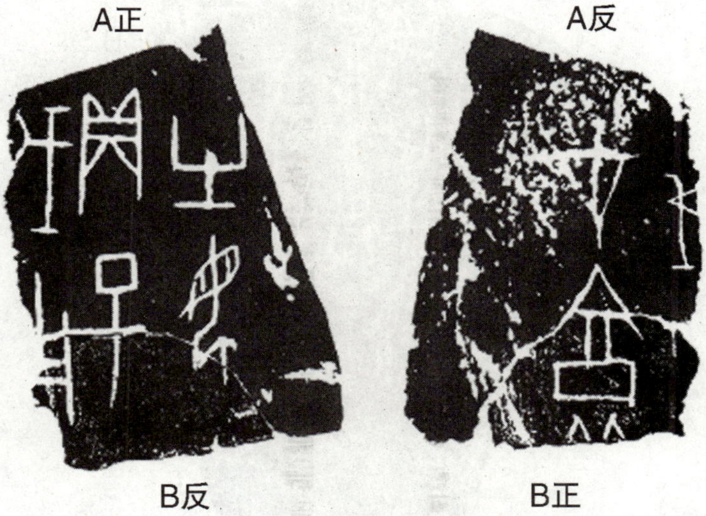

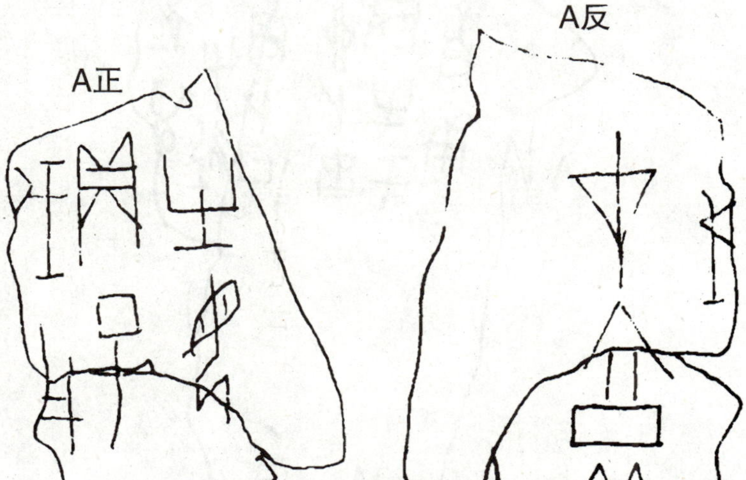

第 301 則：甲骨拼合第 40、41 則（李愛輝）

A《合》2003 + B《合》10261

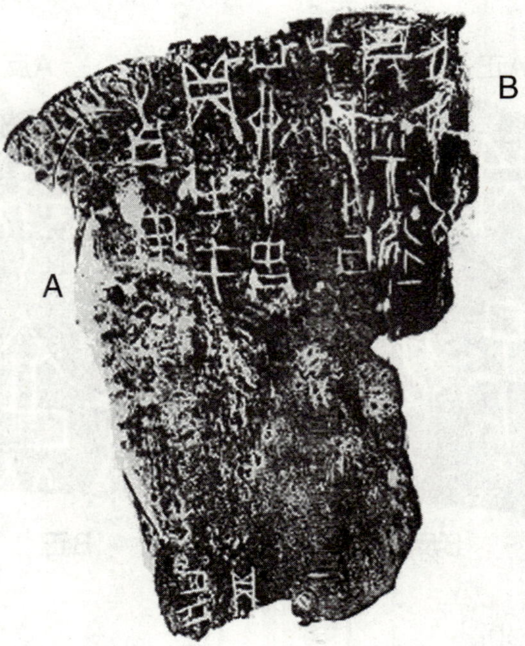

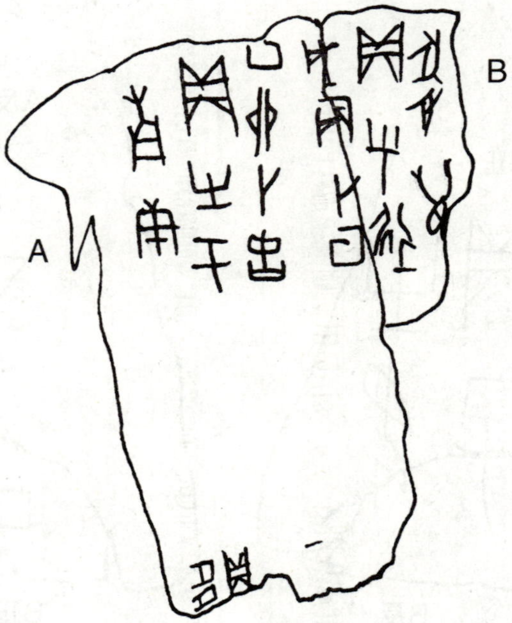

第302则：甲骨拼合第40、41则（李愛輝）

A《合》12066正＋B《合補》1074

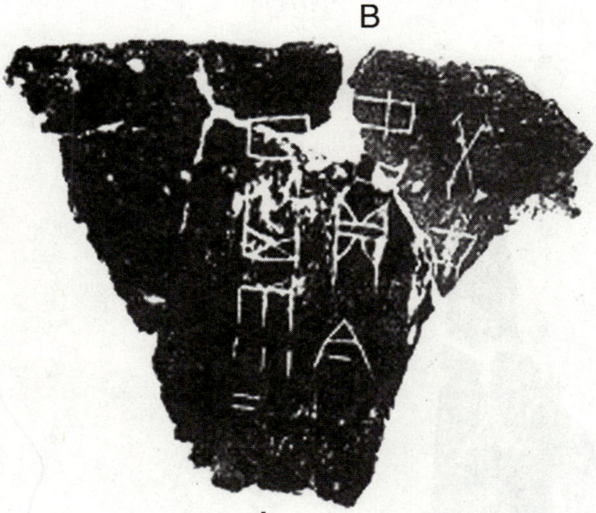

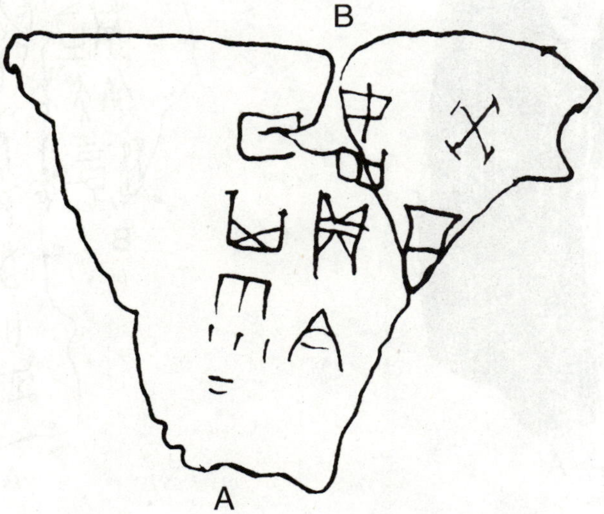

第 303 則:甲骨拼合第 42、43 組(李愛輝)

A《合》522 正反 + B《合》7150 正反

A

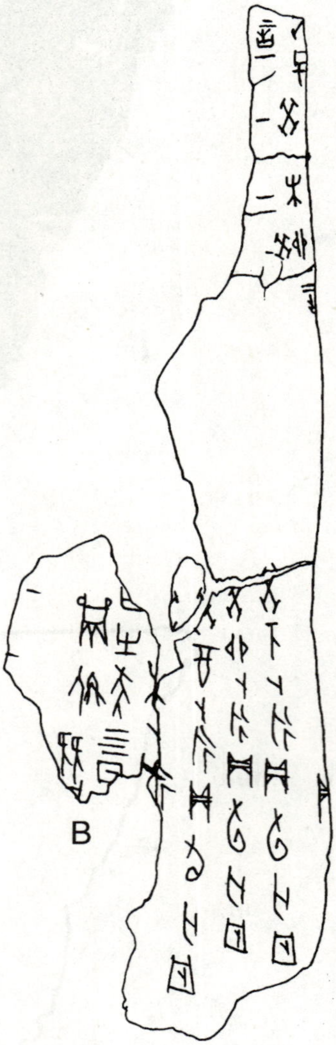

A

B
A

B
A

第 304 則：甲骨拼合第 42、43 組（李愛輝）

A《合補》3206 + B《合補》6443

第305則：甲骨拼合第44則(李愛輝)

A《合》15777正、反＋B《合補》2447正、反

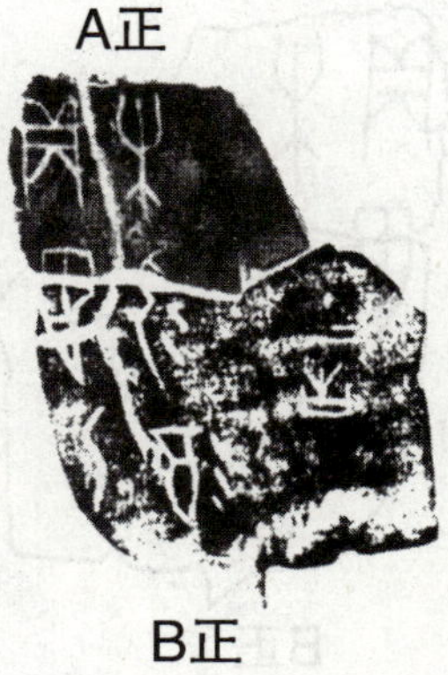

A正

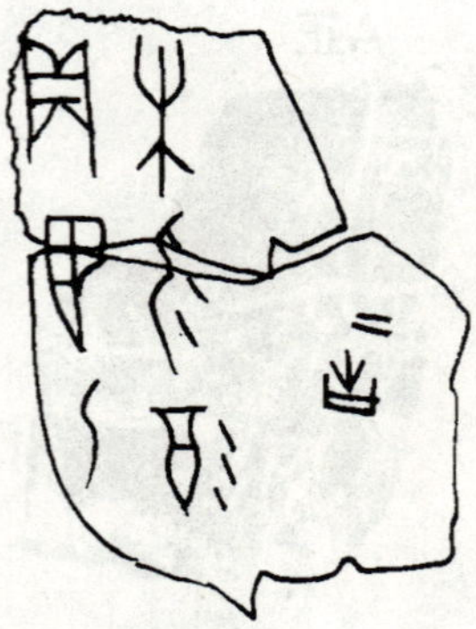

B正

A反

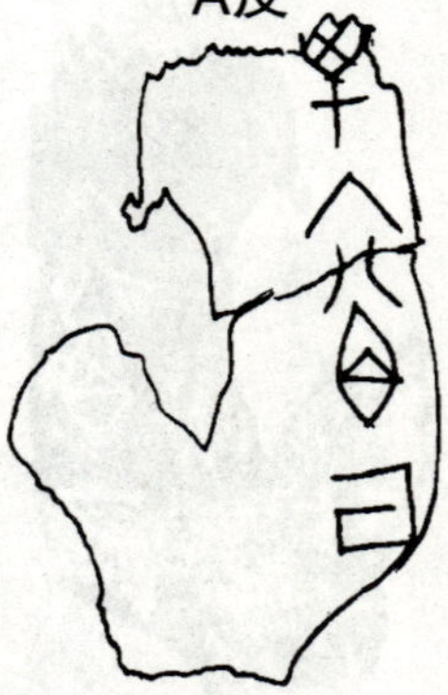

B反

第 306 則：甲骨拼合第 45 則（李愛輝）

A《合》9718 + B《合》9831

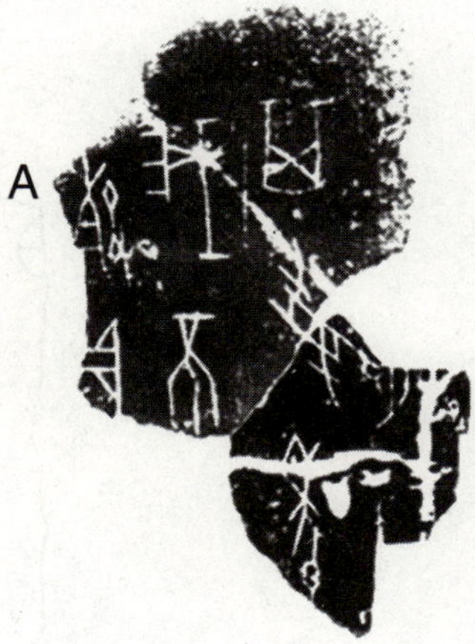

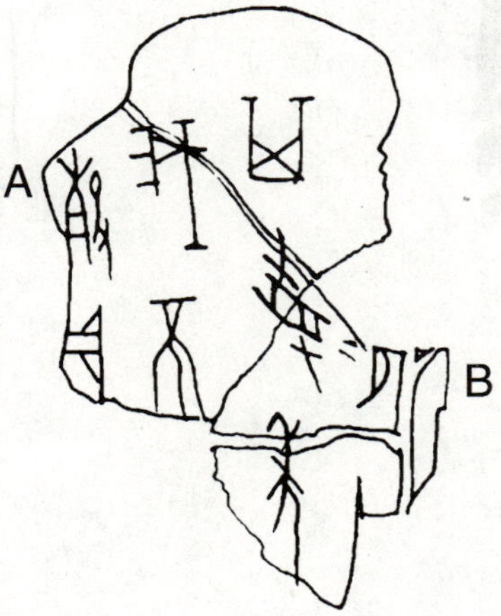

第 307 則：甲骨拼合第 46 則（李愛輝）

A《合》11448 + B《合》17031

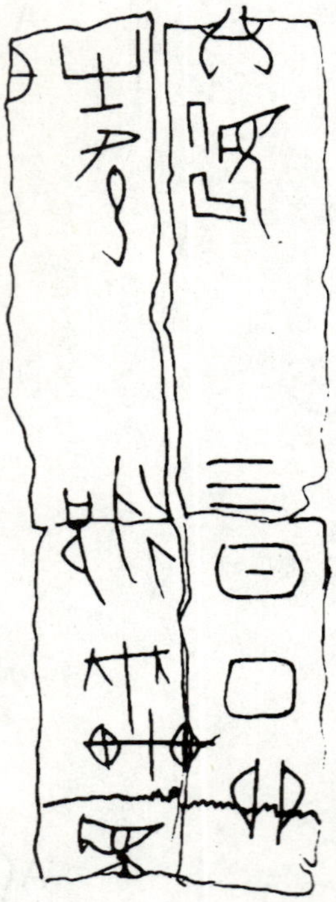

第 308 則：賓組龜腹甲試綴二則（李延彥）

A《合》588 正 + B《合》589

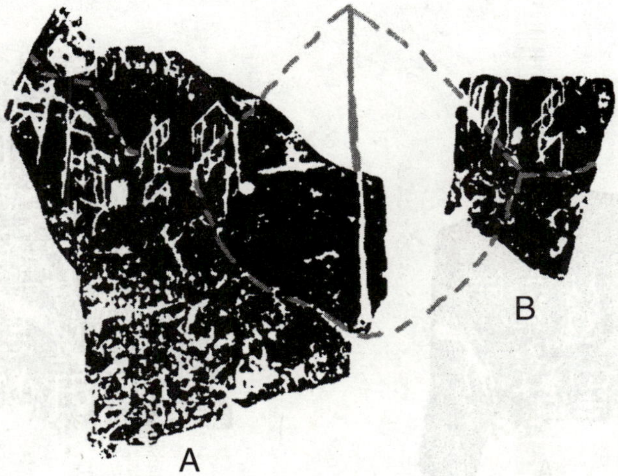

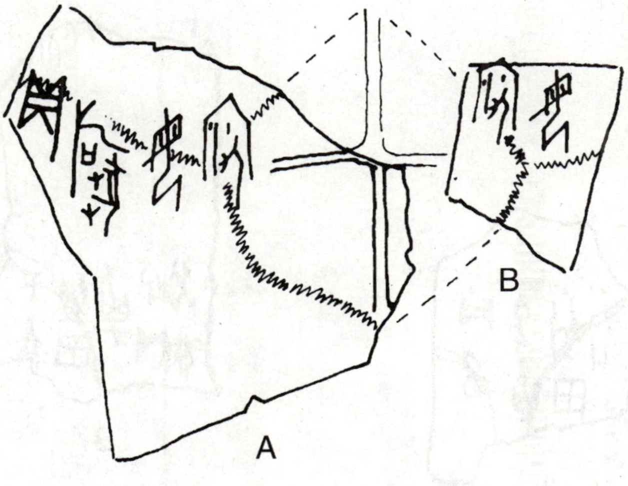

第 309 則：賓組龜腹甲試綴二則（李延彥）

A《合》9475 + B《合》9473

A

B

A

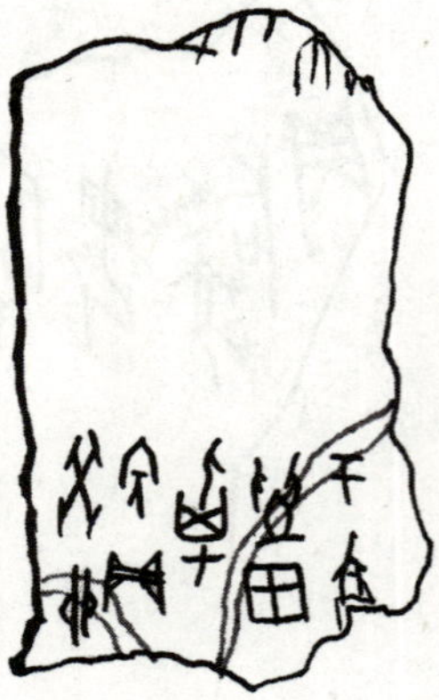
B

第 310 則：賓組龜腹甲試綴一則（李延彥）

A《英》1188 + B《英》1189

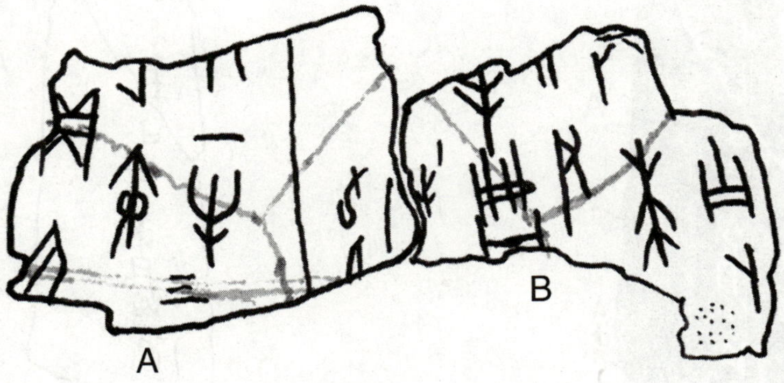

第 311 則：無名類胛骨試綴一則（李延彥）

A《合》29296 + B《合》29302

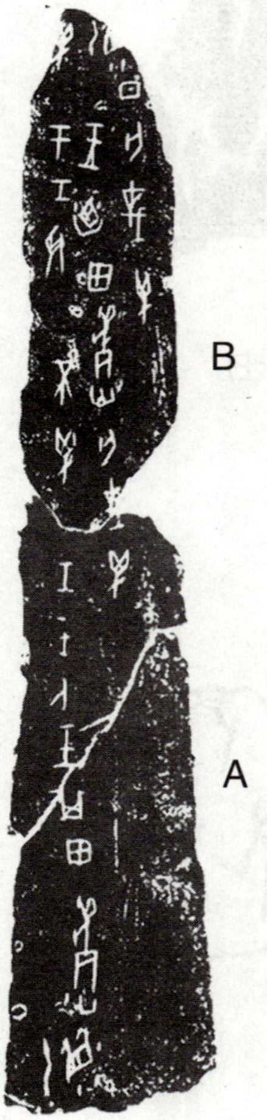

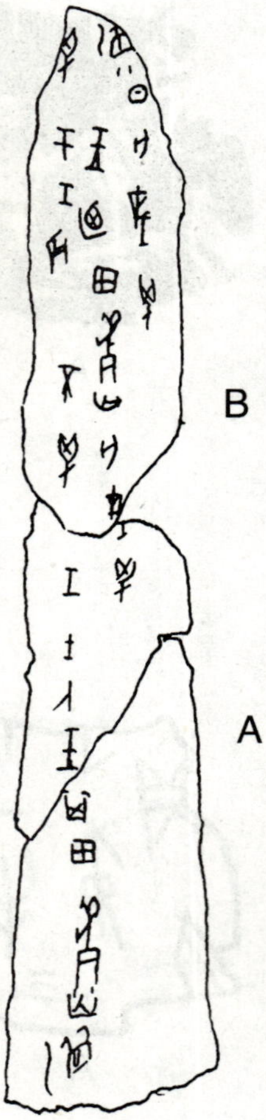

第 312 則：賓組龜腹甲試綴二則（李延彥）

A《合》7718 正、反 + B《合補》596 正、反

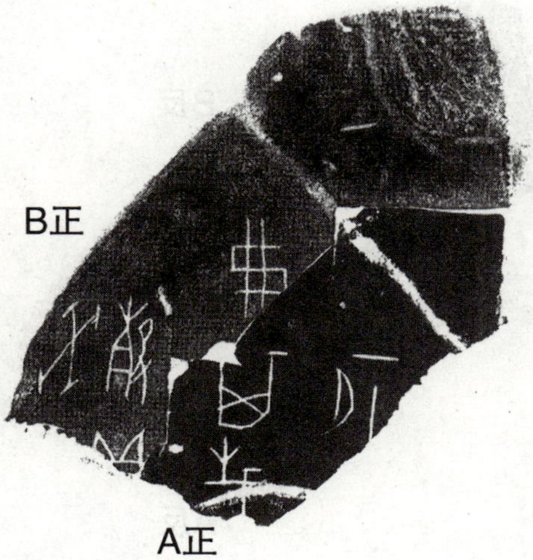

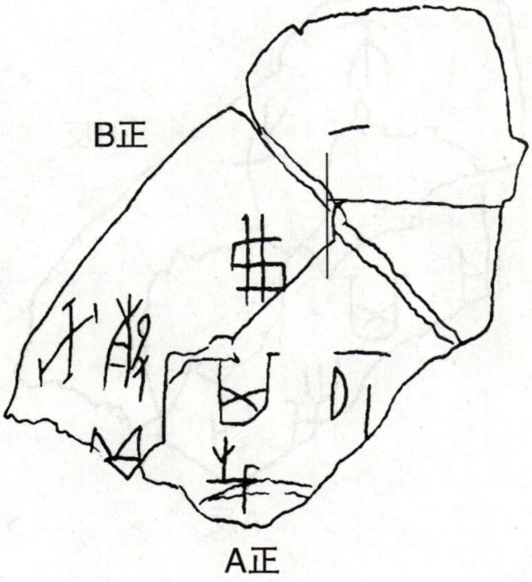

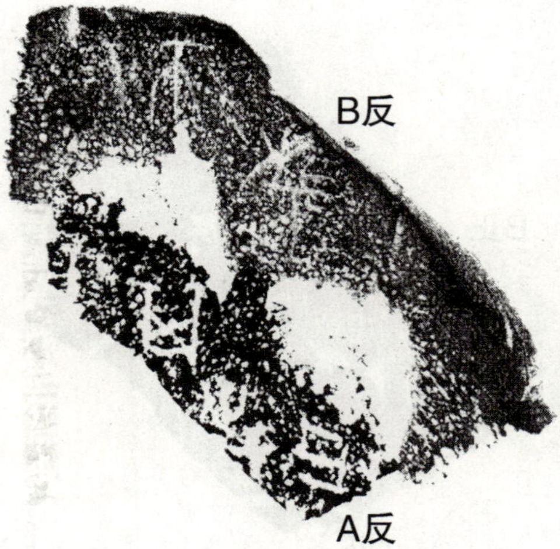
B反
A反

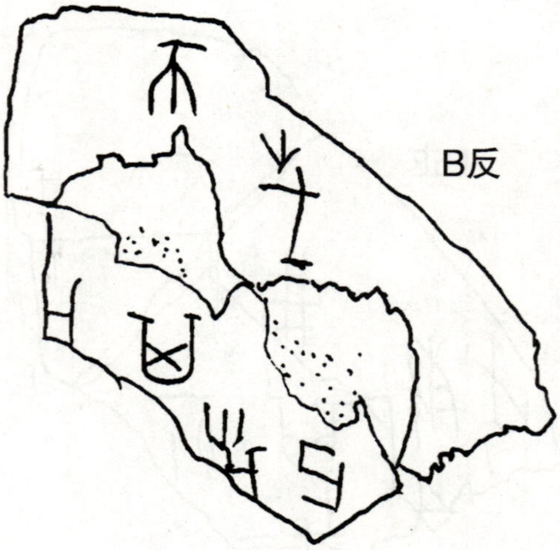
B反
A反

第 313 則：賓組龜腹甲試綴二則（李延彥）

A《合》15483 正 + B《合》15484

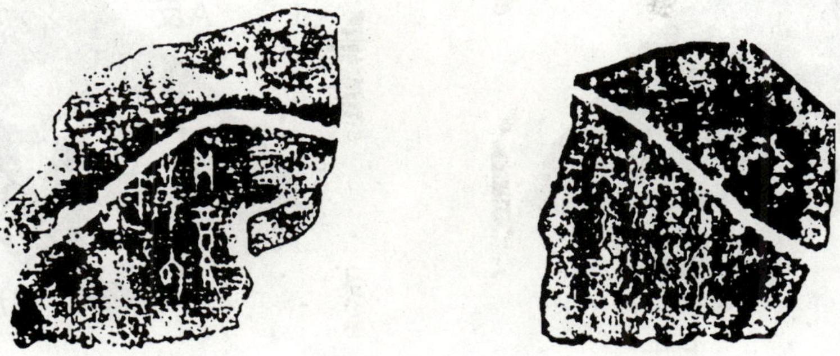

A　　　　B

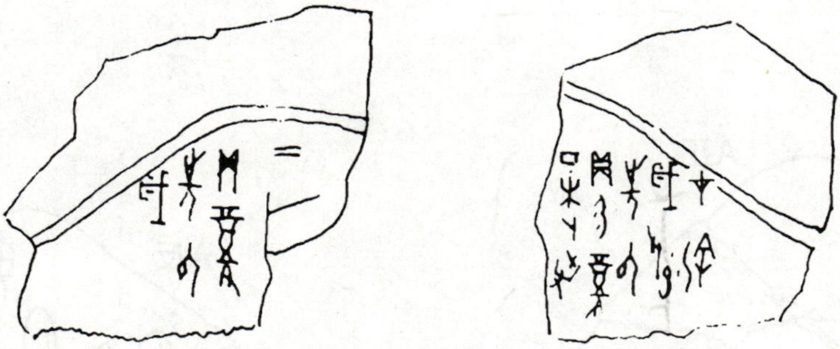

A　　　　B

第 314 則：賓組龜腹甲試綴一則（李延彥）

A《合補》520 正、反 + B《合補》5415 正、反

A正

B正

A反

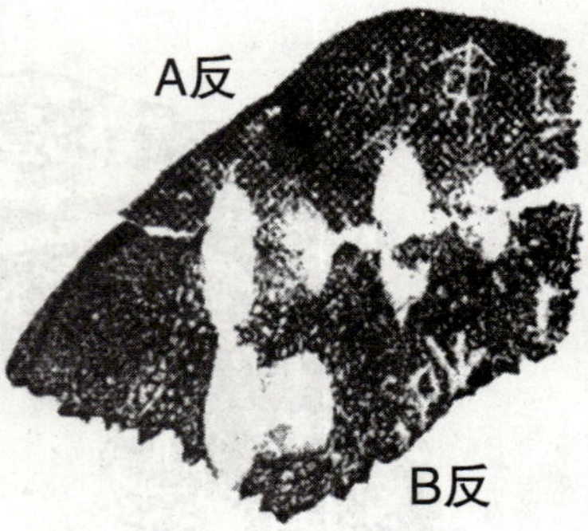

B反

A正

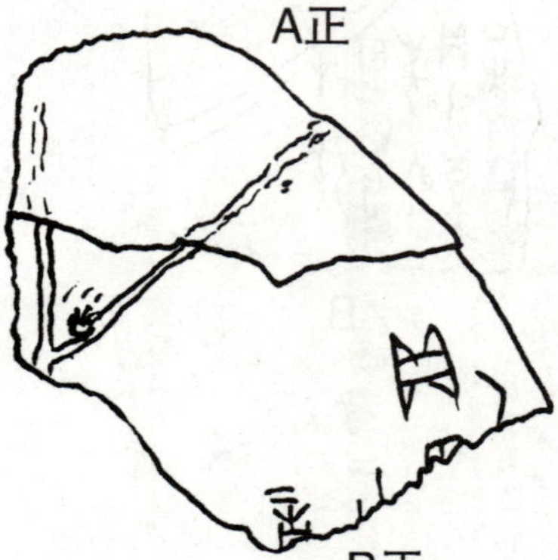

B正

A反

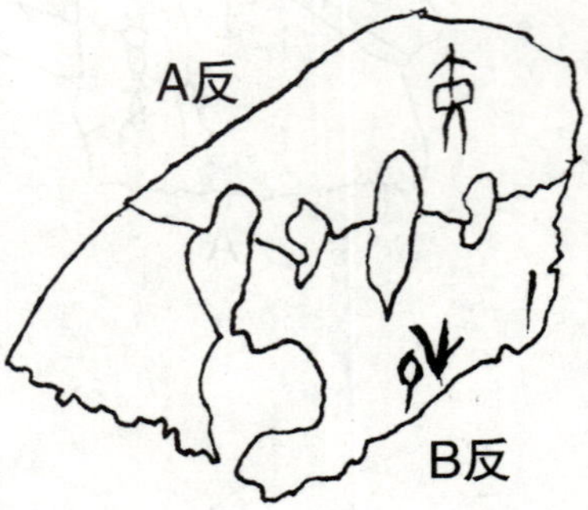

B反

第315則：賓組龜腹甲試綴一則（李延彥）

A《合》6143 正、反 + B《英》1352 正、反

A正　B正

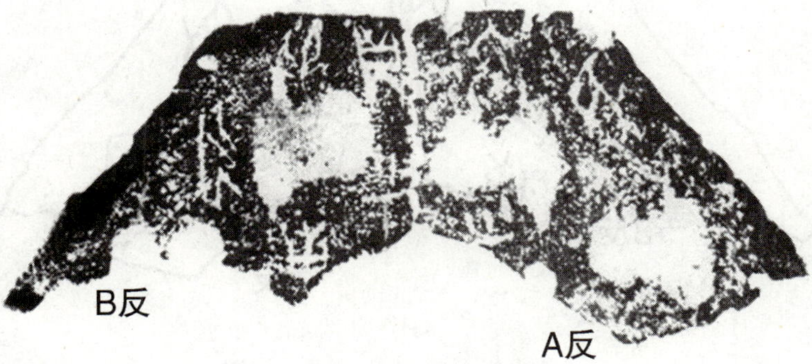

B反　A反

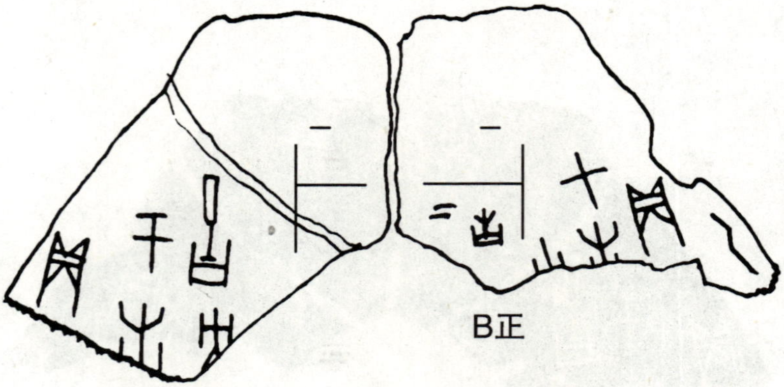

A正 B正

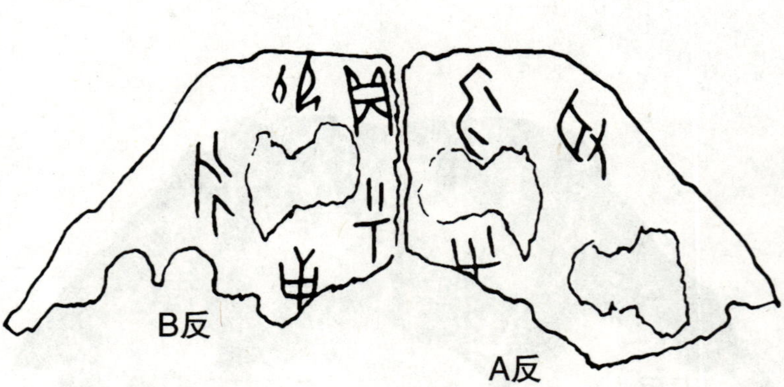

B反 A反

第 316 則：賓組胛骨試綴一則（李延彥）

A《合》19106＋B《合》5044＋C《合》5045＋D《合》39812＋E《合》11584（局部圖版）

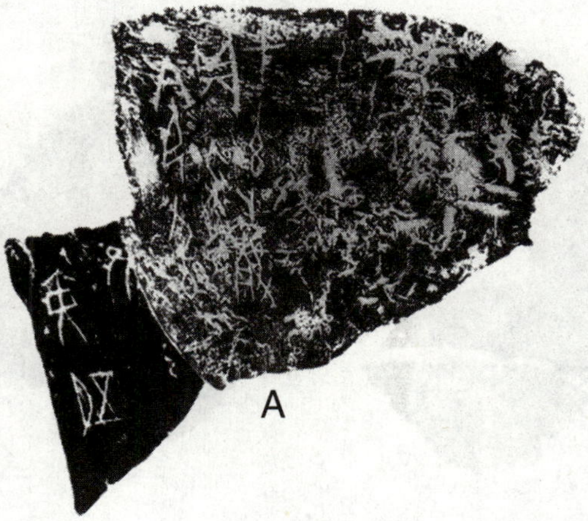

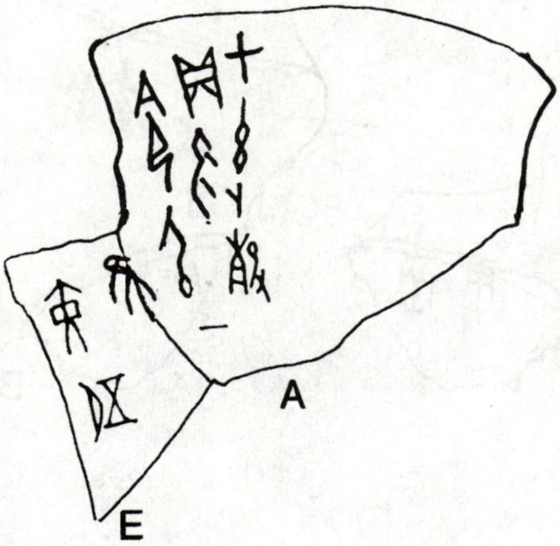

第 317 則：黃類龜腹甲試綴一則（李延彥）

A《合》37301 + B《合》36328

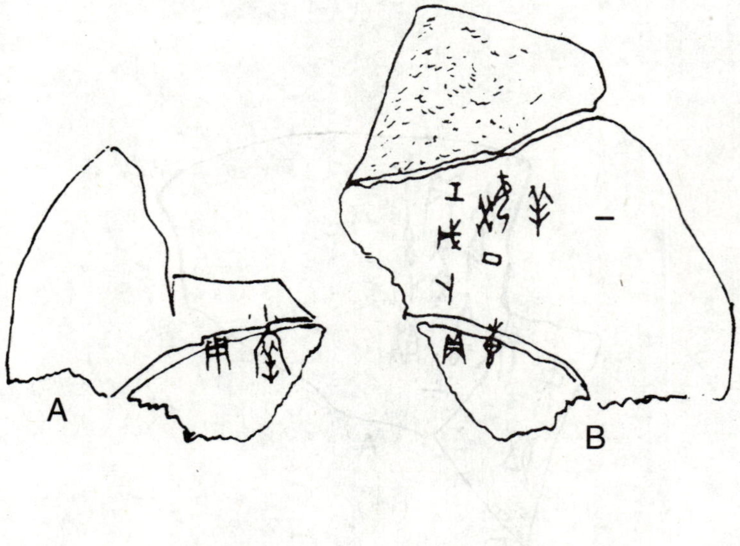

第 318 則：黃類龜腹甲試綴一則（李延彦）

A《合》38878 + B《合》38880

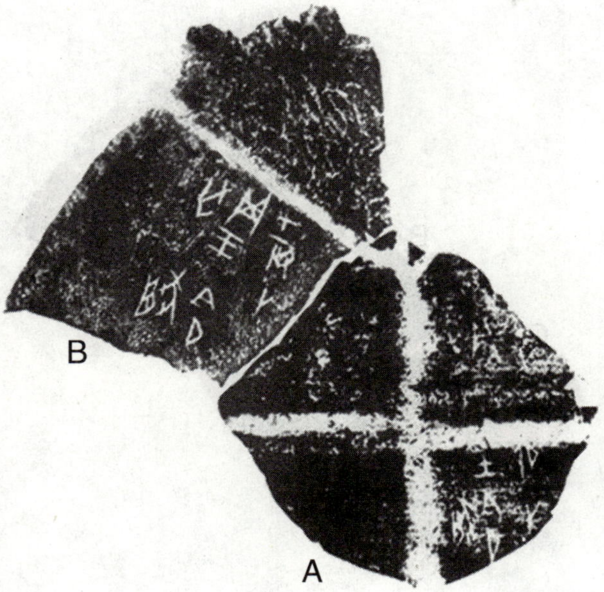

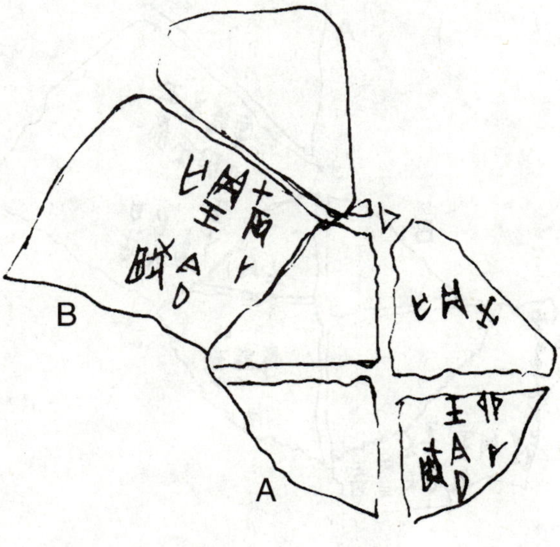

第 319 則：黃類龜腹甲試綴一則(李延彥)

A《合》37668 + B《合》37763 + C《合》37708

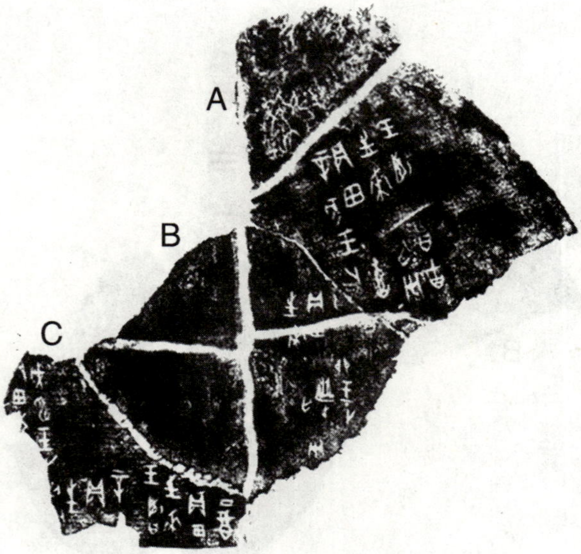

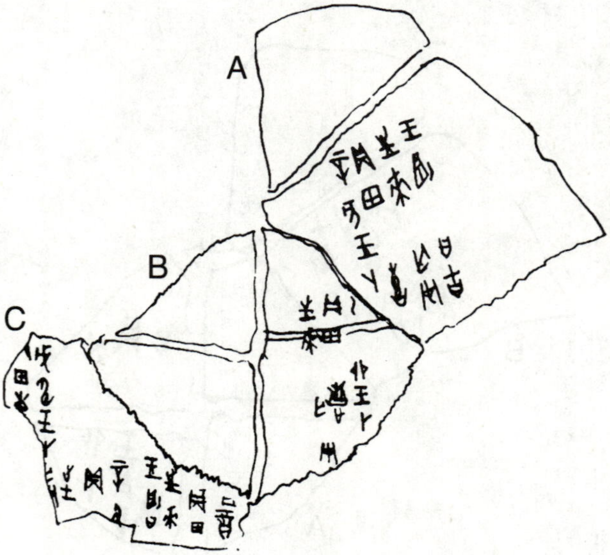

第 320 則：龜腹甲試綴第 13～14 則（李延彥）

A《合》20401 + B《合》19759

第321則:龜腹甲試綴第13～14則(李延彥)

A《乙》6992 + B《乙補》803 + C《R》26814

B

A

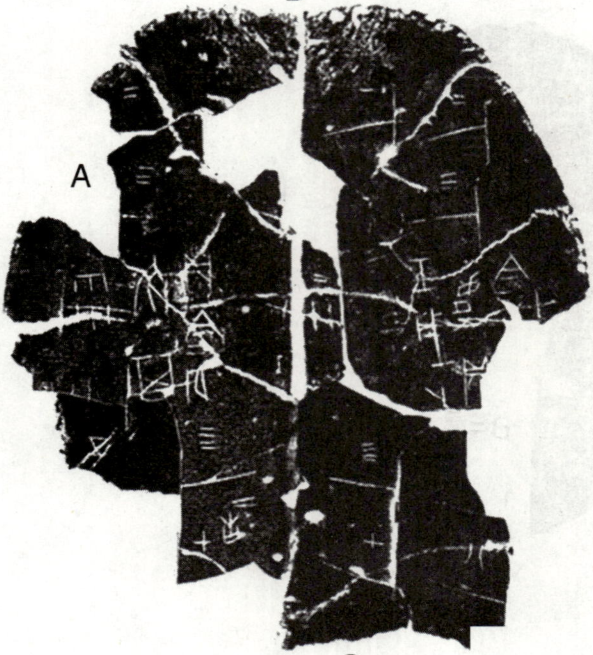

C

B

A

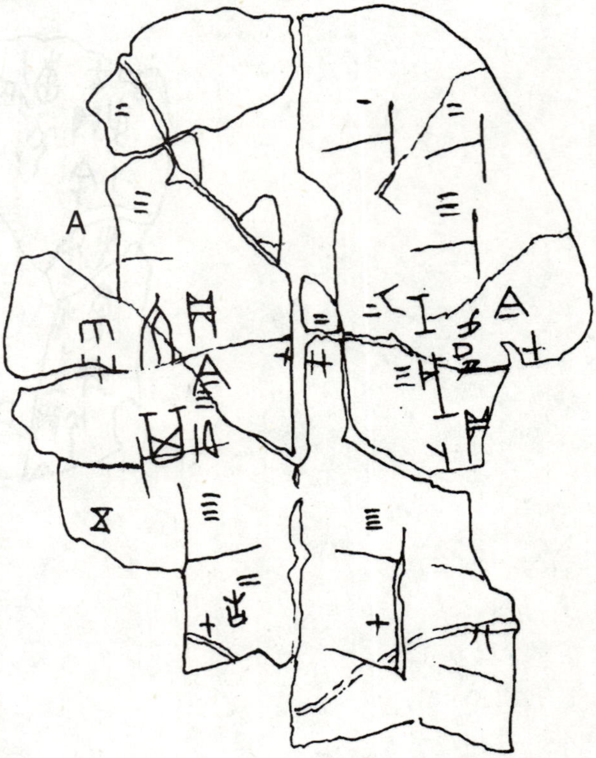

C

第 322 則：龜腹甲試綴第 15 則（李延彥）

A《合補》1008 + B《合》14042 正

第323則:龜腹甲試綴第16則(李延彥)

A:《合補》1008+B:合集14042正反+C:合補385正反

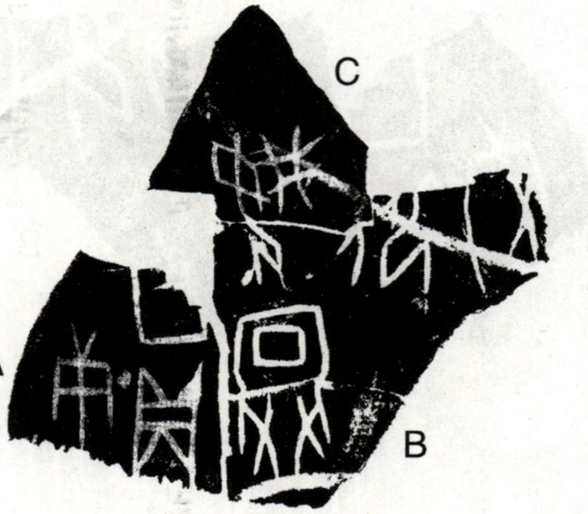

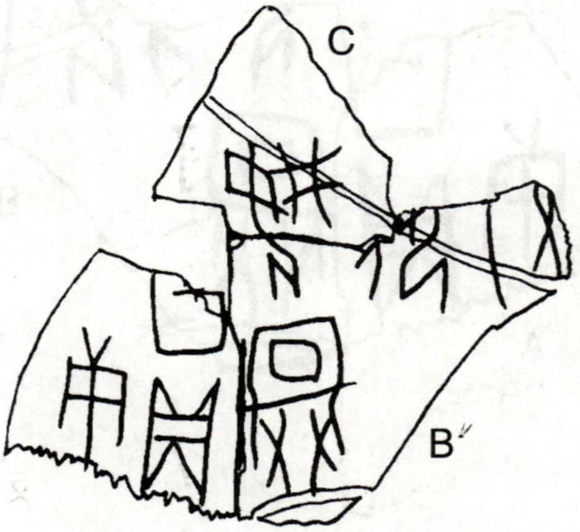

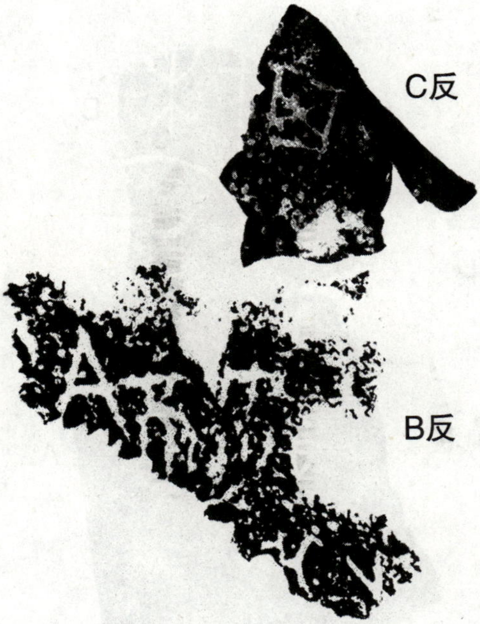

C反

B反

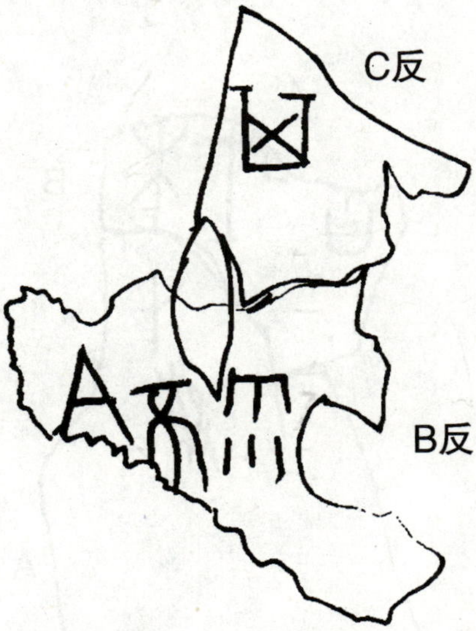

C反

B反

第 324 則:龜腹甲新綴第 17 則(李延彥)

A《合補》752 + B《合補》1305

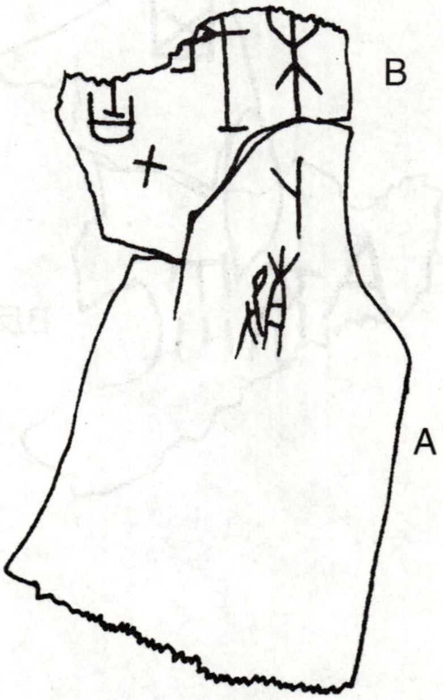

第 325 則：賓組甲骨新綴一則（郭艷）

A《合》5720 + B《合》5714

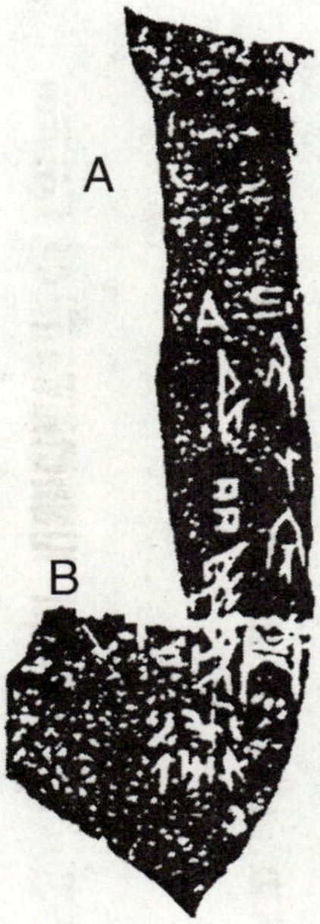

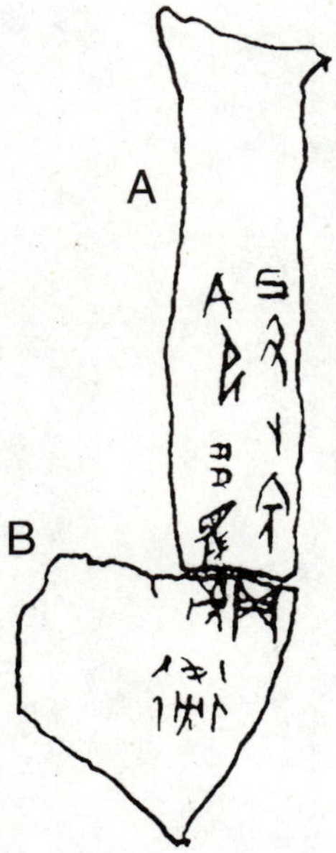

第 326 則：出組卜辭試綴一則（田敏）

A《合》23461＋B《合》25063

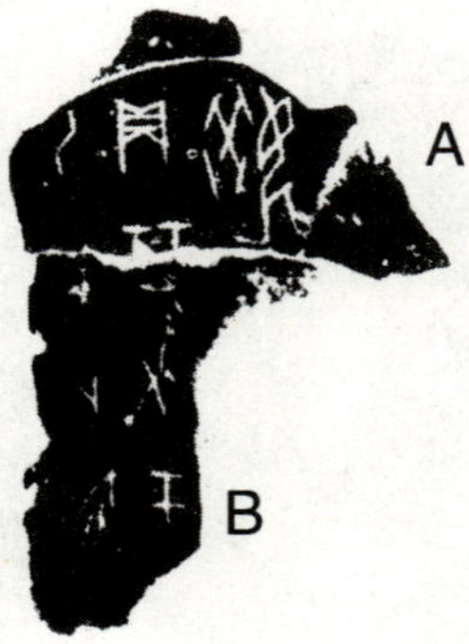

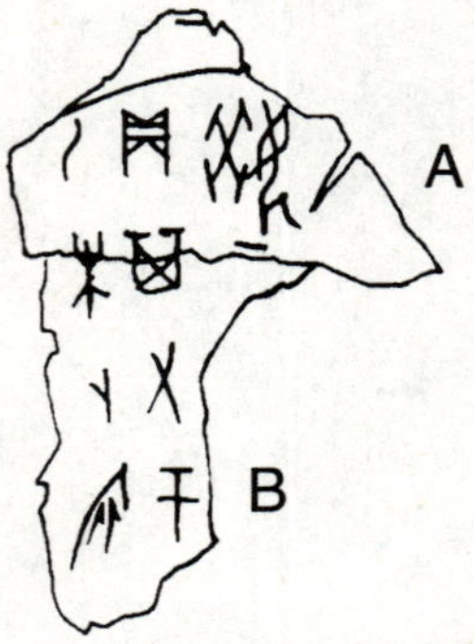

説明與考釋

第1則[①]

A:《屯》3394。

B:《屯》672。

釋文:

乙丑貞:父丁祼☑

口口貞:㞢以牛,其㞢自上甲宀大[示]☑

參照《屯》2+《屯》223(林宏明綴合),第二辭的干支可能為"庚戌"。

第2則[②]

A:《英藏》835(《合》40076、《金》715)。

B:《合》4037。

釋文:

甲申卜,穷,貞:惠今十月令𠂤。

乙酉卜,穷,貞:乎延复㞢行。十月。

乙酉卜,貞:延复㞢[行]。

☑令郭曰犬延田。

同文卜辭見《英藏》834(《合》40075、《金》569)。

第3則[③]

A:《屯》905。

B:《屯》3438。

釋文:

癸丑貞:旬☑歷。

癸酉歷貞:旬亡𡆥。一

---

① 第1則選自黃天樹《甲骨新綴廿二例》第1例,《殷墟王卜辭的分類與斷代》,北京大學中文系博士學位論文,1988年5月。黃文是1988年在吉林長春召開的中國古文字研究會第七屆年會的論文,已收入1991年臺北文津出版社出版的《殷墟王卜辭的分類與斷代》一書中;又收入《古文字研究》第20輯,中華書局,2000年3月第1版。本文綴合初稿得到裘錫圭老師的指正和幫助,謹致謝忱。

② 第2則選自黃天樹《甲骨新綴廿二例》第2例。

③ 第3則選自黃天樹《甲骨新綴廿二例》第3例。

癸未歷貞。一

①第 4 則

A:《合》27740(《寧》1.500)。

B:《合》27736(《寧》1.498、《掇》1.436)。

釋文:

丁亥卜:賈𥁕不惠史令☐。

丁亥卜:賈𥁕不史☐。

惠侃令。

癸丑卜:惠瞽【編者按:"瞽"字從張聰東、裘錫圭先生釋,參看《關於殷墟卜辭的"瞽"》,《2004 年安陽殷商文明國際學術研討會論文集》,第 1 ~5 頁,社會科學文獻出版社,2004 年 9 月第 1 版】、般監凡。

惠瞽、髟令監凡。一

同文卜辭見《合》27741、《合》27742、《合》31678 正(《七》x1)。

②第 5 則

A:《合》32867(《珠》702)。

B:《合》33117。

釋文:

丁卯貞:𡇒伐,受又。

☐不受又。

綴合後此版與《合》33116 為異版同文卜辭。

③第 6 則

A:《合》35198(《京津》4792)。

B:《合》35167(《林》1.7.3)。

釋文:

丁巳矢气(乞)則肩一。

④第 7 則

A:《合》18707(《拾》13·17)。

B:《合》1095(《京津》1332)。

釋文:

丙寅卜,[囗貞]:令逸歸𠙴𠬝麦不。二

---

① 第 4 則選自黃天樹《甲骨新綴廿二例》第 5 例。

② 第 5 則選自黃天樹《甲骨新綴廿二例》第 6 例。

③ 第 6 則選自黃天樹《甲骨新綴廿二例》第 7 例。

④ 第 7 則選自黃天樹《甲骨新綴廿二例》第 8 例。

貞:𡆥㣋☐其𠬝𡗝不。二

①**第8則**

A:《合》22835(《粹》213)。

B:《合》22847。

釋文:

貞:☐

戊午卜,肩,貞:王𡧊大戊戠,亡𡆥。在十四月。

貞:亡尤。

戊午卜,肩,貞:王𡧊大戊𠃬歲三牢,亡尤。

戊午卜,肩,貞:王𡧊𣪊,亡尤。

戊寅卜,肩,貞:王𡧊大戊戠,亡𡆥。

貞:亡尤。

[口口]卜,肩,[貞]:[王]𡧊☐,亡𡆥。

②**第9則**

A:《合》22248(《乙》8704+8820+8826+8857)。

B:《合》21553。

辛巳卜:𢼄又𠃬妣庚㚸。

𢼄又𠃬妣庚𤙭。二

[𢼄又]𠃬妣[庚]小宰。

于子丁。二

中女(母)。二

癸未卜,貞:婦多。

癸巳卜,貞:婦𡚬亡至口。

綴合後此版兆序辭是"二",係成套卜辭中的第二版。從綴合後此版卜辭辭例可以看出:《合》22277龜版的綴合有誤。正確的拼合應如白玉崢先生所綴那樣。A:《乙》8855=《合》22251。B:《乙》8727,為《合》22277之中部。C:《乙》8993,為《合》22277中部之下端。D:《乙》8790=《合》21552。白氏綴合見《殷墟第15次發掘成組卜甲》一文所附第三圖(載《董作賓先生逝世十四周年紀念刊》)。白氏所綴的這版兆序辭是"一",與我們綴合的兆序辭為"二"的龜版是成套卜辭。這組成套卜辭目前僅見3版。另一組兆序辭為"三"的龜版見《合》22249。

③**第10則**

A:《合》21811。

---

① 第8則選自黃天樹《甲骨新綴廿二例》第9例。

② 第9則選自黃天樹《甲骨新綴廿二例》第10例。

③ 第10則選自黃天樹《甲骨新綴廿二例》第11例。

B:《合》21781。

釋文:

[丙]子[貞]:亡𡆥。

丙子貞:[亡𡆥。]

癸未[卜]:𢀛[亩]。

丁亥貞:亡𡆥。

[戊申貞:𢀛]又[彗]。

[戊申貞:𢀛又]彗。

☐𢀛。

第 11 則[①]

A:《合》37875(《存》上 2585)。

B:《合》37929(《存》上 2584)。

C:《合》37922(《存》上 2685)。

釋文:

癸[卯]王[卜貞]:☐王☐。一

癸丑王卜貞:旬亡畎。王𠁁(占)曰:"吉。"在六月。

癸亥王卜貞:旬亡畎。王𠁁(占)曰:"吉。"在六月。

癸酉王卜貞:旬亡畎。王𠁁(占)曰:"吉。"在七月。

癸未王卜貞:旬亡畎。王𠁁(占)曰:"吉。"在[七]月。

癸巳王卜[貞]:旬亡畎。[王]𠁁(占)曰:"吉。"[在]口月。

蔡哲茂先生《甲骨文合集綴合補遺》第九例已將 B 和 C 拼合(見《大陸雜誌》第 68 卷第 6 期)。今加綴 A 片。

第 12 則[②]

A:《合》19996(《甲》516)。

B:《合》22266。

C:《合》39668(《南》坊 4.140 此片係摹本)。

D:《合》21560(《京津》3019)。

釋文:

丁丑[卜]:婦☐。三

丁丑卜:婦女又凡。

丁丑卜:婦妥亡𡆥。三

丁丑卜:婦妥不𡆥。

① 第 11 則選自黃天樹《甲骨新綴廿二例》第 12 例。

② 第 12 則選自黃天樹《甲骨新綴廿二例》第 14 例。

丁丑卜:婦婕又囗。

丁丑卜:婦姶又囗。三

裘錫圭先生《甲骨綴合拾遺》第14例已將B、C、D拼合,並指出:C片"為摹本,故斷處不能密合。"今又加綴A片。這版卜骨初綴時誤以A、D相綴,現在的綴合是經裘先生指正後纔改綴的。

第13則[①]

A:《合》28035(《寧》1.508)。

B:《合》26885。

釋文:

戍帶其雟王衆。

與《合》26879(《鄴》三下38.2+《南》輔94)卜辭"戍帶弗雟王衆"相近,應當是為同一件事所占卜的卜辭。

第14則[②]

A:《人》3123。【編者按:《人》3123即《合》5011】

B:《合》20077(《掇》1.489、《存》上445)。

釋文:

癸酉[卜],王:[燎]㫃。

勿燎㫃。

口亥卜,王:余〼歪。

〼余其〼歪〼今日。

丙戌〼貞:〼。

第15則[③]

A:《合》22424(《六》清1)。

B:《合》22105。

釋文:

口卯卜:〼

辛酉卜:禦石。

余曰貞:我其禦石,其雨,聞。

第16則[④]

A:《合》29403(《京津》4454)。

---

① 第13則選自黃天樹《甲骨新綴廿二例》第15例。

② 第14則選自黃天樹《甲骨新綴廿二例》第16例。

③ 第15則選自黃天樹《甲骨新綴廿二例》第17例。

④ 第16則選自黃天樹《甲骨新綴廿二例》第18例。

B:《合》29711(《京津》4364)。

釋文:

弜宿。

不遘䰧日。吉

王其田敝,其遘䰧日。

綴合後卜辭中的“其遘䰧日”、“不遘䰧日”之語又見於《合》29712、《屯》2442。【編者按:參看黃天樹《殷墟甲骨文“鬼日”補說》,《黃天樹古文字論集》第237~239頁,學苑出版社,2006年8月第1版】

第17則[1]

A:《屯》1050。

B:《屯》2865。

C:《屯》1719。

釋文:

己巳貞:其甾𠆢告于▨。

甲戌貞:乙步自木。

乙亥貞:其剛(剛)[于]祖乙寢。一

弜剛(剛)于寢。一

辛巳貞:其剛(剛)于祖乙寢。

弜剛(剛)。一

囗[亥]貞:[又]彳歲小乙牢囗翌日。一

囗子貞:[又]彳歲于父丁大牢丁丑。茲用。

戊子貞:竝亡囚。

蕭楠先生《“小屯南地甲骨”綴合篇》第13例已將B、C綴合(見《考古學報》1986年第3期)。今又加綴A片。斷痕之間尚有殘缺,缺“乙”、“于”二字。

第18則[2]

A:《合》35185(《存》上2213)。

B:《合》35178。

釋文:

乙亥矣气(乞)肩三,𠟭。

第19則[3]

A:《合》35181(《寧》1.529)。

B:《懷》1680。

---

① 第17則選自黃天樹《甲骨新綴廿二例》第19例。
② 第18則選自黃天樹《甲骨新綴廿二例》第20例。
③ 第19則選自黃天樹《甲骨新綴廿二例》第21例。

釋文:

乙丑矤气(乞)肩三。

A和B相綴之後,分裂在兩版胛骨上的"𠃊"字殘畫剛好脗合。唯A骨右下角和B骨右上角之斷痕處尚不能完全密合,此處有可能是揭皮撕斷所致。

[①]第20則

A:《屯》2691。

B:《合》4935(《人》3163)。

釋文:

丁未卜:𡆥由𠚤眔古。五

丁未卜:☐𠚤眔☐。

辛亥卜:𠚤由在桒。五

[②]第21則

A:《合》20964。

B:《合》21310(《乙》8523)。

釋文:

癸卯卜貞:旬。四月乙巳☐[③]雨。二

癸丑卜貞:旬。五月庚申寐人雨自西,☐既。一

癸未卜貞:旬。三

李宗焜先生《卜辭所見一日内時稱考》一文指出:"☐"字是一個時稱,出現於𠂤組卜辭。例如:"癸亥卜貞:旬?乙丑夕雨。丁卯☐雨。戊小采日雨,☐風。己明啓。"(《合》21016)並說,"從'乙丑夕雨',與'丁卯☐雨'同見一辭,則☐與夕應是不同的兩個字,從其字從二夕看來,它應該是指夜裡的一個時段。"(見《中國文字》新18期第195頁)。李說可從(編按:《合》21016即《殷虛文字乙編》第163片。檢視拓本清晰的《乙編》,可知"丁卯☐雨"之"☐"字,實際上是"明"字,此例中並無☐字。詳拙文《甲骨文"𡖊"字補論》)。筆者所綴此片成為一條完整的卜辭:

癸丑卜貞:旬?五月庚申寐人雨自西,☐既。

又為李說增加一條例證。同時又可據此校補下列基本同文的《合》20966(《人》3099)殘片的邉文為:

癸丑卜王貞:旬?八[日]庚申寐人雨自西小,[☐]既。五月。

---

① 第20則選自黄天樹《甲骨新綴廿二例》第22例。

② 第21則選自黄天樹《甲骨新綴11例》第1例。黄文原載《考古與文物》1996年第4期,1996年8月。收入本書時,文字部分略有刪改。

③ 這個字可分析為從"夕"從"彔",表示的時段可能是夜半的一個時稱。可參看黄天樹《殷墟甲骨文所見夜間時稱考》,朱曉海主編《新古典新義》,臺灣學生書局,2001年11月初版;後收入《黄天樹古文字論集》第185~188頁,學苑出版社,2006年8月第1版。

舊釋“𠀀既”為“夕既”,非是。𠀀的時段,大致相當於前半夜,將另文討論(編按:參看黃天樹《甲骨文“𠀀”字補論》一文)。

第22則[①]

A:《合》21755。

B:《合》21590。

釋文:

癸巳卜:子惠羊用至大牢于歸壬。

子組卜辭祭祀“歸壬”之辭見《合》21573。

第23則[②]

A:《合》21555(《鄴》3下34.7)。

B:《合》21537(《乙》9029)。

釋文:

癸巳卜:禦牢母庚。

癸巳卜:禦母庚牢。

壬寅卜:丁伐堯。

[壬]寅[卜]:[丁]伐堯。

甲寅卜:王伐三口。

丁卯卜:司妣咎。

[口口卜]:司口咎。

第24則[③]

A:《合》20947(《乙》1563)。

B:《乙》1826。

釋文:

己酉☐羊☐。

☐雨☐。

辛亥子咎。

辛亥有咎。

辛亥亡咎。

第25則[④]

A:《合》21708(《續》6.14.5+《前》8.1.1+《前》8.12.1)。

---

① 第22則選自黃天樹《甲骨新綴11例》第2例。
② 第23則選自黃天樹《甲骨新綴11例》第3例。
③ 第24則選自黃天樹《甲骨新綴11例》第4例。
④ 第25則選自黃天樹《甲骨新綴11例》第5例。

B:《英》1903(《合》40879、《金》486)。

釋文:

庚寅余卜貞:人歸。

不歸。

壬辰余卜:敫至今。

癸巳余卜:弗幸敫。

印弗幸。

癸巳余卜:印幸敫。

弗獲。

乙未余卜:幸敫。

丙申余卜:印幸敫。

丁酉余卜:幸敫。

丁酉余卜:亘幸敫。

辛丑余卜:印幸敫。

口丑余[卜]:☒幸☒。

[1]第 26 則

A:《合》53(《合》19191 重出,《前》7.5.4)。

B:《合》19193。

釋文:

[辛]未卜[貞]:弜衆其喪。二 二告

壬申卜貞:雀弗其克翦𢦏。二

壬申卜[貞]:雀克翦𢦏。二

癸口[卜]☒ ☒☒☒☒。二

乙☒。二

A 與 B 可以遥綴。

[2]第 27 則

A:《合》21734。

B:《合》21735。

釋文:

乙巳,侃卜:丁來自正,侃子。二

乙巳,侃卜:丁來自正,侃子。

【編者按:黄天樹將《合》21734 和《合》21735 綴合。後來,常耀華又加綴《英》1896,見常耀華《子組卜辭新綴四例》之第三例,《追尋中華文明的蹤跡——李學勤先生學術活

---

① 第 26 則選自黄天樹《甲骨新綴 11 例》第 6 例。

② 第 27 則選自黄天樹《甲骨新綴 11 例》第 7 例。

動五十年紀念文集》17 頁，復旦大學出版社，2002 年。】

第 28 則[①]

A:《合》22403。

B:《英》1914(《合》40890、《金》403)。

釋文:

癸卯卜[貞]:[旬]亡[𡆥]。

癸丑卜貞:旬亡𡆥。

癸亥卜貞:旬亡𡆥。

癸酉卜貞:旬亡𡆥。

癸未卜貞:旬亡𡆥。二

癸巳卜貞:旬亡𡆥。二

癸☐

第 29 則[②]

A:《合》22133。

B:《合》22144(《乙》8705)。

釋文:

[甲子]卜:首(?)乙𤞷。

己巳卜:𠬝遭衣。

乙巳貞:酒𠬝妣庚。

妣庚[惠]㸚羌用。

用𤞷中母。

于來己。

A 與 B 可以遥綴。參看同文卜辭《合》22130 自明。【編者按:這則遥綴被蔡哲茂先生證明是正確的。蔡先生又加綴《合》20703、《合》22225 和《乙》8744，從而將 A、B 兩版綴連起來。可參看蔡哲茂《甲骨綴合集》第 358 組，台北:樂學書局，1999 年】

第 30 則[③]

A:《合》20005(《合》40828 重出，《存》2.590)。

B:《合》21368。

釋文:

甲寅卜，王貞:婦妌子不殟。一月。

☐婦妌☐。

---

① 第 28 則選自黄天樹《甲骨新綴 11 例》第 8 例。

② 第 29 則選自黄天樹《甲骨新綴 11 例》第 9 例。

③ 第 30 則選自黄天樹《甲骨新綴 11 例》第 10 例。

[①]第 31 則

A:《合》21172(《人》3146)。

B:《合》2402。

C:《合》19976【編者按:即《國博》005】。

釋文:

庚辰卜王:尸(夷)見(獻)᪄婤,生十月。一

禦婤司辟,生十月。一

禦婤母己。一

禦婤妣丙。二

裘錫圭先生《甲骨綴合拾遺》第(6)片已將 B、C 兩片拼合(見《古文字論集》第 236 頁)。今加綴 A 片。

[②]第 32 則

A:《合》1137(《存》下 136)。

B:《合》15674(《前》5.33.2)。

釋文:

貞:勿羨(焚),亡其从雨。

妫。

貞:羨,㞢从雨。

貞:羨閏,㞢从雨。

貞:商其㠯。

[貞:]勿[羨]閏。

[③]第 33 則

A:《合》22477。

B:《合》22476(《後》下 8.9)。

A 和 B 字體屬午組卜辭(參看《殷虛卜辭綜述》162 至 165 頁)。綴合後成為一條比較完整的卜辭:

口口卜:𢦏? 允𢦏。月一。

𢦏,似讀為"捷",是戰勝之義,參看管燮初《說𢦏》一文(載《中國語文》1978 年 3 期)。午組卜辭記有驗辭(指事後所發生的有關情況之辭)的例子,過去僅見《合》22104 一例,今新綴此版可補充這方面的例子。這條卜辭的大意是說在一月的某日占卜,命辭(指卜筮時提出所卜之事的話)問:能戰勝敵人嗎? 驗辭記錄下果真戰勝了敵人。

---

① 第 31 則選自黃天樹《甲骨新綴 11 例》第 11 例。
② 第 32 則選自黃天樹《甲骨新綴》第 1 例。黃文原載《文博》1998 年 1 期。收入本書時,文字部分略有刪改。
③ 第 33 則選自黃天樹《甲骨新綴》第 2 例。

第34則[①]

A:《合》11535(《天》20)。

B:《合》6697(《佚》534)。

釋文:

〼羊〼。二 三

庚申卜:方其大出。一 二 三 四 五 六

方不大[出]。一二[三]四

今秋〼。

[囗囗]卜:今秋〼。

〼雨〼。

第35則[②]

A:《合》24432正(《燕》126正)。

B:《合》34654(《燕》45)。

釋文:

[癸]丑卜,出,貞:翌甲寅酒翌日,卒,亡[害]。

[囗囗卜],出,貞:今歲受年。

[囗囗卜],大,貞:見(獻)新黍翌日〼。

內容相同的卜辭見《合》15694。《甲骨文合集》將A片置於第八冊,屬董作賓"五期斷代法"中的第二期;將B片置於第十一冊,屬第四期(據《合集·編輯凡例》),非是。其實,A和B二片卜骨上的卜辭字體完全相同,都屬於"出組一類"(參看《殷墟王卜辭的分類與斷代》68至71頁)。綴合之後,其上右側原先各居一方的殘辭"破鏡重圓",成為一條較為完整的卜辭:

[癸]丑卜出貞:翌甲寅酒翌日,卒,亡[害]。

"酒"、"翌日"都是祭名。"卒",應讀為"終卒"之"卒",從裘錫圭師釋,裘文載於《中原文物》1990年3期8至17頁。上引卜辭大意是說:一直到祭祀活動結束為止,不會發生禍害吧。

第36則[③]

A:《合》13472。

B:《合》14020。

A和B字體屬𠂤賓間類卜辭。綴合後成為一條比較完整的卜辭:

〼亡憂。乙卯夕向丙辰婦鼠〼[乙]卯夕向丙辰婦鼠娩,嘉。五月。

---

① 第34則選自黃天樹《甲骨新綴》第3例。

② 第35則選自黃天樹《甲骨新綴》第4例。

③ 第36則原載黃天樹《殷代的日界》,《華學》第4輯第22頁,紫禁城出版社,2000年8月第1版;後收入《黃天樹古文字論集》,第173、177頁,學苑出版社,2006年8月第1版。

〼亡憂〼

[①]第 37 則

A:《合》10494(《存》上 1357)。

B:《合》5330(《鐵》186.3)。

A 片從殘甲拓片形態看,其在龜腹甲上所處的部位應是左首甲;B 片是中甲和右首甲。A、B 兩片殘甲斷痕密合,當為一版之折。綴合後,卜辭可隸釋如下:

乙未卜,王貞:三卜豖獲鮪(鮪)。

乙未卜,王貞:豖不其[獲]鮪。　　合 10494 + 合 5330[𠂤賓間]

豖,人名。有關“豖”去捕魚的卜辭,既見於𠂤組小字類,也見於𠂤賓間類卜辭。例如𠂤組小字類中有“豖”去捕魚的卜辭:

囗申卜,王貞:豖魚羌〼　　合 19759(明 972)[𠂤小字]

丁亥卜,王:豖獲魚。囗獲。　　合 20739(文 737)[𠂤小字]

九月乙卯卜:丙豖出魚,不沚〼　　合 20738 [𠂤小字]

囗囗卜貞:豖執魚[②]。　　合 10473(甲 1008)[𠂤小字]

〼翌日〼豖〼魚潭[③]〼　　懷 347[𠂤小字]

𠂤賓間類也有“豖”去捕魚的卜辭:

乙未卜貞:豖獲鮪(鮪)。十二月。允獲十六。以羌六。

合 258(前 7.8.4)[𠂤賓間]

癸卯卜:豖獲魚其三萬,不〼　　合 10471(粹 1171)[𠂤賓間]

囗囗卜貞:豖〼獲魚。　　合 10472(佚 812)[𠂤賓間]

囗囗卜:豖擒潭[④]魚。　　合 10474(乙 282)[𠂤賓間]

囗丑[卜]貞:囗以囗鮪(鮪)。　　合 9005(前 6·50·6)[𠂤賓間]

我們曾指出:𠂤組小字類和𠂤賓間類卜辭都有圍繞“豖”捕魚一事而展開占卜的實例,表明這兩類卜辭有一段時間是並存的。當時所舉的例子只有三條,即上引𠂤組小字類《合》20739 和𠂤賓間類《合》10471、10472[⑤]。現在可以如上所述,補充不少新的資料。鮪,從“魚”從“㞢”。學者多有考釋[⑥]。“㞢”可讀為“有”,唐蘭先生釋作“鮪”[⑦],可從。《説文·十一下·魚部》:“鮪,鮥也。《周禮》:‘春獻王鮪。’從魚,有聲。”上引《合》10471“豖獲魚其三萬”,對比同文卜辭《合》10472“豖〼獲魚”等看,可知“三萬”是指魚,而不是

---

① 第 37 則是黃天樹綴合的,選自黃天樹、方稚松《甲骨綴合九例》第 1 例。中國文字學會、河北大學漢字研究中心編:《漢字研究》第一輯,學苑出版社,2005 年 6 月第 1 版。收入本書時,文字部分略有刪改。

② “魚”字上部稍殘。

③ “潭”字,許進雄《懷特氏等所藏甲骨文集·釋文》未釋出。我們認為,“魚”(“魚”字上部稍殘)下一字,原從“覃”從“水”,應釋作“潭”字。

④ 唐蘭把“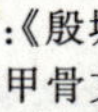”釋作“潭”字,可從。參看唐蘭《甲骨文自然分類簡編》第 151 頁,山西教育出版社,1999 年。

⑤ 黃天樹:《殷墟王卜辭的分類與斷代》第 108 頁,臺北:文津出版社,1991 年。

⑥ 唐蘭:《甲骨文自然分類簡編》第 58 頁,山西教育出版社,1999 年。蔡運章:《釋鮪》,《甲骨金文與古史研究》第 115 ~ 117 頁,,中州古籍出版社,1993 年。劉桓:《關於殷曆歲首之月的考證·獲鮪魚》,收入《甲骨徵史》第 98 ~ 99 頁,黑龍江教育出版社,2002 年。

⑦ 唐蘭:《甲骨文自然分類簡編》第 58 頁,山西教育出版社,1999 年。

指人。一次捕獲的魚多達三萬條,對於研究商代的漁獵活動,頗有意義。

[①]第 38 則

A:《合》3210(《前》4.18.6)。

B:《合》14271(《契》655)。

A、B 兩片應為一版之折,可以遙綴。卜辭內容如下:

口未卜:侑母雈☒惠王䰡雈钔(禦)衔(𢓊),亡。

口未卜:王侑[母雈]𤘗(牡)今日☒[王]䰡☒ 合 3210 + 合 14271[𠂤賓間]

"母雈"(或簡稱"雈")為祭祀對象,見於賓組、𠂤組卜辭。如《合》3227、《合》20576、《合》7627、《合》7628 等[②]。"𢓊",暫從羅振玉釋[③],卜辭當人名講,或稱"子𢓊"。上引卜辭"禦𢓊,亡"中的"禦",是禦除災殃的一種祭祀[④]。亡,"病情好轉"的意思[⑤]。有一批𠂤賓間類卜辭跟上引卜辭"禦𢓊,亡"占卜事項相同,不妨抄錄於下:

口午卜:钔(禦)子𢓊于☒,惠豕? 合 3206[𠂤賓間]

☒钔(禦)子𢓊于父乙? 合 3207(後下 11·10)[𠂤賓間]

于妣癸钔(禦)𢓊? 合 3208(京津 800、粹 382)[𠂤賓間]

☒于妣己钔(禦)𢓊? 合 15123(前 6·21·8)[𠂤賓間]

☒[于]妣己钔(禦)𢓊? 合 3209(掇 1·330)[𠂤賓間]

☒钔(禦)𢓊兄戊? 合 2910(前 1·40·2)[𠂤賓間]

于司钔(禦)𢓊? 合 3205(明 1698)[𠂤賓間]

上引卜辭都圍繞著"𢓊"患病一事而卜問是否舉行除災去殃的禦祭,當為同時所卜。

[⑥]第 39 則

A:《合》4992(《鐵》132.4、《掇一》535、《存》上 792)。

B:《合》4988(《鐵》202.1)。

A、B 兩片應為一版之折,可以遙綴。遙綴後,卜辭可隸釋如下:

口口卜,王:余☒唯辛[亥]出入☒

口口[卜,王]:余惠[辛]亥出入☒千昜☒尤。 合 4992 + 合 4988[𠂤賓間]

[⑦]第 40 則

A:《商周甲骨文總集·小屯甲骨拾遺》1036(《總集》1036 是拓本;其摹本見松丸道雄

---

① 第 38 則是黃天樹綴合的,選自黃天樹、方稚松《甲骨綴合九例》第 6 例。

② 陳劍:《殷墟卜辭的分期分類對甲骨文考釋的重要性》第 45 頁,北京大學中文系博士學位論文,2001 年。【編者按:後收入陳劍《甲骨金文考釋論集》第 382 頁,綫裝書局,2007 年 4 月第 1 版。】

③ 𢓊,暫從羅振玉釋。羅振玉曰:"《說文解字》:'𢓊,不行而進謂之𢓊。從止在舟上。'此從𢓊從行,或省彳,誼益顯矣。"看羅振玉《增訂殷虛書契考釋》卷中第 67 頁下,東方學會石印增訂本線裝,1927 年。

④ 參看楊樹達《積微居甲文說·釋禦》,收入《楊樹達文集之五·積微居甲文說》第 30 頁,上海古籍出版社,1986 年。

⑤ 王蘊智:《亡字探源》,載《追尋中華古代文明的蹤跡——李學勤先生學術活動五十年紀念文集》第 7~13 頁,復旦大學出版社,2002 年。

⑥ 第 39 則是黃天樹綴合的,選自黃天樹、方稚松《甲骨綴合九例》第 3 例。

⑦ 第 40 則是黃天樹綴合的,選自黃天樹、方稚松《甲骨綴合九例》第 4 例。

《日本散見甲骨文字蒐彙》540 甲，載《古文字研究》第 8 輯第 110 頁)。

B:《合》19752(《鐵》162.2)。

A、B 兩片對貞，應為一版之折，位置大致位於左右後甲，可以遙綴。由 B 片可知松丸道雄先生摹本中的"弓"字應為"發"之誤摹，檢視拓本自明。A、B 遙綴之後，卜辭可隸釋如下：

貞:呼發出羊五百、豕五百。

貞:勿呼發出羊[五百、豕五百]。　《商周甲骨文總集》1036 + 合 19752[典賓]

上引卜辭"呼"下一字，甲骨文的寫法象弓弦被撥後不斷顫動之形，裘錫圭先生認為應該是"發"字的初文①，可從。在上引卜辭中用作人名，是商王的臣屬。在商代，國家系統的君統和家族系統的宗統，政權和族權，緊密結合在一起。商王既是國家政治上的共主，又是天下之大宗。商王跟諸宗族族長們的關係，實質上就是大宗跟小宗的關係。殷墟卜辭中經常可以看到商王朝對諸宗族徵取物品或諸宗族向商王朝貢納物品的占卜記錄。例如：

貞:呼眾人出麇，克。　合 15[賓三]

貞:呼黃多子出牛，侑于黃尹。　合 3255[典賓]

口戊卜貞:㚔見(獻)百牛，宂②用自上示。　合 102[賓三]

第一條"呼眾人出麇"，這是商王占卜讓眾人拿出麇鹿，是否能拿出麇鹿呢？第二條卜辭，裘錫圭先生解釋說："黃多子跟黃尹顯然有血緣關係，所以商王想讓他們拿出犧牲來祭祀黃尹。黃尹就是伊尹。到武丁時代，伊尹已經死了三百年左右。黃多子顯然不是黃尹的兒子們。而應該是黃族(即黃尹之族)的一些族長。"③第三條卜辭，楊樹達先生解釋說："見疑當讀為獻。㚔，人名。言㚔獻百牛，當用於二示(引者按："二示"應改為"上示")以下之祭也。"④上引卜辭"呼發出羊五百、豕五百"，大意是說商王想讓其臣屬"發"拿出五百頭羊和五百頭豬來作祭祀的犧牲。這種獻納，其性質可能同於《禮記·月令》"乃命同姓之邦，共寢廟之芻豢"，具有助祭的性質。這說明"發"這個家族經濟實力很大，擁有頗大的畜群。

⑤第 41 則

A:《合》22823(《續》1.12.1)。

B:《合》22824(《後》下 40.12、《合補》6970)。

A、B 兩片應為一版之折，位置大致位於左右前甲近甲橋處，可以遙綴。

甲戌卜，出貞:其侑于大戊牢☐

甲戌卜，出貞:王[illegible]侑于大戊。二月。　合 22823 + 合 22824[出一]

---

① 裘錫圭:《釋"勿""發"》,《古文字論集》第 70 ~ 84 頁，中華書局，1992 年。

② 從于省吾釋，參看《甲骨文字釋林》第 22 ~ 25 頁，中華書局，1979 年。

③ 裘錫圭:《關於商代的宗族組織與平民兩個階級的初步研究》，收入《古代文史研究新探》第 305 ~ 306 頁，江蘇古籍出版社，1992 年。

④ 《楊樹達文集之五·卜辭求義》第 37 頁，上海古籍出版社，1986 年。

⑤ 第 41 則是黃天樹綴合的，選自黃天樹、方稚松《甲骨綴合九例》第 5 例。

①第 42 則

A:《合》4884。

B:《合》3240。

蔡哲茂先生《甲骨綴合集》一書中的"《甲骨文合集》同文例號碼表"將 A 、B 兩片列為同文。從文例看,A 、B 兩片應為一版之折。遙綴後,卜辭可隸釋如下:

甲午卜,[囗貞]:惠周[令]气(乞)牛[于]多子☐

甲午卜,賓貞:令周气(乞)牛多[子] ☐

合 4884 + 合 3240[賓三]

同文卜辭請參看《甲骨綴合集》329(《合》3290 +《英》184)。上引卜辭中的"周",人名。气,訓為乞求之"乞"。多子,是指商族的很多族長的②。商王命令貴族"周"向商族的族長們徵取牛來用作祭祀的犧牲。

③第 43 則

A:《東文研》645。

B:《合》16050(《前》4.22.6)。

筆者將 A、B 兩片殘骨綴合。綴合之後,原先各居一方的殘辭可以拼綴成為一條完整的卜辭。下面,先把這條新綴合的卜辭及其相關的一條成套卜辭隸釋於下,然後加以解釋。

庚辰卜,大貞:來丁亥其桒丁于大室,☐丁西☐。一

東文研 645 + 合 16050[出一]

庚辰卜,大貞:來丁亥其桒丁于大室,☐丁西☐? 二

合 23340(前 1.36.3、掇 3.15、通 761)[出一]

在解釋卜辭之前,先對"成套卜辭"(又稱"成套甲骨")略作說明。所謂"成套卜辭",據張秉權先生研究,殷人占卜,一件事情,有時使用多塊甲骨進行占卜。占卜之後,每塊龜甲或獸骨上都刻上相同內容的卜辭。但是,其序數辭不同,成套甲骨中的第一塊甲骨上刻的序數辭是"一",第二塊甲骨上刻的序數辭是"二",依此類推。成套甲骨一般是由大小近似的五塊龜甲或五塊牛肩胛骨組成的④。上引第一條和第二條所卜內容相同。第一條的序數辭是"一"。第二條的序數辭是"二"。二者為成套卜辭。第一條的綴合應該是正確的,其證據之一,即有第二條的成套卜辭可以為證。第一條和第二條卜辭的字體

---

① 第 42 則是黃天樹綴合的,選自黃天樹、方稚松《甲骨綴合九例》第 7 例。

② 林澐:《從武丁時代的幾種"子卜辭"試論商代的家族形態》,《古文字研究》第 1 輯,第 324 頁,中華書局,1979 年。裘錫圭:《關於商代的宗族組織與貴族和平民兩個階級的初步研究》,《古代文史研究新探》第 306 頁,江蘇古籍出版社,1992 年。

③ 第 43 則選自黃天樹《甲骨綴合二例及其考釋》第 1 例。黃文原載《北方論叢》,2008 年第 6 期。收入本書時,文字部分略有刪改。

④ 參看張秉權:《殷虛文字丙編 · 序》,中央研究院歷史語言研究所出版,1957 年 8 月初版。

都是出組一類,屬董作賓先生所創“五期分法”中的第二期祖庚卜辭[1]。柰,祭名。丁,指武丁[2]。此為時王祖庚祭祀其父武丁。大室,典籍作“太室”。《尚書·洛誥》:“王入太室,祼。”疏:“太室,室之大者。故爲清廟,廟有五室,中央曰太室。”是大室即舉行祭祀等活動的太廟之中室。“室”下一字,金祥恒先生釋為“次”字,非是[3]。此字待考。“□”字和“□”、“□”三種字形,羅振玉都釋為“鄉”。他說:

> 此字從□(即人相向之向,詳唐風樓金石跋尾)從□,或從□從□,皆象饗食時賓主相向之狀,即饗字也。古公卿之卿,鄉黨之鄉,饗食之饗,皆為一字,後世析而為三。許君遂以鄉入□部,卿入□部(許君訓□為事之制,亦誤,未知其為向背字也),饗入食部,而初形初誼不可見矣。[4]

我們認為羅氏把上引“□”和“□”釋為“鄉”,是正確的。“□”字象兩人相向而食,是“饗”的古字。“□”字只不過在跪坐的人形上端畫出面向食物的“口”形,應是“鄉(饗)”字的異體,小篆“□(鄉)”即由此訛變而來。但是,羅氏把第三個字形“□”也釋為“鄉”,是錯誤的。因為此字人形上端的“口”形不向食物而轉向身後,表示飲食完畢,應當是“□(既)”字的繁文[5]。甲骨文□或□,古代還用來表示方向的“向”。古書中方向之“向”,多用“鄉”字表示。上引第一條和第二條中的“西□”即“西鄉”,當在“大室”之中。《禮記·曲禮上》曰:“請席何鄉。”疏:“鄉,面也”。其“西鄉”猶“西面”。此外,甲骨文還有占卜“東鄉”、“南鄉”、“北鄉”的卜辭,不妨抄錄於下,以資比較:

庚辰卜:𦁊人其東鄉。

其北鄉。

其北鄉。

其東鄉。　　合 33241(屯 2426 同文)[歷一]

“東鄉”,謂位西面東。“北鄉”,謂位南面北。

戍其□□于西方,東鄉。

☒于東方,西鄉。　　合 28190[無名]

戍,是商人中擔任防戍等軍事工作的一種武裝人員。“其”下二字,意思不清楚。“于西方東鄉”和“于東方西鄉”對貞,占卜的焦點可能是講“戍”是位西面東好,還是位東面西好呢?《史記·項羽本紀》:“項王、項伯東嚮坐,亞父南嚮坐,……沛公北嚮坐,張良西嚮侍。”辭例跟卜辭相類。

---

① 關於殷墟卜辭的分類以及各類卜辭的時代,參看黃天樹:《殷墟王卜辭的分類與斷代》,臺北文津出版社,1991 年初版;科學出版社,2007 年增訂版。

② 出組一類習見“丁”和“祖乙”同見於一條卜辭或同一版的現象。例如:“己丑卜大貞:于五示告:丁、祖乙、祖丁、羌甲、祖辛?”(合 22911 = 粹 250)郭沫若先生《殷契粹編考釋》說“五示之次乃追遡,丁者,武丁,祖乙者小乙。”郭先生這樣解釋,“五示”先人之名由近到遠與商王世系密合,已為絕大多數的學者所接受。

③ 金祥恒:《釋□》,《金祥恒先生全集》第 4 冊,第 1655 ~ 1668 頁,藝文印書館,1990 年。

④ 羅振玉:《增訂殷虛書契考釋》卷中“鄉”字條,東方學會石印本,1927 年 2 月。

⑤ 孫海波《甲骨文編》(第 378 – 379 頁)和島邦男《殷墟卜辭綜類》(第 52 頁)信從羅振玉說法,都把“□”字收入“卿”字條下,是錯誤的。此字人形上端的“口”字轉向身後,應是“既”字之繁文。甲骨文“□”字之文多殘缺,今擇其詞句完整者於下:“貞:勿□□示,□(既)葬迅來歸?”(存下 195 = 合 296)“□戌卜貞:□(既)獲麋,歸?”(前 4.22.7 = 合 10365)從辭例看,釋作“既”也文從字順。《甲骨文編》(378 ~ 379 頁)應把“□”字從“卿”字條中剔除,歸入“既”字條下。

于北方兮南鄉。 懷 1379[無名]

其豊在下兮,北鄉。兹用。 屯 173[無名]

甲子卜:其豊在下兮,北鄉。 屯 2294[無名]

“兮”字,從劉釗先生釋[①]。豊,讀為“禮”,在此當動詞講。下兮,地名。“其禮在下兮,北鄉”,是講在下兮舉行禮儀活動的時候,謂位南面北合適嗎?綜上所述,殷人以首都“殷[②]”為中心,建立了自己的方向、方位標誌[③]。

[④]第 44 則

A:《合》14115(《前》8.12.3)。

B:《合》14116(《存》上 1041、《鄴》1.40.5)。

A、B 兩片龜腹甲殘片字體風格相同,均屬𠂤組小字類。A 片從拓片外形和盾紋看,可能是龜腹甲的左甲首殘片。B 片《存》上 1041 拓片比《合》14116 完整,檢視拓片自明。從《存》上 1041 拓片外形和盾紋看,可能是龜腹甲的左後甲殘片。A、B 兩片應為一版之折,可以遙綴。遙綴後,其中有一組卜辭的內容是有關婦鼠生育的,其辭如下:

戊辰卜王貞:婦鼠娩,余子。

貞:婦鼠娩,余弗其子。四月。 合 14115 + 14116[𠂤小字]

婦鼠,人名,是商王武丁的一位妃子。娩,分娩。余,第一人稱代詞,商王自稱。卜辭由商王武丁親自卜問,是否以婦鼠所生之子為子。在這裏附帶講一條有關婦鼠生育的新材料,內容新奇。筆者應邀於 2008 年 4 月 6 日在復旦大學出土文獻與古文字研究中心作演講。演講期間,裘錫圭先生告訴我,最近新出版的《洹寶齋所藏甲骨》[⑤]第 238 片卜辭內容很有意思,記載婦鼠懷孕,卜問能否生雙胞胎。下面,先把這條卜辭隸釋如下,然後略加解釋。

口口卜貞:婦鼠,又(有)? 洹寶 238[𠂤賓間]

筆者檢視拓本,認為裘先生所言極是。普通文字學歸納出文字發展的一條規律:“文字發展的蹊徑是從語段文字到表詞文字,且任何獨立形成的文字都經歷過語段文字階段。”[⑥]甲骨文距離原始漢字最後形成完整文字體系的時間並不很遠,其中保留了一些以“圖畫”記錄“語段”的比較原始的文字現象。上引卜辭中的“”為新出現的甲骨字形,相當於後世哪一個字,待考。不過,考其結構,從一大“豕”(母豬),從二小“豕”(豬崽),可能是以“圖畫”記錄“語段”的原始文字的孑遺,揆其文意,意思為“婦鼠懷了雙胞胎”。“”字,也是新出現的字形。甲骨文有的字從“口”與不從“口”往往無別,“口”旁成為文

① 劉釗:《古文字考釋叢稿》,第 6 ~ 7 頁,嶽麓書社,2005 年。

② “殷”(今河南安陽小屯一帶)見於下列這條卜辭:“戊申卜賓貞:卜(外)亡憂? /戊申卜賓貞:殷亡憂?”(合 590 = 乙 4046)卜問殷都內外均沒有憂患吧。

③ 參看黃天樹:《說殷墟甲骨文中的方位詞》,王宇信等主編《2004 年安陽殷商文明國際學術研討會論文集》,第 118 ~ 126 頁,社會科學文獻出版社,2004 年。

④ 第 44 則選自黃天樹《甲骨綴合二例及其考釋》第 2 例。

⑤ 郭青萍:《洹寶齋所藏甲骨》,內蒙古人民出版社,2006 年。

⑥ 王元鹿:《普通文字學》,第 6 頁,貴州人民出版社,1996 年。

字中的增飾成分[1]。因此,"𠮷"字可隸定為"孖"。《廣韻·之韻》:"孖,雙生子也。"《集韻·之韻》:"孖,一產二子。"卜辭記載婦鼠懷孕,卜問能否生雙胞胎。【編者按:党相魁先生有類似的考釋,看党相魁:《<洹寶齋所藏甲骨>238 釋讀》,《紀念殷墟 YH127 甲骨坑南京室内發掘 70 周年論文集》,第 366~369 頁,文物出版社,2008 年】

[2]第 45 則

A:《合》6820 正(《明續》683 正)。

B:《洹寶》101。

C:《合》5451(《歷拓》6730)。

D:《合》17466(《佚》396、《鄴》1·36·8、《存》上 845)。

2007 年 2 月 5 日,蔡哲茂先生惠賜大作《洹寶齋所藏甲骨新綴一則》,將 A、B、C 三片綴合。檢視拓本,我認為蔡先生的綴合完全正確。隔了幾天,筆者在閱讀甲骨文拓本時,又加綴 D 片。這天晚上正值 2007 年 2 月 17 日除夕之夜,故附記於此[3]。綴合後,卜辭可隸釋如下。

[丙寅]卜,爭[貞:𠯑]凡彳⊠

貞:[令]𢏚[歸]于[㞢𠂤],若。二。

貞:令多子族眔犬侯璞(撲)周,𠙵王事。二。

貞:令多子族比兀眔亩丂,𠙵王[事]。

乙⊠貞⊠㞢⊠隹⊠。　　　　合 6820+《洹寶》101+合 5451+合 17466[賓三]

甲骨綴合是一項學術性很強的工作。除了殘片斷處密合之外,它還要求學者熟悉甲骨的部位、字體分類、分期斷代、行款辭例等,最好有同文卜辭來驗證,這樣的綴合才比較牢靠。上引之綴合是否正確,請看下列這版同文卜辭:

丙寅卜,爭貞:𠯑凡彳眔⊠。

貞:令𢏚歸于㞢𠂤,若。

貞:令多子族眔犬侯璞(撲)周,𠙵王事。

貞:令多子族比兀眔亩丂,𠙵王事。

乙⊠貞⊠㞢⊠隹⊠。一　　　　合 6813=前 6.9.6+5.7.7+6.51.7[賓三]

從同文卜辭《合》6813 來看,可以驗證上引的綴合是可信的。兩者都是賓組三類卜辭。"賓組三類卜辭主要存在於祖庚之世。"[4]所以兩者的時代屬於董作賓分期法的第二

---

① 參看劉桓:《殷契存稿·加"口"造字例》,第 233~240 頁,黑龍江教育出版社,1992 年。

② 第 45 則選自黄天樹《甲骨綴合四例及其考釋》第 1 例。黄文初稿《甲骨綴合四例及其考釋》曾於 2007 年 8 月 8 日在陝西師範大學召開的中國文字學會第四屆學術年會上宣讀過。會後,收入《中國文字學報》第 2 輯,商務印書館,2008 年 12 月第 1 版。

③ 2007 年 8 月 8 日在陝西師範大學召開的中國文字學會第四屆學術年會上,蔡哲茂先生告訴我,他後來也加綴了 D 片,可謂不謀而合。見蔡哲茂:《〈洹寶齋所藏甲骨〉新綴一則補綴》,"先秦史研究室"網站,2007 年 7 月 24 日,http://www.xianqin.org/xr_html/articles/xkzht/345.html。

④ 黄天樹:《殷墟王卜辭的分類與斷代》,第 89 頁,臺北:文津出版社,1991 年。

期。"璞"字,唐蘭所釋[①],讀為"撲",訓為"擊"[②]。"璞周"之辭,卜辭習見[③]。"甾王事"即行王之事[④]。王事的內容包括祭祀、征戰、力役等。"璞周"屬於"王事"之一,卜辭貞問呼令誰去征伐周比較好?

[⑤]第 46 則

A:《合》15949(《鐵》205.2、《京津》2448)。

B:《合》15948。

A、B 兩片應為一版之折,可以遙綴。遙綴後,卜辭內容如下:

口口[卜]口貞:惠王匡缶。

辛丑卜,殼貞:勿唯王匡缶。 合 15949 + 15948[賓一]

這是賓組一類卜辭。缶,方國名。"缶"上一字是動詞,《古文字譜系疏證》云:"匡,從匚,羊聲。疑匡之異文。……,甲骨文匡,疑讀為匡。《左傳・成公十八年》"匡乏困。"注"匡,亦救也。"[⑥]季旭昇先生認為上引"匡缶"之"匡"應讀為"攘"或"創","匡缶"即"攘卻缶方"或"創擊缶方"[⑦]。賓組一類習見敦伐"缶"的卜辭,如"丁卯卜殻貞:王敦缶于𠭯?二月。"(《合》6863)[⑧]據此,季先生訓作"攘退"、"懲擊"之義可能更符合卜辭的實際。在武丁時代的甲骨文裏,屢見正面卜辭用虛詞"惠"、反面卜辭用"勿唯"的例子[⑨]。例如:"惠王往? ○勿唯王往?"(《合》7352 正)故上引《合》15949 與《合》15948 係對貞關係。用"惠"的正面卜辭應置於用"勿唯"的反面卜辭之前。卜辭卜問是否要商王武丁親自去征伐缶方。

[⑩]第 47 則

A:《合》21375(《歷拓》1719)。

B:《懷》434。

A、B 兩片應為一版之折,可以遙綴。遙綴後,卜辭內容如下:

貞:余于商葬。

壬戌卜,𠬪:余勿在孫葬。 合 21375 + 懷 434 [𠂤賓間]

這是𠂤賓間類卜辭。這是一組選擇墓地的對貞卜辭。商、孫,皆地名。"于商"和"在孫"對貞。卜問是葬於遠處的"商"地,還是葬在近處的"孫"地好呢?

---

① 唐蘭:《殷虛文字記》,北京大學初印本,1934 年;中華書局,1981 年,第 45 ~ 48 頁。

② 林澐:《究竟是"翦伐"還是"撲伐"》,《古文字研究》第 25 輯第 115 ~ 118 頁,中華書局,2004 年;黃德寬主編:《古文字譜系疏證》第 1085 頁,商務印書館,2007 年。

③ 陳夢家:《殷虛卜辭綜述》,第 291 ~ 293 頁,科學出版社,1956 年。

④ 于省吾:《甲骨文字釋林》,第 69 ~ 71 頁,中華書局,1979 年。

⑤ 第 46 則選自黃天樹《甲骨綴合四例及其考釋》第 2 例。

⑥ 黃德寬主編:《古文字譜系疏證》,第 1853 ~ 1854 頁,商務印書館,2007 年。

⑦ 季旭昇:《從<曹沫之陳>一個特殊的"將"字談到甲骨金文相關之字》,臺灣中國文字學會論文,2007 年 3 月。

⑧ 參看黃天樹:《殷墟王卜辭的分類與斷代》,第 59 ~ 60 頁,臺北:文津出版社,1991 年。

⑨ 參看裘錫圭:《古文字論集》,第 133 頁,中華書局,1992 年;管燮初《甲骨金文中"唯"字用法的分析》,《中國語文》1962 年第 6 期第 247 頁。

⑩ 第 47 則選自黃天樹《甲骨綴合四例及其考釋》第 3 例。

甲骨學者知道,孺子的"子"字,甲骨文寫法有二,一作側面寫法的□,為《説文》篆文"□"(子)字所從出;一作正面寫法的□,上面是頭髮,中間是腦袋,下部是雙足,為《説文》籀文"□"(子)字所從出[1]。上引第二條卜辭"余"上一字,疑是□之異體,即"子"字。"子"是商代大家族的族長的尊稱[2]。如果我們對"□"字的釋讀不錯的話,還可以看到在𠂤賓間類"王卜辭"中,有時出現"王"和"子"同在一版卜甲上貞卜,即所謂"同版並卜"的現象。這類例子不多,今全部錄之於下,然後略加説明。

甲辰[卜],王:雀弗其獲侯任在方。

壬戌卜,子:余勿在孫葬。 懷 434[𠂤賓間]

甲辰卜,王:雀獲侯任[在]方。一

[壬戌卜,]子:余于唐[葬]。 合 6963(掇 2.115)[𠂤賓間]

[甲辰卜],王:[雀]獲[侯]任[在]方。

[壬戌卜],子:余于孫[葬]。 合 6799(存 2.308)[𠂤賓間]

"雀獲侯任在方"是卜問雀能否捕獲"在方"的侯任。上引《懷》434、《合》6963、《合》6799 諸辭告訴我們,王卜辭的字體中也存在少量占卜主體為"子"的非王卜辭。有關這個問題,我們將另文討論,詳黃天樹《談談殷墟甲骨文中的"子"字——兼説"王"和"子"同版並卜》(待刊稿)。【編者按:此文已發表於《古文字研究》第 27 輯,中華書局,2008 年 9 月】

[3]第 48 則

A:《合》439(《前》8.13.3)。

B:《合》21791(《後》下 42.13)。

釋文:

癸卯卜貞:不每,得?

□其得,不每? 合 439 + 21791[賓三]

第一條卜辭是賓組三類卜辭。《合集》編者把第二條卜辭《合》21791 置於子組卜辭字體中,據《合》439 同版有貞人"賓"之署名,可知《合》21791 不是子組卜辭而是賓組三類卜辭。《説文·彳部》:"得,行有所得也。""不每"之"每",讀作"悔"。"悔"是《周易》常用的表示吉凶的術語。《易·繫辭·上》説:"悔吝者,憂虞之象也。"《公羊傳·哀公二十九年》:"尚速有悔於予身。"何休注:"悔,咎也。""不悔"和"得"前後呼應,文從字順。

---

① 孫海波《甲骨文編》(中華書局,1965 年)第 1694 號"子"字下只收"上面是頭髮,中間是腦袋,底下是雙足"的正面寫法,非是。應該把《甲骨文編》第 1704 號"巳"字中的第 6 至第 20 行側面寫法的"□"(子)也歸入第 1694 號"子"字之下。甲骨文習見"大子"、"中子"、"小子"之"子",均作側面寫法的□之形,可以為證。大家知道,甲骨文有相當於今天日曆的"干支表",其中"辰巳"的"巳"字等都寫作後世的"子"字,與孺子的"子"同形。這是因為古音"巳"在邪紐之部,"子"在精紐之部,所以可以相通。後換用"□"應認為是"巳"的本字。

② 林澐:《從子卜辭試論商代家族形態》,《古文字研究》第 1 輯,第 323 ~ 324 頁。

③ 第 48 則選自黃天樹《甲骨綴合四例及其考釋》第 4 例。

第49則[①]

A:《合》2292(《鐵》153.3、《人文》39)。

B:《合》1469(《鐵》208.1)。

A、B兩片字體風格相同,均屬賓組一類。兩片龜腹甲殘片之斷痕密合,界劃線相接,綴合應該是可信的。綴合後,卜辭隸釋如下:

乙丑卜,内:父乙☐

☐申[卜],㱿:☐王☐惠☐

癸巳卜,爭:亦㞢于大甲,其☐

癸☐卜,☐:令☐取☐

☐雨☐

☐卯卜,爭:☐丁☐　　合2292+1469[賓一]

其中第三條卜辭因綴合而變為一條比較完整的卜辭。

第50則[②]

A:《合》15664(《續》2.16.4)。

B:《合》13692(《合》17984重片、《京津》1672)。

A、B兩片龜腹甲殘片字體風格相同,均屬賓組三類。甲骨學者都知道,燒灼龜腹甲背面鑽鑿之後,正面坼裂出卜兆,每個卜兆由縱兆(兆幹)和兆枝(横枝)構成。其龜腹甲正面卜兆的兆枝走向是"左半甲兆枝向右,右半甲兆枝向左"。據此,A片兆枝向左,應是右龜腹甲殘片;B片兆枝向右,應是左龜腹甲殘片。A、B兩片應為一版之折,可以遙綴。遙綴後,其中有一組對貞卜辭内容如下:

甲辰卜,賓貞:集其疾罙(深)。

貞:不疾罙(深)。十二月。　　合15664+13692(17984重片)[賓三]

"疾"下一字,多位學者釋作"罙",可從[③]。"疾罙"之"罙","當釋為深淺之'深'。'疾罙'相當於'病重'"[④]可從。美國華盛頓大學司禮義教授指出,在一對正反對貞的卜辭裏,如果其中一條卜辭用"其"字,而另一條不用,用"其"的那條所說的事,一般都是占卜者所不願意看到的[⑤]。這一發現十分重要。學者稱之為"司禮義的'其'字規則"。據此,上引"其疾深"與"不疾深"對貞,占卜貴族"集"(人名)之疾病會不會加深、加重?因為占

---

① 第49則選自黄天樹《甲骨綴合六例及其考釋》第5例。黄文原載中國社會科學院歷史研究所先秦史研究室網站,www.xianqin.org,2007年10月17日;後發表於《甲骨文與殷商史》新一輯,第315-322頁,綫裝書局,2008年12月第1版。《甲骨綴合六例及其考釋》中的第1~4例綴合成果已收入前引黄天樹《甲骨綴合四則及其考釋》中,所以被删除。此處只選錄第5和第6兩則。

② 第50則選自黄天樹《甲骨綴合六例及其考釋》中的第6例。

③ 李裕民:《侯馬盟書疑難字考》,《古文字研究》第5輯,第292~293頁,中華書局,1981年1月第1版;裘錫圭:《甲骨卜辭》,載《中國大百科全書·中國文學(一)》,第296頁,中國大百科全書出版社,1986年11月第1版;劉釗:《卜辭所見殷代的軍事活動》,《古文字研究》第16輯,第112~113頁,中華書局,1989年9月第1版。

④ 陳年福:《甲骨文詞義研究》,第141~142頁,鄭州大學歷史系博士學位論文(指導教師:王藴智),2004年5月。

⑤ 司禮義:《商代卜辭語言研究》第25~33頁;又見《關於商代卜辭語言的語法》,《中央研究院國際漢學會議論文集·語言文字組》第342~346頁,臺北,1981年。

卜者不希望“集”病情加深、加重,所以在“疾罙”前加“其”字。

[①]第 51 則

A:《合》17096 正(《合補》43 正)。

B:《合》17139(《續存》下 341)。

釋文與説明:

A 與 B 字體均為𠂤賓間類。A 是左前甲殘片,其上邊的齒邊是上舌縫,下邊的齒邊是舌下縫,左邊是原邊,右邊是兆邊。其上有兩條盾紋,上面的盾紋是肱胸溝,下面的盾紋是胸腹溝。B 是右前甲殘片,其上的盾紋是肱胸溝。A 和 B 可以遥綴。遥綴後卜辭釋文如下:

口亥卜,貞:[illegible]口殟印(抑)?不。

口亥卜,貞:[[illegible]]口殟印(抑)?(以上正面)

[illegible],人名。殟,今本《説文·歺部》説解為“胎敗也”,誤與“殰”字説解相同。段注據玄應《一切經音義》引改為“暴無知也”,即突然失去知覺。並謂“上下文皆説死之類,此亦謂暴死者。”可從。印(抑),句末疑問語氣詞。卜辭末尾“不”大概是驗辭。

[②]第 52 則

A:《花東》553(《花東》397 重出)。

B:《花東》432。

釋文:

庚子:歲匕(妣)庚[豕匕]一。一

《花東》432 原釋為“☒于妣庚[豕匕]一。一”我們將《花東》432 與 553(又《花東》397 號 H3:1263B 號重出)“庚子:歲☒”綴合,綴合後可知《花東》432 的所謂“于”字當是“歲”字的右下部。全辭為“庚子:歲匕(妣)庚[豕匕]一。一”。

[③]第 53 則

A:《合集》22172(《存》下 200)。

B:《合集》22351。

釋文:

乙丑:歲且(祖)乙黑牡一,子祝,𠃧(肩)[午卩](禦)[山王]。二

《合集》22172 +《合集》22351 是我們試綴的。《合集》22351 蔣玉斌先生釋為“……牛,子祝”三字,《合集》22172 蔣玉斌先生釋為“乙丑歲祖乙□肩[午卩][山王](此字原摹作原形)”

---

① 第 51 則選自黄天樹《龜腹甲遥綴一則》,黄文原載“中國社會科學院歷史研究所先秦史研究室網站”,http://www.xianqin.org/blog。2010 年 7 月 1 日。

② 第 52 則由姚萱博士綴合。參看姚萱《殷墟花園莊東地甲骨卜辭的初步研究》,第 102 頁,首都師範大學文學院博士學位論文,2005 年 4 月;《殷墟花園莊東地甲骨卜辭的初步研究》,第 357 頁,綫裝書局,2006 年 11 月第 1 版。

③ 第 53 則由姚萱博士綴合。參看姚萱《殷墟花園莊東地甲骨卜辭的初步研究》第 379 ~ 380 頁,綫裝書局,2006 年 11 月。

【編者按：見蔣玉斌：《甲骨文獻整理（兩種）》,《古籍整理研究學刊》2003 年第 3 期，第 8 頁】。黃天樹師指出，《合集》22172 即《存》下 200。《存》下 200 是摹本，胡厚宣先生把“乙”下之字摹作（黑）。據《花東》319 同文卜辭來看，《合集》22172 全辭釋文應作：“乙丑：歲且（祖）乙黑［牡一，子祝］，冂（肩）卬（禦）崖。一”。受此提示，我們認爲《合集》22351 正可綴入《合集》22172 的左方。《合集》22351 的“牛”字右方當殘去“丄”形，字應釋為“牡”，其下還有“一”字。綴合後全辭與《花東》319 第 1、2 兩辭“乙丑：歲且（祖）乙黑牡一，子祝，冂（肩）卬（禦）崖。才（在）”相比，只少“才（在）”兩字。此辭的兆序數“二”位於《合集》22172 的“黑”和“冂（肩）”之間的卜兆“橫枝”的上方，只殘存右方一小部分，似乎也本有可能是“三”。《花東》319 第 1 辭的兆序數為“一”，第 2 辭的兆序數為“一二”，不管此辭的兆序數為“二”或是“三”，都可與《花東》319 的第 1、2 兩辭分別構成成套卜辭。

[1]第 54 則

A：《合》6508（《粹》1110）。

B：《合》6510（《誠》358）。

C：《合》18917（《續》5.21.9、《簠人》77 +78 =《簠拓》495）。

其中 A、B 兩片已由蔡哲茂先生綴合[2]，又收入《補編》2022，筆者加綴《合集》18917。A、B、C 三片殘骨密合，應當是同一骨條之折。綴合後，卜辭可以隸釋如下：

勿☒。一

貞：王比望乘伐［下］危，受㞢（有）又（祐）。

貞：王勿比望乘。

取[3]。

貞：呼肉。

貞：呼[4]奴㠯。　　合 6508 + 合 6510 + 合 18917［典賓］

此版卜辭與《合集》6507 +6511（《補編》1885）[5]同文，二者應該是成套卜辭之第一、第二兩版。

勿☒。二

戊午卜，㱿，貞：王勿☒。

取。二

戊午卜，㱿，貞：王取☒。

---

① 第 54 則選自趙鵬《甲骨新綴五例》第 1 例。趙文原載《殷墟甲骨文中的人名及其對斷代的意義》，首都師範大學文學院博士學位論文，2006 年 4 月；又收入趙鵬《殷墟甲骨文中的人名與斷代的初步研究》，綫裝書局，2007 年 4 月第 1 版。收入本書時，文字部分略有刪改。本文蒙黃天樹師指導修改，謹致謝忱。

② 蔡哲茂：《甲骨綴合集》第 194 組，臺北：樂學書局，1999 年。

③ 這版卜辭中的“取”和“貞：呼肉”歸為一條卜辭“貞：呼取肉”亦可讀通。此從黃天樹師說，同文的《合集》6507 +6511 在“貞：呼肉”和“取”的右側各有一條卜兆，而且卜兆右上方各有一個兆序刻辭“二”，故此處把它釋為兩條卜辭。

④ “貞”、“呼”二字缺刻橫劃。

⑤ 蔡哲茂《甲骨綴合集》第 22 組，臺北：樂學書局，1999 年。

貞:呼肉。二

壬戌卜,㱿,貞:王比望乘伐下危□。

貞:王比望乘伐下危。二告 二

貞:王勿比望乘。二

貞:㞢(有)來自北。二 合 6507 + 合 6511[典賓]

[1]第 55 則

A:《合》6527(《南師》1.19、《外》8)。

B:《合》6529(《北文處》5)。

C:《合》7537(《珠》340)。

此版遙綴。從殘骨拓片形態上看,A 片為靠近骨臼的肩胛骨的上部,B 片為骨扇部分的底端,C 片為殘掉的骨條部分,三片應為一版之折,可以遙綴。A、C 兩片殘骨上皆有兆序刻辭"二",此應當是一組成套卜骨的第二版。A、B、C 遙綴後,卜辭可以隸釋如下:

丁巳卜,穷,貞:尞于王亥十靑,卯十牛、三靑,告其比望乘正下危。二

貞:尞于王亥告其比望乘。二

□[亥]告其比[2]望[乘]□十靑、卯十牛□。

□望乘正下危。

□勿禦疾止。

貞:疾止,亡[3]。 合 6527 + 合 6529 + 合 7537[典賓]

這版卜辭主要貞卜兩件事情,一件事是卜問是否用焚燒十個靑、對剖十頭牛、三個靑來向先公王亥報告王親自聯合望乘去征伐下危;一件事是卜問王的腳患有疾病不舉行禦祭嗎,王的腳疾會好轉嗎。

[4]第 56 則

A:《合》8988(《鐵》210.3、《鐵零》2、《續存》下 458)。

B:《合》20184(《合》18647 右、《佚》632)。

從殘甲拓片形態上看,A 片是左前甲靠近甲橋的位置,B 片比較殘,可能是右前甲靠近甲橋的位置,A、B 兩片上的字體皆為𠂤組小字 B 類,且是一組對貞卜辭,應為一版之折,可以遙綴。A、B 遙綴後,卜辭可以隸釋如下:

丁亥[卜,王],貞:弜[以]雍罘[奠]□。

[丁]亥卜,王,貞:弜弗其以雍罘奠。四月。

癸丑卜,貞:不其于多小子囚(憂)[5]。 合 8988 + 合 20184[𠂤小字 B]

---

① 第 55 則選自趙鵬《甲骨新綴五例》第 2 例。

② 林澐:《甲骨文中的商代方國聯盟》,《古文字研究》第六輯,第 67 ~ 92 頁,中華書局,1981 年

③ 王蘊智:《亡字探源》,《追尋中華古代文明的蹤跡——李學勤先生學術活動五十年紀念文集》第 7 ~ 13 頁,復旦大學出版社,2002 年。

④ 第 56 則選自趙鵬《甲骨新綴五例》第 3 例。

⑤ 裘錫圭:《説"囚"》,《古文字論集》第 105 頁,中華書局,1992 年。

[1]第 57 則

A:《合》993(《續》2.8.5、《戩》22.5 正)。

B:《英藏》1101(《合》40341、《庫》209)。

從 A 片殘甲拓片形態上看,是左後甲靠近左尾甲的位置,最左側邊緣殘缺,A 片反面的鑽鑿形態亦可證明此點,B 片是右後甲靠近右尾甲的位置,A、B 兩片上的字體皆為𠂤賓間類,"酒"皆作兩點的"[illegible]",且是一組對貞卜辭,應為一版之折,可以遙綴。A、B 遙綴後,卜辭可以隸釋如下:

丙申卜:翌丁酉酒伐,啟。丁明陰,大食日啟。一月。

丙申卜:翌丁酉酒伐,[啟]□。

□戠□。

□戠□。　　合 993 + 英 1101[𠂤賓]

李學勤對《英藏》1101 有詳細的解釋,並指出其與《合集》13450 同事卜[2]。

乙未卜,王:翌丁酉酒伐,易日。丁明陰,大食易日。　　合 13450[𠂤賓]

《合》13450 與《合》993 +《英》1101 應該是"乙未"和"丙申"接連兩天為同一件事所作的占卜,卜問下一個丁酉日舉行酒祭和伐祭,會晴天嗎。辭末都記有驗辭:丁(酉)這天天剛亮的時候是陰天,到了大食的時候天晴了。以此亦可證明"易日"和"啟"同義,都有"晴天"、"有太陽"的意思。

[3]第 58 則

A:《合》6450(《後》下 37.6)。

B:《合》4090(《後》下 34.5)。

從 A 片殘甲拓片形態上看,是左後甲的位置,最左側邊緣清晰,B 片是右後甲的位置,最右側邊緣殘缺,A、B 兩片上的卜辭皆為典賓類晚期字體,且是一組對貞卜辭,似為一版之折,可以遙綴。A、B 遙綴後,卜辭可以隸釋如下:

癸丑卜,貞:呼目𠂤考。一

貞:勿[4][呼]目𠂤考。一

癸丑卜,㱿,貞:惠則[5]令目𠂤考。

[癸]丑卜,㱿,[貞]:□墉□。

貞:于生[八月]□酒□丁□。二

貞:弗其擒土方。一　　合 6450 + 合 4090[典賓]

---

① 第 57 則選自趙鵬《甲骨新綴五例》第 4 例。

② 李學勤:《"三焰食日"卜辭辨誤》,《夏商周年代學劄記》第 198 頁,遼寧大學出版社,1999 年。

③ 第 58 則選自趙鵬《甲骨新綴五例》第 5 例。

④ "勿"字倒刻。

⑤ 李孝定:《甲骨文字集釋》第六卷第 2161 頁,中央研究院歷史語言研究所,1970 年。

[①]第 59 則

A:《合》15475(《鄴初》下 39.11、《掇二》148)。

B:《合》1520(《甲零》30)。

A、B 兩片殘骨及殘斷的“己”字密合,應當是同一骨條之折。綴合後,卜辭可以隸釋如下:

甲戌。

甲戌卜,貞:翌乙亥㞢(侑)于祖乙三牛,𠂤見(獻)[②]夷牛。十三月。

丁丑。

己卯。

貞:勿𢦏,丁明歲。

☐于☐。 合 15475 + 合 1520[賓出]

此版卜辭與《合集》102(即《前》7.32.4、《通》466)同文。《合集》102 卜辭可隸釋如下:

[甲]戌卜,貞:翌乙亥𢦏㞢(侑)于祖宰㞢(有)一☐。

[甲]戌卜,貞:𠂤見(獻)百牛,汎(皆)[③]用自上示。

□□[卜],貞:翌丁酒𢦏,丁明歲。一月。

☐來𢀛[④]陟于西示。 合 102[賓出]

李學勤先生在《英國所藏甲骨集·前言》中説:

> 本書 353 是一版較完整的武丁時胛骨。大家知道,這一時期卜骨側邊常有成行鑽鑿,很容易折斷脱落,成為所謂骨條。例如《殷虚書契菁華》幾版大骨,骨扇部分雖有很多文字,可是側邊都早已斷掉了。這一版是罕見例外,側邊有好幾條卜辭,仍連在骨扇上,可據以研究骨扇、側邊兩處卜辭的關係。[⑤]

我們懷疑《合集》15475 +《合集》1520 與《合集》102 為一版之折,但《合集》102 殘缺部分比較多,不能密合。將二者對讀,我們可以看出《合集》15475 +《合集》1520 骨條部分應該自下向上讀,從甲戌日開始,骨條最下面第一條記載了十三月“甲戌”,其上面一條是甲戌日占卜,貞問第二天乙亥用三頭牛來侑祭祖乙,這三頭牛應該是由𠂤納貢來的。這條卜辭與《合集》102 骨扇部分的右數第二條應該是相對應的。《合集》102 右數第二條卜辭是甲戌日占卜,貞問𠂤納貢來的一百頭牛,用來祭祀從上示以來的各位先王嗎。《合集》15475 +1520 骨條的“甲戌卜,貞:翌乙亥侑于祖乙三牛,𠂤獻夷牛。十三月”上面又

---

① 第 59 則選自趙鵬《甲骨新綴二例》第 1 例。趙文原載“中國社會科學院歷史研究所先秦史研究室網站”,http://www.xianqin.org,2008 年 6 月 12 日。本文蒙黃天樹師審閲並提出多處修改意見,謹致謝忱!

② 蔡哲茂:《殷墟卜辭的“見”字》,《古文字研究》,第二十四輯,第 95 頁,中華書局,2002 年 7 月。

③ “汎”字舊釋為用牲法,此從陳劍釋,後“汎”字皆同。陳劍:《甲骨文舊釋“眢”和“盤”的兩個字及金文“䀠”字新釋》,《出土文獻與古文字研究》,第一輯,第 101 ~ 154 頁,復旦大學出版社,2006 年 12 月;又收入《甲骨金文考釋論集》,第 177 ~ 233 頁,綫裝書局,2007 年 4 月。

④ 于省吾:《甲骨文字釋林》,第 264 頁,中華書局,1979 年 6 月第 1 版,1999 年 11 月第 4 次印刷。

⑤ 李學勤、齊文心、艾蘭:《英國所藏甲骨集·前言》,第 5 頁,中華書局,1985 年。

記載了十三月甲戌這一旬的第四天“丁丑”及第六天“己卯”。從骨條的上下兩部分在“己”字處斷裂來看,這段骨條的斷裂不是由於施鑽鑿、灼燒兆璺而形成的,當是外力所致。《合集》15475 + 1520 上面第五條卜辭“貞:勿,丁明歲”,貞問不要舉行祭,在丁日天明的時候舉行歲祭嗎。“”並不是“隻(獲)”字,“獲”字下面的“又(手)”形一般指向鳥的足部,而這裡的“”,手形指向的是鳥翅膀的內側。我們認爲這個字可能是表示獻鳥以祭的一個祭祀動詞。這條卜辭與骨扇部分的右數第三條應當是相對應的。《合》102 右數第三條卜辭是一月份的某一天卜問第二天乙酉舉行酒祭和祭,丁日天明的時候舉行歲祭嗎①。我們認爲《合》15475 + 1520 第五條卜辭和《合》102 第三條卜辭很可能是在十三月甲戌這旬的下一旬一月的“甲申”這一旬所做的占卜。據此這兩條卜辭占卜的時間很可能是甲申、乙酉或丙戌,這條卜辭中的“丁”日可能就是一月的“丁亥”日。《合》15475 + 1520 骨條最上面一條卜辭“⊠于⊠”殘缺,這條卜辭很可能與《合》102 第四條卜辭相對應,是卜問用某人納貢來的牲畜作祭品向西示進行祭祀的占卜,但所缺甚多,無法塙知。

從《合》15475 + 1520 第二條卜辭和《合》102 第二條卜辭我們可以看出,有關商王祭祀占卜的卜辭中,有時明確地記錄了所用祭品是由誰納貢來的,並且準確地記錄了納貢犧牲的數量。由此我們可以對《合集》227(即《前編》4.7.6,《通纂》229)進行釋讀。

郭沫若在《卜辭通纂》考釋中將這條卜辭隸釋為:

辛亥卜,貞侯來甲翌甲寅用□于夫甲,十三月。

並解釋說:

> 羅云“夫甲即大甲,秦刻辭大夫作‘夫 =’,知二字古通用。”(《殷釋》下,第廿葉)“侯來甲”殆是人名,猶它辭言侯光、侯虎也。②

《殷墟甲骨刻辭類纂》“”字條下,將這條卜辭隸釋為:

辛亥卜貞…來甲翌甲寅用于夫甲十三月③

《殷墟甲骨刻辭摹釋總集》第 227 條下,將這版卜辭隸釋為:

辛亥卜貞…來甲翌甲寅用于夫甲十三月

羌。④

白于藍《殷墟甲骨刻辭摹釋總集校訂》指出二者本是一辭,改作:

辛亥卜貞侯來七羌翌甲寅用于夫甲。十三月。三⑤

《甲骨文合集釋文》將這條卜辭隸釋為:

辛亥卜,貞先[侯]來七羌,翌甲寅用于夫甲。十三月。三

《甲骨文校釋總集》將這條卜辭隸釋為:

---

① 參見蔡哲茂:《趙鵬〈甲骨新綴二例〉第一組補綴》,中國社會科學院歷史研究所先秦史研究室網站,2008 年 6 月 18 日。

② 郭沫若:《郭沫若全集·考古編》,第二卷,《卜辭通纂》,第 312 ~ 313 頁,科學出版社,1983 年 6 月。

③ 姚孝遂主编:《殷墟甲骨刻辭類纂》,第 376 頁,中華書局,1989 年 1 月。

④ 姚孝遂主编:《殷墟甲骨刻辭摹釋總集》,第 8 頁,中華書局,1988 年 2 月。

⑤ 白于藍:《殷墟甲骨刻辭摹釋總集校訂》,第 5 頁,福建人民出版社,2004 年 12 月。

辛亥卜,貞[illegible][侯]來七羌,翌甲寅[illegible]用于夫甲。十三月。三[①]

我們比較贊成《校訂》、《釋文》、《校釋總集》對這條卜辭所作的釋讀,將這條卜辭隸釋為:

辛亥卜,貞:佚[②]侯來七羌,翌甲寅[illegible]用于夫甲。十三月。三　　合集 227[賓出]

這條卜辭應該是在三月的辛亥這一天占卜,卜問佚侯納貢來七個羌人,下一個甲寅日用來祭祀夫甲(即大甲)嗎。從拓片中我們可以看到這條卜辭位於龜腹甲的右首甲,以界劃綫與另外一條卜辭分開。"貞"與"佚","七"與"羌"之間爲了避兆而距離較遠。同文卜辭《合集》1471(即《龜卜》29)有"[[illegible]]用[于]夫甲",應該是位於另一塊龜腹甲的右首甲的同套卜辭。

[③]第 60 則

A:《合集》3307(《虛》620、《南博拓》284)。

B:《合集》9486(《前》6.14.6、《通》726)。

從殘甲拓片及殘缺對應的盾紋形態來看,A 片是右前甲靠近右首甲的位置,最右側邊緣殘缺;B 片是左前甲靠近左首甲的位置,最左側邊緣殘缺;A、B 兩片上的字體皆為賓出類,兆序刻辭皆為"三",可能為一版之折,可以遙綴。A、B 遙綴後,卜辭可以隸釋如下:

□□[卜],□,[貞]:今日[令受]壡(壅)[④]田于佚侯。十二月。三

癸□[卜],□,貞:[今日]令受壡(壅)[田]于佚侯。十二月。三

《合集》3307 +《合集》9486 [賓出]

這條卜辭卜問今天王命令受到佚侯的領地去平整土地嗎。

[⑤]第 61 則

A:《懷特》439。

B:《合集》7151 正(《契》378 正、《北文處》8 正)。

A、B 兩片殘甲及殘斷的"豐"、"呼"兩字密合,應當是同一龜版之折。綴合後,卜辭可以隸釋如下:

☐[㞢(有)]來嬉☐[𡷫[⑥]□化]呼告曰☐[我]奠豐。七月。

《懷特》439 +《合集》7151 正[典賓]

《合集》7151 反面有驗辭:☐辰亦☐告曰☐。

---

① 曹錦炎、沈建華編著:《甲骨文校釋總集》,卷一,第 36 頁,上海辭書出版社,2006 年 12 月。

② 從趙平安、劉桓釋,後"佚"字皆同。參見趙平安:《從失字的釋讀談到商代的佚侯》,《中國社會科學院歷史研究所學刊》,第一集,第 33 頁,社會科學文獻出版社,2001 年 10 月;劉桓:《説卜辭囯字的幾個詞語及失、賓兩字》,《紀念殷墟甲骨文發現一百周年國際學術研討會論文集》,第 186 頁,社會科學文獻出版社,2003 年 3 月。

③ 第 60 則選自趙鵬《甲骨新綴二例》第 2 例。

④ "壡"從裘錫圭先生釋,指平整土地、修築田壟等工作。參見裘錫圭:《甲骨文中所見的商代農業》,《古文字論集》,第 179 ~ 182 頁,中華書局,1992 年 8 月。

⑤ 第 61 則選自趙鵬《甲骨新綴二例》第 1 例。趙文原載"中國社會科學院歷史研究所先秦史研究室網站",http://www.xianqin.org,2008 年 9 月 30 日。本文蒙黄天樹師審閲並提出修改意見,謹致謝忱!

⑥ "𡷫"從裘錫圭先生釋,參見裘錫圭:《古文字釋讀三則》,1985 年中山大學古文字研究室討論會論文,發表於《徐中舒先生九十壽辰論文集》,第 9 ~ 22 頁,1989 年;後收入《古文字論集》,第 395 ~ 404 頁,中華書局,1992 年 8 月。

同文卜辭如下：

癸未卜，永，貞：旬亡𡆥(憂)[1](以上正面)。王固曰：㞢(有)求(咎)[2]，其㞢(有)來媗(以上反面)。七日己丑㞷友化呼告曰：𢀛方𢀜于我奠豐。七月(以上正面)。

《合集》6068 正反[典賓]

[癸未]卜，□，貞：[旬]亡𡆥(憂)。王固曰：㞢(有)求(咎)，㞢(有)痡，其㞢(有)來媗。七日己丑，允㞢(有)來媗[自西，㞷]戈[3]化呼[告]曰：[𢀛]方𢀜于我示☒。三

《合集》137 反 +[4][典賓]

癸未卜，㱿，貞：旬亡[𡆥(憂)。王固曰：㞢(有)]求(咎)，其㞢(有)來媗，乞[至[5]。七日己丑]允㞢(有)來媗自西。㞷戈[化呼]告曰：𢀛方𢀜于我奠[豐。七月]。一

《合集》584 +[6][典賓]

這組卜辭應該是在七月的癸未這一天進行占卜，卜問下一旬不會有憂患吧。王看了卜兆以後說："有凶咎，有不好的消息到來。"到了第七天己丑，果然有不好的消息從西方傳來。㞷友化報告說：𢀛方圍攻了我們的領地豐。

[7]第 62 則

A：《合集》465(《歷拓》10256、《甲零》110)。

B：《合集》4025(《續存》下 251、《歷拓》10228、《甲零》109)。

此版遙綴。卜辭可以隸釋如下：

乙卯卜，貞：惠𠬝令比𣪊，受由(?)。三

乙卯卜，貞：惠𣥠令比𣪊☒。

[乙]卯卜，[貞]：惠[𣥠]令[比]𣪊☒。

貞：勿㪅，𢦏(待)[8]。三

壬寅卜，貞：㪅一羌。

[貞]：翌□未□其□日☒。

勿☒☒☒。 《合集》465 +《合集》4025[賓三]

---

① "𡆥"字原釋為"𠙵"，讀為"禍"，此從裘錫圭先生說，讀為"憂"。裘錫圭：《說"𡆥"》，《古文字論集》，第 105 頁，中華書局，1992 年 8 月；《從殷墟卜辭的"王占曰"說到上古漢語的宵談對轉》，《中國語文》，2002 年第 1 期，第 70 ~76 頁。

② "求"字從裘錫圭先生釋，讀為"咎"。參見裘錫圭：《釋"求"》，《古研》，第十五輯，第 195 ~ 206 頁，中華書局，1986 年 6 月；後收入《古文字論集》，第 59 ~ 69 頁，中華書局，1992 年 8 月。

③ 陳劍先生認為這裡的"戈"可能是"友"字的誤刻。參見趙鵬：《殷墟甲骨文人名與斷代的初步研究》，第 89 頁，綫裝書局，2007 年 4 月第一版，2008 年 7 月第一次印刷。

④ 《合集》137 反 +《合集》16890 反 +《合集》7990 反。參見蕭良瓊：《卜辭文例與卜辭的整理和研究》，《甲骨文與殷商史》，第二輯，第 37 ~ 38 頁，上海古籍出版社，1986 年 6 月。

⑤ "气"字從沈培先生釋，有"終究"、"最終"之義。參見沈培：《申論殷墟甲骨文"气"字的虛詞用法》，《北京大學中國古文獻研究中心集刊》，第三輯，第 11 ~ 28 頁，北京大學出版社，2002 年 10 月。

⑥ 《合集》584 正 +《合集》9498 正。參見蕭良瓊：《卜辭文例與卜辭的整理和研究》，《甲骨文與殷商史》，第二輯，第 39 ~ 40 頁，上海古籍出版社，1986 年 6 月。

⑦ 第 62 則選自趙鵬《甲骨新綴二例》第 2 例。

⑧ "𢦏"從裘錫圭先生釋，讀為"等待"的"待"。裘錫圭：《說甲骨卜辭中"𢦏"字的一種用法》，《語言文字學術研究論文集》，知識出版社，1989 年；後收入《古文字論集》，第 111 ~ 116 頁，中華書局，1992 年 8 月。

[①]第 63 則

A:《合》37448(《歷拓》1511)。

B:《合補》11323(《歷拓》1510)。

釋文及說明:

壬申王[卜,貞]:田麥,[往來]亡災。王占[曰]:吉。茲孚[②]。[隻]白鹿。

乙亥王卜,貞:逊[③]喪,往來亡災。王占曰:吉。

丁丑王卜,貞:田宮,往來亡災。王占曰:吉。一

戊寅王卜,貞:田喪,往來亡災。王占曰:吉。隻犷四。

辛巳王卜,貞:田宮,往來亡災。王占曰:吉。

《合》37448、《合補》11323 均為黃組卜辭,兩骨條上字體相同,殘斷的"戊"字及其邊緣密合,是同一骨條之折。

[④]第 64 則

A:《合集》1777(《歷拓》6533、《山博》0205)。

B:《合集》10044(《京》566、《善》14224、《掇三》185)。

A 爲骨條部分,B 爲骨扇部分,卜辭皆爲典賓類字體,二者密合。綴合後卜辭可以隸釋如下:

不[受]稻[⑤][年]。

□卯卜,㕣,[貞]:我受[稻年]。

□□[卜],爭,貞:我受稻[年]。

勿屮(侑)于南[⑥]庚。五

貞:其屮(侑)曰[⑦]南庚。一

① 第 63 則選自趙鵬《甲骨新綴一則》,趙文原載"中國社會科學院歷史研究所先秦史研究室網站", http://www.xianqin.org/blog。2010 年 1 月 17 日。

② 裘錫圭:《燹公盨銘文考釋》,保利藝術博物館編著:《燹公盨》,第 48 頁,綫裝書局,2002 年 10 月;《中國歷史文物》,2002 年第 6 期,第 13 ~ 22 頁;《中國出土古文獻十講》,第 66 ~ 67 頁,復旦大學出版社,2004 年 12 月。

③ 裘錫圭:《釋"柲"》,《古文字研究》,第三輯,第 7 ~ 31 頁,中華書局,1980 年 11 月;後收入《古文字論集》,第 17 ~ 34 頁,中華書局,1992 年 8 月。

④ 第 64 則選自趙鵬《甲骨綴合一例》,趙文原載"中國社會科學院歷史研究所先秦史研究室網站", http://www.xianqin.org/blog。2008 年 10 月 14 日。

⑤ "稻"從唐蘭釋。參見唐蘭:《殷虛文字記》,第 33 ~ 34 頁,中華書局,1981 年 5 月。

⑥ 《合集》1777 + 10044 第四條卜辭與第五條卜辭中"南"字形作""(中間為一横),又見於《合集》10275、32607(""中間爲兩横)。

⑦ 曰:介詞,用法類同於"于"。參見管燮初:《殷虛甲骨刻辭的語法研究》,第 48 ~ 49 頁,中國科學院出版,1953 年 10 月;喻遂生:《甲骨文語法札記二則》,《甲金語言文字研究論集》,第 54 ~ 57 頁,巴蜀書社,2002 年 12 月。

勿㞢(侑)于ȣ辛。① 一 二告

㞢(侑)ȣ于辛②。一 不告黽

呼𢦏韋。一

□子卜,宂,貞:呼𢦏韋。 《合集》1777 +《合集》10044[典賓]

③第 65 則

A:《合集》10042(《歷拓》10470)。

B:《英藏》824。

C:《合集》9941(《蘇德》44 正)。

B + C 爲蔡哲茂先生《甲骨綴合集》第 77 組,我們加綴 A。A 與 B + C 兩片殘斷的“我”、“其”字密合,“稻”字略有所殘,應當是牛肩胛骨的骨首及骨條部分。綴合後,卜辭可以隸釋如下:

甲子卜,宂,貞:我受稻年。三

貞:我不其受稻年。

貞:我受黍④年。

丁丑卜,吕,貞:[令]𢓜往。

貞:勿令𢓜。

貞:往于𦎫。

貞:往于𦎫。

貞:勿往于𦎫。

貞:网肩弔。

貞:勿网。

貞:勿网肩弔。

貞:网肩弔。(以上正面)

貞:㞢(侑)于妣庚。(以上反面)

《合集》10042 +《英藏》824 +《合集》9941[典賓]

以上這組卜辭第一條、第二條是甲子這一天由貞人宂占卜,卜問我們的稻米是否會有好收成。第三條卜辭卜問我們的黍子會有好收成吧。第四條至第八條是一旬以後的丁丑這一天由貞人吕卜問,命令𢓜前往𦎫地嗎。第九條至第十二條卜辭卜問要不要“网肩

① 《甲骨文合集·釋文》、姚孝遂主编的《殷墟甲骨刻辭類纂》(第 1407 頁,中華書局,1989 年 1 月)及曹錦炎、沈建華編著的《甲骨文校釋總集》(上海辭書出版社,2006 年 12 月)都認為“ȣ”是“且(祖)”字的倒刻。鵬案:此卜辭有兩種可能,一種是“ȣ”讀為“酉”,“ȣ辛”為“辛酉”的倒寫,卜辭卜問不要在辛酉日舉行侑祭嗎。另一種可能是“酉(ȣ)”可能為“且”字的倒刻,“且”中間只有一横,又見於《合集》1765、1770 等,同版的《合集》1777 + 10044 第四條卜辭與第五條卜辭中“南”字的寫法“𡴡”中間也只有一横,卜辭卜問不要侑祭祖辛嗎。較後一種可能爲長。

② 該辭可能旋讀爲“㞢(侑)于辛酉”或讀為“㞢(侑)于且辛”,應該是《合集》1777 + 10044 第六條卜辭的對貞之辭。

③ 第 65 則選自趙鵬《蔡哲茂先生 <甲骨綴合集> 第 77 組補綴》。趙文原載“中國社會科學院歷史研究所先秦史研究室網站”,www. xianqin. org,2008 年 10 月 26 日

④ 裘錫圭:《甲骨文中所見的商代農業》,《古文字論集》,第 155 ~ 158 頁,中華書局,1992 年 8 月。

弔”,辭義不詳,當與農業生産相關。

[1]第 66 則

A:《合集》217(《續》3.42.7、《後》上 30.12)。

B:《輯佚》16。

A 與 B 殘斷的“其”字略合,應當是同一骨條之折。綴合後,卜辭可以隸釋如下:

婦好㞢(有)子。四月。

其乍(作)。

貞:王出。

唯帝臣令。

不其隻(獲)羌。　　　　《合集》217 +《輯佚》16 正[典賓]

同文卜辭有:

婦好女(毋)其㞢(有)子。

其乍(作)。

婦好㞢(有)子。四月。

其乍(作)。

[貞]:王[出]。　　　　《合集》13927【編者按:參看本書第 145 則】[典賓]

其乍(作)。

婦好㞢(有)子。

其乍(作)。

貞:王出。

唯帝臣令。

貞:王勿出。　　　　《合集》13929 正 +《懷特》897 正[2][典賓]

[3]第 67 則

A:《輯佚》35。

B:《合集》5212(《文捃》1097)。

A 與 B 殘斷的“往”字及骨條碴口密合。綴合後,卜辭可以隸釋如下:

貞:于甲子步。

甲辰卜,爭。

翌癸亥王步。

---

① 第 66 則選自趙鵬《<殷墟甲骨輯佚>新綴一則》。趙文原載“中國社會科學院歷史研究所先秦史研究室網站”, http://www.xianqin.org,2008 年 11 月 14 日。

② 蔡哲茂:《甲骨綴合集》,第 231 組。

③ 第 67 則選自趙鵬《<殷墟甲骨輯佚>新綴一則(二)》。趙文原載“中國社會科學院歷史研究所先秦史研究室網站”, http://www.xianqin.org,2008 年 11 月 20 日。

貞:王勿往逹[1][衆人]。　　《輯佚》35 +《合集》5212[典賓]

同文卜辭有:

貞:于甲子步。二

甲辰卜,爭。二

翌癸亥王步。二

貞:王勿往逹衆人。二

《合集》67(《簠遊》36 正、《簠拓》703、《續》3.37.1)[典賓]

貞:王逹[衆人]。

翌癸亥王步。

貞:王勿往逹衆人。一　　《合集》68(《前》6.25.2) +80(《珠》1381)[2][典賓]

以上《輯佚》35 +《合集》5212、《合集》67、《合集》68 +80 應為同套卜辭,其中《合集》68 +80 和《合集》67 分别為同套卜辭之一和二。《輯佚》35 +《合集》5212 兆序殘斷,成套之數次不詳。

[3]第 68 則

A:《合集》847(《簠歲》18 +19 +《簠游》9、《簠拓》91)。

B:《合集》10104(《簠歲》17 +《簠游》2、《歷拓》10147)。

A 與 B 殘斷的"貞"字及"勿"字密合,骨條上的各段卜辭與骨扇上的兆序相對應,應該是同一肩胛骨上的骨條與骨扇之折。綴合後,卜辭可以隸釋如下:

徝。十三月。四

貞:王勿徝方。四

戊寅卜,亘,貞:王徝囗方。

貞:勿桒(禱)[4]年于邦。四

桒(禱)年。四 二告

丙子卜,㝐,貞:桒(禱)年于邦土(社)。

貞:屮幸圶(逸)[5]。四 二告

《合集》847 +《合集》10104(《合集》846 同文)[典賓]

---

① 趙平安:《"逹"字兩系説——兼釋甲骨文所謂"途"和齊金文中所謂"造"字》,《中國文字》,新二十七期,第 51 ~63 頁,2001 年 12 月;後收入曾憲通主編:《古文字與漢語史論集》,第 218 ~225 頁,中山大學出版社,2002 年 7 月。

② 蔡哲茂:《甲骨綴合集》,第 216 組。

③ 第 68 則選自趙鵬《甲骨新綴一例》。趙文原載"中國社會科學院歷史研究所先秦史研究室網站",http://www.xianqin.org,2008 年 11 月 28 日。

④ 冀小軍:《説甲骨金文中表祈求義的桒字——兼談桒字在金文車飾名稱中的用法》,《湖北大學學報》哲社版,1991 年第 1 期,第 35 ~44 頁。

⑤ 趙平安:《戰國文字的"遊"與甲骨文"圶"為一字説》,《古文字研究》,第二十二輯,第 275 ~277 頁,中華書局,2000 年 7 月。

[①]第 69 則

A:《合集》6244(《續存》上 558,《歷拓》5970)。

B:《合集》1276(《寶》8.3 +8.15,《京人》721)。

A 與 B 兩片骨條上字體相同,殘斷的“我”、“受”、“年”三字及其邊緣較爲密合,應該是同一骨條之折。綴合後,卜辭可以隸釋如下:

⧄酒。

先㞢(侑)于唐。

于早[②]酒。

我受年。

貞:呼伐𢀛方。

⧄桒(?)⧄方⧄一牛。　　《合集》6244 +《合集》1276(《合集》1277 同文)[典賓]

[③]第 70 則

A:《合集》1111 正(《歷拓》10363 正)。

B:《英藏》730。

A 與 B 殘斷的“戉”字密合,殘骨形態亦密合,應該是同一肩胛骨上的骨扇之折。綴合後,卜辭可以隸釋如下:

⧄冤呼竹岐[illegible]。

⧄[比]戉使𦣞。

《合集》1111 正 +《英藏》730(1108、1109、1110、4722 +5316[④]、4723 同事卜)[典賓]

[⑤]第 71 則

A:《合集》4915(《歷拓》7262)。

B:《合集》14879(《歷拓》10518)。

A 與 B 兩片殘骨上字體相同,兆序皆為“一”,可能是同一肩胛骨之折,與之爲成套卜辭之三的胛骨可參看蔡哲茂先生《甲骨綴合集》第 85 組。綴合後,卜辭可以隸釋如下:

丙寅卜,貞:令逆比[⑥]盡于𡆥。六月。一

貞:⧄逆⧄。一

---

① 第 69 則選自趙鵬《甲骨新綴一例》。趙文原載“中國社會科學院歷史研究所先秦史研究室網站”,http://www.xianqin.org,2009 年 3 月 29 日。

② 陳劍:《釋造》,《出土文獻與古文字研究》,第一輯,第 55 ~ 100 頁,復旦大學出版社,2006 年 12 月;又收入《甲骨金文考釋論集》,第 127 ~ 176 頁,綫裝書局,2007 年 4 月。

③ 第 70 則選自趙鵬《甲骨新綴一例》。趙文原載“中國社會科學院歷史研究所先秦史研究室網站”,http://www.xianqin.org,2009 年 3 月 15 日。

④ 蔡哲茂:《甲骨綴合集》,第 191 組,臺北:樂學書局,1999 年 9 月。

⑤ 第 71 則選自趙鵬《甲骨試綴三例》第 1 例。趙文原載“中國社会科學院歷史研究所先秦史研究室網站”,http://www.xianqin.org,2009 年 3 月 27 日。

⑥ 林澐:《甲骨文中的商代方國聯盟》,《古文字研究》,第六輯,第 69 ~ 74 頁,中華書局,1981 年 11 月;後收入《林澐學術文集》,第 69 ~ 84 頁,中國大百科全書出版社,1998 年 12 月。

庚子卜,貞:㞢于成。七月。一

庚子卜:𣎵(桒)[①]自上甲。七月。一

庚子卜:尊。七月。一

☐。一

☐于大甲。

☐自九示。 《合集》4915 +《合集》14879[典賓早]

[②]第 72 則

A:《合集》7775(《前》2.1.1、《歷拓》7274)。

B:《合集》7782(《合集》39817、《寧》3.90、《歷拓》6040)。

A 與 B 兩片殘骨上字體相同,卜辭內容相關,兆序皆為“五”,似乎可以遙綴。遙綴後,卜辭可以隸釋如下:

甲戌卜,𡧊,貞:今六月王入于商。五

甲戌卜,𡧊,貞:王于生七月入于[商]。

乙亥卜,𡧊,貞:生七月𡿨☐。

己卯卜,𡧊,貞:生七月☐。

□□卜,𡧊,貞:生七月王勿卒入。

□□[卜],𡧊,貞:生七月王入于入[③]。

□□[卜,𡧊],貞:王于生七月入。

☐。五 《合集》7775 +《合集》7782[典賓]

[④]第 73 則

A:《合集》7799(《南明》216、《歷拓》5180)。

B:《英藏》716。

C:《合集》7795(《前》2.1.3、《歷拓》6040)。

A + B 爲蔡哲茂先生綴合,此遙綴 C。A、B、C 三片殘骨上字體相同,內容相關,兆序皆為“三”,似乎可以遙綴。遙綴後,卜辭可以隸釋如下:

[己丑]卜,𡧊,貞:來乙巳王勿入于[商]。三

辛卯卜,𡧊,貞:今□月王入[于]商。三

己丑卜,𡧊,貞:來乙巳王入于商。

庚寅卜,𡧊,貞:來乙巳王入于商。

辛卯卜,𡧊,貞:來辛丑王入于商。

☐。三

---

① 《合集》4916 + 1243 + 15812 卜辭中的“𣎵(桒)”字刻寫的完整。參見蔡哲茂:《甲骨綴合集》,第 85 組,臺北:樂學書局,1999 年 9 月。冀小軍:《說甲骨金文中表祈求義的桒字——兼談桒字在金文車飾名稱中的用法》,《湖北大學學報》哲社版,1991 年第 1 期,第 35 ~ 44 頁。

② 第 72 則選自趙鵬《甲骨試綴三例》第 2 例。

③ 案:該“入”字應為“商”字之誤刻。

④ 第 73 則選自趙鵬《甲骨試綴三例》第 3 例。

□。三 《合集》7799 +《英藏》716 +《合集》7795[典賓]

第74則[①]

A:《合》4162(《前》6.59.5、《歷拓》7013)。
B:《合》11839(《虚》2019、《南博》401)。
釋文與説明:
□勿□雀弗□事。
□雀出囗事。
丁卯□戊□雨。
□雨。一

第75則[②]

A:《合》2688(《京》1982、《善》5450)。
B:《京》2053。
C:《合》2701(《善》5282)。
釋文與説明:
□申婦好□妫唯女。
□王□婦好□女。

【編者按:國圖胡輝平先生核對實物後認為本綴合是正確的。參看胡輝平:《先秦史研究室網站關於國圖館藏甲骨之綴合驗證》,原載"中國社會科學院歷史研究所先秦史研究室網站",www.xianqin.org,2010年3月12日。】

第76則[③]

A:《所》1922。
B:《所》1923。
釋文與説明:
乎雀先往䇂貚。一

《所》1922在歷史所藏甲骨的無字碎片包中由宋鎮豪先生發現。發現時龜甲表面被泥土覆蓋,經去泥,發現有"雀"與"貚"戰爭的較重要的信息,以前未經著錄。我們將其與該紙包中另外一片龜腹甲"《所》1923(上有兆序"一")"綴合。綴合時,龜甲表面狀況相同,因去泥完全,略顯不同。另外兩版顏色、厚度相同,殘斷處大部分可以密合。反面燒灼痕密合,側面鑿痕密合。可確信爲一版之折。相關卜辭可參照《合》06931、06934,《英藏》602、603、604。所藏編號"1922、1923"爲趙鵬按照所藏有字骨序號順延所排。該拓本

① 第74則選自趙鵬《甲骨新綴三例》第2例,趙文原載"中國社會科學院歷史研究所先秦史研究室網站",http://www.xianqin.org/blog。2009年11月13日。本篇綴合得到黄天樹老師、李延彥學妹的幫助,謹致謝忱!感謝蔣玉斌先生指正並提供《京》2053圖片!

② 第75則選自趙鵬《甲骨新綴三例》第3例。

③ 第76則選自趙鵬《甲骨新綴一例》,趙文原載"中國社會科學院歷史研究所先秦史研究室網站",http://www.xianqin.org/blog。2010年7月6日。

爲徐義華先生墨拓。

[①]第 77 則

A:《花東》395。

B:《花東》548。

A 片是一版大體完整的龜腹甲,只有尾右甲部分稍有殘缺。尾右甲部位刻有一條卜辭,從“壬申卜子其往于田从”至“用”之間,卜辭稍有殘缺。而 B 片是一塊像指甲蓋大小的殘甲,可能是從 A 片上剝落下來的。其上刻有“昔斦”二字,其中“斦”字上部的殘劃與 A 片中的“斦”字下部的殘劃正可密合。A、B 兩片拼合後,組成一條完整無缺的卜辭:

壬申卜:子其往于田,从[②]昔斦。用。一二　　花東 395 + 花東 548[花東]

與上引卜辭大致同文的,見於下列這條花東子類卜辭:

壬申卜:子往于田,从昔斦。用。擒四鹿。一　　花東 35[花東]

昔,當是田獵的地名。斦,可能是跟田獵過程有關的一個動詞[③]。“壬申卜:子其往于田,從昔斦? 用”,卜辭大意是説:壬申這一天占卜,卜問族長“子”要去田獵,從“昔”地搏擊野獸,是否會有所擒獲呢?“用”是用辭[④],意為實際採用此卜,壬申日是從“昔”地去搏擊野獸的。

[⑤]第 78 則

A:《花東》434。

B:《花東》529。

C:《花東》433。

A、B、C 三片殘甲綴合後,卜辭可隸釋如下:

辛酉:昃歲妣庚[黑牝一,子祝]。　　花東 434 + 花東 529 + 花東 433[花東]

《花東》第六冊釋文將 433 中“歲”前一字釋為“翌”,非是,現據綴合後的卜辭可糾正其誤。“昃”應讀入命辭,花東卜辭常卜問祭祀舉行的時間。例如:“日出施[⑥]”(《花東》426)、“日再施”(《花東》106)、“日羞中[⑦]施”(《花東》286)、“昃施”(《花東》226)、“暮施”(《花東》286、314、451)、“暮酒宜”(《花東》340)、“夕歲”(《花東》39、474)、“夕施”(《花東》413)、“夕又伐”(《花東》343、446)、“夕酒”(《花東》472)。“黑牝一,子祝”是根

① 第 77 則是方稚松綴合的,選自黃天樹、方稚松《甲骨綴合九例》第 8 例,原載《漢字研究》第一輯。

② 檢視拓本,“從”字殘劃清晰可辨。

③ 參看姚萱:《殷墟花園莊東地甲骨卜辭的初步研究》,第 80 頁,首都師範大學中文系博士學位論文,2005 年 4 月。我們認為,有一條𠂤組小字類“戊申卜:斦丙入豕二”(合 19875 = 乙 25 + 33)之“斦”,原字形結構從“肩”從“斤”從“又”,應是“斦”之異體,是人名。所以,“從昔斦”之“昔斦”也可能整個作地名講,亦通。

④ 參看黃天樹:《關於無名類等的用辭》,收入《殷墟王卜辭的分類與斷代》附錄二,第 333 ~ 341 頁,臺北:文津出版社,1991 年。

⑤ 第 78 則是方稚松綴合的,選自黃天樹、方稚松《甲骨綴合九例》第 9 例。

⑥ 施字之本義為以攴擊它(蛇),引伸義為割解。卜辭一般作祭名,指割解人牲和物牲的肢體。參看于省吾:《甲骨文字釋林》第 161 ~ 167 頁,中華書局,1979 年。

⑦ 黃天樹:《釋殷墟甲骨文中的“羞”字》,《古文字研究》第 25 輯,第 20 ~ 25 頁,中華書局,2004 年。

據與此同文的《花東》123、175、437擬補的。

[①]第79則

A:《合》5008(《南無》250、《冬》295)。

B:《合》6898(《掇一》259)。

釋文:

辛丑卜,王貞:余𢦏(翦)衜在誖。

☒月。 [賓一]

同文卜辭參看《合》6894、6895、6896、6897等。黄天樹師在《殷墟王卜辭的分類與斷代》一書中對這一組征伐"衜"的卜辭有論述,讀者可參見[②]。卜辭中𢦏,歷來釋字多有爭議,今從陳劍先生釋讀爲翦,爲翦除、翦滅等義之本字[③](下文直接將此字隸定爲翦,不再加注)。衜,此處爲一族名。誖,地名。卜辭大意是:辛丑這天王貞問"我在誖這一地方能翦除衜族嗎?"

[④]第80則

A:《合》6892正(《文捃》975正)。

B:《合》6893(《京》1375、《善》18986)。

從文例及字體看,兩片應爲對貞之辭,疑是一版之折。

[甲]辰卜,㱿[貞]:今我其[幸(執)]衜,其[翦我于誖]。

甲辰卜,㱿貞:今我其幸(執)衜,不我翦于誖。 [賓一]

此版卜辭内容與上面一組【編者按:即第79則】意思相關,大意是甲辰這天㱿貞問今我商人去執拿衜族,衜會不會在誖地翦滅我商人軍隊。美國學者司禮義先生曾指出,在一對正反對貞的卜辭裏,用"其"字的那條卜辭所説的事一般是貞卜者所不願看到的[⑤]。在這條卜辭中,商人當然是不希望被衜消滅的,故貞問時在"翦我于誖"前加了"其"字。

[⑥]第81則

A:《合》4757(《善》14864)。

B:《合》5799(《善》6790、《續存》上752)。

兩片卜甲可密合,綴合後卜辭如下:

癸酉卜,賓貞:其令多射[罞(?)]竹☒。

☒亡☒擒☒十月。 [賓三]

---

① 第79則選自方稚松《甲骨綴合十四組》中的第1組。方文原載《殷墟甲骨文五種記事刻辭研究》,首都師範大學文學院博士學位论文,2007年4月。方文前10組發表於《北方論叢》2006年第3期。收入本書時,文字部分略有刪改。

② 黄天樹:《殷墟王卜辭的分類與斷代》,第54~55頁,臺北:文津出版社,1991年11月。

③ 陳劍:《甲骨金文"𢦏"字補釋》,《古文字研究》第25輯,第40~44頁,北京:中華書局,2004年10月。

④ 第80則選自方稚松《甲骨綴合十四組》中的第2組。

⑤ 司禮義:《商代卜辭語言研究》,《通報》60卷1~3,第25~33頁;又見《關於商代卜辭語言的語法》,《中央研究院國際漢學會議論文集·語言文字組》,第342~346頁,臺北,1981年。

⑥ 第81則選自方稚松《甲骨綴合十四組》中的第3組。

多射,陳夢家先生認爲是武官名[1];竹,人名;“罘”據下列卜辭擬補。

□卯卜,賓貞:翌己未令多射罘[illegible](失[2])□于⍁。

貞:翌己未勿令多射罘失⍁。　　《甲骨綴合集》[3]334 = 5734 正 + 5735[典賓]

壬(?)子卜,賓貞:令殲罘多射。　　《合》5736[賓三]

[4]第 82 則

A:《合》3287(《續存》上 535、《合》39699 重)。

B:《合》6552 正(《戩》13.5、《續》3.12.5)。

兩片卜骨綴合後,左邊一辭大致完整可讀。

辛巳卜,㱿貞:王叀𢀛侯虎[比]伐𢀛方,受有又(祐)。

己巳卜,□貞:犬□其有⍁。　　[典賓]

𢀛侯虎,商武丁時一重要諸侯,卜辭中多見商王聯合他征伐敵方之辭,有時又稱爲侯虎,虎爲私名[5]。𢀛方,方國名,爲商人的敵方。第一條卜辭大意是說辛巳這天㱿貞問王聯合侯虎攻伐𢀛方會不會受到保佑。第二條卜辭有缺,辭意不明。

[6]第 83 則

A:《合》35274。

B:《合》35263(《甲》882)。

C:《合補》10535 正(《安明》2657 正)。

三片卜骨綴合後,卜辭如下:

辛酉卜:逐麋,擒。

壬戌[卜]:逐麋,擒。

癸亥卜:逐麋,擒。

甲子卜:逐麋,擒。

乙丑[卜]:逐麋,擒。

丙寅卜:逐麋,擒。

丁[卯卜:逐]麋,擒。　　[㞢類]

卜辭是連日占卜逐麋能否有所擒獲。同文卜辭參看《合》35261 甲乙、35262、35264、35265、35267、《掇三》370、《合補》10536(筆者案:此片實爲《合》35265 一部分)等。

---

① 陳夢家:《殷虛卜辭綜述》,第 511 ~ 514 頁,北京:科學出版社,1956 年 7 月第 1 版;北京:中華書局,1988 年 1 月。

② 趙平安:《從失字的釋讀談到商代的佚侯》,《中國社會科學院歷史研究所學刊》,第 1 集,第 28 ~ 34 頁,北京:社會科學文獻出版社,2001 年 10 月。

③ 蔡哲茂:《甲骨綴合集》7 頁,臺北:樂學書局,1999 年 9 月。

④ 第 82 則選自方稚松《甲骨綴合十四組》中的第 4 組。

⑤ 林澐:《甲骨文中的商代方國聯盟》,收入《林澐學術文集》第 74 頁,北京:中國大百科全書出版社,1998 年 12 月。

⑥ 第 83 則選自方稚松《甲骨綴合十四組》中的第 5 組。

第 84 則[1]

A:《合》35989(《鄴二》下 40.13、《京》5051)。

B:《合》36004(《珠》74)。

釋文:

丙午卜貞:康且(祖)丁丁(禘)其牢羊。茲用。

丙戌卜貞:康且(祖)丁丁(禘)其牢羊。茲用。

□貞□丁(禘)□牢□。 [黄類]

康祖丁,爲帝乙對康丁之稱謂。"康祖丁"下一字,學者多釋爲祊,今從島邦男先生意見釋爲禘,祭名[2]。羊,赤色之牲[3]。茲用,用辭[4]。

第 85 則[5]

A:《合》6840(《京》1339、《續存》下 314)。

B:《合》3375(《京》2115、《善》2586)。

從文例看,兩片爲對貞之辭,應是一版之折。

癸亥卜:侯其翦罘。

癸亥卜:侯弗翦[罘]。 [自賓間]

罘,族名或國名。卜辭大意是卜問侯能否翦滅罘。同文卜辭見《合》6841 + 39923[6]。

第 86 則[7]

A:《合》3296 正。

B:《合》3299(《南明》255)。

這兩片從内容看疑是一版之折。

丁酉卜,㱿貞:乎[宅廟]。

戊戌卜,㱿貞:[王曰侯]虎:毋[歸]。

己亥卜,㱿貞:王[曰侯虎:余其得女(汝)史,受]。

貞:王曰侯虎:[得女(汝)史,酉受]。

丁未卜,亘貞□。 [典賓]

上引卜辭缺文據同文卜辭《合》3297 正補,《合》3297 這版上面卜辭較多,其中有關"侯虎"的幾條卜辭辭意較難理解。下面我們就結合相關同文卜辭試對此稍作解釋。

戊戌卜,㱿貞:王曰侯虎:𡆥(莽)! 余不爾其合,以乃史歸。

---

① 第 84 則選自方稚松《甲骨綴合十四組》中的第 6 組。

② 温天河、李壽林譯:《殷墟卜辭研究》,第 174 ~ 186 頁,臺北:鼎文書局,1975 年;又趙誠譯:《禘祀》,《古文字研究》第 1 輯,第 396 ~ 412 頁,北京:中華書局,1979 年 8 月。

③ 于省吾主編:《甲骨文字詁林》,第 1526 頁,北京:中華書局,1996 年 5 月。

④ 黄天樹:《關於無名類等的用辭》,《殷墟王卜辭的分類與斷代》,第 333 ~ 341 頁,臺北:文津出版社,1991 年 11 月。

⑤ 第 85 則選自方稚松《甲骨綴合十四組》中的第 7 組。

⑥ 蔡哲茂:《殷墟甲骨文字新綴五十一則》,《古籍整理研究學刊》2003 年第 4 期,第 1 ~ 5 頁。

⑦ 第 86 則選自方稚松《甲骨綴合十四組》中的第 8 組。

戊戌卜，㱿貞：王曰侯虎：毋歸，禦。
己亥卜，㱿貞：王曰侯虎：余其得女（汝）史，受。
貞：王曰侯虎：得女（汝）史，𢀛受。 《合》3297 正［典賓］
☐曰：𢀛方其至于𧰼土，亡（無）𣅁（敗①）。
☐曰侯虎：得女（汝）史，𢀛受。
☐侯虎：幸！余不爾其合，以乃史歸。 《合》3298［典賓］
己亥卜，㱿貞：王曰侯虎：余其得女（汝）史，受。 《合》3301［典賓］
乙丑卜，㱿貞：曰：𢀛方其至于［𧰼土，其有敗］。
貞：曰侯虎：得女（汝）史，受。 《合》6130 正＋18377 正②［典賓］

上引卜辭中的𡴘，舊多誤釋爲往，實應爲幸字之省③。近來，趙平安先生已正確釋出此字可能是"逸"的本字，在甲骨文中讀爲"逸"或"失"④。對此，沈培先生又有進一步論述："甲骨文中的'幸'什麼時候讀爲'失'，什麼時候讀爲'逸'，要看具體的環境。'失'和'逸'本是同源詞，在一個'主語＋幸＋指人賓語'的句子裏，對'主語'而言是'失'，對'指人賓語'而言就是'逸'"⑤。我們認爲此版卜辭中的幸正應讀爲失，有喪失、損失義，是一件不好的事情。甲骨文中有這樣一條卜辭：

癸未卜，㱿貞：旬無𡆥。王占曰：幸（失）！乃兹有求（咎⑥）。六日戊子子發⑦殟⑧。一月。 《合》10405 正［典賓］

這條卜辭大意是：一月的癸未這天㱿貞問下旬有無災禍，王看了卜兆說"有損失，這一兆有災禍。"果然第六天戊子子發就暴死了。子發的暴死自然是一種損失，這與占辭中王曰"失"、"有咎"正相應合。《合》3297 正中的"幸"指的也是一種人員（即侯虎史）的損失，可能是指侯虎在與𢀛方的戰鬥中有部分史被敵方擒獲。"王曰侯虎：毋歸，禦"中的"禦"或以爲是抵禦義，我們傾向於把它理解爲祭名。史的損失對侯虎來說自然是一種災禍，故商王決定要爲他舉行"禦"祭以祓除災禍。卜辭中余，第一人稱代詞，指王。爾，第二人稱代詞，張玉金先生認爲此例中的"爾"是動詞"合"的賓語，因爲出現在否定句中，所以前置於動詞"合"，句法結構同"師不余其見"（《合》20391）⑨。這一說法應當是正確的。合，應理解爲文獻中所說的"會"義。《周禮·秋官·司儀》"將合諸侯"，賈公彥疏："合，會也，謂時見曰會"；《論語·憲問》"桓公九合諸侯"，劉寶楠正義："合，會也，謂合諸侯也"。卜辭中的合正是會諸侯之義。"以乃史歸"的發出者從對貞的"王曰侯虎，毋歸"

---

① 于省吾：《甲骨文字釋林》第 53～54 頁，北京：中華書局，1979 年 6 月。
② 此版爲嚴一萍先生綴合，參看蔡哲茂《甲骨綴合集》第 55 頁"《甲骨文合集》綴合號碼表"，臺北：樂學書局，1999 年 9 月。
③ 張桂光：《古文字中的形體訛變》，《古文字研究》第 15 輯，第 178～179 頁，北京：中華書局，1986 年 6 月。
④ 趙平安：《戰國文字的"遊"與甲骨文"幸"爲一字說》，《古文字研究》第 22 輯，第 275～277 頁，北京：中華書局，2000 年 7 月。
⑤ 沈培：《卜辭"雉眾"補釋》，《語言學論叢》第 26 輯，第 250 頁，北京：商務印書館，2002 年。
⑥ 裘錫圭：《釋"求"》，《古文字論集》第 59～69 頁，北京：中華書局，1992 年 8 月。
⑦ 裘錫圭：《釋"勿""發"》，《古文字論集》第 70～84 頁，北京：中華書局，1992 年 8 月。
⑧ 陳劍：《殷墟卜辭的分期分類對甲骨文字考釋的重要性》第 76～82 頁，北京大學中文系博士論文，指導教師：裘錫圭，2001 年 5 月。
⑨ 張玉金：《甲骨文虛詞詞典》第 78 頁，北京：中華書局，1994 年。

來看,應理解爲侯虎,而非“余”。得,嚴一萍先生釋[①]。這裏的“得”正與前一天戊戌日占卜的“失”相對而言,甲骨文中常見“得”與“失(或逸)”出現於同一條卜辭中,如《合》130正、131、132、133正、134、849正等。女,應讀爲汝,與“乃”相對。受,據《合》3297正可知後並無缺文,不宜理解爲“受有祐”之省。我們認爲這裏的“受”應讀爲“授”,有授予、交還義,這與前面的“失”、“得”相應。魯,從和“得汝史”相關的六條卜辭中,有三條(《合》3297正、3301、6130正+18377正)“女(汝)史”後緊接就是“受”沒有“魯”這一點來看,“魯”很可能是修飾後面的“受”的。我們認爲此處的魯應釋爲協[②],訓作合。《周禮·秋官·大行人》“冬遇以協諸侯之慮”,鄭玄注曰“冬見諸侯則合其慮之異同”;《尚書·堯典》“協和萬邦”,僞孔傳:“協,合”。古書中有“翕受”,見《尚書·皋陶謨》“翕受敷施”,其中的“翕”就訓爲合,《爾雅·釋詁》“翕,合也”。可見,將“魯受”理解爲“合受”是能講得通的。或許,這裏的“魯受”正可讀爲“翕受”,因爲從劦之字與從合之字多相通假,參看高亨編《古字通假會典》693~695頁“合字聲系”。卜辭中之所以說“合受”,可能是因爲侯虎損失的不止一個史,而這些侯虎所損失的史又有可能會被商王這方解救出來,故王說將得到的史匯合起來交還侯虎。

[③]第87則

A:《合》3300(《前》5.22.4)。

B:《合》4620正(《人》10930)。

兩片卜骨不能完全密合,是否一定是一版之折還不確定,也有可能是成套卜辭中的兩片。權存此以待查。

乙丑[卜,𡆥]貞:曰:[𢀛]方[其至]于[𡕀土,其有敗]。

貞:曰[侯]虎:得女(汝)史,魯受。 [典賓]

同文卜辭爲《合》6130正+18377正,見前第86則所引。此外,與第一條卜辭同文的還有:

乙丑卜,𡆥貞:曰:𢀛方其至于𡕀土,其有[敗]。 《合》6128[典賓]

[乙]丑卜,𡆥[貞]:曰:𢀛[方]其至于𡕀[土],其有[敗]。 《合》6129[典賓]

卜辭中𢀛方,爲方國名,商武丁時經常征伐的對象。𡕀土,地名。敗,從于省吾先生釋,訓爲失敗。這幾條卜辭中的“其有敗”似與前第86則所引《合》3298“☐曰:𢀛方其至于𡕀土,亡(無)敗”中的“無敗”對貞,根據司禮義先生所說“其”字規則,出現“其”的是商人不願看到的,故這裏“其有敗”和“無敗”的主語應指的是商人一方。卜辭大意是貞問𢀛方已侵犯至𡕀土,商人軍隊在此抵禦不會失敗吧。

[④]第88則

A:《合》25240(《善》2586)。

---

① 嚴一萍:《釋得》,《中國文字》第1册;收入《甲骨文獻集成》第11册,第459~463頁。

② 于省吾主編:《甲骨文字詁林》716~719頁,北京:中華書局,1996年5月。

③ 第87則選自方稚松《甲骨綴合十四組》中的第9組。

④ 第88則選自方稚松《甲骨綴合十四組》中的第10組。

B:《合》25926。

釋文:

甲子卜,大貞:王賓上甲𠬝𣪊[亡(無)吝[①]]。

辛☐旅☐祝☐。 [出二]

這兩片綴合後即爲《合補》7581。查"《甲骨文合集補編》資料來源索引總表"知此片爲《文捃》1286。《文捃》爲《甲骨文捃》簡稱。此書由李學勤、曾毅公兩先生合編,但並未出版。由此可知,李學勤、曾毅公兩先生很早就已將《甲骨文合集》中著錄的這兩片綴合,但似乎一直未被學者注意。《甲骨文合集補編》雖採用了《文捃》的這一綴合,但後面所附"《甲骨文合集補編》選收各家綴合表"未能指明這一版已著錄於《合集》,蔡哲茂先生《甲骨綴合續集》中"《甲骨文合集補編》重片號碼表"也沒有指出《合補》這版卜辭與《合集》中兩片的關係。故在此我們特爲說明。

[②]第 89 則

A:《合》27171(《寧滬》1.174)。

B:《合》26974(《寧滬》1.438)。

釋文:

癸亥卜:小甲日叀☐𩌏工不(?)乍(作)吝。

同文卜辭爲《屯南》2148、《合》27173。

[③]第 90 則

A:《合》32790(《寧滬》1.237)。

B:《合》32558(《寧滬》1.182)。

釋文:

☐貞:乙酉又升歲于祖乙十牢。

☐又歲于伊,王叀羊。(據同文《合補》10445 知應如此釋讀)

☐祝用。(《寧滬》摹本上多一"歲"字)

同文卜辭爲《合》32516 + 33611(即《合補》10445,許進雄綴),行款由上而下然後左行,類似行款又見《合》32020、33430 等。

[④]第 91 則

A:《合》13561(《佚》843、《六清》102、《外》347、《覺玄》142)。

B:《英藏》2187。

釋文:

---

① 陳劍:《甲骨金文舊釋"尤"之字及相關諸字新釋》,《北京大學中國古文獻研究中心集刊》第四輯,北京:北京大學出版社,2004 年 10 月。

② 第 89 則選自方稚松《甲骨綴合十四組》中的第 11 組。

③ 第 90 則選自方稚松《甲骨綴合十四組》中的第 12 組。

④ 第 91 則選自方稚松《甲骨綴合十四組》中的第 13 組。

壬辰卜貞：[illegible]司室。

丁亥卜：衎。

同文卜辭有《合》13559、13560。

[1]第 92 則

A：《合》24762（《鐵零》8、《續存》下 128）。

B：《合》26156（《鐵零》9＋14、《續存》下 140）。

釋文：

戊申卜，出貞：今日益，亡吝。雨。

⧄益⧄雨

⧄雨⧄。

己巳卜，出貞：翌庚［午］彡⧄。

戊寅卜，［出］貞：今日⧄[illegible]卒⧄。

戊⧄𨓏⧄[illegible]⧄。

此兩片綴合後即爲《掇三》462，《合集》未綴。與此版卜辭内容相近的有《合》18801、18802、26040、26041 等。《掇三》462 較《合集》清楚，根據《掇三》，可知《類纂》和《新編甲骨文字形總表》將[illegible]摹作[illegible]並不準確，疑《合》18820 中"之"上所殘缺的[illegible]與此是同一字。

[2]第 93 則

A：《殷墟甲骨拾遺（續五）》4。

B：《合》8672（《合補》6511 甲）。

近日筆者參加了在煙臺舉辦的"紀念王懿榮發現甲骨文 110 周年國際學術研討會"（2009.8.12—2009.8.16）。8 月 13 日晚拿到了會議的論文集《紀念王懿榮發現甲骨文 110 周年國際學術研討會論文集》[3]，其中著錄了焦智勤先生新公佈的 25 片甲骨材料，即《殷墟甲骨拾遺（續五）》（下簡稱《拾遺》）。當時看到這批材料中的第四片時，就覺得内容與《甲骨文合集》中一片有聯繫，幸好同門齊航福先生隨身攜帶了電腦，於是當時就順手查閲了一下，果然《合》8672 片内容與之相關。且《合》8672 是右甲首，而新的這片為左甲首，内容為對貞，感覺似能綴合，但因當時在電腦上顯示出的圖片並非原大，也無法作摹本，於是就暫放那裏，等回來後再作摹本。會議期間與蔡哲茂先生有過交談，蔡先生也有類似看法，相信若其他學者稍加注意，也都能發現這點。昨天回到北京後，立刻作摹本來進行核對，但遺憾的是《拾遺》中的這片龜甲圖片可能因處理方面的原因顯示的並非原大，無法與《合集》那片密合。但焦先生在文中注明了這片龜甲的長度為 4.2 釐米，我們

① 第 92 則選自方稚松《甲骨綴合十四組》中的第 14 組。

② 第 93 則選自方稚松《讀<殷墟甲骨拾遺>（續五）札記》。方文原載"中國社會科學院歷史研究所先秦史研究室網站"，http://www.xianqin.org，2009 年 8 月 18 日。本文是在黄師督促下完成的，寫作過程中蒙黄師及趙鵬師姐幫忙查閲相關資料，在此表示感謝！另文中所附圖片均非原大。收入本書時刪去與本版綴合無關的内容。

③ 王宇信、宋鎮豪、徐義華主編：《紀念王懿榮發現甲骨文 110 周年國際學術研討會論文集》，社會科學文獻出版社，2009 年 8 月。

測量了《合》8672 的長度，約為 4 釐米，而《合》8672 又見於《合補》6511 甲，《合補》中的拓片長度要大一點，約 4.4 釐米。考慮到拓片多少會與原甲大小有出入，相信《合》8672 與焦先生發表的這片還是應該能綴合的。對此，希望焦先生能將這片的原大拓片與《合》8672 核對一下，看是否能綴合。現將兩片龜甲的釋文隸定如下：

丙☑貞：[令]犬登[眔]麇[視]□方☑。

貞：[弜]令犬登眔[麇]。八月。

這裏，需說明的是《合補》6511 是將《合》8672 與《合》8564 遙綴在一起，綴合出處為蔡哲茂先生《甲骨文合集綴合補遺(續六)》[1]。不過，蔡先生後來在《讀<甲骨文合集補編>(二)》中已放棄此版綴合[2]，故《甲骨綴合集》和《甲骨綴合續集》中均未收錄此版綴合。我們覺得蔡先生放棄這一綴合是有道理的。因為雖然《合》8672 與《合》8564 內容相近，但需注意的是《合》8672(即《合補》6511 甲)中"眔"下一字作""，而《合》8564(即《合補》6511 乙)中字形作""，且從這兩版中這兩個字下面所殘留的字頭看，也並非一字。《合》8672 中""下所缺的可能是"視"；《合》8564 中""下一字應是""，"舌方"辭例參看《合》6300～6304。

[3]第 94 則

A：《合》10730(《龜》1.6.8、《珠》1114、《東文庫》187)。

B：《合》10727(《續存》上 738)。

C：《合》10729(《前》4.9.2)。

釋文與說明：

其中 A + B 是蔡哲茂先生綴合的，見《甲骨綴合集》第 34 組，筆者今加綴 C。參考《合》10726、《合》10728 等同文卜辭，內容大致釋讀如下：

□□卜，亘貞：王往罗[4]莫。王占曰：㞢(有)求(咎[5])。往罗豕，罗，率禽[☑在車☑逐☑]。

對比《合》10227"乙丑卜亘貞：往逐豕，獲☑往逐莫豕，允獲豕☑"，可知辭中"王往罗"與右邊"莫"之間應無缺字，可連讀。"莫"為地名，在卜辭中多用為人地名，如《合》95、《合》1108～1112、《合》6185、《合》6335 等[6]，但此處從辭例看應為動物名，劉桓先生在《殷契存稿》中將其釋為羆[7]，單育辰先生《說"熊""兔"——"甲骨文所見的動物"之三》

---

[1] 《大陸雜誌》七十九卷，第一期，11 頁，1989 年 7 月。

[2] 《大陸雜誌》一〇三卷，第 5 期，23 頁，2001 年。蔡先生的這兩篇文章蒙趙鵬師姐幫查閱的。

[3] 第 94 則選自方稚松《<甲骨文合集>綴合一例》，方文原載"中國社會科學院歷史研究所先秦史研究室網站"，http://www.xianqin.org/blog/。2010 年 6 月 18 日。本文寫作得到了黃天樹師的指導，謹致謝忱！

[4] 王國維：《戩壽堂所藏殷虛文字考釋》第 69 頁上，收入《甲骨文獻集成》第 1 冊，成都：四川大學出版社，2001 年。

[5] 裘錫圭：《釋"求"》，《古文字論集》第 59～69 頁，北京：中華書局，1992 年。《類纂》及蔡哲茂先生《甲骨綴合集》均將"㞢"下一字釋為"豕"，我們認為從筆劃看還是當釋為"求"為妥。

[6] 《類纂》1098 頁將此字與上從網下從兔之字列為同一字頭，學者多指出不確。

[7] 劉桓：《釋能罷》，《殷契存稿》第 116～118 頁，哈爾濱：黑龙江教育出版社，1992 年。但劉先生在《卜辭所見商王田獵的過程、禮俗及方法》(《考古學報》2009 年 3 期)中解釋本文所引幾條卜辭時，將此字釋為罷，訓為完畢之義。此說不可從。

對此表贊同[①]。“率”下一字有學者據《合》10726 將其釋作“”,此乃係誤讀而成,《合》10726 卜辭應從右往左讀(《類纂》即誤讀為從左至右),“率”不當與“”連讀。從殘劃看,此字與或罘上的“網”字筆劃有别,或罘上的“網”字兩邊筆劃向外伸展,呈“八”字形,而此字外側竪筆較直,應為“禽”字。“往罘豕,罘,率禽”之辭例較為特殊,但若將《屯》778 中的“”也看作是“設罘”之合文[②],則《屯》778 可讀作“☐王設罘,罘,禽。吉。/先王設罘,罘,禽。”與此正相似。“在車”等内容應是占辭中所説“有咎”的應驗,類似内容可參看《合》583 + 7139[③]、《合》584 + 9498 + 7143 +《合補》5597 +《東大》B0571[④]、《合》8250、《合》11446 等卜辭。

[⑤]第 95 則

A:《合》37146。

B:《合》37074。

一般説來,黄類卜辭的字體細小,書法整飭,行款劃一,但是黄類卜辭細分,還是可以分為若干小類,整體風格統一的同時,局部又有稍變。綴合圖版的上半部分——《合集》37146 中的“其”字、“牢”字顯然與“又”、“一”、“牛”等字的大小不一致,而綴合圖片的下半部分——《合集》37074 中,“牢”字、“䍙”字也與其他同版的“又”、“一”、“牛”、“惠”等字的大小不一致。究其原因,可能與刻者對整版字體的把握有關,也可能與刻寫時空間寬狹不同有關。綜觀武丁至帝乙帝辛時期各組各類卜辭,同一版中字體大小不一的情況均有出現,這也是文字發展過程中不可避免的一個階段,字無定形,更不用説“大小有定”了。綴合後卜辭釋文如下:

惠[䍙]。

其[牢]又[一牛]。兹[用]。二

其[牢]又[一牛]。二

惠䍙。

惠䍙。

其牢又一牛。

其牢又一牛。

口口又一牛。

---

① 復旦大學出土文獻與古文字研究中心網站,2009 年 9 月 23 日,http://www.guwenzi.com/SrcShow.asp? Src_ID=916。

② 裘錫圭先生在《釋殷墟甲骨文裏的“遠”“邇”及相關諸字》中指出《屯》778 中的可看作是“設罘”之專字,而《合》28821 中的可看作“設罘”二字合文。見《古文字論集》第 7 頁,北京:中華書局,1992 年。

③ 見蔡哲茂《甲骨綴合集》第 12 組,台北:樂學書局,1999 年。

④ 此版卜辭先後有蕭良瓊、劉影、李愛輝等學者綴合,參李愛輝:《賓組甲骨綴合一例》,先秦史研究室網站,2009 年 11 月 9 日,http://www.xianqin.org/blog/archives/1745.html。【編者按:已收入本書第 295 則】

⑤ 第 95 則選自劉影《黄類卜辭綴合兩例》第 1 例。劉文原載“中國社會科學院歷史研究所先秦史研究室網站”,www.xianqin.org,2008 年 1 月 23 日。【編者按:此文修改後已發表,見劉影:《甲骨新綴四則》第 1 則,《故宫博物院院刊》2010 年第 1 期。】

卜辭的意思很簡單,是一版選貞卜辭,卜問是選用"犁"牛來祭祀,還是用一牢再加一牛來祭祀。

綴合理由:

《合集》37146 與《合集》37074 同為黄類卜辭,字體風格一致;兩片卜辭中"牢"與"犁"字中的"牛"的觸角能很清楚地看出是分左右兩筆寫就,寫法一致。此證一。《合集》37146 中"其"、"又"與《合集》37074 中的"牢"、"一牛"形成一條"其牢又一牛"的完整卜辭,這在辭例上吻合。此證二。綴合以後,《合集》37074"惠"字的尾部與《合集》37146"惠"字的上部正好相合。此證三。兩片卜辭的兆序都是"二",且綴合後上片與下片的兆序排列整齊。此證四。【編者按:國家圖書館胡輝平先生核對甲骨實物後認為本綴合是正確的。參看胡輝平:《先秦史研究室網站關於國圖館藏甲骨之綴合驗證》,原載"中國社會科學院歷史研究所先秦史研究室網站",www. xianqin. org,2010 年 3 月 12 日。】

[①]第 96 則

A:《合》36591(《續》3. 20. 5)。

B:《合》36697(《續》3. 22. 8)。

釋文:

壬子[卜貞:王迺]于囗,往來[無災]。一

丁巳卜[貞]:王迺[于囗],往來[無]災。

乙丑卜貞:王迺雍,往來無災。

戊辰卜貞:王迺召,往來無災。

壬申卜貞:[王]迺于囗,往[來]無[災]。

丁丑卜貞:王迺于雍,往來無災。

己卯卜貞:王迺雍,往來無災。

辛巳卜貞:王迺于雍,往來無災。

乙酉卜貞:王迺于雍,往來無災。

戊子卜貞:王迺于雍,往來無災。

辛卯卜貞:王迺召,往來無災。

綴合理由[②]:

綴合後的圖版通讀順序應為:由下至上,由左至右。以時間為序,從壬子日一直到辛卯日,歷時整整四十天,隔二至五日便卜問一次"王迺"是否有災禍發生。我們可以看到:由壬子至丁巳五天,乙丑至戊辰三天,戊辰至壬申四天,壬申至丁丑五天,丁丑至己卯三天,己卯至辛巳二天,辛巳至乙酉四天,乙酉至戊子三天,戊子至辛卯三天。這其間唯獨丁巳至乙丑隔了八日,我們可以推斷,在這八日中應當還有一次占卜,也就是我們綴合後圖版的右下角所缺的那一次占卜,如果這個干支由我們來補出的話,最可能的是庚申、辛

① 第 96 則選自劉影《黃類卜辭綴合兩例》第 2 例。【編者按:此文修改後已發表,見劉影:《甲骨新綴四則》第 2 則,《故宮博物院院刊》2010 年第 1 期。】

② 此版黃類卜辭行款排列不是很整齊,如《合集》36591 中"辛巳卜"一條,"無災"二字靠右,所以綴合後的行款排列也不是整齊劃一,也在情理之中。

酉、壬戌三個干支。所以,從時間上推斷,所綴當是合理的,此證一。所綴兩版字體一致,同為黄類卜辭。綴合後"乙丑卜貞:王㳄雍,往來無災"與"戊辰卜貞:王㳄雍,往來無災"兩條卜辭可以通讀;"王㳄雍"事類相同,此證二。綴合圖版中所缺"△"處正提示了斷裂原因,"△"的存在説明此處原為鑽鑿之所,所以容易斷裂,此證三。綴合後上下片中的兆序辭同為"一",且排列整齊,此證四。

第97則[①]

A:《合》33626(《京人》2340)。

B:《合》33681(《善》2270)。

釋文:

[弜又]。

三牢。

五牢。

十牢。

綴合理由及説明:A《合》33626(《京人》2340)與B《合》33681(善2270)同為歷組二類字體,A版與B版恰好拼合一"牢"字。A版與B版綴合後為骨條的一部分。牛胛骨上與骨臼相對的一側骨版較厚,便於背面施以成串排列的鑽鑿,鑽鑿在占卜時會因灸灼而坼裂,故胛骨較厚的一側往往容易順此斷裂,成為骨條。A版與B版綴合後為骨條的一部分,且左側均為斷裂邊,右側為原邊,綴合後原邊整齊,骨條寬度一致。B版下端殘辭可推斷為"弜又"二字,與A版綴合後辭例相合,是歷組二類中的祭祀卜辭。"弜又"一辭下方應當還有與之對貞的卜辭,兩辭是要不要對祖先舉行侑祭進行正反貞問。"三牢、五牢、十牢"是對用牲數量進行的選貞。綴合後的圖版有許多與之相似的辭例,如《合》33933、《合》34630等,可參看。

第98則[②]

A:《合》7299。

B:《合》6172。

釋文:

丁卯卜,㱿貞:翌辛未令[伐𢀛方],受[有又]。

令。

癸巳卜,㱿貞:収人[呼伐]𢀛方,受有又。

貞:収人。

丙午卜,㱿貞:𧶠人三千呼[伐𢀛方,受有又]。

---

① 第97則選自劉影《歷組二類卜辭新綴一例》。劉文原載"中國社會科學院歷史研究所先秦史研究室網站",www.xianqin.org,2009年3月26日。【編者按:此文修改後已發表,見劉影:《甲骨新綴四則》第3則,《故宫博物院院刊》2010年第1期。】

② 第98則選自劉影《賓組胛骨新綴一則》。劉文原載"中國社會科學院歷史研究所先秦史研究室網站",www.xianqin.org,2009年5月27日。【編者按:此文修改後已發表,見劉影:《甲骨新綴四則》第4則,《故宫博物院院刊》2010年第1期。】

丙午卜,𣪊貞:翌丁未酒[中丁,易日。]

貞:翌丁未不其易日。

①第 99 則

A:《合》178(《後》上 30.14)。

B:《合》7700(《京》1297)。

釋文:

己丑卜,永貞:戉其𢦔。

丁巳卜,𣪊貞:師獲羌。十二月。

[乙酉]卜,[穷]貞:[王]往[出]。

綴合後"貞"字與"戉"字可以破鏡重圓。《合》39489(《金》596)與之同文,可證綴合是正確的。

②第 100 則

A:《合》359(《歷拓》1010)。

B:《合》5145(《簠游》25 +《簠文》18、《續》3.47.6)。

A 與 B 字體均為典賓類,綴合後"于"、"庚"、"申"三字可以彌合;《合》169(《前》5.44.3)與之同文,且二者恰為同對胛骨,故可證綴合是正確的。綴合後卜辭釋文如下:

貞:九羌卯九牛。

貞:于翌庚申出。

貞:王勿去束。

[子]漁[有从]。

③第 101 則

A:《合》5400(《善》16642)。

B:《合》16112(《誠》300 不全、《善》4478、《京》968 不全)。

《合集》5400 與《合集》16112 均為典賓類卜辭,且均為骨扇的一部分。綴合後可補足一個"𣪊"字。《合集》39781(《英藏》353、《金璋》699)與之同文,參看《合集》39781 的骨扇部分,可知綴合是正確的【編者按:國圖胡輝平先生目驗原骨後認為綴合是正確的】。相關同文卜辭有《合集》16111、《合集》16113、《合補》766,可參看。

釋文:

[己亥卜] 𣪊貞:王于㫚[酒入]。

[己亥卜𣪊]貞:王[入]。

---

① 第 99 則選自劉影《典賓類卜辭新綴一則:<合集 >178 + <合集 >7700》。劉文原載"中國社會科學院歷史研究所先秦史研究室網站",www.xianqin.org,2009 年 7 月 14 日。

② 第 100 則選自劉影《典賓類卜辭新綴第二則:<合 >359 + <合 >5145》。劉文原載"中國社會科學院歷史研究所先秦史研究室網站",www.xianqin.org,2009 年 7 月 16 日。

③ 第 101 則選自劉影《典賓類卜辭新綴第三則:<合 >5400 + <合 >16112》。劉文原載"中國社會科學院歷史研究所先秦史研究室網站",www.xianqin.org,2009 年 7 月 22 日。

[己亥卜殻]貞:王勿于[𠭯酒入]。

第102則[1]

A:《合》185(《簠人》56)。

B:《合》5175(《簠游》62)。

綴合理由:《合集》185與《合集》5175均為典賓類卜辭,且均出自《簠室殷契徵文》。兩版斷邊吻合,綴合後可補足"辛"字與"王"字。綴合後補足的干支"辛亥"與同版的"癸丑"、"甲寅"、"乙卯"在時間上為接續關係。綴合後左側兆邊整齊,右側為原邊,綴合後右側原邊不整齊,應當是因為施拓不同所致:骨條本身有厚度,正面到背面的弧度中有時亦有刻字,《合集》185即是。從拓片上來看,《合集》185在施拓時是將弧度中的字一併拓出,《合集》5175則不然。所以《合集》185的拓片比《合集》5175的拓片要略寬。

釋文:

辛[亥]卜[殻]。六[月]。

呼逆執。

光不其獲羌。

貞:辛亥王入。

于癸丑入。

于甲寅入。

于乙卯入。

第103則[2]

A:《合》3664(《京人》1118)。

B:《合》6158(《契》72)。

綴合理由及說明:A版與B版骨條寬度一致,綴合後邊緣整齊。《合集》6158"王"字頭部殘劃、"沚"字上部殘劃與《合集》3664"王"字、"沚"字殘劃正好將二字補足。綴合後成為一條完整的卜辭:"貞:王勿比沚戠。"

釋文:

貞:惠𢀛方呼禦。

貞:王勿比沚戠。

辛卯卜賓。

[王]比[戠]。

第104則[3]

A:《合》6166(《續存》上693)。

---

① 第102則選自劉影《典賓類卜辭新綴第四則:<合集>185+<合集>5175》。劉文原載"中國社會科學院歷史研究所先秦史研究室網站",www. xianqin. org,2009年8月12日。

② 第103則選自劉影《典賓類卜辭新綴五則》第1則。劉文原載"中國社會科學院歷史研究所先秦史研究室網站",www. xianqin. org,2009年8月31日。

③ 第104則選自劉影《典賓類卜辭新綴五則》第2則。

B:《合》7405 正(《簠拓》824 正,《續》5.27.4 不全)。

綴合理由及說明:A 版與 B 版均為骨扇的一部分,兩版正好拼合一“爯”字,且綴合後“沚戠爯冊”為典賓類戰爭卜辭常見的辭例形式,如《合集》6160、《合集》6161、《合集》7402 等。

釋文:

☐戠爯冊𢀛𢀛[方]☐王比,我受[又]。

☐爯冊王☐

第 105 則[①]

A:《合》6176(《粹》1078、《善》5343)。

B:《合》19693。

C:《合》7219(《京》2226、《善》6510、《續存》上 701)。

綴合理由及說明:蔡哲茂先生已將 A《合集》6176 和 B《合集》19693 綴合,見《甲骨綴合集》第 233 組。筆者加綴《合集》7219。《合集》6185 為一版胛骨的骨首卜辭,與此綴合同文。

釋文:

[口口卜,殼]貞:𠂤人三千呼望[𢀛方]。

[口口卜],殼貞:呼伐𢀛方☐。

【編者按:國圖胡輝平先生目驗實物後認為本綴合是正確的】。

第 106 則[②]

A:《合》14262(《善》15090)。

B:《合補》2051(《歷藏》6417)。

綴合理由及說明:A 版與 B 版均為骨扇的一部分,綴合後可補足“貞”字與“若”字,且綴合後幾乎可以補足一條完整的卜辭。《合集》3958 同文,可參看。

釋文:

口午卜殻貞:沚戠[爯冊王]比,下上若,受[有祐]。

第 107 則[③]

A:《合補》759 正(《歷拓》10401 正)。

B:《合》17276 正(《簠拓》1047)。

C:《合》6217(《簠征》2、《簠拓》806、《續》3.6.7)

綴合理由及說明:三版綴合後是一版胛骨的骨首以下部分。由於 C 版《合集》6217 的背面材料沒有發表,所以這裏只提供了 A 版與 B 版的背面綴合圖片。A 版與 B 版綴合

① 第 105 則選自劉影《典賓類卜辭新綴五則》第 3 則。
② 第 106 則選自劉影《典賓類卜辭新綴五則》第 4 則。
③ 第 107 則選自劉影《典賓類卜辭新綴五則》第 5 則。蒙蔡哲茂先生、趙鵬師姐指正,謹致謝忱。

後正面補足一“貞”字,背面補足一“曰”字[1]。B 版與 C 版綴合後補足一“王”字;三版綴合後的兩條卜辭恰與《合集》6220 的兩條骨首卜辭為對貞關係。骨首卜辭與骨面卜辭存在對貞關係是典賓類卜辭的一種文例。A、B、C 三版綴合後如果兆序辭與《合集》6220 一致,則應當可與之遙綴。A 版與 B 版的正面綴合斷痕相吻合,背面綴合後兩版有疊加的情況,可能是由於兩版撕裂所致。

釋文:

辛亥卜㱿貞:惠王往伐𢀛☐

辛亥卜㱿貞:惠王往☐(以上正面)

王固曰:其有異,其隹庚☐(以上背面)

[2]第 108 則

A:《合》6665 正(《後》下 37. 2 正、《歷拓》7212 正、《通》552 正)。

B:《合》16900 正(《鐵》253.1 正、《歷拓》9413 正)。

綴合理由及説明:

A 與 B 分別為一版胛骨的骨首與骨條部分,兩版折斷處有一個“𡆥”字可以拼合。拼合後骨條寬度一致;左邊是原邊,拼合後也非常整齊,可見 A 與 B 確為一版之折。骨首卜辭雖然字體大小不一致,但為一條卜辭,大字部分為驗辭。從現有綴合來看,這是一版卜旬卜辭。

釋文:

癸未卜貞:旬無𡆥。三日乙酉有來自東,妻呼𠁁告旁戎。

癸亥卜賓貞:旬[無𡆥]。

癸未卜賓貞:旬無𡆥。

癸巳卜賓貞:旬無𡆥。

癸卯卜賓貞:旬無𡆥。

癸丑卜賓貞:旬無𡆥。

☐無𡆥。

[3]第 109 則

A:《合》13442 反(《珠》1422)[4]。

B:《合》17274(《誠》423、《善》20302、《京》1956 不全)。

綴合理由及説明:A 與 B 可拼合“曰”字與“丙”字;B 版右側有刮痕,可知 B 版應當是一版胛骨的背面拓片;B 與 A 拼合後還留有空隙,不知是鑽鑿還是其他原因所致。

---

① 蒙蔡哲茂先生告知,背面圖版並不能補足一“曰”字,兩版中間缺一“其”字,背面釋文亦應加一“其”字。A 版殘劃為“曰”字殘劃,B 版殘劃當為“其”字殘劃,這樣 A 與 B 背面綴合圖片則沒有疊加的情況了。

② 第 108 則選自劉影《賓組甲骨新綴一則:<合集>6665 + <合集>16900》。劉文原載“中國社會科學院歷史研究所先秦史研究室網站”,www. xianqin. org,2009 年 9 月 3 日。本文綴合得到了黃天樹師的指導,謹致謝忱!

③ 第 109 則選自劉影《賓組甲骨新綴一則:<合>13442 反 + <合>17274》。劉文原載“中國社會科學院歷史研究所先秦史研究室網站”,www. xianqin. org,2009 年 9 月 5 日。本文得到了黃天樹師的指導,謹致謝忱!

④ 《合集》13442 正又見於《前》7.43.2、《龜》1.10.12 + 1.21.2、《通》427。

釋文:

戊☐又。王固☐隹丁,吉,其☐未允☐允有異[①]。明有各雲[自]☐昃亦有異,有出虹自北,[飲]于河。在十二月。(以上正面)

王固曰:丙其有異☐。(以上背面)

[②]第110則

A:《合》584正甲(《簠地》31+,《簠拓》774+809);《合集》584反甲(《簠地》33+,《簠拓》775+810)。

B:《合》9498正(《北圖》2132正);《合集》9498反(《北圖》2132反,《前》5.48.2)。

C:《合》7143正(《簠地》52正,《簠拓》573);《合集》7143反(《簠拓》574)。

綴合理由及說明:

A版與B版為蕭良瓊先生綴合[③],C版為筆者加綴。C版左上角邊緣恰與A版右側第二個兆序辭"一"所在邊緣相合,且兩個殘斷邊緣相拼後,C版左下角"殸"字的殘劃正好位於A版"卜"字與"貞"字中間,辭例相合。本版骨扇部分卜辭貞人全部為"殸",我們所補之貞人"殸"又正好與此相合。A版與C版補足的這條"癸亥卜"卜辭恰與《合集》583+《合集》7139[④]、《合集》137+《合集》7990+《合集》16890[⑤]同文。背面A版與C版都有刮削的痕跡,且拼合後補足一個完整的鑿。A與B綴合後是一版胛骨的骨扇部分,其右側的骨條已全部殘斷,這種骨條從胛骨上全部斷裂下來的情況比較常見,如《合集》137、《合集》583、《合集》1075等。我們所加綴的C版是斷裂下來的骨條的一部分,有時候骨條並不全部斷裂下來,還有與骨扇相接的一部分,這種情況如《合集》367、《合集》13357等。C版上方還有加綴剩餘骨條的空間。以下是我們據同文《合集》583+《合集》7139、《合集》137+《合集》7990+《合集》16890擬補的釋文:

癸未卜殸貞:旬無[𡆥。王固曰:有]咎,其有來艱。[迄至。七日己丑]允有來艱自西,𡧊戈[化呼]告曰𢀛方正于我奠☐。(以上正面)[四日]壬辰亦有來艱自西,𠂤呼[告曰𢀛]方正我奠,𢦔四[邑]。(以上反面)

[癸巳卜殸貞:旬無[𡆥]。(以上正面)[王]固曰:有咎。八日庚子戈𡴘[羌]☐人,𢼄有圉二人。(以上反面)

癸亥卜殸貞:旬無𡆥。王固[曰:有咎]。五日丁卯王狩敝,𣲠[illegible]☐亦𡉚在車,卓馬亦☐(以上正面)

癸亥卜[殸]貞:旬無𡆥。王固[曰:有咎,其有]來艱。六日[戊辰允]有來艱,沚戠呼[告曰]𢀛[方]☐(以上正面)

---

① 從陳劍先生釋為"異",指自然界的異常現象。參見陳劍:《殷墟卜辭的分期分類對甲骨文字考釋的重要性》,《甲骨金文考釋論集》,綫裝書局,2007年4月第1版,第420~427頁。

② 第110則選自劉影《賓組甲骨新綴三則》第1則。劉文原載"中國社會科學院歷史研究所先秦史研究室網站",www.xianqin.org,2009年9月10日。本文得到了黃天樹師的指導,謹致謝忱!

③ 蕭良瓊先生綴合,見蕭良瓊《卜辭文例與卜辭的整理和研究》,《甲骨文與殷商史》第二輯,上海古籍出版社,1986年,第39~40頁。

④ 蔡哲茂先生綴合,蔡哲茂《甲骨綴合集》第12組,臺北:樂學書局,1999年9月。

⑤ 蕭良瓊先生綴合,見蕭良瓊《卜辭文例與卜辭的整理和研究》,《甲骨文與殷商史》第二輯,上海古籍出版社,1986年,第35~38頁。

〼田㚔亦焚廩三〼(以上背面)

王固曰:有咎有見〼其隹丙〼(以上背面)

〼固曰:有〼(以上背面)

[①]第 111 則

A:《合》7202 正(《珠》1407);《合集》7202 反(《東大》B0392a[②])。

B:《合》16936 正(《簠雜》119、《簠拓》859)。

綴合理由及說明:

A 與 B 綴合後可補足一"殻"字。綴合後,A 版與 B 版殘辭互補。

釋文:

癸亥卜殻貞〼[曰:有咎,其]有來〼

癸未卜殻〼曰:有咎,其[有]〼

〼[殻]貞〼

〼貞:旬無𡆥〼

圖一

① 第 111 則選自劉影《賓組甲骨新綴三則》第 2 則。

② 劉影《〈賓組甲骨新綴三則〉補綴一則》(先秦史研究室網站 www. xianqin. org,2009 年 9 月 22 日)說:"筆者發表於貴站《賓組甲骨新綴三則》(http://www. xianqin. org/blog/archives/1631. html),其中第二組綴合(《合集》16936 正+《合集》7202)發表的綴合信息不全。蒙蔡哲茂先生告知,《合集》7202 的反面為《東大》B0392a,現將此組綴合的反面綴合圖版補充在此則之下(見圖一)【編者按:圖一《合》16936 反 +《東大》B0392a 的考釋參看本書《甲骨拼合集·序》】。

[①]第 112 則

A:《合》6221(《歷拓》12235)。

B:《合》8562(《續存》上 576、《善》4450)。

綴合理由及說明:

A 與 B 斷痕相合,B 版尚存“辛”字、“亥”字殘劃與“隹”字頭部,“隹”字頭部與 A 版拼合後,補足一“隹”字。A 與 B 綴合後與《合集》6220 同文,可以證明綴合是正確的。據同文,我們擬補的釋文如下:

辛亥卜,㱿貞:勿隹王往[伐]𢀛[方]。

貞:勿隹王往伐𢀛方,下上弗若,不我其受[祐]。

[②]第 113 則

A:《合》11918(《前》7.21.1)。

B:《合》6279(《續存》上 568、《善》5826)。

C:《合》11891 正(《善》7445 正)。

綴合理由及說明:

A 與 B 為林宏明先生所綴(首發於中國社會科學院歷史研究所先秦史研究室網站 http://www.xianqin.org/blog/archives/1628.html),C 版為筆者加綴。B 版與 C 版可拼合“雨”、“㞢”二字,且綴合後與 A、B 兩版殘辭互補【編者按:國圖胡輝平先生核對甲骨實物後認為本綴合是正確的】。

釋文:

甲辰卜,賓貞:呼伐𢀛方,受有[祐]。

丙午卜,□貞:自今至[于]▨王固曰:其雨隹庚,其隹▨。二日戊申允雨。

[③]第 114 則

A:《合》9814(《契》91)。

B:《合補》1787(《歷藏》14922)。

綴合理由及說明:

A 與 B 均為骨扇的一部分,兩版可拼合“受”字與“𢀛”字。

釋文:

▨貞:我不其受年。十三月。

▨𢀛方,受有祐。

▨易日。三月[④]。

---

① 第 112 則選自劉影《賓組甲骨新綴三則》第 3 則。

② 第 113 則選自劉影《賓組新綴兩則》第 1 則。劉文原載“中國社會科學院歷史研究所先秦史研究室網站”,www.xianqin.org,2009 年 9 月 13 日。本文得到了黃天樹師的指導,謹致謝忱!

③ 第 114 則選自劉影《賓組新綴兩則》第 2 則。

④ 疑漏刻豎劃,當為十三月之誤。

☐[日]雨小。

①第 115 則

A:《合》5977(《歷拓》10544)。

B:《合》9974(《歷拓》5551、《續》4. 25.3)。

綴合理由及説明:

A 與 B 可拼合一"呼"字,且兩版綴合後補足一條完整的卜辭"呼田于𢀛",與 B 版"呼田于𢀛"恰同。B 版的"𢀛"字收在《類纂》"牛"字條之下②,A 版的"𢀛"字收在"𢀛"字條下③。A 版與 B 版此字實同,應為"𢀛"字。"𢀛",卜辭中用作地名,具體隸定為何字待考。

釋文:

貞:圂。

貞:勿呼婦姘先。

丁丑卜賓貞:圂。

貞:不其受年。

呼田于𢀛。

貞:婦姘黍受年。

呼田于𢀛。

④第 116 則

A:《合》6249(《珠》1189)。

B:《合補》4507(《東大》B0352b)。

綴合理由及説明:

A 版尚存"卯"字上部兩小豎劃,與 B 版之"卯"字可以拼合。且 A 版的"呼伐𢀛[方]"與 B 版的"受有[祐]"又可以殘辭互足。《合集》6236、《合集》6237 為同文卜辭,亦可證綴合是正確的。

釋文:

[乙]丑卜,𣪊貞:翌丁卯令步☐

☐[貞]:呼伐𢀛[方],受有[祐]。

⑤第 117 則

A:《合》7136 正(《歷拓》37 正);《合集》7136 反(《歷拓》37 反)。

B:《合》7164 正(《續存》上 919);《合集》7164 反(《續存》上 920)。

---

① 第 115 則選自劉影《賓組新綴兩則》第 1 則。劉文原載"中國社會科學院歷史研究所先秦史研究室網站",www. xianqin. org,2009 年 9 月 17 日。本文得到了黄天樹師的指導,謹致謝忱!

② 姚孝遂、肖丁主編:《殷墟甲骨刻辭類纂》,中華書局,1989 年 1 月,580 頁。

③ 姚孝遂、肖丁主編:《殷墟甲骨刻辭類纂》,中華書局,1989 年 1 月,581 頁。

④ 第 116 則選自劉影《賓組新綴兩則》第 2 則。

⑤ 第 117 則選自劉影《賓組新綴一則:<合集 >7136 + <合集 >7164》。劉文原載"中國社會科學院歷史研究所先秦史研究室網站",www. xianqin. org,2009 年 9 月 17 日。本文得到了黄天樹師的指導,謹致謝忱!

綴合理由及說明：

A 版與 B 版均為典賓類字體，A 版正面還存有“其”字右上角的一小横，兩版拼合後正好將“其”字補足，且殘斷的界劃線也正好接到一起。右邊的骨條邊為原邊，兩版相拼後，骨條寬度一致，原邊整齊。背面兩版綴合後，補足一個鑿的左側輪廓，且兩版背面殘辭亦可互足。《合集》367 與之同文，可證綴合是正確的。

釋文：

癸卯卜▨王固[曰]▨

癸未卜，㱿貞：旬▨三月。

貞：其有來艱。

▨卜▨（以上正面）

▨[咎]其有來艱▨（以上背面）

①第 118 則

A：《合》12241 正（《粹》804 甲、《善》14534 正）。

B：《合補》723（《歷藏》17609）。

綴合理由及說明：

A 版與 B 版均為典賓類字體，兩版可補足“卯”、“卜”兩個字。補足後的“卜”字横枝較長，與 B 版的“卜”字寫法正好相同。A 與 B 綴合後恰與《合集》11917 同文，可證綴合是正確的。【編者按：經學者指出，《合》12241 正和《合補》723 綴合後即爲《合》11917，而非同文】

釋文：

己卯卜，㱿▨

己卯卜▨王占曰：[其]▨

②第 119 則

A：《合》2723（《簠典》119 不全、《簠拓》103、《續》4.27.2）。

B：《合補》948（《歷藏》18737）。

綴合理由及說明：

A 與 B 為典賓類字體。綴合後三條卜辭均可殘辭互足，且補足一個“㞢”字。

釋文：

□□[卜]，爭[貞]：㞢于示▨

□□[卜，爭]貞：㞢彳于▨

▨[貞]：印（禦）婦姘[于]▨

① 第 118 則選自劉影《賓組新綴一則》。劉文原載“中國社會科學院歷史研究所先秦史研究室網站”，www.xianqin.org，2009 年 9 月 22 日。本文得到了黃天樹師的指導，謹致謝忱！

② 第 119 則選自劉影《賓組新綴一則》。劉文原載“中國社會科學院歷史研究所先秦史研究室網站”，www.xianqin.org，2009 年 9 月 25 日。本文得到了黃天樹師的指導，謹致謝忱！

[①]第 120 則

A:《合》6212(《續存》上 578、《善》5281)。

B:《合》7595(《粹》1093、《善》5585、《京》1254)。

綴合理由及說明:

A、B 兩版"𢀛"字斷痕處相合,大致可以補足一個"𢀛"字。"𢀛"字與"惠"字下方都有界劃線,雖不能彌合,但是可以確定為一版之折。兩版綴合後與蔡哲茂先生所綴《合集》6209 +《合集》7260[②] 為同文卜辭,兩版一為左胛骨,一為右胛骨,刻辭的部位也相似,可以證明本組綴合是正確的。【編者按:國圖胡輝平先生核對實物後認為本綴合正確】。

釋文:

貞:惠王[往]伐𢀛。

[貞:惠]弘[③]呼伐。

[貞:惠𠂤般]呼[伐]。

[④]第 121 則

A:《合》8070(《簠人》76、《簠拓》544、《續》5. 24. 1)。

B:《合》13355(《前》4. 43. 1)。

綴合理由及說明:

A 與 B 斷痕相合,恰好補足"癸"字與"卜"字。補足後的"癸酉卜殻"可能是"癸酉卜殻貞:翌丙子其立中無風"的提綱。相關骨面卜辭見於《合集》7369、《合集》7370 +《東文研》B0327[⑤]、《合集》7371、《合集》13355、《英藏》680 等。

釋文:

貞:翌丙子其有風。

癸酉卜,殻。

貞:呼𠬝在[illegible][人]。

貞:呼𠬝在[illegible]人。

貞:其有去受[有祐]。

☐十月。

[⑥]第 122 則

A:《合》7327(《北圖》2207)。

---

① 第 120 則選自劉影《賓組新綴一則:<合集>6212 + <合集>7595》。劉文原載"中國社會科學院歷史研究所先秦史研究室網站",www. xianqin. org,2009 年 10 月 30 日。本文得到了黃天樹師的指導,謹致謝忱!

② 蔡哲茂:《甲骨綴合集》第 28 組,臺北:樂學書局,1999 年 9 月第 1 版。

③ 從裘錫圭先生釋。裘錫圭:《釋"弘""強"》,《古文字論集》,第 53 ~ 58 頁,北京:中華書局,1992 年。

④ 第 121 則選自劉影《賓組甲骨新綴兩則》第 1 則。劉文原載"中國社會科學院歷史研究所先秦史研究室網站",www. xianqin. org,2009 年 9 月 28 日。本文得到了黃天樹師的指導,李愛輝師妹提供同文卜辭幫助,謹致謝忱!

⑤ 李愛輝綴合,見《賓組胛骨新綴一則》,原載"中國社會科學院歷史研究所先秦史研究室網站",www. xianqin. org,2009 年 9 月 28 日。

⑥ 第 122 則選自劉影《賓組甲骨新綴兩則》第 2 則。

B:《合》7333 正(《南坊》5.36、《歷拓》497 正、《掇二》467 正)。

綴合理由及說明:

A 與 B 斷痕相合,且綴合後辭例相合,可殘辭互足。《合集》11648 與本版同文,可參看。

釋文:

☐貞:㲋人三千[呼]☐

☐[巽,其]隹丙不☐日九旬㞢☐日庚戌☐

第 123 則[①]

A:《合》6059(《歷拓》6632)。

B:《合》7152 正(《善》1739 正)。

綴合理由及說明:

A 與 B 斷痕相合,B 版殘有"戠"字頭部,恰好與 A 版補足一個"戠"字。A、B 兩版的"固"字亦可互足,只是兩版右側均有殘缺,所以"固"字右側依然不能補足。《合集》6057、《合集》6060 與之同文,可證綴合是正確的。我們據同文卜辭擬補的釋文如下:

[癸巳卜㱿貞:旬]無囚。王[固曰:有咎,其有來艱。迄至。五日丁丑允有]來艱。戠告曰:土方[正于我東鄙,𢦏二邑。𢀛方亦]𡧊我西[鄙田]☐

第 124 則[②]

A:《合》7862(《小川》1、《散》459)。

B:《合補》769(《明治》4)。

綴合理由及說明:

兩版斷痕相合,綴合後骨條寬度一致,原邊整齊,可以補足"望"、"乘"、"歸"三個字,且同時補足一條卜辭"貞:令望乘歸"。A 版末端殘辭不太清晰,僅見"貞"字與"望"、"乘"二字上端殘劃,與 B 版綴合後可知,A 版"望乘"二字後還有"歸"字殘劃。A 與 B 綴合後,B 版的"貞:勿㞢"與 A 版的"貞:㞢于父甲父庚父辛[③]"(或"㞢于爻戊咸戊𣎵")成為一組對貞卜辭。

釋文:

貞:勿㞢。

勿令。

壬寅卜㱿。

貞:令望乘歸。

㞢于爻戊咸戊𣎵。

貞:㞢于父甲、父庚、辛。

---

① 第 123 則選自劉影《賓組卜辭新綴五則》第 1 則。劉文原載"中國社會科學院歷史研究所先秦史研究室網站",www.xianqin.org,2009 年 10 月 10 日。本文得到了黃天樹師的指導,謹致謝忱!

② 第 124 則選自劉影《賓組卜辭新綴五則》第 2 則。

③ 疑此處父庚與父辛共用一個"父"字。

勿于砮。

隹兹邑龍,不若。

貞:于砮。

亡(無)若。

[①]第 125 則

A:《合》8546(《契》78)。

B:《合》16017(《歷拓》10399)。

綴合理由及説明:

兩版斷痕相合,綴合後可補足"亘"、"翌"、"舌"、"徝"四個字。

釋文:

甲寅卜,亘貞:☐

庚寅卜,賓貞:翌甲午☐

☐☐卜,爭貞:告舌方于☐

☐☐[卜],☐貞:王奏兹簪[②]徝☐

[③]第 126 則

A:《合》6158(《契》72)。

B:《合》3664(《京人》1118)。

C:《合》13536 正(《續》4.44.3、《簠拓》857、《簠人》15 不全)。

綴合理由及説明:

A 與 B 為筆者所綴,首發於先秦史研究室網站:http://www.xianqin.org/blog/archives/1612.html ,2009 年 8 月 31 日【編者按:參看本書第 103 則】。C 版為筆者加綴。B 與 C 斷痕相合,綴合後骨條寬度一致,原邊整齊,且補足一條完整的卜辭"王比戠",這條卜辭又恰好與 A、B 綴合後補足的卜辭"貞:王勿比沚戠"為相間對貞卜辭。

釋文:

☐寅卜,☐貞:我☐从斲。一

癸亥卜,賓貞:旬亡(無)囚。

癸酉卜,貞:旬無囚。二

癸未卜,賓貞:旬無囚。二

[癸]巳卜,[賓]貞:旬無囚。二

癸巳卜,貞:旬無囚。二

癸卯卜,賓貞:旬無囚。二

癸卯卜,賓貞:旬無囚。二

---

① 第 125 則選自劉影《賓組卜辭新綴五則》第 3 則。

② 從裘錫圭先生釋。裘錫圭:《關於殷墟卜辭的"簪"》,見王宇信、宋鎮豪、孟憲武主編:《2004 年安陽殷商文明國際學術研討會論文集》,社會科學文獻出版社,2004 年 9 月。

③ 第 126 則選自劉影《賓組卜辭新綴五則》第 4 則。

癸□[卜],賓[貞:旬]無[𡆥]。一

貞:我□从□。一

貞:成梦丁宗。三

王比戠。

辛卯卜賓。

貞:王勿比沚戠。

貞:惠𠯑方呼禦。

[①]第 127 則

A:《合》16449(《武漢店》5)。

B:《合》17387(《前》5.14.4 不全、《歷拓》6567)。

綴合理由及説明:

兩版斷痕相合,骨條寬度一致,原邊整齊。綴合後可補足一個“貞”字,“丁”字下端殘劃可能正好位於斷口處。A 與 B 綴合後,右側有一缺口,導致“不”字不能補足,但從兩版尚存殘劃來看,是“不”字無疑。綴合後補足一條卜辭“貞:翌丁巳不雨”,恰好與 B 版的“[貞]:翌[丁]巳其雨”對貞。

釋文:

[貞]:翌[丁]巳其雨。

貞:王夢擒,不隹𡆥。

貞:翌丁巳不雨。

貞:不隹𡆥。

[②]第 128 則

A:《合》8333(《鐵》70.3、《京》601)。

B:《合》14420(《京人》711)。

綴合理由及説明:

A 與 B 斷痕相合,B 為骨條的一部分,右側殘斷,但主要文字部分刻於左側。B 版右上角的“于”字諸家無釋,與 A 版綴合後,從辭例上看,為“于”字無疑。兩版綴合後補足一條完整的卜辭“往于河有从雨”,恰與“往于河無其从雨”對貞。

釋文:

貞:[往]于岳有賓。

往于河,有[从]雨。

貞:钔(禦)于羌甲。

勿钔。

往于河,亡(無)[其]从雨。

---

① 第 127 則選自劉影《賓組卜辭新綴五則》第 5 則。

② 第 128 則選自劉影《賓組卜辭新綴一則》。劉文原載“中國社會科學院歷史研究所先秦史研究室網站”,www.xianqin.org,2009 年 10 月 12 日。本文得到了黃天樹師的指導,謹致謝忱!

①第 129 則

A:《合》5132(《前》6. 37.5、《吉博》77)。

B:《合》16378(《善》11026)。

綴合理由及説明:

A 與 B 斷痕相合,綴合後右側原邊整齊。兩版補足一個“去”字。

釋文:

〼宜〼

王□去朿。

王往去朿。一

翌丁〼令若。不𠄞蛛

②第 130 則

A:《合》5240(《前》4. 22.5)。

B:《合》8538(《鐵》56.2)。

綴合理由及説明:

A 與 B 分别為《殷虚書契前編》與《鐵雲藏龜》的拓本,拓面均不全。但兩版斷痕相合,且 B 版下方仍有“其”字左上一小短横,與 A 版“其”字殘劃正好補足一個“其”字。《合集》6726 與本組綴合同文,可參看。

釋文:

貞:𢀛方其來,王自鄉【編者按:第 130 則考釋參看《甲骨拼合集·序》】。

③第 131 則

A:《合》29(《京》1360、《善》5436)。

B:《合》3706(《珠》1337)。

綴合理由及説明:

A 與 B 斷痕相合,可以補足“貞”字與“眔”字。綴合後與《合集》26、《合集》27、《合集》4036 同文,可參看。

釋文:

丁未卜,爭貞:[王气]〼

戊申卜,爭貞:王气[令𠦪]以眔伐[𢀛]〼。不𠄞蛛

① 第 129 則選自劉影《賓組卜辭新綴兩則》第 1 則。劉文原載“中國社會科學院歷史研究所先秦史研究室網站”,www. xianqin. org,2009 年 10 月 14 日。本文得到了黄天樹師的指導,謹致謝忱!

② 第 130 則選自劉影《賓組卜辭新綴兩則》第 2 則。

③ 第 131 則選自劉影《賓組卜辭新綴一則》。劉文原載“中國社會科學院歷史研究所先秦史研究室網站”,www. xianqin. org,2009 年 10 月 20 日。本文得到了黄天樹師的指導,謹致謝忱!

第 132 則[1]

A:《合》625(《京人》967)。

B:《合》6286(《善》5358)。

C:《輯佚》118。

綴合理由及說明:

A、B 為蔡哲茂先生綴合,見《甲骨綴合續集》第 473 組,C 為筆者加綴。C 與 A、B 斷痕相合,且 A 版尚存的"呼"字尾部恰與 C 版補足一個"呼"字。《甲骨綴合集》第 4 組(《合集》613 +《英藏》557)與本組綴合同文,可參看。

釋文:

□□[卜],㱿貞:呼多臣伐𢀛方☒

第 133 則[2]

A:《合集》1(《簠歲》5、《簠拓》85、《續》2.28.5)。

B:《合補》657[3](《珠》1207)。

綴合理由及說明:

A、B 兩版斷痕幾乎全部相合,只有橫向斷痕留有空隙。A 版尚有"其"字殘劃,兩版綴合後可補足"其"、"受"兩個字。A 版現藏於中國國家博物館,是較為著名的一版牛胛骨,在收藏、研究以及書法領域都非常有價值。此版甲骨正面與反面均長 17.4 釐米,寬 11.9 釐米,反面無字。可參看《中國國家博物館館藏文物研究叢書·甲骨卷》第 046 號[4]正、反。046 號正、反為此版甲骨正面及反面的彩色照片,畫面美觀、字跡清晰。《中國歷史博物館藏法書大觀》第一卷"甲骨文 金文一"第 46 ~ 47 頁有本版的黑白照片及拓本[5]。《華夏之路》第一冊第 137 頁亦有本版的彩色照片[6],可參看。

釋文:

☒[王]大令眾人曰劦田,其受年。十一月。

[乙子(巳)]卜,㱿貞:不其受年。

第 134 則[7]

A:《合》6674(《文捃》982)。

---

① 第 132 則選自劉影《賓組新綴一則:<合集>625 + <合集>6286 + <輯佚> 118》。劉文原載"中國社會科學院歷史研究所先秦史研究室網站",www.xianqin.org,2009 年 10 月 20 日。本文得到了黃天樹師的指導,謹致謝忱!

② 第 133 則選自劉影《賓組卜辭新綴一則:<合集>1 + <合補>657》。劉文原載"中國社會科學院歷史研究所先秦史研究室網站",www.xianqin.org,2009 年 10 月 22 日。本文得到了黃天樹師的指導,謹致謝忱!

③ 《合補》624(《東大》557)重。

④ 中國國家博物館編:《中國國家博物館館藏文物研究叢書·甲骨卷》,第 30 ~ 31 頁,上海古籍出版社,2007 年 7 月第 1 版。館藏編號:Y0703。

⑤ 史樹青主編:《中國歷史博物館藏法書大觀》,上海教育出版社,2001 年 3 月第 1 版,第 46 ~ 47 頁。

⑥ 中國歷史博物館編:《華夏之路》,朝華出版社,1997 年第 1 版,第 137 頁。

⑦ 第 134 則選自劉影《賓組新綴一則:<合集>6674 + <懷>B0913》。劉文原載"中國社會科學院歷史研究所先秦史研究室網站",www.xianqin.org,2009 年 10 月 27 日。本文得到了黃天樹師的指導,謹致謝忱!

B:《懷特》B0913。

綴合理由及説明:

A、B 兩版斷痕相合,可以補足一個“㞢”字。右側邊緣不齊,可能是施拓寬度不同所致。

釋文:

方其亦有告。

貞:㞢。

貞:勿㞢。

[①]第 135 則

A:《合》8331(《歷拓》4707)。

B:《合》12688(《北圖》4999、《文捃》564)。

綴合理由及説明:

兩版字體相同,綴合後正好補足一條完整的卜辭。《合集》8333 與之同文,可參看。《合集》34254 亦與之同文,但《合集》將 34254 列入歷類,不當,其字體應為典賓類。

釋文:

貞:往于河,亡(無)其从雨。

[②]第 136 則

A:《合》2859(《歷拓》5089)。

B:《合》3301(《歷拓》7127)。

綴合理由及説明:

A 版因“歸”字殘劃只剩左邊的“帚”旁,所以《合集》誤將其歸入“婦某”類部分,卜辭當為“王曰侯豹毋歸”,恰可與 B 版相綴。B 版仍殘有“王”字左下角一小短横,與 A 版之“王”字可以互足。兩版綴合後,A 版上方仍殘有“貞”、“虎”二字,且 A、B 兩版相拼後,右上角為骨臼切口處。《合集》3297、《合集》3298 與之同文,可參看。

釋文:

[戊]戌卜,[㱿貞]:王曰:[侯豹]毋[歸]。

己亥卜,㱿貞:王曰:侯豹,余其得女[史]受。二

[③]第 137 則

A:《合》1381(《珠》23)。

B:《合》5565(《龜》1.7.1、《珠》1367)。

---

① 第 135 則選自劉影《賓組新綴兩則》第 1 則。劉文原載“中國社會科學院歷史研究所先秦史研究室網站”,www. xianqin. org,2009 年 11 月 12 日。本文得到了黄天樹師的指導,謹致謝忱!

② 第 136 則選自劉影《賓組甲骨新綴兩則》第 2 則。

③ 第 137 則選自劉影《劉影甲骨新綴第 43 組》。劉文原載“中國社會科學院歷史研究所先秦史研究室網站”,www. xianqin. org,2009 年 11 月 13 日。本文得到了黄天樹師的悉心指導,謹致謝忱!

綴合理由及說明:

兩版均出自《殷契遺珠》,綴合後補足一個“卯”字,且綴合後 A 版最上端一辭與 B 版最下端一辭為對貞關係。B 版之“卯”字,因為下端殘缺,《摹釋》[①]將其釋為“钔”,本組綴合可證其字當為“卯”,糾正《摹釋》之誤。

釋文:

己亥卜㱿。

貞:王其入,㞢𠂤自咸。

辛丑卜爭貞:呼取卯。

貞:勿呼取卯。

☐史。

[②]第 138 則

A:《合》562 正反(《北圖》2413 正反、《文捃》913 正反)。

B:《合》7715 正反(《誠》384 正反、《善》15021 正反)。

綴合理由及說明:

兩版斷邊相合,綴合後,正面可補足一個“癸”字;背面削去骨脊後骨質疏松帶的拓痕亦可相合。本組綴合與《合集》559 同文,可參看【編者按:國圖胡輝平先生目驗原骨後認為綴合是正確的】。

釋文:

癸丑卜,㱿貞:五百[寇用]。(以上正面)王占曰:其用。(以上背面)旬壬戌㞢用寇[百。三月]。(以上正面)

甲子卜,㱿[貞:告若]。(以上正面)

戊辰卜,㱿貞:王[循土方]☐(以上正面)

貞:五[百寇允用]。(以上正面)

[王]占曰:丙戌其[雨]。(以上背面)

癸巳卜亘貞:𢦏。七[月]。(以上正面)王占曰:吉。其𢦏。(以上背面)

[③]第 139 則

A:《合》1674(《珠》476)。

B:《合》5486(《京人》920)。

綴合理由及說明:

兩版斷邊相合,綴合後可補足一個“事”字。

釋文:

---

① 姚孝遂、肖丁主編:《殷墟甲骨刻辭摹釋總集》,中華書局,1988 年 2 月第 1 版,138 頁。

② 第 138 則選自劉影《甲骨新綴第 44 組》。劉文原載“中國社會科學院歷史研究所先秦史研究室網站”,www.xianqin.org,2009 年 11 月 14 日。本文得到了黃天樹師的悉心指導,謹致謝忱!

③ 第 139 則選自劉影《甲骨新綴第 45 組》。劉文原載“中國社會科學院歷史研究所先秦史研究室網站”,www.xianqin.org,2009 年 11 月 15 日。本文得到了黃天樹師的悉心指導,謹致謝忱!

□出王事。三月。

□甲于下乙一□

□牛□

[①]第 140 則

A:《存補》4.1.1。

B:《合》7690(《歷拓》6830)。

綴合理由及説明:

兩版斷邊相合,綴合後可以補足“貞”、“亡(無)”兩個字。兩版綴合後與《合集》349+《合集》358[②]、《合集》475、《合集》14739 同文,可參看。

釋文:

癸卯卜,㱿貞:戊弗其𢦏[illegible]方。一(骨首)

甲辰卜,㱿貞:戊弗其𢦏[illegible]方。三月。一 二告(骨首)

貞:戊𢦏。(骨邊)

貞:燎于王亥。(骨邊)

五牛。(骨邊)

貞:燎九牛。(骨邊)

貞:㞢王亥羌。一(骨邊)

貞:九羌卯九牛。一(骨邊)

貞:十羌卯十牛。一(骨邊)

貞:舞,㞢(有)雨。(骨邊)

貞:舞,亡(無)其雨。(骨邊)

[③]第 141 則

A:《合》10562(《善》6970)。

B:《合》10968(《前》2.45.1、《龜》2.22.17)。

綴合理由及説明:

兩版斷邊相合,可以補足一個“辛”字,且綴合後原邊整齊,辭例相合。

釋文:

呼田。

于祖辛钔(禦)。

貞:呼婦姘田于宂。

于祖辛钔。

---

① 第 140 則選自劉影《甲骨新綴第 46 組》。劉文原載“中國社會科學院歷史研究所先秦史研究室網站”,www.xianqin.org,2009 年 11 月 18 日。本文得到了黃天樹師的悉心指導,謹致謝忱!

② 蔡哲茂:《甲骨綴合集》,臺北:樂學書局,1999 年 9 月,第 230 組。

③ 第 141 則選自劉影《甲骨新綴第 47~48 組》第 47 組。劉文原載“中國社會科學院歷史研究所先秦史研究室網站”,www.xianqin.org,2009 年 11 月 19 日。本文得到了黃天樹師的悉心指導,謹致謝忱!

[貞:勿]呼婦[姘田]于宂。

①第 142 則

A:《合》10702 正(《京》1451)。

B:《合》10895(《珠》598)。

綴合理由及說明:

A 與 B 斷邊相合,可以補足一個“占”字。《合集》225 與本組綴合同文,可參看。

釋文:

□□卜[爭]☒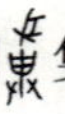隻(獲)☒王占☒[其]獲☒日戊☒[]☒

②第 143 則

A:《合》14338(《後》上 23.7)。

B:《合》15125(《南明》121、《慶丙》3.201)。

綴合理由及說明:

兩版斷邊相合,可以補足一個“貞”字,且綴合後與《甲骨綴合集》第 136 組(《合集》2194 +《合集》14339)③恰為同文卜辭。本組綴合與《甲骨綴合集》第 136 組一為左胛骨,一為右胛骨,可能為同對卜骨。

釋文:

貞:钔(禦)亯于父乙。

貞:燎于東母三牛。

貞:勿钔。

④第 144 則

A:《合》12515(《善》7422)。

B:《合》14508 正(《誠》178、《善》5723 正)。

綴合理由及說明:

A 與 B 斷邊相合,可以補足一個“我”字。《合集》14487 作:“□□卜殸貞:岳肇我雨”,與本組綴合同文,可參看【編者按:國圖胡輝平先生核對甲骨實物後認為本綴合是正確的】。

釋文:

□□卜,殸[貞]:岳[肇]我雨。二月。

---

① 第 142 則選自劉影《甲骨新綴第 47 ~48 組》第 48 組。

② 第 143 則選自劉影《甲骨新綴第 49 組》。劉文原載“中國社會科學院歷史研究所先秦史研究室網站”,www.xianqin.org,2009 年 11 月 23 日。本文得到了黄天樹師的悉心指導,謹致謝忱。

③ 蔡哲茂:《甲骨綴合集》第 136 組,臺北:樂學書局,1999 年 9 月。

④ 第 144 則選自劉影《甲骨新綴第 50 組》。劉文原載“中國社會科學院歷史研究所先秦史研究室網站”,www.xianqin.org,2009 年 11 月 26 日。本文得到了黄天樹師的悉心指導,謹致謝忱。

[①]第 145 則

A:《合》13519(《南明》290、《歷拓》5203)。

B:《合》13927(《北圖》4520)。

綴合理由及說明:

A 與 B 斷邊恰好可以相合,綴合後,A 版的“弗作”與 B 版的“其作”為相間對貞卜辭。本組綴合與《合集》217、《合集》13929 正反 +《懷》B0897ab[②] 同文,可參看。

釋文:

〼[王]〼

其乍(作)。

婦好有子。四月

其作。

婦好女(毋)其有子。

弗作。

[③]第 146 則

A:《合》278(《京》2640、《善》22729)。

B:《合》3228[④](《善》14229)

綴合理由及說明:

A 與 B 綴合後可以補足一個“𦥑”字,唯斷邊拼合得不很整齊,可能兩版斷裂後又有殘損【編者按:國圖胡輝平先生核對甲骨實物後認為本綴合是正確的】。綴合後“用射𦥑以[羌]”的辭例又見於《合集》277、《合集》32023 +《合集》33693[⑤] 等。裘錫圭先生據相似辭例對《合集》5755(《合集》3228 重)擬補的釋文為:“〼貞:惠乙亥用射𦥑[以羌自上甲]”[⑥],可參看。

釋文:

〼貞:惠乙亥用射𦥑以[羌自上甲]。

〼賓貞:子滓〼。

〼惠乙〼。一 二 告

① 第 145 則選自劉影《甲骨新綴第 51 組》。劉文原載“中國社會科學院歷史研究所先秦史研究室網站”,www.xianqin.org,2009 年 12 月 1 日。本文得到了黃天樹師的悉心指導,謹致謝忱。

② 蔡哲茂:《甲骨綴合集》第 231 組,臺北:樂學書局,1999 年 9 月。

③ 第 146 則選自劉影《甲骨新綴第 52 組》。劉文原載“中國社會科學院歷史研究所先秦史研究室網站”,www.xianqin.org,2009 年 12 月 9 日。本文得到了黃天樹師的悉心指導,謹致謝忱。

④ 《合集》5755(《京》2086、《續存》上 1070)為重片。

⑤ 見蔡哲茂:《甲骨綴合集》第 9 組,臺北:樂學書局,1999 年 9 月。

⑥ 裘錫圭:《論“歷組卜辭”的時代》,《古文字論集》第 292 頁,北京:中華書局,1992 年。

第 147 則[①]

A:《合》10029(《粹》890、《善》9032)。

B:《合補》5658(《歷藏》14444)。

綴合理由及說明:

兩版均為𠂤賓間類字體,可以補足一個"雨"字,且綴合後兆序辭"一"、"二"、"三"相連。"乙亥卜雨"左側卜兆兆干斷裂後,分裂於 A、B 兩版,綴合後亦可相接,兆支可能正好位於兩版相拼的斷邊處。

釋文:

乙亥卜:雨。一二三

乙亥卜:[弜]受黍[年]。二月。一二三

第 148 則[②]

A:《合》16438(《京》1172、《善》19914)。

B:《合》16478(《善》15079)。

C:《合》6690(《南坊》5. 26、《歷拓》507、《掇二》477 正)。

綴合理由及說明:

A 與 B 為蔡哲茂先生綴合[③],C 為筆者加綴。三版均為典型𠂤賓間類字體,A 與 C 斷邊相合,綴合後可以補足一個"寅"字,同時補足一條完整的卜辭:"丙寅卜:㞢有其降𡆥"。《合集》只收錄了 C 版的正面拓片,《掇二》477[④] 還收錄了其背面拓片,可見貓眼形鑽鑿。

釋文:

丙☑

丙寅卜:㞢有其降𡆥。

㞢無其降𡆥。

☑今早[⑤]方其大出。一二

[今]早方不大出。一二

第 149 則[⑥]

A:《合》8539(《珠》1196)。

B:《USB》698。

綴合理由及說明:

---

① 第 147 則選自劉影《甲骨新綴第 53 組》。劉文原載"中國社會科學院歷史研究所先秦史研究室網站",www.xianqin.org,2009 年 12 月 12 日。本文得到了黃天樹師的悉心指導,謹致謝忱。

② 第 148 則選自劉影《甲骨新綴第 54 組》。劉文原載"中國社會科學院歷史研究所先秦史研究室網站",www.xianqin.org,2009 年 12 月 12 日。本文得到了黃天樹師的悉心指導,謹致謝忱。

③ 見蔡哲茂:《甲骨綴合集》第 113 組,臺北:樂學書局,1999 年 9 月。

④ 郭若愚:《殷契拾掇》第 213 頁,上海:上海古籍出版社,2005 年 6 月第 1 版。

⑤ 從陳劍先生釋,下同。見陳劍:《釋造》,《甲骨金文考釋論集》,北京:綫裝書局,2007 年 4 月第 1 版。

⑥ 第 149 則選自劉影《甲骨新綴第 55 ~ 56 組》第 55 組。劉文原載"中國社會科學院歷史研究所先秦史研究室網站",www.xianqin.org,2009 年 12 月 15 日。本文得到了黃天樹師的悉心指導,謹致謝忱。

A、B 兩版斷邊相合,綴合後可以補足"其"、"自"兩個字,且界劃綫亦可相接。本組綴合與《合集》6110 同文,可參看。

釋文:

貞:𢀛方不出。二

其有來自西。二

不殟[①]。

貞:亡(無)其來自西。

[②]第 150 則

A:《合》9506(《前》7.15.3、《通》454)。

B:《合》9848(《粹》864、《善》5355、《京》1979)。

綴合理由及說明:

A、B 兩版字體相同,均爲典賓類,斷邊相合,綴合後可以補足一個"婦"字。

釋文:

[丙]子卜:呼婦好☐耤,受年。

丙子卜㱿貞:曰☐㲋自于入☐☐

☐[貞]:王徝☐受年。

[③]第 151 則

A:《合》7920(《前》1.47.6、《文捃》807)。

B:《合》9725(《文捃》775)。

綴合理由及說明:

A、B 兩版均為典賓類字體,斷邊相合,綴合後可以補足一個"其"字。

釋文:

貞:□小宰(牢)。

貞:惠小宰(牢)。

貞:侑于☐。

貞:我不其受年。

☐日☐雨。

[④]第 152 則

A:《合》10099(《摭續》116)。

B:《合》14141(《虛》1382、《南博拓》402)。

---

① 從陳劍先生釋。見陳劍:《殷墟卜辭的分期分類對甲骨文字考釋的重要性》,《甲骨金文考釋論集》第 427 ~ 435 頁,北京:綫裝書局,2007 年 4 月第 1 版。

② 第 150 則選自劉影《甲骨新綴第 55 ~ 56 組》第 56 組。

③ 第 151 則選自劉影《甲骨新綴第 57 ~ 58 組》第 57 組。劉文原載"中國社會科學院歷史研究所先秦史研究室網站",www.xianqin.org,2009 年 1 月 6 日。本文得到了黃天樹師的悉心指導,謹致謝忱。

④ 第 152 則選自劉影《甲骨新綴第 57 ~ 58 組》第 58 組。

綴合理由及說明：

本組綴合與《合集》10139為同文卜辭。據《合集》10139可知A與B可以綴合，據本組綴合亦可推斷出《合集》10139上端殘辭當為"貞：于𡆥桒年"。

釋文：

貞：[桒年于岳]。

帝令雨正[年]。

貞：于𡆥桒年。

[1]第153則

A：《合》544（《京》1356、《善》5787）。

B：《東洋文庫》193[2]。

釋文及說明：

☐[貞：翌辛]未令☐。

☐呼多𡧊[舌]☐。

貞：☐。

A、B兩版均為典賓類字體，斷邊相合，綴合後可以補足一個"伐"字。《合集》540＋《合集》545＋《英藏》554[3]、《合集》541與本組綴合同文，可參看。

[4]第154則

A：《英藏》477。

B：《合》7325（《珠》777）。

釋文及說明：

癸巳卜，爭貞：注㲋☐。王占曰：吉，其☐。[5]

丁酉卜，爭貞：王𦣞人三千☐。

☐呼旃（奔）[6]☐。

☐[貞]：☐。

A、B兩版均為典賓類字體，斷邊相合，綴合後可以補足一個"注"[7]字，且殘於兩版的界劃綫亦可相接。《摹釋》、《釋文》將《合集》7325的殘辭釋作一條卜辭，不當。姚萱先生在《殷墟花園莊東地甲骨卜辭的初步研究》中認為《摹釋》、《釋文》對《合集》7325的釋文

① 第153則選自劉影《甲骨新綴第59～60組》第59則，劉文原載"中國社會科學院歷史研究所先秦史研究室網站"，http://www.xianqin.org/blog。2010年1月17日。本文得到了黃天樹師的悉心指點，謹致謝忱！

② 東洋文庫古代史研究委員會編：《東洋文庫所藏甲骨文字》，昭和五十四年（1979年）三月。

③ 蔡哲茂：《甲骨綴合集》第304組，臺北：樂學書局，1999年9月。

④ 第154則選自劉影《甲骨新綴第59～60組》第60則。

⑤ 這里暫將"王占曰：吉，其☐"這條占辭看作右側卜辭"癸巳卜，爭貞：注㲋☐"的占辭。但是占辭左側似有一殘字"貞"，所以此條占辭也有可能是左側卜辭的占辭。

⑥ 從姚萱先生釋。見姚萱：《殷墟花園莊東地甲骨卜辭的初步研究》第99～114頁，綫裝書局，2006年11月。

⑦ 從裘錫圭先生釋，見裘錫圭：《殷墟甲骨文字考釋（七篇）》，《湖北大學學報》（哲學社會科學版）第55～57頁，1990年第1期。

順序有誤[①],也將它看作一條卜辭。綴合後,我們才見其廬山真面目,《合集》7325 的殘辭分屬於不同的卜辭。

[②]第 155 則

A:《合》14336(《龜》1.22.2)。

B:《合》10940(《北圖》4868、《文捃》578)。

釋文及說明:

翌庚午易日。

貞:王勿狩从龕。

貞:于岳㞢。

貞:王狩。

貞:于東母有匚。

A、B 兩版斷邊相合,綴合後可以補足"貞"字與"匚"字,且殘於兩版的界劃綫亦可相接。《合集》14336 中"㞢"字下方殘劃,《摹釋》與《釋文》缺釋,陳夢家先生在《殷虛卜辭綜述》中將其釋為"匚"[③],綴合後,我們發現確為"匚"字無疑。《合集》10942 與本組綴合關係密切,疑兩版為邊面對應的關係,亦可證《合集》14336 中"㞢"字下方之字當為"匚"字,可參看。

[④]第 156 則

A:《合》12442(《龜》2.15.2、《通》114)。

B:《合》12400(《善》7576)。

釋文及說明:

翌甲戌[不]雨。

翌甲戌其雨。

貞:㞢于魯甲[⑤]。

翌乙亥其雨。

A、B 兩版斷邊基本相合,綴合後可以補足"翌"字與"戌"字,且"翌甲戌其雨"與"翌乙亥其雨"在時間上有接續關係,辭例吻合。

[⑥]第 157 則

A:《合》23018(《掇二》22、《北圖》2548)。

---

① 姚萱:《殷墟花園莊東地甲骨卜辭的初步研究》第 108 頁,綫裝書局,2006 年 11 月。

② 第 155 則選自劉影《甲骨新綴第 61～62 組》第 61 則,劉文原載"中國社會科學院歷史研究所先秦史研究室網站",http://www.xianqin.org/blog。2010 年 1 月 19 日。本文得到了黃天樹師的悉心指點,謹致謝忱!

③ 陳夢家:《殷虛卜辭綜述》第 574 頁,中華書局,1988 年。

④ 第 156 則選自劉影《甲骨新綴第 61～62 組》第 62 則。

⑤ 從裘錫圭先生釋。裘錫圭:《殷墟卜辭所見石甲兔甲即陽甲說》,《古文字論集》第 231 頁,中華書局,1992 年。

⑥ 第 157 則選自劉影《甲骨新綴第 63～65 組》第 63 則,劉文原載"中國社會科學院歷史研究所先秦史研究室網站",http://www.xianqin.org/blog。2010 年 4 月 3 日。本文得到了黃天樹師的悉心指點,謹致謝忱!

B:《合》24552(《录》508)。

釋文及說明:

癸☑貞☑其☑。

貞:勿延。在十一月。

甲寅卜,[行]貞:其又于羌甲惠𤘘。

貞:惠牛。在十一月。

[甲]寅卜,行[貞]:羌甲歲☑。在十一月。

A、B兩版斷邊相合,"行"字殘劃分裂於兩版,"惠"字可以被補足,且兩版綴合後,補足一條完整的卜辭"甲寅卜,[行]貞:其又于羌甲惠𤘘"。B版殘有天干"癸",與A版的甲日在時間上有接續關係。

①第158則

A:《合》22583(《續》1.30.3)。

B:《合》23605(《虛》181、《南博拓》946)。

釋文及說明:

貞:毋☑。

乙卯卜,即貞:其又于父丁□。

丁巳卜,即貞:王賓妣歲,無尤。

☑乙卯☑[毓]祖乙☑羌。

A、B兩版骨條寬度一致,斷邊基本相合,左側有一處殘缺,可能是B版受損所致。兩版綴合後,可以補足一條完整的卜辭,且補足一個"卯"字。兩版貞人均為"即",且干支"乙卯"與"丁巳"在時間上有接續關係。

②第159則

A:《合》25261(《歷拓》4288)。

B:《合》23202(《歷拓》4298)。

釋文及說明:

乙丑卜,[尹]貞:王賓父丁歲,無尤。

乙丑卜,尹貞:王賓叙,無尤。

□□[卜],尹[貞:王賓]☑[罖]叙,[無]尤。

A、B兩版骨條寬度一致,干支相同、貞人相同、辭例相合。字體風格一致,"貞"、"賓"等字的寫法也非常一致。綴合後,補足一個"賓"字,且補足一條完整的卜辭。兩版均藏於故宮,我們期待日後能得到實物的驗證。

① 第158則選自劉影《甲骨新綴第63~65組》第64則。

② 第159則選自劉影《甲骨新綴第63~65組》第65則。

①第 160 則

A:《英藏》2243。

B:《合》25378(《鐵零》77、《續存》下 649)。

釋文及說明:

乙卯[卜,即]貞:王[賓]𣏕[禣],無𡆥。

貞:無尤。在五月。

乙卯卜,即貞:王出,無𡆥。

貞:無尤。在五月。

□□卜,即[貞:王]出,[無]𡆥。

A、B 兩版斷邊相合,骨條右側原邊整齊。可以補足一個"𡆥"字,且補足一條完整的卜辭"乙卯卜,即貞:王出無𡆥"。兩版卜辭均為出組二類字體,干支相同,貞人相同,卜問的時間都是"在五月"。

②第 161 則

A:《合》23766(《戩》31.10、《歷拓》9433、《續》4.41.4)。

B:《合》25442(《續存》上 1574)。

釋文及說明:

辛[未卜,行]貞:[王賓]𣏕[禣,無]𡆥。

貞:無尤。在六月。

辛未[卜],行貞:王出,無𡆥。

貞:無尤。在六月。

兩版綴合後,可以補足一個"出"字。由於 B 版稍殘,兩版不能完全相接。B 版源於《續存》上 1574,《續存》上 1574 拓片較清晰,最上端仍可見"卜"字與"𡆥"字殘劃,可參看。兩版卜辭均為出組二類字體,卜問的時間都是"在六月"。A 版干支為"辛未",B 版"辛"字下方仍可見"未"字頭部,故兩版干支也相同。

③第 162 則

A:《合》23118(《戩》19.12、《歷拓》9318、《續》2.2.3)。

B:《合》25321(《續存》上 1550)。

釋文及說明:

□□[卜],[行]貞:▨𣪊,無[尤]。

乙亥卜,行貞:王賓歲牢𣪊,無尤。

---

① 第 160 則選自劉影《甲骨新綴第 66~67 組》第 66 則,劉文原載"中國社會科學院歷史研究所先秦史研究室網站",http://www.xianqin.org/blog。2010 年 4 月 7 日。本文得到了黃天樹師的悉心指點,謹致謝忱!

② 第 161 則選自劉影《甲骨新綴第 66~67 組》第 67 則。

③ 第 162 則選自劉影《甲骨新綴第 68 組》,劉文原載"中國社會科學院歷史研究所先秦史研究室網站",http://www.xianqin.org/blog。2010 年 4 月 9 日。本文得到了黃天樹師的悉心指點,謹致謝忱!

乙亥卜,行貞:王賓小乙歲牢,無尤。

□□卜,行貞:▨賓▨尤。

A、B兩版骨條寬度一致,斷口完全吻合。綴合後得到一條完整的卜辭。兩版均為出組二類字體,且均藏於上海博物館,我們期待日後能得到實物的驗證。

[①]第163則

A:《合》23749(《摭》83、《善》4665、《京》3470)。

B:《合》26119(《珠》1073)。

釋文及說明:

戊[午卜],尹貞:王出,無[囚]。

貞:無尤。在七月。

戊午卜,貞:今夕無囚。

戊辰卜,尹貞:王出,無囚。

[貞]:無尤。[在]七月。

A、B兩版斷邊相合,左側原邊整齊。可以補足一個"囚"字,且兩版綴合後可以得到一條完整的卜辭。兩版卜辭均為出組二類字體,"戊午"與"戊辰"相差一旬,貞人均為"尹",卜問的時間都是"在七月"。

[②]第164則

A:《輯佚》474。

B:《合》23034(《南輔》43、《歷拓》1363)。

釋文及說明:

丁卯卜,[尹]貞:王賓祖丁祭,無囚。

貞:無尤。

[丁]卯卜,尹[貞]:王賓戠,無囚。

兩版均為出組二類字體,A版尚存"貞"字與"尤"字上端,故可與B版拼合。B版干支為"丁卯",A版只存一個"卯"字,但可推斷其天干也當為"丁"。

[③]第165則

A:《合》18217(《前》6.14.3)。

B:《合》23611(《虛》92、《南博拓》166)。

釋文與說明:

丁卯卜,出貞:今日㿝益嘼,[之(?)]▨。

---

① 第163則選自劉影《甲骨新綴第69~70組》第69則,劉文原載"中國社會科學院歷史研究所先秦史研究室網站",http://www.xianqin.org/blog。2010年4月16日。本文得到了黃天樹師的悉心指點,謹致謝忱!

② 第164則選自劉影《甲骨新綴第69~70組》第70則。

③ 第165則選自劉影《甲骨新綴第71組》,劉文原載"中國社會科學院歷史研究所先秦史研究室網站",http://www.xianqin.org/blog。2010年5月8日。本文得到了黃天樹師的悉心指點,謹致謝忱!

癸巳卜,大☐。

丁酉卜,出[貞]:☐。

丁酉卜,出貞:其侑于☐。

A、B 兩版斷口完全吻合,綴合後補足"其"、"益"兩個字。A 版字體很像賓組三類,故《合集》將其收録在賓組。與 B 版綴合後,我們才發現,B 版有貞人"出",所以 A、B 兩版都應當是出組一類字體。《合集》18803、《合集》26763 ~《合集》26767 卜同事,可參看。

①第 166 則

A:《合》27484(《京人》1816)。

B:《合》27617(《南明》639、《歷拓》5359)。

釋文與説明:

[戊辰卜]:其侑歲于父戊。

戊辰卜:其侑歲于父戊惠小宰。

惠牛。

戊辰卜:其延兄己兄庚歲。

A、B 兩版均為歷無名間類字體。兩版斷口完全吻合,可以補足"又"、"父"、"小"三個字,並且綴合後可以得到一條完整的卜辭。

②第 167 則

A:《合》28607(《安明》1980)。

B:《合》28670(《京人》2020)。

釋文與説明:

庚午☐。

于壬王廼田,湄日亡𢦏。吉。

王惠翌日辛田,湄日亡𢦏。

惠壬田,湄日亡𢦏。

A、B 兩版均為無名類字體。兩版斷口完全吻合,綴合後左側原邊也很整齊,可以補足一個"王"字。

③第 168 則

A:《合》28678(《安明》1974)。

B:《合》29248(《龜》1.8.10、《龜卜》9)。

釋文與説明:

① 第 166 則選自劉影《甲骨新綴第 72 組》,劉文原載"中國社會科學院歷史研究所先秦史研究室網站",http://www.xianqin.org/blog。2010 年 5 月 20 日。本文得到了黄天樹師的悉心指點,謹致謝忱!

② 第 167 則選自劉影《甲骨新綴第 73 組》,劉文原載"中國社會科學院歷史語言研究所先秦史研究室網站",http://www.xianqin.org/blog/。2010 年 6 月 13 日。本文得到了黄天樹師的悉心指點,謹致謝忱!

③ 第 168 則選自劉影《甲骨新綴第 74 ~ 75 組》第 74 組,劉文原載"中國社會科學院歷史語言研究所先秦史研究室網站",http://www.xianqin.org/blog。2010 年 6 月 15 日。本文得到了黄天樹師的悉心指點,謹致謝忱!

A、B 兩版均為無名類字體。兩版斷口完全吻合，綴合後右側原邊也很整齊。綴合後釋文如下：

丁酉卜，翌日［戊］□。

戊王弜田，其悔。

王其狩，湄日亡𢦏。

王弜𤉲其雨。

王叀宰田，不遘雨。吉。

[1]第 169 則

A：《合》28782（《善》6683）。

B：《合》29244（《善》8046）。

釋文與說明：

A、B 兩版均為無名類字體。兩版斷口吻合，可以補足一個“叀”字。綴合後骨條寬度一致，原邊整齊。綴合後釋文如下：

狩亡𢦏。

王叀㞢田亡𢦏。

［弜］田，其悔。

[2]第 170 則

A：《合補》9173（《南大》1510）。

B：《合》33558（《合》29169、《歷拓》11353）。

綴合與說明：

A B 兩版均為無名類字體。兩版斷口吻合，可以補足一個“盂”字。綴合後骨條寬度一致。釋文：

叀宮田［省］，亡［𢦏］。

叀盂田省，亡𢦏。

[3]第 171 則

A：《合》26899（《甲》2695）。

B：《合》27875（《甲》2647）。

綴合與說明：

兩版均為何組一類字體。屈萬里先生在《殷虛文字甲編考釋》（第 335 頁、第 345 頁）中，指出兩版均“字中塗墨”。兩版斷口吻合，綴合後，可以補足一個“又”字。而且 B 版

① 第 169 則選自劉影《甲骨新綴第 74～75 組》第 75 組。

② 第 170 則選自劉影《甲骨新綴第 76 組》，劉文原載“中國社會科學院歷史研究所先秦史研究室網站”，www.xianqin.org/blog。2010 年 6 月 19 日。本文得到了黃天樹師的悉心指點，謹致謝忱！

③ 第 171 則選自劉影《甲骨新綴第 77 組》，劉文原載“中國社會科學院歷史研究所先秦史研究室網站”，www.xianqin.org/blog。2010 年 6 月 23 日。本文得到了黃天樹師的悉心指點，謹致謝忱！

的兆序辭"一"與A版的兆序辭"二"、"三"、"四"可以相連。

B版卜辭"其又于日妣己"與A版卜辭"其又日父己"可能為選貞關係。B版卜辭"其又于日妣己"中的"日妣己",舊多釋為"丁妣己"。從綴合後的情況來看,"丁妣己"也可能是"日妣己"。因為二者辭例還有些差異(B版有一個"于"字,A版沒有),所以這裡,我們只提供一種不太成熟的意見,希望大家對此進一步研究。

A、B兩版均藏於史語所,我們希望收藏單位能夠目驗原物,以檢驗本組綴合的正確性。【編者按:蔡哲茂先生2010年6月28日在給黄天樹的電子郵件中說:"吾兄高足劉影近日綴合一組《甲編》2695+2647胛骨(劉影《甲骨新綴第77組》,本書第171則),我已至庫房調閱實物覆核,完全正確。"】

釋文:

癸亥卜,彭貞:其又于日妣己。在十月又二。小臣囗立。一

貞:其又日父己。二

貞:惠今夕。三

貞:于來日。四

癸亥卜,口貞:其祝于妣,惠祼用。一

貞:惠歲。

貞:其祝妣惠。①

貞:其𠭯,今𣏌,亡尤。

貞:其𠭯,今𣏌,亡尤。

貞:其[illegible]。

貞:惠辛。

貞:啓[illegible]大甲日。

貞:王㫃不遘。

叙𤼽。

貞:勿巳。

貞:其又眾。一

貞:其令馬亞射麋。

②第172則

A:《合集》28625(《粹》1002、《善》7540)。

B:《合集》30137(《粹》807、《善》7553)。

C:《合集》29907(《京》3835、《善》14209)。

釋文與說明:

王其省田③,不冓大雨。

---

① 屈萬里先生在《殷虛文字甲編考釋》中指出,此條卜辭"'貞'、'其'兩字,皆有缺畫。'惠'字下有脫文"。

② 第172則選自劉影《甲骨新綴第78組》,劉文原載"中國社會科學院歷史研究所先秦史研究室網站",http://www.xianqin.org/blog。2010年7月6日。本文得到了黄天樹師的悉心指點,謹致謝忱!

③ "田"字缺刻横劃。

不菁小雨。

其菁大雨。

其菁小雨。

今日庚湄日至昏不雨。

今日其雨。

A、B 為許進雄先生綴合①，C 為筆者加綴。三版均為無名類字體，藏于北圖。B、C 兩版斷口相合，C 版與 B 版綴合后，可以補足一個“其”字，而且可以得到一條完整的卜辭：“今日庚湄日至昏不雨。”

②第 173 則

A：《合集》30239（《安明》1924）.

B：《屯南》815。

釋文與說明：

庚申☐。

于☐罝麥𧴪，亡𢦔，侃王，擒。

大吉。

惠罝曾，于之擒。吉。

其菁大鳳（風）。

A、B 兩版均為無名類字體。兩版斷口相合，綴合後，左側骨邊的弧綫也很流暢，而且可以補足一個“鳳（風）”字。

③第 174 則

A：《合集》27792（《善》7693）。

B：《合集》27805（《粹》1199、《善》785）。

C：《合集》28750（《粹》660、《善》7875）。

釋文與說明：

甲☐。

弜丁卯尋，其每（悔）。

丁卯王其尋宰僼，其宿，亡𢦔。

弜宿，其每（悔）。吉。

大吉。

弜戊歸，其每（悔）。吉。

A、B 為蔡哲茂先生所綴④，C 為我們加綴。三版均為無名類字體。C 與 B 斷口相合，

① 后收入《合補》第三冊，號碼為《合補》9534。

② 第 173 則選自劉影《甲骨新綴第 79～82 組》第 79 則，劉文原載“中國社會科學院歷史研究所先秦史研究室網站”，http://www.xianqin.org/blog。2010 年 7 月 15 日。本文得到了黃天樹師的悉心指點，謹致謝忱！

③ 第 174 則選自劉影《甲骨新綴第 79～82 組》第 80 則。

④ 蔡哲茂：《甲骨綴合集》第 225 組，臺北：樂學書局，1999 年 9 月。

綴合後,左側斷邊與右側原邊都很整齊,而且可以補足一個"亡"字。C 版與 A、B 兩版均藏於國圖,如有可能,希望胡輝平女士以實物相核,以檢驗本組綴合正確與否。

[①]第 175 則

A:《合集》31111(《遼大》6)。

B:《合補》9382(《歷拓》3463)。

釋文與說明:

癸未囚。

其十人。

卯牢。

二牢。

A、B 兩版均為無名類字體。A 與 B 版斷口相合,綴合後,可以補足"十"、"人"二字。

[②]第 176 則

A:《合集》28543(《粹》997、《善》7562)。

B:《英藏》2342。

釋文與說明:

不冓小雨。

其雨。

丁巳卜:翌日戊王其田,不冓大雨。

其冓大雨。

不冓小雨。

A、B 兩版均為無名類字體。A 與 B 版斷口相合,綴合後,可以得到兩條完整的卜辭。本組綴合骨條下端兩條卜辭"不冓小雨"與"其雨"對貞,辭例有些特別。無名類卜辭《合集》28544("不雨"與"其冓大雨"對貞)、《合集》28546 +《合集》30148[③]("不雨"與"其冓大雨"共見一版)等也存在類似辭例,可參看。

[④]第 177 則

A:《合補》524(《懷特》899)。

B:《合》3475(《前》1.52.2、《龜》1.13.20、《通》262)。

釋文:

惠丁卯酒。

惠丁丑酒。

---

① 第 175 則選自劉影《甲骨新綴第 79 ~ 82 組》第 81 則。

② 第 176 則選自劉影《甲骨新綴第 79 ~ 82 組》第 82 則。

③ 林宏明:《醉古集——甲骨的綴合與研究》第 278 組,臺灣書房,2008 年 9 月。

④ 第 177 則選自齊航福《甲骨綴合一例》,齊文原載"中國社會科學院歷史研究所先秦史研究室網站",www.xianqin.org,2007 年 10 月 23 日。

丁亥卜:禱[①]黃尹,燎二豭、二羊,卯六牛。五月。一

燎黃尹四豭,卯六牛。一

丁亥卜:禱黃尹。

惠丁酉酒黃尹。

惠[丁口][②]酒。

☑黃☑。

☑六牛。

說明:

本版骨扇部分殘缺,所以我們僅能依據現存卜辭寫出上述釋文。從書體風格、前辭形式以及特徵字"亥"、"惠"和"酒"等的寫法上來看,卜辭屬於𠂤賓間類。第七辭之"酒"字位於斷裂處,經綴合後,該字基本上已完整,只是不見"酉"旁中間的一橫筆。另外,第四、六辭行款較為特殊:第六辭本下行而右,但"尹"字卻刻在了"黃"字的上邊;第四辭本為下行而左,但"尹"字卻刻在了"黃"字的右上角。究其原因可能有兩種情況:一是"尹"字原本屬漏刻,但後來在補刻時,只因"黃"字下有界畫線,此處已無刻寫的地方,便就近在有空間的地方刻上補足;二是刻手為了使本辭中的"四豭"和"六牛"在位置上左右照應,有意把"尹"刻於別處。

[③]第 178 則

A:《合》28315(《貴博》1)。

B:《屯南》4585。

釋文:

牢☑。茲用。

从白東擒。

于白西擒。

乙未卜:王往求狐,从☑遘。

說明:

本版是左胛骨的骨條部分,其上共有四條刻辭,第二辭的"从"字恰好位於斷裂處。從字形以及書寫風格方面看,本版應為歷無名間類卜辭。從內容方面看,第一辭為祭祀卜辭,第二至四辭均為田獵卜辭。其中,祭祀卜辭記載的是用牢祭祀的事情,田獵卜辭記載的是有關商王外出求狐的事情。第四辭"从"後之字已經殘去,從內容上推測殘去的部分應該是遘狐的地點,或許即是第二、三兩辭中提到的"白"。第二、三兩辭對貞,卜問商王是從"白"這個地方的東面擒狐呢,還是在"白"這個地方的西面擒狐呢?值得注意的是,兩辭使用的介詞不一樣,一條用"从",另一條則用"于"。

---

① 冀小軍說,見氏著:《說甲骨金文中表祈求義的𠦪字——兼談𠦪字在金文車飾名稱中的用法》,《湖北大學學報》(哲社版)1991 年第 1 期。

② 所缺之干支字可能是"丁未"或"丁巳"。

③ 第 178 則選自齊航福《小屯南地甲骨綴合一例》。齊文原載"中國社會科學院歷史研究所先秦史研究室網站",www. xianqin. org,2007 年 12 月 6 日。

另外,本版與同屬於歷無名間類的《屯南》1094、《屯南》2745、《合集》28595、《合集》28596、《合集》28843 均是圍繞王在“白”地田獵之事而進行的占卜。其中,《屯南》1094 上的祭祀卜辭中有“毓祖乙”和“羌甲”的稱謂。

[①]第 179 則

A:《合》28156(《甲》1927)。

B:《合》27010(《京》4149)。

釋文:

貞:羈𠬞五羈宰,王受祐。

貞:五羈☐伐卯☐。

說明:

本版是龜腹甲刻辭,其上現存有兩條刻辭。從字形以及書寫風格方面看,本版應為何組二類卜辭。綴合後的第 1 辭完整,其上的“宰”“又(祐)”兩字恰好位於斷裂處,這表明綴合應該正確的,問題在於該如何理解卜辭的含義。

“𠬞”字,《類纂》中僅一見,構形不明,但是根據其位於“羈”和“五羈”之間可知它可能是一個連詞。“羈”字釋讀,從葉玉森先生說。[②] 至於該字在卜辭中的用法,許進雄先生曾做出過推測,認為它“可能是驛站一類之特別設置”。[③] 後來,齊文心先生有進一步的論述。[④] 宋鎮豪先生在講到殷商道路交通制度中的旅舍“羈”時,曾據《合集》28156 認為“一羈至五羈,自此及彼,由近而遠,揭示出羈與羈之間的路程遠近關係。各羈舍間應保持有一定的距離。”[⑤]綜合上述各家的說法,本版第一條卜辭可能是貞問在第一驛站和第五驛站用“宰”舉行祭祀活動,商王是否會受到保佑?這種理解是否正確,我們沒有把握,姑且存疑。[⑥]

[⑦]第 180 則

A:《合》7593(《續存》下 264)。

B:《英藏》686(《金璋》410、《合集》39975)。

釋文:

貞:惠師般呼伐。一二

貞:勿唯師般呼]伐。

貞:惠𠂤呼伐。二

說明:

本組綴合為遙綴。從字形以及書寫風格看,應為典賓類卜辭。綴合後的龜腹甲上現

① 第 179 則選自齊航福《何組卜辭綴合一例》。齊文原載“中國社會科學院歷史研究所先秦史研究室網站”,www.xianqin.org,2007 年 12 月 6 日。

② 參見于省吾主編:《甲骨文字詁林》第 2976 頁,中華書局,1999 年 12 月。

③ 參見許進雄:《明義士收藏甲骨釋文篇》第 163 頁,轉引自《甲骨文獻集成》第 5 册 165 頁。

④ 參見齊文心:《釋羈——對商朝驛站的探討》,載《中原文物》1990 年第 3 期。

⑤ 參見宋鎮豪:《夏商社會生活史》第 289 頁,中國社會科學出版社,2005 年 10 月。

⑥ 因爲《合集》28155 中有一辭是貞問“惠五羈先酒”,它辭中在“五羈”的位置上出現的大多是受祭對象。

⑦ 第 180 則選自齊航福《英國所藏甲骨綴合一例》。齊文原載“中國社會科學院歷史研究所先秦史研究室網站”,www.xianqin.org,2008 年 1 月 7 日。

存有三條刻辭,其中第二條卜辭中的"呼"字雖殘,但可以據第一條卜辭補出。第一和第二兩辭屬於正反對貞卜辭,分別是從正反兩個方面來貞問要不要呼令"師般"這個人去征伐某個方國。大家知道,已經有多位學者指出,在武丁時代的甲骨文裏,屢見正面卜辭使用"惠"、反面卜辭使用"勿唯"的例子。[①] 如果我們的綴合無誤的話,這無疑又為上述之說增添了一個例證。

[②]第 181 則

A:《合》7015(《安明》586)。

B:《國博》[③]076(《合集》18032)。

釋文:

[戊]戌卜,[貞]:弜𢦏[𢀛]。

☐𢦏𢀛,乙酉𢦔。

☐乙酉𢦔。

說明:

本版綴合為遙綴。許進雄先生曾指出《安明》586(筆者按:即《合集》7015)為左前甲。[④] 據此,依照辭例和龜版上存留的盾紋,可以推知《國博》076 應為右前甲。綴合後的龜版上有三條刻辭。從字形及書寫風格方面看,本版應為𠂤賓間 A 類。從內容上看,是關於征伐"𢀛"方的。該版與同屬於𠂤賓間 A 類的《天理》171、《合集》7018、《合集》18031 及屬於𠂤類的《合集》20558 所卜應為同事。[⑤]

[⑥]第 182 則

A:《合》9069(《乙》1153 + 1655 + 1992)。

B:《合》9071(《乙》1233)[⑦]。

綴合說明:筆者 2008 年曾經發現十幾組似乎可以遙綴的例子,但由於對遙綴是否準確沒有把握,因此在聽取師友意見的基礎上,一直壓到近日我們發現一組幾乎可以實綴的例子(【編者按:即本書第 187 則】)後才敢著手整理部分遙綴的例子。本組可參考圖二。

---

① 參見管燮初:《甲骨金文中"唯"字用法的分析》,載《中國語文》1962 年第 6 期;裘錫圭:《古文字論集》第 133 頁,中華書局,1992 年;黃天樹師:《甲骨綴合六例及其考釋》,載中國社會科學院歷史研究所先秦史研究室網站(http://www.xianqin.org)2007 年 10 月 17 日。

② 第 181 則選自齊航福《國博所藏甲骨新綴一例》。齊文原載"中國社會科學院歷史研究所先秦史研究室網站",www.xianqin.org,2008 年 1 月 24 日。

③ 中國國家博物館編《中國國家博物館館藏文物研究叢書·甲骨卷》,上海古籍出版社,2007 年 7 月。

④ 參見許進雄:《明義士收藏甲骨釋文篇》第 59 頁,轉引自《甲骨文獻集成》第 5 冊 113 頁。

⑤ 參見黃天樹師:《殷墟王卜辭的分類與斷代》(簡體版)第 38 ~ 39 頁、119 ~ 120 頁,科學出版社,2007 年 10 月。

⑥ 第 182 則選自齊航福《甲骨試綴六組》第 1 組。齊文原載"中國社會科學院歷史研究所先秦史研究室網站",www.xianqin.org,2009 年 5 月 15 日。本文在整理與寫作過程中得到了黃天樹師、蔡哲茂先生的指導,在遇到相關問題時,筆者曾多次向趙鵬師姐、李延彥師妹請教,部分圖片的製作也是李延彥師妹幫助做的。向眾位師友表示感謝!

⑦ 承蒙蔡哲茂先生相告,張秉權先生曾經做過綴合,見"考古資料數位典藏資料庫網站"(http://ndweb.iis.sinica.edu.tw/archaeo2_public/System/Artifact/Frame_Advance_Search.htm)。

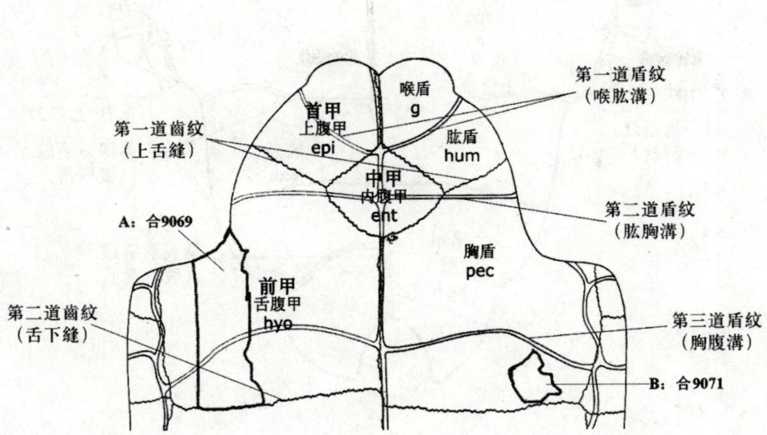

圖二

釋文如下：

壬辰卜，爭：〓弗［其以有取］。

［壬］辰卜，［爭］：〓［以有取］。

□〓弗其以有取。

□勿先。

□王□

[①]第 183 則

A：《乙》7107。

B：《乙》7327。

本組為《乙編》7107 與《乙編》7327 的綴合，在筆者向蔡哲茂先生寫信請教的時候，方才知道蔡先生也曾於 2009 年 1 月 15 日做過同樣的綴合，只是由庫房人員做了内部記録，但沒有對外公佈。見圖三。遥綴後釋文如下：

□咸□

□咸□

[②]第 184 則

A：《合》18749（《摭續》315）。

B：《合》18750（《乙》1133）。

釋文如下：

□王〓□。五

□王〓□。五

---

① 第 183 則選自齊航福《甲骨試綴六組》第 2 組。

② 第 184 則選自齊航福《甲骨試綴六組》第 3 組。

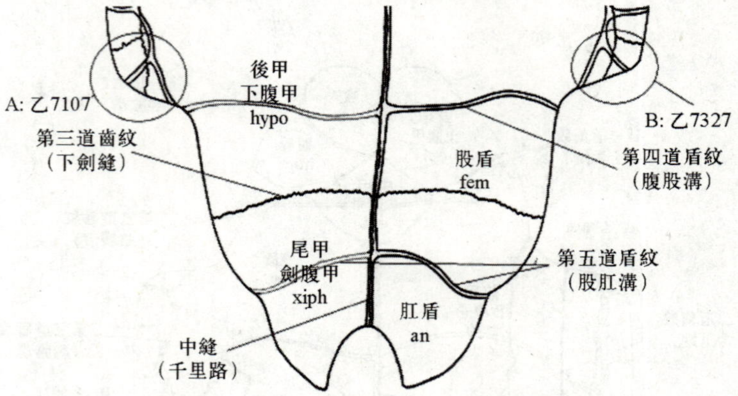

圖三

①第 185 則

A:《合》29532(《寧》1.129、《歷拓》3930)。

B:《合》30434(《後》上 24.8、《北圖》2120)。

釋文:

弜夕河燎。

己丑卜:河燎夕惠豚。

河燎夕惠羊。

②第 186 則

A:《合》17394(《龜》2.8.6)。

B:《合》5598 正(《北圖》2224 正、《文捃》1131 正)。

釋文:

[己]巳卜,[亘貞]:王夢戚,唯[徝小臣爿]。

己巳卜,亘貞:王夢戚,不唯徝小臣爿。

【編者按:本則綴合筆者原定爲遥綴,後承蔣玉斌先生告知,《合集》5598 實物在國圖,根據國圖提供的甲骨實物圖該片應爲左後甲,而且可以和《合集》17394 實綴。今從蔣先生意見作了修改。】

③第 187 則

A:《合》25894(《契》617)。

---

① 第 185 則選自齊航福《甲骨試綴六組》第 4 組。
② 第 186 則選自齊航福《甲骨試綴六組》第 5 組。
③ 第 187 則選自齊航福《甲骨試綴六組》第 6 組。

B:《合》25243(《京人》1369)。

釋文:

貞:勿鼓。一

貞:勿鼓。十月。二

貞:惠☐先。

關於兩版的部位可以參看圖四。

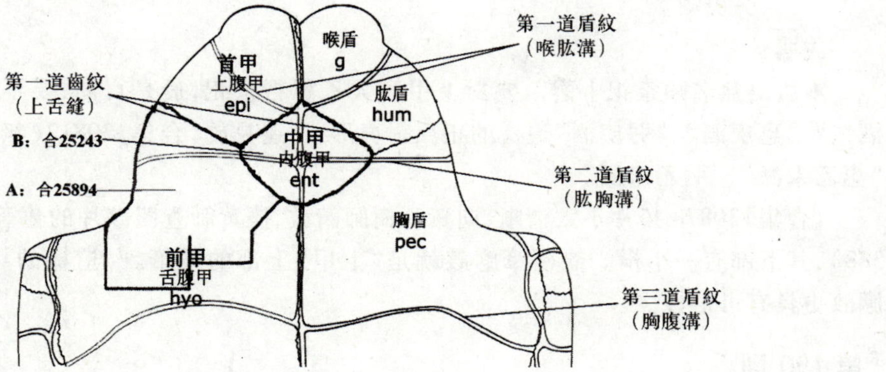

圖四

第188則[①]

A:《合》26321(《粹》1347、《善》9162、《京》3507,原骨拓藏:北圖)。

B:《北珍》1172[②](《北大國學門殷虛文字考釋》2.24.1;北大考古與藝術博物館登記號:8.0269)。

釋文:

癸卯卜,旅貞:今夕亡憂。在三月。

乙巳卜,旅貞:今夕亡憂。在三月。

口口卜,旅[貞:今]夕[亡]憂。[在]三月。

說明:

這是一版出組二類卜骨,內容是有關卜夕的。綴合版中兩片的斷口可以吻合,而且綴合後,第二條卜辭的"巳"、"貞"兩字恰好位於卜骨斷裂處的兩邊,占卜日期都是"在三月",因此本版應該可以綴合。只是從摹本、拓片等看來,《合集》26321的骨邊要比《北珍》1172的骨邊稍寬些,這可能是由於拓片的原因。

① 第188則選自齊航福《<北京大學珍藏甲骨文字>綴合一例》。齊文原載"中國社會科學院歷史研究所先秦史研究室網站",www.xianqin.org,2009年5月21日。本文的寫作得到了黃天樹師的指導,謹表謝意。

② 李鍾淑、葛英會:《北京大學珍藏甲骨文字》,上海古籍出版社,2008年11月。

①第 189 則

A:《合》30878(《掇二》388、《北圖》5392、原骨拓藏:北圖)。

B:《北珍》0451(北大考古與藝術博物館登記號 8.1801)。②

釋文:

上甲、大乙,惠庚酒。

弜庚酒。

說明:

本版為無名類祭祀卜辭。要對上甲和大乙舉行祭祀,於是貞問,要不要在庚日舉行酒祭?“惠庚酒”、“弜庚酒”這樣的正反對貞形式,還見於《合集》30812(無名類),其上有“惠乙未酒”、“弜乙未酒”。

《合集》30878 拓片不太清晰,向黃天樹師請教,據黃師查閱該片的舊著錄片(《掇二》388),其下部有一小橫。該橫筆應該就是“上甲”上部的橫筆。③ 這樣的話,我們的綴合應該更具有可信性。④

⑤第 190 則

A:《北珍》1870 正(《合補》11532 反)。⑥

B:《合》38046(《珠》828,原骨拓藏:中島舊藏)。

說明:

本版為黃類干支表。兩版不僅斷邊吻合,而且“庚”和“亥”字恰位於殘斷的兩版上,因此應該可以綴合。

⑦第 191 則

A:《合》14474 正(《天》42 甲)。

B:《合補》1705(《日天》196)。

釋文:

壬戌卜,穷貞:尋燎于岳。

使人。

---

① 第 189 則選自齊航福《<北京大學珍藏甲骨文字>綴合第二例》。齊文原載“中國社會科學院歷史研究所先秦史研究室網站”,www.xianqin.org,2009 年 5 月 24 日。本文的寫作得到了黃天樹師的指導,謹表謝意。

② 李鍾淑、葛英會:《北京大學珍藏甲骨文字》,上海古籍出版社,2008 年 11 月。

③ 這種寫法的“上甲”另見於《合集》27053、27059(無名類)等片。因為筆者未能見到《掇二》388,所以本文摹本中《合集》那一版下部並沒有摹出屬於“上甲”上部的一橫筆。

④ 兩版上字體大小不一,這是本組綴合存在的疑問。我們考慮,一方面可能是拓片方面的原因,另一方面也可能是因為同版上字體的大小一般情況下是一致的,但也有不一致的情況。

⑤ 第 190 則選自齊航福《<北京大學珍藏甲骨文字>綴合第三例》。齊文原載“中國社會科學院歷史研究所先秦史研究室網站”,www.xianqin.org,2009 年 5 月 30 日。本文的寫作得到了門藝的幫助,謹表謝意。

⑥ 本組重片參見章秀霞:《〈北京大學珍藏甲骨文字〉校重 86 例》一文(待刊稿)。

⑦ 第 191 則選自齊航福《賓組卜辭綴合一例》。齊文原載“中國社會科學院歷史研究所先秦史研究室網站”,www.xianqin.org,2009 年 9 月 24 日。綴合中的一些細節問題曾請教黃天樹師、劉影師妹,李愛輝師妹幫助拼合圖版,謹表謝意。

貞:勿使人。

貞:使人于\。

貞:使人于\。二告 不𠂤蛛

貞:沉十牛。二告 不𠂤蛛

□。不𠂤蛛

第192則[①]

A:《合》27432(《粹》321、《善》790)。

B:《合》27473(《上博》60)。

釋文:

于父庚告。

弜。

于父甲告。

弜。

第193則[②]

A:《合補》10212(《甲編》2565)。

B:《合》30810(《甲編》2674)。

A、B均屬何組一類字體。綴合後卜辭釋文如下:

貞:于祖□。二

貞:𢀛勿告,止我巳。

甲午卜,彭貞:酒巳自二至于毓。

不止我巳。

第194則[③]

A:《輯佚》561。

B:《花東》123。

《殷墟甲骨輯佚》一書所收錄的是散在安陽民間的私人所藏甲骨,雖然材料數量有限且常殘碎,但有些内容卻是非常重要的。其中第561號為一片花東子卜辭,辭例稀見,並可與《殷墟花園莊東地甲骨》中第123號相綴合,尤為珍貴。【編者補注:《輯佚》561一片

① 第192則選自齊航福《無名類卜骨綴合一例》。齊文原載"中國社會科學院歷史研究所先秦史研究室網站",www.xianqin.org,2009年10月15日。綴合中的一些細節問題曾請教黄天樹師,李愛輝師妹幫助拼合圖版,謹表謝意。

② 第193則選自齊航福《何組卜辭綴合一例》。齊文原載"中國社會科學院歷史研究所先秦史研究室網站",www.xianqin.org,2009年12月30日。本綴合得到黄天樹師指導,圖版拼合得到劉影師妹幫助,謹表感謝。【編者按:蔡哲茂先生於2009年12月31日發來電子郵件説:"高足齊航福《何組卜辭綴合一例》:《合補》10212(《甲編》2565)+《合集》30810(《甲編》2674),剛剛已覆核實骨,應是正確的。"】

③ 第194則選自莫伯峰《<輯佚>中的一版花東子卜辭及其綴合》。莫文原載"中國社會科學院歷史研究所先秦史研究室網站",www.xianqin.org,2009年4月3日。本文的寫作得到黄天樹師的指導,王子揚兄、齊航福兄皆提供大力幫助,在此一併表示感謝。

據字體屬於花東卜辭,學者業已指出,參見蔣玉斌《<殷墟甲骨輯佚>綴合補遺:<輯佚>563 + <輯佚>566》一文。①】

《輯佚》561:

庚申卜:曰□其至𦰩(艱)。一

不允至。一

貞:其允。

《花東》123:

辛酉昃:歲匕(妣)庚黑牝一,子祝。一二三

辛酉昃:歲匕(妣)庚黑牝一,子祝。一二三

辛酉卜:子其蚑黑牝,隹(唯)𢓊(往),不雨。用。匕(妣)庚☒。一二三

從字體與行款看,《輯佚》561 為花東子卜辭無疑,可與《花東》123 共有的"庚"、"其"、"不"等字相比較確認這一點。《輯佚》561 的占卜日期為"庚申",《花東》123 的占卜日期為"辛酉","庚申"與"辛酉"相隔僅一天,從日期上看兩版綴合也是合理的。同時,《輯佚》561"貞其允"一辭中"允"字的下半部在《花東》123 中仍可看到並綴合上,故兩版綴合應無誤。

《花東》123 為兩版甲骨綴合而成,其出土號為 401 和 1607,401 為 H3 坑第四層甲骨,其位置處於坑的左邊緣,具體可參看圖五(圖五引自《殷墟花園莊東地甲骨》第一分冊,第五頁)。

花東子卜辭大部分都出自 1991 年中國社科院考古研究所安陽工作隊在殷墟花園莊東地發掘的編號為 91 的花東 H3 坑,其有字甲骨全部編入《花東》一書中。但是在《甲骨文合集》等其他著錄書中也曾發現過花東子卜辭,蔣玉斌先生在《殷墟子卜辭的整理與研究》中最早指出,而後姚萱女士在《殷墟花園莊東地甲骨卜辭的初步研究》中又有新發現,均可參看。但是以往所發現的《花東》以外所著錄的花東子卜辭皆不能與 H3 坑花東子卜辭相綴合。此次《輯佚》中所出的花東類卜辭不僅為《花東》以外所著錄的花東類卜辭增添了新的例子,同時其辭例為《花東》所無,對於花東類卜辭的研究也有益處。更與以往不同的是它可與《花東》中甲骨相綴合,這對於我們思考《花東》以外所著錄的花東子卜辭與《花東》中的花東子卜辭之間的關係有著很好的啟示作用。【編者按:這組綴合的主要根據之一是《花東》123 右前甲上殘留有"允"字的筆劃,社科院歷史研究所劉源先生在收到本文後,特意添加《花東》123 局部彩色照片,供大家參考。在此,向劉源先生致謝!另外,本綴合發表在"中國社會科學院歷史研究所先秦史研究室網站"後,劉源先生曾特意諮詢過花東的發掘者,發掘者認為"花東甲骨在埋藏前即已失散"是本版綴合的成因②。然而,也有其他學者認為"恐怕不是自古分散的"。③ 對於這個問題,我們認為應該結合其他更多的非 H3 坑花東子卜辭來看。黃師曾指出:"'花東子組'類型的甲骨不僅出土於

---

① 蔣玉斌:《<殷墟甲骨輯佚>綴合補遺:<輯佚>563 + <輯佚>566》,http://www.xianqin.org/blog/archives/1282.html。

② 參看"中國社會科學院歷史研究所先秦史研究室網站",《輯佚》中的一版花東子卜辭及其綴合,http://www.xianqin.org/blog/archives/1439.html。

③ 參看"復旦大學出土文獻與古文字研究中心學術論壇",【轉帖】《輯佚》中的一版花東子卜辭及其綴合,http://www.gwz.fudan.edu.cn/ShowPost.asp?ThreadID=1160。

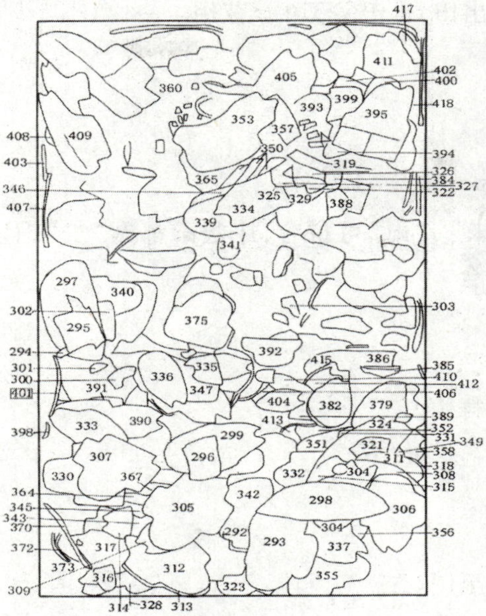

圖五

花東 H3 號坑,同時也出土於殷墟其他地點或灰坑中,這一現象說明,‘花東子組’與其他類別的卜辭有同坑共存的現象。”①既然其他地點或灰坑中可以存在“花東子組”甲骨,那麼如果《輯佚》561 與此性質一致,我們認為《輯佚》561 是存在埋藏前即已分散的可能性的。

②第 195 則

A:《合》33526。

B:《合》32057。

說明及釋文:

本版為歷組二類卜辭,與《懷特》1563 同文,惜《懷特》1563 殘泐,可與本版比照。本組綴合後釋文如下:

其十牢。

癸卯貞:其三十羌。

癸卯貞:王又〼歲三牢,羌十又五。

甲辰貞:擇以鬯用于父丁,卯牛。

乙巳貞:王又〼歲于父丁三牢,羌十又五。若茲卜雨。

---

① 黃天樹:《黃天樹古文字論集》,第 448 頁,學苑出版社,2006 年第 1 版。

② 第 195 則選自莫伯峰《歷組新綴一則:<合>33526 + <合>32057》。莫文原載“中國社會科學院歷史研究所先秦史研究室網站”,www. xianqin. org,2009 年 5 月 19 日。本文的寫作得到黃天樹師的指導,王子揚兄、齊航福兄皆提供大力幫助,在此一併表示感謝。

癸丑貞:王令利出田,告于父丁牛。茲用。一

第196則[①]

A:《合》33844。

B:《合》33954。

說明:兩版上殘字"未"、"雨"可拼合,序數辭都為"二",且右側原邊相綴後甚為密合,故我們認為兩版可綴合。

釋文:

甲子卜:乙丑雨。二

壬戌卜:癸亥奏舞雨。二

壬申卜:癸酉雨。茲用。一

庚申雨。一

不雨。

癸未卜:今日雨至口。二

丙戌卜:丁雨。二 二

第197則[②]

A:《天理》B600。

B:《合》34936。

C:《合》34810。

說明:A、B為蔡哲茂先生《甲骨綴合集》中所綴的第223組,C為我們加綴。

釋文:

癸口貞☐

癸未貞:旬亡憂。

癸巳貞:旬亡憂。

癸卯貞:旬亡憂。

癸丑貞:旬亡憂。

癸亥貞:旬亡憂。

口酉口:旬口憂。

第198則[③]

A:《合》35010。

B:《合》34882。

C:《合》35039。

---

① 第196則選自莫伯峰《歷組新綴三則》第1則。莫文原載"中國社會科學院歷史研究所先秦史研究室網站",www.xianqin.org,2009年6月2日。本綴合得到黃天樹師的指導,各師兄師姐大力幫助,在此一併表示感謝。

② 第197則選自莫伯峰《歷組新綴三則》第2則。

③ 第198則選自莫伯峰《歷組新綴三則》第3則。

説明:A、B 為蔡哲茂先生《甲骨綴合集》中所綴的第 293 組,C 為我們加綴。

釋文:

癸丑卜貞:旬亡憂。

癸亥卜貞:旬亡憂。

癸酉卜貞:旬亡憂。

癸未卜貞:旬亡憂。

癸巳卜貞:旬亡憂。

癸卯卜貞:旬亡憂。

癸丑貞:旬亡憂。

[①]第 199 則

A:《合》33584(《安明》2376)。

B:《合》35160(《善》18902)。

釋文及説明:

己卯貞:☒不用。

五牛。

十牛。

☒牛。

☒牛。

A、B 兩版有殘字"己"可拼合,且邊緣相接較為密合,故我們認為兩版可以綴合。【編者按:本綴合發表在"中國社會科學院歷史研究所先秦史研究室網站"後,"zyi"先生曾跟帖指出自己也做過同樣綴合,即將發表。本綴合發表在"中國社會科學院歷史研究所先秦史研究室網站"後,又曾進行加綴,可參看《新綴歷組卜辭二則》第二則,http://www.xianqin.org/blog/archives/1550.html。亦收入本書第 204 則。】

[②]第 200 則

A:《合》34494(《掇二》80)。

B:《合補》10558(《歷拓》4506)。

釋文及説明:

焚☒示(?)☒。二

甲申卜:不白。四

A、B 兩版皆為歷一類字體,邊緣相綴密合,且有殘字"申"、"白"可拼合,故應綴合無誤。《合》34494 的序數辭《甲骨文合集釋文》釋作"二",由於拓本此處並不清晰,不知是

① 第 199 則選自莫伯峰《歷組新綴一則:<合>33584 + <合>35160》。莫文原載"中國社會科學院歷史研究所先秦史研究室網站",www.xianqin.org,2009 年 6 月 11 日。本文的寫作得到黃天樹師的指導,師兄師姐亦有幫助,在此一併表示感謝。

② 第 200 則選自莫伯峰《歷組新綴二則》第 1 則。莫文原載"中國社會科學院歷史研究所先秦史研究室網站",www.xianqin.org,2009 年 7 月 4 日。本文的寫作得到黃天樹師的指導,師兄師姐亦有幫助,在此一併表示感謝。

否正確。本版中的“白”可能指白顏色,“不白”當是卜問“是否白顏色”。裘錫圭先生曾指出一條自賓間卜辭中有“不白”之語:

小馳子白。不白。 《合》3411

認為是指“貞卜小牝馬將生的崽是不是白色的”。此處的“不白”為驗辭,表明不是白色的。①

②第 201 則

A:《合》33628(《京人》2338)。

B:《合補》10674(《歷拓》7531)。

C:《合》33383(《摭續》122)。

釋文及說明:

癸未貞:王其狩白。

弜又。

三牢。

五牢。

十牢。

A、B、C 三版邊緣相綴密合,且有殘字“癸”、“牢”可拼合,故綴合應無誤。A、B 綴合後與《合》33626 +《合》33681 同文。③

A、B 與 C 綴合後,第一條卜辭為田獵卜辭,第二至五條卜辭為祭祀卜辭,與此類似的田獵卜辭與祭祀卜辭同版情況亦見於《合》33388。本版中的“白”應為田獵地名。《合》33425:“庚子卜:王往田于白”。“白”亦用為田獵地名。【編者按:本文第一則綴合發表在“中國社會科學院歷史研究所先秦史研究室網站”後,“武汶”先生曾跟帖指出周忠兵先生也做過同樣綴合,即將發表。另外,本文第一則綴合發表在“中國社會科學院歷史研究所先秦史研究室網站”後,蔡哲茂先生的學生謝博霖曾指出《合》33383“癸未貞:王其狩白”中的“白”字左邊應該還存在一個字,從拓本上看應該是“又”字的異體,即對貞上面的第二條卜辭“弜又”。對此,我們表示感謝。然而由於此字殘泐過甚,而且是否是與“弜又”對貞難以確定,我們在此仍暫不釋出。】

④第 202 則

A:《合補》10414(《南大》1506)。

B:《英藏》2473(《庫方》117、《合補》39532)。

釋文及說明:

---

① 裘錫圭:《關於殷墟卜辭的命辭是否問句的考察》,《古文字論集》,第 264 頁,中華書局,1992 年 8 月第一版。

② 第 201 則選自莫伯峰《歷組新綴二則》第 2 則。

③ 此劉影先生綴合,參看《歷組二類卜辭新綴一例》,www. xianqin. org/blog/archives/1369. html;亦收入本書第 97 則。

④ 第 202 則選自莫伯峰《歷組新綴一則:<合補 >10414 + <英 >2473》。莫文原載“中國社會科學院歷史研究所先秦史研究室網站”,www. xianqin. org,2009 年 7 月 10 日。本文的寫作得到黃天樹師的指導,師兄亦有幫助,在此一併表示感謝。

十羌。

十羌又五。

A、B 兩版皆為歷二類字體,邊緣相綴密合,且有殘字"羌"、"五"可相拼合,同文可參看《合補》10413,故我們認為應可綴合。

[①]第 203 則

A:《合》32082(《京》4118、《善》234)。

B:《合》34236(《萃》1541、《善》298)。

釋文及說明:

辛☐貞☐伐☐

癸卯貞:又升伐于河九羌沉三牛卯三牢。

其以永[②]。

A、B 兩版皆為歷二類字體,邊緣相綴密合,且有殘字"三"、"沉"、"河"、"升"可相拼合,故我們認為應可綴合,二者現皆藏於國圖【編者按:國圖胡輝平先生目驗甲骨實物,認爲此綴合正確】。

[③]第 204 則

A:《合》32108(《旅文店》12)。

B:《合》33584(《安明》2367)。

C:《合》35160(《善》18902)。

釋文及說明:

己卯貞:☐不用

五牛。

十牛。

十牛又五牛。

不遘雨。

癸巳貞:卯二羌一牛。

☐三羌□牛。

B、C 為過去我們所綴[④],A 為此次加綴。A、B 兩版皆為歷二類字體,邊緣相綴密合,且有殘字"又"、"牛"可相拼合,故我們認為應可綴合。在 A 未加綴時,我們曾認為 B 上部的兩個"牛"字為兩條卜辭,現根據綴合後更正為一條卜辭。

---

① 第 203 則選自莫伯峰《新綴歷組卜辭二則》第 1 則。莫文原載"中國社會科學院歷史研究所先秦史研究室網站",www. xianqin. org,2009 年 7 月 15 日。本文的寫作得到黃天樹師的指導,趙鵬師姐、王子揚兄亦熱心幫助,在此一併表示感謝。

② "永"字,從劉釗說,參看《釋"[illegible]""[illegible]"諸字兼談甲骨文"降永"一辭》,載《古文字考釋叢稿》第 18 至 30 頁,嶽麓書社,2005 年 7 月第 1 版。

③ 第 204 則選自莫伯峰《新綴歷組卜辭二則》第 2 則。

④ 參看《歷組新綴一則》,http://www. xianqin. org ,亦收入本書第 199 則。

第 205 則[1]

A:《合》27231(《佚》88、《京人》726)。

B:《合》28573(《京人》2005)。

釋文及說明:

戊子卜:王其田𣏟(夙)[2]☐。

☐祖乙,又正。

A、B 兩版皆為無名類左支卜字體,邊緣相綴基本密合,且有殘字"子"可相拼合,故我們懷疑應可綴合,二者現皆藏於京都大學人文科學研究所,期待收藏單位能對實物加以驗證。

第 206 則[3]

A:《合》32643(《京》4039、《善》539)。

B:《合》32544(《京人》2280)。

釋文及說明:

☐祭祖乙。

弜又歲。

甲戌貞:小乙祭,亡害。

不萅雨。

萅雨

☐黍眔小丁。

A、B 兩版邊緣相綴非常密合,但兩版的界面周圍拓本皆十分模糊,經我們仔細分辨仍可看出"雨"、"萅"二殘字分佈於兩版上,故我們認為應可綴合。

第 207 則[4]

A:《合》32334(《京人》2285)。

B:《合》34555(《甲》376)。

釋文及說明:

弜酒。

二牛。

告上甲三牛,歲于父丁即宗。

A、B 兩版邊緣相綴完全密合,且可參照同文《合》34556 確定綴合之正確。

---

① 第 205 則選自莫伯峰《無名組新綴一則:<合>27231 + <合>28573》。莫文原載"中國社會科學院歷史研究所先秦史研究室網站",www. xianqin. org,2009 年 7 月 28 日。本綴合得到黃天樹師的指導,在此表示感謝。

② "夙"字,從沈培說,參看《說殷墟甲骨卜辭的"𣏟"》,載《原學》第三輯第 75 至 110 頁,中國廣播電視出版社,1995 年版。

③ 第 206 則選自莫伯峰《歷組新綴四則》第 1 則。莫文原載"中國社會科學院歷史研究所先秦史研究室網站",www. xianqin. org,2009 年 9 月 1 日。本綴合得到黃天樹師的指導,王子揚兄幫助,謹致謝忱。

④ 第 207 則選自莫伯峰《歷組新綴四則》第 2 則。

[①]第 208 則

A:《合》32505(《安明》2320)。

B:《合》32889(《安明》2708)。

釋文及説明:

辛□貞:☐即☐

弜令即並。

癸酉貞:又祖乙歲牢又牛,乙亥。一

A、B 兩版邊緣相綴完全密合,且二者來源相同,故我們認為應可綴合。

[②]第 209 則

A:《合》32743(《歷拓》7491)。

B:《合》32029(《歷拓》7934)。

釋文及説明:

丙寅貞:其先酒九牛。

丙寅貞:𢓊以羌。

其陟于大乙。

戊辰貞:酒彳歲,乙亥。

□巳卜:☐妣己☐牢。

A、B 兩版邊緣相綴完全密合,骨條寬度也一致,且二者來源相同,故我們懷疑應可綴合。A 為歷一類字體,B 為歷二類字體,這種歷一與歷二共版的情況也曾在其他版上出現過,如《合》32422、《合》32814、《合》34520 等,具體可參看黄天樹師《殷墟王卜辭的分類與斷代》[③]第 190 頁的論述。二者現皆藏於山博,期待收藏單位能對實物加以驗證。

[④]第 210 則

A:《合》33635(《甲》763)。

B:《合》34641(《安明》2426)。

釋文及説明

丁巳貞:其三牢。二

五牢。二

☐其奏祼☐三十☐

A、B 兩版皆為歷二字體,邊緣相綴密合,且有殘字"丁"、"其"可相拼合,故我們認為兩版應可以綴合。在綴合之前,由於卜辭殘缺,因此《甲骨文合集釋文》將《合》34641 釋

① 第 208 則選自莫伯峰《歷組新綴四則》第 3 則。

② 第 209 則選自莫伯峰《歷組新綴四則》第 4 則。

③ 黄天樹:《殷墟王卜辭的分類與斷代》,科學出版社,2007 年 10 月。

④ 第 210 則選自莫伯峰《歷組新綴一則:合 33635 + 合 34641》。莫文原載"中國社會科學院歷史研究所先秦史研究室網站",www. xianqin. org,2009 年 9 月 8 日。此版綴合得到了黄天樹師的悉心指導,在此表示深深地感謝。

作一條卜辭,在綴合之後,我們認為"五牢"也許與"其三牢"有關,應單獨作為一條卜辭,我們上面的釋文即採用了這一觀點。

後記:《合》34641 中"五牢"兩字不在一行上,這種情況也許是這一刻手的特點,可看《合》32054 也有相同情況。

[①]第 211 則

A:《合》34423(《南輔》73、《歷拓》1367)。

B:《合》32695 部分(《寧》1.78)。

釋文及說明:

乙丑☐

其冓雨。

歲五牢。

A、B 兩版皆為歷二類字體,邊緣相拼完全密合,故我們認為應可拼合。蔡哲茂先生曾在《甲骨綴合續集》中指出《合》32695 為誤綴,因其"折痕不密合,干支差太遠",這次我們將《合》32695 部分與《合》34423 拼合在一起,證明蔡先生的見解是完全正確的。

[②]第 212 則

A:《合》32425(《安明》2410)。

B:《合》34595(《甲》747)。

釋文及說明:

甲辰☐

弜登。

弜又戠。三

辛酉貞:大乙戠一牢。三

二牢。三

三牢。三

A、B 兩版皆為歷二類字體,邊緣相拼完全密合,且骨條寬度一致,故我們認為應可拼合。

[③]第 213 則

A:《合》33615(《後》下 39.8、《善》6711、《京》4203)。

B:《英藏》2398(《合》41468、《金》354)。

釋文及說明:

① 第 211 則選自莫伯峰《歷組卜辭拼合二則》第 1 則。莫文原載"中國社會科學院歷史研究所先秦史研究室網站",www.xianqin.org,2009 年 9 月 22 日。此版綴合得到了黃天樹師的悉心指導,謹致謝忱。

② 第 212 則選自莫伯峰《歷組卜辭拼合二則》第 2 則。

③ 第 213 則選自莫伯峰《歷組卜辭拼合三則》第 1 則。莫文原載"中國社會科學院歷史研究所先秦史研究室網站",www.xianqin.org,2009 年 9 月 29 日。此版綴合得到了黃天樹師的悉心指導,謹致謝忱。

☐貞:其又報于上甲☐

☐貞:其又報于上甲☐

☐六羊寮六豕☐

癸卯貞:其又☐

A、B 兩版皆為歷二類字體,邊緣相拼完全密合,且有殘字"寮"及界劃線可相拼合,故我們認為二者可以拼合。《英藏》2398 版拓本不甚清晰,曾有學者認為"寮"字之上筆畫為一字,經我們拼合後,可以證明為"六羊"二字無疑,"六"字寫法與下面"六豕"中的"六"字寫法一致。

[①]第 214 則

A:《合補》10578(《歷藏》7430)。

B:《合》33462(《善》6664)。

釋文及說明:

其雨。

戊戌貞:王其田,不雨。

其雨。

A、B 兩版皆為歷二類字體,邊緣相拼完全密合,且有殘字"雨"可相拼合,故我們認為二者可以拼合。《合補》10578 中"雨"字的殘劃相較《合》33462 中"雨"字殘劃更為細,這可能是由於墨拓效果不同所致(此承劉影師姐指點),而且《合》33462 中字的筆畫都比《合補》10578 中字的筆畫要粗,可見墨拓效果有時是會對拼合產生一定影響的。

[②]第 215 則

A:《合》33789(《南輔》46 + 47)。

B:《合》33161(《京》3820)。

釋文及說明:

乙巳貞:王往宮☐

戊申貞:王往宮,不雨。一

其雨。

不雨。一

[其]雨。一

A、B 兩版皆為歷二類字體,邊緣相拼較為密合,殘字"貞"可相拼合,而且拼合後,第二條卜辭應正好與第三條卜辭形成對貞關係,故我們認為二者可以拼合。

① 第 214 則選自莫伯峰《歷組卜辭拼合三則》第 2 則。
② 第 215 則選自莫伯峰《歷組卜辭拼合三則》第 3 則。

[①]第 216 則

A:《合》33808(《戬》15.2、《歷拓》1219)。

B:《合》33656(《戬》15.2、《歷拓》9265、《續》4.18.4 <不全>)。

釋文及說明:

一牢。

二牢。

三牢。二

不雨。一

其雨。一

A、B 兩版皆為歷二類字體,邊緣相拼完全密合,且有殘字"牢"可相拼合,"一牢"、"二牢"、"三牢"正好形成選貞關係,與此同文很多,不敷舉例,故我們認爲二者可以拼合。

[②]第 217 則

A:《合》34701(《摭》32 <不全>、《善》14438)。

B:《合》33985(《粹》643、《善》7575)。

釋文及說明:

癸☐不風。

甲午卜:今日啓。

[不]啓。

壬寅卜:甲辰雨。一

壬寅卜貞:亡憂。

甲午☐今日延 ☐。一

A、B 兩版字體相同,邊緣相拼完全密合,且拼合後第四、第五兩辭干支皆為壬寅,序數辭皆為一,故我們認為二者可以拼合。兩版現都藏於國圖,十分希望收藏單位能以實物核對【編者按:國圖胡輝平先生目驗甲骨實物,認爲此綴合正確】。

[③]第 218 則

A:《合》33291 部分(《存補》6.259.1)。

B:《合》32762 甲正(《存補》6.291.2、《鄴三》下 43.8、《歷拓》6356 正)。

C:《合》34680(《鄴三》下 41.9 <不全>、《歷拓》1426)。

D:《合》32762 乙正(《掇一》444、《寧》1.492)。

釋文及說明:

---

① 第 216 則選自莫伯峰《新拼合歷組卜辭二則》第 1 則。莫文原載"中國社會科學院歷史研究所先秦史研究室網站",www.xianqin.org,2009 年 10 月 9 日。本文得到黃天樹師的悉心指導,謹致謝忱。

② 第 217 則選自莫伯峰《新拼合歷組卜辭二則》第 2 則。

③ 第 218 則選自莫伯峰《歷組卜辭新拼合三則》第 1 則。莫文原載"中國社會科學院歷史研究所先秦史研究室網站",www.xianqin.org,2009 年 10 月 9 日。本文得到黃天樹師的悉心指導,謹致謝忱。

甲午卜:婦好亯[①]。

庚辰卜:盧翌日甲申。

丙戌貞:婦好亡憂。四

不雨。一

不雨。

己亥卜:庚子 ☐一

不雨。一

不雨。

A、B 兩版為蔡哲茂先生《甲骨綴合續集》中所綴合的第 544 組[②],C 為筆者所加綴。四版皆為歷一類字體,斷邊相拼完全密合,B、C 兩版有殘字"貞",故我們認為可以拼合。B、D 兩版在《甲骨文合集》中被當作遙綴處理,但理據並不充分,因此曾受懷疑,通過我們加綴的 C,可見當初的遙綴應該是正確的,《甲骨文合集》編者的見識值得欽佩!

[③]第 219 則

A:《合》34459(《南輔》76、《歷拓》1442)。

B:《合》34328(《寧》1.321、《歷拓》3510)。

釋文及說明:

甲午☐

弜又。

☐十尞五☐牛。

A、B 兩版皆為歷二類字體,斷邊相拼完全密合,且有殘字"弜"可相拼合,故我們認為二者可以拼合。

[④]第 220 則

A:《合》33770(《京》3822、《歷拓》4665)。

B:《合》34630(《安明》2374)。

釋文及說明:

癸☐

弜升。

二牛。

三牛。

五牛。

其雨。

---

① 亯字從王蘊智先生說,參看《出土材料中所見的"亯"和"龍"》,載王蘊智:《字學論集》第 263 ~ 274 頁,河南美術出版社,2004 年 9 月第 1 版。

② 蔡哲茂:《甲骨綴合續集》,第 155、202 ~ 203 頁,臺北:文津出版社,2004 年 8 月。

③ 第 219 則選自莫伯峰《歷組卜辭新拼合三則》第 2 則。

④ 第 220 則選自莫伯峰《歷組卜辭新拼合三則》第 3 則。

囗亥貞:☑不☑

A、B 兩版皆為歷二類字體,斷邊相拼非常密合,且有殘字"五"可相拼合,拼合後,"二牛"、"三牛"、"五牛"正好形成選貞關係,與此同文較多,不數舉例,故我們認爲二者可以拼合。

[①]第 221 則

A:《合》30560(《寧》1.251、《歷拓》3913)。

B:《擄》2240(《寧》1.274)。

C:《合》27554(《寧》1.225、《歷拓》3549)。

釋文及說明:

弜兄(祝)妣辛。

弜祝母戊

惠羊。

惠牛。

惠小宰(牢)。

王賓。

弜。

A、B 兩版為蔡哲茂先生《甲骨綴合續集》中第四六二組所綴,C 為筆者加綴。A、B、C 皆屬於歷無名間類字體,斷邊相拼完全密合,故我們認為可以拼合【編者按:參看本書第 223 則】。

[②]第 222 則

A:《合》32890(《粹》1052、《善》14367、《續存》上 1945)。

B:《合》33044(《粹》1163、《善》5442)。

釋文及說明:

己巳貞:執井方。

弗羍(執)。

其大出。

辛未貞:王令即竝。

弜令即竝。

A、B 兩版皆為歷二類字體,斷邊相拼完全密合,故我們認為二者可以拼合。兩版現都藏於國圖,十分希望收藏單位能以實物核對【編者按:胡輝平先生用國圖所藏甲骨實物核對後認爲此綴合是正確的】。

---

① 第 221 則選自莫伯峰《甲骨拼合二則》第 1 則。莫文原載"中國社會科學院歷史研究所先秦史研究室網站",www.xianqin.org,2009 年 10 月 30 日。本文得到黃天樹師指導,劉影師姐幫助,謹致謝忱。

② 第 222 則選自莫伯峰《甲骨拼合二則》第 2 則。

[①]第 223 則

A:《合》30560(《寧》1.251、《歷拓》3913)。

B:《擴》2240(《寧》1.274)。

C:《合》27554(《寧》1.225、《歷拓》3549)。

D:《合》29415(《寧》1.521、《歷拓》3698)。

釋文及説明:

癸酉☐

王畜馬在兹寓☐母戊,王受[又]。

弜兄(祝)妣辛。

弜祝母戊。

叀羊。

叀牛。

叀小室(牢)。

王賓。

弜。

A、B 兩版為蔡哲茂先生《甲骨綴合續集》中第四六二組所綴,C 為筆者以前加綴[②],D 為筆者此次加綴,與此同文的有《合補》9296、《合補》10556,可以參看。四版皆屬於歷無名間類字體,斷邊相拼完全密合,故我們認為可以拼合【編者按:參看本書第 221 則】。

[③]第 224 則

A:《合》28973(《佚》901)。

B:《合》28547(《粹》696、《善》7604)。

釋文及説明:

叀☐遘☐

不遘小雨。

翌日壬王囗省喪田,柎(夙)[④]不遘大雨。

其(?)暮不遘大雨。

A、B 兩版皆為無名類字體,斷邊相拼密合,辭例通暢,故我們認為二者可以拼合。

[⑤]第 225 則

A:《合》28933(《佚》102、《珠》676)。

---

① 第 223 則選自莫伯峰《無名組甲骨拼合三則》第 1 則。莫文原載"中國社會科學院歷史研究所先秦史研究室網站",www. xianqin. org,2009 年 11 月 13 日。本文得到黃天樹師的悉心指導,謹致謝忱。

② 見《甲骨拼合二則》,載"中國社會科學院歷史研究所先秦史研究室網站",http://www. xianqin. org/blog。2009 年 10 月 30 日

③ 第 224 則選自莫伯峰《無名組甲骨拼合三則》第 2 則。

④ "夙"字,從沈培説,參看沈培《説殷墟甲骨卜辭的"柎"》,載《原學》第三輯 75 至 110 頁,中國廣播電視出版社,1995 年版。

⑤ 第 225 則選自莫伯峰《無名組甲骨拼合三則》第 3 則。

B:《英藏》2315。

釋文及說明:

于榆。

于喪。

于盂。

于宮。

A、B 兩版皆為無名類字體,斷邊相拼完全密合,《合》28919、《合》28927 等可以與此合觀,故我們認為二者可以拼合。

[①]第 226 則

A:《合》28956(《南誠》84、《歷拓》9715)。

B:《合補》8997(《懷》1452)。

釋文及說明:

☐亡戋(災)。

于宮亡災。

翌日辛王[其]迻[②]于向,亡災。引吉

于☐。吉

王☐

A、B 兩版皆為無名類字體,斷邊相拼密合,辭例通暢,並可參看同文《合》28955,故我們認為二者可以拼合。

[③]第 227 則

A:《合》30083(《合補》9540、《續存》上 118、《歷藏》7838)。

B:《合補》9335(《歷藏》11013)。

釋文及說明:

丁丑卜:翌日戊☐

其冓雨。

A、B 兩版皆為無名類字體,斷邊相拼密合,且有殘字"丑"字能夠拼合,故我們認為二者可以拼合。兩版中字的筆畫粗細不一,這可能與施拓效果有關,同樣的現象還可參看《合》33462 +《合補》10578 中的殘字"雨",參看本書第 214 則。

[④]第 228 則

A:《合》29175(《合補》8995、《佚》68、《珠》669、《日天》558)。

---

① 第 226 則選自莫伯峰《無名組甲骨拼合二則》第 1 則。莫文原載"中國社會科學院歷史研究所先秦史研究室網站",www. xianqin. org,2009 年 11 月 25 日。本文得到黃天樹師的悉心指導,謹致謝忱。

② "迻"字從裘錫圭先生說,見《釋柲》,載《古文字研究》第三輯,第 7 ~31 頁,中華書局 1980 年 11 月版。

③ 第 227 則選自莫伯峰《無名組甲骨拼合二則》第 2 則。

④ 第 228 則選自莫伯峰《無名組甲骨拼合四則》第 1 則。莫文原載"中國社會科學院歷史研究所先秦史研究室網站",www. xianqin. org,2009 年 12 月 9 日。本文得到黃天樹師的悉心指導,謹致謝忱。

B:《合》28623(《南師》1.161、《外》39)。

釋文及說明:

甲午卜:翌日乙王其省田,湄日□。吉

弜省田。吉

其凬。吉

叀宫田省。吉

[叀]盂田省。大吉

王□

A、B 兩版皆為無名類左支卜字體,斷邊相拼密合,且《合》29175"弜省田"與《合》28623"甲午卜:翌日乙王其省田湄日□"應為對貞關係,故我們認為二者可以拼合。《合》29175 拓本不如《合補》8995 拓本完整清晰,故圖版中所用拓本為《合補》8995。

第 229 則[①]

A:《合》30685(《南明》454、《歷拓》5272)。

B:《英藏》2288(《合》41535、《庫方》1715)。

釋文及說明:

其桒年于河,叀今辛巳酒,受年。

于來辛卯酒。

其桒年于河,叀舊冊用小宰(牢)。

□雨。

A、B 兩版皆為無名類右支卜字體,斷邊相拼密合,辭例通暢,故我們認為二者可以拼合。關於卜辭釋讀,筆者參考了《合》30688,將"小牢"歸屬第三條卜辭。

第 230 則[②]

A:《合》28981(《粹》967、《善》6548)。

B:《合》29178(《善》6631)。

釋文及說明:

弜田,其每(悔)。

王叀宫田省,亡𢦏(災)。

叀喪田省,亡𢦏(災)。大吉

A、B 兩版皆為無名類左支卜字體,斷緣相拼可以密合,《合》28982 等可以與此合觀,故我們認為二者可以拼合【編者按:國家圖書館胡輝平先生核對甲骨實物後認爲本綴合是正確的】。

---

① 第 229 則選自莫伯峰《無名組甲骨拼合四則》第 2 則。

② 第 230 則選自莫伯峰《無名組甲骨拼合四則》第 3 則。

①第 231 則

A:《合》30807(《鄴初》下 32.7、《北圖》2875、《京》4209)。

B:《合》30806(《華東師大》30)。

C:《合》30951(《善》14671)。

釋文及說明:

癸未卜☐。

惠辛亥酒𩐍。大吉

惠乙卯酒𩐍。大吉

惠丁巳酒𩐍。

☐乙卯☐風。

A、B 兩版為蔡哲茂先生《甲骨綴合續集》中的第 439 組,C 為筆者加綴,B、C 兩版邊緣相拼密合,辭例通順,且有殘字“𩐍”可以拼合,故我們認為二者可以拼合。

②第 232 則

A:《合》29984(《粹》1547、《善》7574)。

B:《合補》9429(《歷藏》7732)。

釋文及說明:

其𩆜于,[又雨]。

于楚,又雨。

于盂,又雨。

不雨。

A、B 兩版皆為無名類字體,斷邊相拼密合,且有殘字“于”可以拼綴,故筆者認為二者可以拼合。

③第 233 則

A:《合》28218(《京人》1933)。

B:《合》30689(《京》3907、《善》9091)。

C:《合》29427(《誠》262、《善》804、《京》4185)。

釋文及說明:

庚子卜:其用舊☐。

叙𤼲。弜用,受年。

其用舊蓺二十牛,受禾(年)。

三十牛,受年。

---

① 第 231 則選自莫伯峰《無名組甲骨拼合四則》第 4 則。

② 第 232 則選自莫伯峰《無名組甲骨拼合五則》第 1 則。莫文原載“中國社會科學院歷史研究所先秦史研究室網站”,www.xianqin.org,2009 年 12 月 16 日。本文得到黃天樹師的悉心指導,謹致謝忱。

③ 第 233 則選自莫伯峰《無名組甲骨拼合五則》第 2 則。

☒[受]禾。

A、B 兩版為林宏明先生《醉古集》中第 274 組綴合,C 版為筆者此次加綴。A、B、C 皆為無名類字體,B、C 斷邊相拼密合,辭例通暢,故我們認為二者可以拼合【編者按:國家圖書館胡輝平先生核對甲骨實物後認爲本綴合是正確的】。林宏明先生在《醉古集》中已經注意到了“本版一用年一用禾,可見這類卜辭也有和歷組卜辭一樣保存了用禾記錄年的情況”。經筆者此次加綴,可以發現共有兩組“年”與“禾”交替使用的情況,這使我們相信這應該是一種有意的簡省行為,這種簡省現象在甲骨文中還有一些例子,可以參看黃天樹師《略論甲骨文中的“省形”和“省聲”》一文。

[1]第 234 則

A:《合》31149(《合補》9025、《寧》1.125、《歷拓》3489、《歷拓》2312)。

B:《合》29999(《鄴三》下 46.13、《歷拓》1357)。

釋文及說明:

惠豚又雨,亡☒

惠羊又雨。

口丑卜:其桒禾于☒

惠今丁皿戊酒。

A、B 兩版皆為無名類字體,斷邊相拼密合,且有殘字“羊”可以拼綴,故筆者認為二者可以拼合。“皿”字從裘錫圭先生釋,讀為“鄉(嚮)”,表示前後兩天接續之義。[2] 未拼合時,裘先生文中未引及,經拼合後,可見此版於裘先生觀點也應是符合的。

[3]第 235 則

A:《合》29524(《善》1365)。

B:《合》29449(《合》29560、《續存》上 1896)。

釋文及說明:

惠牛。

[惠]大牢。

惠羊。

A、B 兩版皆為無名類字體,斷口處呈不規則形狀,拼合十分密合,拼合後左側邊緣也十分平滑,辭例通暢,故筆者認為兩版可以拼合。兩版來源一致,現皆藏於國家圖書館,十分希望能得到驗證【編者按:胡輝平先生用國圖甲骨實物核對後認爲此綴合是正確的】。

---

① 第 234 則選自莫伯峰《無名組甲骨拼合五則》第 3 則。

② 裘錫圭:《釋殷虛卜辭中的“[illegible]”“[illegible]”等字》,《第二屆國際中國古文字學研討會論文集》,香港中文大學中國語言及文學系,1993 年 10 月。

③ 第 235 則選自莫伯峰《無名組甲骨拼合五則》第 4 則。

①第 236 則

A:《合》30734(《續存》下 791、《旅博》1124)。

B:《合》30351(《南明》583、《歷拓》5321)。

釋文及說明:

辛亥卜:其舌于祖丁[?]☐

☐歲用。

A、B 兩版皆為無名類字體,斷邊相拼密合,且有殘字"卜"可以拼綴,故筆者認為二者可以拼合。

②第 237 則

A:《合》31035(《粹》547、《善》7549、《京》4346)。

B:《合補》9465(《歷藏》7956)。

釋文及說明:

其霾至翌日。

于翌日廼霾。吉

今夕雨。

[今]日雨。

A、B 兩版皆為無名類字體,斷邊相拼十分密合,辭例通暢,故筆者認為二者可以拼合。林勝祥先生所拼合的《合》29943 + 31176 + 29904③ 中亦有與此相類的"今夕雨"與"今日雨"共版情況,可參看。

④第 238 則

A:《合》29665(《善》1065)。

B:《合》31135(《善》4527、《粹》1197、《續存》上 1781)。

釋文及說明:

弜剢于之若。

☐小宰(牢)。

A、B 兩版皆為無名類字體,斷邊相拼完全密合,來源一致,故我們懷疑二者可以拼合。兩版現皆藏於國家圖書館,十分希望能加以驗證【編者按:國家圖書館胡輝平先生核對甲骨實物後認爲此綴合是正確的】。

---

① 第 236 則選自莫伯峰《無名組甲骨拼合五則》第 5 則。

② 第 237 則選自莫伯峰《無名組甲骨拼合六則》第 1 則。莫文原載"中國社會科學院歷史研究所先秦史研究室網站",www. xianqin. org,2009 年 12 月 24 日。本文得到黃天樹師的悉心指導,謹致謝忱。

③ 林勝祥:《殷墟文字拼兌綴合新例稿》,www. xianqin. org/blog/archives/831. html。原載:www. xianqin. org/xr_html/articles/jgzhh/424. html。

④ 第 238 則選自莫伯峰《無名組甲骨拼合六則》第 2 則。

①第 239 則

A:《合》29258(《善》6611)。

B:《合補》9818(《日天》559)。

釋文及説明:

弜☐

王惠田省,亡𢦏(災)。

其狩,亡災。

惠牢田,亡災。

☐,亡災。

A、B 兩版皆為無名類字體,斷邊相拼密合,且有殘字"狩"可以拼對,故筆者認為二者可以拼合。《合》28640 與此相類,可參看。

②第 240 則

A:《合》27323(《粹》304、《善》1819、《京》4035)。

B:《合補》10291(《歷藏》24915)。

釋文及説明:

叙楚。

舌于毓祖丁。

A、B 兩版皆為無名類字體,斷邊拼合十分密合,且在 B 版上可見"毓"字下部殘畫,故筆者認為二者可以拼合。

③第 241 則

A:《合》28749(《京人》2130)。

B:《合》31059(《善》16875)。

釋文及説明:

壬辰卜:乙王其尋☐

乙王尋,其每,雨。

☐王弜尋,其每,雨。

A、B 兩版皆為無名類字體,斷邊相拼密合,且有殘字"每"可以拼對,拼合後第二辭正好補足一個"雨"字,與第三辭對貞完整,故筆者認為二者可以拼合。A 版可能由於將骨側邊也拓下來的,所以造成與 B 版寬窄不一的現象,這種在以往的拼合中也存在過,可參看劉影《賓組新綴一則:<合集 >6674 + <懷 >B0913》④。同時,B 版的左上角有兩處殘

---

① 第 239 則選自莫伯峰《無名組甲骨拼合六則》第 3 則。

② 第 240 則選自莫伯峰《無名組甲骨拼合六則》第 4 則。

③ 第 241 則選自莫伯峰《無名組甲骨拼合六則》第 5 則。

④ 劉影:《賓組新綴一則:<合集 >6674 + <懷 >B0913》,www. xianqin. org/blog/archives/1728. html【編者按:即本書第 134 則】。

痕,我們認為應當不是筆畫,如果確為筆畫,本則拼合便存在較大疑問。

①第 242 則

A:《合》27819(《善》642)。

B:《合補》10397(《歷藏》20201)。

釋文及說明:

惠壬比,亡𢦏(災)。

惠乙比,亡災。

☐王其比,亡[災]。

A、B 兩版皆為無名類字體,邊緣拼合十分密合,辭例通暢,故筆者認為二者可以拼合。

②第 243 則

A:《合》29072(《沐》28、《北圖》9)。

B:《合》28610(《京》4540、《北圖》2566)。

釋文及說明:

庚☐

于壬王廼田,亡𢦏(災)。吉

惠宮,亡災。

[惠]喪,亡災。

A、B 兩版皆為無名類字體,斷邊相拼密合,且有殘字“宮”可以拼綴,故筆者認為二者可以拼合。兩版現皆藏於北圖,十分希望能得到驗證。【編者按:國圖胡輝平先生核對實物後認為本綴合是正確的。】

③第 244 則

A:《合》27281(《續存》下 757、《歷拓》3163)。

B:《合》26980(《寧》1.294 + 1.487)。

釋文及說明:

甲寅卜:其用虢(虜),王受又。

叙婪。

虢惠⿰必卩各于[illegible](祼)用,王受又。

于入自[illegible](祼)用,王受又。

其凡于祖丁舌,王受又。

☐凡。

---

① 第 242 則選自莫伯峰《無名組甲骨拼合六則》第 6 則。

② 第 243 則選自莫伯峰《新拼合無名組甲骨卜辭五則》第 1 則,莫文原載“中國社會科學院歷史研究所先秦史研究室網站”,http://www.xianqin.org/blog。2010 年 1 月 26 日。本文得到了黃天樹師的悉心指點,謹致謝忱!

③ 第 244 則選自莫伯峰《新拼合無名組甲骨卜辭五則》第 2 則。

A、B 兩版皆為無名類字體,斷邊相拼基本密合,辭例通暢,且有殘字"卜"可以拼綴,故我們認為二者可以拼合。兩版現皆藏於清華,十分希望能得到驗證。

[①]第 245 則

A:《合》28656(《粹》994、《善》6638)。

B:《合》28714(《善》1165)。

釋文及説明:

□湄□

叀□省,弗每,湄日亡𢦏(災)。侃[②]王。

叀田省,湄日亡災。

王叀犬比,[湄]日亡災。

A、B 兩版皆為無名類字體,斷邊相拼密合,且有殘字"每"、"災"可以拼綴,故筆者認為二者可以拼合。兩版現皆藏於北圖,十分希望能得到驗證。【編者按:國圖胡輝平先生核對實物後認為本綴合是正確的。】

[③]第 246 則

A:《合》28641(《京人》2003)。

B:《合補》9128(《歷藏》6587)。

釋文及説明:

丁卯卜:翌日戊王其田,亡𢦏(災)。

弜田,其每。

王叀田省,亡災。

狩,亡災。

不風。

其風。

A、B 兩版皆為無名類字體,斷邊呈不規則斷裂,拼合卻十分密合,拼合後辭例通暢,故筆者認為兩版可以拼合。

[④]第 247 則

A:《合》27591(《寧》1.224、《歷拓》3788)。

B:《合》30708(《誠》256)。

釋文及説明:

叀牢又一牛用。

---

① 第 245 則選自莫伯峰《新拼合無名組甲骨卜辭五則》第 3 則。

② "侃"字從裘錫圭先生説,參看《釋"衍"、"侃"》,臺灣師範大學國文系所、中國文字學會《魯實先先生學術討論會論文集》,1993 年。

③ 第 246 則選自莫伯峰《新拼合無名組甲骨卜辭五則》第 4 則。

④ 第 247 則選自莫伯峰《新拼合無名組甲骨卜辭五則》第 5 則。

惠羊,又正。吉

惠𦍩,又正。吉

王賓母戊☐正。吉

A、B 兩版皆為無名類字體,斷邊相拼完全密合,且有殘字"又"可以拼對,故筆者認為二者可以拼合。

[①]第 248 則

A:《屯南》4453。

B:《合》27397(《鄴初》下 40.9 <不全>、《歷拓》2960、《京》4061)。

釋文及說明:

王在☐受[又]。

彡日父己遘又,王受又。

𣪊𣏗。

其又父己惠暮酒,王受又。

☐自日酒☐又。

A、B 兩版皆為無名類字體,斷邊密合,辭例通暢,故筆者認為二者可以拼合。

[②]第 249 則

A:《合》29040(《寧》1.420、《歷拓》3555)。

B:《合》41363(《南輔》79)[③]。

釋文與說明:

丁卯卜:翌日戊王其𢓊[④]☐

于喪亡𢦏(災)。

[于]盂[亡災]。

A、B 兩版斷邊相拼較為密合,辭例通暢,且有殘字"翌"可以拼綴。同時,"丁卯"的翌日為"戊"也是合理的。故筆者認為二者可以拼合。

[⑤]第 250 則

A:《合》28996(《誠》317、《善》6805)。

B:《合》41383(《日彙》319)。

釋文與說明:

---

① 第 248 則選自莫伯峰《甲骨拼合第五十四則:屯南 4453 + 合 27397》,莫文原載"中國社會科學院歷史研究所先秦史研究室網站",http://www.xianqin.org/blog。2010 年 4 月 15 日。本文得到了黃天樹師的悉心指點,謹致謝忱!

② 第 249 則選自莫伯峰《甲骨拼合第五五 ~ 五七則》第 1 則,莫文原載"中國社會科學院歷史研究所先秦史研究室網站",http://www.xianqin.org/blog。2010 年 4 月 30 日。本文得到了黃天樹師的悉心指點,謹致謝忱!

③ 由於《合》41363 為摹本,綴合圖所用拓本為《輔仁大學所藏甲骨文字》79。

④ 裘錫圭:《釋"柲"》,《古文字研究》第三輯,第 7 ~ 31 頁,中華書局,1980 年 11 月;後收入《古文字論集》第 17 ~ 34 頁,中華書局,1992 年 8 月。

⑤ 第 250 則選自莫伯峰《甲骨拼合第五五 ~ 五七則》第 2 則。

其☐

惠喪田省,湄日亡災。

A、B 兩版斷邊相拼密合,辭例通暢,且有殘字"省、亡"可以拼綴,故筆者認為二者可以拼合。

[①]第 251 則

A:《合》28963(《合》29021、《哲》6、《京》4423)。

B:《英藏》2314(《合》41373、《庫》135)。

釋文與說明:

于宮亡𢦏(災)。

翌日辛王其𢓊[②]于向,亡[災]。

于喪亡災。

A、B 兩版皆為無名類字體,斷邊相拼密合,辭例通暢,且有殘字"𢓊"、"亡 "可以拼合,故筆者認為二者可以拼合。《英藏》2314 左側邊緣殘缺,"災"字不顯,但仔細觀察仍可見殘劃。

[③]第 252 則

A:《合》297(《南師》1.40、《外》157、《續存》上 295)。

B:《合》431(《續存》下 272、《歷拓》3076)。

釋文及說明:

□□卜,貞:☐羌三百☐于祖☐。

貞:𢀛(禦)畫于丁百羌,𠂤(䀇)[④]三牛。二

☐貞:☐𢀛(禦)☐。

丁未[卜,貞]:今☐其☐。二

丙□[卜],貞:☐十☐。

A、B 兩版均位於千里路右側,屬於賓組三類字體,斷痕完全密合。從 A 版上的兆序辭"二"來看,此斷裂是由卜兆造成的,因此斷痕較為平直。綴合後辭例完整,屬於卜辭中常見的"𢀛某于祖先名"句式,如:

己卯卜,㱿貞:𢀛[婦]好于父乙,𠂤(䀇)羊㞢豕,冊十宰。 《合》271[典賓]

□戌卜,☐禦子央于母[己]二小宰。 《合》3009[賓三]

① 第 251 則選自莫伯峰《甲骨拼合第五五~五七則》第 3 則。

② 裘錫圭:《釋"柲"》,《古文字研究》第三輯,第 7~31 頁,中華書局,1980 年 11 月;後收入《古文字論集》第 17~34 頁,中華書局,1992 年 8 月。

③ 第 252 則選自何會《賓組三類龜腹甲試綴一例》。何文原載"中國社會科學院歷史研究所先秦史研究室網站",www.xianqin.org,2009 年 10 月 20 日。綴合得到黃天樹師的悉心指導和齊航福師兄的幫助,圖版由李愛輝師妹幫助完成,在此深表感謝!

④ 此字從裘錫圭先生釋,見裘錫圭:《釋殷虛卜辭中的"𠂤"、"𠂤"等字》,香港中文大學中文系編集:《第二屆國際中國古文字研討會論文集》,1993 年。

第 253 则[1]

A:《合》649(《甲》1168 +《甲》1134、《甲釋》56)。

B:《合》10538(《甲》1287 +《甲》1288、《甲釋》60)。

綴合理由:

A、B 兩版甲骨均是殷墟第三次發掘時出土之物,字體相同,均為典賓類,另據《甲編考釋》兩版字中均塗墨。辭例雖不完整,但基本上可以看出 A、B 兩版上有關於"王出田"與"王勿出田"的正反對貞卜辭,同文可參《合集》9504、《合集》10537、《合集》10539、《合集》1583。從龜腹甲的部位上來說,A 版為右首甲和部份右前甲,B 版為左前甲,因此,A、B 兩版可以遙綴。綴合後,卜辭释文如下:

乙亥卜,爭貞:今春王出田,若。

貞:王勿出田,惠[示☐]。二

丁☒告☒彡☒其☒。

貞☒。二

勿呼☒叙☒。二

第 254 則[2]

A:《合補》5066(《歷藏》6729)。

B:《合》13868(《簠天》39 +《簠天》47 +《簠帝》205、《續》4.15.1 <不全>、《簠拓》43)。

釋文及說明:

☐[寅]卜,☐貞:☒逐☒亡災。

己酉卜,貞:翌辛亥其雨。

☐寅卜,☐[貞]:𠂤以新鬯☒惠今夕☒于丁。

己酉卜,賓貞:婞肩凡(興)[3]有疾。

己酉卜,貞:今日延雨。

[己]☒[翌]☒。

A、B 兩片字體均為賓組三類。A 片從殘甲拓片形態看,其在龜腹甲上所處的部位應為右前甲;B 片為右後甲。A、B 兩片殘甲斷痕密合,且斷痕處的"己""翌""雨"三字殘劃亦相吻合,當為一版之折。

---

① 第 253 則選自何會《典賓類龜腹甲新綴一則》。何文原載"中國社會科學院歷史研究所先秦史研究室網站",www.xianqin.org,2009 年 11 月 30 日。綴合得到黃天樹師的悉心指導,謹致謝忱!

② 第 254 則選自何會《賓組三類龜腹甲新綴一則》,何文原載"中國社會科學院歷史研究所先秦史研究室網站",http://www.xianqin.org/blog。2010 年 3 月 8 日。本文得到了黃天樹師的悉心指點,謹致謝忱!

③ 此字釋讀可參看裘錫圭:《說"冂凡有疾"》,《故宮博物院院刊》,2000 年 1 期;蔡哲茂:《殷卜辭"肩凡有疾"解》,臺灣高雄師範大學國文系、中國文字學會編:《第十六屆中國文字學國際學術研討會論文集》,2005 年。

[①]第 255 則

A:《合》4066(《歷拓》469)。

B:《合補》1223(《歷藏》7081)。

釋文及説明:

丁卯卜,貞:𠂤往先。

貞:𠂤往先。

A、B 兩片龜甲字體相同,均屬於賓組三類。從龜腹甲部位上來説,二者為中甲的殘片,綴合後中溝可貫通,可參同文卜辭《合集》4067、《合集》4068。

[②]第 256 則

A:《合補》2793。

B:《合》4173(《續存》上 1100)。

釋文及説明:

王勿曰隹(?)望□侯雀□言☐辜☐

A、B 兩片龜甲字體均屬於𠂤賓間類。從龜腹甲部位上來説,A 片為左首甲,B 片為左前甲(部份),兩片可以綴合,且"王"、"隹"、"侯"三字殘筆亦可補足。

[③]第 257 則

A:《合》2091 正(《歷拓》28 正)。

B:《合補》865(《懷特》535)。

釋文及説明:

己子(巳)卜,賓貞:祖乙若□乙☐

[己巳]卜,賓[貞]:☐

A、B 兩片龜甲,字體相同,均屬於典賓肥筆類。從龜腹甲部位上來説,A 片為右首甲,B 片為中甲,二者可以綴合,且綴合後"子(巳)"、"且"字殘筆亦可補足。

[④]第 258 則

A:《合補》1991(《天理》B171)。

B:《合》4326(《歷拓》8563)。

C:《合》18032(《國博》076)。

---

① 第 255 則選自何會《龜腹甲新綴一則》,何文原載"中國社會科學院歷史研究所先秦史研究室網站",http://www.xianqin.org/blog。2010 年 3 月 29 日。本文得到了黄天樹師的悉心指點,謹致謝忱!

② 第 256 則選自何會《龜腹甲新綴一則》,何文原載"中國社會科學院歷史研究所先秦史研究室網站",http://www.xianqin.org/blog。2010 年 4 月 5 日。本文得到了黄天樹師的悉心指點,謹致謝忱!

③ 第 257 則選自何會《龜腹甲新綴第七則》,何文原載"中國社會科學院歷史研究所先秦史研究室網站",http://www.xianqin.org/blog。2010 年 4 月 10 日。本文得到了黄天樹師的悉心指點,謹致謝忱!

④ 第 258 則選自何會《龜腹甲新綴第八則》,何文原載"中國社會科學院歷史研究所先秦史研究室網站",http://www.xianqin.org/blog。2010 年 5 月 9 日。本文得到了黄天樹師的悉心指點,謹致謝忱!

D:《合》7015(《安明》S0586)。

釋文與說明:

丙子卜:用 。

壬申卜,王:禦弜于祖乙。

戊戌卜,貞:弜弗其𢦏。乙酉𢦏。

☐乙酉𢦏。

[戊]戌卜,[貞]:弜𢦏。

☐𢦏。乙酉𢦏。

A、B 兩片殘甲字體相同,均屬於𠂤賓間類。從龜腹甲形態看,B 片上有"倒八字"形盾紋,由此可斷定 A + B 為右後甲殘片。且 A、B 兩片殘斷處"王"、"弜"、"祖"、"𢦏"四字殘劃亦能互相補足。據此,說明筆者將 A、B 兩片實綴應該是正確的。這裡要指出的是 A 片原著錄號為《天理》B171 片,從其標號"B(bone 縮寫)"可以看出《天理》將 A 片視為卜骨殘片,細查拓片,可見 A 片右側靠近甲橋處有殘存的盾紋,由此可知 A 片為龜甲而非獸骨。

C、D 兩片殘甲為齊航福師兄遙綴,可參看先秦史研究室網站:《国博所藏甲骨新綴一例》http://www.xianqin.org/blog/archives/1875.html【編者按:參看本書第 181 則】。C 為右前甲殘片,D 為左前甲殘片,字體均為𠂤賓間類。

黃天樹師在審閱筆者綴合過程中指出 C、D 兩片亦可與 A、B 兩片遙綴,A、B、C、D 四片乃一版之折。

[①]第 259 則

A:《合》7078(《京》1523、《歷拓》11613、《續存》下 494、《華東師大》3)。

B:《合補》1680(《歷藏》11088)。

釋文與說明:

A、B 兩片殘甲字體相同,均屬於賓組一類。從龜腹甲形態看 B 片為右後甲,與 A 片綴合後,"辛"字殘劃可相互補足,綴合後卜辭可隸釋如下:

口口卜,爭貞:翌辛卯王步。一

☐雀[𢦏]𠧪[邑]。二

其中"口口卜,爭貞:翌辛卯王步"一辭的刻寫行款,在右後甲部位較為常見,《合集》6834 正右後甲部位"庚申卜,王貞:余伐不。三月"一辭的刻寫行款便與此辭相類。"☐雀[𢦏]𠧪[邑]"一辭的隸釋,可參看《合集》7077"翌癸[雀]弗其𢦏𠧪邑"。

[②]第 260 則

A:《合》13312(《綴新》264 =《鐵》13.3 + 69.1 + 85.1 + 110.1)。

B:《合》13213(《善》2194)。

① 第 259 則選自何會《龜腹甲新綴第九則》,何文原載"中國社會科學院歷史研究所先秦史研究室網站",http://www.xianqin.org/blog。2010 年 6 月 1 日。本文得到了黃天樹師的悉心指點,謹致謝忱!

② 第 260 則選自何會《龜腹甲新綴第十則》,何文原載"中國社會科學院歷史研究所先秦史研究室網站",http://www.xianqin.org/blog。2010 年 6 月 3 日。本文得到了黃天樹師的悉心指點,謹致謝忱!

釋文與說明：

A、B兩片殘甲字體相同，均屬於典賓類。A、B綴合後“六月”的“月”字和“其”字殘書可相互補足，且界劃線亦可相連貫。綴合後卜辭可隸釋如下：

口口卜，爭貞：翌乙卯其宜，易日。乙卯宜，允易日，昃陰于西。六月。

囗翌[乙]卯不其易日。

貞囗翌囗亡囗

[1]第261則

A:《合》11725正反（《北圖》2281正反、《文捃》1215正反）。

B:《合補》4180（《歷藏》21775）。

釋文與說明：

A、B兩片殘甲字體相同，均屬於典賓類。從龜腹甲形態看，A、B兩片應為右後甲殘片。綴合後“㞢”、“在”、“曰”三字殘畫可相互補足。綴合後卜辭可隸釋如下：

囗[王]占曰：㞢囗口日壬申在囗告曰囗。一（以上正面）

王占曰：囗正隹囗（以上反面）

[2]第262則

A:《合》548（《粹》1074、《善》5233）。

B:《合》9539（《粹》893、《善》9080、《京》557）。

A和《合》547是同文卜辭，屬於蕭良瓊先生所界定的“同對卜辭”。同對卜辭的文例特點是“由牛的左右兩塊胛骨構成。它們的內容和版式完全相同，契刻和占卜順序則左右兩胛骨相互對稱”[3]。據此，我們補出A片上殘的一段卜辭應為“貞：乎黍不其受年”。因此，我們推斷B片極可能是A片上斷裂下來的殘片。根據《甲骨文合集材料來源表》所記，A、B兩塊卜骨均來源於劉體智所收藏的同一批甲骨。兩塊胛骨上的卜辭字體完全相同，均為典賓類。A片的斷裂處留有的兩個小橫畫，應是B片上“其”字的殘劃。綜上所述，A、B兩版確應為一骨所折【編者按：國家圖書館胡輝平先生核對甲骨實物後認爲此綴合是正確的】。綴合後，卜辭可隸釋如下：

辛酉卜，爭貞：勿乎（呼）以囗伐𢀛方，弗其受㞢又。二

貞：勿擇[4]多囗乎望𢀛方，其囗。二

貞：乎黍不其受年。　　《合》548＋《合》9539（《合》547、《合》549同文）

---

① 第261則選自何會《龜腹甲新綴第十一則》，何文原載“中國社會科學院歷史研究所先秦史研究室網站”，http://www.xianqin.org/blog。2010年6月4日。本文得到了黃天樹師的悉心指點，謹致謝忱！

② 第262則選自李愛輝《甲骨試綴一例》。李文原載“中國社會科學院歷史研究所先秦史研究室網站”，www.xianqin.org，2009年5月10日。本組綴合得到黃天樹師的具體指導和趙鵬師姐的幫助，在此謹致謝忱。

③ 蕭良瓊：《卜辭文例與卜辭的整理和研究》，《甲骨文與殷商史》第二輯，第33頁，上海古籍出版社，1986年6月第一版。

④ 【編者按：“擇”字，從孫詒讓釋。孫氏《契文舉例》中將此字釋為“囗”，並讀為“擇”（下25上），雖然還很難斷定是否能成為定論，但是至少比通行的釋“執”（《集釋》3231－3234頁）更有道理。】

第263則[①]

A:《合》15560(《誠》226、《善》14464)。

B:《合》15256(《善》4438)。

B片和《合》15255是同文卜辭,亦是同對卜辭。根據同對卜辭的文例特點可知,B片所殘斷的骨版上的卜辭應為"丙戌卜,爭貞,于來乙巳𠦪。五"。A片上的卜辭正與之相符,且A片的殘斷處還留有"丙"字的殘劃。從字體上來看,兩版均為典賓類,也證明兩版可綴。最為難得的是兩版均屬於劉體智所收的同一批甲骨。綜上,這兩版應是一骨所折。綴合後,卜辭可隸釋如下:

丙戌卜,爭貞:于來乙巳𠦪。五

庚寅[卜],爭貞:[今]來乙未𠦪。[五]

《合》15560+《合》15256(《合》15255同文)[典賓]

第264則[②]

A:《合》7967(《京》1576、《善》20369)。

B:《合》11170正(《歷拓》7236正)。

A、B兩塊卜骨上的卜辭字體完全相同,均為典賓類。根據B片的同文卜辭《合》7950、《合》11171正+《合》11176、《合》11172來看,A片應是從B片上殘斷下來的骨片。B片上"省"的殘劃與A片上"省"的左側殘劃正好完全密合。A、B兩片綴合後,組成一條完整的卜辭"丙寅卜,㱿貞,王往省牛于𦎫。一"。綴合後,卜辭可隸釋如下:

丙寅卜,㱿貞:王往省牛于𦎫。一

貞:王勿往省牛。三月。一

《合》7967+《合》11170正(《合》7950、《合》11171正+《合》11176、《合》11172同文)[典賓]

本版所刻之月份,有人認為是"十三月",有人認為是"三月"。我們贊同"三月"這種說法。原因有如下兩點:其一,《合》2631的月份契刻痕跡與《合》7967+《合》11170正的情形完全相同。《合》2631上的豎筆是骨上的泐痕,而不是"十"。由此來看《合》11170正上的那一筆也極可能是泐痕,而非數字"十"。其二,根據與之相關的同文卜辭《合》11171正+《合》11176,《合》7967+《合》11170正的月份應為"三月"。

第265則[③]

A:《合》3697正(《歷拓》4149正)。

B:《合》19246(北大3號24)。

---

① 第263則選自李愛輝《賓組甲骨新綴一則》。李文原載"中國社會科學院歷史研究所先秦史研究室網站",www.xianqin.org,2009年5月14日。本組綴合得到黃天樹師的具體指導和趙鵬師姐的幫助,在此謹致謝忱。

② 第264則選自李愛輝《賓組甲骨新綴一則》。李文原載"中國社會科學院歷史研究所先秦史研究室網站",www.xianqin.org,2009年6月18日。本組綴合得到黃天樹師的具體指導,在此謹致謝忱。

③ 第265則選自李愛輝《賓組甲骨新綴一則》。李文原載"中國社會科學院歷史研究所先秦史研究室網站",www.xianqin.org,2009年6月20日。本組綴合得到黃天樹師的具體指導和齊航福師兄的幫助,在此謹致謝忱。

A、B 兩塊卜骨上的卜辭字體完全相同,均為典賓類。兩版殘斷處的筆劃相拼後,復原出“賓”、“貞”二字,得到一條完整的卜辭“壬戌卜,賓貞:惠甲子步。二”,這與同文卜辭《合》495 的文辭內容相符,故二者應為一版所折。但在 B 上沒有找到“惠”字的小殘筆,這可能是拓本製作時沒有墨拓上,或是與甲骨自身的殘損有關。綴合後,卜辭可隸釋如下:

[丙]午卜,爭[貞]:崖[其]係[羌]。[二]

壬戌卜,賓貞:惠甲子步。二

《合》3697 正 +《合》19246(《合》495 同文)[典賓]

“崖”從裘錫圭先生釋[1],此處應為人名。“”字于省吾釋為係[2]。【編者按:甲骨文“字,疑是“”字之異體。此處作動詞用,縛係的意思】“[其]係[羌]”應是問:崖這個人能否俘獲到羌人。

[3]第 266 則

A:《合補》1311(《歷藏》14443 正)。

B:《合》15995(《善》60)。

A、B 兩塊卜骨上的卜辭字體完全相同,均為賓組一類。B 片上的“我”、“舞”的殘劃與 A 片上“我”、“舞”的殘劃正好完全密合。A、B 兩片綴合後,組成一條完整的卜辭“己未卜,𣪊貞,我舞。一”。綴合後,卜辭可隸釋如下:

己未卜,𣪊貞,我舞。一

《合》15995 +《合補》1311(《合》15996、《合》15997、《合》15998 同文)[賓一]

[4]第 267 則

A:《合》39863(《日彙》40)。

B:《合補》1997(《歷拓》12195)。

A、B 兩塊卜骨上的卜辭字體均為典賓類。兩版殘斷處的筆劃相拼後,正好能將“𤇈”、“乎”完整地復原。《合補》1997 中“卜”、“貞”、“辛”與《合》39863 形成一條較為完整的卜辭“丁卯卜,𣪊貞,翌辛未[勿] 令。三”,最為可貴的是,A、B 兩版拼合後,界劃綫也很好地銜接上了。綜上,這兩版相綴合是完全成立的。綴合後,卜辭可隸釋如下:

貞:勿𤇈人三千乎伐𢀛[方],弗其[受]㞢又。三

丁卯卜,𣪊貞:翌辛未[勿] 令。三

《合》39863 +《合補》1997(《合》6172、《合》6173、《合》6174、《合》39864 同文)[典賓]

---

① 裘錫圭:《史墻盤銘解釋》,《古文字論集》第 381 頁,中華書局,1992 年。

② 于省吾:《釋係》,《甲骨文字釋林》,第 297 頁,中華書局,1979 年。

③ 第 266 則選自李愛輝《甲骨新綴一則》。李文原載“中國社會科學院歷史研究所先秦史研究室網站”,www.xianqin.org,2009 年 6 月 24 日。本組綴合得到黃天樹師的具體指導,在此謹致謝忱。

④ 第 267 則選自李愛輝《賓組胛骨新綴一則》。李文原載“中國社會科學院歷史研究所先秦史研究室網站”,www.xianqin.org,2009 年 6 月 29 日。本組綴合得到黃天樹師的具體指導,在此謹致謝忱。

第二條中的“辛未”之“未”字,摹本作“卯”字,參看同文,知其應為“未”之誤摹[①]:

丁卯卜,㱿貞:翌辛未勿令[伐𢀛方,受㞢又]。一 《合》39864

丁卯卜,㱿貞:翌辛未勿令[伐𢀛方,受㞢又]。 《合》6172

[丁卯]卜,㱿貞:翌辛未令伐𢀛[方,受㞢又]。 《合》6173

囗囗[卜],㱿貞:翌辛未令伐𢀛方,受[㞢又]。 《合》6174

[②]第 268 則

A:《合》334(《前》1.45.5、《歷拓》10617)。

B:《合》16182(《安明》1160)。

說明及釋文:

A、B 兩塊胛骨上的刻辭字體相同,皆為典賓類。B 片上“龠”的殘劃與 A 片上“龠”的殘劃相拼後完全密合。A、B 兩片拼合後,組成一條完整的記事刻辭。可隸釋如下:

庚辰龠于庚宗十羌卯二十牛☑。

《合》334 +《合》16182(《合》283、《合》333、《合》39499 同文)

[③]第 269 則

A:《合》1769(《南坊》2.29、《善》697)。

B:《合》14946(《續存》上 424、《善》611)。

說明及釋文:

A、B 兩塊胛骨來源於同一批材料,即劉體智所收藏的同一批甲骨。A、B 兩版上的卜辭字體相同,均為典賓類。兩版斷邊相綴密合,且 A 版上還留有“于”的殘畫,故 A、B 兩塊骨版應為一骨所折【編者按:國家圖書館胡輝平先生核對甲骨實物後認爲此綴合是正確的】。綴合後,卜辭可隸釋如下:

☐未卜,賓貞:㞢升于祖辛。 《合》1769 +《合》14946[典賓]

[④]第 270 則

A:《合》16297(《珠》475)。

B:《合》39895(《英》588 正、《庫》1614 正)。

C:《合》40264(《英》1005、《庫》1615)。

B 和 C 為蔡哲茂先生《甲骨綴合續集》中已收錄的一組綴合,A 為本文加綴的。A 和

---

① 蔡哲茂先生的高足所指出。見“中國社會科學院歷史研究所先秦史研究室網站”,www. xianqin. org,2009 年 6 月 29 日。

② 第 268 則選自李愛輝《賓組胛骨新綴二則》第 1 則。李文原載“中國社會科學院歷史研究所先秦史研究室網站”,www. xianqin. org,2009 年 7 月 14 日。本組綴合得到黃天樹師的具體指導和趙鵬師姐、齊航福師兄的幫助,在此謹致謝忱。

③ 第 269 則選自李愛輝《賓組胛骨新綴二則》第 2 則。

④ 第 270 則選自李愛輝《賓組胛骨綴合一則:<合>16297 + <合>39895 + <合>40264》。李文原載“中國社會科學院歷史研究所先秦史研究室網站”,www. xianqin. org,2009 年 7 月 23 日。此版綴合得到黃天樹老師的悉心指導,在此謹致謝忱。

B + C 為同側之胛骨。兩版上所刻的字,字體相同,均為典賓類。拼合後的胛骨,縱向裂紋成互補狀,能夠密合;而横向斷裂處無法很好地彌合,可能是與胛骨斷裂時的殘損及拓本的製作有關。綴合後復原的殘字為“弗”。綴合後的釋文如下(骨首處釋文):

貞:今𢀛王勿乍比望乘伐下危 ,下上弗若,不我[其]受[又]。

《合》16297 +《合》39895 正 +《合》40264(《合》6505 正、《合》6506、《合》39896 +《合》39897 同文) [典賓]

第 271 則[①]

A:《合》7941 正(《佚》997 正、《歷拓》9881 正、《天》72 甲)。

B:《合》14766(《粹》78 甲、《善》19968 正)。

A 和 B 為同側之胛骨。A、B 兩塊卜骨上的卜辭字體相同,均為典賓類。兩版綴合後,縱向裂紋成互補狀,能夠完全密合。綴合後的左上角為卜骨臼角。A、B 兩片殘斷處的筆劃拼合後為“𦎫”。綴合後的釋文如下:

壬辰卜,亘貞:王往出于𦎫。九月。二 《合》7941 正 +《合》14766[典賓]

《合》548、《合》1110 正、《合》6199 的臼角形狀與本版相似,可參見。

第 272 則[②]

A:《合》6502(《佚》533、《北圖》5395)。

B:《合》16278(《南師》2.124、《外》16)。

A 和 B 兩塊卜骨均為左胛骨。兩塊卜骨上的卜辭字體相同,均為典賓類。A、B 兩塊卜骨殘斷處的筆劃拼合後為“弗”、“其”。綴合後的釋文如下:

貞:今𢀛王勿比望乘伐下危,弗其受[又]。四 不□蛛

《合》6502 +《合》16278(《合》6500 同文)[典賓]

補註:《合補》4 正(蔡哲茂先生《甲骨綴合集》第 111 組)與本文所綴合的圖版形態相似,可參見。

第 273 則[③]

A:《合》6501(《續存》上 625、《歷拓》8877)。

B:《合》6914(《北圖》5032、《文捃》644)。

A、B 兩塊卜骨均為左胛骨。兩塊卜骨上的卜辭字體完全相同,均為典賓類。兩版綴合後,能夠密合。綴合後的骨版右上角的臼角位置依然殘斷,究其原因可能是:胛骨在去

---

① 第 271 則選自李愛輝《賓組胛骨新綴一則:<合>7941 正 + <合>14766》。李文原載“中國社會科學院歷史研究所先秦史研究室網站”,www. xianqin. org,2009 年 8 月 4 日。此版綴合得到黃天樹老師的悉心指導,在此謹致謝忱。

② 第 272 則選自李愛輝《賓組牛胛骨新綴一則:<合>6502 + <合>16278》。李文原載“中國社會科學院歷史研究所先秦史研究室網站”,www. xianqin. org,2009 年 8 月 8 日。此版綴合得到黃天樹老師的悉心指導,在此謹致謝忱。

③ 第 273 則選自李愛輝《賓組牛胛骨試綴二則》第 1 則。李文原載“中國社會科學院歷史研究所先秦史研究室網站”,www. xianqin. org,2009 年 8 月 17 日。此版綴合得到黃天樹老師的悉心指導,在此謹致謝忱。

除"骨臼"之後,其切角處很容易沿其縱切線斷裂。《合》6219 是一塊右胛骨,其切角處的殘斷形態與本版相同,可參見。綴合後的釋文如下:

貞:今𡆥勿伐下危,我弗其受㞢[又]。 《合》6501 +《合》6914[典賓]

①第 274 則

A:《合》7497(《歷拓》10380)。

B:《合補》1881(《歷藏》5453)。

A、B 兩塊卜骨上的卜辭字體相同,均為典賓類。兩版的序辭一致,均為"五"。B 片上"伐"的殘劃與 A 片上"伐"的殘劃正好完全密合。綴合後的骨版的切角形態與《合》14004 接近,可參見。綴合之後,A 片上的殘辭得以復原,成為一條完整的卜辭,釋文如下:

乙酉卜,㱿貞:今𡆥王勿比沚𢦔伐土方。五

貞:王勿比沚𢦔。五 《合》7497 +《合補》1881(《合》6424 同文)[典賓]

②第 275 則

A:《合補》3403(《龜卜》118、《珠》1384、《合補》6320)。

B:《英藏》848(《金璋》687)。

A、B 兩塊卜骨上的卜辭字體完全相同,均為典賓類。兩版綴合後斷處完全密合。綴合後的釋文如下:

☑ 辛巳其𠙴麋[擒]。 《合補》3403 +《英藏》848[典賓]

裘錫圭先生將𠙴隸定為𠙴③,在此讀為"陷",是一種常見的田獵方式,指挖陷阱捕獸。

④第 276 則

A:《合補》4565(《歷藏》21621)。

B:《合》6203(《後》上 17.3、《歷拓》7155)。

B 片與《合》6204 為同文卜辭。根據《合》6204 這塊較為完整的卜骨可知 B 片殘斷的內容應為"弗若,不我其受又"。A 片上的卜辭內容與之相符,且字體也與 B 片上的相同,均為典賓類。因此,A 片極有可能是從 B 片上殘斷下來的骨片。A、B 兩塊卜骨綴合後斷處能夠密合,而且 B 片上"弗"的殘劃與 A 片上"弗"的殘劃能夠完美地接合。綴合後的釋文如下:

辛未卜,㱿貞:王勿逆伐𢀛方,下上弗若,[不我其受]又。四

壬申卜,㱿貞:于河匄𢀛方。[四]

《合補》4565 +《合》6203(《合》6204 同文)[典賓]

---

① 第 274 則選自李愛輝《賓組牛胛骨試綴二則》第 2 則。

② 第 275 則選自李愛輝《典賓類卜骨新綴四則》第 1 則。李文原載"中國社會科學院歷史研究所先秦史研究室網站",www.xianqin.org,2009 年 8 月 31 日。此版綴合得到黃天樹老師的悉心指導,在此表示深深的感謝。

③ 裘錫圭:《釋坎》,《古文字論集》,第 48～49 頁,中華書局,1992 年。

④ 第 276 則選自李愛輝《典賓類卜骨新綴四則》第 2 則。

[①]第 277 則

A:《合補》5308(《歷藏》12365)。

B:《合》9722(《善》14393)。

A、B 兩塊卜骨均為右胛骨。兩塊卜骨上的卜辭字體相同,均為典賓類。A、B 兩塊卜骨上均有“受”和“不”的殘劃,將殘劃相拼合後,刻字的原貌得以很好的復原。綴合後的骨版斷裂處能夠完全密合,且組成一條完整無缺的卜辭:

丁丑卜,亘貞:我不其受又。四　　《合補》5308 +《合》9722[典賓]

[②]第 278 則

A:《合補》5529(《歷藏》23837)。

B:《合》6491(《粹》1109、《善》5229)。

B 片與《合》6492 為同文卜辭。《合》6492 是一塊比較完整的骨首,根據其上的卜辭內容來看,B 片殘斷的卜骨上的卜辭應為“㞢又”。A 片不但內容與我們推測的相符,而且字體亦與 B 片相同,同屬典賓類。將這兩塊卜骨相拼後能夠密合。據此,我們推斷這兩塊卜骨很有可能是一骨所折。綴合後的釋文如下:

庚申卜,賓貞:今[illegible]王比望乘伐下危,受㞢又。四

《合補》5529 +《合》6491(《合》6492 同文)[典賓]

[③]第 279 則

A:《合》7572(《京》2470、《善》5819)。

B:《合》17869(《後》下 30.7)。

C:《英藏》476。

A + B 是蔡哲茂先生《甲骨綴合集》第 185 組,C 為補綴的骨片。A、B、C 三版胛骨上的卜辭字體均為典賓類。綴合後的骨版完全密合,且復原出“吉”字。綴合後的釋文如下:

王占曰:吉。不黽其衛小不⧄。

《合》7572 +《合》17869 +《英藏》476(《合》6163 反 +《合補》1360 正、《合》7405 反同文)[典賓]

[④]第 280 則

A:《合》6501(《續存》上 625、《歷拓》8877)。

---

① 第 277 則選自李愛輝《典賓類卜骨新綴四則》第 3 則。

② 第 278 則選自李愛輝《典賓類卜骨新綴四則》第 4 則。

③ 第 279 則選自李愛輝《賓組胛骨補綴一則》。李文原載“中國社會科學院歷史研究所先秦史研究室網站”,www.xianqin.org,2009 年 9 月 8 日。此版綴合得到黃天樹老師的悉心指導,在此表示深深的感謝。

④ 第 280 則選自李愛輝《牛胛骨新綴一則:<合>6501 + <合>6914 + <合補>5356》。李文原載“中國社會科學院歷史研究所先秦史研究室網站”,www.xianqin.org,2009 年 9 月 5 日。此版綴合得到黃天樹老師的悉心指導,在此謹致謝忱。

B:《合》6914(《北圖》5032、《文捃》644)。

C:《合補》5356(《歷拓》8896)。

A+B是我在《賓組牛胛骨試綴二則》中綴過的一組骨片【編者按:即本書第273則】,C片為加綴的骨片。C和A+B為同側之胛骨。兩版上所刻的字,字體相同,均為典賓類。分列於兩版上的殘劃相拼後復原出"受"、"又"二字。拼合後的胛骨,斷裂處能夠密合。綴合後得到一條完整的卜辭,釋文如下:

貞:今𢀛勿伐下危,我弗其受㞢又。 《合》6501+《合》6914+《合補》5356[典賓]

[①]第281則

A:《合》9144(《摭》57、《善》14457)。

B:《合補》3016(《歷藏》20297)。

A、B兩版所刻的卜辭字體相同,均為典賓類。兩版兆序辭均為三。A、B兩塊卜骨上的殘劃相拼後為"其"字。拼合後的胛骨斷裂處能夠密合。綴合後得到一條完整的卜辭,釋文如下:

甲申卜,爭貞:弗其以。十二月。三 《合》9144+《合補》3016[典賓]

[②]第282則

A:《合》15193(《粹》1114甲、《善》1439正)。

B:《合補》714(《歷藏》19037)。

A、B兩塊卜骨的斷處形態成互補狀,相拼後基本密合。拼合後的骨版在刻有"巳"字的地方還留有空隙,應是骨版沿"巳"字斷裂造成的。綴合後的骨版復原出一條完整的卜辭,釋文如下:

辛卯卜,㱿貞:我巳賓若。三

《合》15193+《合補》714(《合》15194同文)[典賓]

[③]第283則

A:《合》7363正(《南明》220、《慶丙》3.184);《合》7363反(《南明》221、《慶丙》3.185)。

B:《合》7364(《前》7.22.1)。

C:《合》11482正(《簠雜》30、《簠拓》1);《合》11482反(《簠天》2、《簠拓》2)。

A片和B片是蔡哲茂先生綴合的[④],筆者加綴C片。綴合理由如下:B、C兩塊卜骨拼合後,骨版殘斷處能夠密合。A、C兩塊卜骨綴合後,C片上的卜辭與A片上的兆序辭一

---

① 第281則選自李愛輝《賓組牛胛骨拼合二則》第1則。李文原載"中國社會科學院歷史研究所先秦史研究室網站",www.xianqin.org,2009年9月14日。綴合得到黃天樹老師的悉心指導,在此表示深深的感謝。

② 第282則選自李愛輝《賓組牛胛骨拼合二則》第2則。

③ 第283則選自李愛輝《牛胛骨新綴一則》。李文原載"中國社會科學院歷史研究所先秦史研究室網站",www.xianqin.org,2009年9月17日。本版綴合得到黃天樹老師的悉心指導和劉影師姐的幫助,在此表示深深的感謝!

④ 蔡哲茂:《甲骨綴合集》,臺北:樂學書局,1999年9月,第313組。

一對應。

筆者根據卜骨的正面形態,將A、C兩版的反面拼合後發現:綴合後骨版反面鑽鑿的位置與正面兆序辭契刻的位置相一致。遺憾的是《甲骨文合集》中沒有收録B版骨片的反面。如果能夠找到B版的反面,應該可以將其加綴在A、C這兩版上。綴合後骨條上的卜辭與骨面上的卜辭相對應。綴合後的釋文如下:

庚寅卜,永貞:王惠中立,若。十一月。

王占曰吉。

辛卯卜,永貞:王惠中立,若。

癸丑卜,永貞:旬[亡𡆥]。五日丁巳子𡆥殟。

癸口[貞]:旬☒。二 不𠂤蛛

辛卯。二

癸丑貞:旬亡𡆥。二

癸亥貞:旬亡𡆥。二(以上正面)旬壬申夕月㞢食。(以上反面)①

癸酉貞:旬亡𡆥。二 不𠂤蛛

癸卯貞:旬亡𡆥。[二]

癸巳貞:旬亡𡆥。二

癸未貞:旬亡𡆥。二(以上正面)

《合》7363正+《合》7364+《合》11482正[典賓]

庚寅卜,永貞:王惠中立,若。(以上反面)

《合》7363反+《合》11482反[典賓]

②第284則

A:《合》4415正、臼(《歷拓》7211正、臼)。

B:《合補》1173正、臼(《歷藏》19822正、臼)。

A、B兩版上的"辛"字可以拼合。根據骨首處的綴合,可將A、B兩版的骨臼相綴。綴合後的骨臼殘斷處基本密合。將骨臼横放,其大小與骨首的大小亦相吻合。綴合後的骨首正面卜辭釋文如下:

辛巳卜,貞:令小𡚸弋(代)旃,甫弋疒族。五月。一 二 二 告

貞:勿曰示虎(?)。二

貞:[曰]示☒ 《合》4415正+《合補》1173正[賓三]

A版的骨臼拓本比較模糊,其上的刻辭較難識別。《甲骨文合集釋文》釋為"……十,气自口。乍"。《殷墟甲骨刻辭摹釋總集》釋為"……永……作……"。A、B兩版骨臼綴合後可知《甲骨文合集釋文》和《殷墟甲骨刻辭摹釋總集》的釋文是有問題的。A、B兩版的骨臼綴合後,其上出現兩個人名"乍"和"**亢**"。這類記事刻辭的格式可表示為"干支+

---

① 黄天樹:《賓組"月有食"卜辭的分類及其時代位序》,《黄天樹古文字論集》,161頁,學苑出版社,2006年。

② 第284則選自李愛輝《賓組胛骨新綴一則》。李文原載"中國社會科學院歷史研究所先秦史研究室網站",www.xianqin.org,2009年9月26日。本版綴合得到黄天樹老師和方稚松師兄的悉心指導、趙鵬師姐和劉影師姐的幫助,在此表示感謝。

乞自某+數量,某示。(史官)"[①],與本版刻辭格式相同的骨臼刻辭還有《合》5717 臼、《合》9409、9416 臼等[②]。《合》5717 臼的刻辭內容為:

丁亥乞自雩十屯,乍示,𠦝。 《合》5717 臼

其上刻寫的兩個人名與 A+B 骨臼上的人名一致,兩版的刻辭內容亦相關。方稚松師兄指出:《甲骨文合集釋文》釋為"十"的字有可能是"亥"字。綜合上述幾點,綴合後的骨臼上的釋文應為:

[乙]亥气自☒,乍示。𠦝。 《合》4415 臼+《合補》1173 臼

[③]第 285 則

A:《合》7370(《簠天》9+91、《歷拓》10175、《續》4.4.5)。

B:《東文研》B0327。

A、B 兩版上所刻的卜辭字體均為典賓類。綴合後補足兩個字"風"、"𩅦"。綴合後的釋文如下:

□酉卜,賓貞:翌丙子其☒[丙子]立中,允亡風,易[日]。

□□[卜],亘貞:翌丁亥易日。丙戌𩅦,[丁]亥宜于磬[京]。

《合》7370+《東文研》B0327(《合》7369、《合》7371、《合》13357、《合》40354 同文)[典賓]

備註:A、B 兩版相綴時,B 版略大於 A 版,這有可能是由於《合集》或《東文研》在收錄拓本時,對拓本做了一些調整所造成的。

[④]第 286 則

A:《合》3539(《虛》2362、《南博拓》1448)。

B:《合補》1340(《南明》278、《慶丙》271)。

釋文:

戊辰卜,𣪊貞:翌辛未勿令。四 《合》3539+《合補》1340[典賓]

[⑤]第 287 則

A:《合》6715(《甲》2924)。

B:《合》6716(《錄》705)。

A、B 兩版上所刻卜辭的字體相同,均屬𠂤賓間類。兩版綴合後斷邊能夠密合。A、B 兩版右側的斜邊相拼後形成一條整齊的弧線。骨版綴合後得到一條完整的卜辭"辛卯

---

① 方稚松:《殷墟甲骨文五種記事刻辭研究》,第 91 頁,首都師範大學文學院博士學位論文,2007 年 4 月[編者按:此書由綫裝書局在 2009 年 12 月出版]。

② 方稚松:《殷墟甲骨文五種記事刻辭研究》,第 138 頁。文中所引的例子由黃天樹師和方稚松師兄提供,在此表示感謝。

③ 第 285 則選自李愛輝《賓組胛骨新綴一則》。李文原載"中國社會科學院歷史研究所先秦史研究室網站",www.xianqin.org,2009 年 9 月 28 日。綴合得到黃天樹老師和劉影師姐的悉心指導,謹致謝忱。

④ 第 286 則選自李愛輝《賓組胛骨新綴一則》。李文原載"中國社會科學院歷史研究所先秦史研究室網站",www.xianqin.org,2009 年 10 月 9 日。本版綴合得到黃天樹老師的悉心指導,在此表示深深的感謝。

⑤ 第 287 則選自李愛輝《胛骨新綴三則》第 1 則。李文原載"中國社會科學院歷史研究所先秦史研究室網站",www.xianqin.org,2009 年 10 月 15 日。綴合得到黃天樹老師的悉心指導和齊航福師兄的幫助,在此表示深深的感謝。

卜,貞:今方其出于唐",與左側"辛卯卜,貞:[方]不出于唐"形成一組對貞卜辭。基於以上原因,我們推測 A、B 應是一骨所折。A 片現藏於史語所,B 片藏於臺歷博。

[①]第 288 則

A:《合》6266(《旅博》43)。

B:《合》16281(《歷拓》10801)。

綴合後骨版的右側是臼角切角處。《合》15193 +《合補》714 切角形態與本版相同的,可參見。綴合後,卜辭釋文如下:

乙巳卜,爭貞:勿乎伐[𢀛方]。

貞:弗其受㞢又。三 《合》6266 +《合》16281[典賓]

[②]第 289 則

A:《合》6258(《歷拓》7151)。

B:《合》6282(《粹》1075、《善》5210)。

A、B 兩塊骨版綴合後,殘斷處沒有完全密合,這可能是骨版變形所導致的。綴合後,卜辭釋文如下:

己丑卜,𣪘貞:勿乎伐[𢀛]☑

辛亥卜,𣪘貞:勿伐[𢀛]方,弗其受㞢又。一

貞:伐𢀛方,𢦏。 《合》6258 +《合》6282[典賓]

[③]第 290 則

A:《合》584 正甲(《簠地》31 +、《簠拓》774 + 809);《合》584 反甲(《簠地》33 +、《簠拓》775 + 810)。

B:《合》9498 正(《北圖》2132 正);《合》9498 反(《北圖》2132 反、《前》5.48.2)。

C:《合》7143 正(《簠地》52 正、《簠拓》573);《合》7143 反(《簠拓》574)。

D:《東研》B0571b(《合補》6523 反);《東研》B0571a(《合補》6523 正)。

A 版與 B 版為蕭良瓊先生綴合[④],C 版為劉影師姐加綴的[⑤],D 版為筆者補綴的。綴合後釋文請參照本書第 110 則。

---

① 第 288 則選自李愛輝《胛骨新綴三則》第 2 則。

② 第 289 則選自李愛輝《胛骨新綴三則》第 3 則。

③ 第 290 則選自李愛輝《賓組胛骨綴合一則》。李文原載"中國社會科學院歷史研究所先秦史研究室網站",www.xianqin.org,2009 年 10 月 27 日。後來,李愛輝在《賓組胛骨綴合一則》又加綴《合補》5597,李文原載"中國社會科學院歷史研究所先秦史研究室網站",www.xianqin.org,2009 年 11 月 9 日,可以參看。綴合得到黃天樹老師的悉心指導,在此表示深深的感謝。

④ 蕭良瓊先生綴合,見蕭良瓊,《卜辭文例與卜辭的整理和研究》,《甲骨文與殷商史》第二輯,上海古籍出版社,1986 年,第 39 ~ 40 頁。

⑤ http://www.xianqin.org/blog/archives/1631.html。參看本書第 110 則。

第 291 則[①]

A:《合》7964 正(《外》160);《合集》7964 反(《外》161)。

B:《合補》2159 正(《歷藏》22930 正);《合補》2159 反(《歷藏》22930 反)。

釋文:

□在𦎫□

□友𨸏省□

第 292 則[②]

A:《合》19283(《續存》上 1386、《善》4452)。

B:《合補》5744(《歷藏》14858)。

釋文:

辛卯卜,㱿貞:翌乙未王涉歸。一

第 293 則[③]

A:《合》1305 正(《掇》二 450 正、《歷拓》498 正);《合》1305 反(《掇》450 反、《歷拓》498 反)。

B:《合》1506 正{《簠帝》5 +、《簠拓》102 正、《續》1.1.4、《簠人》19(《續》1.1.4) +《續》1.15.1};《合》1056 反(《北圖》2183)。

C:《合》14431 正(《歷拓》7105 正);《合》14431 反(《歷拓》7105 反)。

B + C 為蔡哲茂先生綴合(《甲骨綴合集》第 27 組),A 為筆者加綴。A、C 兩版骨首處的斷邊上有"升"、"㱿"二字可以拼合,且骨首上的兆序辭均為"一"。A 版豎直方向斷邊處的兆序辭與 B + C 骨條上的卜辭一一對應。《合集》1305 的拓本比較模糊,兆序辭看不太清楚,但比照《掇》二 450(即《合集》1305 正)則可以很清楚地看到,在與"癸丑卜,賓貞:𠦪于岳"這條卜辭對應的位置上有"二告"和"一"的字樣。骨版綴合後,背面的鑽鑿也能一一對應起來。由此來看,這三版是可以綴合的。綴合後骨版的左上角為骨臼的切角處,其形態與蔡哲茂先生《甲骨綴合集》第 111 組的骨版形態相似,可參看。《合集》1524 與本版綴合同文(《合集》1524 即《前》7.29.2),但拓本只拓錄了甲骨有字的部分,故卜骨的斷裂形態無法得知。然而,從《合集》1524 所契刻的卜辭行款來看,其應是胛骨骨扇部分。據此我們推斷:《合集》1524 有可能是 A + B + C 所殘失的骨扇部分,或是與 A + B + C 成套的胛骨的骨扇部分。綴合後骨版正面卜辭釋文如下:

---

① 第 291 則選自李愛輝《賓組甲骨綴合一則》。李文原載"中國社會科學院歷史研究所先秦史研究室網站",www.xianqin.org,2009 年 11 月 6 日。綴合得到黃天樹老師的悉心指導,在此表示深深的感謝。

② 第 292 則選自李愛輝《賓組甲骨綴合一則:<合集>19283 + <合補>5744》。李文原載"中國社會科學院歷史研究所先秦史研究室網站",www.xianqin.org,2009 年 11 月 6 日。綴合得到黃天樹老師的悉心指導,在此表示深深的感謝。

③ 第 293 則選自李愛輝《賓組胛骨綴合二則》第 1 則。李文原載"中國社會科學院歷史研究所先秦史研究室網站",www.xianqin.org,2009 年 11 月 8 日。綴合得到黃天樹老師的悉心指導和王子揚師兄的幫助,在此表示深深的感謝。

丁未卜,㱿貞:㞢升自唐。一

戊申卜,㱿貞:亡𡆥。一

貞:于土𠦪。

貞:燎𣪕㞢刴①。

貞:㞢于祖[乙]。

貞:勿𦣞燎𣪕。

貞:㞢于祖乙十白刴。

丙午卜,賓貞:燎𣪕。

貞:王𢍰今六月入。一

貞:于河𠦪。一

貞:勿𢍰今六月入。一

癸丑卜,賓貞:𠦪于岳。一

骨版背面卜辭釋文如下:

戊申卜,㱿。

貞:使人于㔾。

勿[㞢]升[自]唐。

王占曰:隹㞢𡆥。

②第 294 則

A:《合補》2819(《歷藏》14782)。

B:《合補》5876(《歷藏》15570)。

B 版斷邊處留有的“卜”字殘劃可與 A 版的“卜”字殘劃相拼合。A 版斷邊處可以看到“今”字的一道小殘筆。骨版綴合後殘斷處密合。綴合後卜辭釋文如下:

丁丑卜,㱿貞:今早③王㔾

④第 295 則

A:《合》584 正甲(《簠地》31 + ,《簠拓》774 + 809);《合集》584 反甲(《簠地》33 + ,《簠拓》775 + 810)。

B:《合》9498 正(《北圖》2132 正);《合集》9498 反(《北圖》2132 反,《前》5.48.2)。

C:《合》7143 正(《簠地》52 正,《簠拓》573);《合集》7143 反(《簠拓》574)。

D:《東研》B0571b;《東研》B0571a。

E:《合補》5597(《歷藏》20512)。

---

① 裘錫圭:《甲骨文中所見的商代五刑——並釋“刖”“刴”二字》,《古文字論集》,第 212 頁,中華書局,1992 年。

② 第 294 則選自李愛輝《賓組胛骨綴合二則》第 2 則。

③ 陳劍:《釋造》,《出土文獻與古文字研究》第一輯,第 77 頁,復旦大學出版社,2006 年 12 月。

④ 第 295 則選自李愛輝《賓組胛骨綴合一則》。李文原載“中國社會科學院歷史研究所先秦史研究室網站”,www.xianqin.org,2009 年 11 月 10 日。綴合得到黃天樹老師的悉心指導,在此表示深深的感謝。

A 版與 B 版為蕭良瓊先生綴合[①],C 版為劉影師姐加綴的[②],D 版為筆者補綴[③],現加綴《合補》5597。遺憾的是《合補》中沒有收錄骨版的反面拓本。綴合後骨版正面"癸未"這條卜辭基本完整,釋文可參見本書第 110 則。

[④]第 296 則

A:《合補》2748(《合》40178、《寧》3.126、《文捃》408)。

B:《合補》2749(《歷藏》21904)。

A、B 兩版上所刻卜辭字體相同,均屬𠂤賓間類。A 為左首甲,B 為中甲。兩版綴合後,龜版上的喉肱溝(第一道盾紋)相連貫。A、B 兩塊龜板的上內縫處有殘字"勿"可拼合,齒縫相合。

[⑤]第 297 則

A:《合》1197(《續》5.18.9、《佚》6)。

B:《合》1202(《續》1.36.1、《鐵零》25、《續存》下 178)。

說明及釋文:

A、B 兩版上有"章(敦)"、"眔"二字可以拼合。這兩版上所刻的卜辭字體均為𠂤賓間類[⑥] 綴合後釋文如下:

丁卯卜:☑弗亦☑朕☑。

戊辰卜:既上甲眔河,我章(敦)衙,其☑。

戊辰卜:[既]上甲眔河,[我]章(敦)衙,☑。

[⑦]第 298 則

A:《合》16432(《龜》2.4.5)。

B:《合》19359(《龜》1.23.20)。

A、B 兩版的斷邊處有兩個殘字"于"、"上甲"可拼合。骨版綴合後密合。《合集》4608、《合補》73、《龜》1.25.11 與本版為同文卜辭,可參見。

---

① 蕭良瓊先生綴合,見蕭良瓊《卜辭文例與卜辭的整理和研究》,《甲骨文與殷商史》第二輯,第 39 ~ 40 頁,上海古籍出版社,1986 年。

② http://www.xianqin.org/blog/archives/1631.html。參看本書第 110 則、第 290 則。

③ http://www.xianqin.org/blog/archives/1727.html。參看本書第 110 則、第 290 則。

④ 第 296 則選自李愛輝《𠂤賓間類龜腹甲綴合一則》。李文原載"中國社會科學院歷史研究所先秦史研究室網站",www.xianqin.org,2009 年 11 月 10 日。

⑤ 第 297 則選自李愛輝《甲骨拼合第 36 則》。李文原載"中國社會科學院歷史研究所先秦史研究室網站",www.xianqin.org,2009 年 11 月 18 日。綴合得到黃天樹老師的指導和劉影師姐的幫助,在此表示深深的感謝。

⑥ 黃天樹老師過去將 B 版的字體歸為賓組一類(黃天樹:《殷墟王卜辭的分類與斷代》,科學出版社,2007 年 10 月第 1 版,第 62 頁),現在傾向於將其歸為𠂤賓間類。

⑦ 第 298 則選自李愛輝《甲骨拼合第 37 則》。李文原載"中國社會科學院歷史研究所先秦史研究室網站",www.xianqin.org,2009 年 11 月 24 日。

[①]第 299 則

A:《合補》1014(《歷藏》18956)。

B:《合補》1083(《歷藏》14537)。

A、B 兩版綴合後斷邊密合。殘斷處有兩個殘字"亘"、"貞"可以拼合。釋文如下:

乙酉卜,亘貞:☐

[②]第 300 則

A:《合》14976 正、反(《契》583 正、反)。

B:《合補》2163 正、反(《歷藏》21407 正、反)。

綴合後釋文如下:

戊子[卜,囗]貞:子☐㞢母☐　　《合》14976 正 +《合補》2163 反[典賓]

我☐在𦎫。　　《合》14976 反 +《合補》2163 正[典賓]

[③]第 301 則

A:《合》2003 正(《續存》上 276、《歷拓》5960 正)。

B:《合》10261(《善》6520)。

A、B 兩版兆序辭均為一。骨版斷邊密合,斷邊上有三個殘字可拼綴。釋文如下:

丁卯卜,古貞:㞢于南庚。

戊辰卜,亘貞:乎𢓊逐鹿。一

貞:多☐。一

[④]第 302 則

A:《合》12066 正。

B:《合補》1074。

綴合後骨首上端的弧線平順,斷邊上有殘字可拼綴。綴合後釋文如下:

癸酉[卜],古貞:今日其雨。二

[⑤]第 303 則

A[⑥]:《合》522 正(《甲》2399 +《甲》2414);《合》522 反(《甲》2400 +《甲》2415)。

---

① 第 299 則選自李愛輝《甲骨拼合第 38 則》。李文原載"中國社會科學院歷史研究所先秦史研究室網站",www. xianqin. org,2009 年 12 月 3 日。綴合得到黃天樹師的悉心指導,在此表示深深的感謝。

② 第 300 則選自李愛輝《甲骨拼合第 39 則》。李文原載"中國社會科學院歷史研究所先秦史研究室網站",www. xianqin. org,2009 年 12 月 15 日。綴合得到黃天樹師的悉心指導,謹致謝忱。

③ 第 301 則選自李愛輝《甲骨拼合第 40、41 則》第 40 則。李文原載"中國社會科學院歷史研究所先秦史研究室網站",www. xianqin. org,2009 年 12 月 29 日。綴合得到黃天樹師的悉心指導,謹致謝忱。

④ 第 302 則選自李愛輝《甲骨拼合第 40、41 則》第 41 則。

⑤ 第 303 則選自李愛輝《甲骨拼合第 42、43 則》第 1 則,李文原載"中國社會科學院歷史研究所先秦史研究室網站",http://www. xianqin. org/blog。2010 年 4 月 5 日。本文得到了黃天樹師的悉心指點,謹致謝忱!

⑥ 《合》522 已由所藏單位人員查驗了實物,確認其斷邊上的殘筆與《合》7150 斷邊上的殘筆相吻合。文中所附摹本為館藏人員依據實物所作。在此表示深深的感謝。

B:《合》7150 正(《歷拓》416 正);《合》7150 反(《歷拓》416 反)。

釋文及說明:

癸酉卜,永貞:旬亡囚。

[癸]未卜,永貞:旬亡囚。[王固]曰:㞢咎。四日[丙戌]☐甗俐𣅀☐。

癸卯卜,永貞:旬亡囚。

癸丑[卜],[永]貞:旬[亡囚]。[王固曰]:(以上正面)

☐乃茲㞢咎,其[㞢來艱]。☐允㞢來艱☐[三日]乙卯㞢異,☐𧰼庚申亦㞢異,㞢鳴雉☐疛圉羌戎。(以上反面)

癸亥卜,永貞:旬亡囚。(正面)

A、B 相拼合後,骨版殘斷處密合,有五個殘字可以拼合:正面的"未、卜、永";反面的"㞢、異[①]"。

[②]第 304 則

A:《合補》3206 正(《歷藏》11262 正)。

B:《合補》6443(《歷藏》21739)。

釋文及說明:

己丑卜☐𡆥☐

口丑卜☐翌☐

A、B 兩版字體相同,均為典賓類。斷邊上有殘字"丑"可以拼合。兩版甲骨拼合後,界劃綫處於同一條直線上,位置吻合。

[③]第 305 則

A:《合》15777 正、反(《歷拓》4747 正、反)。

B:《合補》2447 正、反(《文捃》665 正、反)。

釋文:

貞:翌乙未勿酒。二告(正面)

禽入八百。亘(反面)

[④]第 306 則

A:《合》9718(《考精》2)。

B:《合》9831(《六清》46、《覺玄》84、《外》265)。

---

① 陳劍:《殷墟卜辭的分期分類對甲骨文字考釋的重要性》,《甲骨金文考釋論集》,綫裝書局,2007 年 4 月第 1 版,420 ~ 427 頁。

② 第 304 則選自李愛輝《甲骨拼合第 42、43 則》第 2 則。

③ 第 305 則選自李愛輝《甲骨拼合第 44 則》,李文原載"中國社會科學院歷史研究所先秦史研究室網站",http://www.xianqin.org/blog。2010 年 5 月 4 日。本文得到了黃天樹師的悉心指點,謹致謝忱!

④ 第 306 則選自李愛輝《甲骨拼合第 45 則》,李文原載"中國社會科學院歷史研究所先秦史研究室網站",http://www.xianqin.org/blog。2010 年 5 月 11 日。本文得到了黃天樹師的悉心指點,謹致謝忱!

釋文與説明:

〼,㱿貞:我不其受年。囗月。

《合》9718 為左首甲(上腹甲),《合》9831 為中甲(内腹甲)。由綴合圖版來看,它們是沿龜腹甲的上内縫[①]發生斷裂的。甲骨綴合後,"受"字復原。

[②]第 307 則

A:《合》11448(《鐵》114.1、《歷博拓》51、《前》5.6.4)。

B:《合》17031(《文捃》1148)。

釋文與説明:

兩版龜腹甲相綴後,"羕"字復原。釋文如下:

〼三日丁卯〼羕[illegible],馬〼

〼自[illegible]〼㞢害〼玆(?)〼

[③]第 308 則

A:《合》588 正(《七》T19、《歷拓》10265 正、《甲零》135 正)。

B:《合》589(善 1792)。

A、B 兩版字體相同,均屬典賓類,所卜内容相同,部位相符且行款對應,故此兩版可以遥綴。請看第 308 則綴合圖版。A 版左上側為原邊,其内部有完整的左上舌縫及部分左上内縫(連接上腹甲和内腹甲的齒紋,依據部位不同,分爲左上内縫和右上内縫)和部分左内舌縫(連接内腹甲和舌腹甲的齒紋,依據部位不同,分爲左内舌縫和右内舌縫)。據此,我們認定此版為龜腹甲左首甲、左前甲和中甲相結合的部分。刻辭行文自外向内,與 B 版對應。

B 版右側為整齊的兆邊,内部有殘斷的右上舌縫和右上内縫及右内舌縫。這些特徵表明它是右首甲、右前甲和中甲相結合的部分。綴合後釋文如下:

貞:[illegible]母(毋)僕(?)。

〼母(毋)僕(?)。

[④]第 309 則

A:《合》9475(《北圖》2480、《文捃》1012)。

B:《合》9473(《契》417、《歷拓》6198)。

A、B 兩版字體相同,均屬賓三類,所卜事項相同,辭例相合,位置對應且行款相符,故可以遥綴。

---

① 參黄天樹:《甲骨形態學》,待刊稿。【編者按:已收入本書附録部分。】

② 第 307 則選自李愛輝《甲骨拼合第 46 則》,李文原載"中國社會科學院歷史研究所先秦史研究室網站",http://www.xianqin.org/blog。2010 年 5 月 12 日。本文得到了黄天樹師的悉心指點,謹致謝忱!

③ 第 308 則選自李延彦《賓組龜腹甲試綴二則》第 1 則。李文原載"中國社會科學院歷史研究所先秦史研究室網站",www.xianqin.org,2009 年 12 月 3 日。感謝在我綴合過程中給予指導的恩師、師兄、師姐及同學。

④ 第 309 則選自李延彦《賓組龜腹甲試綴二則》第 2 則。

A版為左後甲。其右側為左甲橋下端分叉盾紋的右支,“勿”字所壓的盾紋是左腹股溝左側接近邊緣時凸起的部分。與B版相比,不過多出左甲橋下端左後甲左邊緣的條狀卜甲而已。

B版為右後甲。其右下“埅”字所壓的盾紋為右甲橋下端分叉盾紋的左支,“卯”字所壓的盾紋為右腹股溝右側接近邊緣時凸起的部分。在這兩條盾紋之間,賓組卜辭若自内刻寫,則一律外行;若自外刻寫,則一律内行。“𠂤”和“埅田”下端的邊緣是龜腹甲原邊。

綴合後釋文如下:

癸卯[卜],賓貞:[令] 𠂤埅田于京。

貞:勿令𠂤埅田。

第310則[①]

A:《英藏》1188(《合》39717、《庫方》549)。

B:《英藏》1189(《合》40534、《庫方》601)。

A、B兩版來源相同,均出自《庫方二氏藏甲骨卜辭》;字體相同,均屬典賓類;所卜内容相同,均為祭祀卜辭;部位相符且行款對應,中甲處斷邊密合,故此兩版疑可綴合。

A版左側為稍有殘缺的原邊,其内部有完整的左上舌縫及比較完整的左上内縫和部分左内舌縫。據此,我們認定此版為龜腹甲左首甲、左前甲和中甲相結合的部分。刻辭行文自外向内,與B版對應。B版右側為原邊,内部有殘斷的右上舌縫和右上内縫及右内舌縫。這些特徵表明它是右首甲、右前甲和中甲相結合的部分。其左側斷邊恰巧與A版右側斷邊密合。綴合後釋文如下:

囗子卜貞:桒[黄]尹[一]牛𠤎囗牛。九月。

貞:勿[桒]黄[尹]一牛。二

《英藏》540為一版較小龜腹甲的首甲、前甲和中甲,字體屬典賓類,行款與此版類似。由此可見,賓組甲骨中存在小版龜腹甲首甲上刻寫多行大字的情況。

中甲處邊緣形態與《合集》19472、《東文研》S1000、《天理》S263類似,均為斷邊,故中甲不僅僅會因卜兆而斷裂,也可能自然斷裂或人爲斷裂。

此版綴合遺留如下問題:《英藏》1189“𠤎”左側的“牛”字是否真的如《合集》40534那樣有部分筆畫殘留在另一片甲骨上?從拓片來看,《英藏》1189上的“牛”字基本完整,極少量殘留的豎筆在《英藏》1188上没有顯現,筆者認爲這可能與墨拓相關,很可能實物上存在。A、B兩版現藏皇家蘇格蘭博物館,A版館藏號RSM549,B版館藏號RSM108。前些天,筆者得到蔡哲茂先生耐心指導,試圖與博物館取得聯係,未能如願。懇請博物館工作人員幫助實物驗證。

---

① 第310則選自李延彦《賓組龜腹甲試綴一則》第1則。李文原載“中國社會科學院歷史研究所先秦史研究室網站”,www.xianqin.org,2009年7月9日。本文得到黄天樹師、蔡哲茂先生以及師兄師姐的幫助,謹致謝忱。

第 311 則[①]

A:《合》29296(《安明》1990)。

B:《合》29302(《安明》1966)。

A、B 兩版字體均屬無名類,都來源於《明義士收藏甲骨文字》,綴合後斷邊密合,分列兩版的殘劃能拼合出"𢦏"字。綴合後釋文如下:

壬午卜:王其田虞,湄[日亡(無)𢦏,毕(擒)]。

不毕(擒)。

于壬辰王迺田虞,無𢦏,毕(擒)。

[不]毕(擒)。

☒湄日無𢦏,毕(擒)。

第 312 則[②]

A:《合》7718 正反(《善》20153 正反)。

B:《合補》596 正反(《歷藏》14882 正反)。

綴合理由及説明:

A、B 兩版字體均屬典賓類,因卜兆而斷裂,拼合後兆邊密合,盾紋、齒紋均吻合,背面鑽鑿相合,為完整左首甲。

綴合後釋文如下:

癸口[卜],㱿貞:☒弗其𢦔。十一月。一(以上正面)

不𢦔。

☒其𢦔。已☒。(以上反面)

第 313 則[③]

A:《合》15483 正(《契》621 正、《歷拓》6272 正)。

B:《合》15484(《簠地》24、《簠拓》746、《續》2·1·5)。

A、B 兩版字體均屬賓三類,A 版為龜腹甲左前甲左側,B 版為龜腹甲右前甲右側。兩版部位對應,辭例相合,可以遙綴。類似綴合還有《綴集》334、《綴集》341、《綴續》507。綴合後釋文如下:

丁未卜,爭貞:勿𧰼先以歲施在涂。

貞:𧰼先以歲。二

---

① 第 311 則選自李延彦《無名類胛骨試綴一則》。李文原載"中國社會科學院歷史研究所先秦史研究室網站",www. xianqin. org,2009 年 7 月 9 日。本組綴合得到黄天樹師及師兄師姐的悉心指導,謹致謝忱!

② 第 312 則選自李延彦《賓組龜腹甲試綴二則》第 1 則。李文原載"中國社會科學院歷史研究所先秦史研究室網站",www. xianqin. org,2009 年 10 月 14 日。

③ 第 313 則選自李延彦《賓組龜腹甲試綴二則》第 2 則。

[①]第 314 則

A:《合補》520 正反(《歷藏》14105 正反)。

B:《合補》5415 正反(《歷藏》15776 正反)。

A、B 兩版綴合後斷邊密合,中縫、中部盾紋、右喉肱溝均相互吻合,且背面鑽鑿相合。綴合後釋文如下:

乙☐貞:翌☐。二告。一 二

☐。小告。(以上正面)

□黄尹。

☐㱿☐。(以上反面)

[②]第 315 則

A:《合》6143 正(《歷拓》5931 正、《續存》上 553);《合》6143 反(《歷拓》5931 反、《續存》上 554)。

B:《英藏》1352 正反(《庫方》1872 正反)。

A、B 兩版均屬典賓類,綴合後中縫密合,喉肱溝、卜兆、孫亞冰先生所講的刮削紋路左右對稱,疑為可綴。綴合後釋文如下:

乙☐貞:[于大]甲告[舌]方☐。一 二告

貞:[勿于大]甲告舌方☐。一(以上正面)

貞:乎☐钟事☐永☐。

勿乎取☐。一(以上反面)

[③]第 316 則

A:《合》19106(《續編》5・22・4 <不全>、《南誠》41)。

B:《合》5044(《簠人》47、簠拓 519、《合補》1322 乙)。

C:《合》5045(《考文》124)。

D:《合》39812(《英藏》436、《庫方》1547)。

E:《合》11584(《誠》451)。

A、B、C、D 四版為蔡哲茂先生所綴(參見《甲骨綴合集》第 3 組)。筆者在骨首處加綴

① 第 314 則選自李延彥《賓組龜腹甲試綴一則》。李文原載“中國社會科學院歷史研究所先秦史研究室網站”,www.xianqin.org,2009 年 10 月 20 日。本組綴合得到黄天樹師的悉心指導,謹致謝忱!李愛輝幫助拼合圖版,十分感謝!

② 第 315 則選自李延彥《賓組龜腹甲試綴一則》。李文原載“中國社會科學院歷史研究所先秦史研究室網站”,www.xianqin.org,2009 年 10 月 30 日。本組綴合得到黄天樹師的悉心指導,謹致謝忱!

③ 第 316 則選自李延彥《賓組胛骨試綴一則》。李文原載“中國社會科學院歷史研究所先秦史研究室網站”,www.xianqin.org,2009 年 11 月 5 日。本組綴合得到黄天樹師的悉心指導,謹致謝忱!李愛輝幫助拼合圖版,十分感謝。

E版,綴合後斷邊密合,且補足"隹"字①。同文參見《合集》4304②。綴合後釋文如下:

甲午卜,㱿貞:勿令壬隹黄。五月。一

甲午卜,㱿貞:令壬隹黄。

甲午卜,㱿貞:惠王令隹黄。

貞:勿唯王令。

貞:惠王令。

貞:令壬。

③第317則

A:《合》37301(《善》1585)。

B:《合》36328(《安明》2913)。

A、B兩版均屬黄類祭祀卜辭,A為左首甲下端,B為完整右首甲,形態完全對稱。通常情況下,肱胸溝横穿中甲中部。肱胸溝如此偏上穿過首甲者極爲罕見。④ 同文例可參《合集》37295。綴合後釋文如下:

壬戌卜貞:母癸丁(礿),叀羊。一

[叀]小宰。[玆]用。

⑤第318則

A:《合》38878(《珠》1321)。

B:《合》38880(《歷拓》4247)。

A、B兩版均屬黄類卜夕卜辭。A為完整中甲,B為完整左首甲,拼合後左上内縫基本密合,左喉肱溝拼接完整,且首中縫與中甲中部盾紋處於同一縱綫。綴合後釋文如下:

癸卯卜貞:王今夕亡憂。

甲辰卜貞:王今夕亡憂。

⑥第319則

A:《合》37668(《歷拓》4515)。

B:《合》37763(《歷拓》4526)。

C:《合》37708(《善》4614)。

---

① 《合集》19106即《續編》5.22.4,《續編》拓本清晰,可看到"隹"字殘畫。

② 筆者按:《合集》4304(即《龜》1.24.13)與《東文研》421卜辭、兆序辭完全相同(《東文研》略有縮小),我們懷疑它們為一版胛骨。

③ 第317則選自李延彦《黄類龜腹甲試綴一則》。李文原載"中國社會科學院歷史研究所先秦史研究室網站",www.xianqin.org,2009年11月19日。本組綴合得到黄天樹師的悉心指導和趙鵬師姐的幫助,謹致謝忱!李愛輝幫助拼合圖版,十分感謝。

④ 參見黄天樹師:《殷墟龜腹甲形態研究》,《北方論叢》2009年第3期。【編者按:已收入本書附録中】

⑤ 第318則選自李延彦《黄類龜腹甲試綴一則》。李文原載"中國社會科學院歷史研究所先秦史研究室網站",www.xianqin.org,2009年11月27日。

⑥ 第319則選自李延彦《黄類龜腹甲試綴一則》。李文原載"中國社會科學院歷史研究所先秦史研究室網站",www.xianqin.org,2009年12月1日。本文得到黄天樹師的悉心指導,謹致謝忱!

A、B 兩版為門藝先生所綴。① 筆者加綴 C 版。A、B、C 三版為黃類卜辭,占卜內容相同,C 版為左前甲右上與中甲相近處,形態相合。綴合後左內舌縫密合,中縫與中甲中部盾紋處於同一縱綫。釋文如下:

丁酉[王卜]貞:田□,往來[亡災]。王占曰:[吉]。

辛□[王卜]貞:[田□],往[來]亡災。

戊申王卜貞:田𠳋,☒。

辛亥王卜貞:田𠳋,往來亡災。王占曰:吉。

乙卯王卜貞:田𤲞,往來亡災。

②第 320 則

A:《合》20401(《拾》5·1、《歷拓》11527)。

B:《合》19759(《虛》972、《南博拓》2089)。

釋文及說明:

丁未卜,王貞:余叀羌徝。

戊申卜,王貞:余呼𧰼魚羌。

A、B 兩版字體均屬𠂤組小字類。A 版為右後甲,B 版亦為右後甲。綴合後斷邊密合,干支相連,可以拼合出"申"字③。

④第 321 則

A:《乙》6992。

B:《乙補》803。

釋文及說明:

貞:今☒以(?)☒。

A 、B 兩版綴合後斷邊密合,喉肱溝拼接完整,中縫處於相應位置,兆序辭相連。兩版現藏中央研究院歷史語言研究所,煩請工作人員幫忙查驗實物。【編者按:蔡哲茂先生來信指出:"此兩版現藏中央研究院歷史語言研究所,煩請工作人員幫忙查驗實物。今日我去庫房覆覈了實物,正面卜兆左右對稱,龜首位置與反面鑽鑿均合,綴合正確。又史語所庫房記錄有綴上了其他片:《乙》2674、《乙》6628、《乙》8055、《乙》334、《乙》908(拼合後為 R26814)。"根據蔡先生提供的 R26814,知我們前面的釋文不確。當改爲"貞:今十月不其雨。"】

---

① 門藝:《黃組綴合一組》,先秦史研究室網站,www. xianqin. org,2009 年 11 月 18 日。

② 第 320 則選自李延彥《龟腹甲試綴第 13 ~ 14 則》第 1 則,李文原載"中國社會科學院歷史研究所先秦史研究室網站",http://www. xianqin. org/blog。2010 年 4 月 19 日。本文得到了黃天樹師的悉心指導和齊航福師兄、趙鵬師姐的幫助,謹致謝忱!

③ 《合集》20401 下邊"申"字上半由於接近邊緣,拓本不清晰,將拓本放大,可見殘畫。

④ 第 321 則選自李延彥《龜腹甲試綴第 13 ~ 14 則》第 2 則。

[①]第 322 則

A:《合補》1008(《歷藏》14687)。

B:《合》14042 正(《京》2042、《善》5337 正、《續存》上 1062)。

釋文與說明:

庚口[卜],亘貞:[婦]口娩,[不其]嘉。

☐允☐

A、B 兩版字體均為典賓類,A 為左首甲,B 亦為左首甲,它們因卜兆斷裂。綴合後上舌縫拼接完整,辭例通暢。

[②]第 323 則

A:《合補》1008(《歷藏》14687)。

B:《合集》14042 正反(《京》2042、《善》5337 正反、《續存》上 1062)。

C:《合補》385 正反(《歷藏》5617 正反)。

釋文與說明:

A、B 兩版為筆者所綴[③],今加綴 C 版。它們字體均為典賓類,且均為左首甲,因卜兆斷裂。綴合後可以拼接出"姘"和"嘉"字,喉肱溝拼接完整,辭例通暢。綴合後釋文如下:

庚口[卜],亘貞:[婦]娩,[不其]嘉。

☐允☐。(以上正面)

☐今不其雨。☐。[④] (以上反面)

[⑤]第 324 則

A:《合補》752(《歷藏》18760)。

B:《合補》1305(《歷藏》26182)。

釋文與說明:

口未卜,㱿[貞]:我口舌[方]☐。七。

A、B 兩版字體均為典賓類;A 版是右前甲偏右的部分,其下面邊緣為舌下縫,B 版是右前甲上面部分,其上面的邊緣是上舌縫;兩版因卜兆斷裂。綴合後斷邊完全密合,辭例通暢。

---

① 第 322 則選自李延彥《龜腹甲試綴第 15 則》,李文原載"中國社會科學院歷史研究所先秦史研究室網站",http://www.xianqin.org/blog。2010 年 4 月 28 日。綴合得到黃天樹師幫助,謹致謝忱!

② 第 323 則選自李延彥《龜腹甲試綴第 16 則》,李文原載"中國社會科學院歷史研究所先秦史研究室網站",http://www.xianqin.org/blog。2010 年 7 月 6 日。綴合得到黃天樹師幫助,謹致謝忱!

③ 李延彥:《龜腹甲試綴第 15 則》,先秦史研究室網站 http://www.xianqin.org/blog/archives/1909.html,2010 年 4 月 28 日。

④《摹釋總集》將《合集》14042 反摹寫為:"……卜……雨……不……今……",從綴合拓本來看,《摹釋總集》釋讀順序不妥。

⑤ 第 324 則選自李延彥《龜腹甲新綴第 17 則》,李文原載"中國社會科學院歷史研究所先秦史研究室網站",http://www.xianqin.org/blog。2010 年 7 月 7 日。本文得到了黃天樹師的悉心指點,謹致謝忱!

①第 325 則

A:《合》5720(《龜》1.25.4)。

B:《合》5714(《龜》1.2.9)。

兩版綴合理由如下:第一、兩版同取自林泰輔的《龜甲獸骨文字》,來源相同;第二、兩版字體相同,同屬賓三類;第三、從"馬"字上的斷口來看,這部分是密合無間的,且綴合後"馬"字身上帶有條狀花紋,與《合》5712"馬"字字形相同,另外,拼合後龜甲弧度圓滑;第四、綴合後辭例内容甲骨文中常見,同文卜辭如《合》5711。綴合後釋文如下:

己丑卜,賓貞:令多馬衛。

②第 326 則

A:《合》23461(《合補》321、《東大》1184)。

B:《合》25063(《外》165)。

釋文與説明:

A、B 兩版字體均屬出組二類。從甲骨形態看,其部位是右後甲。綴合後斷邊基本吻合,剛好拼出"未"和"其"字。釋文如下:

乙未卜,旅貞:其又于母癸。

出組卜辭類似的辭例還有:

庚申卜,王貞:其又于母辛。十月 《合》22971

丁卯卜,即貞:其又于母辛。 《合》23418

---

① 第 325 組選自郭黼《賓組甲骨新綴一則》。郭文原載"中國社會科學院歷史研究所先秦史研究室網站",www.xianqin.org,2009 年 7 月 9 日。此次綴合得到了黃天樹老師的悉心指導和齊航福師兄、師玉梅師姐的熱心幫助,在此我想對他們致以深深的謝意。

② 第 326 則選自田敏《出組卜辭試綴一則》,田文原載"中國社會科學院歷史研究所先秦史研究室網站",http://www.xianqin.org/blog。2010 年 5 月 31 日。本文得到了黃天樹師的悉心指點,謹致謝忱!

附錄一

殷墟龜腹甲形態研究[1]

黃天樹

[摘　要]甲骨學者多重視研究文字而輕視研究文字所依附的甲骨材料。這是不可取的。龜腹甲形態的研究內容很多,包括完整腹甲正面的構造及其齒縫和盾紋的形態、九塊"龜縫片"外形輪廓和其上齒縫和盾紋的形態特徵等。掌握了腹甲的構造、形態等特徵,再碰到腹甲的碎片,也可以判斷出它在全甲上的部位,不但有利於綴合,而且對卜辭的釋讀也會有很大的幫助。

[關鍵字]殷墟;龜腹甲;形態;研究

甲骨文是刻寫在"甲"、"骨"上的。所謂"甲"是龜腹甲和龜背甲;所謂"骨",主要指牛的肩胛骨。胛骨的研究,我們在《關於卜骨的左右問題》一文中[2],有詳細的討論,茲不贅述。背甲的研究,宋雅萍女士《殷墟YH127坑背甲刻辭研究》對此作了深入的研究[3],可以參看。限於篇幅,本文僅就腹甲的形態問題,在綜合前人研究的基礎上[4],爬梳總結,提出管見,以供參考。

殷人整治龜甲,先殺死活龜,掏空內臟,然後把龜殼從甲橋處(甲橋指連接背、腹甲的骨橋部分)鋸開,分為背甲和腹甲兩部分。腹甲正面指烏龜貼著地面爬行的一面,比較光滑平坦,兆坼和卜辭多見於正面;另一面為反面,比較粗糙,鑽鑿都挖在反面。

甲骨學者研究甲骨,多重視研究文字而輕視研究文字所依附的甲骨形制和質料。這就好比研究青銅器,只重視研究銘文而不顧及研究銅器的形制和花紋等,顯然是不可取的。本文所說腹甲形態主要指其正面的形態。正面的形態研究內容很多,包括完整腹甲的構造及其齒縫和盾紋的形態、殘缺腹甲的外形輪廓及其盾紋特徵等。掌握了腹甲的構造、形態等特徵,再碰到腹甲的碎片,也可以判斷出它在全甲上的部位,不但有利於綴合,而且對卜辭的文例和釋讀也有很大的幫助。

學者研究甲骨,能夠摩挲甲骨的機會不是很多,研究工作主要依靠甲骨著錄書。研

---

① 原載《北方論叢》2009年第3期【編者按:收入本書時,略有修改】。

② 黃天樹:《關於卜骨的左右問題》,紀念王懿榮發現甲骨文110周年國際學術研討會論文,2009年,煙臺,待刊稿。【編者按:已收入王宇信、宋鎮豪、徐義華主編《紀念王懿榮發現甲骨文110周年國際學術研討會論文集》,社會科學文獻出版社,2009年8月第1版。】

③ 宋雅萍:《殷墟YH127坑背甲刻辭研究》,臺北政治大學中國文學系碩士學位論文(指導教授:蔡哲茂、林宏明),2008年。

④ 秉志:《河南安陽之龜殼》,《安陽發掘報告》第三期,1931年。董作賓:《商代龜卜之推測》,《安陽發掘報告》第一期,1929年。董作賓:《甲骨實物之整理》,《中央研究院歷史語言研究所集刊》第29本下,1957年。葉祥奎:《河南安陽殷墟花園莊東地出土的龜甲研究》,《殷墟花園莊東地甲骨》,第1904～1910頁,雲南人民出版社,2003年。

究腹甲的形態,彩色照片最佳,它能把腹甲的形態及其纖細的卜兆、齒縫、盾紋等逼真地表現出來。彩色圖版散見於甲骨著錄書、博物館圖録、拍賣圖録、報刊雜誌等中,平時見到,隨手記下,以備研究之用。近年出版的《殷墟花園莊東地甲骨》一書收錄有字甲骨689片,其中完整腹甲多達300多版,並配備了清晰的彩色圖版,為研究腹甲形態提供了珍貴的資料。由於彩色圖版成本高,所以甲骨著錄書多以拓本為主。1994年新版的《殷虛文字乙編》(簡稱《乙編》或《乙》)印刷精良,拓本清晰;史語所"考古資料數位典藏資料庫"(http://ndweb.iis.sinica.edu.tw/archaeo2_public/System/Artifact/Frame_Advance_Search.htm)又刊佈了彩色照片,大大改善了研究腹甲形態的條件。

(一)完整腹甲的構造及其齒縫和盾紋的形態

龜腹甲由內、外兩層組成。內層為骨質,由九塊骨板(首甲、前甲、後甲、尾甲各二塊、中甲一塊)以"齒縫"相連而成(圖一)。外層為角質,由十二塊盾片(喉盾、肱盾、胸盾、腹盾、股盾、肛盾左右各二塊,以中溝爲界成左右對稱分佈)以"盾溝"(即拓本所見的"盾紋")相連而成(圖一)。內層的九塊骨板的"齒縫"(三"橫"三"縱"①)和外層的十二塊盾片的"盾溝"(五"橫")不重合,這樣構成的腹甲,猶如用磚砌牆,交錯排列,非常牢固,據說,坦克的外殼即仿此構造,堅不可摧。腹甲正面有"齒縫"和"盾紋"。所謂齒縫,是骨片與骨片以細密的鋸齒狀咬合的地方。腹甲出土後,往往沿齒縫處離散,而盾紋是不會斷裂的。齒縫和盾紋為龜甲所專有,它是判斷龜甲和獸骨的重要標誌,也是分辨龜甲的背、腹、左、右等部位的標準。腹甲正面上部中央有個由鄰邊相等的平行四邊形齒縫組成的菱形的"中甲"(圖一,ent,內腹甲)。除了"中甲"之外,腹甲從上到下橫貫三道齒縫和從左到右縱貫三道齒縫(即"中縫"和左右兩側的"腹橋縫")。第一道"齒縫"(上舌縫)與中甲(內腹甲)兩側角相連。第二道"齒縫"(舌下縫)和第三道"齒縫"(下劍縫)則基本平直。這三橫三縱的"齒縫",把腹甲正面分為左右對稱的八塊和"中甲"一塊(圖一)。左右對稱的八塊龜甲從上往下如圖一所示,依次為:首甲(epi,上腹甲)左右一對;前甲(hyo,舌腹甲)左右一對;後甲(hypo,下腹甲)左右一對;尾甲(xiph,劍腹甲)左右一對。這八塊加上"中甲"(ent,內腹甲),共計九塊(為簡便起見,暫不計兩側的甲橋)。這九塊腹甲上的盾紋是不同的。所謂盾紋,是剝去腹甲正面表皮上的角質盾片,盾片結合的地方,留有淺凹溝,施拓之後,拓本上出現的白色條紋一般稱之為"盾紋"。腹甲正面拓片上從上到下橫貫有五道盾紋和從左到右縱貫三道盾紋(即"中溝"和左右兩側的"腹橋溝")(圖一)。這五橫三縱的"盾紋"把腹甲分為從上到下左右對稱的十二塊盾片:喉盾(g);肱盾(hum);胸盾(pec);腹盾(ab);股盾(fem);肛盾(an)(圖一)。第一道"盾紋"(喉肱溝)呈"V"字形。第二道"盾紋"(肱胸溝)呈"一"字形,從中甲(內腹甲)的中後部橫貫而過。第三道"盾紋"(胸腹溝)位於中甲(內腹甲)和第二道"齒縫"(舌下縫)之間,橫貫前甲中部,呈"冖"字形,兩外側後折,靠近舌下縫的外側。第四道"盾紋"(腹股溝)呈稍後凸的弧線,兩側終止於甲橋下端。第五道"盾紋"(股肛溝)呈"人"字形。

① 【編者按:縱向的有三道齒縫,中間為"中縫"(千里路),左右兩側為"腹橋縫"。詳見黄天樹:《甲骨形態學》,待刊稿。已收入本書。】

(二)九塊骨板(又叫"龜縫片")的輪廓和其上齒縫和盾紋的形態

董作賓先生說:"每一殘片,都有它本身的價值,無論字的多少,將來拼合復原,都是有用的。"①為了綴合等方面的需要,首先要區分殘片的材料是龜甲還是胛骨。其次是把龜甲再區分為背甲和腹甲。背甲和腹甲的構造和形態是不同的,比如迴紋溝是判斷背甲和腹甲的重要標誌②。再次,要掌握九塊腹甲骨板的輪廓和其上盾紋的形態特徵,據此可以辨識殘片在完整腹甲上所在的部位,即判斷是首甲、前甲、後甲、尾甲等或者是它們的組合。最後,要瞭解致殘的原因、殘片邊緣形態的分類、殘片上盾紋的形態特徵等。

龜甲古脆,出土之後,多裂為碎片。碎裂的原因有三:第一,骨板沿齒縫處斷裂。第二是腹甲沿兆拆的裂紋而斷裂。第三是人為的斷裂。所以,依據碎片邊緣的形態,碎片邊緣可分為四類:第一類沿齒縫斷裂的邊緣,簡稱"齒邊"。第二類沿兆拆斷裂的邊緣,簡稱"兆邊"。第三類是人為折斷的邊緣,簡稱"斷邊"。第四類是原來天然形態的邊緣,簡稱"原邊"。掌握這四類邊緣特徵,可以判斷出它在全甲上的部位。

下面,以拓本清晰的《乙編》為例,描述這九塊骨板(又叫"龜縫片")輪廓和其上盾紋的形態。下文舉例時,《乙編》後圓括號中的著錄號均出自《甲骨文合集》。凡《合集》已綴合者都在著錄號前加＊號,以便比較。

"中甲"外形輪廓如圖二:9 所示,其盾紋多為"十"字形。參看《乙》338(20287)、《乙》2610、《乙》4098(13714)、《乙》5104、《乙》5316(＊655)、《乙》5579(＊10023)、《乙》5597、《乙》5793(＊891)、《乙》7088、《乙》8247(＊7852)。

"右首甲"外形輪廓如圖二:1 所示,其盾紋為"丿(音撇③)"字形。參看《乙》1434(＊22055)、《乙》2295(＊12831)、《乙》2356(＊1657)、《乙》2367(＊13874)、《乙》3557(＊3216)、《乙》3769、《乙》7696(＊6033)、《乙》8190(＊423)。

"左首甲"外形輪廓如圖二:2 所示,其盾紋為"乀(音捺④)"字形。參看《乙》1720、《乙》2616、《乙》3711(＊423)、《乙》4897(2598)、《乙》5177(＊6959)、《乙》5341(＊4691)、《乙》6718(＊14238)、《乙》7919(＊10171)。

"右前甲"外形輪廓如圖二:3 所示,其盾紋為"二字形"。參看《乙》1922、《乙》4911(＊21804)、《乙》5090(3695)、《乙》5162(＊22049)、《乙》5163(＊6959)、《乙》6421(3559)、《乙》7299(＊96)、《乙》8509(33955)、《乙》8909(21569)。

"左前甲"外形輪廓如圖二:4 所示,其盾紋亦為"二"字形。參看《乙》129(＊20163)、《乙》926(3534)、《乙》3145(＊1584)、《乙》5274(8913)、《乙》5689(＊655)、《乙》5798(＊7768)、《乙》5802(＊891)、《乙》5985(＊21804)、《乙》6298(＊22075)、《乙》6552(＊10198)、《乙》7689(＊12342)、《乙》7709(＊12487)、《乙》8188(＊22196)。

"右後甲"外形輪廓如圖二:5 所示,其盾紋為"一"字形。參看《乙》3561(1583)、

① 董作賓《殷虛文字甲編·自序》,第 2 頁,中央研究院歷史語言研究所出版,1948 年。

② 背甲隆起,其兩側部位有明顯的迴紋溝,有人說迴紋溝是生長的"年紋",猶如樹木的年輪,可據此推算動物的年齡,但大多數人未接受此說。參看葉祥奎:《陝西長安灃西西周墓地出土的龜甲》,《考古》1990 年第 6 期,第 544 頁。

③ "丿",俗稱"撇"。《說文·丿部》:"丿,右戾也。象左引之形。"

④ "乀",俗稱"捺"。《說文·乀部》:"乀,左戾也。从反丿,讀與弗同。"

《乙》5462(22143)、《乙》5589(17192)、《乙》6043(＊891)、《乙》6092(＊21727)、《乙》7389。

"左後甲"外形輪廓如圖二:6所示,其盾紋亦為"一"字形。參看《乙》4528(22356)、《乙》4741(＊22196)、《乙》4952(＊2940)、《乙》5255(＊13934)、《乙》5351(＊12842)、《乙》5500(＊10198)、《乙》5594(＊11007)、《乙》5624(5046)。

"右尾甲"外形輪廓如圖二:7所示,其盾紋為"乀(音捺)"字形。參看《乙》2470、《乙》2507(＊10408)、《乙》2741(＊11940)、《乙》4874(22030)、《乙》5587(13677)、《乙》5825(＊22098)、《乙》7934(＊1901)、《乙》9051(21571)。

"左尾甲"外形輪廓如圖二:8所示,其盾紋為"丿(音撇)"字形。參看《乙》507(17821)、《乙》788(＊21541)、《乙》2876(14393)、《乙》5483(＊22098)、《乙》5918(＊12842)。

以上為九塊腹甲骨板的標準片。從拓本可以看出九塊骨板外形輪廓和其上盾紋的分佈是有規律的。限於篇幅和印刷條件,於此不能一一列圖,詳加敍述。有興趣的讀者,可依上舉著錄號檢視拓本自明。但是,有時也會看到有些骨板外形輪廓和其上盾紋並不完全一致的現象。葉祥奎先生說:

> 喉肱溝跟內腹甲的接觸關係,有的喉肱溝割入內腹甲較深,有的較淺,有的只與其接觸,不割入,有的甚至離開內腹甲。再如胸腹溝與舌下縫的關係,一般說來,花龜的兩者離開較遠,烏龜的兩者中部挨近,但也有"過渡類型"的。腹甲後端內凹的程度亦然。一般花龜的凹角較鈍,烏龜的較銳,但也有不銳不鈍,甚至別的樣子的。但整體考慮,總的主要特徵還是一致的。①

葉說可從。統計學的作用,是要看九塊骨板外形輪廓和其上盾紋的平均狀態,即要從整體特徵看,不要被個別變異現象所迷惑。這九塊骨板猶如七巧板,可以拼成各種圖形,出現各種變形,掌握其外形輪廓和其上盾紋,再細心觀察邊緣的形態("齒邊"、"兆邊"、"斷邊"、"原邊"),就可以判斷出它在全甲上的部位。

---

① 葉祥奎:《河南安陽殷墟花園莊東地出土的龜甲研究》,《殷墟花園莊東地甲骨》,第1909頁,雲南人民出版社,2003年。

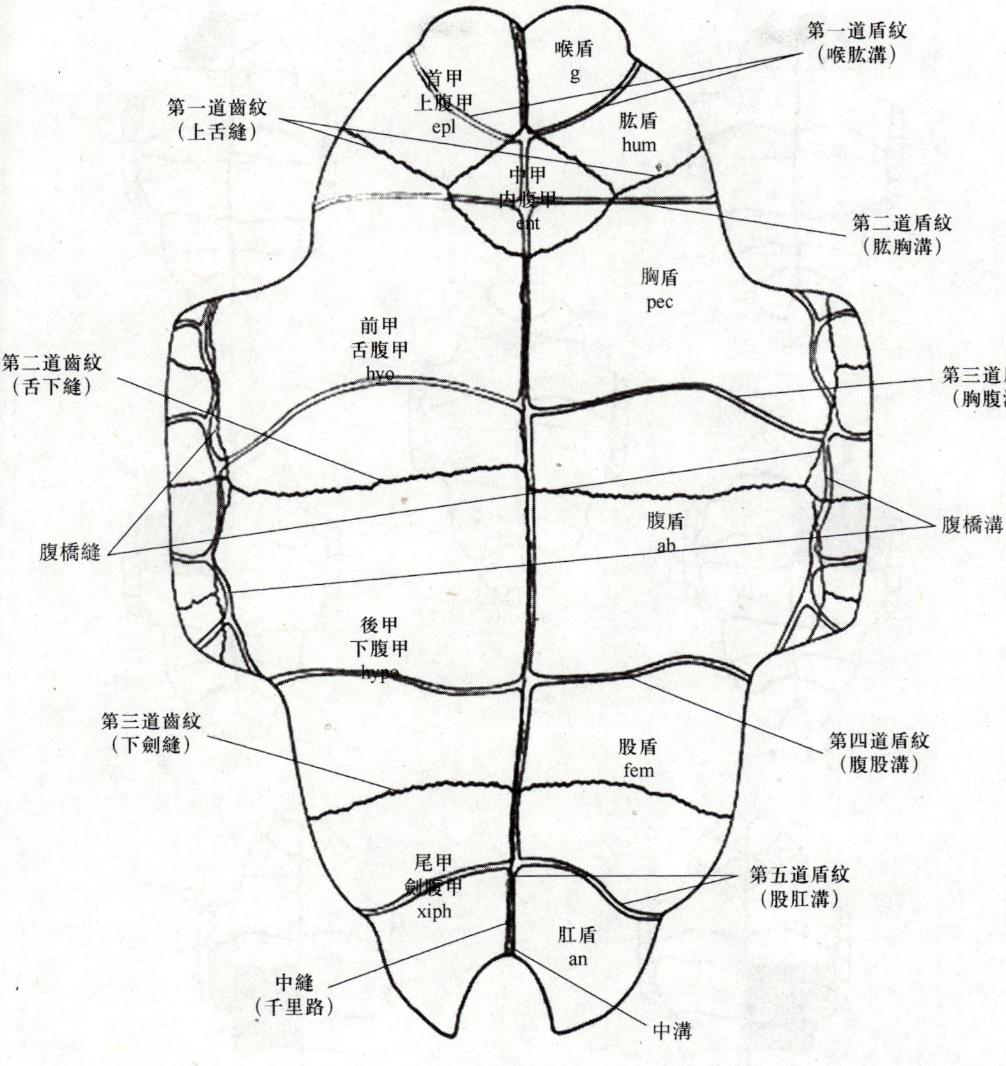

圖一　腹甲結構示意圖

epi. 上腹甲（首甲）；ent. 内腹甲（中甲）；hyo. 舌腹甲（前甲）；hypo. 下腹甲（後甲）；xiph. 劍腹甲（尾甲）；

g. 喉盾；hum. 肱盾；pec. 胸盾；ab. 腹盾；fem. 股盾；an. 肛盾。

（龜腹甲各部位名稱，採用葉祥奎:《河南安陽殷墟花園莊東地出土的龜甲研究》，《殷墟花園莊東地甲骨》，第 1904 – 1910 頁，雲南人民出版社，2003 年）

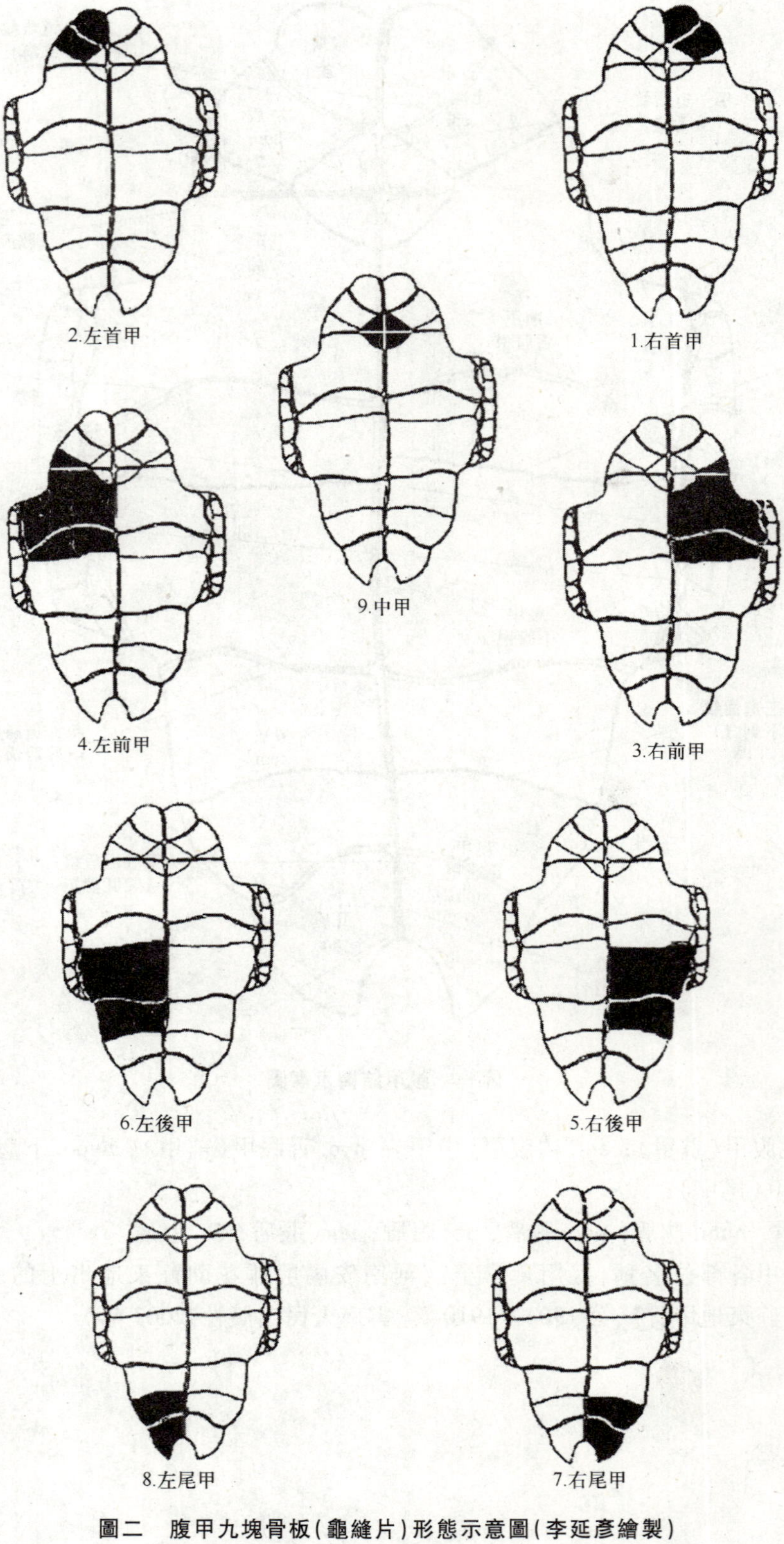

圖二　腹甲九塊骨板（龜縫片）形態示意圖（李延彥繪製）

附錄二

關於卜骨的左右問題[①]

黄天樹

殷代占卜用的材料主要是龜甲和牛的肩胛骨。對於龜甲的左右之分,甲骨學者的觀點比較一致。但是,對於肩胛骨的左右之分,學者的意見不一,往往對同一塊胛骨,有的學者説是右胛骨,有的説是左胛骨,把讀者搞得稀裏糊塗。而肩胛骨的左右問題與甲骨綴合、甲骨文例、卜辭釋讀等又密切聯繫,非常重要。因此,本文擬就肩胛骨的左右問題,談談個人一些不成熟的看法,向學術界請教。希望通過討論,在判斷肩胛骨左右的問題上,大家能消彌歧見,統一認識。

肩胛骨的左右之分情況比較混亂,其原因主要是各人心目中所持的標準不一樣。討論之前,首先明確我們所説的"左右"是以人為中心來建立左右標誌的,即以人的手來分辨左右,"左"即人的左手位置;"右"即人的右手位置。其次,區分肩胛骨(包括龜甲)的左右有生物學和甲骨學之别。

(一)生物學上牛肩胛骨的左右問題

生物學上甲骨的左右是指活龜和活牛來説的。觀察活龜和活牛的視角有二:一是人站在龜的後面來觀察龜,人龜同向,此時人的左右與龜背甲正面的左右是相同的,而人的左右與龜腹甲正面的左右卻是相反的(若翻轉活龜,腹甲向著日光,則左右是相同的)。二是人站在龜的前面來觀察龜,人龜逆向,也就是説人和龜相向而視,此時人的左右與龜背甲正面的左右是相反的,而人的左右與龜腹甲正面本身的左右卻是相同的。之所以如此,是因為我們所看到的龜甲不是一個平面,而是一個龜之軀殼,龜殼是由上甲和下甲構成的一個立體的空間(肩胛骨跟龜殼不同,它是一個平面)。再來觀察活牛的肩胛骨,道理是一樣的,一是人站在牛的後面來觀察牛,人牛同向,此時人的左右與活牛的肩胛骨的左右是相同的。生物學上,牛的肩胛骨長在前肢的最上部,其骨脊朝外,臼角(骨臼的一側有一突出如瘤的部分叫做"臼角")朝前,橢圓凹入形的骨臼(關節窩)朝下,與凸起半球形的肱骨頭相連,共同構成肩關節(圖一)。從牛自身來講,長在牛的前肢上的左肩胛骨的"臼角"在左;右肩胛骨的"臼角"在右。其左右適與下面要講的甲骨學上卜骨的左右位置剛好相反(詳下文胡厚宣先生説)。二是人站在牛的前面來觀察牛,人牛逆向,也就是説人和牛相向而視,此時人與牛的肩胛骨正面本身的左右是相反的,適與甲骨學上卜骨左右位置相同。以上是生物學上區分甲骨左右的原則。

① 原載《紀念王懿榮發現甲骨文110周年國際學術研討會論文集》,社會科學文獻出版社,2009年8月第1版。

(二)甲骨學上卜骨的左右問題

殷人解牛,獲得胛骨,經過切除骨脊、臼角,施以刮磨、鑽鑿,遂把生物學上的胛骨整治成為甲骨學上神聖的"卜骨"。占卜之後,其正面呈現兆坼並鎸刻卜辭等,這神聖的"卜骨"與生物學上的牛肩胛骨是不同的。甲骨學對甲骨的左右的區分應該是指經過整治的卜骨(包括卜甲)而言的。

肩胛骨有正反兩面。我們把沒有骨脊(又叫"胛岡")的一面稱之為正面,兆坼和卜辭多在正面;有骨脊的一面為反面,反面多見鑽鑿(胛骨正面的骨扇部位有時也有鑽鑿);為了便於平置胛骨,需要鋸去反面凸起的一道骨脊【編者按:骨脊鋸掉後,鋸痕處留下"疏松質"部分,施拓以後,拓本上呈現"麻點狀",可據此判斷胛骨的正反。《合集》有時誤判正反,就是沒有留心"疏松質"部分。例如《合集》20980 誤正爲反,誤反爲正,應更正】。甲骨學所說的"卜骨"是指攻治好的胛骨或者胛骨拓片、照片等,它一般是以臼部朝上胛骨正面對著人來放置的①。

胛骨左右的區分是以人面對卜骨(或卜骨拓片、照片、摹本)來說的,即學者閱讀卜骨拓片的姿勢。此時卜骨臼部朝上、正面面對學者平放著,這個視角即依我們視之之左右為左右,適與生物學上牛本身的胛骨左右位置相反。早期甲骨學者只注重文字的研究,而忽視文字所依附的材料。舊著錄書一般只拓卜骨正面,略去反面;或者只拓有字的部分;或者為了版面美觀,就把沒有字的拓面剪掉而失去骨板的輪廓。完整且清晰的拓本是研究的基礎。所謂完整的卜骨,是指一塊卜骨的正、反、臼上的文字不要分離,儘量併為一號來著錄。大家知道,殷人稱背甲一對為"一屯(純)"。背甲一屯指背甲從中脊剖開後的左半和右半。殷人稱卜骨一對也為"一屯(純)"。卜骨一屯指牛之左右肩胛骨各一塊。所謂完整的卜骨最理想的是把左、右"一屯(純)"肩胛骨材料搜集在一起,儘量併為一號來著錄(目前尚未找到實際例子)。甲骨學者平時就要留心搜集這方面的信息,應知道有哪些照片、拓本、摹本最好,見於何種著錄中,哪一種最適合作研究的依據。

卜骨攻治完成之後,肩胛骨各個部位的名稱大致是這樣的。試以左胛骨正面為例作一說明(圖二)。從上往下依次為:骨臼和臼角(武丁晚期胛骨的臼角往往被鋸去)、骨首、骨頸、骨扇、臼邊(因上端有臼角而稱為"臼邊"。"臼邊"邊緣較薄)和對邊②、底邊、脊角("脊角"是臼邊和底邊的夾角,因背面有骨脊而稱為"脊角")和對角("對角"是對邊和底邊的夾角)。

殷人施行占卜的時候,用暗火灶灼炙背面的鑽鑿,被烤灼的甲骨因受熱,其正面便出現"卜"字形裂紋。殷人據此判斷吉凶。對於龜甲的左右之分,甲骨學者多依據"卜兆"的走向來推斷左右。腹甲正面的卜兆,以中縫(千里路)為界,"左半向右,右半向左",左腹甲和右腹甲的兆枝(橫枝)一律指向中縫(圖二)。背甲正面的卜兆,以中脊為界,"左半向右,右半向左",左背甲和右背甲的兆枝(橫枝)也一律指向中脊(圖二)。如前所述,

① 不過,有些類別的卜辭,例如𠂤類卜辭習慣臼部朝下放置來契刻卜辭,參看《合》20576、21473、35261、《屯》2236 + 2239 等。

② 李學勤先生把和"臼角"相對的邊稱爲"對邊"。因爲"對邊"邊緣圓轉且厚實,反面多挖有從上到下成串排列的"鑽鑿","鑽鑿"在占卜時被灼炙而坼裂成兆,骨質相連處所剩無幾,加之對邊厚重,稍受擠壓,便會與骨扇分離,參看《合》39781(摹本)=《英》353(拓本)=《英》上編上册圖三(彩照),故胛骨出土時往往易順此斷裂爲所謂條狀的"骨條"。"對邊"也可稱爲"骨條邊"。

對於龜腹甲、背甲的左右之分,甲骨學者向無異議,不必贅論。但是,關於卜骨的左右問題,學術界的意見不一,需要詳加討論。

目前,對於卜骨的左右之分,有兩派觀點。

一派以董作賓先生為代表,他在 1936 年發表的《骨文例》一文中說:"在右胛骨,灼於鑿之左(引者按:胛骨背面鑽鑿的形狀呈""形。此鑽鑿形態是圓形的鑽在棗核形的鑿之左),正面則兆皆右向;左胛骨,灼於鑿之右(引者按:胛骨背面鑽鑿的形狀呈""形。此鑽鑿形態是圓形的鑽在棗核形的鑿之右),正面則兆皆左向。"①他在《漢城大學所藏大胛骨刻辭考釋》一文中說:"卜兆皆向右,知為右胛骨。……卜兆向左,知為左胛骨。"②他在《甲骨實物之整理》一文中又說:"今日斷定牛胛骨時,對面平放之,其缺處(引者按:指切去臼角處)在左,即牛之左胛骨,在右,即牛之右胛骨也。"③

另一派以胡厚宣先生為代表,他在 1945 年出版的《甲骨學緒論》中說:"龜背甲右半者,其卜兆向左,卜辭則右行;左半者,其卜兆向右,卜辭則左行。龜腹甲右半者,其兆向左,卜辭則右行;左半者其兆向右,卜辭則左行。……牛胛骨,左骨其卜兆向右,卜辭則左行;右骨其卜兆向左,卜辭則右行。"④

胡先生推斷胛骨左右的原則只有"卜兆"一項,也就是說,無論卜甲和卜骨都採用甲骨學的原則,一律根據"橫枝內向"為標準來推斷左右。他區分卜骨和卜甲左右的原則是統一的。推定卜甲左右時,對面平放之,其卜兆向左,就推定為右腹甲或右背甲,反之則為左腹甲或左背甲。同樣的道理,推定卜骨左右時,也對面平放之,"其卜兆向左,就推定為右胛骨,反之則為左胛骨",如圖二所示。而董先生斷定胛骨左右的原則表面看有"卜兆"、"鑽鑿"和"臼角"三項。實質上卜甲的"卜兆"源於"鑽鑿",均左右相對,指向卜甲中縫,故"鑽鑿"可以併入"卜兆"。卜骨所獨有的"臼角",猶如腹甲的中縫和背甲的中脊,卜骨上的"鑽鑿"和"卜兆"均以"臼角"為中心,左右相對,也就是說都指向有"臼角"的一邊。董先生區分龜甲左右的標準是採用甲骨學的(橫枝一律內向即指向中縫或中脊);而區分胛骨左右的標準是採用生物學的(根據"臼角")。這就造成卜骨橫枝一律背離中心的"臼角"而外向,如圖三所示。因此,胡先生的觀點顯然優於董先生的觀點。我們贊同胡先生的觀點。無論卜甲和卜骨都採用甲骨學的原則,一律根據"橫枝內向"的原則來推斷左右。

區分卜骨左右的標準確定之後,斷定卜骨完整或比較完整者十分容易。但是,目前出土的完整或比較完整卜骨很少⑤,多數卜骨已經殘缺。面對大量殘缺的卜骨,根據其上殘留的一些特徵,諸如"卜兆走向"、"卜字寫法"、"臼角位置"、"背面鑽鑿"、"正面骨扇鑽鑿"等,就可以辨別殘缺卜骨之左右及其原來的部位。下面我們總結前人的經驗,列舉一些推斷卜骨左右的判斷標準,供甲骨學者參考。

第一,以"卜兆"的走向為標準來推斷左右。如《屯》1128"卜兆"的橫枝左向即為右胛骨。

第二,以"卜"字為標準來推斷左右。甲骨上"卜"字的寫法是有規律的。董作賓先

① 董作賓:《骨文例》,《中央研究院歷史語言研究所集刊》第 7 本,第 1 分,第 8 頁,1936 年。

② 董作賓:《漢城大學所藏大胛骨刻辭考釋》,《中央研究院歷史語言研究所集刊》第 28 本,1957 年。

③ 董作賓:《甲骨實物之整理》,《中央研究院歷史語言研究所集刊》第 29 本下,1957 年。

④ 胡厚宣:《甲骨學緒論》,《甲骨學商史論叢二集》,成都齊魯大學國學研究所專刊之一,1945 年。

⑤ 卜骨完整者參看《合》390[典賓]、《合補》1804 =《殷虛古器圖録》第 12 ~ 13 頁[典賓]、《屯》2295 + H57:57 肖楠綴[歷二]、《屯》2298 ~ 2299[無名]、《屯》2301 ~ 2302[無名]、《合》35706[黄類]等。

生說:"卜字之歧出,或左或右,各隨其兆璺而定。如本篇文辭所屬之兆為┤形,則此文中之卜字即向左歧出而作┤形。一如兆之坼文。兆坼在右則反是。千篇一律,絲毫不爽,此為余最有趣味之發見。"①陳夢家先生說:"凡屬於此兆的卜辭,若兆是向左的,則卜辭中'卜'字的橫枝亦刻向左,反之向右。"②其說可從。因此,"卜"字的橫枝向右者可斷定為左胛骨。如《屯》2298"卜"字右出支,即左胛骨。

第三,以臼角或臼角的切口位置為標準來判斷左右。其臼角(或臼角切口)在正面左側的是右胛骨;在右側的是左胛骨。如《屯》1105 臼角切口在正面左側的是右胛骨。

第四,以背面鑽鑿為標準來推斷胛骨的左右。凡卜用過的甲骨,通常都有鑽、鑿、灼。鑿指用刀挖或用輪開成長方形或橢圓形的凹槽;鑽指圓形的窪洞;灼指施於鑽內的燒灼痕跡。背面鑽鑿呈"鑽"在"鑿"左作""形者為左胛骨。背面鑽鑿呈"鑽"在"鑿"右作""形者為右胛骨③。

第五,以正面骨扇鑽鑿為標準來推斷胛骨的左右。有少量的鑽鑿挖在卜骨正面的骨扇部位④。正面鑽鑿呈"鑽"在"鑿"左作""形者為右胛骨。正面鑽鑿呈"鑽"在"鑿"右作""形者為左胛骨。

第六,以"骨條"拓片形態為標準來推斷胛骨的左右。"骨條"從拓片的形態看,邊緣光潤者為原骨之邊;邊緣峭直者為沿卜兆而斷裂之邊。據此可斷其左右。如《屯》2169"骨條"左邊緣光潤,右邊緣峭直,可斷定其為左胛骨。

第七,以"臼邊"和"對邊"形態為標準來推斷胛骨的左右。董作賓先生說:"由(牛胛骨)上下兩部分作一垂直中線,可以看到左右兩邊原骨,凹度微有不同,左胛骨左邊原邊緣凹度較右邊為大,即右邊較左為直。"⑤董說可從。一般來說,"臼邊"凹度比較大,所以,如果右邊凹度比較大,則為左胛骨;左邊凹度比較大,則為右胛骨。只不過董先生所說的左右正好跟我們的結論是相反的。

區分卜骨的左右與甲骨綴合是有密切關係的。如果不瞭解肩胛骨形態和部位,就會出現一些誤綴的情況。例如:

郭若愚在《〈殷契粹編〉綴合例的勘誤及補充》一文中說:"《粹》154 片(引者按:即《合》27101),此片由甲、乙兩片綴合。甲片是牛胛骨右下部邊緣(引者按:即右胛骨"骨條邊"),乙片是牛胛骨左上部邊緣(引者按:即左胛骨"骨條邊"),不能如此綴合。"⑥又如:《合》32453 由《寧》1·160 +1·190 +1·223 +1·282 +1·334 五塊卜骨綴合而成。其中,右下"骨條"為《寧》1·190。林宏明先生說:"《合》32453 是一版右肩胛骨(引者按:據左骨其卜兆向右,應斷定為左胛骨),而《寧》1·190 乃是左肩胛骨(引者按:據右骨

① 董作賓:《商代龜卜之推測》,《安陽發掘報告》第一册,第 107 頁,1929 年 12 月;後收入《董作賓先生全集》甲編第三册,第 861 頁,藝文印書館,1977 年。

② 《殷虛卜辭綜述》第 13 頁,科學出版社,1956 年。樹按:也有例外,如《合》14364、1021。

③ 少數甲骨背面鑽鑿有例外。卜骨參看《小屯南地甲骨·鑽鑿》一書中的《屯》657、《屯》2666、《屯》2709、《屯附》1~3、《屯附》5、《屯附》9 反。卜甲參看《合》21477、《合》21703。

④ 骨扇部位施鑿情況,請參看《小屯南地甲骨·鑽鑿》,第 1508~1511 頁。

⑤ 董作賓:《甲骨實物之整理》,《中央研究院歷史語言研究所集刊》第 29 本下,1957 年;後收入《董作賓先生全集》甲編第三册,第 957 頁,藝文印書館,1977 年。

⑥ 郭若愚《〈殷契粹編〉綴合例的勘誤及補充》),原載《古文字》第 1、2 期合刊,1980 年;後收入《甲骨文獻集成》第 19 册,第 437~438 頁,四川大學出版社,2001 年。

其卜兆向左，應斷定為右胛骨“骨條”），兩版不能綴合。”①

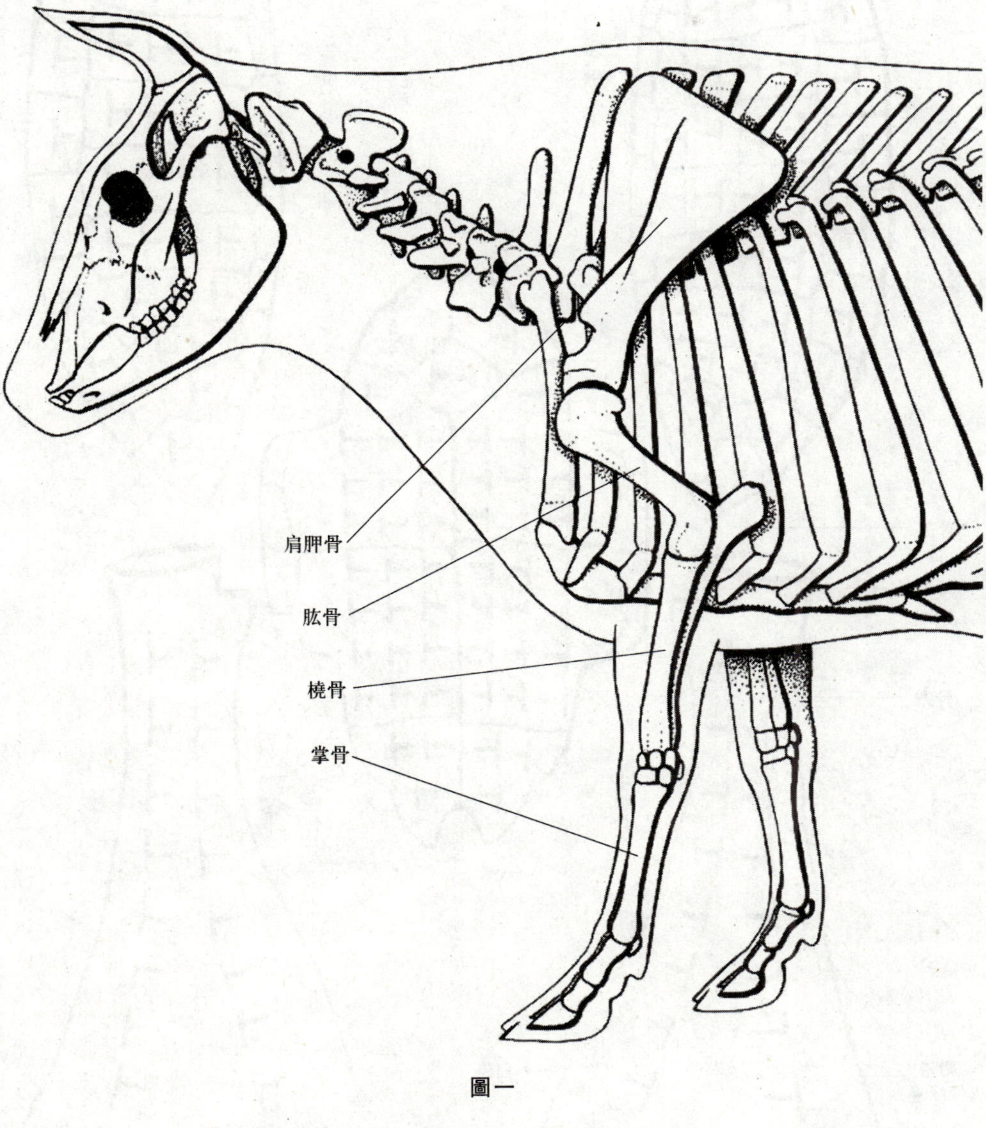

圖一

（圖片來源：http://www.magnussa.com/cowscele.jpg，筆者略作修改）

① 林宏明：《醉古集》，第592頁，待出版。

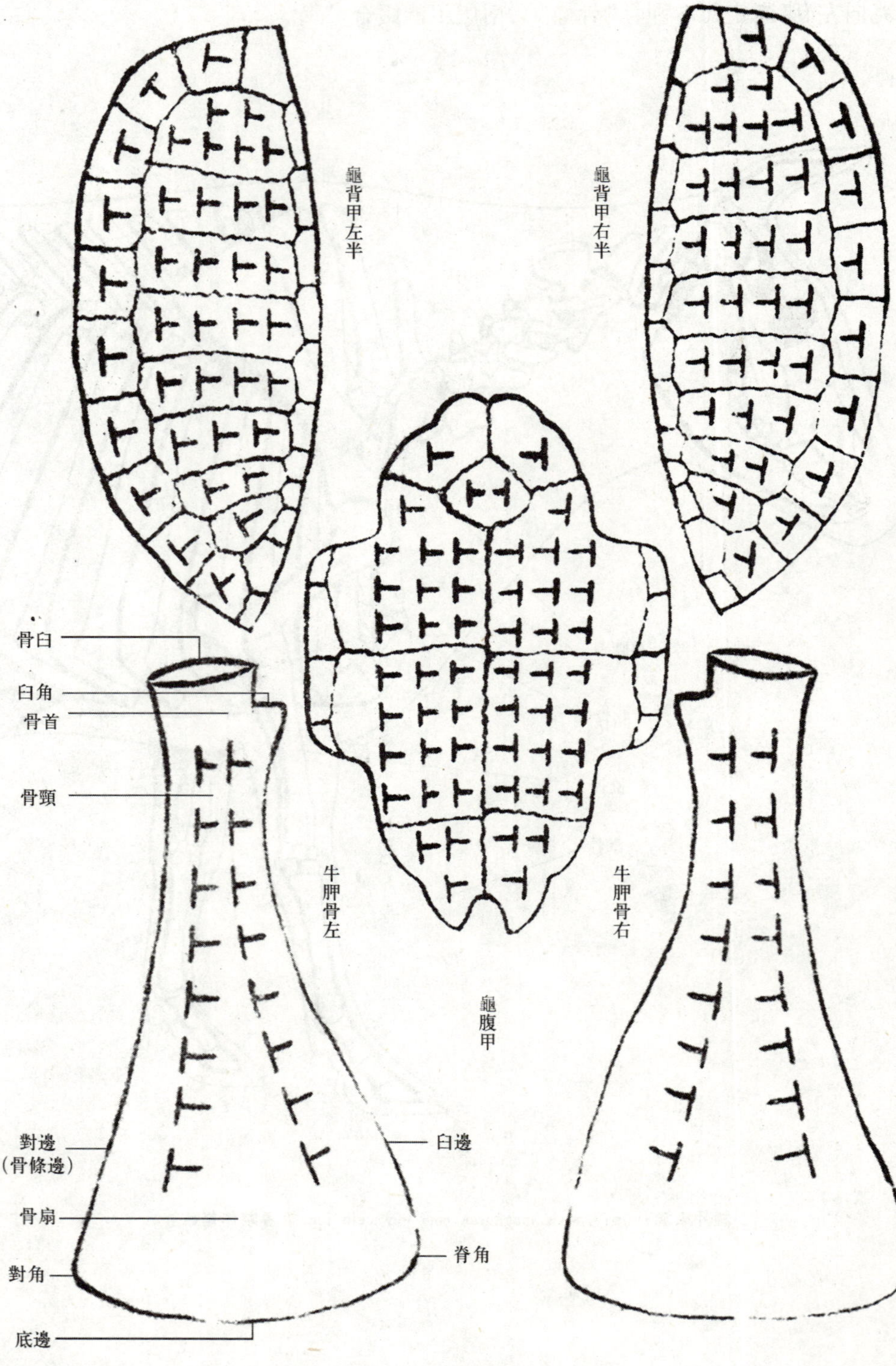

圖二

左胛骨和右胛骨示意圖(胡厚宣)

(圖片來源:董作賓《甲骨實物之整理》圖版肆,筆者略作修改)

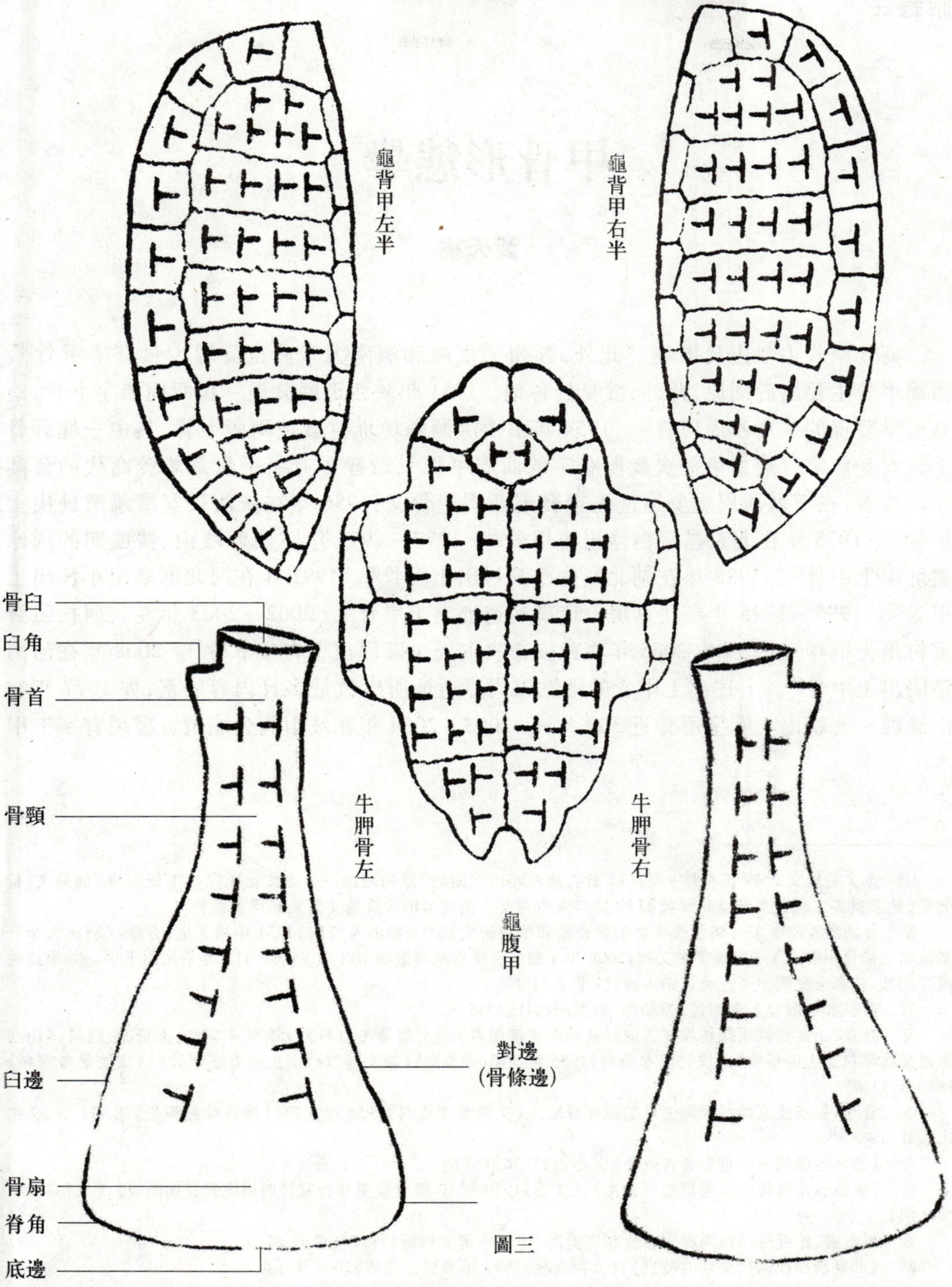

圖三

左胛骨和右胛骨示意圖(董作賓)

附錄三

甲骨形態學[①]

黃天樹

商代甲骨主要出於殷墟。此外,鄭州二里崗和濟南大辛莊也發現少量有字甲骨[②]。西周甲骨主要出於周原,此外,散見於各地。1951 年陝西邠縣發現一片西周無字卜骨,這是最早發現的一片西周甲骨[③]。1954 年山西洪洞縣坊堆村發現兩版卜骨,其中一塊胛骨上刻有 8 個字。這是第一次發現有字的西周甲骨[④],改變了有字甲骨都屬於商代的舊觀念。接著,在下列西周重要遺址先後發現西周甲骨文:1956 年在陝西長安灃鎬遺址出土甲骨[⑤]。1975 年在北京昌平白浮出土甲骨[⑥]。1977 ~ 1979 年在陝西岐山、扶風間的周原遺址出土甲骨[⑦]。1988 年在湖北襄樊檀溪村出土甲骨[⑧]。1991 年在河北邢臺南小汪出土甲骨[⑨]。1995 ~ 1996 年在北京房山琉璃河遺址出土甲骨[⑩]。2002 ~ 2003 年在陝西扶風齊家村出土甲骨[⑪]。2004 ~ 2005 年在西安市長安區少陵原出土有字卜骨[⑫]。2008 年在河南洛陽出土甲骨[⑬]。上述出土甲骨的地點以周原遺址所出數量多且內容豐富,如 1977 年岐山鳳雛一地就出土有字甲骨近 300 片[⑭]。2003 ~ 2004 年在岐山周公廟遺址發現有字卜甲

---

① 本文是提交 2009 年 4 月 8 日 ~ 11 日在陝西岐山召開的"鳳鳴岐山——周文化國際學術研討會"的論文;待刊於《紀念世界文化遺產殷墟科學發掘 80 周年考古與文化遺產論壇會議論文集》,科學出版社。

② 分別參看陳夢家:《解放後甲骨的新資料和整理研究》,《文物參考資料》1954 年第 5 期;方輝:《濟南大辛莊遺址出土商代甲骨文》,《中國歷史文物》2003 年 3 期。有學者認為鳳雛 H11:1、84、82、112 等是先周卜甲。如果此說成立的話,這部分先周卜甲也可以納入商代"非王卜辭"。

③ 陳夢家:《殷虛卜辭綜述》圖版捌,科學出版社,1956 年。

④ 參看《山西省洪洞縣坊堆村古遺址墓葬群清理簡報》,《文物參考資料》1955 年 4 期;暢文齋、顧鐵符:《山西洪趙縣坊堆村出土的甲骨》,《文物參考資料》1956 年 7 期;李學勤:《談安陽以外出土的有字甲骨》,《文物參考資料》1956 年 11 期。

⑤ 參看《長安張家坡村西周遺址的重要發現》,《文物參考資料》1956 年 3 期;《灃西發掘報告》第 111 頁,文物出版社,1963 年。

⑥ 《北京地區的又一重要考古收穫》,《考古》1976 年 4 期。

⑦ 《陝西岐山鳳雛村發現周初甲骨文》,《文物》1979 年 10 期;《扶風縣齊家村西周甲骨發掘簡報》,《文物》1981 年 9 期。

⑧ 釋貴明、杜可臣:《西周有字卜骨在襄樊出土》,《中國文物報》1989 年 2 月 24 日。

⑨ 《邢臺南小汪周代遺存的發掘》,《文物春秋》1992 年增刊;《文物》2008 年 5 期。

⑩ 《北京琉璃河遺址發掘又獲重大成果》,《中國文物報》1997 年 1 月 12 日。

⑪ 曹瑋:《周原新出甲骨文研究》,《考古與文物》2003 年 4 期。

⑫ 陝西省考古研究院編著:《少陵原西周墓地》,科學出版社,2009 年。

⑬ 蔡運章:《洛陽新獲西周卜骨文字略論》,《文物》2008 年 11 期。

⑭ 參看王宇信《西周甲骨探論》,中國社會科學出版社,1984 年;徐錫台《周原甲骨文綜述》,三秦出版社,1987 年。

90餘片[①]。尤其是在2008年度,周公廟遺址又出土有字甲骨688片,約1600多字。截止目前,周公廟遺址甲骨文字總數已達2200餘字,是以往其他遺址發現西周甲骨文總字數的兩倍[②]。西周甲骨跟號稱15萬片的殷墟甲骨比起來,數量雖然少很多,但是其出土地點多且範圍更大。相信在不久的將來會發現更多的西周甲骨。因此,今天所說的甲骨文是指商、周時代刻(偶爾也有書寫的)在龜甲獸骨上的文字。周人占卜用的材料跟殷人基本是相同的,主要是龜甲和牛的肩胛骨。

甲骨文是刻在龜甲獸骨上的文字,因此,甲骨學者不僅要研究文字,也要研究文字所依附的甲骨材料及其形態。關於甲骨形態的研究主要有下列學者:董作賓[③]、秉志[④]、曾毅公[⑤]、許進雄[⑥]、嚴一萍[⑦]、張秉權[⑧]、葉祥奎[⑨]、宋雅萍[⑩]等。跟研究甲骨文字的著述相比,研究甲骨形態的著述還是顯得太少,而且不夠深入。因此,我們建議應該建立甲骨學的一個分支——"甲骨形態學"。甲骨形態學研究完整肩胛骨的構造;研究完整龜腹甲、背甲和甲橋的外層和內層構造;研究骨縫片[⑪]外形輪廓及其盾紋、齒紋形態;研究鑽鑿、兆坼形態,總結規律,以利於甲骨殘片材質的識別、殘片部位的判斷、殘片的綴合和卜辭的釋讀。我們相信,建立甲骨形態學,對推動甲骨學研究的深入發展,具有積極的意義。

印刷精良的彩照和拓本是研究的基礎。要做好甲骨形態學研究工作,首先要蒐集印刷精良的甲骨彩色照片和拓本。大家知道,刊佈甲骨的方法有彩照、拓本、摹本。這三種方法各有優劣。把三者結合起來著錄甲骨,可以達到取長補短的效果。最理想的甲骨著錄書應該是這樣的,翻開著錄書,映入眼簾的是,同一版甲骨,既有彩照,又有拓本摹本,對照閱讀,十分方便。但是這樣一來,必然會增加書的篇幅和價格。因此,甲骨著錄書大多只墨拓有文字部分,很少收入甲骨形制、質料、鑽鑿等方面的彩照和拓本,從而影響甲骨形態的整理和研究。

學者研究甲骨,能夠摩挲甲骨實物的不多,主要依靠甲骨著錄書。研究甲骨形態,彩色照片最佳,它能把甲骨的形態及其纖細的卜兆、齒縫、盾紋等逼真地表現出來。精良的彩色圖版往往散見於海內外各種書刊、博物館圖錄、拍賣圖錄等中,需長期尋覓,加以蒐集,以備研究之用。近年,隨著經濟實力、互聯網和印刷技術的提高,情況已經有所改觀。

---

① 《"夏商周斷代工程"簡報》,第145期,2004年5月30日;徐天進:《周公廟遺址考古調查的緣起及其學術意義》,《中國文物報》2004年7月2日;徐天進:《周公廟遺址的考古所獲及所思》,《文物》2006年8期;董珊《試論周公廟龜甲卜辭及其相關問題》,《古代文明》第5卷,文物出版社,2006年。

② 《周公廟考古工作彙報暨新出西周甲骨座談會紀要》,2009年3月14日。

③ 董作賓:《商代龜卜之推測》,《安陽發掘報告》第一期,第59～130頁,1929年12月初版。

④ 秉志:《河南安陽之龜殼》,《安陽發掘報告》第三期,第443～446頁,1931年6月初版。

⑤ 曾毅公:《論甲骨綴合》,1973年遺作,後刊於《華學》第四輯,紫禁城出版社,2000年。

⑥ 許進雄:《卜骨上的鑿鑽形態》,藝文印書館,1973年8月初版;《甲骨上鑽鑿形態的研究》,藝文印書館,1979年3月初版。

⑦ 嚴一萍:《甲骨學》第一節"認識甲骨",第1～76頁,藝文印書館,1978年2月初版。

⑧ 張秉權《甲骨文與甲骨學》,臺北國立編譯館,1988年。

⑨ 葉祥奎:《陝西長安灃西西周墓地出土的龜甲》,《考古》1990年6期;《河南安陽殷墟花園莊東地出土的龜甲研究》,《殷墟花園莊東地甲骨》,第1904～1910頁,雲南人民出版社,2003年。

⑩ 宋雅萍:《殷墟YH127坑背甲刻辭研究》,臺北政治大學中國文學系碩士學位論文(指導教授:蔡哲茂、林宏明),2008年。

⑪ 所謂"骨縫片"指龜腹甲、背甲和甲橋沿齒縫解散而形成的骨板。

例如2002年出版的《周原甲骨文》[1]、2003年出版的《殷墟花園莊東地甲骨》[2]、2007年出版的《中國國家博物館館藏文物研究叢書·甲骨卷》[3]、2009年出版的《北京大學珍藏甲骨文字》[4]等著錄書,為全部甲骨配備了彩色圖版,部分甲骨還刊佈了放大的彩色照片,大大改善了研究商周甲骨形態的條件。

甲骨形態學的研究內容很多,大致有以下內容:

商周龜之種屬及其來源的比較研究;

完整或較完整龜腹甲的外層和內層構造;

完整或較完整龜背甲的外層和內層構造;

完整或較完整甲橋的外層和內層構造;

完整或較完整肩胛骨的構造;

完整或較完整龜腹甲的外層和內層各部位名稱;

完整或較完整龜背甲的外層和內層各部位名稱;

完整或較完整甲橋的外層和內層各部位名稱;

完整或較完整肩胛骨各部位名稱;

完整龜腹甲的外形輪廓及其齒縫和盾紋的形態;

完整龜背甲的外形輪廓及其齒縫和盾紋的形態;

完整或較完整甲橋的外形輪廓及其齒縫和盾紋的形態;

完整肩胛骨的外形輪廓及其形態;

"一屯(純)"背甲[5];

"一屯(純)"胛骨[6];

甲橋形態分類研究(大甲橋、中甲橋、小甲橋);

甲橋外形輪廓及其齒縫、盾紋的形態;

研究甲骨殘缺的原因;

甲骨碎片邊緣形態的類別(原邊、齒邊、兆邊、斷邊、修邊);

辨別碎片是龜甲還是牛的肩胛骨;

---

① 曹瑋:《周原甲骨文》,世界圖書出版公司,2002年。

② 中國社會科學院考古研究所:《殷墟花園莊東地甲骨》,雲南人民出版社,2003年。

③ 中國國家博物館編:《中國國家博物館館藏文物研究叢書·甲骨卷》,上海古籍出版社,2007年。

④ 李鐘淑、葛英會:《北京大學珍藏甲骨文字》,上海古籍出版社,2009年。

⑤ 殷墟甲骨常見署辭。署辭記錄甲骨的來源與數量等事項。甲骨學界所說的署辭有甲橋、甲尾、背甲、骨臼、骨面五種。值得注意的是,龜腹甲中的署辭如甲橋刻辭和甲尾刻辭從不用量詞"屯(純)"。這說明龜腹甲在殷人心目中是看作完整的一版。而背甲刻辭習見量詞"屯(純)"字。例如:"我入六十,在□。丙寅⊕示四屯(純)。□。"(《合》17598[典賓]右背甲反面)骨臼和骨面刻辭亦習見量詞"屯(純)"字。例如:"丁卯婦龔示一屯一亅。永。"(《合》6855臼[典賓])"辛丑乞自嵒二十屯(純),小臣閩。□。"(《合補》7237[出一]骨面刻辭)"屯"字當讀為古書中訓為"全"的"純"(音全)。殷人稱背甲一對為"一屯(純)"。背甲一對指背甲剖開後的右半甲和左半甲。殷人稱胛骨一對也為"一屯(純)"。胛骨一對指左胛骨、右胛骨各一塊。有人認為"對"與"屯(純)"古音陰陽對轉,本由一語分化。"一屯(純)"猶言一對。由此可知,商王或族長向外邊徵取的占卜材料不是活龜或活牛,而是已初步加工好的龜腹甲、背甲和胛骨。

⑥ 所謂"一屯(純)"胛骨即指左胛骨、右胛骨各一塊。例如,《合》547和《合》548+9539(李愛輝綴合)即所謂"一屯(純)"胛骨(又叫"同對胛骨"、"同對卜辭")。"同對卜辭"的文例特點是"由牛的左右兩塊胛骨構成。它們的內容和版式完全相同,契刻和占卜順序則左右兩胛骨相互對稱。"參看蕭良瓊《卜辭文例與卜辭的整理和研究》,《甲骨文與殷商史》第二輯,第33頁,上海古籍出版社,1986年。

辨別殘缺卜甲是龜背甲還是龜腹甲；

鑽鑿形態研究；

兆坼形態研究；

灼痕[①]形態研究；

龜腹甲九塊"龜骨縫片"[②]外形輪廓及其盾紋的形態；

龜背甲五十塊"龜縫片"[③]外形輪廓及其盾紋的形態；

整理研究常見殘缺肩胛骨的外形輪廓；

區分龜腹甲、背甲和肩胛骨左右的原則；

龜腹甲、背甲和肩胛骨的整治情況；

殷周甲骨實物形態的比較研究；

塗辭[④]研究。

下面，就甲骨形態學中的一些問題，在綜合前人研究的基礎上，爬梳總結，提出管見，供學界參考。為了敍述方便，先談腹甲[⑤]，再談背甲，最後談肩胛骨[⑥]。

一、龜腹甲

殷人宰殺活龜，掏空內臟，剩下的便是龜殼。龜殼的背、腹甲都是由外、內兩層構成的，中間通過甲橋相連。外層是角質盾，由盾片以盾溝（即"盾紋"）相連而成。內層是骨質板，由骨板以齒縫相連而成。"內、外層各骨板、盾片的形狀、大小、數目各不相同，上下互相鑲嵌，構成背甲或腹甲的整體，因而牢度頗大。"[⑦]

為了瞭解龜殼的外、內兩層的構造，我們作了一次試驗。在鋁盆裏放入水、白酒和碱。白酒的作用是去除腥臊；碱的作用是加快齒縫的分離。接著，把一個長約20釐米完整的龜殼放入水中煮。煮了三小時左右，撈出龜殼，趁熱用手把龜腹甲和背甲外層半透明的盾片一片一片剝離。每揭掉一片盾片，就留下一圈封閉形狀的盾溝。剝離龜甲邊緣的緣盾，緣盾作摺疊狀包裹著緣板[⑧]。剝去外層盾片後的龜殼僅存內層骨質，呈骨白色。然後換水，加酒加碱，再把龜殼放入水中繼續煮。又煮了七小時左右，用筷子去戳龜殼，龜殼有些部位已開始沿著齒縫鬆動分離。此時，撈出龜殼，趁熱用手拽扯龜殼骨板，骨板便沿著齒縫被扯開分離了。然後用舊牙刷刷洗乾淨一塊一塊形狀大小各不相同的"龜縫片"，晾乾之後，即成為一個可以隨意依據齒縫拼合或拆分的龜殼。

這次試驗，證實龜殼是由外、內兩層組成的。外層為半透明的角質，由盾片以盾溝相連而成。內層為骨質，由骨板以齒縫相連而成。盾紋和齒縫只見於龜甲而不見於牛的肩

---

① 灼痕指鑽旁或鑿旁燒灼的痕跡。

② 龜腹甲的"龜縫片"指沿齒縫解散而形成的九塊骨板（首甲、前甲、後甲、尾甲各二塊、中甲一塊）。

③ 龜背甲的"龜縫片"指沿齒縫解散而形成的五十塊骨板（一塊頸板、八塊椎板、三塊臀板、左右各八塊肋板和左右各十一塊緣板）。

④ 所謂"塗辭"，指在所刻文字的筆道中塗上朱砂或墨，參看《綜述》15～16頁。

⑤ 參看黃天樹：《殷墟龜腹甲形態研究》，《北方論叢》2009年3期，第5～7頁。

⑥ 參看黃天樹：《關於卜骨的左右問題》，《紀念王懿榮發現甲骨文110周年國際學術研討會論文集》，第193－199頁，社會科學文獻出版社，2009年8月第1版。

⑦ 葉祥奎：《陝西長安灃西西周墓地出土的龜甲》，《考古》1990年6期，第545頁。

⑧ 封閉形狀的盾溝一部分在正面，一部分在反面。盾溝是凹陷的，施拓後在拓本上顯示出來的白色"盾紋"只有半圈，即正面的部分。

胛骨,因此可以根據有無盾紋和齒縫來判斷材質是甲還是骨。盾紋只見於龜腹甲和龜背甲的正面而不見於反面[①],因此可以根據有無盾紋來判斷是龜甲的正面還是反面。所謂齒縫,是骨片與骨片咬合的地方。一般器物利用凹凸方式相接時,一邊為榫頭,另一邊為榫眼。龜甲骨縫片咬合方式與此有別,當兩塊骨片密合時,上下骨縫片咬合面的骨縫呈鋸齒狀。用手扯開齒縫觀察骨縫片的側邊,每邊兼有榫頭和榫眼,榫頭像刺蝟身上的硬刺,榫眼像蜂窩,這樣接合,自然咬合得很緊。龜殼的正面與反面都能看到齒縫。龜甲多沿齒縫斷裂,而盾紋是不會斷裂的。殷人用刀契刻文字,非常有力,從外層角質入刀而刻入內層骨質上。盾片為角質,甲骨出土之時,多已腐朽,僅存盾溝,而在內層骨質上文字猶存[②]。本文所附圖一至圖十一中,以鋸齒線表示各骨板間的骨縫,以雙鉤線表示各盾片間的盾溝(盾紋)。

殷人從龜殼的甲橋處把龜殼鋸開,分為背甲和腹甲兩部分。腹甲正面光滑平坦,兆坼和卜辭多見於正面;其反面比較粗糙,鑽鑿都挖在反面。下面,我們在各位學者研究的基礎上,結合自己對實物的觀察,就龜腹甲各部位的形貌,詳細說明如下。

(一)完整腹甲的構造及其齒縫和盾紋的形態

腹甲[③]外層由十二塊盾片(喉盾、肱盾、胸盾、腹盾、股盾、肛盾左右各二塊,成左右對稱分佈)以盾溝相連而成(圖一龜腹甲之右半)。內層由九塊骨板(首甲、前甲、後甲、尾甲各二塊、中甲一塊[④])以齒縫相連而成(圖一龜腹甲之左半)。

腹甲正面上方有一塊菱形的"中甲"(圖一,ent,內腹甲)。"中甲"右上和左上的兩條齒縫稱為"上內縫[⑤]";"中甲"右下和左下的兩條齒縫稱為"內舌縫"。除了"中甲"之外,從上到下有橫向的三道齒縫和縱向的三道齒縫[⑥]。第一道齒縫(上舌縫)與中甲(內腹甲)兩側角相連。第二道齒縫(舌下縫)和第三道齒縫(下劍縫)則基本平直。這三"橫"三"縱"的齒縫,把腹甲正面分為左右對稱的八塊和"中甲"一塊(圖一)。八塊龜甲從上往下如圖一所示:首甲(epi,上腹甲)左右一對;前甲(hyo,舌腹甲)左右一對;後甲(hypo,下腹甲)左右一對;尾甲(xiph,劍腹甲)左右一對。這八塊加上"中甲"(ent,內腹甲),共計九塊。這九塊"龜縫片"上的盾紋是不同的。

腹甲從上到下有橫向的五道盾紋(五"橫")和縱向的三道盾紋(三"縱")[⑦](圖一),把腹甲分為從上到下十二塊盾片:喉盾(g)、肱盾(hum)、胸盾(pec)、腹盾(ab)、股盾

---

① 天然的龜腹甲和背甲邊緣的盾片作摺疊狀包裹著骨板,原本背面也有盾紋。但是,觀察出土的龜腹甲和背甲,背面的盾紋因人工整治而被鏟去。

② 殷人也可能刮去或剝去外層盾片之後,用刀在內層骨質上契刻文字的。因為龜甲埋藏地下,經三千年之久,出土之時,外層盾片已經腐朽而看不到了,實際情況,待考。

③ 腹甲與甲橋的分界線以位於左右甲橋上的縱列齒縫(腹橋縫)為界。甲橋形態詳見下文。

④ 龜殼由兩層組成。外層由具有保護作用的薄片狀的盾片構成,可稱為"盾"。內層由堅硬的骨板構成,可稱為"板"。但是甲骨學界習慣稱骨板之"板"為"甲",例如"首甲"、"前甲"……,即"上腹板"、"舌腹板"……,本文沿用甲骨學界的習慣稱為"甲"。

⑤ 齒縫的命名,取相鄰兩塊骨板的第一個字組合而成。如"上內縫"即"上腹甲(首甲)"之"上"加上"內腹甲(中甲)"之"內"組合而成的。其餘類推。

⑥ 縱向的三道齒縫指"中縫"(又稱"千里路")和左右兩側的"腹橋縫"。"中縫"沒有穿過"中甲",而是圍繞"中甲"而下,跟"上內縫"、"內舌縫"重合(參看《合》9950反)。

⑦ 縱向的中間一道盾紋貫穿"中甲"而下,跟"中縫"(又稱"千里路")基本重合。縱向的左右二道盾紋貫穿左右二道"腹橋縫"而下,跟左右二道"腹橋縫"互有重合。

(fem)、肛盾(an)左右各二塊(圖一)。第一道"盾紋"(喉肱溝[①])呈"V"字形。第二道"盾紋"(肱胸溝)呈"一"字形,從中甲(内腹甲)的中後部横貫而過。第三道"盾紋"(胸腹溝)横貫前甲中部,呈"冖"字形。第四道"盾紋"(腹股溝)呈稍後凸的弧線,兩側終止於甲橋下端胯凹處。第五道"盾紋"(股肛溝)呈"人"字形。

(二)龜腹甲九塊"龜縫片"的輪廓和其上齒縫和盾紋的形態

這九塊腹甲"龜縫片"或增或損會組成形狀各不相同的腹甲殘片。我們掌握了這九塊腹甲"龜縫片"的輪廓和其上盾紋的形態特徵,一旦碰到腹甲殘片,只要拿來跟這九塊"龜縫片"做比對,就可以認識其組合,也可以據此辨識殘片的部位。下面,簡要描述這九塊骨板輪廓和其上盾紋的形態(西周較完整的腹甲彩版參看《周原甲骨文》FQ2)。

中甲外形輪廓見圖二:9,盾紋多為"十"或"﹢"字形。

右首甲外形見圖二:1,盾紋為"丿"("撇")字形。

左首甲外形見圖二:2,盾紋為"乀"("捺")字形。

右前甲外形見圖二:3,盾紋為反"匚"(音方)字形[②]。

左前甲外形見圖二:4,盾紋為"匚"字形[③]。

右後甲外形見圖二:5,盾紋為反"乚"(音隱)字形[④]。

左後甲外形見圖二:6,盾紋為"乚"字形。

右尾甲外形見圖二:7,盾紋為"乀"("捺")字形。

左尾甲外形見圖二:8,盾紋為"丿"("撇")字形。

這九塊"龜縫片"是由齒縫解散而形成的,有固定的外形輪廓和盾紋。掌握其外形輪廓和其上盾紋,可以辨識其原來的部位。【編者按:前甲多與甲橋相連。若所連爲大甲橋時,前甲和甲橋上端的"腋盾"呈"丫"字形盾紋。後甲和甲橋下端的"胯盾"呈倒"丫"字形盾紋。後甲倒"丫"字形盾紋中的一個分杈和腹股溝構成倒"八"字形盾紋。上述"丫"字形盾紋是識别前甲的重要標誌。倒"丫"字形盾紋和倒"八"字形盾紋是辨識後甲的重要標誌。參看李延彦《殷墟龜腹甲形態的初步研究》,首都師範大學文學院碩士學位論文。】

龜甲邊緣形態的樣子很多。有自然的邊緣形態,也有人為造成的邊緣形態。最早注意碎裂原因的學者是董作賓先生。他說:"今甲之破者不外二種:一由天然接縫間而破,吾名之曰縫(引者按:即"齒邊"),一由卜兆之裂痕而破,吾名之曰兆(引者按:即"兆邊")。"[⑤]我們要瞭解碎片致殘的原因、殘片邊緣形態的分類。甲骨埋藏地下,經三千年之久,出土之後,多裂為碎片。碎片的邊緣有些是原來天然形態的邊緣,圓滑光潤,稱為

---

① 所謂"喉肱溝"即喉盾與肱盾之間的盾溝,其餘名稱以此類推。

② 從拓本看,我過去認為右前甲盾紋為"二"字形(《乙》1922),參看黄天樹:《殷墟龜腹甲形態研究》,《北方論叢》2009年3期,第6頁。現在觀察實物,盾紋實為封閉的"口"字形。左邊盾紋與中縫重疊。右邊盾紋或因为修治甲橋而被切除掉(《乙》1922)。或因为右邊盾紋上端在腋凹(即"胳肢窩"處)轉到側面而隱藏掉,所以右前甲盾紋應描寫為反寫的"匚"字形更符合實際(《乙》5347 =《合》110正)。

③ 我過去以為左前甲盾紋為"二"字形,觀察實物,盾紋應為"匚"字形(《乙》5347 =《合》110正)。

④ 從拓本看,我過去認為右後甲盾紋為"一"字形,參看黄天樹:《殷墟龜腹甲形態研究》,《北方論叢》2009年3期,第6頁。現在觀察實物,盾紋實"凵"字形。左邊盾紋(中溝)與中縫重疊。右邊盾紋或因為修治甲橋而被切除掉。或因為右邊盾紋下端在胯凹處轉到側面而隱藏掉,所以右後甲盾紋應描寫為反寫的"乚"字形更符合實際。

⑤ 參看董作賓《商代龜卜之推測》,《安陽發掘報告》第一期,第111頁,1931年。

“原邊”。此外,碎裂的原因有四:第一,龜骨板沿齒縫處解散,狀如鋸齒,稱為“齒邊”。第二是龜甲獸骨沿兆坼的裂紋而斷裂,峭直如削,稱為“兆邊”。第三是外力(如出土時遭鋤鏟敲擊等)造成的斷裂,稱為“斷邊”。第四是人為有意加工的邊緣(如從中脊鋸開背甲而形成的邊;鞋底形改制背甲的邊;修治甲橋而形成的邊等),稱為“修(切)邊”。因此,我們每看到一塊碎片的拓本或實物時,就要細心觀察每條邊緣的形態是屬於上述何種類型的邊,由此判斷它在完整甲骨上的部位。

附帶談一下甲橋(bridge)。

甲橋是背甲和腹甲接合的部位。殷人鋸解龜殼的時候,一般是從貼近龜殼背甲一側下鋸,把龜殼截為兩半,甲橋部分幾乎全部留在腹甲左右兩側。由於左右兩側甲橋從“腋胯連線[①]”開始,微微向內彎曲而呈“⌐”字形,因此甲橋部分在彩照上顯得窄小(參看《花》4 彩照),拓本顯得寬大(參看《花》4 拓本),這是甲橋側面的拓面被展開的緣故。甲橋是龜殼厚度比較薄的部位,多數不挖鑽鑿;少數挖鑽鑿,也比較淺(參看《合》6648、6834、7440、9200)。甲橋部位雖小,但構造複雜,需要單獨進行研究。

甲橋的範圍有狹義和廣義之分。狹義的甲橋以腹橋縫為界,腹橋縫以外為甲橋,腹橋縫以內為前甲和後甲。這樣一來,有些甲橋刻辭就不是刻寫在甲橋範圍內,而是刻寫在甲橋範圍外了。例如:《合》585 甲橋刻辭“雀入”、《合》371 甲橋刻辭“買入三”、《合》152 甲橋刻辭“奠來十”、《合》116 甲橋刻辭“我以千”等都刻寫在腹橋縫以內,實屬腹甲範圍了。有些甲橋刻辭刻在腹橋縫以外,即甲橋範圍以內,例如《合》151 甲橋刻辭“奠入二”、《合》3521 甲橋刻辭“奠入一”,都刻在腹橋縫以外。有些甲橋刻辭橫跨在腹橋縫內外,例如《合》190 甲橋刻辭為“雀入廿”,“雀入”刻在腹橋縫以內,而“廿”刻在腹橋縫以外。《合》4735 甲橋刻辭為“禽入卌”,“禽”刻在腹橋縫以內,而“入卌”刻在腹橋縫以外。有些甲橋刻辭壓在腹橋縫上刻寫,例如《合》248 甲橋刻辭“我來卅”、《合》3183 甲橋刻辭為“周入十”都壓在腹橋縫上刻寫。因此,我們認為,討論甲橋刻辭時,遵從傳統習慣,採用廣義的說法,從“腋胯連線”開始至背甲為止皆為甲橋範圍。討論甲橋或腹甲的構造形態等的時候,採取狹義的概念,腹橋縫以外為甲橋,腹橋縫以內為腹甲。

甲橋介於龜的前後兩足之間。胡厚宣先生解釋“甲橋”一語說:

> 龜腹甲中部之兩邊,有與背甲相接連之骨骼,因似自腹甲渡於背甲之橋樑,故學者名之曰骨橋(引者按:胡先生稱為“甲橋”)。[②]

或以為甲橋乃俗名,應為甲䑋。《說文》:“䑋,龜甲邊也。”正名叫“甲䑋”。因“䑋”字難寫,又有歧義,也可能指背甲之邊甲,故我們仍採用學術界熟悉的“甲橋”這一名稱。

關於甲橋的型式和分類,《殷墟花園莊東地甲骨》的編著者對花東的甲橋型式作過詳細的論述,可以參看[③]。下面,為簡明起見,我們採用廣義甲橋的說法,把甲橋的型式粗分為“大甲橋”、“中甲橋”、“小甲橋”三種基本類型。

甲橋也是由外、內兩層構成的。外層為角質盾,由盾片以盾溝(即“盾紋”)相連而

---

① 所謂“腋胯連線”即連接腋凹與胯凹之間的連線(參看圖三:1)。

② 胡厚宣:《論殷代的記事文字(二)》,刊天津《益世報人文週刊》26 期,1937 年 7 月 2 日;《武丁時五種記事刻辭考》,《甲骨學商史論叢》初集第三冊,3 頁,1944 年。

③ 參看《殷墟花園莊東地甲骨》第六冊第 1765 ~ 1769 頁,雲南人民出版社,2003 年。

成。內層為骨質板,由骨板以齒縫相連而成。

大甲橋(圖三:1)的特徵是甲橋保留完整;甲橋與腹甲的夾角呈銳角(參看《花》464)或直角(《花》105、131);甲橋從"腋胯連線"開始,一直延伸到背甲,腹橋縫居中;甲橋齒縫有一"縱"四"橫",形成五塊黿縫片(圖三:2~3),或一"縱"三"橫"而形成四塊黿縫片(參看《合》151=《乙》3423、《合》635=《乙》4539、《合》2431=《乙》2098、《合》9984=《乙》5899、《合》795、6016、6647、6653、6834、10613);大甲橋腋凹(axillary notch)處有一塊腋盾(axillary,圖一),在胯凹(inguinal notch)處有一塊胯盾(inguinal,又稱鼠蹊盾,圖一)。

中甲橋(圖三:1)外側延伸到腹橋縫外側,與腹橋縫大致重合,保留的甲橋很少(參看《合》190=《乙》4510+[①]、《合》3979反=《乙》6669)。

小甲橋(圖三:1)在腹橋縫以內,沒有"黿縫片",甲橋幾乎被修治沒了(參看《合》656=《乙》7041、《合》722=《乙》6398+、《合》768=《乙》6704、《合》838=《乙》6967、《合》952=《乙》754、《合》5096=《乙》7772、《合》5298=《乙》3397、《合》5884=《乙》7200、《合》5995=《乙》3300、《合》116、1100、2415、2498、2530、3201、7103、7851、8310、9012、9013、9658、9671、9774、9791、9810、10133、10935、10937、《花》19、318、367、468、482、489)。

狹義甲橋正面有一道縱的齒縫,縱的齒縫外側從上到下最完整者有四道橫的齒縫[②]。這一"縱"四"橫"的齒縫,把甲橋正面分為左右對稱的十塊(圖三:2~3;參看《花》464)。十塊甲橋"黿縫片"從上往下如圖三所示:頂甲橋"黿縫片"左右一對;首甲橋"黿縫片"左右一對;前甲橋"黿縫片"左右一對;後甲橋"黿縫片"左右一對;尾甲橋"黿縫片"左右一對。這十塊"黿縫片"上的盾紋是不同的。右頂甲橋外形輪廓和盾紋如圖四:1所示。右首甲橋外形輪廓和盾紋如圖四:2所示。右前甲橋外形輪廓和盾紋如圖四:3所示。右後甲橋外形輪廓和盾紋如圖四:4所示。右尾甲橋外形輪廓和盾紋如圖四:5所示。左頂甲橋外形輪廓和盾紋如圖四:6所示。左首甲橋外形輪廓和盾紋如圖四:7所示。左前甲橋外形輪廓和盾紋如圖四:8所示。左後甲橋外形輪廓和盾紋如圖四:9所示。左尾甲橋外形輪廓和盾紋如圖四:10所示。

完整的甲橋如上所述,由五片"黿縫片"組成。但並不是所有甲橋都是由五片"黿縫片"組成的,多數甲橋往往因為修治而失去某一部分。例如,有的甲橋只能看到一"縱"三"橫"的齒縫,把甲橋正面分為左右對稱的八塊(參看《合》371反、《花》100、234、263、267、349、474、491、《合》6484=《丙》16=《導覽》56頁、《合》709=《丙》334=《導覽》74~75頁)。

掌握上述外形輪廓和盾紋,再細心觀察邊緣的形態(齒邊、兆邊、斷邊、修邊、原邊),可以判斷出它在完整甲橋上的部位。

二、黿背甲

背甲和腹甲的構造形態是不同的,比如背甲肋板外側的迴紋溝是判斷背甲和腹甲的

---

① 為行文簡潔,本文引用綴合成果用"著錄號+"表示這版甲骨可以跟其他甲骨拼合,拼合情況查閱胡厚宣主編的《甲骨文合集·材料來源表》(中國社會科學出版社,1999年)、蔡哲茂的《甲骨綴合集》(臺北文淵閣文化事業有限公司,1999年)等。

② 少數甲橋有四道齒縫的,例如:《合》2431=《乙》2098、《合》6485=《丙》18=《導覽》58~59頁、《合》6834=《丙》1=《導覽》66~67頁、《合》1027、《合》1385、《花》192、237、257、281、286、288、299、300、419、464、476。

重要標誌[①](圖五:1、2,參看《乙》1435 =《合》22038)。學者對背甲作過深入的研究[②],可以參看。背甲的構造比腹甲複雜得多,其各部位的名稱各家叫法往往不同,為了方便讀者閱讀,本文綜合秉志、葉祥奎先生和宋雅萍女士的說法,並配備參考圖(圖五~六),讀者可以對照閱讀(完整或較完整龜背甲可參看《醉古集》169 =《導覽》76 頁 + =《合》14129 +《乙》6666 + 、《合》8473 =《甲》3404、《合》8648 =《乙》2360 + 、《合》22391 =《乙》8806 + 8997、《花》50、87、244、262、297、332、385、430)。西周有字背甲可參看周公廟 1 號卜甲和 2 號卜甲(《古代文明》,第 5 卷,彩版四~十六)。

(一)完整龜背甲的構造及其齒縫和盾紋的形態

秉志先生曾根據殷墟發掘所得的龜背甲為標準,在《河南安陽之龜殼》一文中描述背甲上的骨板說:

> 殼隆凸,周緣光滑。……頸甲頗大,六角形。前緣最長。第一脊甲(Neural Plate)四角形,長大於寬。第二至第八脊甲,皆六角形。第五第七之中間,有小隆起。第一上尻甲(Suprapygal),長大於寬。第二六角形,寬大於長。尻甲(Pygal)四角形,後緣有凹,寬大於長。肋甲(Costal plate)與肋盾(Costal Shield)之邊緣,大部相合。第一肋甲七角形。第三至第八,皆五角形,第八最短。第一邊甲(Marginal Plate)之前緣較薄,厚度向後漸增。第二大致亦如此。第三之腹面,為骨橋(Bridge)之前端。第四、五、六等,背面皆四角形,腹面隆起,為骨橋之本部。第七之背面四角形,腹面向後漸薄,其前部為骨橋之後端。第八、九、十皆為四角形。第十一係五角形。最後之四甲,其邊緣皆較薄於中部。[③]

秉氏又描述背甲上的盾版特徵說:

> 背甲上各角質盾板,尚清晰易識。頸板(Nuchal Scute)漸小,四方形,長大於寬。脊板(Vertelral Scutes)皆較大,六角形。第二、三、四形體相似。第五似七角形。肋板(Costal Scutes)共四,最後者最小。第二、三形體相似,皆五角形。第二肋板大於第三者,第四者小於第二、第三者,亦五角形。每肋板之發長紋甚清晰。邊板(Marginal Scutes)共十二,皆四角形。第十二板乃最小者,發長紋甚清晰。[④]

上引秉氏的第一段文字,描述的是背甲內層以齒縫相連的骨板(參看圖五:1~2、圖六:3,各塊骨板的輪廓以鋸齒線表示);第二段文字,描述的是背甲外層以盾溝相連的盾片(參看圖五:1~2、圖六:2,各塊盾片的輪廓以雙鉤線表示)。殷墟出土的背甲完整的很少。卜用的背甲往往從中脊鋸開,分為左右背甲。右背甲參看《花》50、297、《合》14129 =《丙》65 =《導覽》76 頁。左背甲參看《花》87、244、262。少數背甲形態因修治而變小(參

---

① 有的學者把龜背甲上的迴紋溝稱為盾紋或盾溝,是不對的。迴紋溝多呈縱列之弧形。龜背甲右半者,其迴紋溝多呈右圓括號“)”形;左半者,其迴紋溝呈左圓括號“(”形。

② 分別參看秉志:《河南安陽之龜殼》,《安陽發掘報告》第三期,1931 年;曾毅公《論甲骨綴合》,1973 年遺作,後刊於《華學》第四輯,紫禁城出版社,2000 年;張秉權《甲骨文與甲骨學》,臺北國立編譯館,1988 年;葉祥奎:《陝西長安灃西西周墓地出土的龜甲》,《考古》1990 年 6 期;葉祥奎:《河南安陽殷墟花園莊東地出土的龜甲研究》,《殷墟花園莊東地甲骨》,第 1904~1910 頁,雲南人民出版社,2003 年;宋雅萍:《殷墟 YH127 坑背甲刻辭研究》,臺北政治大學中國文學系碩士學位論文(指導教授:蔡哲茂、林宏明),2008 年。

③ 秉志:《河南安陽之龜殼》,原載《安陽發掘報告》第三期,第 444 頁 ,1931 年;收入《甲骨文獻集成》,17 冊,第 19~20 頁。

④ 秉志:《河南安陽之龜殼》,《安陽發掘報告》第三期,第 445~446 頁,1931 年。

看《花》332）。

（二）背甲各"鼉縫片"的輪廓和其上齒縫和盾紋的形態

從上述秉氏描述中可知，未剖開的背甲是由外、內兩層物質組成的。外層為角質，由一塊頸盾、五塊脊盾、每側四塊肋盾、每側十一塊緣盾、臀盾以盾溝相連而成（圖五：1、2）。內層為骨質，由一塊頸甲（頸板）、八塊脊甲（椎板）、三塊尻甲（臀板）、左右各八塊肋甲（肋板）和左右各十一塊邊甲（緣板）以齒縫相連而成（圖五：1、2）。宋雅萍女士對背甲各"鼉縫片"的形態作了很好的描述[①]，可以參看。下面，我們在宋文研究的基礎上，配合示意圖（李延彥繪）和拓本清晰的《乙編》等，分别就背甲各"鼉縫片"的形態詳細説明如下。下文舉例時，《乙編》後圓括號中或"＝"號後的著録號均出自《合集》等。凡《合集》等已綴合者都在著録號前加※號，以便瞭解各"鼉縫片"在背甲上的位置。

1、頸甲（又叫"頸板"）

頸甲原本是一塊骨板，位於背甲中央最前端。占卜用的背甲，往往從中脊鋸開，分為左右背甲。這樣一來，頸甲在左、右背甲上各有一塊，頸甲的上方有倒T字形的盾紋。右背甲的頸甲如圖五：4所示，上邊為原邊或切邊，左邊為切邊，其餘為齒邊，右頸甲參看《乙》135（《合》20411）、《乙》111（※《合》20476）、《乙》998（《合》21884）、《乙》1008（《合》21265＋22007＋21946蔣玉斌綴）。左頸甲如圖五：3所示，上邊為原邊或切邊，右邊為切邊，其餘為齒邊，左頸甲參看《乙》1742（《合》21920）、《乙》999（《合》21815）。

2、脊甲（又叫"椎板"）

脊甲是位於頸甲之後中央的八塊骨板。背甲從中脊被鋸開後，左右脊甲各有八塊（圖五：1、2）。右背甲的第一脊甲如圖七：1所示，左邊為切邊，其餘為齒邊。左背甲的第一脊甲如圖七：5所示，右邊為切邊，其餘為齒邊。

第二～八脊甲呈五邊形。右背甲第一脊甲（圖七：1）、第三脊甲（圖七：2，《乙補》5577）、第五脊甲（圖七：3，《乙》4828＝※《合》14527）、第八脊甲（圖七：4）皆有"一"字形的盾紋。左背甲第一脊甲（圖七：5）、第三脊甲（圖七：6）、第五脊甲（圖七：7）、第八脊甲（圖七：8）皆有"一"字形的盾紋。而左右背甲第二、四（右背甲第四脊甲參看《乙補》4514）、六（右背甲第六脊甲參看《乙》6135）、七脊甲皆無盾紋（參看圖七）。

3、尻甲（又叫"臀板"）

尻甲是位於脊甲之後中央的三塊骨板（圖五：1、2）。背甲從中脊被鋸開，分為左右兩塊後，左右尻甲各有三塊。第一上尻甲為長方形，前狹後寬，無盾紋。右背甲的第一上尻甲左邊為切邊，其餘為齒邊（圖八：1）。而左背甲的第一上尻甲右邊為切邊，其餘為齒邊（圖八：4）。

第二上尻甲為六邊形，寬大於長，與長大於寬的脊甲不同，且有"一"字形盾紋。右背甲的第二上尻甲如圖八：2所示，左邊為切邊，其餘為齒邊。左背甲的第二上尻甲如圖八：5所示，右邊為切邊，其餘為齒邊。

尻甲為四邊形，一邊為切邊，下邊為原邊或切邊，其餘為齒邊（圖八：3、6）。

---

① 宋雅萍：《殷墟YH127坑背甲刻辭研究》，第23～24頁，臺北：政治大學中國文學系碩士學位論文（指導教授：蔡哲茂、林宏明），2008年。

4、肋甲(又叫“肋板”)

左、右背甲各有八塊肋甲。八塊肋甲四邊皆為齒邊。第一右肋甲如圖九:1 所示,左半部有┤形的盾紋。參看《乙》18(※《合》21013)、146 + 176、407(《合》19799,《合》拓本倒置)、8499。第一左肋甲如圖九:9 所示,右半部有├形盾紋。參看《乙》1435(《合》22038)。右左第二、四、六、八肋甲都有横行的長紋(分别參看圖九:2、10;圖九:4、12;圖九:6、14;圖九:8、16),第二肋甲的長紋呈往上的圓弧(右第二肋甲參看《乙》941 = ※《合》21731、942、64、《合》20814 + 19942 蔣玉斌綴。左第二肋甲參看《乙》445、634、408 + 359 = ※《合》21350、41 = ※《合》21388),第四、六、八肋的長紋則逐漸往下(左第四肋甲參看《乙》59、458 + 420 = ※《合》21350、830。左第六肋甲參看《乙》59、1553 = ※《合》21923、《乙》1163 +《乙補》1416 宋雅萍綴。右第六肋甲參看《乙》1545 = ※《合》21892、1109 = ※《合》21928。左第八肋甲參看《乙》1323 = ※《合》21923、1526 = ※《合》3655)。第三(右第三肋甲參看《乙》478 = ※《合》21021)、五、七肋甲(右第七肋甲參看《乙》793 = ※《合》21892、《乙》1549 +《乙補》1034。左第七肋甲參看《乙》1692 = ※《合》21923)皆無横行的長紋(分别參看圖九:3 ~ 11;圖九:5 ~ 13;圖九:7 ~ 15),靠近脊甲一側有┤形盾紋。

5、邊甲(又叫“緣板”)

邊甲位於肋甲的最外側,是背甲邊緣的骨板。右、左背甲的邊甲各有十一片,各片貼著肋甲一側有直行的盾紋。右背甲第一(右第一邊甲參看《乙》425 = ※《合》21013、8497 = ※《合》20476)、四(右第四邊甲參看《乙》126 = ※《合》21387、左第四邊甲參看《乙》110 = ※《合》21388)、六邊甲有兩個分歧點(分别參看圖十:1、4、6),而第二、三(右第三邊甲參看《乙》42 = ※《合》21387)、五、七、八、九、十、十一盾紋僅有一個分歧點(分别見圖十:2、3、5、7、8、9、10、11)。左背甲第一、四、六邊甲有兩個分歧點(分别參看圖十一:1、4、6),而第二、三(左第二和第三邊甲參看《乙》367、《乙補》5359)、五、七、八、九、十、十一盾紋僅有一個分歧點(分别參看圖十一:2、3、5、7、8、9、10、11)。

綜上所述,未剖開的龜背甲的“龜縫片”共計 50 塊:一塊頸甲(頸板)、八塊脊甲(椎板)、三塊尻甲(臀板)、左右各八塊肋甲(肋板)和左右各十一塊邊甲(緣板)。剖開後的龜背甲的“龜縫片”共計 62 塊:一塊頸甲(頸板)、八塊脊甲(椎板)、三塊尻甲(臀板)剖為左右各一,等於增加了 12 塊,其餘不變。

這 62 塊“龜縫片”的外形輪廓、盾紋、迴紋溝及其邊緣的形態是不同的。學者把龜背甲剖析為 62 塊“龜縫片”,62 塊“龜縫片”好比一套積木,大大小小的龜背甲拓本細心分析,都是由這 62 塊“龜縫片”組成的。例如,《合》19863 = A(《乙》82) + B(《乙》146 + 176)即《合》19863 是由 A(《乙》82)右第一脊甲和 B(《乙》146 + 176)右第一肋甲組成的。《合》20413 = A(《乙》49) + B(《乙》387) + C(《乙》187)即《合》20413 是由 A(《乙》49)右第三肋甲、B(《乙》387)右第四肋甲和 C(《乙》187)右第五肋甲組成的,這三塊肋甲右側皆殘。《合》20476 = A(《乙》111) + B(《乙》8497)即《合》20476 是由 A(《乙》111)右頸甲和 B(《乙》8497)右第一邊甲組成的。《合》20709(《乙》47)是由左第一脊甲和左第一肋甲組成的。《合》20874(《乙》367)是由左第二邊甲和左第三邊甲組成的。《合》20923(《乙》93 + 183 + 96)是由脊甲(左第七、第八脊甲)、尻甲(左第一、第二尻甲和尻甲)、肋甲(左第六、第七和第八肋甲)和左第十一邊甲組成的。《合》19755(《乙》184 +[①])是由左第八邊甲和左第九《合》20874(《乙》367)是由左第二邊甲和左第三邊甲組成的。《合》20967(《乙》181 +202 +60)是由右第七肋甲和右第八肋甲組成的。《合》21013(《乙》18 +425)是由右第一邊甲和右第一肋甲組成的。《合》21350(《乙》21 +359 +408 +420 +458)是由左第二、第三、第四肋甲組成的。

三、肩胛骨

所謂牛的“肩胛骨”(又稱“琵琶骨”、“扇子骨”),指牛胸背部最前部外側左右的兩塊骨頭,略作琵琶形。齒縫、盾紋和迴紋溝為龜甲所專有,它是判斷“甲”和“骨”的重要標誌。凡是拓本上有齒縫、盾紋和迴紋溝者都是“龜甲”而非“肩胛骨”。

卜用肩胛骨各個部位的名稱大致是這樣的。試以左胛骨為例作一說明。如圖十二所示,從上往下依次為:骨臼和臼角、骨首、骨頸、骨扇、臼邊(因上端有臼角而稱為“臼邊”。“臼邊”邊緣較薄)和對邊[②]、底邊、脊角(“脊角”是臼邊和底邊的夾角,因背面有骨脊而稱為“脊角”)和對角(“對角”是對邊和底邊的夾角)。

甲骨學者對於區分龜背甲和龜腹甲的左右觀點一致,都主張“左右橫枝內向”。但是,對於肩胛骨的左右之分,意見不一,主要有兩派觀點。

一派以董作賓先生為代表,他說:“右胛骨,…… 正面則兆皆右向;左胛骨,…… 正面則兆皆左向。”[③]

另一派以胡厚宣先生為代表,他說:“龜背甲右半者,其卜兆向左……;左半者,其卜兆向右……。龜腹甲右半者,其兆向左……;左半者其兆向右……。牛胛骨,左骨其卜兆向右……;右骨其卜兆向左。”[④]

討論之前,首先明確我們所說的左右胛骨是以人面對臼部朝上放置的正面卜骨來說的,“左”即人的左手位置,“右”即右手位置。其次,區分肩胛骨的左右有生物學和甲骨學之別。我們所說的“胛骨”,乃是“卜用胛骨”的簡稱。凡“卜用胛骨”,其上必有兆的痕跡,它不同於生物學上的胛骨。

胛骨有正反兩面。我們把沒有骨脊的一面稱之為正面,兆坼和卜辭多在正面;有骨脊的一面為反面,反面多見鑽鑿(正面的骨扇有時也有鑽鑿)。殷墟胛骨一般是以臼部朝上、正面對著人來放置的[⑤]。而西周胛骨一般是以臼部朝下(參看《周》FQ 3、FQ 4、FQ6)、正面對著人來放置的(坊堆卜骨是以臼部朝上來放置的)。

胡先生區分卜骨和卜甲左右的原則是統一的。他推定卜甲左右時,其卜兆向左,就

① 宋雅萍:《殷墟 YH127 坑背甲刻辭研究》,第 23 ~24 頁,臺北:政治大學中國文學系碩士學位論文(指導教授:蔡哲茂、林宏明),2008 年。

② 李學勤先生把和“臼角”相對的一邊稱為“對邊”。因為“對邊”邊緣圓轉且厚實,反面多挖有從上到下成串縱向排列的“鑽鑿”,“鑽鑿”在占卜時被灼炙而坼裂成兆,骨質相連處所剩無幾,加上對邊又厚又重,稍受擠壓,便會與骨扇和骨頸分離,故胛骨出土時往往易順此兆幹的裂紋斷裂為所謂條狀的“骨條”。“對邊”也可稱為“骨條邊”。

③ 參看董作賓:《骨文例》,《中央研究院歷史語言研究所集刊》第 7 本,第 1 分,第 8 頁,1936 年;董作賓:《漢城大學所藏大胛骨刻辭考釋》,《中央研究院歷史語言研究所集刊》第 28 本,1957 年;董作賓:《甲骨實物之整理》,《中央研究院歷史語言研究所集刊》第 29 本下,1957 年。

④ 胡厚宣:《甲骨學緒論》,《甲骨學商史論叢二集》,成都齊魯大學國學研究所專刊之一,1945 年。

⑤ 不過,有些類別的卜辭,例如𠂤類卜辭習慣臼部朝下放置來契刻卜辭,參看《甲骨文合集》20576、21473、35261等。

推定為右腹甲或右背甲，反之則為左腹甲或左背甲。同樣的道理，推定卜骨左右時，也是"其卜兆向左，就推定為右胛骨，反之則為左胛骨"。而董先生區分龜甲左右的標準是採用甲骨學的（"橫枝内向"即指向中縫或中脊）；而區分胛骨左右的標準是採用生物學的。這就造成"橫枝外向"。因此，我們贊同胡說。無論卜甲和卜骨都根據"橫枝内向"的原則來推斷左右[①]。

肩胛骨的左右問題與甲骨綴合、甲骨文例、卜辭釋讀等又密切聯繫，非常重要。希望通過討論，在判斷肩胛骨左右的問題上，大家能消彌歧見，統一認識。

① 參看黃天樹：《關於卜骨的左右問題》，《紀念王懿榮發現甲骨文110周年國際學術研討會論文集》，第193～199頁，社會科學文獻出版社，2009年8月第1版。

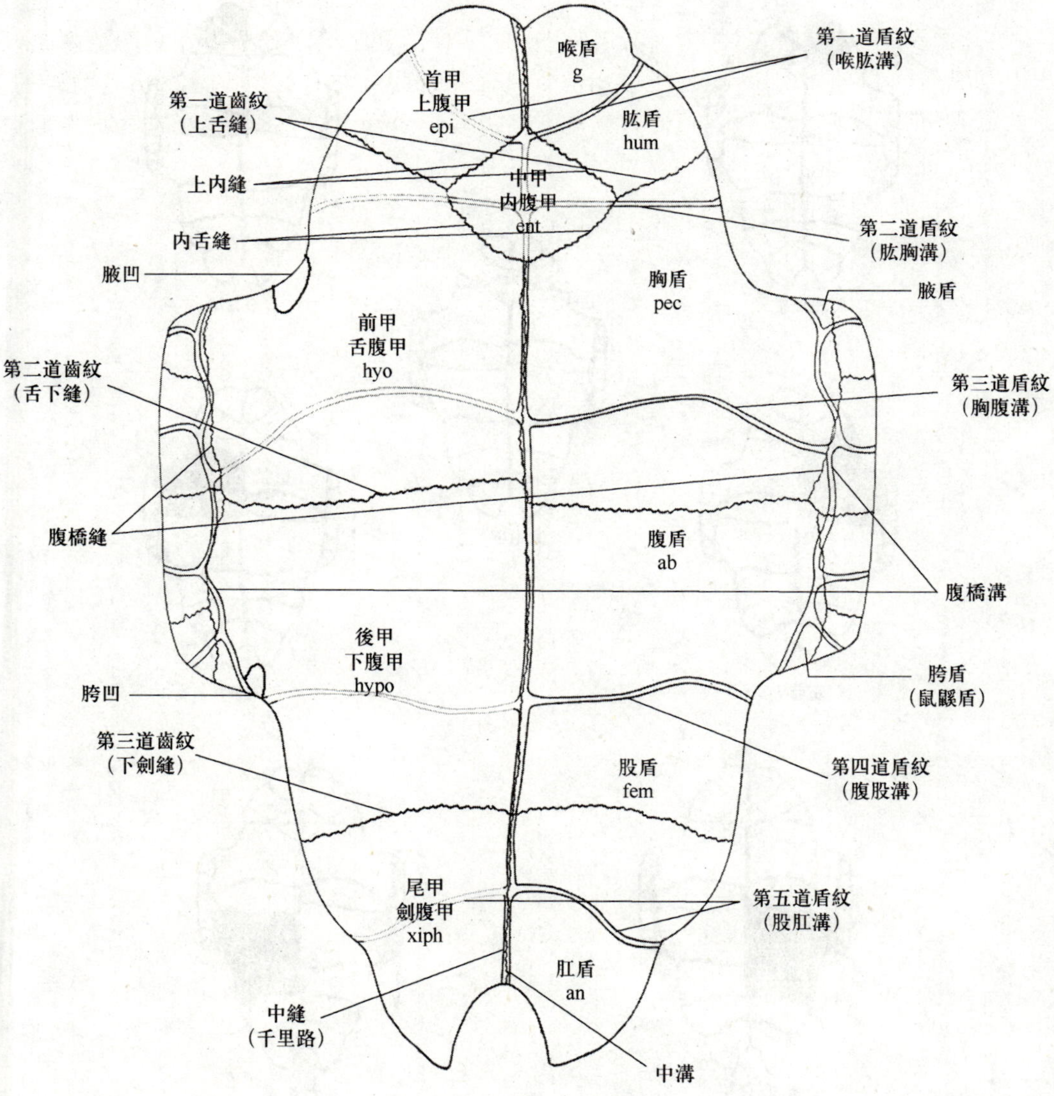

圖一　腹甲結構和部位名稱示意圖

epi. 上腹甲（上腹板、首甲）；ent. 内腹甲（内腹板、中甲）；hyo. 舌腹甲（舌腹板、前甲）；hypo. 下腹甲（下腹板、後甲）；xiph. 劍腹甲（劍腹板、尾甲）（以上名稱參看腹甲左半，以鋸齒線表示各塊骨板的輪廓）。

Axillary notch 腋凹；inguinal notch 胯凹。

g. 喉盾；hum. 肱盾；pec. 胸盾；ab. 腹盾；fem. 股盾；an. 肛盾；ax 腋盾；in 胯盾（鼠鼷盾）（以上名稱參看腹甲右半，以雙鉤線表示各塊盾片的輪廓）。龜腹甲圖版採自《殷虛卜辭綜述》插圖一。龜腹甲各部位名稱，主要採用葉祥奎說：見《殷墟花園莊東地甲骨》，第 1904－1910 頁，雲南人民出版社，2003 年。

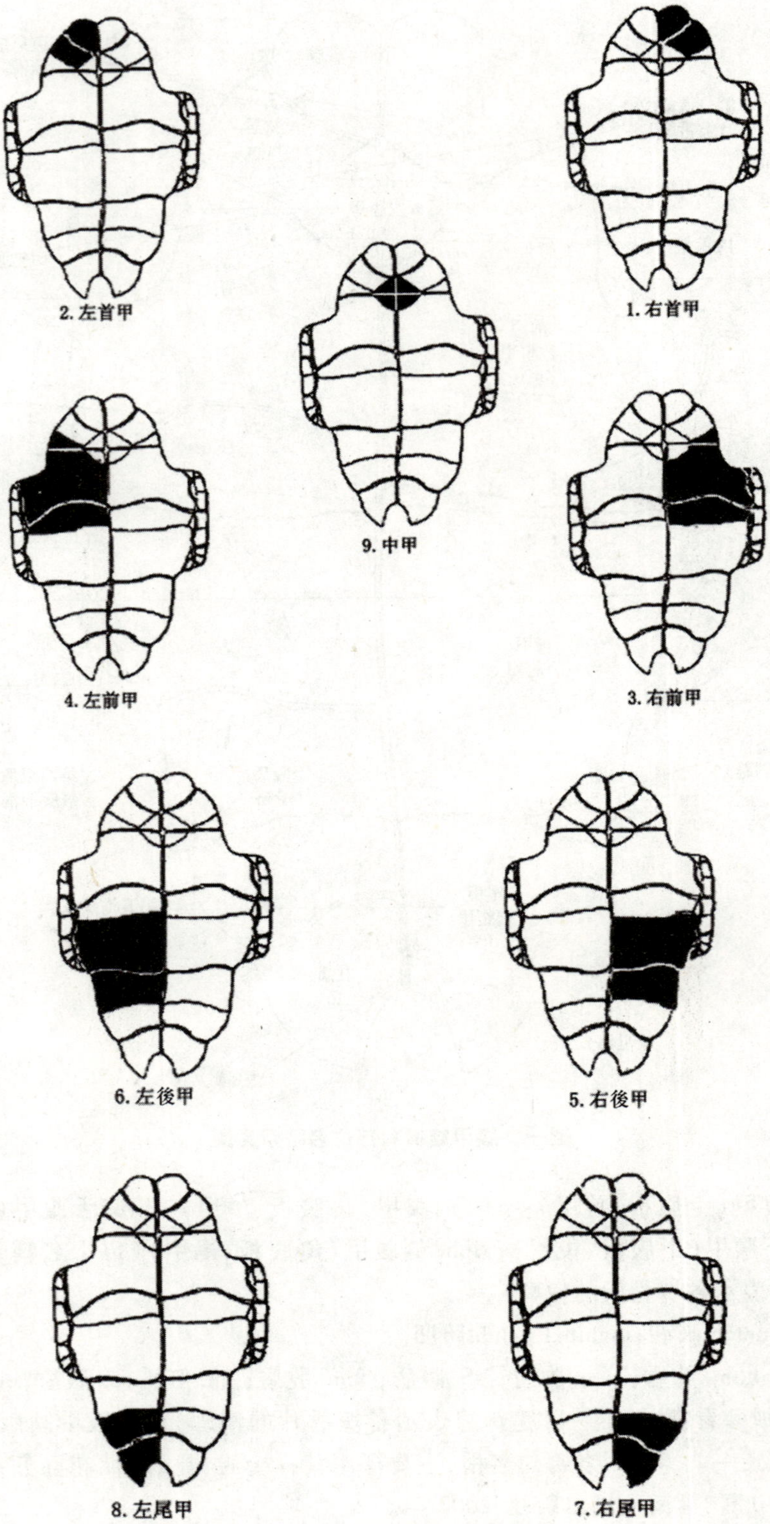

圖二　腹甲九塊骨板形態示意圖（李延彥繪）

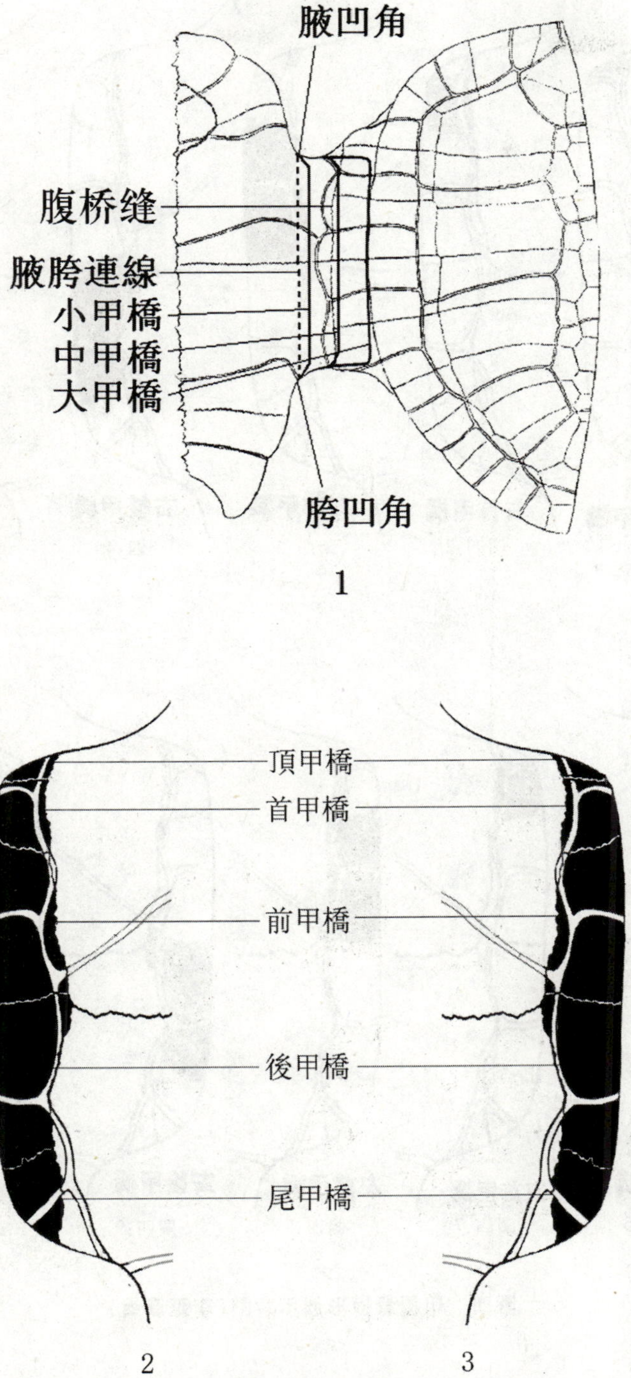

圖三　甲橋(bridge)形態示意圖(李延彥繪)

1. 大、中、小類型甲橋示意圖　2. 左甲橋　3. 右甲橋

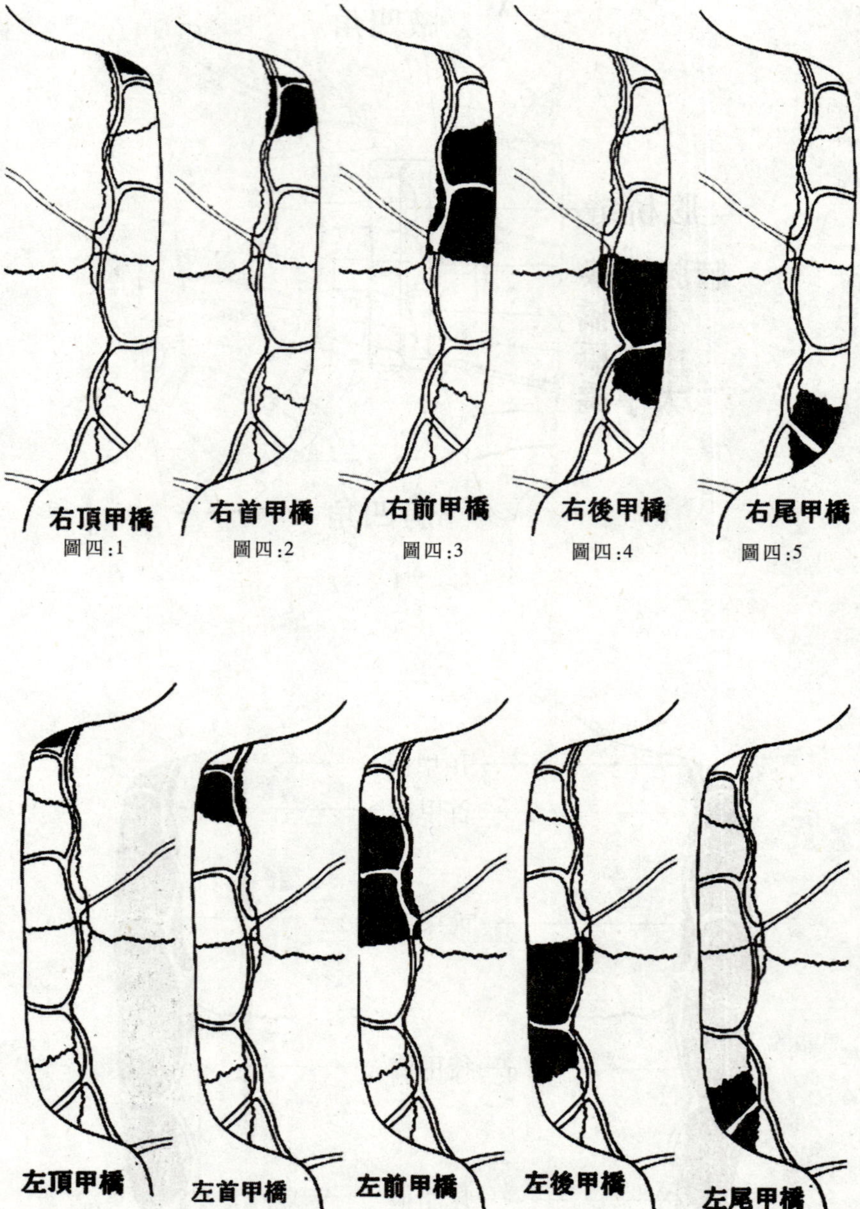

圖四　甲橋骨板形態示意圖(李延彥繪)

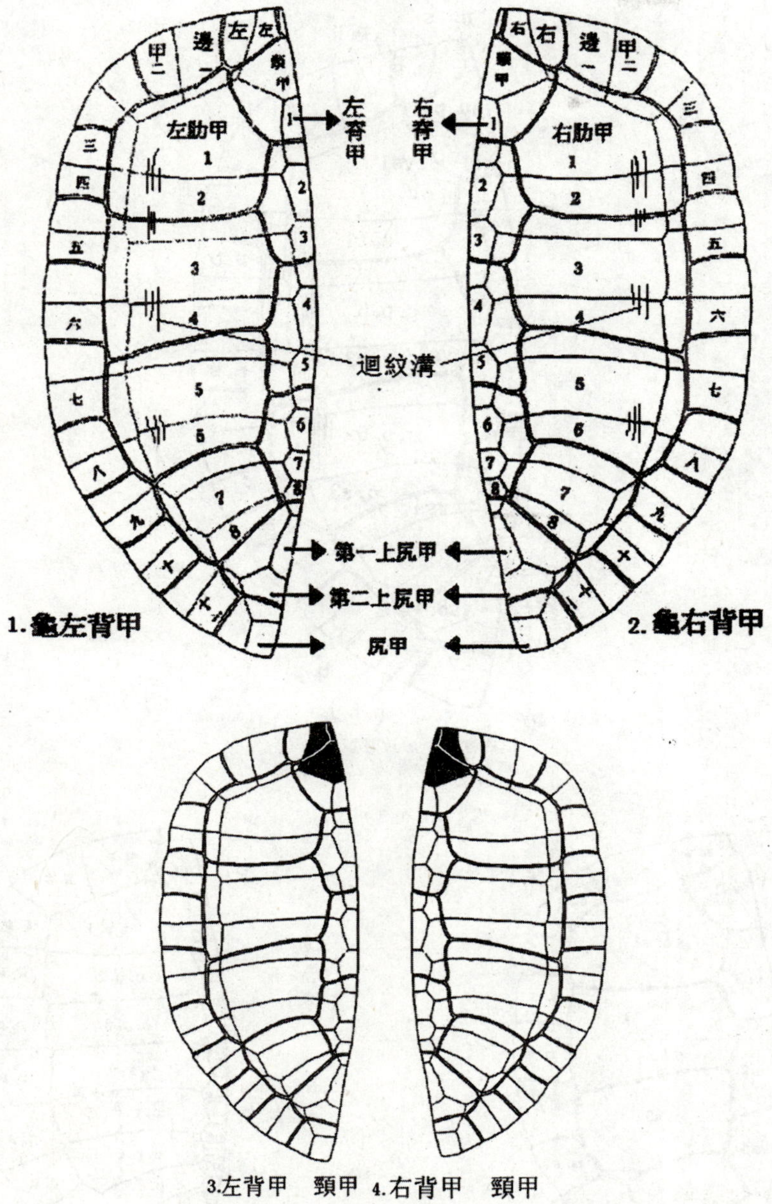

圖五 背甲結構示意圖

nu. p,頸甲(頸板);n1 ~ n8,第 1 ~ 8 脊甲(椎板);spy1 ~ spy2,第 1 ~ 2 上尻甲(上臀板);py,尻甲(臀板);c. p. 1 ~ c. p. 8,第 1 ~ 8 肋甲(肋板);p. p,邊甲(緣板)(以上各塊骨板的輪廓以鋸齒線表示)。

nu. s,頸盾;vs1 ~ vs5,第 1 ~ 5 脊盾(椎盾);c. s1 ~ c. s4,第 1 ~ 4 肋盾;m. s1 ~ m. s11,緣盾;pygal 臀盾(以上各塊盾片的輪廓以雙鈎線表示)。龜背甲圖版採自《殷虛卜辭綜述》插圖二和插圖三。龜背腹甲各部位名稱,採用葉祥奎說:見《殷墟花園莊東地甲骨》,第 1907 頁,雲南人民出版社,2003 年。

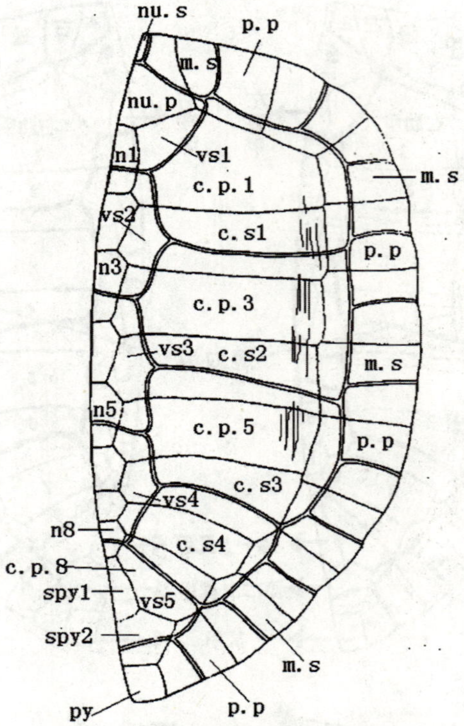

1. 右背甲 盾片骨板圖

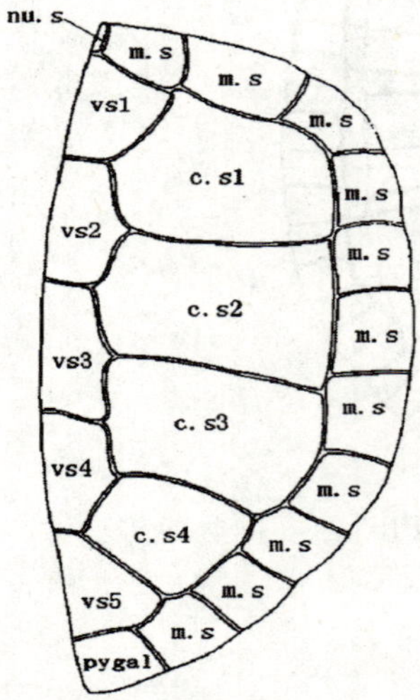

2. 右背甲 盾片圖

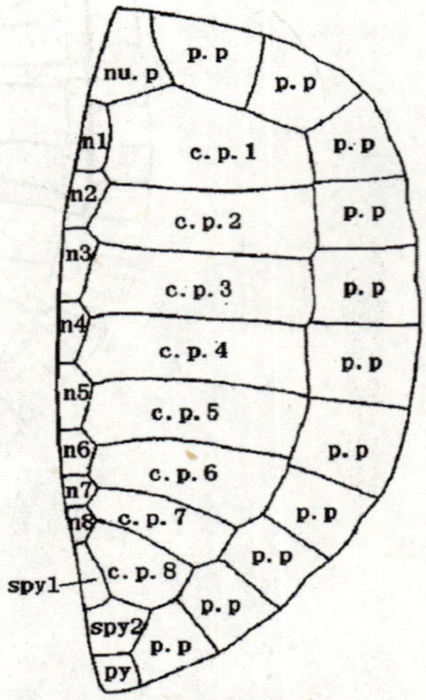

3. 右背甲 骨板圖

圖六 右背甲各部位名稱示意圖

nu. s,頸盾;nu. p,頸板(頸甲);n1 ~ n8,第 1 ~ 8 椎板(脊甲);spy1 ~ spy2,第 1 ~ 2 上臀板(上尻甲);py,臀板(尻甲);vs1 ~ vs5,第 1 ~ 5 椎盾(脊盾);c. p. 1 ~ c. p. 8,第 1 ~ 8 肋板(肋甲);c. s1 ~ c. s4,第 1 ~ 4 肋盾;m. s,緣盾;p. p 緣板(邊甲);pygal 臀盾。(採用葉祥奎說,見《殷墟花園莊東地甲骨》,第 1907 頁,雲南人民出版社,2003 年)

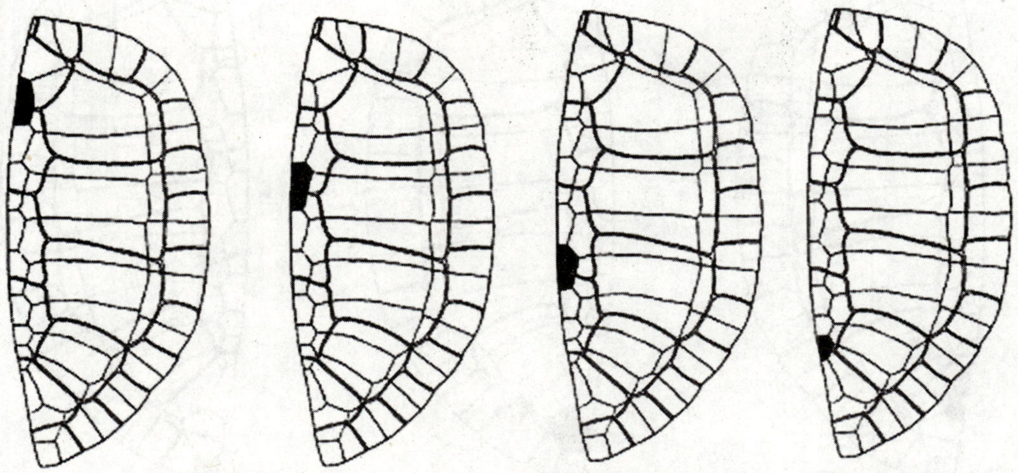

1.右背甲　脊甲1　2.右背甲　脊甲3　3.右背甲　脊甲5　4.右背甲　脊甲8

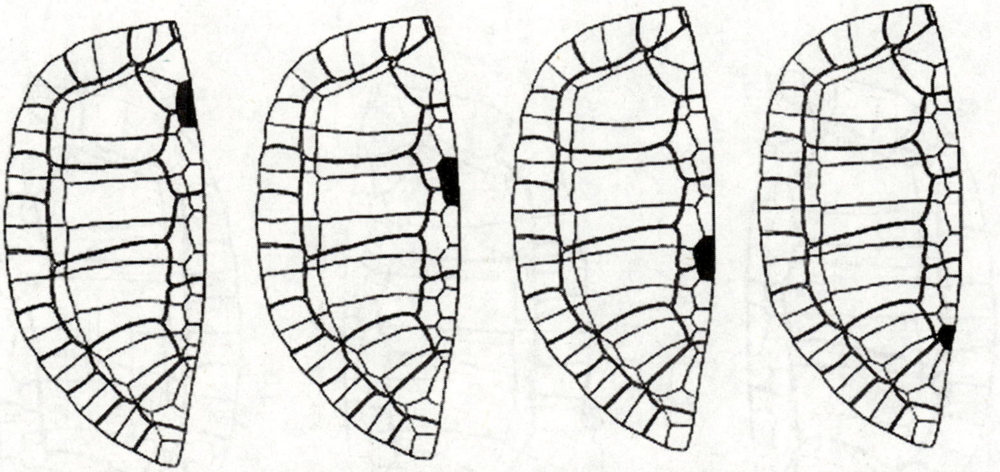

5.左背甲　脊甲1　6.左背甲　脊甲3　7.左背甲　脊甲5　8.左背甲　脊甲8

圖七　脊甲形態示意圖(李延彥繪)

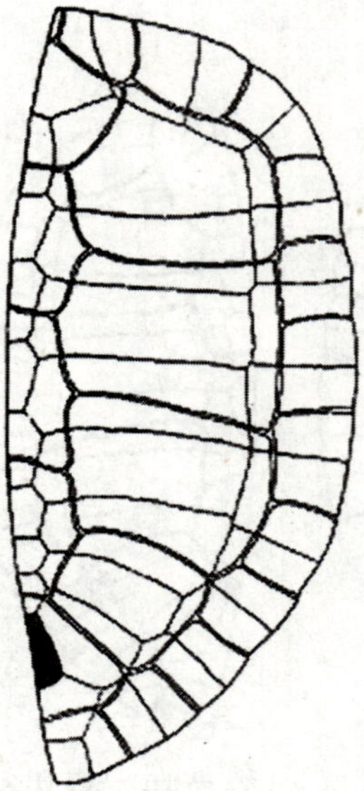

1.右背甲　第一上尻甲

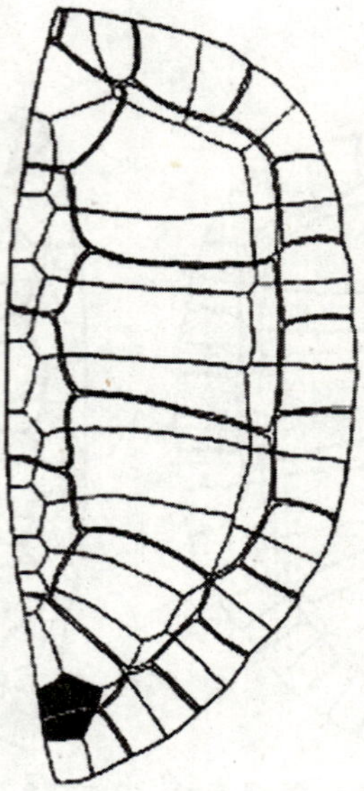

2.右背甲　第二上尻甲

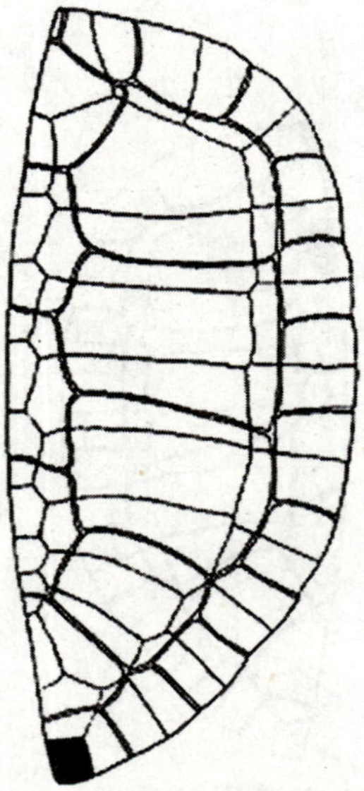

3.右背甲　尻甲

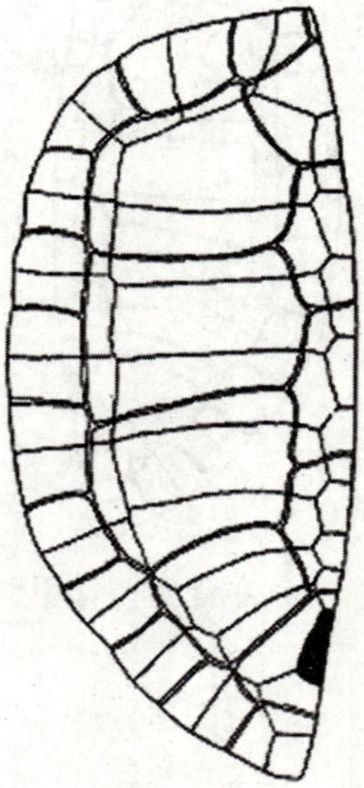

4.左背甲　第一上尻甲

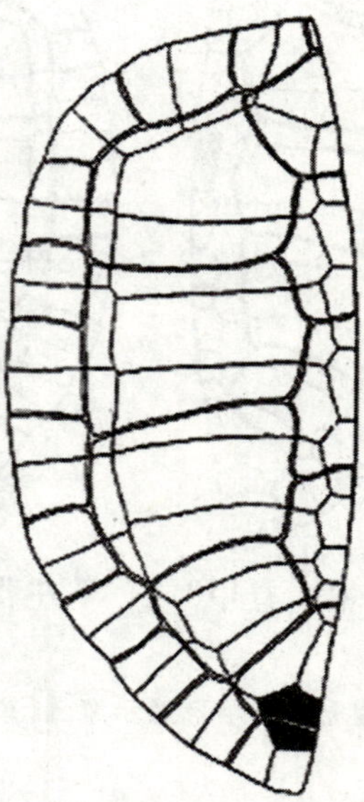

5.左背甲　第二上尻甲

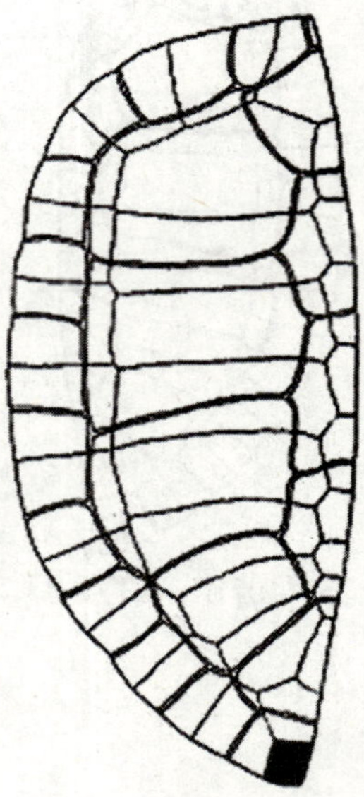

6.左背甲　尻甲

圖八　尻甲形態示意圖(李延彥繪)

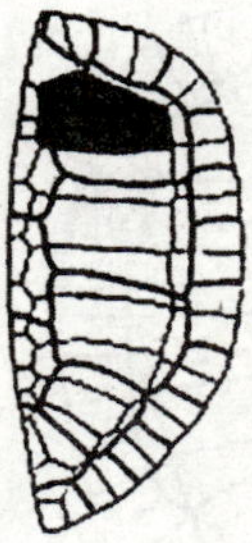

1.右背甲　肋甲1

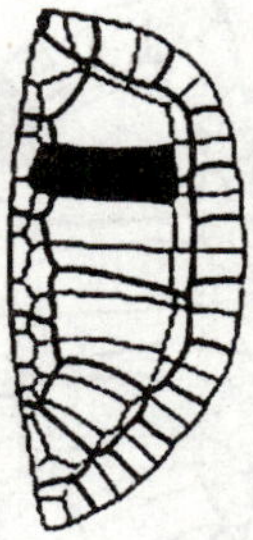

2.右背甲　肋甲2

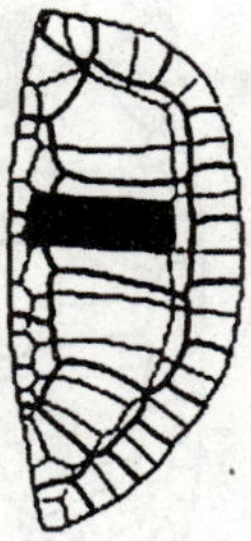

3.右背甲　肋甲3

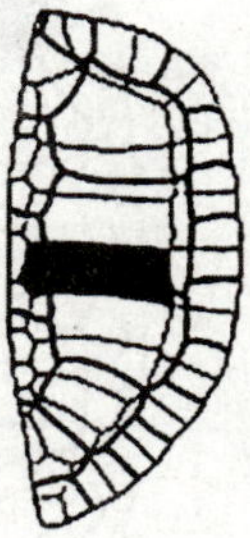

4.右背甲　肋甲4

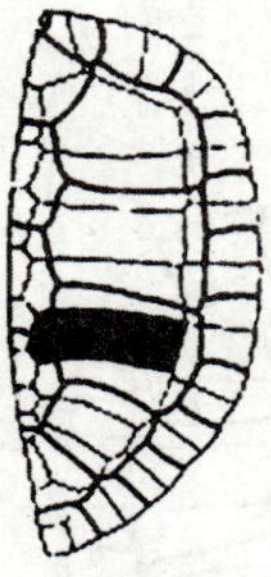

5.右背甲　肋甲5

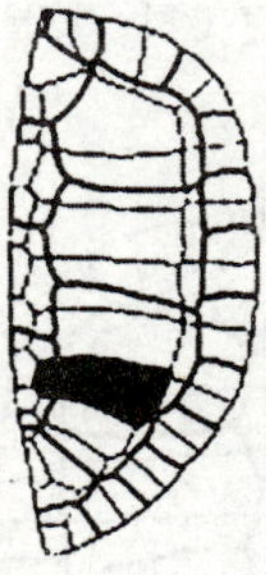

6.右背甲　肋甲6

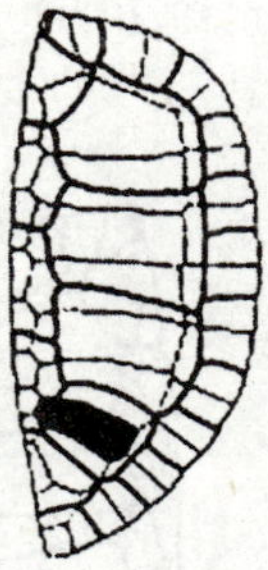

7.右背甲　肋甲7

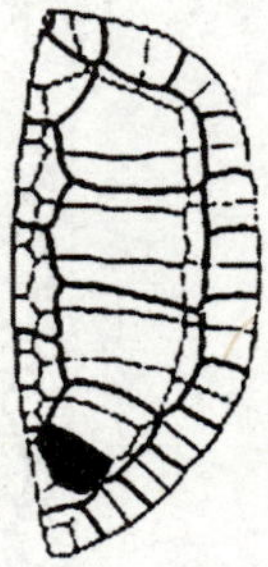

8.右背甲　肋甲8

9.左背甲　肋甲1

10.左背甲　肋甲2

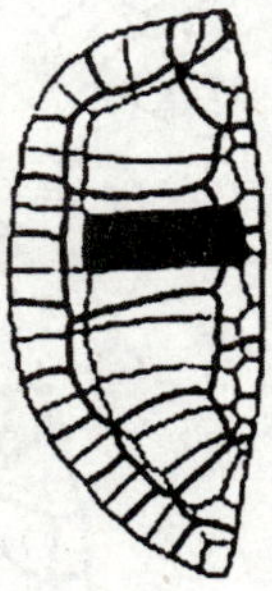

11.左背甲　肋甲3

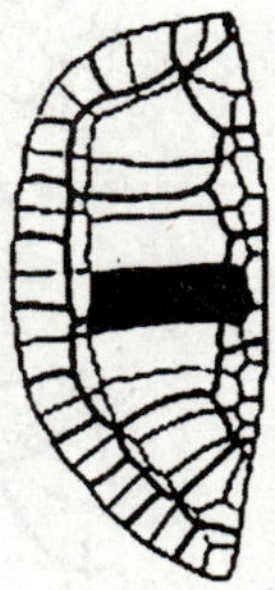

12.左背甲　肋甲4

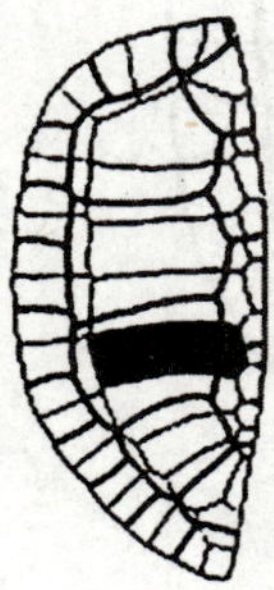

13.左背甲　肋甲5

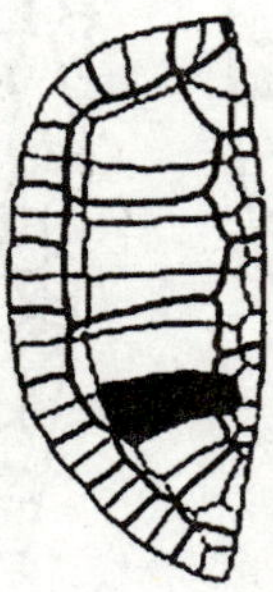

14.左背甲　肋甲6

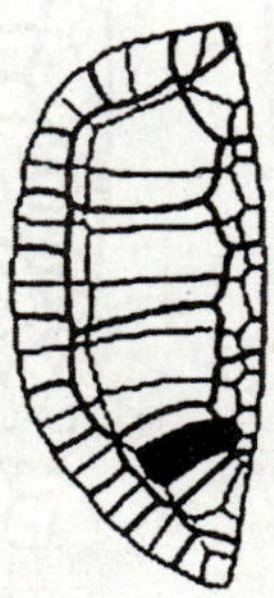

15.左背甲　肋甲7

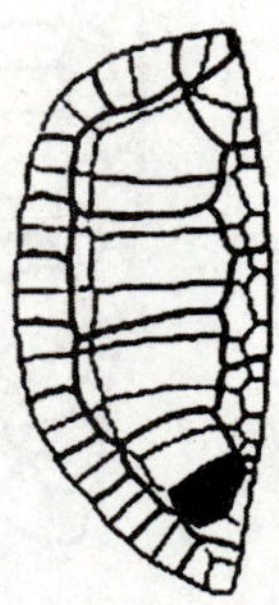

16.左背甲　肋甲8

圖九　肋甲形態示意圖(李延彥繪)

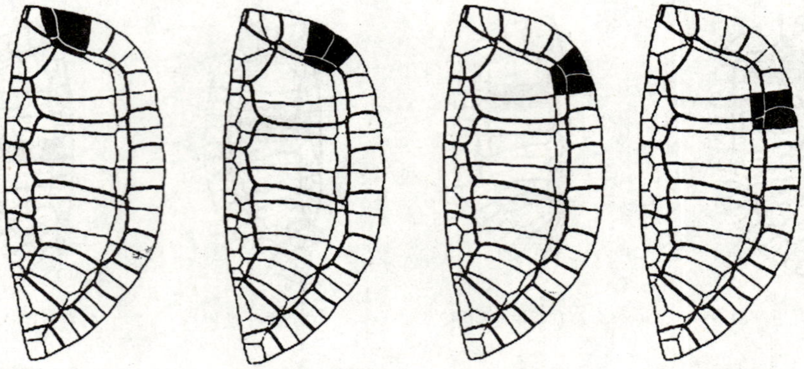

1.右背甲　邊甲1　　2.右背甲　邊甲2　　3.右背甲　邊甲3　　4.右背甲　邊甲4

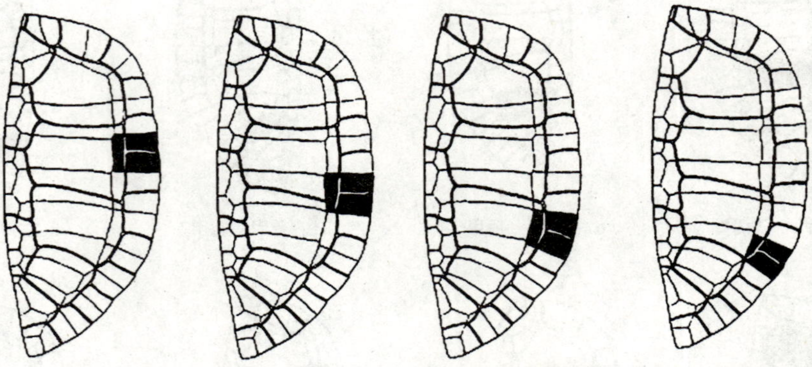

5.右背甲　邊甲5　　6.右背甲　邊甲6　　7.右背甲　邊甲7　　8.右背甲　邊甲8

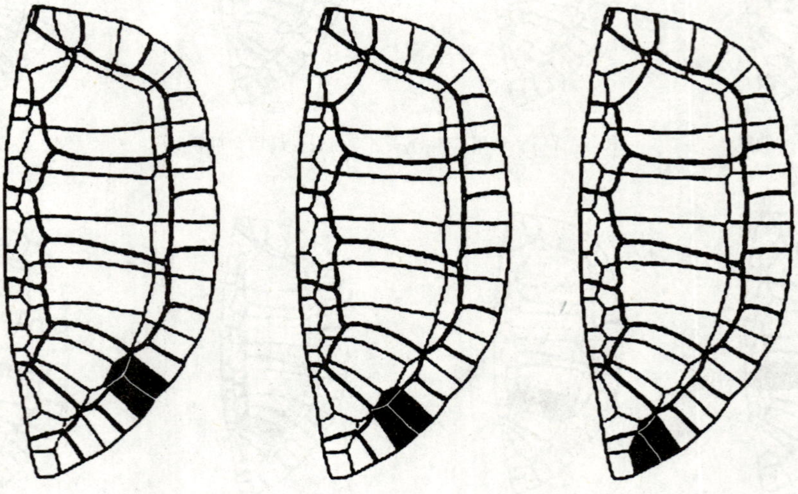

9.右背甲　邊甲9　　10.右背甲　邊甲10　　11.右背甲　邊甲11

圖十　右背甲邊甲形態示意圖(李延彥繪)

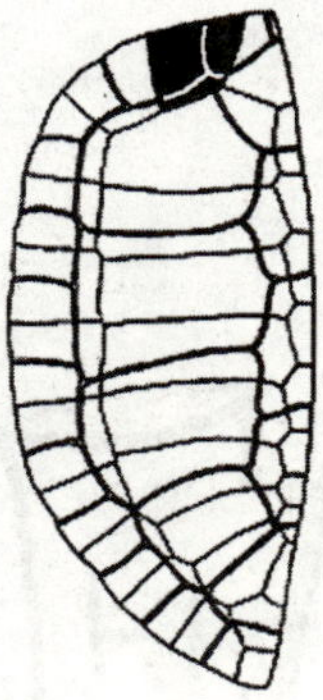

1.左背甲　邊甲1

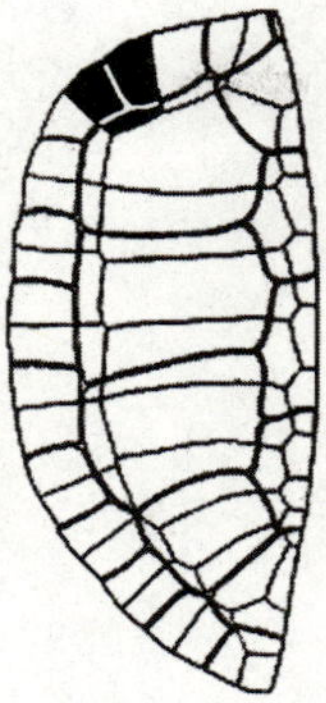

2.左背甲　邊甲2

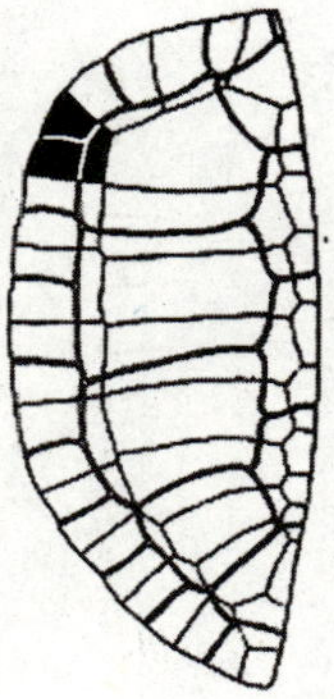

3.左背甲　邊甲3

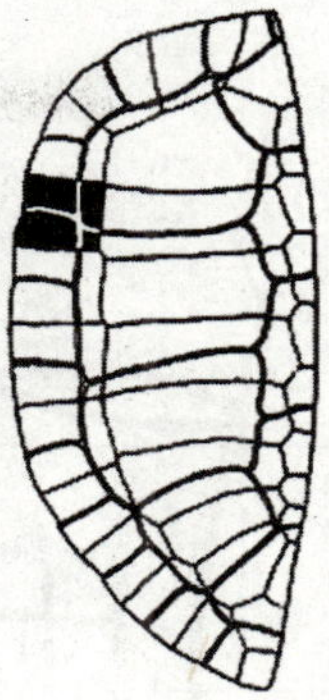

4.左背甲　邊甲4

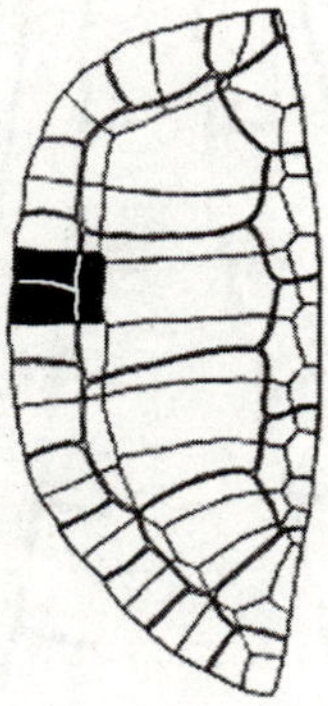

5.左背甲　邊甲5

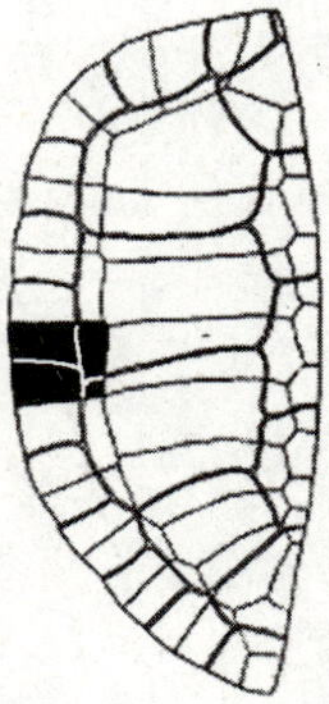

6.左背甲　邊甲6

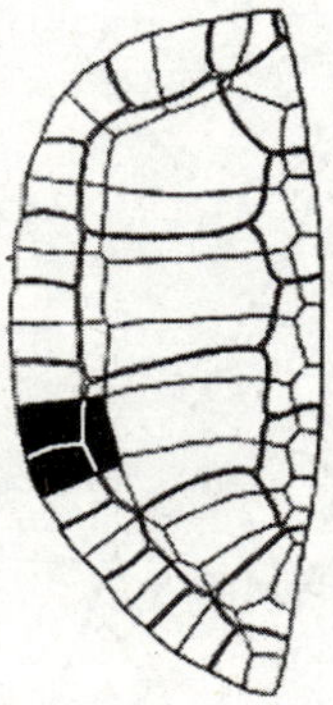

7.左背甲　邊甲7

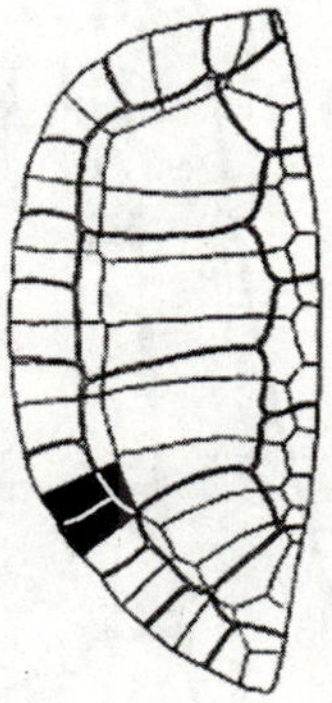

8.左背甲　邊甲8

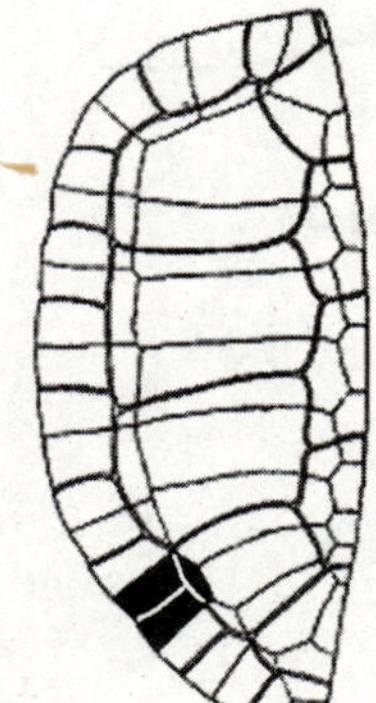

9.左背甲　邊甲9

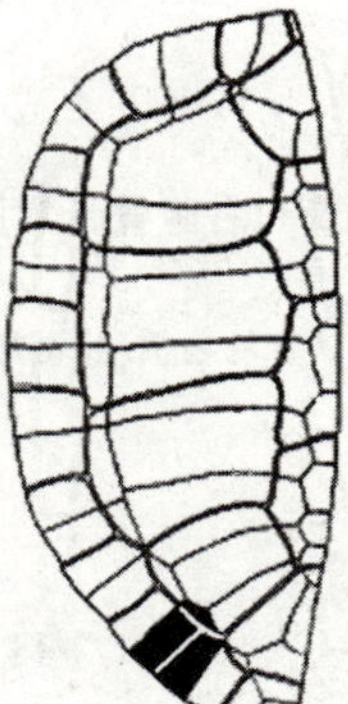

10.左背甲　邊甲10

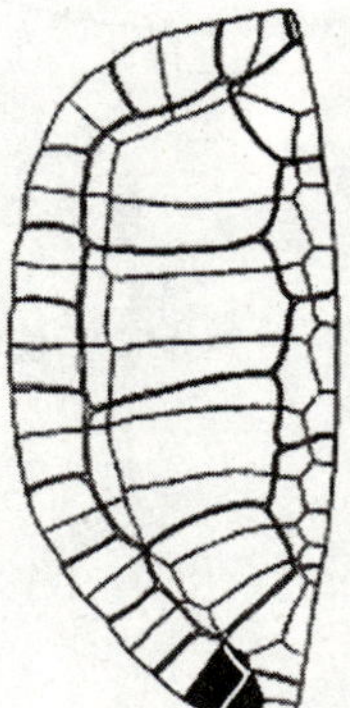

11.左背甲　邊甲11

圖十一　左背甲邊甲形態示意圖(李延彥繪)

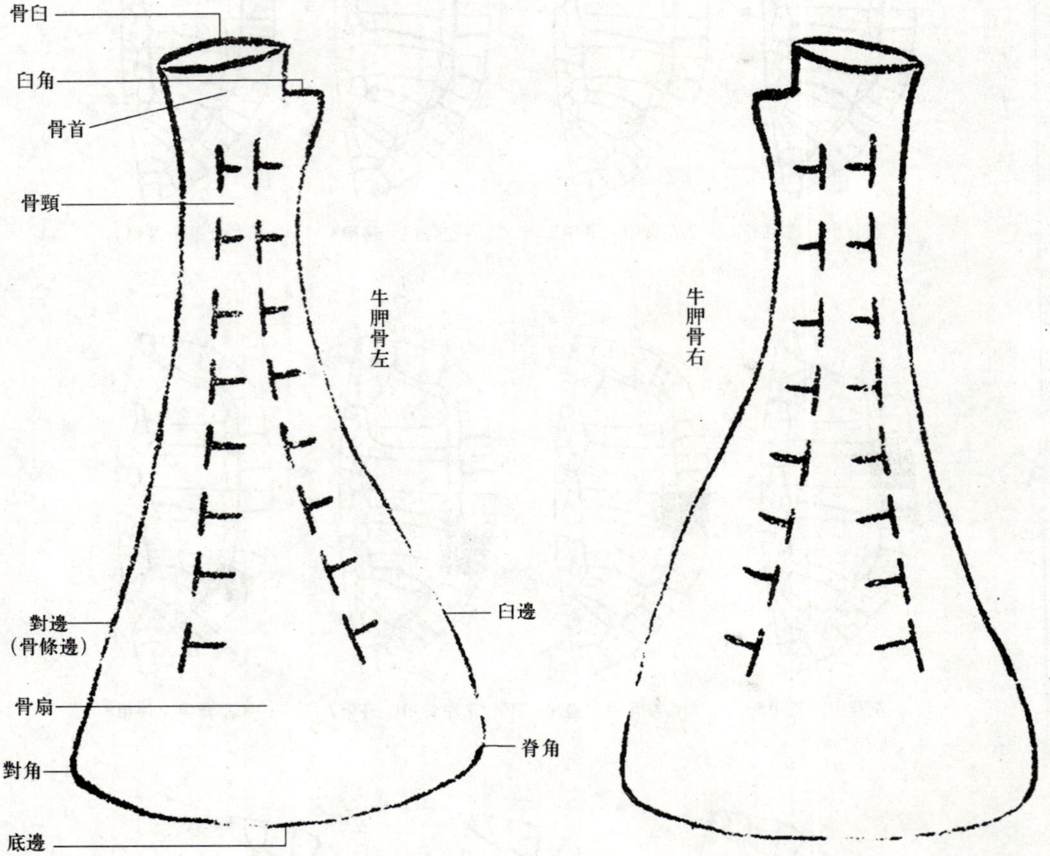

圖十二 左胛骨和右胛骨示意圖(胡厚宣)

(圖片來源:董作賓《甲骨實物之整理》圖版肆,筆者略作修改)

附録四

《甲骨文合集》同文表

説明:表中收録的同文卜辭以《甲骨文合集》中出現的為基礎。本表註明甲骨文出處時,凡出自《甲骨文合集》者,只寫片號;出自他書者,書名用簡稱。簡稱請參看書後《本書引用甲骨著録簡稱表》。蔡哲茂先生《〈甲骨文合集〉同文例號碼表》中收録過的同文,下表中用星號“*”標示,對其增補的内容用黑体標示。

組號	同文著録號				
1	1+合補 657	5			
2*	12	13+18384+山東 632			
3	22	23			
4*	25	3974+**8408**			
5	26	27			
6	29+3706	4036	7583+珠 776		
7*	32 正	6516			
8*	40	41	39477(英 607)		
9	61	62			
10*	67 正	68+80	5212+**輯佚 35**		
11*	72 正	4424	**4434**		
12*	94 正	7861 上半(綴附 7)	7862+合補 769		
13*	130 正	2975 正+6597 正	2976		
14*	137 正反+7990 正反+16890 正反	367 正反	594 正反	13362 正反	
15	139	521	1066		
16*	163	338+人 971+人 1065	4272		
17*	169	**359**+5145			
18	171	東洋文庫 209			
19*	177	4055 正	4056	4057	14526 正
20*	178+**7700**	39489(英補 1 正)			
21	188	189			

組號	同文著録號				
22	215	4056			
23 *	217 + **輯佚 16 正**	**13519** + 13927	13929 正 + 懷 B0897 正 + 14223 (蘇 63)		
24 *	221	39488(存補 3.55.1)			
25	225	10702 + 10895			
26	277	粹 81			
27	278 + 3228	17070			
28 *	283	333	334 + **16182**	39499 (鐵雲四百種 2)	**合補 3434**
29 *	300	15145			
30	301	302 + 1477			
31 *	319	22548	**23624 + 輯佚 70**		
32 *	349 + 358	**360 + 40430**	475	**7690** + 存補 4.1.1	
33 *	357	369	370 + 山本竟山舊藏拓片 39	15724	
34	367	7136 + 7164			
35 *	495	3697 正 + **19246**			
36 *	502		584 反 + 9498 反 + 7184 反 + 東大 B0571a	**7153 反**	
		583 正 + 7139	584 正 + 9498 正 + **7143** 正 + 東大 B0571b + **合補 5597**	**7153 正**	**11446**
	11448				
37	522 正 + 7150 正	7149 正 + 11703 正			
38 *	540 + 545 + 英 554	541 + **東洋文庫 193**	544		
39 *	542	543 + 人 720	山東 721		
40 *	547	548 + **9539**	549		
41 *	557	10506			
42 *	558	559 正	560(蘇 2)	562 正 + **7715**	蘇 114
		559 反		562 反	

組號	同文著録號				
43＊	578	**1571**＋39514（英 608 正）＋39515（英 609）			
44＊	586＋4240	4241（蘇 147）＋東洋文庫 290＋蘇 133			
45	613＋英 557	625＋6286＋輯佚 118			
46＊	614	615	616	617	39976 下半（英 461）
47＊	619	39516（英 521）	存補 5.397.1		
48	644	645			
49＊	660（40436 重）	672 正＋1403＋7176＋15453＋乙 2462			
50	680	682			
51	718	719			
52	734	17084			
53＊	779 正	780	4248		
54＊	806	懷 B1262			
55＊	830	39541			
56	846	847＋10104			
57＊	946 正	4834			
58	954	981			
59	1063	1064			
60＊	1075 反	1078＋3397＋4203			
61	1108	1109			
62＊	1110 正	**1111**	4722＋5316	4723	
63	1121	1123	1125	1126	
64＊	1136	1137＋15674			
65＊	1159＋14825＋14863	14354（懷 B0898）＋14822＋14824	**25025**		
66	1184	1185			
67＊	1243＋4916＋15812	1378	1379（已綴入 4917）	4915＋**14879**	4918
68＊	1251	6812	法 CFB2		
69	1276＋6244＋8571	1277＋39859			
70＊	**1305** ＋ 1506 正 ＋ 14431 正	1524	14392		
71＊	1344 正	1383			

組號	同文著録號				
72 *	1472 + 39857	6133	6135	7453	
73 *	1494	23571 + 24957	24956		
74	1535	16105			
75 *	1542	1569	英 27		
76	1559 + 4288	3606 + 10607			
77 *	1574 正	5343			
78	1590 + 19152	1591			
79	1713	1769 + 14946			
80 *	1778 正	18281			
81	1906	1907			
82	1910 + 5440 + 5045 + 39812	合補 1314	合補 1323		
83	1923	1926			
84 *	1961 正 + 14835	8398 正			
85	2003 + 10261	10264 正	珠 842		
86 *	2046	2523	10128	10130 正	
87 *	2194 + 14339	**15125** + 14338			
88 *	2328	14615	英 1167		
89 *	2340	2341	3416 正		
90	2362	2363			
91 *	2564	2566	7780 反	英 112 反	
92 *	2585	14344（蘇 64 正）			
93	2627	2628			
94 *	2636 正	USB45			
	2636 反				
95 *	2681 正	鐵 241. 2			
96 *	2763 正 + 4249 + 3524	3523	3723 + 39720（英 1186）	8628	京 1358
97 *	2770 + 8991 正 + 39663（英 163）	8993	39655 正（英 162 正）		
98 *	2773	2774 正	2777	天理 34 正	
99 *	2778 + 東文研 **0384**b + **19724**	7854 正 + 英 **1106**	7859 正	7860	40354（英 1609）
	存 1. 1361	存 1. 1362			

組號	同文著録號				
100	2783	2784	2785		
101 *	**2859** + 3301	3296 正 + **3299**	3297 正	3298	3300 + 4620 正
	5753	6128	6129	6130 正 + **18377** 正	15099
102 *	2895	2896 + 4467			
103	2954	2955			
104 *	2987 + 6191 正 + 13305	2988 + 6189	6190 + USB52		
105	3017	3018	存補 5. 354. 2		
106 *	3020 + 11048	10067			
107 *	3042（懷 B0957）	4283	4284		
108	3074	3075			
109 *	3176	4912			
110 *	3223	3529 + 12813 正	4632 正 + 13599	**5425** + 13603	12810
	12811	12814 正 + **13601**	13598 + 懷 B0956	英 724	英 1116
	蘇 218				
111 *	3240	4884			
112	3251 + 6815	6814			
113 *	3285	6049	23534		
114 *	3341	**3345**	7408	7409	7410
	7411	7412	7413	18481 + 英 198	39711（英 197）
	明 2327				
115 *	3342	3383	**3385**	**3386**	**3387**
	3388				
116 *	3354	懷 S0380			
117	3381	3382			
118 *	3394	6063 反	7096 反	7150 反	8761 正
	17587				
		6063 正	7096 正	7150 正	**6062** + 合補 **6438**
119	3411	3412	英 196		
120	3420	3421			
121 *	3426	18095			

組號	同文著録號				
122＊	3468	39716（英 1187）+**39723**			
123＊	3469＋**東文研 B0390**	12627			
124＊	3505 反＋17277	6354 反		7570 反 ＋ 11529 反	
	6356	6354 正	6355	7570 正 ＋ 11529 正	39854（英 0543）
125	3531	合補 644			
126	3539＋合補 1340	3566			
127＊	3582	7422	17630 正		
128＊	3602	3605 正			
129	3655＋乙補 1555	21923＋乙補 1047			
130＊	**3664＋6158＋**13536 正	13537 正	天理 53		
131	3707＋40360	3708			
132＊	3713	11519 正			
133	3753	7706			
134	3958	14262＋合補 2051			
135＊	3963 正反	6404 正反			
136＊	4001 正＋7493	4002	7488	7490 正 ＋ 合補 **1534**	7492
	39770（英 715）				
137＊	4037＋40076（英 835）	40075（英 0834）			
138	4048	4049			
139＊	4055（英 1228）	8410 反			
140	4066＋合補 1223	4067	4068		
141＊	4100＋**5093**	6294	6295		
142	4209＋合補 749	合補 2009	懐 988		
143＊	4214	14658			
144＊	4229	4258＋明續 S0597	7361		
145＊	4254＋4719	4255			
146＊	4274＋**合補 1961**	7704			

組號	同文著録號				
147 *	4304	5043	5044 + 5045 + **11584** + 19106 + 39812(英 436)	19107	39811(英 409)
	英 410	蘇 7			
148 *	4366 + 5709 正	5708 正			
149 *	4387 + 4394	23439	24412	41023(英 1948)	41507(英 312)
150 *	4416	19148	英 331		
151 *	4482	10849			
152 *	4595	6662			
153 *	4596	4597	4598	4599 + 18874	
154 *	4608	**16432** + 19359			
155	4617	4618			
156 *	4622	8548			
157	4654 + 7855	12878 + 14167			
158	4894	4895			
159 *	5053	6369			
160	5055	5107	5108		
161 *	**5067**	5068 + 5357	5399		
162 *	5071 + 合補 **3215**	13277	14731		
163 *	5186	7776	7777	蘇 3	
164	5202	5203	5204		
165	5233	5234			
166 *	5240 + **8538**	6726			
167 *	5241	中島 S53a			
168	5294	15432			
169 *	5388	7775			
170 *	**5400 + 16112**	16111	39781(英 353)	東文研 350	
171	5451	6813			
172 *	5454	5455	5456	5457 + 庫 1679(英 341)	
173	5458	8254			
174	5478 正	5479			
175 *	5520	5930			

組號	同文著録號				
176＊	5536＋6079	6078			
177	5537	5538			
178＊	5539＋7454	5540＋7474	5541＋7520		
179＊	5574	9433	9435＋9450		
180	5603	5604＋9500	合補 6138		
181＊	5618＋16185＋19561	19563			
182	5724	存補 4. 24. 2			
183＊	5805	5806	17055 正	17056	17681 正
	17724	18799	珠 1414		
184＊	5807	16937			
185	5899	5900			
186	6017 反＋16124 反	11507	18649		
187	6050	合補 1210	6047		
188	6057	6059＋7153			
189＊	6062＋**合補 6438**	6065＋8236	39495 正		
190＊	6077	6167			
191＊	6087 正 ＋ 6402 正 ＋ 16473＋存補 5. 141. 2	39853 正(英 545 正)			
	6087 反	39853 反(英 545 反)			
192＊	6088	6089	17248		
193＊	6110 正	**8539**＋USB698			
194＊	6115	39621(英 544)			
195＊	6131 正 ＋ 6132 ＋ 17360 正＋17362	17361			
196＊	6145	6344	6345	6346	6347
	6348	6349	6350	6351	8992
197＊	6160	6161	英 553 正		
198＊	6162	7405 正＋**6166**	6163 正 ＋ 合 補 1360 反		
		7405 反	6163 反 ＋ 合 補 1360 正	17869 ＋ 7572 ＋ **英 476**	
199＊	6169	6407 上半(前 6. 34. 2)	7047	13420	13421＋7320 左 半 (續 3. 27. 4)
	13524	天理 219			

組號	同文著録號				
200＊	6172＋**7299**	6173＋合補 562	6174	39863 ＋ 合補 1997	39864（英 559）
201	6176＋7219＋19693	6185			
202＊	6197	6198＋39856（英 0555）	6199	6200＋山本竟山舊藏 14	
203	6201	6202			
204	6203＋合補 4565	6204 正			
205	6209	6212＋7597	6315		
206	6214	6215	6216		
207	6220	6221＋8562			
208＊	6226＋7815	**6227**	**6228**	殷墟古器物原録 12－13	
209	6229	6230			
210	6236	6249＋合補 4507	合補 1851		
211	6270	6271			
212＊	6284	6298			
213	6294	6295			
214	6296	6297			
215	6316	6317			
216	6318	6319	6320	6321	
217＊	6341	6342	39874（英 566）		
218	6370	6371	6372		
219＊	6379 正	39873（英 1179 正）			
220	6391	39880（英 580）	蘇 115		
221＊	6398	6399＋6430			
222	6401	18283			
223	6409	6410			
224	6415	6416			
225＊	**6424**	7497＋合補 **1881**	蔣 11		
226	6442	6443			
227	6444	6445			
228＊	6448	6449	39883（英 584）		
229	6482	6483	6484	6485	6486

組號	同文著録號				
230	6489	6490	6491 + 合補 5529	6492	6493
	6494				
231	6497	6498			
232	6500	6502 + 16278			
233 *	6505 正	6506	16297 + 39895 正（英 588 正）+ 40264（英 1005）	39896 + 39897（英 587）	
234	6507 + 6511	6508 + 6510 + 18917			
235 *	6521	10540			
236	6536	6537	6538		
237 *	6539	6540	6544		
238 *	6567	7691			
239 *	6568 正	7693 + 7702 + **13799** + **輯佚 74**			
240	6593	6594			
241 *	6595	16270			
242	6605	6606	英 1808		
243 *	6610 正	39492（英 594 正）			
	6610 反	英 594 反			
244	6614	6615			
245 *	6633	6634	天理 153b		
246	6639	6640	6641	6642	6643
247 *	6665 正 + **16900**	40605（英 634）			
248 *	6702 + 6769 正 + 15222	6768 正 + 15221			
249 *	6734	6735 + 14187			
250	6764	6765	6766		
251 *	6771 正	9472 正			
252	6773	6774			
253 *	6799	6963	懷 S0434		
254	6855	6856			
255	6860	6861	6862	6863	
256	6926	6927			
257 *	6929（海 2－7 左）	東文研 383			
258	6960	6961			
259 *	7003	39942			

組號	同文著録號				
260＊	7032	懷 S0407			
261＊	7187 正反	39949 正反（英 646 正反）			
262＊	7284	7285	7286	7288	7289
	7930	39953（英 151）	瑞典 2		
263	7323	7334			
264＊	7327＋**7333**	11648			
265	7353	7354			
266	7363＋7364＋11482 正	16913＋17076	17077	17078 正	
267＊	7367	7368	歐美亞 200		
268＊	7369	**7370＋東文研 B0327**	7371	13357	40345（英 680）
269	7380	7381			
270	7383	7384			
271	7385	7396＋7404	7402		
272＊	7444	7477			
273＊	7486＋7515	39963（英 665）			
274	7528	7529＋合補 1430			
275	7554	7556			
276＊	7640 正反＋天理 195ab	7641 正反			
277＊	7692	39981（英 681）			
278＊	7694	7695 正	7696（東文研 0410）	7697	7698
	39776（英 403 正）	39777（英 404）			
279	7707	7708			
280＊	7763＋文 767	7764			
281	7776	7777	7778		
282	7781	7782			
283＊	7785	7786	7799＋39990（英 716）		
284	7788	7789			
285	7795	7796	7797		
286	7843	7844	7845		
287＊	7936	22599			
288＊	7950	**7967**＋11170 正	11171 正＋11176	11172	

組號	同文著録號				
289 *	7982	40012 正（英 709 正）			
290 *	8241 正	11403			
291 *	8258	18091			
292 *	8330 正	14218	14250		
293 *	8331 + **12688**	**8333**	34254		
294	8400	8401			
295	8510	8511	8512	8513	
296	8591	8592			
297	8610 正反	8611	合補 1761 正反		
298 *	8884	40059（英 414）+ 40093（英 60）			
299 *	9185	9186	天理 72		
300 *	9335	明續 S0767			
301 *	9364	南坊 3. 19			
302	9518	9519			
303	9522	9523	9524		
304	9629	9632			
305	9793	9794			
306 *	9815	13572			
307 *	9817	9941（蘇 44）+ 40106（英 824）			
308	9942	9943			
309	9949	10024 正			
310	10051	10052			
311 *	10060	23780	40124	尊古齋 94. 6	
312 *	10076	40761			
313 *	10087	14349			
314	10091	10092			
315	10099	10139			
316 *	10109	39868（英 564 正）+ 39878 +（英 569）			
317 *	10119 + 23395	23717			
318	10201	10202			
319 *	10246	14548			

組號	同文著録號				
320 *	10308 + 13331	10594	10965 + 40125（尊古齋 97.1）	13332（蘇 59）+ 英 856	
321	10363	合補 3403 + 英 848			
322 *	10404	10405 正	10406 正		
		10405 反	10406 反		
323	10655	10656			
324	10719	10720			
325 *	10726	10727 + 10730			
326 *	10739	17857			
327 *	10812 甲	16064			
328	10855	10856			
329 *	10942	15894			
330	11154	11155			
331 *	11446	11447 + 11449			
332	11493	輯佚 47			
333 *	11521	16240			
334 *	12424	12425 + 珠 766			
335	12432 + 19521	12433			
336	12515 + 14508	14487			
337 *	12573（24878 重）	12738			
338 *	12687	14479 + 14494	18952（40724 重）		
339 *	12691（蘇 51）+ 40416（英 1152）	14421			
340 *	12847	14389			
341 *	13155 + 13194	23715	23716		
342	13227	13228			
343	13275	13276	合補 3943		
344 *	13465	明 758			
345	13495	13496			
346 *	13523 正	英 1113 正			
347	13525	13526	13527	13528	
348	13559	13560	13561 + 英 2187		
349 *	14346	14710			
350	14438	14439			

組號	同文著録號				
351	14569	14570			
352	14585	14586	14587		
353 *	14609	14610	40401		
354 *	14617	英 365			
355 *	14672	英 1180			
356	14703	14704	14705		
357	14847	14848			
358 *	**14920** + 33035	33036	粹 1184		
359	15192	15193 + 合補 714	15194		
360 *	15220（懷 B0940）	19141	19142		
361	15255	15256 + 15560			
362 *	15374	英 1249			
363 *	15392 + 17667	17666			
364	15485	15486			
365 *	15683 + 34360	32419	34478	**合補 10437**	
366 *	15733	懷 S0138			
367	15821	15822			
368	15995 + 合補 1311	15996	15997	15998	
369	16101	16102	16103	16104	
370 *	16425（17633 正重）	39768（英 1555）			
371	17074	17075			
372 *	17101	法 CFS33			
373 *	17149 正	17391	19597 正	懷 S0600	**輯佚 15 正**
374	17168 + 17171	17169			
375 *	17299	40204 正（英 855 正）	40610 正（英 886 正）		
		40204 反（英 885 反）	40610 反（英 886 反）	天理 103b	
376 *	17314	40633（英 718）			
377 *	18142	18157			
378 *	18317	前 6. 48. 8			
379	18787	18788			
380 *	18793	26631			
381 *	18803	26764（懷 B1267）	26765（懷 B1268）		

組號	同文著録號				
382＊	18915＋34150＋35290	屯南 2161			
383	19564＋懷 B0922	19574			
384	19756	19757			
385	19780	19781			
386	19786	20988			
387＊	19807＋19945	19946 正			
388＊	20058	22299			
389	20075	40832			
390＊	20081＋20153	20082＋20277			
391＊	20086	21418＋22300			
392	20199	20200			
393	20451	天理 305			
394＊	20510	20514			
395	20512	33069（屯南 4516）			
396＊	20524	20527			
397	20532	20533			
398＊	20703＋22144＋22225＋22133＋乙 8744	22130＋32179	22131	22132	
399	20749	20879			
400	20873	21876			
401	20947＋乙 1826	21951			
402	21054	懷 1518			
403＊	21091	33272	明續 B2248		
404＊	21377	21378			
405＊	21473	屯南 2236＋屯南 2239			
406＊	21552 ＋ 22251 ＋ 22277（部分，即乙 8727）＋乙 8993	21553＋22248＋22250	22249		
407	21544	21545			
408	21864＋21947	21985			
409	21875 ＋ 21938 上 ＋21973＋21977＋乙 1517＋乙 1658＋乙 1791	乙 1003			
410	21876	21878＋21952			

組號	同文著録號				
411	21886	21909			
412	21892	乙補 745			
413	21922	22018 + 22369			
414	21929	21930			
415	21969	22017			
416	21989	乙 1768			
417	22032 + 22157	22158			
418 *	22246	22247 + 22510 + 乙 8783 + 乙 8868 + 乙 8794			
419	22261	乙 888			
420	22267 + 22270	22322	22323	22324	
421	22282	22283	22284	22285	乙 8814
422	22546	22547			
423	22590	25020			
424	22646	22648			
425 *	22742	法 CFB10			
426	22939	22940			
427	23019	23020			
428 *	23064	25937			
429 *	23340	東文研 645			
430	23419	23420			
431 *	23525 + 23579	25029	41005(英 1976)		
432	23532	23533			
433	23540	23541			
434	23551	23553			
435 *	23586	23711 + 存 1. 1727	23574 + 法 CFB17 + 山東 1144		
436 *	23623	24983			
437 *	23705	41021(英 1996)			
438	23712	23713	23714		
439	24118	26870			
440 *	24155	41011(英 1978)			
441 *	24886	26042			

組號	同文著録號				
442 *	24929	24932	25934	25935	41161（英2179）
443	25034	25035			
444	25323	蘇 14			
445 *	26763	26766	26767	USB41	
446 *	26898	屯南 880			
447	26994	27004			
448	27110	27111			
449 *	27219 + 34107	34105			
450	27251	31287			
451	27264	27265			
452 *	27302	29673			
453	27331 正	屯南 2745			
454	27345	屯南 822			
455	27351	27353			
456 *	27363 + 31045 + 31180	屯南 2276			
457 *	27386	屯南 2354			
458	27387	27388			
459	27393	31118			
460 *	**27416**	**27433 + 27496 + 30787**	**31079 + 合補編 9709**	30325	30326
	輯佚 660				
461	27486	屯南 1048			
462	27518	27520			
463	27553	30763			
464 *	27555	30294			
465	27579	屯南 2900			
466	27583	27584			
467	27616	27617			
468	27653	27654			
469	27663	屯南 1088			
470	27747	屯南 2311			
471 *	27766	28572			
472 *	27789 + 28029	屯南 463			

組號	同文著録號				
473	27792 +27805	30275			
474 *	27861 + 27862 + 27863 +27864	30927			
475 *	27972 +27973	41341			
476	27978	27979			
477 *	28099 反	34022			
478 *	28122	29690			
479 *	28127	屯南 2667			
480 *	28195 +28196	29418			
481	28263	30688			
482	28788	屯南 2658			
483 *	28798	屯南 2589			
484	28885	英 2318			
485	28907	28908			
486	29234	29236			
487	29374	屯南 888			
488 *	29545	34463			
489	29712	屯南 2442			
490	29971	33868			
491 *	29972	屯南 2628			
492	30031	30045			
493	30178	屯南 2849			
494	30284	30285			
495 *	30339	32742			
496 *	30425	34235			
497 *	30464	屯南 1065			
498 *	30552	屯南 2623			
499	30699	31211			
500 *	30947	屯南 622			
501	31014	31022			
502 *	31978	屯南 38			
503	31979	33706	33707		
504 *	31984	屯南 806			
505	31985	屯南 180			

組號	同文著録號				
506 *	31994	31995	懷 B1643		
507	32002	32003 + 32004			
508 *	32010 + **京都 B2516**	屯南 1111	**屯 3627**		
509	32014	32651			
510 *	32022 + 33692	32023 + 33693			
511 *	32024（下半）	34165	**合補 10642**		
512 *	32035 + 32037 + 32039 + 34129	32036	32038	32040	41465（懷 B1644）
513	32042	32043	屯南 1130		
514 *	32048	32049	32050	屯南 668 + 屯南 3957	
515 *	32054	41522			
516 *	32057 + **33526**	懷 B1563			
517 *	32064 + 屯南 611	32065			
518 *	32076 + 32235	屯南 1090			
519 *	32101	屯南 313			
520 *	32103 + 32228	屯南 532			
521 *	32107	32832	32833	**33277**	33278
	屯南 310	屯南 3723	屯南 4366		
522 *	32113	32114 + 屯南 3673	32115	32517	屯南 4460
	合補 10655				
523 *	32120 + 32274	屯南 961			
524	32122	屯南 887			
525 *	32125	32694	屯南 2861		
526 *	32137	32138	32139	34441	
527	32162	合補 10424			
528 *	32166 + 34095	34094 + 35321			
529 *	32178	32182			
530 *	32187	32188 + 32189 + 34113 + 40867（英 1771）	屯南 2534		
531	32191	32192	33715	33716	
532 *	32211	32212	41540（英 2428）		
533	32227	33096			
534 *	32229	32896 + 33192	32897	33191	

組號	同文著録號				
535 *	32243	屯南 171			
536 *	32256	懷 B1576			
537 *	32272	32273	屯南 340		
538	32277	32278			
539 *	32282	屯南 865			
540 *	32290	33315	33317	41539	
541	32297 + 34282	32298			
542 *	32301	34493			
543 *	32305 + 34368	41481(英 2403)			
544	32307	32308			
545 *	32326	屯南 488			
546	32329	34533	屯南 3166		
547 *	32330	34103	屯南 2707		
548	32334 + 34555	34556			
549	32337	32338			
550	32344	32345			
551	32363 + 34466	屯南 1035			
552	32386	合補 10436			
553 *	32387	32438			
554	32425 + 34595	屯南 954			
555	32431	屯南 2648			
556 *	32435	屯南 1078			
557 *	32440	34102			
558	32454 + 32593	32455			
559 *	32485	32773	屯南 1115	**屯南 2792**	
560 *	32486	34233	屯南 280	屯南 1074 + 屯南 1076	
561	32512	32513			
562	32529	32922			
563 *	32543	**32963**	屯南 936		
564 *	32555	屯南 3786			
565	32558 + 32790	合補 10445			
566 *	32571	35174			
567 *	32591	屯南 3764			

組號	同文著録號				
568	32597	屯南 4583			
569＊	32615＋34060	32616			
570＊	32617	32690			
571	32647	34468			
572	32665	32666	32667		
573＊	32675	屯南 963			
574	32691	32692			
575	32697	屯南 1128			
576＊	32698	屯南 503	屯南 204 ＋ 屯南 213		
577＊	32730	懷 B1564			
578＊	32731＋32767	32732	屯南 505		
579＊	32739	41492			
580	32746	32795			
581＊	32750	34329	34331	人 2338	人 2340
582＊	32770 ＋ 32901 ＋ 屯南 134	32900			
583＊	32774	41498			
584	32775	合補 10470			
585＊	32786	32787＋34446	34343	屯南 4080	
586＊	32788＋33612	32789			
587	32792	32793			
588	32797	合補 9518			
589＊	32802	屯南 978			
590＊	32803 正	明後 2442			
591	32815＋33107	懷 1631			
592＊	32829	32830	32831	屯南 2273	
593＊	32834＋拾掇 1. 399	32835			
594＊	32847	32848	32849	屯南 2558	
595＊	32850＋34355	32851	32852	34356＋34432	34357
	屯南 4052				
596＊	32854	32855			
597＊	32856 正	41503(英 2413)	屯南 866		
598	32861	32862	屯南 1474		

組號	同文著録號				
599 *	32863	屯南 1087			
600 *	32867 + 33117	33116			
601 *	32869	32870	32871	34081	34082 + 34084
	屯南 441				
602 *	32878	屯南 3912			
603 *	32881 + 41655（英 2444）	屯南 2438			
604 *	32882	懷 B1632			
605 *	32884	懷 B1577	屯南 65		
606 *	32899	41691（英 2414）			
607 *	32903 + 32904	屯南 1009			
608 *	32916 + 明後 2452	32917			
609 *	32920	32996	32997	屯南 1047	
610	**32928**	**34547** + 34550	屯南 639	明續 B2341	
611	32937	屯南 4521			
612 *	32939	屯南 508			
613 *	32963	33225			
614 *	32979 + 佚 412	33053 + 33056	33098	33099	屯南 63 + 屯南 717
615 *	32989	屯南 2378			
616 *	33014	屯南 267			
617	33015	33016	33181		
618 *	33026	屯南 190			
619	33033	合補 10520			
620	33042	33043	輯佚附錄 94		
621 *	33052	屯南 243			
622 *	33063	35328			
623 *	33065	屯南 4054	屯南 4048		
624 *	33076 + **屯南 4188** + **屯南 4215**	屯南 2351			
625	33085	34608	34618		
626 *	33102	屯南 2782			
627 *	33105	屯南 4183			
628 *	33106	屯南 81	屯南 2634		

組號	同文著録號				
629＊	33159	34158			
630	33189	33190			
631＊	33203	英2415正			
632＊	33212	屯南499	蘇74		
633＊	33214＋33216＋33690	33215			
634	33219＋34123	32860＋34124			
635＊	33221	屯南232			
636＊	33226＋33231	33230	**合補10491＋合補10704**	**輯佚626＋輯佚627＋輯佚630**	
637＊	33236	33237	33238	33239	屯南539
638＊	33241	**35164**	屯南2426		
639＊	33259	**33272**	34242		
640＊	33271(續4.17.6互補)	屯南3041			
641＊	33273＋41660(英2443)	屯南1062	屯南4249		
642	33274	33275＋合補10634			
643＊	33280	33283	33284	屯南943＋**屯南1335**	
644＊	33282	屯南93			
645	33290	33291＋32762甲正＋34680＋32762乙正(正)			
646＊	33293	屯南3083			
647	33307＋33279	屯南705			
648	33309	33311	33312		
649	33310	屯南補遺49			
650＊	33314	屯南911			
651	33320	33321			
652＊	33371	屯南663	**合補10537**	懷B1626	
653＊	33374反	屯南0664			
654＊	33376(蘇363)	33423	**33424**		
655＊	33468	屯南592			
656＊	33469(下半)	屯南2756			
657＊	33574	屯南2230			
658＊	33694	34149＋簠人1＋簠天1			

組號	同文著録號				
659 *	33695	屯南 379			
660 *	33696	屯南 27 + 屯南 321			
661 *	33697	35159			
662 *	33723	懷 B1660			
663	33747 正反	34272 正反			
664	33844 + 33954	33845			
665	33943	屯南 3612			
666	34011	合補 3938			
667 *	34090	34091 + 34092	屯南 601		
668 *	34111	屯南 2129			
669	34115	34116			
670 *	34117	屯南 4331			
671	34121	34122			
672	34151	屯南 1007 + 屯南 3787			
673	34153	34154			
674	34157	34482	屯南 100		
675 *	34167	34168 正 + 南輔 105			
676 *	34175	屯南 4105			
677 *	34191	34193			
678 *	34192 + 34268	34267	屯南 332		
679 *	34208	34213			
680 *	34214	34215 + 懷 B1573	屯南 2584		
681	34229	34230			
682	34246	懷 1572			
683 *	34276	屯南 581			
684 *	34286	34287	34400		
685	34288	屯南 608			
686 *	34291	屯南 342			
687 *	34293	34294	屯南 1116		
688 *	34349	屯南 2417			
689 *	34386	屯南 1033			
690 *	34418	35129			
691	34509	34510	屯南 314		
692	34521	屯南 4081			

組號	同文著録號				
693 *	34525	屯南 3852			
694 *	34539 + 34549	屯南 933	屯南 2366		
695 *	34553	屯南 235			
696	34572	34573	屯南 1072		
697	34575	屯南 1089			
698	34599	合補 10482			
699 *	34601	41542(英 2431)			
700 *	34613	34616			
701 *	34652	明續 B2724			
702	34687 + 英 2439	34688 + 合補 10606			
703 *	34711	屯南 78			
704 *	35292	屯南 4424			
705 *	35298	明後 2631			
706 *	35312	35314			
707	36344	36348			
708 *	36390 + 38229	36512			
709 *	36851	36917			
710	36969	屯南 2320			
711 *	39695	41496			
712	39924	39925			
713	40852	40853			
714 *	41461(英 2411)	屯南 725			
715 *	41463(英 2454)	屯南 719	戩 25.3	英 2455	
716 *	41474(英 2400)	屯南 2567			
717 *	41560(英 2432)	屯南 252			
718 *	41634 + 明續 B2364 + 明續 B2365	屯南 2414	屯南 4233		

附錄五

《甲骨拼合集》索引表

說明:本表“綴合者”欄僅列最新加綴者,此前綴合者未列出。本表註明甲骨文出處時,出自《甲骨文合集》者,只寫片號;出自他書者,書名用簡稱。簡稱請參看書後《本書引用甲骨著録簡稱表》。

拼合號碼					綴合者	序列號
1	《合補》657 (《合補》624)				劉影	本書第133則
29	3706				劉影	本書第131則
53(19191)	19193				黃天樹	本書第26則
178	7700				劉影	本書第99則
185	5175				劉影	本書第102則
217	《輯佚》16				趙鵬	本書第66則
278	3228				劉影	本書第146則
297	431				何會	本書第252則
334	16182				李愛輝	本書第268則
359	5145				劉影	本書第100則
431	297				何會	本書第252則
439	21791				黃天樹	本書第48則
465	4025				趙鵬	本書第62則
522正、反	7150正反				李愛輝	本書第303則
544	《東文庫》193				劉影	本書第153則
548	9539				李愛輝	本書第262則
562正、反	7715正、反				劉影	本書第138則
584正、反	9498正、反	7143正、反	《東研》571b、a		李愛輝	本書第290則
584正甲	9498正	7143正	《東研》571b	《合補》5597	李愛輝	本書第295則
584正甲、反甲	9498正、反	7143正、反			劉影	本書第110則
588正	589				李延彥	本書第308則
589	588正				李延彥	本書第308則
625	6286	《輯佚》118			劉影	本書第132則
649	10538				何會	本書第253則

拼合號碼					綴合者	序列號
847	10104				趙鵬	本書第 68 則
993	《英藏》1101				趙鵬	本書第 57 則
1095	18707				黄天樹	本書第 7 則
1111 正	《英藏》730				趙鵬	本書第 70 則
1137	15674				黄天樹	本書第 32 則
1197	1202				李愛輝	本書第 297 則
1202	1197				李愛輝	本書第 297 則
1276	6244				趙鵬	本書第 69 則
1305 正、反	1506 正、反	14431 正、反			李愛輝	本書第 293 則
1381	5565				劉影	本書第 137 則
1469	2292				黄天樹	本書第 49 則
1506 正、反	14431 正、反	1305 正、反			李愛輝	本書第 293 則
1520	15475				趙鵬	本書第 59 則
1674	5486				劉影	本書第 139 則
1769	14946				李愛輝	本書第 269 則
1777	10044				趙鵬	本書第 64 則
2003	10261				李愛輝	本書第 301 則
2091 正	《合補》865				何會	本書第 257 則
2292	1469				黄天樹	本書第 49 則
2402	19976	21172			黄天樹	本書第 31 則
2688	2701	《京》2053			趙鵬	本書第 75 則
2701	2688	《京》2053			趙鵬	本書第 75 則
2723	《合補》94				劉影	本書第 119 則
2859	3301				劉影	本書第 136 則
3210	14271				黄天樹	本書第 38 則
3228	278				劉影	本書第 146 則
3240	4884				黄天樹	本書第 42 則
3287(39699)	6552 正				方稚松	本書第 82 則
3296 正	3299				方稚松	本書第 86 則
3299	3296 正				方稚松	本書第 86 則
3300	4620 正				方稚松	本書第 87 則
3301	2859				劉影	本書第 136 則
3307	9486				趙鵬	本書第 60 則
3375	6840				方稚松	本書第 85 則

拼合號碼					綴合者	序列號
3475	《合補》524				齊航福	本書第 177 則
3539	《合補》1340				李愛輝	本書第 286 則
3664	13536 正	6158			劉影	本書第 126 則
3664	6158				劉影	本書第 103 則
3697 正	19246				李愛輝	本書第 265 則
3706	29				劉影	本書第 131 則
4025	465				趙鵬	本書第 62 則
4037	《英藏》835				黄天樹	本書第 2 則
4066	《合補》1223				何會	本書第 255 則
4090	6450				趙鵬	本書第 58 則
4162	11839				趙鵬	本書第 74 則
4173	《合補》2793				何會	本書第 256 則
4326	18032	7015	《合補》1991		何會	本書第 258 則
4415 正、臼	《合補》1173 正、臼				李愛輝	本書第 284 則
4620 正	3300				方稚松	本書第 87 則
4757	5799				方稚松	本書第 81 則
4884	3240				黄天樹	本書第 42 則
4915	14879				趙鵬	本書第 71 則
4935	《屯南》2691				黄天樹	本書第 20 則
4988	4992				黄天樹	本書第 39 則
4992	4988				黄天樹	本書第 39 則
5008	6898				趙鵬	本書第 79 則
5011	20077				黄天樹	本書第 14 則
5044	5045	39812	19106	11584	李延彦	本書第 316 則
5045	39812	19106	5044	11584	李延彦	本書第 316 則
5132	16378				劉影	本書第 129 則
5145	359				劉影	本書第 100 則
5175	185				劉影	本書第 102 則
5212	《輯佚》35				趙鵬	本書第 67 則
5240	8538				劉影	本書第 130 則
5330	104946				黄天樹	本書第 37 則
5400	16112				劉影	本書第 101 則
5451	6820 正	《洹寶》101	17466		黄天樹	本書第 45 則
5486	1674				劉影	本書第 139 則

拼合號碼					綴合者	序列號
5565	1381				劉影	本書第 137 則
5598 正	17394				齊航福	本書第 186 則
5714	5720				郭艷	本書第 325 則
5720	5714				郭艷	本書第 325 則
5799	4757				方稚松	本書第 81 則
5977	9974				劉影	本書第 115 則
6059	7152 正				劉影	本書第 123 則
6143	《英藏》1352 正、反				李延彥	本書第 315 則
6158	3664	13536 正			劉影	本書第 126 則
6158	3664				劉影	本書第 103 則
6166	7405 正				劉影	本書第 104 則
6172	7299				劉影	本書第 98 則
6176	7219	19693			劉影	本書第 105 則
6203	《合補》4565				李愛輝	本書第 276 則
6212	7595				劉影	本書第 120 則
6217	《合補》759 正、反	17276 正、反			劉影	本書第 107 則
6221	8562				劉影	本書第 112 則
6244	1276				趙鵬	本書第 69 則
6249	《合補》4507				劉影	本書第 116 則
6258	6282				李愛輝	本書第 289 則
6266	16281				李愛輝	本書第 288 則
6279	11918	11891 正			劉影	本書第 113 則
6282	6258				李愛輝	本書第 289 則
6286	《輯佚》118	625			劉影	本書第 132 則
6450	4090				趙鵬	本書第 58 則
6491	《合補》5529				李愛輝	本書第 278 則
6501	6914				李愛輝	本書第 273 則
6501	6914	《合補》5356			李愛輝	本書第 280 則
6502	16278				李愛輝	本書第 272 則
6508	6510	18917			趙鵬	本書第 54 則
6510	18917	6508			趙鵬	本書第 54 則
6527	6529	7537			趙鵬	本書第 55 則
6529	7537	6527			趙鵬	本書第 55 則
6552 正	3287(39699)				方稚松	本書第 82 則

拼合號碼					綴合者	序列號
6665 正	16900 正				劉影	本書第 108 則
6674	《懷特》913				劉影	本書第 134 則
6690	16438	16478			劉影	本書第 148 則
6697	11535				黄天樹	本書第 34 則
6715	6716				李愛輝	本書第 287 則
6716	6715				李愛輝	本書第 287 則
6820 正	《洹寶》101	17466	5451		黄天樹	本書第 45 則
6840	3375				方稚松	本書第 85 則
6892 正	6893				方稚松	本書第 80 則
6893	6892				正方稚松	本書第 80 則
6898	5008				方稚松	本書第 79 則
6914	6501				李愛輝	本書第 273 則
6914	6501	《合補》5356			李愛輝	本書第 280 則
7015	18032				齊航福	本書第 181 則
7015	18032	4326	《合補》1991		何會	本書第 258 則
7078	《合補》1680				何會	本書第 259 則
7136 正、反	7164 正、反				劉影	本書第 117 則
7143 正	《合補》5597	584 正甲	9498 正	《東研》571b	李愛輝	本書第 295 則
7143 正、反	584 正甲、反甲	9498 正、反			劉影	本書第 110 則
7143 正、反	《東研》571b、a	584 正、反甲	9498 正、反		李愛輝	本書第 290 則
7150 正、反	522 正、反				李愛輝	本書第 303 則
7151 正	《懷特》439				趙鵬	本書第 61 則
7152 正	6059				劉影	本書第 123 則
7164 正、反	7136 正、反				劉影	本書第 117 則
7202	16936 正				劉影	本書第 111 則
7219	19693	6176			劉影	本書第 105 則
7299	6172				劉影	本書第 98 則
7325	《英藏》477				劉影	本書第 154 則
7327	7333 正				劉影	本書第 122 則
7333 正	7327				劉影	本書第 122 則
7363 正、反	7364	11482 正、反			李愛輝	本書第 283 則
7364	11482 正、反	7363 正、反			李愛輝	本書第 283 則
7370	《東研》327				李愛輝	本書第 285 則
7405 正	6166				劉影	本書第 104 則

拼合號碼					綴合者	序列號
7497	《合補》1881				李愛輝	本書第 274 則
7537	6527	6529			趙鵬	本書第 55 則
7572	17869	《英藏》476			李愛輝	本書第 279 則
7593	《英藏》686(39975)				齊航福	本書第 180 則
7595	6212				劉影	本書第 120 則
7690	《存補》4.1.1				劉影	本書第 140 則
7700	178				劉影	本書第 99 則
7715 正、反	562 正、反				劉影	本書第 138 則
7718 正、反	《合補》596 正、反				李延彥	本書第 312 則
7775	7782(39817)				趙鵬	本書第 72 則
7782(39817)	7775				趙鵬	本書第 72 則
7795	7799	《英藏》716			趙鵬	本書第 73 則
7799	《英藏》716	7795			趙鵬	本書第 73 則
7862	《合補》769				劉影	本書第 124 則
7920	9725				劉影	本書第 151 則
7941 正	14766				李愛輝	本書第 271 則
7964 正、反	《合補》2159 正反				李愛輝	本書第 291 則
7967	11170 正				李愛輝	本書第 264 則
8070	13355				劉影	本書第 121 則
8331	12688				劉影	本書第 135 則
8333	14420				劉影	本書第 128 則
8538	5240				劉影	本書第 130 則
8539	USB698				劉影	本書第 149 則
8546	16017				劉影	本書第 125 則
8562	6221				劉影	本書第 112 則
8672	《拾遺(續五)》4				方稚松	本書第 93 則
8988	20184				趙鵬	本書第 56 則
9069	9071				齊航福	本書第 182 則
9071	9069				齊航福	本書第 182 則
9144	《合補》3016				李愛輝	本書第 281 則
9473	9475				李延彥	本書第 309 則
9475	9473				李延彥	本書第 309 則
9486	3307				趙鵬	本書第 60 則
9498 正	《東研》571b	7143 正	《合補》5597	584 正甲	李愛輝	本書第 295 則

拼合號碼					綴合者	序列號
9498 正、反	7143 正、反	584 正甲、反甲			劉影	本書第 110 則
9498 正、反	7143 正、反	《東研》571b、a	584 正、反甲		李愛輝	本書第 290 則
9506	9848				劉影	本書第 150 則
9539	548				李愛輝	本書第 262 則
9718	9831				李愛輝	本書第 306 則
9722	《合補》5308				李愛輝	本書第 277 則
9725	7920				劉影	本書第 151 則
9814	《合補》1787				劉影	本書第 114 則
9831	9718				李愛輝	本書第 306 則
9848	9506				劉影	本書第 150 則
9941	10042	《英藏》824			趙鵬	本書第 65 則
9974	5977				劉影	本書第 115 則
10029	《合補》5658				劉影	本書第 147 則
10042	《英藏》824	9941			趙鵬	本書第 65 則
10044	1777				趙鵬	本書第 64 則
10099	14141				劉影	本書第 152 則
10104	847				趙鵬	本書第 68 則
10261	2003				李愛輝	本書第 301 則
10494	5330				黄天樹	本書第 37 則
10538	649				何會	本書第 253 則
10562	10968				劉影	本書第 141 則
10702 正	10895				劉影	本書第 142 則
10727	10729	10730			方稚松	本書第 94 則
10729	10727	10730			方稚松	本書第 94 則
10730	10727	10729			方稚松	本書第 94 則
10895	10702 正				劉影	本書第 142 則
10940	14336				劉影	本書第 155 則
10968	10562				劉影	本書第 141 則
10997	18685				黄天樹	本書第 38 則
11170 正	7967				李愛輝	本書第 264 則
11448	17031				李愛輝	本書第 307 則
11482 正、反	7363 正、反	7364			李愛輝	本書第 283 則
11535	6697				黄天樹	本書第 34 則
11584	5044	5045	39812	19106	李延彦	本書第 316 則

拼合號碼					綴合者	序列號
11725	《合補》4180				何會	本書第 261 則
11839	4162				趙鵬	本書第 74 則
11891 正	6279	11918			劉影	本書第 113 則
11918	11891 正	6279			劉影	本書第 113 則
12066 正	《合補》1074				李愛輝	本書第 302 則
12241 正	《合補》723				劉影	本書第 118 則
12400	12442				劉影	本書第 156 則
12442	12400				劉影	本書第 156 則
12515	14508 正				劉影	本書第 144 則
12688	8331				劉影	本書第 135 則
13213	13312				何會	本書第 260 則
13312	13213				何會	本書第 260 則
13355	8070				劉影	本書第 121 則
13442 反	17274				劉影	本書第 109 則
13472	14020				黄天樹	本書第 36 則
13519	13927				劉影	本書第 145 則
13536 正	6158	3664			劉影	本書第 126 則
13561	《英藏》2187				方稚松	本書第 91 則
13692(17984)	15664				黄天樹	本書第 50 則
13868	《合補》5006				何會	本書第 254 則
13927	13519				劉影	本書第 145 則
14020	13472				黄天樹	本書第 36 則
14042	《合補》1008				李延彦	本書第 322 則
14042	《合補》1008	《合補》385			李延彦	本書第 323 則
14115	14116				黄天樹	本書第 44 則
14116	14115				黄天樹	本書第 44 則
14141	10099				劉影	本書第 152 則
14262	《合補》2051				劉影	本書第 106 則
14271	3210				黄天樹	本書第 38 則
14336	10940				劉影	本書第 155 則
14338	15125				劉影	本書第 143 則
14420	8333				劉影	本書第 128 則
14431 正、反	1305 正、反	1506 正、反			李愛輝	本書第 293 則
14474	《合補》1705				齊航福	本書第 191 則

拼合號碼					綴合者	序列號
14508 正	12515				劉影	本書第 144 則
14766	7941 正				李愛輝	本書第 271 則
14879	4915				趙鵬	本書第 71 則
14946	1769				李愛輝	本書第 269 則
14976 正、反	《合補》2163 正、反				李愛輝	本書第 300 則
15125	14338				劉影	本書第 143 則
15193	《合補》714				李愛輝	本書第 282 則
15256	15560				李愛輝	本書第 263 則
15475	1520				趙鵬	本書第 59 則
15483 正	15484				李延彥	本書第 313 則
15484	15483 正				李延彥	本書第 313 則
15560	15256				李愛輝	本書第 263 則
15664	13692				黄天樹	本書第 50 則
15674	1137				黄天樹	本書第 32 則
15777 正反	《合補》2447 正反				李愛輝	本書第 305 則
15948	15949				黄天樹	本書第 46 則
15949	15948				黄天樹	本書第 46 則
15995	《合補》1311				李愛輝	本書第 266 則
16017	8546				劉影	本書第 125 則
16050	《東研》645				黄天樹	本書第 43 則
16112	5400				劉影	本書第 101 則
16182	334				李愛輝	本書第 268 則
16278	6502				李愛輝	本書第 272 則
16281	6266				李愛輝	本書第 288 則
16297	39895	40264			李愛輝	本書第 270 則
16378	5132				劉影	本書第 129 則
16432	19359				李愛輝	本書第 298 則
16438	16478	6690			劉影	本書第 148 則
16449	17387				劉影	本書第 127 則
16478	6690	16438			劉影	本書第 148 則
16900 正	6665 正				劉影	本書第 108 則
16936 正	7202				劉影	本書第 111 則
17031	11448				李愛輝	本書第 307 則

拼合號碼					綴合者	序列號
17096 正（《合補》43 正）	17139				黃天樹	本書第 51 則
17139	17096 正（《合補》43 正）				黃天樹	本書第 51 則
17274	13442 反				劉影	本書第 109 則
17276 正、反	6217	《合補》759 正、反			劉影	本書第 107 則
17387	16449				劉影	本書第 127 則
17394	5598 正				齊航福	本書第 186 則
17466	5451	6820 正	《洹寶》101		黃天樹	本書第 45 則
17869	《英藏》476	7572			李愛輝	本書第 279 則
17984（13692）	15664				黃天樹	本書第 50 則
18032	7015				齊航福	本書第 181 則
18032	7015	4326	《合補》1991		何會	本書第 258 則
18217	23611				劉影	本書第 165 則
18685	10997				黃天樹	本書第 38 則
18707	1095				黃天樹	本書第 7 則
18749	18750				齊航福	本書第 184 則
18750	18749				齊航福	本書第 184 則
18917	6508	6510			趙鵬	本書第 54 則
19106	5044	5045	39812	11584	李延彥	本書第 316 則
19191（53）	19193				黃天樹	本書第 26 則
19193	53（19191）				黃天樹	本書第 26 則
19246	3697 正				李愛輝	本書第 265 則
19283	《合補》5744				李愛輝	本書第 292 則
19359	16432				李愛輝	本書第 298 則
19693	6176	7219			劉影	本書第 105 則
19752	《總集》1036				黃天樹	本書第 40 則
19759	20401				李延彥	本書第 320 則
19976	21172	2402			黃天樹	本書第 31 則
19996	22266	39668	21560		黃天樹	本書第 12 則
20005	21368				黃天樹	本書第 30 則
20077	5011				黃天樹	本書第 14 則
20184	8988				趙鵬	本書第 56 則
20401	19759				李延彥	本書第 320 則

拼合號碼					綴合者	序列號
20947	《乙》1826				黃天樹	本書第 24 則
20964	21310				黃天樹	本書第 21 則
21172	2402	19976			黃天樹	本書第 31 則
21310	20964				黃天樹	本書第 21 則
21368	20005				黃天樹	本書第 30 則
21375	《懷特》434				黃天樹	本書第 47 則
21537	21555				黃天樹	本書第 23 則
21553	22248				黃天樹	本書第 9 則
21555	21537				黃天樹	本書第 23 則
21560	39668	22266	19996		黃天樹	本書第 12 則
21590	21755				黃天樹	本書第 22 則
21708	《英藏》1903				黃天樹	本書第 25 則
21734	21735				黃天樹	本書第 27 則
21735	21734				黃天樹	本書第 27 則
21755	21590				黃天樹	本書第 22 則
21781	21811				黃天樹	本書第 10 則
21791	439				黃天樹	本書第 48 則
21811	21781				黃天樹	本書第 10 則
22105	22424				黃天樹	本書第 15 則
22133	22144				黃天樹	本書第 29 則
22144	22133				黃天樹	本書第 29 則
22172	22351				姚萱	本書第 53 則
22248	21553				黃天樹	本書第 9 則
22266	19996	39668	21560		黃天樹	本書第 12 則
22351	22172				姚萱	本書第 53 則
22403	《英藏》1914				黃天樹	本書第 28 則
22424	22105				黃天樹	本書第 15 則
22476	22477				黃天樹	本書第 33 則
22477	22476				黃天樹	本書第 33 則
22583	23605				劉影	本書第 158 則
22823	22824				黃天樹	本書第 41 則
22824	22823				黃天樹	本書第 41 則
22835	22847				黃天樹	本書第 8 則
22847	22835				黃天樹	本書第 8 則

拼合號碼					綴合者	序列號
23018	24552				劉影	本書第 157 則
23034	《輯佚》474				劉影	本書第 164 則
23118	25321				劉影	本書第 162 則
23202	25261				劉影	本書第 159 則
23461	25063				田敏	本書第 326 則
23605	22583				劉影	本書第 158 則
23611	18217				劉影	本書第 165 則
23749	26119				劉影	本書第 163 則
23766	25442				劉影	本書第 161 則
24432 正	34654				黄天樹	本書第 35 則
24552	23018				劉影	本書第 157 則
24762	26156				方稚松	本書第 92 則
25063	23461				田敏	本書第 326 則
25240	25926				方稚松	本書第 88 則
25243	25894				齊航福	本書第 187 則
25261	23202				劉影	本書第 159 則
25321	23118				劉影	本書第 162 則
25378	《英藏》2243				劉影	本書第 160 則
25442	23766				劉影	本書第 161 則
25894	25243				齊航福	本書第 187 則
25926	25240				方稚松	本書第 88 則
26119	23749				劉影	本書第 163 則
26156	24762				方稚松	本書第 92 則
26321	《北珍》1172				齊航福	本書第 188 則
26885	28035				黄天樹	本書第 13 則
26899	27875				劉影	本書第 171 則
26974	27171				方稚松	本書第 89 則
26980	27281				莫伯峰	本書第 244 則
27010	28156				齊航福	本書第 179 則
27171	26974				方稚松	本書第 89 則
27231	28573				莫伯峰	本書第 205 則
27281	26980				莫伯峰	本書第 244 則
27323	《合補》10291				莫伯峰	本書第 240 則
27397	《屯南》4453				莫伯峰	本書第 248 則

拼合號碼					綴合者	序列號
27432	27473				齊航福	本書第 192 則
27473	27432				齊航福	本書第 192 則
27484	27617				劉影	本書第 166 則
27554	30560	《擄》2240			莫伯峰	本書第 221 則
27554	29415	30560	《擄》2240		莫伯峰	本書第 223 則
27591	30708				莫伯峰	本書第 247 則
27617	27484				劉影	本書第 166 則
27736	27740				黄天樹	本書第 4 則
27740	27736				黄天樹	本書第 4 則
27792	27805	28750			劉影	本書第 174 則
27805	27792	28750			劉影	本書第 174 則
27819	《合補》10397				莫伯峰	本書第 242 則
27875	26899				劉影	本書第 171 則
28035	26885				黄天樹	本書第 13 則
28156	27010				齊航福	本書第 179 則
28218	30689	29427			莫伯峰	本書第 233 則
28315	《屯南》4585				齊航福	本書第 178 則
28543	《英藏》2342				劉影	本書第 176 則
28547	28973				莫伯峰	本書第 224 則
28573	27231				莫伯峰	本書第 205 則
28607	28670				劉影	本書第 167 則
28610	29072				莫伯峰	本書第 243 則
28623	29175				莫伯峰	本書第 228 則
28625	29907	30137			劉影	本書第 172 則
28641	《合補》9128				莫伯峰	本書第 246 則
28656	28714				莫伯峰	本書第 245 則
28670	28607				劉影	本書第 167 則
28678	29248				劉影	本書第 168 則
28714	28656				莫伯峰	本書第 245 則
28749	31059				莫伯峰	本書第 241 則
28750	27792	27805			劉影	本書第 174 則
28782	29244				劉影	本書第 169 則
28933	《英藏》2315				莫伯峰	本書第 225 則
28956	《合補》8997				莫伯峰	本書第 226 則

拼合號碼					綴合者	序列號
28963(29021)	《英藏》2314(41373)				莫伯峰	本書第 251 則
28973	28547				莫伯峰	本書第 224 則
28981	29178				莫伯峰	本書第 230 則
29040	41363				莫伯峰	本書第 249 則
28996	41383				莫伯峰	本書第 250 則
29021(28963)	《英藏》2314(41373)				莫伯峰	本書第 251 則
29072	28610				莫伯峰	本書第 243 則
29175	28623				莫伯峰	本書第 228 則
29178	28981				莫伯峰	本書第 230 則
29244	28782				劉影	本書第 169 則
29248	28678				劉影	本書第 168 則
29258	《合補》9818				莫伯峰	本書第 239 則
29296	29302				李延彥	本書第 311 則
29302	29296				李延彥	本書第 311 則
29403	29711				黄天樹	本書第 16 則
29415	30560	《擴》2240	27554		莫伯峰	本書第 223 則
29427	28218	30689			莫伯峰	本書第 223 則
29449	29524				莫伯峰	本書第 235 則
29524	29449				莫伯峰	本書第 235 則
29532	30434				齊航福	本書第 185 則
29665	31135				莫伯峰	本書第 238 則
29711	29403				黄天樹	本書第 16 則
29907	28625	30137			劉影	本書第 172 則
29984	《合補》9429				莫伯峰	本書第 232 則
29999	31149				莫伯峰	本書第 234 則
30137	28625	29907			劉影	本書第 172 則
30083	《合補》9335				莫伯峰	本書第 227 則
30239	《屯南》815				劉影	本書第 173 則
30351	30734				莫伯峰	本書第 236 則
30434	29532				齊航福	本書第 185 則
30560	《擴》2240	27554			莫伯峰	本書第 221 則
30560	《擴》2240	27554	29415		莫伯峰	本書第 223 則
30685	《英藏》2288				莫伯峰	本書第 229 則
30689	29427	28218			莫伯峰	本書第 233 則

拼合號碼					綴合者	序列號
30708	27591				莫伯峰	本書第 247 則
30734	30351				莫伯峰	本書第 236 則
30806	30951	30807			莫伯峰	本書第 231 則
30807	30806	30951			莫伯峰	本書第 231 則
30810	《合補》10212				齊航福	本書第 193 則
30878	《北珍》0451				齊航福	本書第 189 則
30951	30807	30806			莫伯峰	本書第 231 則
31035	《合補》9465				莫伯峰	本書第 237 則
31059	28749				莫伯峰	本書第 241 則
31111	《合補》9382				劉影	本書第 175 則
31135	29665				莫伯峰	本書第 238 則
31149	29999				莫伯峰	本書第 234 則
32029	32743				莫伯峰	本書第 209 則
32057	33526				莫伯峰	本書第 195 則
32082	34236				莫伯峰	本書第 203 則
32108	33584	35160			莫伯峰	本書第 204 則
32334	34555				莫伯峰	本書第 207 則
32425	34595				莫伯峰	本書第 212 則
32505	32889				莫伯峰	本書第 208 則
32544	32643				莫伯峰	本書第 206 則
32558	32790				方稚松	本書第 90 則
32643	32544				莫伯峰	本書第 206 則
32695 部分	34423				莫伯峰	本書第 211 則
32743	32029				莫伯峰	本書第 209 則
32762 甲正	34680	32762 乙正	33291 部分		莫伯峰	本書第 218 則
32762 乙正	33291 部分	32762 甲正	34680		莫伯峰	本書第 218 則
32790	32558				方稚松	本書第 90 則
32867	33117				黄天樹	本書第 5 則
32889	32505				莫伯峰	本書第 208 則
32890	33044				莫伯峰	本書第 222 則
33044	32890				莫伯峰	本書第 222 則
33117	32867				黄天樹	本書第 5 則
33161	33789				莫伯峰	本書第 215 則
33291 部分	32762 甲正	34680	32762 乙正		莫伯峰	本書第 218 則

拼合號碼					綴合者	序列號
33383	33628	《合補》10674			莫伯峰	本書第 201 則
33462	《合補》10578				莫伯峰	本書第 214 則
33526	32057				莫伯峰	本書第 195 則
33558(29169)	《合補》9173				劉影	本書第 170 則
33584	35160				莫伯峰	本書第 199 則
33584	35160	32108			莫伯峰	本書第 204 則
33615	《英藏》2398				莫伯峰	本書第 213 則
33626	33681				劉影	本書第 97 則
33628	《合補》10674	33383			莫伯峰	本書第 201 則
33635	34641				莫伯峰	本書第 210 則
33656	33808				莫伯峰	本書第 216 則
33681	33626				劉影	本書第 97 則
33770	34630				莫伯峰	本書第 220 則
33789	33161				莫伯峰	本書第 215 則
33808	33656				莫伯峰	本書第 216 則
33844	33954				莫伯峰	本書第 196 則
33954	33844				莫伯峰	本書第 196 則
33985	34701				莫伯峰	本書第 217 則
34236	32082				莫伯峰	本書第 203 則
34328	34459				莫伯峰	本書第 219 則
34423	32695 部分				莫伯峰	本書第 211 則
34459	34328				莫伯峰	本書第 219 則
34494	《合補》10558				莫伯峰	本書第 200 則
34555	32334				莫伯峰	本書第 207 則
34595	32425				莫伯峰	本書第 212 則
34630	33770				莫伯峰	本書第 220 則
34641	33635				莫伯峰	本書第 210 則
34654	24432 正				黄天樹	本書第 35 則
34680	32762 乙正	33291 部分	32762 甲正		莫伯峰	本書第 218 則
34701	33985				莫伯峰	本書第 217 則
34810	《天理》B600	34936			莫伯峰	本書第 197 則
34882	35039	35010			莫伯峰	本書第 198 則
34936	34810	《天理》B600			莫伯峰	本書第 197 則
35010	34882	35039			莫伯峰	本書第 198 則

拼合號碼						綴合者	序列號
35039	35010	34882				莫伯峰	本書第 198 則
35160	33584					莫伯峰	本書第 199 則
35160	32108	33584				莫伯峰	本書第 204 則
35167	35198					黄天樹	本書第 6 則
35178	35185					黄天樹	本書第 18 則
35181	《懷特》1680					黄天樹	本書第 19 則
35185	35178					黄天樹	本書第 18 則
35198	35167					黄天樹	本書第 6 則
35263	《合補》10535 正	35274				方稚松	本書第 83 則
35274	35263	《合補》10535 正				方稚松	本書第 83 則
35989	36004					方稚松	本書第 84 則
36004	35989					方稚松	本書第 84 則
36328	37301					李延彦	本書第 317 則
36591	36697					劉影	本書第 96 則
36697	36591					劉影	本書第 96 則
37074	37146					劉影	本書第 95 則
37146	37074					劉影	本書第 95 則
37301	36328					李延彦	本書第 317 則
37448	《合補》11323					趙鵬	本書第 63 則
37668	37763	37708				李延彦	本書第 319 則
37708	37668	37763				李延彦	本書第 319 則
37763	37708	37668				李延彦	本書第 319 則
37875	37929	37922				黄天樹	本書第 11 則
37922	37875	37929				黄天樹	本書第 11 則
37929	37875	37922				黄天樹	本書第 11 則
38046	《北珍》1870 正					齊航福	本書第 190 則
38878	38880					李延彦	本書第 318 則
38880	38878					李延彦	本書第 318 則
39668	22266	19996	21560			黄天樹	本書第 12 則
39699(3287)	6552 正					方雅松	本書第 82 則
39812	19106	5044	5045	11584		李延彦	本書第 316 則
39817(7782)	7775					趙鵬	本書第 72 則
39863	《合補》1997					李愛輝	本書第 267 則
39895	40264	16297				李愛輝	本書第 270 則

拼合號碼					綴合者	序列號
39975(《英藏》686)	7593				齊航福	本書第 180 則
40264	16297	39895			李愛輝	本書第 270 則
41363	29040				莫伯峰	本書第 249 則
41373(《英藏》2314)	28963(29021)				莫伯峰	本書第 251 則
41383	28996				莫伯峰	本書第 250 則
《合補》94	2723				劉影	本書第 119 則
《合補》385	《合補》1008	14042			李延彥	本書第 323 則
《合補》520 正	《合補》5415 正				李延彥	本書第 314 則
《合補》524	3475				齊航福	本書第 177 則
《合補》596 正、反	7718 正、反				李延彥	本書第 312 則
《合補》624 《合補》657	1				劉影	本書第 133 則
《合補》657 (《合補》624)	1				劉影	本書第 133 則
《合補》714	15193				李愛輝	本書第 282 則
《合補》723	12241 正				劉影	本書第 118 則
《合補》752	《合補》1305				李延彥	本書第 324 則
《合補》759 正、反	17276 正、反	6217			劉影	本書第 107 則
《合補》769	7862				劉影	本書第 124 則
《合補》1008	14042				李延彥	本書第 322 則
《合補》1008	14042	《合補》385			李延彥	本書第 323 則
《合補》1014	《合補》1083				李愛輝	本書第 299 則
《合補》1074	12066 正				李愛輝	本書第 302 則
《合補》1083	《合補》1014				李愛輝	本書第 299 則
《合補》1173 正、臼	4415 正、臼				李愛輝	本書第 284 則
《合補》1223	4066				何會	本書第 255 則
《合補》1305	《合補》752				李延彥	本書第 324 則
《合補》1311	15995				李愛輝	本書第 266 則
《合補》1340	3539				李愛輝	本書第 286 則
《合補》1680	7078				何會	本書第 259 則
《合補》1705	14474				齊航福	本書第 191 則
《合補》1787	9814				劉影	本書第 114 則
《合補》1881	7497				李愛輝	本書第 274 則
《合補》1991	4326	18032	7015		何會	本書第 258 則

拼合號碼					綴合者	序列號
《合補》1997	39863				李愛輝	本書第 267 則
《合補》2051	14262				劉影	本書第 106 則
《合補》2159 正、反	7964 正、反				李愛輝	本書第 291 則
《合補》2163	14976 正、反				李愛輝	本書第 300 則
《合補》2447 正反	15777 正反				李愛輝	本書第 305 則
《合補》2748	《合補》2749				李愛輝	本書第 296 則
《合補》2749	《合補》2748				李愛輝	本書第 296 則
《合補》2793	4173				何會	本書第 256 則
《合補》2819	《合補》5876				李愛輝	本書第 294 則
《合補》3016	9144				李愛輝	本書第 281 則
《合補》3206	《合補》6443				李愛輝	本書第 304 則
《合補》3403	《英藏》848				李愛輝	本書第 275 則
《合補》4180	11725				何會	本書第 261 則
《合補》4507	6249				劉影	本書第 116 則
《合補》4565	6203				李愛輝	本書第 276 則
《合補》5006	13868				何會	本書第 254 則
《合補》5308	9722				李愛輝	本書第 277 則
《合補》5356	6914	6501			李愛輝	本書第 280 則
《合補》5415 正	《合補》520 正				李延彥	本書第 314 則
《合補》5529	6491				李愛輝	本書第 278 則
《合補》5597	584 正甲	9498 正	7143 正	《東研》571b	李愛輝	本書第 295 則
《合補》5658	10029				劉影	本書第 147 則
《合補》5744	19283				李愛輝	本書第 292 則
《合補》5876	《合補》2819				李愛輝	本書第 294 則
《合補》6443	《合補》3206				李愛輝	本書第 304 則
《合補》8997	28956				莫伯峰	本書第 226 則
《合補》9128	28641				莫伯峰	本書第 246 則
《合補》9173	33558(29169)				劉影	本書第 170 則
《合補》9335	30083				莫伯峰	本書第 227 則
《合補》9382	31111				劉影	本書第 175 則
《合補》9429	29984				莫伯峰	本書第 232 則
《合補》9465	31035				莫伯峰	本書第 237 則
《合補》9818	29258				莫伯峰	本書第 239 則
《合補》10212	30810				齊航福	本書第 193 則

拼合號碼					綴合者	序列號
《合補》10291	27323				莫伯峰	本書第 240 則
《合補》10397	27819				莫伯峰	本書第 242 則
《合補》10414	《英藏》2473 (《合補》39532)				莫伯峰	本書第 202 則
《合補》10535 正	35274	35263			方稚松	本書第 83 則
《合補》10558	34494				莫伯峰	本書第 200 則
《合補》10578	33462				莫伯峰	本書第 214 則
《合補》10674	33383	33628			莫伯峰	本書第 201 則
《合補》11323	37448				趙鵬	本書第 63 則
《懷特》434	21375				黄天樹	本書第 47 則
《懷特》439	7151 正				趙鵬	本書第 61 則
《懷特》913	6674				劉影	本書第 134 則
《懷特》1680	35181				黄天樹	本書第 19 則
《英藏》476	7572	17869			李愛輝	本書第 279 則
《英藏》477	7325				劉影	本書第 154 則
《英藏》686(39975)	7593				齊航福	本書第 180 則
《英藏》716	7795	7799			趙鵬	本書第 73 則
《英藏》730	1111 正				趙鵬	本書第 70 則
《英藏》824	9941	10042			趙鵬	本書第 65 則
《英藏》835	4037				黄天樹	本書第 2 則
《英藏》848	《合補》3403				李愛輝	本書第 275 則
《英藏》1101	993				趙鵬	本書第 57 則
《英藏》1188	《英藏》1189				李延彦	本書第 310 則
《英藏》1189	《英藏》1188				李延彦	本書第 310 則
《英藏》1352 正、反	《合》6143 正、反				李延彦	本書第 315 則
《英藏》1903	21708				黄天樹	本書第 25 則
《英藏》1914	22403				黄天樹	本書第 28 則
《英藏》2187	13561				方稚松	本書第 91 則
《英藏》2243	25378				劉影	本書第 160 則
《英藏》2288	30685				莫伯峰	本書第 229 則
《英藏》2314(41373)	28963				莫伯峰	本書第 251 則
《英藏》2315	28933				莫伯峰	本書第 225 則
《英藏》2342	28543				劉影	本書第 176 則
《英藏》2398	33615				莫伯峰	本書第 213 則

拼合號碼					綴合者	序列號
《英藏》2473	《合補》10414				莫伯峰	本書第 202 則
《屯南》672	《屯南》3394				黃天樹	本書第 1 則
《屯南》815	30239				劉影	本書第 173 則
《屯南》905	《屯南》3438				黃天樹	本書第 3 則
《屯南》1050	《屯南》2865	《屯南》1719			黃天樹	本書第 17 則
《屯南》1719	《屯南》2865	《屯南》1050			黃天樹	本書第 17 則
《屯南》2691	4935				黃天樹	本書第 20 則
《屯南》2865	《屯南》1050	《屯南》1719			黃天樹	本書第 17 則
《屯南》3394	《屯南》672				黃天树	本書第 1 則
《屯南》3438	《屯南》905				黃天樹	本書第 3 則
《屯南》4453	27397				莫伯峰	本書第 248 則
《屯南》4585	28315				齊航福	本書第 178 則
《乙》1826	20947				黃天樹	本書第 24 則
《乙》6992	《乙補》803	R26814			李延彥	本書第 321 則
《乙》7107	《乙》7327				齊航福	本書第 183 則
《乙》7327	《乙》7107				齊航福	本書第 183 則
《乙補》803	《乙》6992	R26814			李延彥	本書第 321 則
《花東》123	《輯佚》561				莫伯峰	本書第 194 則
《花東》395	《花東》548				方稚松	本書第 77 則
《花東》432	《花東》553（花東 397 重）				姚萱	本書第 52 則
《花東》433	《花東》434	《花東》529			方稚松	本書第 78 則
《花東》434	《花東》529	《花東》433			方稚松	本書第 78 則
《花東》529	《花東》433	《花東》434			方稚松	本書第 78 則
《花東》548	《花東》395				方稚松	本書第 77 則
《花東》553（花東 397 重）	《花東》432				姚萱	本書第 52 則
《洹寶》101	5451	17466	6820 正		黃天樹	本書第 45 則
《輯佚》16	217				趙鵬	本書第 66 則
《輯佚》35	5212				趙鵬	本書第 67 則
《輯佚》118	625	6286			劉影	本書第 132 則
《輯佚》474	23034				劉影	本書第 164 則
《輯佚》561	《花東》123				莫伯峰	本書第 194 則
《擄》2240	27554	30560			莫伯峰	本書第 221 則

拼合號碼					綴合者	序列號
《擴》2240	27554	29415	30560		莫伯峰	本書第 223 則
《天理》B600	34936	34810			莫伯峰	本書第 197 則
《總集》1036	19752				黄天樹	本書第 40 則
USB698	8539				劉影	本書第 149 則
E26814	《乙補》803	《乙》6992			李延彥	本書第 321 則
《存補》4.1.1	7690				劉影	本書第 140 則
《東研》327	7370				李愛輝	本書第 285 則
《東研》571b	7143 正	《合補》5597	584 正甲	9498 正	李愛輝	本書第 295 則
《東研》571b、a	584 正、反甲	9498 正、反	7143 正、反		李愛輝	本書第 290 則
《東研》645	16050				黄天樹	本書第 43 則
《東文庫》193	544				劉影	本書第 153 則
《北珍》451	30878				齊航福	本書第 189 則
《北珍》1172	26321				齊航福	本書第 188 則
《北珍》1870 正	38046				齊航福	本書第 190 則
《拾遺(續五)》4	8672				方稚松	本書第 93 則
《京》2053	2688	2701			趙鵬	本書第 75 則
《所》1922	《所》1923				趙鵬	本書第 76 則
《所》1923	《所》1922				趙鵬	本書第 76 則

附錄六

2004～2010年甲骨新綴號碼表

說明:蔡哲茂先生編有《〈甲骨文合集〉綴合號碼表》等,附於《甲骨綴合集》(1999年)書末出版;後來又對《〈甲骨文合集〉綴合號碼表》等作了增補,附於《甲骨綴合續集》(2004年)書末出版。這些表使讀者對各家綴合成果一目瞭然。但是,蔡先生《〈甲骨文合集〉綴合號碼表》等收錄的綴合成果截止2004年8月止。為此,莫伯峰、王子揚編寫了《2004～2010年甲骨新綴號碼表》,繼續收錄2004年到2010年7月各家綴合的新成果。本表所收的綴合成果,主要見於下列八種甲骨著錄書。爲了便於查閲,這八種甲骨著錄書依據出版時間為序來排列:《合集》(1978年)、《懷特》(1979年)、《屯南》(1980年)、《英藏》(1985年)、《天理》)(1987年)、《合補》(1999年)、《花東》(2003年)、《輯佚》(2008年)。爲了使表格簡潔,凡《合補》已經收錄的綴合成果,徑直標注《合補》編號;凡林宏明先生《醉古集》收錄的綴合成果,徑直標注"已綴入《醉古集》第×則"。

合1	合補657(合補624)				
合29	合3706				
合53(合19191)	合4673	合22482	合7024	合19193	山東226
合99	乙補6752	乙6431	乙8445	合8990正	
合102	存補5.431.1	合1520	合15475	0	
合119	合125	合123	乙補2084		
合123	合125	合119	乙補2084		
合125	合119	合123	乙補2084		
合140	合11416				
合185	合5175				
合217	輯佚16				
合278	合3228(合5755)				
合297	合431				
合334	合16182				
合341	合343				
合343	合341				
合359	合5145				

合 439	合 21791				
合 454 正反	已綴入《醉古集》第 32 則				
合 465	合 4025				
合 478 正反	已綴入《醉古集》第 124 則				
合 479	合補 3477				
合 517 正反	合 1395 正反				
合 522	合 7150				
合 544	東文庫 193				
合 548	合 9539				
合 557	甲骨文集 3. 0. 1814				
合 562 正反	合 7715 正反				
合 584 正甲	合 7143	合 9498	合補 5597	東大 B571a	
合 584 反甲	合 7143 反	合 9498 反	東大 517b		
合 588 正	合 589				
合 589	合 588 正				
合 624	乙 8803	合 21511	乙 8731	合 21578	合 22277 部分
	乙 8838	乙 8847	合 21505	合 20887	
合 625	輯佚 118	合 6286			
合 641 正	乙補 440	乙補 1447	乙補 1557	乙 7681	
合 641 反	乙補 1448	乙 7682			
合 643 正反	已綴入《醉古集》第 23 則				
合 649	合 10538				
合 663	合 14074	東文庫 111 正倒	英藏 125 正		
合 664(合 32163)	合 35128	掇三 214	合 35331		
合 728	合 15101	合 09906			
合 729	合 792				
合 766	合 3332				
合 774	已綴入《醉古集》第 54 則				
合 776 正	已綴入《醉古集》第 153 則				
合 777 正	合 9274 正	乙補 6493	乙 2473	乙補 91 正	
合 777 反	合 9274 反	乙補 6494	乙 2474	乙補 91 反	
合 778 正反	已綴入《醉古集》第 54 則				
合 792	合 729				
合 829	乙補 1335	乙補 1376	乙補 1538	乙補 1367	乙 1593
	乙補 1347				

合 847	合 10104				
合 848	已綴入《醉古集》第 265 則				
合 891	已綴入《醉古集》第 308 則				
合 907	合 2947				
合 915 正反	已綴入《醉古集》第 373 則				
合 930	已綴入《醉古集》第 87 則				
合 941	已綴入《醉古集》第 324 則				
合 973 正反	已綴入《醉古集》第 309 則				
合 993	英藏 1101				
合 1004 甲、乙	合 2461	無號甲	合 16075	乙補 2093	乙補 6878
合 1006 正反	已綴入《醉古集》第 362 則				
合 1040	已綴入《醉古集》第 267 則				
合 1056 正反	合 1305 正反	合 14431 正反			
合 1078	合 4203	合 3397	合 3782		
合 1089	合 5913				
合 1111 正	英藏 730				
合 1122	已綴入《醉古集》第 229 則				
合 1191 正反	已綴入《醉古集》第 310 則				
合 1197	合 1202				
合 1202	合 1197				
合 1224	合補 1846(合 6149)				
合 1231	已綴入《醉古集》第 37 則				
合 1248	合 13642	乙 2934	乙 3367	乙 1617	
合 1276	合 8571	合 6244			
合 1277	合 39859				
合 1305 正反	合補 4980 正反				
合 1306	合 8094				
合 1364 正	合 5381	合 1410	合 1463 乙	合 1463 甲	乙補 805
	乙 7189	乙補 6503	乙補 1154	乙補 875	乙 3604
	乙補 870	乙 1128	乙 7244		
合 1381	合 5565				
合 1385 反	乙補 5934				
合 1395 正反	合 517 正反				
合 1402 正	已綴入《醉古集》第 260 則				

合 1410	合 5381	合 1364 正	合 1463 乙	合 1463 甲	乙補 805
	乙 3604	乙 7189	乙補 6503	乙補 1154	乙補 0875
	乙補 870	乙 1128	乙 7244		
合 1430	已綴入《醉古集》第 90 則				
合 1463 正甲、乙	乙 7244	合 1410 正	合 5381	合 1364 正	乙補 805
	乙 3604	乙 7189	乙補 6503	乙補 1154	乙補 0875
	乙補 870	乙 1128			
合 1469	合 2292				
合 1471	合補 8				
合 1520	合 102	存補 5. 431. 1	合 15475		
合 1558	合 13385				
合 1559	合 4288 正				
合 1571	英藏 608(合 39514)				
合 1590	合 19152 正				
合 1605	合 15046				
合 1670	合 15726	乙補 5398			
合 1674	合 5486				
合 1694 正反	已綴入《醉古集》第 32 則				
合 1706	合補 4589(天理 214)				
合 1710 正	乙 6974	乙補 841	乙補 5691	合 1750 正	
合 1717	已綴入《醉古集》第 105 則				
合 1720	已綴入《醉古集》第 380 則				
合 1750 正	乙 6974	乙補 841	乙補 5691	合 1710 正	
合 1757	已綴入《醉古集》第 380 則				
合 1777	合 10044	史購 45	史購 297		
合 1784	合 1829				
合 1829	合 1784				
合 1869 正反	已綴入《醉古集》第 373 則				
合 1924	合 11115(合 40185)				
合 2003	合 10261				
合 2033	合補 3263				
合 2071	乙 8640	乙補 4872	乙 4334		
合 2091	合補 865				
合 2108	合 5466				
合 2117 正	乙補 6595	合 17231			

合 2117 反	已綴入《醉古集》第 99 則				
合 2130	已綴入《醉古集》第 43 則				
合 2168	已綴入《醉古集》第 99 則				
合 2191 正	已綴入《醉古集》第 165 則				
合 2191 反	合 18242	乙補 2461			
合 2204	合 17992	合 17796 正	合 17309		
合 2236	已綴入《醉古集》第 360 則				
合 2292	合 1469				
合 2341	合 14095				
合 2353 正反	已綴入《醉古集》第 371 則				
合 2358 正	已綴入《醉古集》第 371 則				
合 2389 正	已綴入《醉古集》第 44 則				
合 2393	已綴入《醉古集》第 250 則				
合 2394	乙補 4199	合 2433	乙補 4708		
合 2399 正	已綴入《醉古集》第 250 則				
合 2430	甲 2986				
合 2433	已綴入《醉古集》第 106 則				
合 2461	合 1004 甲	合 1004 乙	合 16075	乙補 2093	乙補 6878
		無號甲			
合 2476 正	合 15232				
合 2488 正	合 11372				
合 2521 正乙	已綴入《醉古集》第 305 則				
合 2521 反甲	已綴入《醉古集》第 305 則				
合 2527	合 12652				
合 2599	合 3106				
合 2640	已綴入《醉古集》第 297 則				
合 2642	合 2658				
合 2649 正	合 7292				
合 2658	合 2642				
合 2667 正反	已綴入《醉古集》第 61 則				
合 2682	史購 148				
合 2688	合 2701	京津 2053			
合 2701	合 2688	京津 2053			
合 2707	合 14030				
合 2723	合補 948				

合 2734	合 9534				
合 2763 正	已綴入《醉古集》第 231 則				
合 2775	已綴入《醉古集》第 44 則				
合 2778	合 19724 正	合補 2136 正			
合 2823	合 2850	乙補 4805	乙 4418	乙補 4548	乙補 4802
	無號甲				
合 2827 正反	已綴入《醉古集》第 332 則				
合 2850	合 2823	乙補 4805	乙 4418	乙補 4548	乙補 4802
	無號甲				
合 2859	合 3301				
合 2936	已綴入《醉古集》第 86 則				
合 2947	合 907				
合 2967 正反	已綴入《醉古集》第 377 則				
合 3010 正	合補 2043(合補 2019)				
合 3018	合 17333	合 15417			
合 3055	已綴入《醉古集》第 36 則				
合 3104	合 18404				
合 3106	合 2599				
合 3147	合 3155	合 11149	史購 108		
合 3155	合 3147	合 11149	史購 108		
合 3165 正	乙補 2611	合 3174	乙 2976		
合 3171 正反	已綴入《醉古集》第 143 則				
合 3174	乙補 2611	合 3165 正	乙 2976		
合 3228(合 5755)	合 278				
合 3243	合 3244	合 10331	合 15205	乙 5217	乙 2935
	乙 2986				
合 3244	合 3243	合 10331	合 15205	乙 5217	乙 2935
	乙 2986				
合 3251	合 6815				
合 3271 正反	已綴入《醉古集》第 55 則				
合 3282	已綴入《醉古集》第 309 則				
合 3287(合 39699)	合 6552 正				
合 3288	合 10208				
合 3296 正	合 3299				
合 3299	合 3296 正				

合 3300	合 4620 正				
合 3301	合 2859				
合 3307	合 9486				
合 3332	合 766 正				
合 3375	合 6840				
合 3397	合補 39	合 3782			
合 3400	已綴入《醉古集》第 55 則				
合 3406 正反	已綴入《醉古集》第 340 則				
合 3469	東文研 390				
合 3473	東文研 B0527b				
合 3475	懷特 899				
合 3524	已綴入《醉古集》第 231 則				
合 3529	合 12813 正	合 13598	懷特 956		
合 3539	合補 1340				
合 3578	合補 687				
合 3588	合 6912				
合 3606	合 10607				
合 3611 正反	已綴入《醉古集》第 100 則				
合 3662	合補 520 正	合補 5415 正			
合 3664	合 6158	合 13536 正			
合 3672	已綴入《醉古集》第 134 則				
合 3688	合 20817				
合 3697 正	合 19246				
合 3706	合 29				
合 3707	英藏 724(合 40360)				
合 3728	合補 5209	甲釋 143	甲 3320		
合 3780(合 7571 正)	合 7890				
合 3782	合補 39	合 3397			
合 3800 正反	已綴入《醉古集》第 360 則				
合 3814	已綴入《醉古集》第 73 則				
合 3832	已綴入《醉古集》第 364 則				
合 3869 正反	已綴入《醉古集》第 359 則				
合 3895 正	合 6990				
合 3971 正	已綴入《醉古集》第 150 則				

合 3974	合 8408				
合 3992	已綴入《醉古集》第 150 則				
合 4025	合 465				
合 4090	合 6450				
合 4100	合 5093				
合 4102	已綴入《醉古集》第 330 則				
合 4135	合補 749	合 4209			
合 4140	合 15754				
合 4162	合 11839				
合 4173	合補 2793				
合 4197 正甲、乙	乙 251	乙補 245			
合 4203	合 3397	合 1078	合 3782		
合 4209	合補 749	合 4135			
合 4249	已綴入《醉古集》第 231 則				
合 4274	合補 1961				
合 4288 正	合 1559				
合 4326	合 18032	合 7015	合補 1991		
合 4349 正反甲、乙	已綴入《醉古集》第 59 則				
合 4385	合 14915				
合 4415	合補 1173				
合 4604	合 4605				
合 4605 正	合 4604				
合 4620 正	合 3300				
合 4654（合 12878 反）	合 7855				
合 4673	合 53（合 19191）	合 22482	合 7024	合 19193	山東 226
合 4685	合 35216				
合 4686	合 35204				
合 4757	合 5799				
合 4773 正	合 9067	乙補 6252	乙補 6104	合 18165 的正面	合 17304
	合 17695 正				
合 4773 反	合 18165	合 17695 反	合 9067 的反面	合 17304 的反面	乙補 6105
合 4811	合 7687（合補 1960）	合 7699 正			
合 4820（合補 2284）	合 12080				

合 4835	已綴入《醉古集》第 36 則				
合 4836	已綴入《醉古集》第 36 則				
合 4838	合 7880	乙 688			
合 4907 正反	已綴入《醉古集》第 340 則				
合 4915	合 14879				
合 4919	合 15528 正	合 39987			
合 4963	合 26804				
合 4994	合 6940				
合 5008	合 6898				
合 5044	合 19106	合 5045	英藏 436（合 39812）	合 11584	
合 5045	合 5044	合 19106	英藏 436（合 39812）	合 11584	
合 5071	合補 3215				
合 5080	合 17331	合 9572			
合 5093	合 4100				
合 5132	合 16378				
合 5145	合 359				
合 5160	合 7802				
合 5175	合 185				
合 5212	輯佚 35				
合 5240	合 8538				
合 5305 正反	已綴入《醉古集》第 166 則				
合 5325	合 12830				
合 5380	已綴入《醉古集》第 367 則				
合 5381	合 1364 正	合 1410 正	合 1463 正乙	合 1463 正甲	乙補 805
	乙 3604	乙 7189	乙補 6503	乙補 1154	乙補 0875
	乙補 870	乙 1128	乙 7244		
合 5400	合 16112				
合 5412 正	已綴入《醉古集》第 331 則				
合 5425	合 13603				
合 5451	合 17466	合 6820	洹寶 101		
合 5466	合 2108				
合 5471 甲、乙	合補 3014	屯南 5753			
合 5486	合 1674				

合 5531 正	乙 590				
合 5532 正	乙補 6642				
合 5565	合 1381				
合 5598 正	合 17394				
合 5633	合 21915				
合 5654	已綴入《醉古集》第 302 則				
合 5714	合 5720				
合 5720	合 5714				
合 5755（合 3228）	合 278				
合 5758（合 8855）	合 19486				
合 5776 正	已綴入《醉古集》第 58 則				
合 5779	甲 2514	甲 2534	合補 9484（合補 10389）		
合 5799	合 4757				
合 5913	合 1089				
合 5977	合 9974				
合 6017 正反	合 16124 正反				
合 6059	合 7152 正				
合 6062	合補 6438				
合 6073	合 18596				
合 6082	合 7326 正				
合 6143 正反	英藏 1352 正反				
合 6149（合補 1846）	合 1224				
合 6157	合 7318	史購 40			
合 6158	合 3664	合 13536 正			
合 6164	合 8524	史購 52			
合 6166	合 7405 正				
合 6172	合 7299				
合 6173	合補 562				
合 6195	合 6268	存補 5. 140. 2			
合 6203	合補 4565				
合 6217	合 17276 正	合補 759 正			
合 6221	合 8562				
合 6238	合 6262				

合 6242	合 6267					
合 6244	合 8571	合 1276				
合 6249	合補 4507					
合 6258	合 6282					
合 6262	合 6238					
合 6266	合 16281					
合 6267	合 6242					
合 6268	合 6195	存補 5. 140. 2				
合 6279	合 11891 正	合 11918				
合 6282	合 6258					
合 6286	輯佚 118	合 625				
合 6390	東文研 287					
合 6408	合 7314					
合 6450	合 4090					
合 6481	合 7502					
合 6491	合補 5529					
合 6495	合 11525					
合 6501	合 6914	合補 5356				
合 6502	合 16278					
合 6517	合 7532					
合 6527	合 6529	合 7537				
合 6529	合 6527	合 7537				
合 6530 正	已綴入《醉古集》第 343 則					
合 6552 正	合 3287(合 39699)					
合 6644	英藏 657					
合 6665 正	合 16900 正					
合 6674	懷 913					
合 6690	合補 4615					
合 6715	合 6716					
合 6716	合 6715					
合 6815	合 3251					
合 6820	合 17466	合 5451	洹寶 101			
合 6840	合 3375					
合 6892 正	合 6893					
合 6893	合 6892 正					

合 6898	合 5008				
合 6912	合 3588				
合 6914	合 6501	合補 5356			
合 6940	合 4994				
合 6990	合 3895 正				
合 7015	合 18032				
合 7024	合 22482	合 4673	合 53(合 19191)	合 19193	山東 226
合 7078	合補 1680				
合 7136 正反	合 7164 正反				
合 7143 正	合 584 正甲	合 9498 正	合補 5597	東大 B571a	
合 7143 反	合 584 反甲	合 9498 反	東大 571b		
合 7150	合 522				
合 7151 正	懷 439				
合 7152 正	合 6059				
合 7156 正	合 9841				
合 7159 正反	合 17697 正反				
合 7164 正反	合 7136 正反				
合 7189	合 17827 正				
合 7192	乙補 4327	乙補 4329			
合 7202	合 16936 正				
合 7219	合補 1773				
合 7230	合補 833				
合 7292	合 2649 正				
合 7299	合 6172				
合 7314	合 6408				
合 7318	合 6157	史購 40			
合 7320 右半	北大 1576	善齋 7. 60. 1			
合 7325	英藏 477				
合 7326 正	合 6082				
合 7327	合 7333 正				
合 7332	合 7511				
合 7333 正	合 7327				
合 7363 反	合 11482 反				
合 7370	東文研 327				
合 7386	合補 5670				

合 7390	東文庫 206				
合 7396	合 7404				
合 7400	合 7425				
合 7404	合 7396				
合 7405 正	合 6166				
合 7407 正	已綴入《醉古集》第 337 則				
合 7425	合 7400				
合 7497	合補 1881				
合 7502	合 6481				
合 7511	合 7332				
合 7532	合 6517				
合 7537	合 6529	合 6527			
合 7571 正 (合 3780)	合 7890				
合 7584 部分正反	已綴入《醉古集》第 59 則				
合 7593	英藏 686				
合 7687 (合補 1960)	合 7699 正	合 4811			
合 7690	存補 4.1.1				
合 7699 正	合 7687(合補 1960)	合 4811			
合 7699 反	上博 49003.247 反				
合 7715 正	合 562 正				
合 7718 正反	合補 596 正反				
合 7775	合 7782(合 39817)				
合 7780 正	合補 3338	合補 543			
合 7782(合 39817)	合 7775				
合 7795	合補 2216				
合 7802	合 5160				
合 7854 正	英藏 1106				
合 7855	合 12878 反(合 4654)				
合 7862	合補 769(合 39727)				
合 7880	合 4838	乙 688			
合 7890	合 7571 正(合 3780)				
合 7906	已綴入《醉古集》第 85 則				
合 7907	已綴入《醉古集》第 85 則				

合 7920	合 9725				
合 7941 正	合 14766				
合 7942	乙補 5965	乙 7110			
合 7961	合 32781				
合 7964 正反	合補 2159 正反				
合 7967	合 11170 正				
合 7996		已綴入《醉古集》第 150 則			
合 8015		已綴入《醉古集》第 254 則			
合 8034	合 8035				
合 8035	合 8034				
合 8037	合 13165	上博 54796. 8			
合 8055	乙補 164				
合 8065(合 15586)	合補 109				
合 8070	合 13355				
合 8094	合 1306				
合 8129 正	合 16178	乙 7820	乙補 6919	乙補 5389	乙 8430
	乙補 2811				
合 8129 反	乙 8431	乙補 5390	乙 8389	乙補 6486	乙 8457
	乙補 2811 的反面	乙補 2391			
合 8331	合 12688				
合 8333	合 14420				
合 8359	合 36417				
合 8408	合 3974				
合 8411		已綴入《醉古集》第 357 則			
合 8443		已綴入《醉古集》第 330 則			
合 8472 正甲、丙	乙補 5510				
合 8501 正	合 18925				
合 8524	合 6164				
合 8524	合 6164	史購 52			
合 8538	合 5240				
合 8539	USB698				
合 8546	合 16017				
合 8562	合 6221				
合 8571	合 1276	合 6244			
合 8594 正反		已綴入《醉古集》第 257 則			

合 8672	殷墟甲骨拾遺(续五)4				
合 8778	乙補 6704	乙 3146			
合 8779	乙補 1238				
合 8780	已綴入《醉古集》第 334 則				
合 8802	合 8934				
合 8824	乙 3910				
合 8855(合 5758)	合 19486				
合 8917 正反	已綴入《醉古集》第 50 則				
合 8934	合 8802				
合 8963 正	乙 3956				
合 8988	合 20184(合 18647)				
合 8990 正	乙 8445	乙 6431	乙補 6752	合 99	
合 9009 正反	已綴入《醉古集》第 196 則				
合 9017 正	合 9566	乙 6829			
合 9054 正反	合 11421 正反				
合 9067	合 4773 正	合 18165 的正面	乙補 6252	乙補 6104	合 17304
	合 17695 正				
合 9069	合 9071				
合 9071	合 9069				
合 9144	合補 3016				
合 9187	已綴入《醉古集》第 105 則				
合 9230	已綴入《醉古集》第 369 則				
合 9257 正反	已綴入《醉古集》第 345 則				
合 9274 正	合 777 正	乙 2473	乙補 6493		
合 9274 反	乙補 91	合 777 反	乙補 6494	乙 2474	
合 9322 正反	已綴入《醉古集》第 372 則				
合 9443	已綴入《醉古集》第 332 則				
合 9473	合 9475				
合 9475	合 9473				
合 9486	合 3307				
合 9497	合 21288				
合 9498 正	合補 5597	東大 B571a	合 7143 正		
合 9498 反	合 584 反甲	東大 B571b	合 7143 反		
合 9504 正	已綴入《醉古集》第 197 則				

合 9505	已綴入《醉古集》第 372 則				
合 9506	合 9848				
合 9534	合 2734				
合 9539	合 548				
合 9554	合 19426	合 9555	乙 3362	乙補 2870	
合 9555	合 9554	合 19426	乙 3362	乙補 2870	
合 9560	甲骨文集 3.0.1817	甲骨文集 3.0.1823			
合 9566	合 9017	乙 6829			
合 9572	合 5080	合 17331			
合 9594	合 9605				
合 9605	合 9594				
合 9713(合 40096)	合 10089				
合 9718	合 9831				
合 9722	合補 5308				
合 9725	合 7920				
合 9750	已綴入《醉古集》第 348 則				
合 9802	已綴入《醉古集》第 348 則				
合 9814	合補 1787				
合 9831	合 9718				
合 9841	合 7156 正				
合 9848	合 9506				
合 9849	已綴入《醉古集》第 376 則				
合 9906	合 15101	合 728			
合 9934 正	已綴入《醉古集》第 344 則				
合 9936	乙補 3502 倒	乙補 3568 倒	乙 3830 正	乙補 3517	乙 3824
	乙補 3533	乙補 3539			
合 9941	英藏 824	合 10042			
合 9955	已綴入《醉古集》第 344 則				
合 9967	合 10143				
合 9974	合 5977				
合 9997	合 10052				
合 10026 正反	已綴入《醉古集》第 48 則				
合 10029	合補 5658				
合 10034	已綴入《醉古集》第 48 則				

合 10040	已綴入《醉古集》第 360 則				
合 10042	英藏 824	合 9941			
合 10044	合 1777	史購 45	史購 297		
合 10052	合 9997				
合 10089	合 9713(合 40096)				
合 10099	合 14141				
合 10104	合 847				
合 10143	合 9967				
合 10198 正	乙 507	乙 306	乙 318	乙 5104	乙 4138
合 10208	合 3288				
合 10261	合 2003 正				
合 10292	合 12309				
合 10331	合 3244	合 3243	合 15205	乙 5217	乙 2935
	乙 2986				
合 10538	合 649				
合 10562	合 10968				
合 10584	合補 6113				
合 10607	合 3606				
合 10620 正	合 10970 正右半				
合 10702 正	合 10895				
合 10724	英藏 1920				
合 10729	合補 2651				
合 10863 正反	已綴入《醉古集》第 150 則				
合 10895	合 10702 正				
合 10899	乙補 4796				
合 10940	合 14336				
合 10948 正上下、反	已綴入《醉古集》第 377 則				
合 10968	合 10562				
合 10970 正右半	合 10620 正				
合 10970 左半	輯佚 3				
合 11115(合 40185)	合 1924	史購 45	史購 297		
合 11149	合 3155	合 3147	史購 108		
合 11170 正	合 7967				
合 11303	合 22511	乙 9049	乙補 7437		

合 11372	合 2488 正				
合 11373	合 37706				
合 11416	合 140 正				
合 11421 正反	合 9054 正反				
合 11448	合 17031				
合 11479	已綴入《醉古集》第 367 則				
合 11482 正	合補 462				
合 11482 反	合 7363 反				
合 11525	合 6495				
合 11546	甲骨文集 3.0.1819				
合 11553	已綴入《醉古集》第 93 則				
合 11584	英藏 436(合 39812)	合 5045	合 5044	合 19106	
合 11671	合 11672				
合 11672	合 11671				
合 11674 正	已綴入《醉古集》第 68 則				
合 11702	合 17710				
合 11706	合 17305				
合 11725	合補 4180				
合 11746	已綴入《醉古集》第 328 則				
合 11762 正反	已綴入《醉古集》第 364 則				
合 11804	合補 3751(天理 126)	上博 496.537			
合 11814	合 12907				
合 11832	合 20771	乙 84			
合 11835 正反	已綴入《醉古集》第 258 則				
合 11839	合 4162				
合 11882 正反	已綴入《醉古集》第 359 則				
合 11891 正	合 6279	合 11918			
合 11918	合 11891 正	合 6279			
合 11971 正	合 14579	合 12976	合 14599	合補 4497	乙 7616
	合 16189	合 14580	乙 8358	乙補 555	乙補 612
	乙補 3000	丙補 30	合 14577 正		
合 11971 反	乙補 556	乙補 613			
合 12057	已綴入《醉古集》第 161 則				
合 12066 正	合補 1074				
合 12080	合補 2284(合 4820)				

合 12160	乙 7503	乙 7354			
合 12241 正	合補 723				
合 12260	山東 1420				
合 12309	合 10292				
合 12312 正甲乙、反	已綴入《醉古集》第 381 則				
合 12315 正反	已綴入《醉古集》第 315 則				
合 12318 正反	已綴入《醉古集》第 249 則				
合 12324 正	已綴入《醉古集》第 226 則				
合 12348	乙補 1621				
合 12367	乙 5195	乙 5136			
合 12376	已綴入《醉古集》第 368 則				
合 12393	合 12413				
合 12400	合 12442				
合 12409	已綴入《醉古集》第 292 則				
合 12413	合 12393				
合 12432	合 19251				
合 12442	合 12400				
合 12446 部分	已綴入《醉古集》第 284 則				
合 12447	已綴入《醉古集》第 63 則				
合 12466 正反	已綴入《醉古集》第 361 則				
合 12476	合 13447				
合 12515	合 14508 正				
合 12652	合 2527				
合 12688	合 8331				
合 12762	合補 3792				
合 12813 正	合 3529	合 13598	懷特 956		
合 12814 正	合 13601				
合 12814 反	合補 1515				
合 12830	合 5325				
合 12841 正	已綴入《醉古集》第 123 則				
合 12863	已綴入《醉古集》第 332 則				
合 12878 正	合 14167				
合 12878 反（合 4654）	合 7855				

合 12907	合 11814				
合 12976	合 16189	合 14579	合補 4497	合 14599	合 14580
	乙補 555	乙 7616	乙補 3000	乙補 612	乙 8385
	合 11971 正				
合 12977	已綴入《醉古集》第 382 則				
合 13026	已綴入《醉古集》第 382 則				
合 13034	已綴入《醉古集》第 73 則				
合 13074 甲、乙	合 13449				
合 13126	合 13140				
合 13140	合 13126				
合 13165	合 8037	上博 54796.8			
合 13167 正反	已綴入《醉古集》第 362 則				
合 13200 正反	已綴入《醉古集》第 156 則				
合 13213	合 13312（合 15162）				
合 13216	英 1079				
合 13221	天理 255				
合 13281 甲正反	已綴入《醉古集》第 367 則				
合 13312（合 15162）	合 13213				
合 13324 正反	已綴入《醉古集》第 156 則				
合 13333 正	合 16998 正				
合 13347	已綴入《醉古集》第 340 則				
合 13355	合 8070				
合 13360	已綴入《醉古集》第 150 則				
合 13385	合 1558				
合 13403	已綴入《醉古集》第 259 則				
合 13442 反	合 17274				
合 13447	合 12476				
合 13449	合 13074 甲	合 13074 乙			
合 13485	已綴入《醉古集》第 73 則				
合 13492	國博 50				
合 13500	瑞典 28				
合 13519	合 13927				
合 13536 正	合 6158	合 3664			
合 13561	英 2187				
合 13587	合 18006				

合 13598	合 3529	合 12813 正	懷特 956		
合 13601	合 12814				
合 13603	合 5425				
合 13625 正反	已綴入《醉古集》第 268 則				
合 13627	已綴入《醉古集》第 316 則				
合 13642	合 1248	合補 2653	乙 3367	乙 1617	乙 2934
合 13648 正反	已綴入《醉古集》第 306 則				
合 13667	已綴入《醉古集》第 380 則				
合 13668 正	已綴入《醉古集》第 380 則				
合 13669	已綴入《醉古集》第 255 則				
合 13673	已綴入《醉古集》第 377 則				
合 13692(合 17984)	合 15664				
合 13693	合 13694				
合 13694	合 13693				
合 13702	已綴入《醉古集》第 305 則				
合 13721	已綴入《醉古集》第 105 則				
合 13750 正反	已綴入《醉古集》第 248 則				
合 13782	已綴入《醉古集》第 317 則				
合 13805	已綴入《醉古集》第 370 則				
合 13858	已綴入《醉古集》第 380 則				
合 13868	合補 5066				
合 13876	合 13877				
合 13877	合 13876				
合 13881	已綴入《醉古集》第 250 則				
合 13927	合 13519				
合 13958	已綴入《醉古集》第 372 則				
合 13992	已綴入《醉古集》第 44 則				
合 14009 正	合補 867	史購 116			
合 14019 正反	已綴入《醉古集》第 87 則				
合 14030	合 2707				
合 14033 正	合 14506	合 14507	合 19707	乙 4188	乙補 3926
	乙補 3924	乙 3887	乙 3893		
合 14035 正	已綴入《醉古集》第 157 則				
合 14042	合補 1008				

合 14060 正	乙補 3989	乙補 3972	乙補 3967 倒	乙補 3970	乙補 3951
	乙補 3956 倒	乙 4214	乙補 3977		
合 14074	合 663	東文庫 111 正倒	英藏 125 正		
合 14095	合 2341				
合 14115	合 14116				
合 14116	合 14115				
合 14131	已綴入《醉古集》第 328 則				
合 14141	合 10099				
合 14146	已綴入《醉古集》第 252 則				
合 14156	合補 1312	乙 8002			
合 14167	合 12878 正				
合 14168 正反	已綴入《醉古集》第 100 則				
合 14170	乙補 272				
合 14182	已綴入《醉古集》第 101 則				
合 14184	已綴入《醉古集》第 100 則				
合 14198 正	已綴入《醉古集》第 299 則				
合 14222 甲正反	已綴入《醉古集》第 305 則				
合 14229 正	已綴入《醉古集》第 147 則				
合 14229 反	乙補 6800	乙 8231	合 17220	乙補 6814	
合 14235 部分	已綴入《醉古集》第 100 則				
合 14246	已綴入《醉古集》第 134 則				
合 14262	合補 2051				
合 14288	已綴入《醉古集》第 231 則				
合 14293 正	已綴入《醉古集》第 347 則				
合 14295	已綴入《醉古集》第 73 則				
合 14328	合 15981	乙補 6103	乙補 1859	乙 3565	乙補 3094
	乙 6767				
合 14336	合 10940				
合 14338	合 15125				
合 14420	合 8333				
合 14474 正	合補 1705				
合 14506	合 14033 正	合 14507	合 19707	乙補 3926	乙 4188
	乙補 3924	乙 3887	乙 3893		
合 14507	合 14506	合 14033 正	合 19707	乙補 3926	乙 4188
	乙補 3924	乙 3887	乙 3893		

合 14508 正	合 12515				
合 14524	合 14527 正	合 15582			
合 14527 部分	已綴入《醉古集》第 102 則				
合 14529	合 15206 倒				
合 14577	合 14579	合 14580	合 14599	合 16189	合 11971 正
	合 12976	合補 4497	乙 7616	乙 8358	乙補 555
	乙補 3000	乙補 612	丙補 30		
合 14579	合 14580	合 14599	合 16189	乙補 612	合 11971 正
	合 12976	乙 7616	丙補 30	合補 4497	乙 8385
	合 14577 正	乙補 3000	乙補 555		
合 14580	合 16189	合 14579	合補 4497	合 14599	合 11971 正
	合 12976	乙 7616	乙補 555	乙補 612	乙 8358
	乙補 3000	合 14577 正	丙補 30		
合 14599	乙補 555	合 14579	合 16189	合 14580	合 11971 正
	合 12976	乙 7616	乙補 3000	乙 8358	合 14577 正
	合補 4497	乙補 612	丙補 30		
合 14621	已綴入《醉古集》第 154 則				
合 14722 正反	已綴入《醉古集》第 324 則				
合 14766	合 7941 正				
合 14879	合 4915				
合 14909	合 22218	合 22287			
合 14915	合 4385				
合 14920	合 33035				
合 14976 正	合補 2163 正				
合 14976 反	合補 2163 反				
合 14987 正反	已綴入《醉古集》第 143 則				
合 15046	合 1605				
合 15065	已綴入《醉古集》第 337 則				
合 15101	合 728	合 9906			
合 15108	合 22045				
合 15125	合 14338				
合 15127 正反	已綴入《醉古集》第 87 則				
合 15193	合補 714				
合 15205	合 10331	合 3244	合 3243	乙 5217	乙 2935
	乙 2986				

合 15206 倒	合 14529				
合 15211	已綴入《醉古集》第 297 則				
合 15232	合 2476 正				
合 15237 正反	已綴入《醉古集》第 360 則				
合 15417	合 17333	合 3018			
合 15475	合 1520	合 102	存補 5. 431. 1		
合 15483 正	合 15484				
合 15484	合 15483 正				
合 15528 正	合 4919	合 39987			
合 15586(合 8065)	合補 109				
合 15650	合 21039	合 21785			
合 15653	乙 8988				
合 15664	合 13692(合 17984)				
合 15726	合 1670	乙補 5398			
合 15754	合 4140				
合 15777 正反	合補 2447 正反				
合 15854 正反	已綴入《醉古集》第 50 則				
合 15948	合 15949				
合 15949	合 15948				
合 15981	合 14328	乙補 6103	乙補 1859	乙 3565	乙補 3094
	乙 6767				
合 15995	合補 1311				
合 16017	合 8546				
合 16050	東文研 645				
合 16075	合 1004 乙	乙補 2093	合 1004 甲	合 2461	乙補 6878
	無號甲				
合 16112	合 5400				
合 16124 正反	合 6017 正反				
合 16133 正反	已綴入《醉古集》第 373 則				
合 16178	合 8129 正	乙 7820	乙補 6919	乙補 5389	乙 8430
	乙補 2811				
合 16182	合 334				
合 16189	合 14579	合 14577 正	合 14599	合 14580	合 11971 正
	合 12976	乙 7616	乙 4646	丙補 30	乙 8358
	合補 4497	乙補 3000	乙補 555	乙補 612	

合 16278	合 6502				
合 16281	合 6266				
合 16297	合 39895	合 40264			
合 16302 正反	已綴入《醉古集》第 323 則				
合 16331 正反	已綴入《醉古集》第 360 則				
合 16378	合 5132				
合 16432	合 19359				
合 16437	已綴入《醉古集》第 101 則				
合 16442	已綴入《醉古集》第 372 則				
合 16449	合 17387				
合 16457	已綴入《醉古集》第 150 則				
合 16463 甲、乙	乙 5533	乙補 1786	乙補 2070	乙補 2197	乙補 6207
合 16497	乙 3135	乙 3137	乙補 2751	乙補 2752	
合 16613	合 16616				
合 16616	合 16613				
合 16801	合 33135				
合 16900 正	合 6665 正				
合 16913 正	合 17076				
合 16936 正	合 7202				
合 16936 反	東大 B0392a				
合 16963	合 22244	合 22269	合 22243	合 22259 左	合 16982
	合 18483	乙 8767	乙 8945	乙 8839	
合 16982	合 22244	合 22269	合 22243	合 22259 左	合 16963
	合 18483	乙 8767	乙 8945	乙 8839	
合 16998 正	合 13333 正				
合 17002	已綴入《醉古集》第 86 則				
合 17006	已綴入《醉古集》第 166 則				
合 17028 正	合補 3446				
合 17031	合 11448				
合 17041	乙補 365	乙補 367			
合 17066	合補 8197				
合 17076	合 16913 正				
合 17083 甲乙	已綴入《醉古集》第 35 則				
合 17084	合 17105	乙 6186	乙 6591	乙補 0275	乙 6181
	乙補 5512	乙補 5716	乙補 5737		

合 17096 正(合補 43 正)	合 17139				
合 17105	合 17084	乙 6186	乙 6591	乙補 0275	乙 6181
	乙補 5512	乙補 5716	乙補 5737		
合 17139	合 17096 正(合補 43 正)				
合 17168	已綴入《醉古集》第 208 則				
合 17171	已綴入《醉古集》第 208 則				
合 17220	已綴入《醉古集》第 147 則				
合 17226	已綴入《醉古集》第 166 則				
合 17231	已綴入《醉古集》第 99 則				
合 17255 正反	已綴入《醉古集》第 143 則				
合 17265 正反	已綴入《醉古集》第 365 則				
合 17274	合 13442 反				
合 17276 正	合 6217	合補 759 正			
合 17276 反	合補 759 反				
合 17293	已綴入《醉古集》第 364 則				
合 17304	合 4773 正	合 9067	合 17685 正	合 18165 的正面	乙補 6104
	合補 6252				
合 17305 正反	合 11706 正反				
合 17309	合 17796 正	合 17992	合 2204		
合 17311 正反	已綴入《醉古集》第 381 則				
合 17333	合 3018	合 15417			
合 17341	已綴入《醉古集》第 100 則				
合 17344	已綴入《醉古集》第 150 則				
合 17387	合 16449				
合 17394	合 5598 正				
合 17432	已綴入《醉古集》第 85 則				
合 17466	合 6820	合 5451	洹寶 101		
合 17695 正	乙補 6104	合 17304	合 4773 正	合 9067	合 18165 的正面
	乙補 6252				
合 17695 反	乙補 6105	合 9067 的反面	合 18165	合 17304 的反面	合 4773 反
合 17697 正反	合 7159 正反				
合 17705	乙補 3925				
合 17710	合 11702				

合 17732	已綴入《醉古集》第 143 則				
合 17796 正	合 17992	合 2204	合 17309		
合 17800	已綴入《醉古集》第 370 則				
合 17827 正	合 7189				
合 17922	已綴入《醉古集》第 86 則				
合 17984(合 13692)	合 15664				
合 17992	合 2204	合 17796 正	合 17309		
合 18006	合 13587				
合 18032	合 7015	合 4326	合補 1991		
合 18144	已綴入《醉古集》第 336 則				
合 18165	合 17695 反	乙補 6105	合 9067 的反面	合 17304 的反面	合 4773 反
合 18217	合 23611				
合 18242	已綴入《醉古集》第 165 則				
合 18254	已綴入《醉古集》第 195 則				
合 18321	已綴入《醉古集》第 59 則				
合 18390 正	乙 5771	乙 6009			
合 18404	合 3104				
合 18442	已綴入《醉古集》第 371 則				
合 18483	合 22244	合 22269	合 22243	合 22259 左	合 16982
	合 16963	乙 8767	乙 8945	乙 8839	
合 18510	合 22003	合 21988			
合 18596	合 6073				
合 18647(合 20184)	合 8988				
合 18674	已綴入《醉古集》第 367 則				
合 18730 正反	已綴入《醉古集》第 259 則				
合 18724	乙補 4142	乙補 4212	乙補 4221		
合 18749	合 18750				
合 18750	合 18749				
合 18797 正	合 18996	史購 43 正			
合 18797 反	史購 43 反				
合 18900 正反	已綴入《醉古集》第 315 則				
合 18917	合補 2022				
合 18925	合 8501 正				
合 18935	已綴入《醉古集》第 360 則				
合 18956	已綴入《醉古集》第 230 則				

合 18996	史購 43 正	合 18797 正			
合 19106	合 5044	合 5045	英藏 436（合 39812）	合 11584	
合 19136	乙 1785				
合 19139	已綴入《醉古集》第 57 則				
合 19152 正	合 1590				
合 19191（合 53）	合 4673	合 22482	合 7024	合 19193	
合 19193	合 7024	合 22482	合 4673	合 53（合 19191）	山東 226
合 19229	已綴入《醉古集》第 131 則				
合 19246	合 3697 正				
合 19251	合 12432				
合 19283	合補 5744				
合 19287	乙 8890				
合 19312	已綴入《醉古集》第 196 則				
合 19359	合 16432				
合 19372	乙 5331	乙 5294	乙補 4888		
合 19426	合 9554	合 9555	乙 3362	乙補 2870	
合 19486	合 5758（合 8855）				
合 19529 正反	已綴入《醉古集》第 55 則				
合 19638	已綴入《醉古集》第 328 則				
合 19697	存上 1841				
合 19707	合 14507	合 14506	合 14033 正	乙補 3924	乙 4188
	乙 3887	乙 3893	乙補 3926		
合 19724 正	合 2778	合補 2136 正			
合 19755	合 20923				
合 19759	合 20401				
合 19772	乙 214	合 20924	合 20903		
合 19801	合 20899	合 20961	合 20609		
合 19863	已綴入《醉古集》第 261 則				
合 19895	合 22221	合補 6915（合補 3984）	乙 8774	乙補 7394	
合 19941	已綴入《醉古集》第 353 則				
合 19942	合 20814				
合 20050	合 22401	R37085	R37088	R37681	合 21303
合 20139	合 19908				

合 20140	合 21343				
合 20163	已綴入《醉古集》第 162 則				
合 20184(合 18647)	合 8988				
合 20199	合 20412				
合 20222	乙補 3				
合 20265	合 20594	合 20779			
合 20269	乙補 18 倒	乙補 19 倒			
合 20303	合 20387	R44117			
合 20324	甲 2291	甲 2311			
合 20338	合 21844				
合 20352	合 22209	乙 8964	乙補 7418		
合 20359	乙 9077				
合 20366	合 22207	合 22208	合 22210	乙 8957	乙 8724 倒
合 20379 部分	已綴入《醉古集》第 170 則				
合 20385	合 32839				
合 20387	合 20303	R44117			
合 20401	合 19759				
合 20412	合 20199				
合 20436	合 20438	乙 358			
合 20438	乙 358	合 20436			
合 20455	合 20545	合 21995	乙補 9	乙補 66	
合 20475	已綴入《醉古集》第 162 則				
合 20476	已綴入《醉古集》第 261 則				
合 20506	合 20507				
合 20507	合 20506				
合 20545	合 21995	合 20455	乙補 9	乙補 66	
合 20574	合 20823				
合 20591	乙 8954				
合 20594	合 20779	合 20265			
合 20609	合 19801	合 20899	合 20961		
合 20650	合 20652				
合 20652	合 20650				
合 20662	乙補 7408	乙 8930	乙 9010	乙 9015	乙 9011
合 20684	乙 328				
合 20691	乙 8975	乙 8972			

合 20699	合 20980				
合 20708	合 21323				
合 20710	已綴入《醉古集》第 263 則				
合 20725	合 20811				
合 20776	已綴入《醉古集》第 240 則				
合 20779	合 20594	合 20265			
合 20811	合 20725				
合 20814	合 19942				
合 20817	合 3688				
合 20821	合 20991	乙 24			
合 20823	合 20574				
合 20834	合補 6659				
合 20835	合 21387	乙 477			
合 20841	合 20914				
合 20842	已綴入《醉古集》第 353 則				
合 20857	合 21413	乙補 7383	乙補 7406		
合 20864	已綴入《醉古集》第 284 則				
合 20871	合 22372				
合 20872	乙 8933				
合 20887	乙 8803	合 21511	乙 8731	合 21578	合 624
	乙 8838	乙 8847	合 22277 部分	合 21505	
合 20899	合 20961	合 19801	合 20609		
合 20903	合 19772	乙 214	合 20924		
合 20914	合 20841				
合 20920 部分	乙補 7084 倒	合 20946	乙 122		
合 20923	合 19755				
合 20924	乙 214	合 19772	合 20903		
合 20925	乙補 7083 倒				
合 20946	乙補 7084 倒	合 20920 部份	乙 122		
合 20961	合 20899	合 19801	合 20609		
合 20962	已綴入《醉古集》第 353 則				
合 20980	合 20699				
合 20991	合 20821	乙 24			
合 20997	乙 88				
合 21012	已綴入《醉古集》第 262 則				

合 21018	乙補 69				
合 21021 部分	合 21321	合 21316			
合 21025	合補 6862				
合 21037	已綴入《醉古集》第 261 則				
合 21039	合 21785	合 15650			
合 21053	已綴入《醉古集》第 266 則				
合 21055	合 21153				
合 21073	乙補 5573				
合 21099	合 27072				
合 21123(合 21853)	京津 2993				
合 21153	合 21055				
合 21207 部分	合 22460				
合 21265	合 22007	合 21946			
合 21288	合 9497				
合 21303	合 22401	R37085	R37088	R37681	合 20050
合 21309	合 11832	乙 0084			
合 21316	合 21021 部分	合 21321			
合 21321	合 21316	合 21021 部分			
合 21323	合 20708				
合 21328	合 21340				
合 21340	合 21328				
合 21343	合 20140				
合 21348	合 21350 部分				
合 21350 部分	合 21348				
合 21375	懷特 434				
合 21387	合 20835	乙 477			
合 21394	掇三 533				
合 21413	合 20857	乙補 7383	乙補 7406		
合 21456	合 22132	合 22222 部分			
合 21480	乙 8746				
合 21505	乙 8803	合 21511	乙 8731	合 21578	合 624
	乙 8838	乙 8847	合 22277 部分	合 20887	
合 21511	乙 8731	合 21578	乙 8803	合 624	合 22277 部分
	乙 8838	乙 8847	合 21505	合 20887	
合 21552	合 22277 部分	合 22251	乙 8993		

合 21564	已綴入《醉古集》第 374 則				
合 21572	合 21706	合 21654	合 21626 左中		
合 21578	乙 8731	合 21511	乙 8803	合 624	合 22277 部分
	乙 8838	乙 8847	合 21505	合 20887	
合 21584	合 32740				
合 21586	乙 5235				
合 21597	乙補 901	乙 8581	合 21600		
合 21600	乙 8581	乙補 901	合 21597		
合 21622	已綴入《醉古集》第 353 則				
合 21626 右	已綴入《醉古集》第 374 則				
合 21626 左中	合 21654	合 21706	合 21572		
合 21653	合 21804	乙 5725	乙 5203	乙 5731	乙補 4838
合 21654	合 21626 左中	合 21706	合 21572		
合 21662	合 19941	合 20842	合 20962		
合 21702	合 21833				
合 21706	合 21654	合 21626 左中	合 21572		
合 21718	合 21836				
合 21782	英藏 1913				
合 21785	合 21039	合 15650			
合 21791	合 439				
合 21804	合 21653	乙 5725	乙 5203	乙 5731	乙補 4838
合 21810	乙 1843	乙 620			
合 21833	合 21702				
合 21836	合 21718				
合 21839 左	合 21878	合 21952			
合 21844	合 20338				
合 21853(合 21123)	京津 2993				
合 21856	已綴入《醉古集》第 374 則				
合 21863	已綴入《醉古集》第 262 則				
合 21864	合 21947				
合 21866	乙 1304				
合 21875	合 21938 上	合 21977	合 21973	乙 1517	乙 1658
	乙 1791 倒				
合 21877	合補 6912	乙 1840			
合 21878	合 21839 左	合 21952			

合 21879	合 22228	合 22229			
合 21887	乙補 1380	乙 635	合補 6941	合 22459	
合 21893	合 21894				
合 21894	合 21893				
合 21896	合 21898	英藏 1911			
合 21898	合 21896	英藏 1911			
合 21910	乙 9046	乙補 7439			
合 21915	合 5633				
合 21921 下	乙補 511	乙補 595			
合 21923	乙補 1047				
合 21926 下	乙補 1362				
合 21928	合 22041	乙補 1034			
合 21931	乙 717	乙補 0576	乙補 1350		
合 21932	乙 1179				
合 21934	合 21972				
合 21937	乙 1012				
合 21938 上	合 21875	合 21977	合 21973	乙 1517	乙 1658
	乙 1791 倒				
合 21938 下	合 21942				
合 21940	已綴入《醉古集》第 318 則				
合 21941	合 21996				
合 21942	合 21938 下				
合 21946	合 22007	合 21265			
合 21947	合 21864				
合 21951	乙 613	乙 609			
合 21952	合 21839 左	合 21878			
合 21953	乙 7803				
合 21964 上、下	已綴入《醉古集》第 241 則				
合 21972	合 21934				
合 21973	合 21977	合 21875	合 21938 上	乙 1517	乙 1658
	乙 1791 倒				
合 21977	合 21875	合 21938 上	合 21973	乙 1517	乙 1658
	乙 1791 倒				
合 21979	乙 622				
合 21988	合 22003	合 18510			

合 21990	合 21994				
合 21994	合 21990				
合 21995	合 20545	合 20455	乙補 9	乙補 66	
合 21996	合 21941				
合 22000	乙 1762				
合 22003	合 21988	合 18510			
合 22007	合 21946	合 21265			
合 22016	乙補 1230				
合 22021	乙補 1357				
合 22026	乙補 1257	乙 7932			
合 22041	合 21928	乙補 1034			
合 22045	合 15108				
合 22055	已綴入《醉古集》第 224 則				
合 22061	合 22431				
合 22063 部分	已綴入《醉古集》第 104 則				
合 22066	乙 2112				
合 22070 甲乙	乙補 217	乙補 0890			
合 22079 甲乙	合 22101	合 22129			
合 22086	合 22087 正	合補 6884			
合 22087 正	合 22086	合補 6884			
合 22088	已綴入《醉古集》第 104 則				
合 22091 甲乙	合 22212	合 22309	乙補 3399	乙補 3400	乙補 6106
	合 22124	合 22410	合補 5638	合 22418	乙 8557
合 22093	乙 4944				
合 22094	合 22441				
合 22101	合 22079 甲乙	合 22129			
合 22104	合 22128	合 22126	合 22125	合 22121	
合 22113	已綴入《醉古集》第 104 則				
合 22121	合 22125	合 22104	合 22128	合 22126	
合 22124	乙補 3399	合 22309	合 22212	合 22091 甲乙	乙補 6106
	乙補 3400	合 22410	合補 5638	合 22418	乙 8557
合 22125	合 22104	合 22128	合 22126	合 22121	
合 22126	合 22128	合 22104	合 22125	合 22121	
合 22127	合 22495				
合 22128	合 22126	合 22104	合 22125	合 22121	

合 22129	合 22079 甲乙	合 22101			
合 22132	合 21456	合 22222 部分			
合 22133	合 22144	合補 6898	乙 8845	乙補 7364	乙補 7338 倒
	乙 8989	乙補 7367	乙 8798	乙 8787	
合 22135	合 22263				
合 22144	合 22133	合補 6898	乙 8845	乙補 7364	乙補 7338 倒
	乙 8989	乙補 7367	乙 8798	乙 8787	
合 22172	合 22351				
合 22186	已綴入《醉古集》第 104 則				
合 22197	乙 8873	乙 8942	合 22390		
合 22207	合 20366	合 22208	合 22210	乙 8957	乙 8724 倒
合 22208	合 22207	合 20366	合 22210	乙 8957	乙 8724 倒
合 22209	合 20352	乙 8964	乙補 7418		
合 22210	合 22208	合 22207	合 20366	乙 8957	乙 8724 倒
合 22212	合 22091 甲乙	合 22309	乙補 3399	乙補 3400	乙補 6106
	合 22124	合 22410	合補 5638	合 22418	乙 8557
合 22216	合 22278				
合 22217	合 22220	合 22277 右	乙 8831	乙補 7347	乙補 7374
合 22218	合 22287	合 14909			
合 22220	合 22217	合 22277 右	乙 8831	乙補 7347	乙補 7374
合 22221	合補 3984(合補 6915)	乙補 7394	合 19895	乙 8774	
合 22222 部分	合 21456	合 22132			
合 22223	合 22264				
合 22228	合 21879	合 22229			
合 22229	合 22228	合 21879			
合 22234	合 22279	乙 8866	乙補 7400 倒		
合 22240	乙 8943	合 22291			
合 22243	合 22259 左	合 22269	合 22244	合 16982	合 16963
	合 18483	乙 8767	乙 8945	乙 8839	
合 22244	合 22269	合 22243	合 22259 左	合 16982	合 16963
	合 18483	乙 8767	乙 8945	乙 8839	
合 22245	合 22247 主體	合 22254	合 22510	合 31941	乙補 7363 倒
	乙補 7378	乙補 7405	乙 8757	乙 8739	乙補 7377 倒
	乙 8868	乙補 7354			
合 22247 部分	乙 8769	乙 8754			

合 22247 主體	合 22245	合 22254	合 22510	合 31941	乙補 7363 倒
	乙補 7378	乙補 7405	乙 8757	乙 8739	乙補 7377 倒
	乙 8868	乙補 7354			
合 22251	合 22277 部分	合 21552	乙 8993		
合 22254	合 22245	合 22247	合 22510	合 31941	乙補 7363 倒
	乙補 7378	乙補 7405	乙 8757	乙 8739	乙補 7377 倒
	乙 8868	乙補 7354			
合 22255	乙補 7341				
合 22257	乙補 7373				
合 22259 左	合 22243	合 22269	合 22244	合 16982	合 16963
	合 18483	乙 8767	乙 8945	乙 8839	
合 22260	合 22360	乙 8799	乙補 7365 倒		
合 22263	合 22135				
合 22264	合 22223				
合 22265	乙補 7387	乙 8743	乙 8833		
合 22269	合 22243	合 22259 左	合 22244	合 16982	合 16963
	合 18483	乙 8767	乙 8945	乙 8839	
合 22277 左	乙 8803	合 21511	乙 8731	合 21578	合 00624
	乙 8838	乙 8847	合 21505	合 20887	
合 22277 右	乙補 7347	乙補 7374	乙 8831	合 22217	合 22220
合 22277 部份	合 21552	合 22251	乙 8993		
合 22278	合 22216				
合 22279	合 22234	乙 8866	乙補 7400 倒		
合 22282	綴續 479				
合 22283	乙補 7342				
合 22284	乙補 7393	乙補 7382			
合 22287	合 22218	合 14909			
合 22291	乙 8943	合 22240			
合 22296	合 22428				
合 22309	合 22212	合 22091 甲乙	乙補 3399	乙補 3400	乙補 6106
	合 22124	合 22410	合補 5638	合 22418	乙 8557
合 22322	乙補 7417				
合 22338	乙 8967				
合 22351	合 22172				
合 22360	合 22260	乙 8799	乙補 7365 倒		

合 22365	乙補 7461				
合 22372	合 20871				
合 22373	已綴入《醉古集》第 240 則				
合 22390	乙 8942	乙 8873	合 22197		
合 22392	乙補 7384				
合 22393	乙補 7346	乙補 7361	乙補 7355 倒	乙補 7420	乙補 7351
合 22397	已綴入《醉古集》第 170 則				
合 22401	R37085	R37088	R37681	合 20050	合 21303
合 22410	乙補 3399	合 22309	合 22212	合 22091 甲乙	乙補 6106
	乙補 3400	合 22124	合補 5638	合 22418	乙 8557
合 22418	乙補 3399	合 22309	合 22212	合 22091 甲乙	乙補 6106
	乙補 3400	合 22124	合 22410	合補 5638	乙 8557
合 22428	合 22296				
合 22431	合 22061				
合 22441	合 22094				
合 22452	合 31810	山東 1860			
合 22459	合 21887	合補 6941	乙 635	乙補 1380	
合 22460	合 21207 部分				
合 22482	合 4673	合 53（合 19191）	合 7024	合 19193	山東 0226
合 22492	乙 8771				
合 22494	乙 9014	乙 9025			
合 22495	合 22127				
合 22510	合 22254	合 22245	合 22247	合 31941	乙補 7363 倒
	乙補 7378	乙補 7405	乙 8757	乙 8739	乙補 7377 倒
	乙 8868	乙補 7354			
合 22511	合 11303	乙 9049	乙補 7437		
合 22543	合 23570				
合 22583	合 23605				
合 23018	合 24552				
合 23034	輯佚 474				
合 23118	合 25321				
合 23202	合 25261				
合 23215	殷墟甲骨拾遺（續五）5				
合 23461	合 25063				

合 23570	合 22543						
合 23605	合 22583						
合 23611	合 18217						
合 23624	輯佚 70						
合 23749	合 26119						
合 23753(合 25273)	合 25676						
合 23766	合 25442						
合 23873	北大 1211						
合 23881	合 25143						
合 23894	合 23897						
合 23897	合 23894						
合 23922	上博 17645.8						
合 23981	已綴入《醉古集》第 216 則						
合 24001	合 24002						
合 24002	合 24001						
合 24009	上博 17645.15						
合 24303	合補 8319						
合 24363	庫 1277(美 280)						
合 24417	合 27877						
合 24552	合 23018						
合 24762	合 26156						
合 24778(合 29950)	合 24802						
合 24802	合 24778(合 29950)						
合 25063	合 23461						
合 25143	合 23881						
合 25218	京人 1484						
合 25240	合 25926						
合 25243	合 25894						
合 25261	合 23202						
合 25273(合 23753)	合 25676						
合 25321	合 23118						
合 25378	英藏 2243						
合 25442	合 23766						
合 25676	合 23753(合 25273 重)						
合 25894	合 25243						

合 25926	合 25240				
合 26119	合 23749				
合 26156	合 24762				
合 26321	北大 1172				
合 26336	天理 400				
合 26484	合 26491	英藏 2383			
合 26491	合 26484	英藏 2383			
合 26493	上博 54790. 12				
合 26804	合 4963				
合 26888	已綴入《醉古集》第 269 則				
合 26899	合 27875				
合 26974	合 27171				
合 26977	已綴入《醉古集》第 354 則				
合 26980	合 27281				
合 27010	合 28156				
合 27016	已綴入《醉古集》第 223 則				
合 27020	已綴入《醉古集》第 223 則				
合 27072	合 21099				
合 27129	合 31227				
合 27147	合 29500				
合 27150	合 30532				
合 27171	合 26974				
合 27172	合 32454	合 32593			
合 27207	已綴入《醉古集》第 270 則				
合 27209	已綴入《醉古集》第 270 則				
合 27220	合 27671				
合 27231	合 28573				
合 27269	合 27515				
合 27271	合補 9699				
合 27281	合 26980				
合 27301	已綴入《醉古集》第 271 則				
合 27302	合 27649				
合 27323	合補 10291				
合 27397	屯南 4453				
合 27432	合 27473				

合 27433	合 30787	合 27496			
合 27473	合 27432				
合 27484	合 27617				
合 27496	合 30787	合 27433			
合 27515	合 27269				
合 27531	已綴入《醉古集》第 275 則				
合 27554	合 29415	合 30560	攈 2240		
合 27591	合 30708				
合 27617	合 27484				
合 27649	合 27302				
合 27653	山東 1308 倒				
合 27671	合 27220				
合 27712	合 27883				
合 27713	合 31580				
合 27720	合 29423	合 29418			
合 28750	合 27805	合 27792			
合 27785	合 29110				
合 27792	合 27805	合 28750			
合 27805	合 27792	合 28750			
合 27819	合補 10397				
合 27867	合補 9539				
合 27875	合 26899				
合 27877	合 24417				
合 27883	合 27712				
合 27888	合 31964				
合 27907	合 29024				
合 27997	已綴入《醉古集》第 272 則				
合 28027	已綴入《醉古集》第 273 則				
合 28060	已綴入《醉古集》第 269 則				
合 28066	已綴入《醉古集》第 273 則				
合 28099 正	合 32185				
合 28156	合 27010				
合 28218	合 29427	合 30689			
合 28249	已綴入《醉古集》第 276 則				
合 28266	合 30026				

合 28315	屯南 4585				
合 28460	合 29542				
合 28513(合 30112)	已綴入《醉古集》第 277 則				
合 28543	英藏 2342				
合 28546	已綴入《醉古集》第 278 則				
合 28547	合 28973				
合 28573	合 27231				
合 28610	合 29072				
合 28623	合 29175				
合 28625	合 30137	合 29907			
合 28632	已綴入《醉古集》第 277 則				
合 28641	合補 09128				
合 28656	合 28714				
合 28714	合 28656				
合 28749	合 31059				
合 28761	已綴入《醉古集》第 279 則				
合 28794	甲骨文集 2. 2. 0313				
合 28865	已綴入《醉古集》第 280 則				
合 28908	合 31687				
合 28933	英藏 2315				
合 28953	合 29048				
合 28956	合補 8997				
合 28963(合 29021)	英藏 2314				
合 28973	合 28547				
合 28981	合 29178				
合 28996	合 41383				
合 29021(合 28963)	英藏 2314				
合 29024	合 27907				
合 29040	合 41363				
合 29048	合 28953				
合 29072	合 28610				
合 29099	已綴入《醉古集》第 281 則				
合 29110	合 27785				
合 29144	已綴入《醉古集》第 279 則				
合 29169(合 33558)	合補 9173				

合 29171	已綴入《醉古集》第 281 則				
合 29175	合 28623				
合 29178	合 28981				
合 29201	合 29862				
合 29258	合補 9818				
合 29296	合 29302				
合 29302	合 29296				
合 29314	甲骨文集 2. 2. 0464				
合 29376	已綴入《醉古集》第 241 則				
合 29415	合 27554	合 30560	擫 2240		
合 29418	合 29423	合 27720			
合 29423	合 27720	合 29418			
合 29427	合 28218	合 30689			
合 29449	合 29524				
合 29500	合 27147				
合 29520	掇三 824				
合 29524	合 29449				
合 29532	合 30434				
合 29542	合 28460				
合 29561	已綴入《醉古集》第 280 則				
合 29632(合 29633)	掇三 127				
合 29633(合 29632)	掇三 127				
合 29665	合 31135				
合 29719	合 31626	合 31530			
合 29721	合補 10058	合 31477	合 31474		
	合補 10059	合補 10057	合 31467		
合 29722	合 31541 正				
合 29724	合 31351				
合 29737	合 30922				
合 29813 正	甲 2662	甲 2883			
合 29862	合 29201				
合 29904	合 31776	合 29943			
合 29907	合 30137	合 28625			
合 29943	合 31776	合 29904			
合 29950(合 24778)	合 24802				

合 29984	合補 9429				
合 29995	已綴入《醉古集》第 270 則				
合 29999	合 31149				
合 30015	已綴入《醉古集》第 253 則				
合 30026	合 28266				
合 30058	已綴入《醉古集》第 253 則				
合 30083	合補 9335				
合 30106	合 30107	合 30108	合 30110	合 30109	
合 30107	合 30106	合 30108	合 30110	合 30109	
合 30108	合 30107	合 30106	合 30110	合 30109	
合 30109	合 30110	合 30108	合 30107	合 30106	
合 30110	合 30108	合 30107	合 30106	合 30109	
合 30112(合 28513)	已綴入《醉古集》第 277 則				
合 30137	合 28625	合 29907			
合 30148	已綴入《醉古集》第 278 則				
合 30177	甲骨文集 2. 2. 0369				
合 30239	屯南 815				
合 30320	已綴入《醉古集》第 282 則				
合 30351	合 30734				
合 30401	合補 10356				
合 30402	已綴入《醉古集》第 244 則				
合 30405	已綴入《醉古集》第 282 則				
合 30429	已綴入《醉古集》第 244 則				
合 30430	已綴入《醉古集》第 285 則				
合 30434	合 29532				
合 30466	已綴入《醉古集》第 283 則				
合 30479	已綴入《醉古集》第 275 則				
合 30532	合 27150				
合 30560	合 29415	合 27554	攈 2240		
合 30596	甲骨文集 3. 2. 0278				
合 30609	已綴入《醉古集》第 241 則				
合 30685	英藏 2288				
合 30689	合 29427	合 28218			
合 30708	合 27591				
合 30734	合 30351				

合 30780	已綴入《醉古集》第 276 則				
合 30787	合 27433	合 27496			
合 30806	合 30807	合 30951			
合 30807	合 30806	合 30951			
合 30810	合補 10212				
合 30878	北大 451				
合 30922	合 29737				
合 30951	合 30807	合 30806			
合 30974	已綴入《醉古集》第 239 則				
合 31004	天理 490	合 32435			
合 31035	合補 09465				
合 31058	已綴入《醉古集》第 285 則				
合 31059	合 28749				
合 31079	合補 9709				
合 31101	已綴入《醉古集》第 354 則				
合 31111	合補 9382				
合 31128	北大 455				
合 31135	合 29665				
合 31149	合 29999				
合 31227	合 27129				
合 31351	合 29724				
合 31369	已綴入《醉古集》第 301 則				
合 31384	已綴入《醉古集》第 300 則				
合 31387	甲骨文集 3. 2. 0463	甲骨文集 3. 2. 0505			
合 31393	已綴入《醉古集》第 300 則				
合 31403	合補 8844	合 31416	合補 10007		
合 31416	合補 10007	合補 8844	合 31403		
合 31467	合 29721	合補 10058	合 31477		
	合 31474	合補 10059	合補 10057		
合 31474	合 31477	合補 10058	合 29721		
	合補 10059	合補 10057	合 31467		
合 31477	合 31474	合補 10058	合 29721		
	合補 10059	合補 10057	合 31467		

合 31530	合 31626	合 29719			
合 31541 正	合 29722				
合 31580	合 27713				
合 31618	合補 8816				
合 31626	合 29719	合 31530			
合 31676	《殷虚“骨簡”及其有關問題》圖 11				
合 31687	合 28908				
合 31720	已綴入《醉古集》第 239 則				
合 31776	合 29943	合 29904			
合 31810	合 22452	山東 1860			
合 31941	合 22510	合 22254	合 22245	合 22247	乙補 7377 倒
	乙補 7363 倒	乙補 7378	乙補 7405	乙 8757	乙 8739
	乙 8868	乙補 7354			
合 31966	合 32953				
合 32008	合補 6909	合 34560	合 32747		
合 32020	合 34638				
合 32026	已綴入《醉古集》第 214 則				
合 32029	合 32743				
合 32044	上博新獲 14	合 32686			
合 32057	合 33526				
合 32066	已綴入《醉古集》第 286 則				
合 32067	合 32105				
合 32075	合 35142				
合 32082	合 34236				
合 32105	合 32067				
合 32108	合 33584	合 35160			
合 32130	合 34667	英 2416			
合 32136	已綴入《醉古集》第 287 則				
合 32150	已綴入《醉古集》第 286 則				
合 32163（合 664）	掇三 214	合 35128	合 35331		
合 32185	合 28099 正				
合 32194	合 32217				

合 32215	已綴入《醉古集》第 288 則				
合 32217	合 32194				
合 32218	合 32407				
合 32233	合補 10462				
合 32234	合 32250				
合 32250	合 32234				
合 32257	已綴入《醉古集》第 290 則				
合 32276	合 33018				
合 32297	已綴入《醉古集》第 291 則				
合 32301	摭續 92				
合 32334	合 34555				
合 32335	合 32619				
合 32389	合 32440	合 32847	合 32482		
合 32407	合 32218				
合 32413	已綴入《醉古集》第 292 則				
合 32425	合 34595				
合 32435	天理 490	合 31004			
合 32440	合 32389	合 32847	合 32482		
合 32453 部分	已綴入《醉古集》第 271 則				
合 32454	合 27172	合 32593			
合 32463	已綴入《醉古集》第 292 則				
合 32478	已綴入《醉古集》第 234 則				
合 32482	合 32847	合 32389	合 32440		
合 32501 左右	已綴入《醉古集》第 247 則				
合 32505	合 32889				
合 32544	合 32643				
合 32548	合補 10903				
合 32558	合 32790				
合 32586 正	已綴入《醉古集》第 236 則				
合 32593	合 27172	合 32454			
合 32619	合 32335				
合 32643	合 32544				
合 32686	上博新獲 14	合 32044			
合 32695 部分	合 34423				
合 32713	已綴入《醉古集》第 283 則				

合 32716	已綴入《醉古集》第 272 則				
合 32724	合 33049				
合 32740	合 21584				
合 32743	合 32029				
合 32747	合 34560	合補 6909	合 32008		
合 32757	殷拾 10. 2				
合 32760	已綴入《醉古集》第 243 則				
合 32762 甲正	合 32762 乙正	合 33291 部分	合 34680		
合 32762 乙正	合 32762 甲正	合 33291 部分	合 34680		
合 32768	已綴入《醉古集》第 246 則				
合 32771	安明 1131				
合 32781	合 7961				
合 32782	懷特 1640				
合 32790	合 32558				
合 32831	屯南 2273				
合 32833	已綴入《醉古集》第 296 則				
合 32839	合 20385				
合 32847	合 32389	合 32440	合 32482		
合 32848	合 34102				
合 32860	已綴入《醉古集》第 289 則				
合 32866	合 33060				
合 32871	已綴入《醉古集》第 220 則				
合 32889	合 32505				
合 32890	合 33044				
合 32923	合 34083				
合 32933	合補 10529				
合 32953	合 31966				
合 32971	合補 10786				
合 33000	合 35223				
合 33001	合補 10864				
合 33007	合 34442				
合 33018	合 32276				
合 33035	合 14920				
合 33043	蘇德＊350				

合 33044	合 32890				
合 33047	已綴入《醉古集》第 233 則				
合 33049	合 32724				
合 33050	合 33095(合補 10526)				
合 33060	合 32866				
合 33066	合 33281	合 34395			
合 33076	屯南 4215	屯南 4188	上博 2426.41		
合 33095 (合補 10526)	合 33050				
合 33135	合 16801				
合 33145	懷特 1615				
合 33161	合 33789				
合 33165	合補 10218				
合 33193	已綴入《醉古集》第 214 則				
合 33218	已綴入《醉古集》第 289 則				
合 33223	已綴入《醉古集》第 237 則				
合 33246	殷拾 12.5	合 33267			
合 33267	殷拾 12.5	合 33246			
合 33275	合補 10634				
合 33279	合 33307				
合 33280	屯南 943	屯南 1335			
合 33283	已綴入《醉古集》第 295 則				
合 33291 部分	合 32762 乙正	合 32762 甲正	合 34680		
合 33305	已綴入《醉古集》第 329 則				
合 33307	合 33279				
合 33313	已綴入《醉古集》第 329 則				
合 33321	已綴入《醉古集》第 296 則				
合 33322	已綴入《醉古集》第 295 則				
合 33327	屯南 4100				
合 33352 正反	已綴入《醉古集》第 246 則				
合 33366	已綴入《醉古集》第 240 則				
合 33383	合補 10674	合 33628			
合 33385	合補 10660				
合 33434	已綴入《醉古集》第 379 則				
合 33462	合補 10578				

合 33526	合 32057				
合 33558(合 29169)	合補 9173				
合 33576	已綴入《醉古集》第 245 則				
合 33583	已綴入《醉古集》第 224 則				
合 33584	合 32108	合 35160			
合 33615	英藏 2398				
合 33626	合 33681				
合 33628	合補 10674	合 33383			
合 33635	合 34641				
合 33656	合 33808				
合 33662	合 33674				
合 33674	合 33662				
合 33681	合 33626				
合 33705	安明 2665				
合 33707	英藏 2464				
合 33770	合 34630				
合 33784	山東 1520				
合 33789	合 33161				
合 33796	已綴入《醉古集》第 379 則				
合 33808	合 33656				
合 33827	合 34159				
合 33837	合 34515				
合 33841	天理 601				
合 33844	已綴入《醉古集》第 245 則				
合 33884	甲骨文集 2. 2. 0015				
合 33903	合補 10620				
合 33927	合 34349	合 33576			
合 33954	已綴入《醉古集》第 245 則				
合 33978	合 34031				
合 33983	已綴入《醉古集》第 246 則				
合 33985	合 34701				
合 34028	合 34032				
合 34031	合 33978				
合 34032	合 34028				
合 34052	英藏 2404				

合 34054	合補 9509				
合 34063	已綴入《醉古集》第 233 則				
合 34083	合 32923				
合 34090	合補 10474				
合 34102	合 32848				
合 34104	已綴入《醉古集》第 242 則				
合 34113	合 32188	英藏 1771	合 32189		
合 34116	合 34253				
合 34124	已綴入《醉古集》第 288 則				
合 34131	粹 1184				
合 34159	合 33827				
合 34167	合 34715				
合 34195	合 34534				
合 34219	已綴入《醉古集》第 296 則				
合 34233	屯南 1076	屯南 1074			
合 34236	合 32082				
合 34237	合 35326				
合 34253	合 34116				
合 34280	已綴入《醉古集》第 291 則				
合 34302	已綴入《醉古集》第 287 則				
合 34303	已綴入《醉古集》第 290 則				
合 34314	已綴入《醉古集》第 236 則				
合 34325	已綴入《醉古集》第 224 則				
合 34326	掇三 132				
合 34328	合 34459				
合 34344	已綴入《醉古集》第 379 則				
合 34349	已綴入《醉古集》第 245 則				
合 34361	已綴入《醉古集》第 235 則				
合 34380	合 35093				
合 34423	合 32695 部分				
合 34442	合 33007				
合 34454	合 34456				
合 34456	合 34454				
合 34459	合 34328				
合 34467	已綴入《醉古集》第 296 則				

合 34490	屯南 4120				
合 34494	合補 10558				
合 34509	已綴入《醉古集》第 222 則				
合 34515	合 33837				
合 34534	合 34195				
合 34546	合 34632				
合 34555	合 32334				
合 34560	合 32747	合補 6909	合 32008		
合 34565	掇三 129				
合 34582	合補 7021 甲乙				
合 34595	合 32425				
合 34615	已綴入《醉古集》第 242 則				
合 34630	合 33770				
合 34632	合 34546				
合 34637	合補 10511				
合 34638	合 32020				
合 34641	合 33635				
合 34667	合 32130	英藏 2416			
合 34680	合 33291 部分	合 32762 乙正	合 32762 甲正		
合 34687	英藏 2439				
合 34688	合補 10606				
合 34701	合 33985				
合 34715	合 34167				
合 34721	續補 5. 340. 2				
合 34784	合 35026	黑川 7			
合 34810	天理 600	合 34936			
合 34882	合 35010	合 35039			
合 34936	合 34810	天理 600			
合 34984	合 35100				
合 35010	合 34882	合 35039			
合 35026	合 34784	黑川 7			
合 35039	合 34882	合 35010			
合 35093	合 34380				
合 35100	合 34984				
合 35128	合 35331	掇三 214	合 664(合 32163)		

合 35142	合 32075				
合 35146	已綴入《醉古集》第 220 則				
合 35160	合 33584	合 32108			
合 35188	已綴入《醉古集》第 234 則				
合 35190	已綴入《醉古集》第 243 則				
合 35197	已綴入《醉古集》第 246 則				
合 35200	已綴入《醉古集》第 247 則				
合 35204	合 4686				
合 35212	已綴入《醉古集》第 243 則				
合 35216	合 4685				
合 35219	歷博 62				
合 35223	合 33000				
合 35262	已綴入《醉古集》第 240 則				
合 35263	已綴入《醉古集》第 238 則				
合 35274	已綴入《醉古集》第 238 則				
合 35291	已綴入《醉古集》第 237 則				
合 35309	甲骨文集 2.2.0513				
合 35326	已綴入《醉古集》第 293 則				
合 35331	掇三 214	合 35128	合 664(合 32163)		
合 35363	已綴入《醉古集》第 298 則				
合 35364	合 35363				
合 35415	合補 11920				
合 35432	合補 11093(合 37835)				
合 35556	合 38264				
合 35577	合 35582				
合 35582	合 35577				
合 35596	合補 11695				
合 35686	合 35708				
合 35705	合 35661				
合 35745	合補 12872				
合 35833	合補 11884				
合 35857	合 35954				
合 35931	合 35950	合 36639	掇二 419		
合 35950	合 35931	合 36639	掇二 419		
合 35953	合補 10993				

合 35954	合 35857				
合 35977	合 37015				
合 35989	合 36004				
合 36004	合 35989				
合 36022	合補 11047				
合 36078	合 38235				
合 36203	合 37711				
合 36231	合 36309				
合 36248	合 36301				
合 36258	合補 10989				
合 36301	合 36248				
合 36309	合 36231				
合 36325	合 37356				
合 36328	合 37301				
合 36334	合補 11433				
合 36372	合 36381				
合 36381	合 36372				
合 36395	合補 11107				
合 36417	合 8359				
合 36437	輯佚 734				
合 36474	合 36818				
合 36487	合 36839				
合 36488	合 36803				
合 36490	合 36494	合補 12877	英 2525		
合 36494	合 36490	合補 12877	英 2525		
合 36501	合 36752	合 37410	合 36772		
合 36549	合 36553	合 36550			
合 36550	合 36553	合 36549			
合 36553	合 36550	合 36549			
合 36555(合 36567)	合補 11115				
合 36567(合 36555)	合補 11115				
合 36591	合 36697				
合 36632(合 36635)	合 36759				
合 36635(合 36632)	合 36759				
合 36639	合 35950	合 35931	掇二 419		

合 36648(合 41769)	合 37463				
合 36652	合補 11120				
合 36654	合 36724				
合 36673	合 36834				
合 36675	合 36694				
合 36694	合 36675				
合 36697	合 36591				
合 36724	合 36654				
合 36739	合補 11652				
合 36752	合 37410	合 36772	合 36501		
合 36754	合 36755				
合 36755	合 36754				
合 36759	合 36632(合 36635)				
合 36772	合 37410	合 36752	合 36501		
合 36803	合 36488				
合 36818	合 36474				
合 36834	合 36673				
合 36839	合 36487				
合 36852	合 36863				
合 36857	合 37862	合補 13089			
合 36863	合 36852				
合 36885	合 37885				
合 36921	合補 13144				
合 36957	合補 11142	英藏 2526 正	合 37475		
合 36987	合 39441				
合 37015	合 35977				
合 37056(合 37126)	合 37082	續存上 2342			
合 37074	合 37146				
合 37080	東文研 0803				
合 37082	合 37056(合 37126)	續存上 2342			
合 37086	合 37178				
合 37126(合 37056)	合 37082	續存上 2342			
合 37132	東文庫 409				
合 37146	合 37074				
合 37172	合 37312				

合 37178	合 37086				
合 37183	合補 11402				
合 37195	外 159	外 154			
合 37301	合 36328				
合 37312	合 37172				
合 37356	合 36325				
合 37367	合 37683				
合 37373	合 37513				
合 37378	合 37725				
合 37410	合 36772	合 36752	合 36501		
合 37428	合 37784				
合 37448	合補 11323				
合 37459	合 37833				
合 37463	合 36648（合 41769）				
合 37474	合 37767（合 37770）	輯佚 729			
合 37475	英藏 2526 正	合補 11142	合 36957		
合 37496	合 37776				
合 37513	合 37373				
合 37545	合補 13167				
合 37549	合補 11307				
合 37574	合補 11274				
合 37582	合 37717				
合 37599	合 37747				
合 37600	存補 3.27.1				
合 37653	英 2547				
合 37654	合 37659				
合 37659	合 37654				
合 37668	合 37708	合 37763			
合 37669	合 37727	合 38156			
合 37683	合 37367				
合 37706	合 11373				
合 37708	合 37668	合 37763			
合 37711	合 36203				
合 37717	合 37582				
合 37725	合 37378				

合 37727	合 37669	合 38156			
合 37747	合 37599				
合 37763	合 37708	合 37668			
合 37767(合 37770)	合 37474	輯佚 729			
合 37770(合 37767)	合 37474	輯佚 729			
合 37776	合 37496				
合 37779	合 39427				
合 37784	合 37428				
合 37789	合 37798				
合 37790	合補 11303				
合 37798	合 37789				
合 37800	合 37812				
合 37812	合 37800				
合 37833	合 37459				
合 37835 (合補 11093)	合 35432				
合 37862	合 36857	合補 13089			
合 37885	合 36885				
合 37949	英 2644				
合 37950	合補 12355	合補 12699			
合 37958	合補 12356				
合 37979	合 39199				
合 37989	合補 11500 (合補 11477)				
合 37997	合補 11517				
合 37997	合補 11517	英 2586	合補 11610	合 38011	
合 38004	合 38035	合補 11592	合補 11601		
合 38005	合 38023				
合 38011	合補 11610	英 2586	合補 11517	合 37997	
合 38023	合 38005				
合 38035	合 38004	合補 11592	合補 11601		
合 38046	北大 1870 正				
合 38055	合補 11524				
合 38061	掇三 142				
合 38062	前 3.11.6	蘇德＊美日 412			

合 38081	合補 11485				
合 38084	合補 12097				
合 38090	合補 12098				
合 38156	合 37669	合 37727			
合 38180(合 41863)	合補 11645				
合 38228	合 39395				
合 38235	合 36078				
合 38248	合補 11064				
合 38264	合 35556				
合 38786	合 38835				
合 38790	合 38809				
合 38791	合 38813				
合 38808	合 38934				
合 38809	合 38790				
合 38813	合 38791				
合 38829	合 38831				
合 38831	合 38829				
合 38835	合 38786				
合 38878	合 38880				
合 38880	合 38878				
合 38934	合 38808				
合 38953 (合補 12926)	合 39112	合 38959			
合 38959	合補 12926(合 38953)	合 39112			
合 38978	合 39154				
合 38987	合 39187				
合 39002	合 39221				
合 39062	合 39179				
合 39078	合 39211				
合 39104	合 39133				
合 39111	合 39223				
合 39112	合補 12926(合 38953)	合 38959			
合 39125	合 39250				
合 39133	合 39104				
合 39154	合 38978				

合 39179	合 39062				
合 39187	合 38987				
合 39199	合 37979				
合 39211	合 39078				
合 39216	合 39270				
合 39221	合 39002				
合 39222	合 39265				
合 39223	合 39111				
合 39250	合 39125				
合 39265	合 39222				
合 39270	合 39216				
合 39337	合 39395				
合 39351	合 39376				
合 39365	合 39394	輯佚 692			
合 39371	合 39373				
合 39373	合 39371				
合 39376	合 39351				
合 39394	輯佚 692	合 39365			
合 39395	合 39337				
合 39395	合 38228				
合 39400	合 39401				
合 39401	合 39400				
合 39427	合 37779				
合 39441	合 36987				
合 39514(英藏 608)	合 1571				
合 39699(合 3287)	合 6552 正				
合 39723	英藏 1187				
合 39727(合補 769)	合 7862				
合 39817(合 7782)	合 7775				
合 39812(英藏 436)	合 5044	合 5045	合 19106	合 11584	
合 39859	合 1277				
合 39863	合補 1997				
合 39895	合 16297	合 40264			
合 39987	合 4919	合 15528 正			
合 40096(合 9713)	合 10089				

合 40178 （合補 2748）	合補 2749				
合 40185（合 11115）	合 1924	史購 45	史購 297		
合 40264	合 39895	合 16297			
合 40360（英藏 724）	合 3707				
合 41363	合 29040				
合 41383	合 28996				
合 41769（合 36648）	合 37463				
合 41863（合 38180）	合補 11645				
懷特 434	合 21375				
懷特 439	合 7151 正				
懷特 899	合 3475				
懷特 913	合 6674				
懷特 956	合 3529	合 13598	合 12813 正		
懷特 1615	合 33145				
懷特 1640	合 32782				
懷特 1648	合補 10704				
屯南 6	屯南 12	H1:18			
屯南 12	屯南 6	H1:18			
屯南 147	屯南 354				
屯南 188	屯南 220				
屯南 220	屯南 188				
屯南 354	屯南 147				
屯南 417	已綴入《醉古集》第 213 則				
屯南 445	已綴入《醉古集》第 213 則				
屯南 486	屯南 2782				
屯南 526	屯南 531				
屯南 530	屯南 3180				
屯南 531	屯南 0526				
屯南 680	已綴入《醉古集》第 313 則				
屯南 779	屯南 2581				
屯南 815	合 30239				
屯南 880	屯南 989	屯南 1010			
屯南 897	屯南 2851				
屯南 943	合 33280	屯南 1335			

屯南 958	屯南 1185				
屯南 989	屯南 880	屯南 1010			
屯南 1010	屯南 989	屯南 880			
屯南 1027	已綴入《醉古集》第 313 則				
屯南 1074	屯南 1076	合 34233			
屯南 1076	屯南 1074	合 34233			
屯南 1117	屯南 2043				
屯南 1185	屯南 958				
屯南 1288	屯南 1434				
屯南 1335	合 33280	屯南 943			
屯南 1434	屯南 1288				
屯南 1562	已綴入《醉古集》第 313 則				
屯南 1825	已綴入《醉古集》第 314 則				
屯南 1829	已綴入《醉古集》第 314 則				
屯南 2017	已綴入《醉古集》第 313 則				
屯南 2043	屯南 1117				
屯南 2249	屯南 2680	合補 3380			
屯南 2273	合 32831				
屯南 2278	屯南 4358				
屯南 2437	屯南 2472				
屯南 2446	屯南 3204				
屯南 2472	屯南 2437				
屯南 2581	屯南 779				
屯南 2634	屯南 2638				
屯南 2638	屯南 2634				
屯南 2647	屯南 2775				
屯南 2680	合補 3380	屯南 2249			
屯南 2735	屯南 2753				
屯南 2753	屯南 2735				
屯南 2775	屯南 2647				
屯南 2782	屯南 486				
屯南 2851	屯南 897				
屯南 2954	屯南 3502				
屯南 3035	已綴入《醉古集》第 303 則				
屯南 3060	屯南 3277				

屯南 3180	屯南 530				
屯南 3204	屯南 2446				
屯南 3277	屯南 3060				
屯南 3502	屯南 2954				
屯南 3654	屯南 3662				
屯南 3662	屯南 3654				
屯南 4050	屯南補遺 244				
屯南 4100	合 33327				
屯南 4120	合 34490				
屯南 4188	合 33076				
屯南 4188	屯南 4215	合 33076			
屯南 4200	合補 8982				
屯南 4215	屯南 4188	合 33076			
屯南 4241	已綴入《醉古集》第 218 則				
屯南 4246	已綴入《醉古集》第 218 則				
屯南 4358	屯南 2278				
屯南 4453	合 27397				
屯南 4585	合 28315				
英藏 125 正	合 663	東文庫 111 正倒	合 14074		
英藏 383	合 26491	合 26484			
英藏 436(合 39812)	合 5044	合 5045	合 19106	合 11584	
英藏 476	合補 6512				
英藏 477	合 7325				
英藏 608(合 39514)	合 1571				
英藏 730	合 1111 正				
英藏 793	英藏 1160				
英藏 824	合 10042	合 9941			
英藏 848	合補 3403(合補 6320)				
英藏 1106	合 7854 正				
英藏 1133 正	合補 1938				
英藏 1160	英藏 793				
英藏 1187	合 39723				
英藏 1188	英藏 1189				
英藏 1189	英藏 1188				
英藏 1352 正反	合 6143 正反				

英藏 1771	合 32188	合 34113	合 32189		
英藏 1840	英藏 2585				
英藏 1911	合 21898	合 21896			
英藏 1913	合 21782				
英藏 1920	合 10724				
英藏 2243	合 25378				
英藏 2288	合 30685				
英藏 2314	合 28963(合 29021)				
英藏 2315	合 28933				
英藏 2342	合 28543				
英藏 2383	合 26484	合 26491			
英藏 2398	合 33615				
英藏 2401	南輔 78				
英藏 2404	合 34052				
英藏 2439	合 34687				
英藏 2464	合 33707				
英藏 2473	合補 10414				
英藏 2526 正	合補 11142	合 36957	合 37475		
英藏 2578 正	合補 11631	蘇德＊美日 415			
英藏 2585	英藏 1840				
英藏 2588	英藏 2593				
英藏 2593	英藏 2588				
天理 126	合 11804				
天理 214 (合補 4589)	合 1706				
天理 255	合 13221				
天理 293	蘇 45				
天理 400	合 26336				
天理 490	合 32435	合 31004			
天理 600	合 34810	合 34936			
天理 601	合 33841				
合補 8	合 1471				
合補 39	合 3782	合 3397			
合補 43 正 (合 17096 正)	合 17139				

合補 109	合 8065(合 15586)				
合補 217	已綴入《醉古集》第 380 則				
合補 404	乙 8792	乙補 7385	乙補 7344		
合補 462	合 11482 正				
合補 520 正	合補 5415 正	合 3662			
合補 543 正	合補 3338	合 7780 正			
合補 562	合 6173				
合補 595	已綴入《醉古集》第 299 則				
合補 596 正反	合 7718 正反				
合補 624 (合補 657)	合 1				
合補 657 (合補 624)	合 1				
合補 682	已綴入《醉古集》第 37 則				
合補 687	合 3578				
合補 714	合 15193				
合補 723	合 12241 正				
合補 749	合 4209	合 4135			
合補 752	合補 1305				
合補 759 正	合 17276 正	合 6217			
合補 759 反	合 17276 反				
合補 769(合 39727)	合 7862				
合補 833	合 7230				
合補 865	合 2091				
合補 867	合 14009 正	史購 116			
合補 948	合 2723				
合補 988	已綴入《醉古集》第 150 則				
合補 1008	合 14042				
合補 1014	合補 1083				
合補 1074	合 12066 正				
合補 1083	合補 1014				
合補 1173	合 4415				
合補 1223	合 4066				
合補 1246	合補 3643				
合補 1305	合補 752				

合補 1311	合 15995				
合補 1312	合 14156	乙 8002			
合補 1340	合 3539				
合補 1429 正反	已綴入《醉古集》第 341 則				
合補 1515	合 12814 反				
合補 1550	已綴入《醉古集》第 166 則				
合補 1645	合補 2380	合補 2408			
合補 1680	合 7078				
合補 1705	合 14474 正				
合補 1738 正反	已綴入《醉古集》第 23 則				
合補 1773	合 7219				
合補 1787	合 9814				
合補 1846(合 6149)	合 1224				
合補 1881	合 7497				
合補 1938	英藏 1133 正				
合補 1960(合 7687)	合 4811	合 7699 正			
合補 1961	合 4274				
合補 1991	合 18032	合 7015	合 4326		
合補 1997	合 39863				
合補 2019(合補 2043)	合 3010 正				
合補 2022	合 18917				
合補 2043(合補 2019)	合 3010 正				
合補 2051	合 14262				
合補 2136 正	合 2778	合 19724 正			
合補 2136 反	合 19724 反				
合補 2159 正反	合 7964 正反				
合補 2163 正反	合 14976 正反				
合補 2216	合 7795				
合補 2284(合 4820)	合 12080				
合補 2380	合補 1645	合補 2408			
合補 2408	合補 1645	合補 2380			
合補 2447 正反	合 15777 正反				
合補 2651	合 10729				

合補 2653	合 1248	合 13642	乙 3367	乙 1617	
合補 2679	已綴入《醉古集》第 8 則				
合補 2748（合 40178）	合補 2749				
合補 2749	合補 2748（合 40178）				
合補 2793	合 4173				
合補 2819	合補 5876				
合補 3014	合 5471 甲、乙	屯南 5753			
合補 3016	合 9144				
合補 3121	已綴入《醉古集》第 371 則				
合補 3215	合 5071				
合補 3220	已綴入《醉古集》第 153 則				
合補 3263	合 2033				
合補 3275 正反	已綴入《醉古集》第 150 則				
合補 3338	合 7780 正	合補 543			
合補 3380	屯南 2680	屯南 2249			
合補 3403（合補 6320）	英藏 848				
合補 3446	合 17028 正				
合補 3477	合 479				
合補 3643	合補 1246				
合補 3657	已綴入《醉古集》第 284 則				
合補 3751（天理 126）	合 11804	上博 496. 537			
合補 3762	已綴入《醉古集》第 56 則				
合補 3792	合 12762				
合補 3833	已綴入《醉古集》第 56 則				
合補 3970	已綴入《醉古集》第 372 則				
合補 3984（合補 6915）	合 22221	合 19895	乙補 7394	乙 8774	
合補 4002 正反	已綴入《醉古集》第 257 則				
合補 4180	合 11725				
合補 4188	已綴入《醉古集》第 308 則				
合補 4497	合 14577 正	合 14579	合 14580	合 12976	乙 7616
	乙 8358	合 14599	合 16189	合 11971 正	乙補 555
	乙補 3000	乙補 612	丙補 30		

合補 4507	合 6249				
合補 4565	合 6203				
合補 4572 正反	已綴入《醉古集》第 254 則				
合補 4589	合 1706				
合補 4615	合 6690				
合補 4703	已綴入《醉古集》第 305 則				
合補 4980 正反	合 1305 正反				
合補 5066	合 13868				
合補 5209	合 3728	甲釋 143	甲 3320		
合補 5308	合 9722				
合補 5356	合 6914	合 6501			
合補 5415 正	合補 520 正	合 3662			
合補 5415 反	合補 520 反				
合補 5529	合 6491				
合補 5597	東大 B571a	合 7143 正	合 584 正甲	合 9498 正	
合補 5638	乙補 3399	合 22309	合 22212	合 22091 甲乙	乙補 6106
	乙補 3400	合 22124	合 22410	合 22418	乙 8557
合補 5658	合 10029				
合補 5670	合 7386				
合補 5744	合 19283				
合補 5876	合補 2819				
合補 5912	已綴入《醉古集》第 8 則				
合補 6113	合 10584				
合補 6261	已綴入《醉古集》第 100 則				
合補 6292	已綴入《醉古集》第 102 則				
合補 6320（合補 3403）	英藏 848				
合補 6438	合 6062				
合補 6512	英藏 476				
合補 6659	合 20834				
合補 6850（合補 6859）	乙 757				
合補 6859（合補 6850）	乙 757				
合補 6861	乙補 20 倒				

合補 6862	合 21025				
合補 6884	合 22087 正	合 22086			
合補 6898	合 22133	合 22144	乙 8845	乙補 7364	乙補 7338 倒
	乙 8989	乙補 7367	乙 8798	乙 8787	
合補 6912	合 21877	乙 1840			
合補 6915 （合補 3984）	合 22221	合 19895	乙補 7394	乙 8774	
合補 6916	乙補 7371				
合補 6941	合 22459	乙 635	乙補 1380	合 21887	
合補 7021 甲乙	合 34582				
合補 7262	輯佚 300				
合補 8197	合 17066				
合補 8319	合 24303				
合補 8769	已綴入《醉古集》第 2 則				
合補 8816	合 31618				
合補 8844	合 31416	合補 10007	合 31403		
合補 8866	合補 10068				
合補 8982	屯南 4200				
合補 8997	合 28956				
合補 9111	合補 9117				
合補 9117	合補 9111				
合補 9128	合 28641				
合補 9170	合補 9358				
合補 9173	合 29169（合 33558）				
合補 9189	合補 9227				
合補 9227	合補 9189				
合補 9335	合 30083				
合補 9358	合補 9170				
合補 9382	合 31111				
合補 9429	合 29984				
合補 9465	合 31035				
合補 9484 （合補 10389）	甲 2514	甲 2534	合 5779		
合補 9509	合 34054				
合補 9539	合 27867				

合補 9699	合 27271				
合補 9709	合 31079				
合補 9818	合 29258				
合補 10007	合 31416	合補 8844	合 31403		
合補 10057	合 29721	合補 10058	合 31477	合 31467	合補 10059
	合 31474				
合補 10058	合 31477	合 31474	合 29721	合 31467	合補 10057
	合補 10059				
合補 10059	合 29721	合補 10058	合 31477	合 31467	合補 10057
	合 31474				
合補 10068	合補 8866				
合補 10212	合 30810				
合補 10218	合 33165				
合補 10291	合 27323				
合補 10356	合 30401				
合補 10362	已綴入《醉古集》第 266 則				
合補 10389（合補 9484）	甲 2514	甲 2534	合 5779		
合補 10397	合 27819				
合補 10414	英藏 2473				
合補 10436	甲 2283				
合補 10462	合 32233				
合補 10474	合 34090				
合補 10511	合 34637				
合補 10526（合 33095）	合 33050				
合補 10529	合 32933				
合補 10535 正	已綴入《醉古集》第 238 則				
合補 10558	合 34494				
合補 10578	合 33462				
合補 10606	合 34688				
合補 10620	已綴入《醉古集》第 294 則				
合補 10626（合補 10659）	已綴入《醉古集》第 247 則				
合補 10634	合 33275				

合補 10656	合補 10667				
合補 10659（合補 10626）	已綴入《醉古集》第 247 則				
合補 10660	合 33385				
合補 10667	合補 10656				
合補 10674	合 33628	合 33383			
合補 10700	合補 10930				
合補 10704	懷特 1648				
合補 10743	掇三 853				
合補 10786	合 32971				
合補 10864	合 33001				
合補 10903	合 32548				
合補 10930	合補 10700				
合補 10989	合 36258				
合補 10993	合 35953				
合補 11000	合補 11043				
合補 11043	合補 11000				
合補 11047	合 36022				
合補 11064	合 38248				
合補 11093（合 37835）	合 35432				
合補 11098	英 2521				
合補 11107	合 36395				
合補 11115	合 36567（合 36555）				
合補 11120	合 36652				
合補 11136	合補 11144				
合補 11142	合 36957	英藏 2526 正	合 37475		
合補 11144	合補 11136				
合補 11274	合 37574				
合補 11303	合 37790				
合補 11307	合 37549				
合補 11323	合 37448				
合補 11364	合補 13081				
合補 11402	合 37183				
合補 11433	合 36334				

合補 11453	合補 13118				
合補 11471	合補 12712				
合補 11477（合補 11500）	合 37989				
合補 11485	合 38081				
合補 11500（合補 11477）	合 37989				
合補 11513	合補 11585（合補 11562）				
合補 11517	合 37997	英 2586	合補 11610	合 38011	
合補 11524	合 38055				
合補 11543 正	北大 1867	上博 242.364			
合補 11561	珠 1455				
合補 11562（合補 11585）	合補 11513				
合補 11585（合補 11562）	合補 11513				
合補 11592	合 38035	合 38004	合補 11601		
合補 11601	合補 11592	合 38035	合 38004		
合補 11610	英 2586	合補 11517	合 37997	合 38011	
合補 11631	英藏 2578 正	蘇德＊美日 415			
合補 11645	合 38180（合 41863）				
合補 11652	合 36739				
合補 11695	合 35596				
合補 11884	合 35833				
合補 11920	合 35415				
合補 12097	合 38084				
合補 12098	合 38090				
合補 12355	合 37950	合補 12699			
合補 12356	合 37958				
合補 12699	合補 12355	合 37950			
合補 12712	合補 11471				
合補 12728	合補 12909	合補 13033			
合補 12733	英藏 2624				
合補 12872	合 35745				

合補 12877	合 36490	合 36494	英 2525		
合補 12909	合補 13033	合補 12728			
合補 12926（合 38953）	合 39112	合 38959			
合補 13033	合補 12909	合補 12728			
合補 13081	合補 11364				
合補 13089	合 37862	合 36857			
合補 13118	合補 11453				
合補 13144	合 36921				
合補 13167	合 37545				
花東 6	花東 532				
花東 123	輯佚 561				
花東 207	花東 210				
花東 210	花東 207				
花東 275	花東 517				
花東 302	花東 344				
花東 344	花東 302				
花東 428	花東 561				
花東 513	花東 519				
花東 517	花東 275				
花東 519	花东 513				
花東 521	花東 531				
花東 531	花東 521				
花東 532	花東 6				
花東 561	花東 428				
輯佚 3	合 10970 左半				
輯佚 16	合 217				
輯佚 35	合 5212				
輯佚 70	合 23624				
輯佚 118	合 625	合 6286			
輯佚 300	合 24262	合 24426			
輯佚 474	合 23034				
輯佚 561	花東 123				
輯佚 563	輯佚 566				
輯佚 566	輯佚 563				

輯佚 619	輯佚 657				
輯佚 626	輯佚 627	輯佚 630			
輯佚 627	輯佚 626	輯佚 630			
輯佚 630	輯佚 627	輯佚 626			
輯佚 653	輯佚 665				
輯佚 657	輯佚 619				
輯佚 665	輯佚 653				
輯佚 668	輯佚 671				
輯佚 671	輯佚 668				
輯佚 673	輯佚 674				
輯佚 674	輯佚 673				
輯佚 692	合 39394				
輯佚 729	合 37767（合 37770）	合 37474			
輯佚 734	合 36437				
輯佚 764	輯佚 765				
輯佚 765	輯佚 764				

本書引用甲骨著錄簡稱表

（依刊布時間為序）

1903年 劉鶚《鐵雲藏龜》——《鐵》

1913年 羅振玉《殷虛書契前編》——《前》、《前編》

1914年 羅振玉《殷虛書契菁華》——《菁》

1915年 羅振玉《鐵雲藏龜之餘》——《餘》

1916年 羅振玉《殷虛書契後編》——《後》

1917年 明義士《殷虛卜辭》——《虛》、《明》

1917年 姬佛陀《戩壽堂所藏殷虛文字》——《戩》

1921年 林泰輔《龜甲獸骨文字》——《林》、《龜》

1925年 葉玉森《鐵雲藏龜拾遺》——《拾》

1925年 王襄《簠室殷契徵文》——《簠天》、《簠地》、《簠帝》、《簠人》、《簠歲》、《簠干》、《簠貞》、《簠典》、《簠征》、《簠游》、《簠雜》、《簠文》、《簠天》、《簠地》、《簠人》、《簠游》、《簠歲》、《簠征》、《簠雜》、《簠典》、《簠文》、《簠拓》

1931年 關百益《殷虛文字存真》——《存真》、《真》

1933年 容庚、瞿潤緡《殷契卜辭》（哈佛燕京學社出版）——《契》、《栔》、《燕》

1933年 郭沫若《卜辭通纂》——《通》、《通纂》

1933年 羅振玉《殷虛書契續編》——《續》、《續編》

1933年 商承祚《殷契佚存》——《佚》

1935年 黃濬《鄴中片羽初集》——《鄴一》、《鄴初》、《鄴》

1935年 方法斂、白瑞華《庫方二氏藏甲骨卜辭》——《庫》、《庫方》

1935年 明義士《柏根氏舊藏甲骨文字》——《柏》

1937年 郭沫若《殷契粹編》——《粹》、《萃》

1937年 黃濬《鄴中片羽二集》——《鄴二》、《鄴2》

1938年 方法斂《甲骨卜辭七集》——《七》

1939年 金祖同《殷契遺珠》——《珠》

1939年 李旦丘《鐵雲藏龜零拾》——《零》、《鐵零》

1939年 方法斂《金璋所藏甲骨文字》——《金》、《金璋》

1939年 唐蘭《天壤閣甲骨文存》——《天》

1939年 曾毅公《甲骨叕存》——《叕》

1940年 孫海波《誠齋殷虛文字》——《誠》

1940年 梅原末治《河南安陽遺寶》——《寶》

1941年 李旦丘《殷契摭存》——《摭》

1942年 黄濬《鄴中片羽三集》——《鄴三》、《鄴3》

1945年 胡厚宣《甲骨六錄》——《六中》、《六清》、《六束》、《六曾》、《六華》、《六釋》

1948年 金祖同《龜卜》——《龜卜》

1948年 董作賓《殷虛文字甲編》——《甲》、《甲編》

1948年 董作賓《殷虛文字乙編》——《乙》、《乙編》

1950年 曾毅公《甲骨綴合編》——《綴》

1950年 李亞農《殷契摭佚續編》——《摭續》

1951年 胡厚宣《戰後寧滬新獲甲骨集》——《寧》、《寧滬》

1951年 郭若愚《殷契拾掇》——《掇一》、《掇1》

1951年 胡厚宣《戰後南北所見甲骨錄》——《南輔》、《南誠》、《南上》、《南南》、《南無》、《南明》、《南師》、《南坊》

1953年 郭若愚《殷契拾掇》二編——《掇二》、《掇2》

1954年 胡厚宣《戰後京津新獲甲骨集》——《京》、《京津》

1955年 郭若愚、曾毅公、李學勤《殷虛文字綴合》——《殷合》

1955年 胡厚宣《甲骨續存》——《存》、《續存》

1956年 董作賓《殷虛文字外編》——《外》

1956年 饒宗頤《日本所見甲骨錄》——《饒》

1957年 張秉權《殷虛文字丙編》——《丙》、《丙編》

1959年 陳邦懷《甲骨文零拾》——《甲零》

1959年 貝塚茂樹《京都大學人文科學研究所藏甲骨文字》——《人》、《京人》

1959年 松丸道雄《日本散見甲骨文字蒐彙》——《日彙》、《日匯》

1961年 屈萬里《殷虛文字甲編考釋》附綴合圖版——《甲釋》

1966 年　伊藤道治《故小川睦之輔氏藏甲骨文字》——《小川》

1967 年　《冬飲廬藏甲骨文字》——《冬》

1970 年　李棪《北美所見甲骨選粹》——《北美》

1972 年　許進雄《明義士收藏甲骨文字》(加拿大皇家安大略博物馆出版)——《明續》、《安明》

1972 年　明義士、許進雄《殷虚卜辭後編》——《明後》

1973 年　明義士《輔仁大學所藏甲骨文字》——《輔》

1975 年　嚴一萍《甲骨綴合新編》——《綴新》

1976 年　周鴻翔《美國所藏甲骨》——《USB》、《美藏》

1978 年　郭沫若主編《甲骨文合集》——《合》、《合集》

1979 年　渡邊兼庸《東洋文庫所藏甲骨文字》——《東文庫》、《東洋文庫》

1979 年　許進雄《懷特氏等收藏甲骨文字》——《懷》、《懷特》

1980 年　中國社會科學院考古研究所《小屯南地甲骨》上冊——《屯南》、《屯》

1980 年　松丸道雄《散見於日本各地的甲骨文字》——《散》

1983 年　松丸道雄《東京大學東洋文化研究所藏甲骨文字》——《東文研》、《東大》、《東研》

1984 年　嚴一萍《商周甲骨文總集》——《總集》

1985 年　李學勤、齊文心、艾蘭《英國所藏甲骨集》——《英》、《英藏》

1987 年　天理大學附屬天理參考館《甲骨文字》——《天理》、《日天》

1988 年　胡厚宣《蘇德美日所見甲骨集》——《蘇德美日》、《蘇德》、《蘇》

1995 年　鍾柏生《殷虚文字乙編補遺》——《補遺》、《乙補》

1996 年　胡厚宣輯(王宏、胡振宇整理)《甲骨續存補編》——《存補》

1996 年　中島日呂子《中島玉振舊藏の甲骨片につひて》——《中島》

1998 年　劉敬亭《山東省博物館珍藏甲骨墨拓集》——《山東》、《山博》

1999 年　彭邦炯、謝濟、馬季凡《甲骨文合集補編》——《補編》、《合補》

1999 年　蔡哲茂《甲骨綴合集》——《綴集》

1999 年　李學勤、齊文心、艾蘭《瑞典斯德哥爾摩遠東古物博物館藏甲骨文字》——《瑞典》

2001 年　中國歷史博物館《中國歷史博物館藏法書大觀》——《中歷博》

2003 年 中國社會科學院考古研究所《殷墟花園莊東地甲骨》——《花東》、《花》

2004 年 蔡哲茂《甲骨綴合續集》——《綴續》

2005 年 郭若愚《殷契拾掇》三編——《掇三》

2006 年 郭青萍《洹寶齋所藏甲骨》——《洹寶》、《洹》

2006 年 李宗焜《當甲骨遇上考古——導覽 YH127 坑》——《導覽》

2007 年 中國國家博物館編《中國國家博物館館藏文物研究業書·甲骨卷》——《国博》

2008 年 段振美、焦智勤、黨相魁、黨寧《殷墟甲骨輯佚》——《輯佚》

2008 年 李鍾淑、葛英會《北京大學珍藏甲骨文字》——《北珍》

2009 年 濮茅左《上海博物馆藏甲骨文字》——《上博》

2009 年 焦智勤《殷墟甲骨拾遺(續五)》——《續五》、《拾遺》

2010 年 史語所《史語所藏購甲骨集》——《史購》

以下為甲骨拓本和現藏簡稱:
曾毅公、李學勤《甲骨文擴》——《擴》、《文捃》
劉體智《善齋藏契》——《善齋》、《善》
霍保祿《北京大學國學門藏殷墟文字》——《北大》
《甲骨文集》——《甲骨文集》
中國社會科學院歷史研究所藏拓本——《歷拓》
北京圖書館所藏甲骨——《北圖》
北京文物管理處——《北文處》
南京博物館拓本——《南博拓》
覺玄藏契(陳中凡)——《覺玄》
明治大學——《明大》、《明治》
旅大文物商店——《旅文店》
武漢文物商店——《武漢店》
吉林博物館——《吉博》
貴州博物館——《貴博》
旅順博物館——《旅博》